马克昌　主编

刑罚通论

（根据1997年刑法修订）

武汉大学出版社

图书在版编目(CIP)数据

刑罚通论/马克昌主编.—2版(修订本).—武汉:武汉大学出版社,1999.4(2021.12重印)
ISBN 978-7-307-02681-0

Ⅰ.刑… Ⅱ.马… Ⅲ.刑罚—理论—研究—中国 Ⅳ.D924

中国版本图书馆CIP数据核字(1999)第03480号

责任编辑:郭园园　　封面设计:马重慧　　版式设计:支　笛

出版发行:**武汉大学出版社**　(430072　武昌　珞珈山)
(电子邮箱:cbs22@whu.edu.cn　网址:www.wdp.com.cn)
印刷:武汉中科兴业印务有限公司
开本:850×1168　1/32　印张:26　字数:674千字　插页:6
版次:1995年12月第1版　　1999年4月第2版
2021年12月第2版第10次印刷
ISBN 978-7-307-02681-0/D・394　　定价:68.00元

马克昌

1926年8月生，河南省西华县人，1952年中国人民大学法律系刑法研究生班毕业。现任武汉大学法学院教授、博士研究生导师，兼任中国法学会常务理事、中国法学会刑法学研究会副总干事。主要著作有《刑法学》（副主编）、《中华人民共和国刑法论（上）》（副主编）、《论共同犯罪》（与人合著）、《中国刑法学》（副主编）、《犯罪通论》（主编）、《刑罚通论》（主编）、《中国刑事政策学》（主编）、《刑法学全书》（第一主编）、《刑法理论探索》、《近代西方刑法学说史略》（主编）、《经济犯罪新论》（主编）等，发表论文一百余篇。

前　　言

本书是学校研究生院资助作为研究生教材出版的，后经校学术丛书编委会讨论列入学术丛书，拟与原先出版的《犯罪通论》成为姊妹篇。

犯罪与刑罚是传统刑法学的两个基本范畴；然而历来关于犯罪的研究比较充分，而关于刑罚的研究比较薄弱。近些年来，我国刑法学界对刑罚的研究给予了较多的关注，有关刑种、量刑、刑罚适用和刑罚执行的专著不断问世；对刑罚全面进行研究而出版的学术论著也已不止一种，情况令人欣喜。但我们感到，从体系上看，我国现有全面研究刑罚的专著，均将刑罚消灭置于论述之外，似嫌有所欠缺；从内容上看，不少问题，我们也还有自己的看法，希望公之于世。因而经过论证，决定撰写这部《刑罚通论》。

本书在体系上，除绪论外，分为刑罚种类、刑罚裁量、刑罚执行和刑罚消灭四编，另设附编论述非刑措施。在资料运用和学术观点处理上，作法与撰写《犯罪通论》大致相同，以便体现两书成为姊妹篇的构想。但刑罚论毕竟不像犯罪论那样，学说林立，理论深邃，因而本书虽注意在理论上深入探讨，但比较起来，还是在实用性上较强。

本书首先写出提纲，然后由作者分工撰写。具体分工如下（以章节先后为序）：

马克昌　第一章

贾　宇　第二章、第十一章第一节、第十四章第一节

张绍谦　第三章、第十一章第二节、第十四章第二节
鲜铁可　第四章、第十一章第三节、第十四章第三节
刘明祥　第五章、第十一章第四节、第十四章第四节、第二十章
赵廷光　第六、七章
王　晨　第八、十二章
莫洪宪　第九、十章
康均心　第十三、十五章
喻　伟　第十六、十七章
李希慧　第十八、十九、二十一章
熊选国　第二十二章
鲍遂献　第二十三章

在各章撰写完稿后，由主编、副主编马克昌、喻伟、赵廷光三位教授分别审阅修改，最后由马克昌教授统改定稿。由于水平所限，书中疏漏、欠妥之处，在所难免，甚盼同仁和读者惠予指正。

编　者

1995 年 7 月于武昌珞珈山

目　　录

绪　　论

第一编　刑罚种类

第三编　刑罚执行

第四编　刑罚消灭

附编　非刑措施

绪　　论

第一章　刑罚论序说

第一节　刑事责任与刑罚

一、刑事责任的概念

犯罪是刑事责任的前提，刑事责任是犯罪的必然法律后果；刑事责任不等同于刑罚，但刑罚却是实现刑事责任的主要形式。这些论断几乎成为我国刑法学界的共识，因而我们在刑罚论序说中，一开始便提出刑事责任的论题，以便通过它使犯罪论和刑罚论联系起来，并由此给非刑措施在刑罚论中以适当的地位。

什么是刑事责任？由于德、日大陆法系刑法理论将责任作为犯罪成立的条件之一，因而他们所说的刑事责任与我国及前苏联刑法理论中所说的刑事责任并不相同。如日本学者木村亀二认为："刑事责任指以实施了符合构成要件的违法行为为理由对行为人所作的社会的非难或呵责性这种无价性或无价值判断。"①这对我们研究刑事责任虽有参考价值，但毕竟不能适用于作为犯罪的法律后果的刑事责任。在我国和前苏联的刑法理论中，对什么是刑事责任，意见极为分歧，概括起来，主要有以下几种观点：

---

① ［日］木村亀二：《刑法总论》（增补版），有斐阁1984年版，第301页。

(1)法律后果(承担)说：认为刑事责任是行为人由于实施犯罪行为而引起的法律后果(或法律后果的承担)。如《中国大百科全书·法学》认为：刑事责任是“犯罪主体实施法律禁止的行为所必须承担的法律后果，这一责任只由实施犯罪行为的人承担。”①(2)法律义务说：认为刑事责任是一种法律义务(或惩罚义务)。如有的同志说：“所谓刑事责任就是犯罪人因其犯罪行为根据刑法规定应向国家承担的体现着国家最强烈否定评价的惩罚义务。”②(3)否定评价(谴责)说：认为刑事责任是法院对犯罪行为和犯罪人的否定评价和谴责。如有的同志说：“所谓刑事责任，就是指犯罪人因其实施犯罪行为而应当承担的国家司法机关依照刑事法律对其犯罪行为及其本人所作的否定性评价和谴责。”③(4)法律关系说：认为刑事责任是一定法律关系的总和。如前苏联学者А·И·马尔采夫写道：“刑事责任是刑事的、刑事诉讼的以及劳动改造的法律关系的总和。”④(5)法律责任说：认为刑事责任是一种特殊的法律责任。如有的同志认为：“刑事责任，就是实施违反刑法规范的行为人应承担的接受国家审判机关以刑罚处罚相威胁对其本人及其行为进行否定性评价的责任。”⑤上述诸说都还有不同的表述，限于篇幅，不一一列举。此外，尚有另外的见解，影响较小，因而不拟赘述。

对上述诸说应当怎样评价呢？我们认为，它们从不同的方面，揭示了刑事责任的特征，因而都有值得肯定之处；但它们所表现出来的科学性是不同的。法律后果(承担)说，肯定了犯罪

---

① 《中国大百科全书·法学》，中国大百科全书出版社1984年版，第668页。

② 赵炳寿主编：《刑法若干理论问题研究》，四川大学出版社1992年版，第11—12页。

③ 何秉松主编：《刑法教科书》，中国法制出版社1993年版，第353页。

④ 《苏联刑法论文选》第一辑，西南政法学院编印1983年版，第184页。

⑤ 赵秉志主编：《刑法新探索》，群众出版社1993年版，第212页。

行为与刑事责任之间的因果关系，说明了前者是因，后者是果，这是正确的；但法律后果(承担)是一个笼统的概念，它没有揭示作为刑事责任的法律后果的特殊性，因而只说刑事责任是行为人必须承担的法律后果，就不能使人了解刑事责任与其他法律责任相区别的所在。法律义务说，从刑事法律关系的角度，阐明犯罪人有承担国家给予惩罚的义务，从而揭示了刑事责任所反映的犯罪人与国家之间的特殊关系；同时阐述了刑事责任的许多特征，从中可以看出刑事责任与其他法律责任的区别，这是值得肯定的；但本说把惩罚义务与刑罚等同，这就与我国刑事立法和刑法理论对刑事责任的理解不相符合。因为在我国刑事立法和刑法理论看来，除了给予刑罚处罚外，依法给予非刑罚处罚和免予刑事处分，免予起诉，都是实现刑事责任的形式。同时将刑事责任归结为“惩罚义务”，表述也不确切，因为从犯罪人来说，应承担的是受惩罚的义务，而不是“惩罚义务”。至于把“义务”作为刑事责任定义的中心词，是否妥当，也值得研究。否定评价(谴责)说，指出了刑事责任的诸多特征和内容，这是可取的；但否定性评价和谴责并不是刑事责任本身，而只是它的内容。“刑事责任是最严厉的法律责任”，作者虽然正确地以之作为刑事责任的首要特征加以论述，然而它在刑事责任的定义中却没有得到反映。因而本说也不免给人以不足之感。法律关系说，阐明了实现刑事责任在三个法律部门(刑法、刑事诉讼法、劳动改造法)中形成的国家与犯罪人之间的权利义务关系，这有助于对刑事责任的深入研究；但此说没有揭示刑事责任形成的法律关系的具体内容，也没有枚举作为刑事责任内涵的各种特征，因而根据此说使人无法真正了解什么是刑事责任。法律责任说，阐明了刑事责任是法律责任之一，同时揭示了刑事责任不同于其他法律责任的特征，这是十分可取的。反对责任说的论者，往往以“责任说违背了概念的定义不能循环的原则”为理由加以责难，我们认为这种责难是不能成立的。诚然，定义的规则之一是定义项中不得直接或间接地包括被定义项，否则就会出现“同语反复”或“循环定义”的错误。“同语反复”即在定义项中直接包括了被定义项，如“生命是有生命的物体的生理现象”。“循环定义”即在定义项中间接包括了被定义项，如“生命是有机体的新陈代谢”，而有机体又需要用生命来说明①。这样的定义当然是没有意义的；但法律责任说的定义并非如此。上述本说关于刑事责任的定义，揭示了刑事责任的“刑事”的特征，而并非在定义项中简单重复“刑事”一词，或所用之词需要再用“刑事”来解释。为什么有些同志指责法律责任说的定义是“同语反复”呢？个别作者说得十分明白：“法律责任说的缺点是明显的，以刑事责任是……责任”这样逻辑结构定义，同义语反复，不可能揭示刑事责任概念的内涵……”②。原来所谓“同义语反复”，是因为定义项的中心词用了“责任”一词。显然，这种指责是不能成立的。根据形式逻辑原理，最常用的下定义的方法就是属加种差定义，即通过揭示邻近的属和种差下定义。正如列宁所说：“下‘定义’是什么意思呢？这首先就是把某一概念放在另一个更广泛的概念里。”③责任或法律责任是比刑事责任更为广泛的概念，是邻近的属，所以“刑事责任是……责任”，采用的是最常用的下定义的方法，完全合乎逻辑，并非什么“同语反复”或“循环定义”。在我们看来，法律责任说这种定义方法是不应当否定的，问题在于定义的“种差”部分即揭示定义的内涵部分是否妥当。就上述定义而言，“种差”部分虽然是正确的，但也有不足之处：如仅提到“审判机关”，这就否定了检察机关的免予起诉是实现刑事责任的形式；又如强调“以刑罚处罚相威胁”，这就否定了非刑罚处理方法的处罚也是实现刑事责任的形式之一。所以，如何给刑事责任下一

① 见《普通逻辑》（增订本），上海人民出版社 1993 年第 4 版，第 123—124 页。

② 赵炳寿主编：《刑法若干理论问题研究》，四川大学出版社 1992 年版，第 3 页。

③ 《列宁选集》第 2 卷，人民出版社 1972 年版，第 146 页。

比较科学的定义，值得认真研究。

我们认为，要给刑事责任下一比较科学的定义，关键是解决好定义中的“种差”问题，正确揭示出刑事责任的内涵，即刑事责任不同于其他责任的特征。在我们看来，这些特征如下：

（一）刑事责任是一种法律责任。“责任”在现代汉语中虽然有多种含义，但在这里的含义只是“没有做好分内应做的事，因而应当承担的过失”①之意。在社会生活中，没有做好分内应做的事，应当承担的责任是多种多样的，如道德责任、纪律责任、法律责任等等。刑事责任是法律责任之一，与道德责任、纪律责任具有根本的区别。道德责任，承担道德的谴责；纪律责任，承担纪律的制裁；法律责任，承担法律规定的强制后果，而刑事责任是一种最严厉的法律责任。

（二）刑事责任是由于实施犯罪行为而产生的法律责任。实施犯罪行为是刑事责任产生的前提；没有实施犯罪行为，刑事责任就不可能产生。“无犯罪则无刑事责任”，是现代刑法公认的原则。刑事责任总是同犯罪行为联系在一起的，这里所说的犯罪行为，不只是犯罪客观方面的行为，而是犯罪的主客观要件的统一。只有实施了犯罪行为，才产生刑事责任。刑事责任是实施犯罪行为的必然结果。

（三）刑事责任是依照刑事法律承担的法律责任。刑事责任是由于实施犯罪行为而产生的，而犯罪是由刑法规定的。刑法既规定了犯罪，同时规定了构成犯罪应承担的刑事责任。实施犯罪行为，就应依照刑法规定承担相应的刑事责任。同时行为人的刑事责任，只有依照刑事诉讼法进行一定的诉讼程序才可能实际承担；不依照刑事诉讼法进行诉讼程序，犯罪人的刑事责任就不可能实现。

（四）刑事责任是由实施犯罪行为的人承担的法律责任。我国

---

① 《现代汉语词典》，商务印书馆 1986 年版，第 1444 页。

刑法坚持罪责自负、反对株连的原则，所以刑事责任是只有实施犯罪行为的人才承担的责任；没有参与实施犯罪，即使与犯罪人有这样或那样的社会关系，也谈不上刑事责任问题。我国刑法原来只规定自然人犯罪的刑事责任，随着商品经济、市场经济的发展，法人犯罪(单位犯罪)的现象日趋严重，因而我国单行刑事法律中陆续规定了一些法人犯罪的刑事责任。这里所说的实施犯罪行为的人，既指实施犯罪的自然人，也包括实施犯罪的法人。

(五)刑事责任是由代表国家的司法机关追究的法律责任。刑事责任是犯罪人向国家所负的责任，它表现了犯罪人与国家之间的关系，国家则由其司法机关代表它追究刑事责任。

(六)刑事责任是以接受刑事法规定的惩罚和否定法律评价为内容的法律责任。刑事责任不是承担一般的惩罚，也不只是承担否定的道德评价，因为它说明不了刑事责任的特有性质。刑事责任是承担刑法规定的惩罚——主要是刑罚惩罚，也包括非刑罚处理方法的惩罚；同时也包括刑法和刑事诉讼法对犯罪行为和犯罪人的单纯的否定法律评价，即免予处罚和免予起诉。至于承担刑法规定的惩罚，自然也包含对犯罪行为和犯罪人的否定法律评价。可以说接受刑事法规定的惩罚和否定法律评价，是刑事责任的本质。

据此，我们认为，刑事责任是基于实施犯罪行为而产生，由代表国家的司法机关追究的，实施犯罪行为的人依法承担的接受刑事法规定的惩罚和否定法律评价的责任。

二、刑罚的概念

刑罚，通常被认为是刑法的两个基本范畴(即犯罪与刑罚)之一。什么是刑罚？在刑法学或刑罚学中，往往都作为专题加以论述。分析这些论述，从中可以得到很多启发，但也发现它们之间还存在一些差别，值得进一步加以研究。概括这些论述，它们的差别约有如下几个方面：

(一)以是否区分广义与狭义为标准，有两种刑罚说和单一刑罚说。两种刑罚说认为，刑罚有广义的刑罚和狭义的刑罚两种。如日本学者冈田庄作说：“刑罚有两种意义。一、广义的刑罚　所谓刑罚指对反社会秩序的一切违法行为的制裁。在此意义上，民法、商法及其他法律中的罚款，诉讼法上的秩序罚、强制罚或公法上的惩戒罚，亦为刑罚。二、狭义的刑罚　所谓刑罚指对一个人犯罪的制裁，国家根据裁判机关剥夺其法益的制度。刑法上的刑罚，指此狭义的刑罚。”①我国台湾地区学者陈朴生、蔡墩铭均采此说。单一刑罚说，认为刑罚只有一种，这就是刑法上的刑罚。绝大多数学者均从此说，适例甚多，兹不列举。我们不赞成两种刑罚说，因为所谓广义的刑罚，实际上并非刑罚，将它称为刑罚，易于造成刑罚概念的混乱。所以，应以单一刑罚说为是。

（二）以定义采用的中心词为标准，有法益剥夺说、法律效果（后果）说、制裁说和强制措施（方法）说。法益剥夺说认为，刑罚是对犯罪人的法益的剥夺。如日本学者西原春夫说：“刑罚是国家对作为犯罪的法律效果科处私人的法益的剥夺。”②法律效果说认为，刑罚是犯罪的法律效果。如我国台湾地区学者刘清波说：“刑罚者，剥夺私人法益，而为犯罪之法律上效果也。”③制裁说认为，刑罚是国家对犯罪人的制裁。如我国台湾学者高仰止说：“刑罚者，乃国家依据刑法法规之明文，以剥夺私人法益为手段，对于犯罪人本身所加公法上之制裁也。”④强制措施（方法）说认为，刑罚是法院依法对犯罪人采取的强制措施（方法）。如《刑法总论》写道：“刑罚是统治阶级以国家的名义，实行惩罚

---

① ［日］冈田庄作：《刑法原论总论》，1934年版，第483页。

② ［日］西原春夫：《刑法总论》，成文堂1978年版，第433页。

③ 刘清波：《刑法概论》，台湾开明书店1981年版，第127页。

④ 高仰止：《刑法总则之理论与实用》，台湾五南图书出版公司1986年版，第441页。

犯罪的一种强制方法。”[①]上述诸说都揭示了刑罚的一些基本特征，均有可取之处；但从全面了解刑罚特征看，或多或少都存在着不足。法益剥夺说虽然揭示了刑罚的重要内容，但法益剥夺毕竟不是刑罚本身。法律效果说揭示了刑罚与犯罪的紧密联系，但法律效果不能说明刑罚的性质，如所周知，在我国刑法中，非刑罚处理方法也是犯罪的一种法律效果。制裁说揭示了刑罚的若干重要特征，但将刑罚归结为制裁，并不妥贴。因为制裁是刑罚的内容，刑罚是一种制裁手段或制裁方法。强制措施(方法)说揭示了刑罚作为惩罚犯罪的强制方法的特性，是值得肯定的；但刑罚的特征未能充分论述，仍嫌不够完善。我们认为，可在强制措施(方法)说的基础上，研究诸说对刑罚的内涵的阐释，综合诸说之长，对刑罚下一比较完善的定义。

(三)以揭示刑罚的特征的个数为标准，有三特征说、四特征说、五特征说和六特征说。三特征说，如试用教材《刑法学》认为，刑罚不同于其他强制方法的特征有：(1)刑罚是各种强制方法中最为严厉的强制方法。(2)刑罚只能对犯罪分子适用。(3)刑罚只能由人民法院依法适用[②]。四特征说，如《刑法教科书》认为，刑罚具有如下特征：(1)刑罚是国家最高立法机关在刑法中规定的强制措施。(2)刑罚只能由人民法院依法行使。(3)刑罚是最严厉的强制措施。(4)刑罚只能适用于犯罪人[③]。五特征说认为，刑罚具有下列特征：(1)刑罚是最严厉的强制方法。(2)刑罚是最高权力机关制定的刑罚方法。(3)刑罚是只能对实施了犯罪行为的人适用的强制方法。(4)刑罚是由特定的国家机关按照法定的程序适用的强制方法。(5)刑罚是特定机关执

---

① 杨春洗等著：《刑法总论》，北京大学出版社 1981 年版，第 211 页。

② 见高铭暄主编：《刑法学》，法律出版社 1983 年版，第 211 页。

③ 见何秉松主编：《刑法教科书》，中国法制出版社 1993 年版，第 388—389 页。

行的强制方法①。六特征说认为，刑罚不同于其他强制措施的特征是：(1)刑罚是由国家最高立法机关确定的强制措施。(2)刑罚是被规定于刑法之中的强制措施。(3)刑罚是由法院适用的强制措施。(4)刑罚是以犯罪人为对象的制裁措施。(5)刑罚是由特定机构执行的制裁措施。(6)刑罚是最为严厉的制裁措施②。上述诸说，比较而言，前两说不够全面，它们所揭示的特征，均为后两说所包含；后两说较为详细，增加了前两说未曾论述的特征，所以当以后两说为可取。后两说则互有短长：五特征说所揭示的特征——按照法定的程序适用的强制方法，为六特征说所忽视；而六特征说所揭示的特征——刑罚是规定于刑法中的强制措施，则为五特征说所遗漏。因而需要采长补短，才能使刑罚的特征揭示得较为完备。同时我们认为，上述诸说均未揭示如下两个特征：(1)刑罚是惩罚犯罪人的强制方法；(2)刑罚是在刑法中赋予"刑罚"名称的强制方法。而这两个特征，也是刑罚区别于其他强制方法的重要特征，不应略而不提。据此，刑罚的特征可以概括为如下几点：

1. 刑罚是国家最高权力机关在刑法中制定的强制方法。规定犯罪和刑罚的刑法是国家的基本法律，世界各国大多是由国家最高立法机关所制定。在我国只有全国人民代表大会及其常委会，才有权制定刑法和其中的刑罚，其他任何国家机关如国务院及其各部委、地方人民代表大会及其常委会等，虽然可以制定经济法规、行政法规、地方性法规及在这些法规中的行政罚、纪律罚等强制方法，但它们都不能制定刑法及其中的刑罚。因为刑罚是严重损害公民权益的强制方法，制定刑法必须采取慎重态度，因而刑法及其中刑罚的制定权，集中由最高权力机关行使，以保

---

① 见马克昌等主编：《刑法学全书》，上海科学技术文献出版社 1993 年版，第 169 页。

② 见邱兴隆等著：《刑罚学》，群众出版社 1988 年版，第 55—57 页。

证刑罚制度的严肃性和统一性。

2. 刑罚是在刑法中赋予“刑罚”名称的强制方法。如上所述，刑罚这一强制方法是在刑法中规定的，但应指出，在刑法中规定的强制方法并非都是刑罚，如我国刑法中规定的判处赔偿经济损失、没收违法所得财物等，虽然也是强制方法，但都不是刑罚。在刑法中规定的强制方法是否刑罚，关键在于它是否在刑法中被赋予“刑罚”的名称。如没收违法所得财物，在我国刑法中未列为刑罚种类之一，所以它不是刑罚；但在日本刑法中，它被列为附加刑(见日本刑法第9条和第19条)，所以在日本刑法中它是刑罚。可见刑罚是在刑法中赋予“刑罚”名称的强制方法。

3. 刑罚是用以惩罚实施犯罪行为之人的强制方法。这一特征有三层含义：(1)刑罚是因犯罪而产生，以犯罪为前提，否则即无刑罚。行为虽然违法但不构成犯罪，可能受到其他强制处分，这些强制处分都不是刑罚。(2)刑罚只能对实施犯罪行为的人适用。对没有参与实施犯罪行为的人，绝不能适用刑罚；虽然实施了危害社会的行为，但由于缺乏刑事责任能力而不构成犯罪的人，也不能适用刑罚。(3)刑罚是用以对犯罪人进行惩罚的强制方法。刑法中之所以设立刑罚，就是为了用以对犯罪人进行惩罚。李斯特是教育刑论的提倡者，但他有句名言：“应受惩罚的不是行为而是行为人”，即他也认为刑罚是惩罚行为人。这是刑罚这一强制方法的重要特征。在这一点上，刑罚与刑事诉讼过程中采取的拘留、逮捕等剥夺自由的强制方法明显区别开来，因为后者不是对犯罪人的惩罚，而是为了保证诉讼程序的正常进行。

4. 刑罚是法院依法(刑事实体法和程序法)裁判科处的强制方法。这一特征也有三层含义：(1)刑罚只能由法院适用，其他任何国家机关包括检察机关和公安机关都不能适用。至于个人所使用的私刑，是非法的，当然不是刑罚。(2)刑罚只能由法院依法适用。所依之法包括刑法和刑事诉讼法：适用的刑罚必须以刑法明文规定为根据，刑法未规定的，法院无权作为刑罚来适用。

同时适用刑罚必须依照刑事诉讼法规定的诉讼程序进行，不经过应有的诉讼程序，法院就谈不到适用刑罚问题。(3)法院适用刑罚只能通过裁判对犯罪人加以科处，这是法院适用刑罚的必要形式；否则，法院就无法实现适用刑罚的权力。

5. 刑罚是由特定机构执行的强制方法。这里所说的特定机构，主要指监狱和其他劳动改造机关，同时也包括人民法院和公安机关。根据刑法和刑事诉讼法的规定，死刑、罚金和没收财产由人民法院执行，“死缓”、无期徒刑和有期徒刑由监狱或其他劳动改造场所执行，管制、拘役和剥夺政治权利由公安机关执行。除此三机关外，其他机关依法对违法行为人执行的强制方法，如海关、工商部门所裁定的罚款或吊销营业执照等，均由其本机关执行，不能称为刑罚。这也是刑罚与其他强制方法区别的标志。

6. 刑罚是最严厉的强制方法。这是就刑罚整个体系而言的，刑罚这种强制方法不仅可以剥夺受刑人的财产、政治权利，而且可以剥夺其自由，甚至剥夺其生命。其他强制方法，如工商行政管理处罚的警告、罚款、停业，治安管理处罚的警告、罚款、拘留，刑事诉讼中的监视居住、拘留、逮捕等强制措施，都不涉及政治权利和生命；虽然涉及人身自由，但时间较短，且无刑罚的法律后果，因而不如刑罚严重。这是因为刑罚是惩罚犯罪行为的，犯罪行为的社会危害程度重于其他违法行为，所以刑罚比起惩罚其他违法行为的强制方法最为严厉。

概括上述特征，可以说刑罚是国家最高权力机关在刑法中制定的赋予“刑罚”名称，用以惩罚实施犯罪行为的人，由法院依法判处、特定机构执行的最严厉的强制方法。据此，可以把刑罚与其他各种强制方法区别开来。

三、刑事责任与刑罚的关系

刑事责任与刑罚是两个不同的概念，但两者有很多相同之处：(1)两者都由国家最高权力机关在刑法中加以规定。我国全国人民代表大会制定的刑法，既规定了刑事责任，也规定了刑罚的种类、体系以及各种犯罪的法定刑。可见刑事责任和刑罚都是最高权力机关制定的，并且都规定在刑法之中。(2)两者都以犯罪为前提。无犯罪则无刑事责任，无犯罪则无刑罚，已成为我国刑法学界的共识。也可以说：犯罪是因，刑事责任和刑罚都是果。尽管可以认为刑罚是由于刑事责任而产生，不是直接由犯罪而产生；但因为刑事责任是由于实施犯罪行为而产生，所以归根结底，刑罚还是犯罪的必然结果。如果从刑法分则的规定看，犯罪与刑罚毕竟表现为直接的因果联系。(3)两者都体现国家与犯罪人之间的法律关系。就刑事责任来说，国家有依法追究犯罪人的刑事责任的权利，犯罪人有依法承担刑事责任的义务；就刑罚而言，国家有依法判处犯罪人刑罚的权利，犯罪人则有依法接受被判刑罚的义务。

刑事责任与刑罚这两个不同的概念的区别在于：(1)刑事责任是一种法律责任，刑罚是一种强制方法。前者表明犯罪人有义务接受国家对他的追究，是法律上的观念形态，因而比较抽象；后者可以对犯罪人实际科处，是能够操作的惩罚手段，因而比较具体。(2)刑事责任是以犯罪人接受刑法规定的惩罚和否定的法律评价为内容，刑罚是以剥夺犯罪人一定的法益为内容。或者说，刑事责任是对犯罪行为和犯罪人的否定的法律评价，刑罚是对犯罪人的法益的剥夺。(3)刑事责任虽然需要通过刑罚来实现，但不限于通过刑罚，它还包括免予处罚、非刑罚处理方法。可见刑罚只是刑事责任的内容之一，刑事责任的内容大于刑罚。所以在刑罚论中，不能不论述非刑罚处理方法，因为它也是刑事责任的内容之一，或者说是辅助刑罚实现刑事责任的一种方法。

刑事责任与刑罚具有密切的关系：(1)刑事责任的存在是刑罚的前提。没有刑事责任，绝不可能适用刑罚，只有存在刑事责任，才可能适用刑罚。因而一般言之，可以说刑事责任的有无决定刑罚的有无。(2)刑事责任的大小与刑罚的轻重成正比。影响刑事责任大小的因素，首先是犯罪行为的社会危害性程度(如杀人罪重于伤害罪)，除此之外，还包含影响行为社会危害性程度的各种情节乃至反映人身危险性的情节。综合上述情况确认刑事责任大的，刑罚就重；刑事责任小的，刑罚就轻。因而可以说刑事责任的大小决定刑罚的轻重。(3)刑事责任主要通过刑罚予以实现。如前所述，刑事责任虽然可以通过其他形式如非刑罚处理方法等来实现，但刑罚毕竟是刑事责任实现的主要形式。在大多数情况下，追究一个人的刑事责任，最终结果就是按照犯罪人刑事责任的大小，判处适当的刑罚。因而可以说，适用刑罚在实现刑事责任中起着特别重要的作用。

第二节　刑罚权的概念和根据

一、刑罚权的概念

刑罚是国家创制、适用和执行的，因此，了解刑罚，就需要研究刑罚与国家的关系，即刑罚权问题。

什么是刑罚权，学者所下定义，并不完全一致。日本学者久礼田益喜教授认为："刑罚权是国家的统治权之一作用的表现，依之国家有对犯罪人科以刑罚的能力，不但没有必要考虑犯罪人是否有服从它的意思，而且不能否认即使国家也不能擅用其刑罚权。"①山冈万之助博士将刑罚权称为刑罚请求权，认为"刑罚请求权系基于犯罪对特定人科以刑罚的国家之权利，故科刑为刑罚请求权的本体，刑罚的内容范围形成刑罚权的内容范围。"②我国

① ［日］久礼田益喜：《日本刑法总论》，岩松堂1925年版，第11—12页。

② ［日］山冈万之助：《刑法原理》，日本大学1937年版，第282页。

学者薛瑞麟教授认为："所谓刑罚权，是指创制和运用刑罚的权力。刑罚权是国家统治阶级所垄断的统治权的重要组成部分，它包括制刑权和运用刑罚的权力。"①陈兴良教授认为："刑罚权是国家基于独立主权对犯罪人实行刑事制裁的权利，是国家权力的外在表现形式之一，是一种国家权力。"②上述定义都揭示了刑罚权的特征，很有参考价值；另一方面也感到均有所不足。久礼田益喜教授的定义，强调刑罚权是对犯罪人科处刑罚的权力，而未涉及刑罚创制权和刑罚执行权，似嫌不够全面；因为科刑虽然是刑罚权的主要内容，但毕竟不能概括它的整体。山冈万之助博士的定义，将刑罚权称为刑罚请求权，概念不够科学；因为刑罚请求权是对犯罪人提起刑事诉讼的权利，它不能代称实体上的刑罚权。薛瑞麟同志的定义，采用列举刑罚权不同表现形式的办法，显得不够概括。陈兴良同志的定义，概括性较强，但用"刑事制裁"一词代替刑罚，似欠准确，因为"刑事制裁"并不限于刑罚③。据此，我们认为，刑罚权是国家基于统治权依法对实施犯罪行为的人实行刑罚惩罚的权力。它具有如下特征：

(一)刑罚权是国家统治权的组成部分。它是一种国家权力，是对犯罪人实行的一种国家强制力；不管犯罪人是否同意，都要接受这种强制。因而所谓刑罚，具有公的性质(公刑)，即代表国家，依法行使。通常所说的私刑，即私人擅自使用的强制方法，不是刑罚，它往往为法治国家所禁止。我国刑法中规定的"刑讯逼供"罪中的"刑"或"肉刑"，指直接施加人犯身体的审讯手段与方法，如捆绑、吊打、非法使用手铐以及其他类似方法，

---

① 何秉松主编：《刑法教科书》，中国法制出版社1993年版，第391页。

② 樊凤林主编：《刑罚通论》，中国政法大学出版社1993年版，第31页。

③ 参见张明楷：《刑事责任论》，中国政法大学出版社1992年版，第128—129页。

是违法擅自使用的强制，并非刑罚，因而为我国刑法明文加以“严禁”。

（二）刑罚权是存在于国家与犯罪人之间的法律关系。换言之，刑罚权是作为科刑主体的国家对受刑主体的犯罪人科处刑罚的法律上的权力。它基于符合法律规定的犯罪事实而发生，在法定的时间内或条件下存在，并且只能依照法律的规定行使。因为国家采用什么强制方法为刑罚，对某种犯罪科处什么刑罚，事先都由法律明文加以规定。如果离开法律的规定或违反法律的规定使用刑罚，就是刑罚的滥用，那是非法的，也就不成为行使刑罚权了。

（三）刑罚权是国家对犯罪人实行刑罚惩罚的权利。刑罚权只能对犯罪人本人行使，如果犯罪人死亡，刑罚权失去行使的对象，就因之而消灭。同时刑罚权是对犯罪人实行刑罚惩罚的权利，它是一种实体上的权利，应当与公诉权加以区别。公诉权（或称求刑权）是诉讼上的权利，即检察机关或被害人依照刑事诉讼程序提起刑事诉讼要求法院对犯罪人定罪科刑的权利。诉讼上的这种刑罚请求，法院虽然大多可能接受，但也可能不接受。在法院接受刑罚请求对犯罪人判处刑罚时，检察机关或被害人的刑罚请求为法院行使刑罚权提供了条件；在法院不接受这种刑罚请求对行为人未确定有罪从而未判处刑罚时，就不发生行使刑罚权问题。所以不应把请求刑罚的公诉权与作为实体权利的刑罚权混为一谈。并且自诉案件的被害人有对被告起诉的权利，亦即有求刑权。如把求刑权作为实体权利的刑罚权，私人也可行使，就与刑罚权只能由国家行使相矛盾。我们把求刑权作为诉讼上的权利而不列为实体刑罚权，原因即在于此。

（四）刑罚权是刑罚创制权、刑罚裁量权和刑罚执行权的统一。在解决刑罚的本质是报应刑还是目的刑时，德国刑法学者迈耶（M. E. Mayer，1875—1923年）提出了被称为“分配主义”的理论。这种理论从他所主张的批判相对主义的立场出发，认为刑罚分为三个阶段，即刑的规定、刑的量定及行刑，与此三阶段相对应，分别具有报应、法的维持和目的刑的意义①。我们认为，迈耶提出的刑罚处罚的三个阶段，实际上是刑罚权实现的过程，也可以是说刑罚权的三种内容，即刑罚创制权、刑罚裁量权和刑罚执行权，它们共同构成完整的刑罚权。所以只有对刑罚权这三种内容一一加以了解，才可能全面了解刑罚权。

1. 刑罚创制权，或称制刑权，指国家立法机关在刑事立法中创制刑罚的权力。其特点是：(1)这项权力只有国家立法机关才能行使，在我国是由全国人民代表大会及其常务委员会行使。(2)创制的刑罚在刑事法律中加以规定，通常是系统地规定在刑法典中，但也可能由单行刑事法律作补充或修改性的规定。(3)创制的刑罚内容很多，其主要内容包括：规定刑种和刑罚体系，规定刑罚的目的、量刑的原则和情节，规定刑罚执行方法和制度，规定刑罚权消灭的事由，规定对各种具体犯罪的法定刑。刑罚创制权不仅包括设定刑罚，而且包括修改刑罚和废除刑罚。修改刑罚可能涉及刑种的变更，提高或降低某种犯罪的法定刑，或者增设对新的犯罪的法定刑。废除刑罚是废除某一刑种，如一些国家废除死刑，或者是废除某一犯罪从而废除它的法定刑。

刑罚创制权解决的是刑罚在法律上的存在问题，这是刑罚具体运用的依据，因而是刑罚权的重要内容。不过它只是静态的存在，虽然也能起一定的警戒作用，但只有具体运用于犯罪人，才有实际意义，这一问题需要刑罚裁量权来解决。

2. 刑罚裁量权，或者叫量刑权或科刑权，指代表国家的法院在认定有罪的基础上对犯罪人是否判处刑罚和判处什么刑罚的权力。其特点是：(1)这项权力只有法院才能代表国家行使，其他任何机关都不能行使刑罚裁量权。(2)刑罚裁量只能在认定有罪的基础上进行，如果确认被告人的行为不构成犯罪，即不发生

---

① 转引自[日]久礼田益喜：《综合主义的刑法理论》，成文堂 1976 年版，第 455 页。

刑罚裁量权问题。(3)是否判处刑罚是刑罚裁量权的首要内容。在确定被告人的行为构成犯罪后，即应裁量是否需要判处刑罚，如果情节轻微不需要判处刑罚或者具有免除处罚情节的，可以宣告免除处罚。(4)判处什么刑罚是刑罚裁量权的关键内容。它包括判处什么刑种、多长刑期或多大数额、是否缓刑和缓刑考验期的长短以及裁量是在法定刑之内判处还是在法定刑之下或之上判处。能否判处恰当的刑罚，是衡量能否正确行使刑罚裁量权的标志。通过刑罚裁量，观念的法定刑，变成对犯罪人的实际的宣告刑，并由此产生现实地执行刑罚的权限。因而可以说刑罚裁量权是刑罚权的核心。日本学者大谷实教授认为，"国家如上所述以维持社会秩序为目的，可能对犯罪科处刑罚。这叫做一般的刑罚权或科刑权。"①这一见解我们并不赞同，但它所表现的对科刑权的重要性的高度评价，却值得我们重视。

3. 刑罚执行权，或者叫行刑权，即特定机构根据法院的判决将对犯罪人判处的刑罚付诸现实执行的权力。其特点是：(1)这项权力由特定的机构执行。在我国由于刑种的不同，执行的机构不尽相同。这些在刑罚的概念中已经阐述，兹不复赘。(2)执行刑罚的根据是法院的判决。没有法院的判决或者法院的判决没有判处刑罚，即不发生刑罚执行权问题。执行死刑还应经过法定的手续核准，并经有关法院院长下达执行死刑的命令后才能执行。(3)执行的必须是刑罚。执行非刑罚处理方法，不是执行刑罚。执行"死缓"和自由刑的监狱和其他劳动改造机关，在执行有关刑罚的同时，还要执行减刑、假释等刑罚制度。具备减刑、假释条件的，应当依法予以减刑、假释，由执行机关提出不同意见，报请有关法院审核裁定。刑罚执行权是刑罚裁量权的延伸，没有刑罚的执行，刑罚的裁量就无法落实。所以有的学者将现实地执行刑罚的权限，称为现实的刑罚权。"基于现实的刑罚权，

---

① ［日］大谷实：《刑法讲义总论》，成文堂1986年版，第481页。

犯人被课以服刑的具体义务。于此，发生具体的权利、义务关系即现实的刑罚法律关系。”①

上述三种刑罚权的具体内容，并不是三种不同的刑罚权而各自独立存在，而是刑罚权的有机组成部分，它们互相联系、互相依存，共同构成刑罚权整体。

二、刑罚权的根据

刑罚权的根据，或称刑罚权的基础，指国家为什么具有科处刑罚的权力，或者说国家科处刑罚的权力的依据是什么？对此，西方学者的见解，可谓众说纷纭，莫衷一是。概括言之，主要有以下几种学说：

(一)神权说，或称神授说、神意说，认为刑罚权系神所授予。此说渊源甚古，我国早在奴隶制时代就有这种思想。夏商周三代的统治者，不仅用“敕天之命”论证其统治权的来源，“在刑法领域也以‘行天之罚’作为现实的刑罚根据，并赋之以神秘的色彩。《尚书·皋陶谟》：‘天讨有罪，五刑五用哉’。”②在西方中世纪，神权说也颇为盛行。奥古斯丁(Augustine，354—430年)提倡“君权神授论”，认为一切权力都来自上帝，刑罚权自然是上帝所赋予。圣保罗(Saint Paul)对刑罚权神授的观点作了更明确的阐述。他说：“我们再也不用去思索刑罚权的渊源，这无非是神的代理人根据保障社会的必要，以惩罚作恶者的一种权利。本来正义与责任是不可分割的两种概念，所以侵害道德规范者必需补偿，才能算是得着正义，如是国家也就有压制这种侵害者的义务。……这些权利和义务是我们的创造主在把握着……政府就只有以代理人的立场，来执行裁判权。人类的法律也只有依

① [日]大谷实：《刑法讲义总论》，成文堂1986年版，第481页。

② 张晋藩等：《中国刑法史新论》，人民法院出版社1992年版，第133页。

据神的法度才能发生强制力；假若政府否认神，那就无异于否认他自己。”①

（二）契约说，或称社会契约说，认为刑罚权的根据在于人们共同订立的契约（或社会契约）。此说由古希腊哲学家伊壁鸠鲁（Epikouros，前341年—前270年）首先提出，17至18世纪为欧洲自然法学派学者进一步加以发展。法国的卢梭是社会契约说集大成的著名学者，意大利的贝卡利亚也是此说的积极主张者。卢梭认为，国家是由社会契约产生的，社会契约以保全缔约者为目的，为了自己的利益得到保障，缔约者同意如果自己侵犯了公众利益，自己愿受惩罚。“正是为了不至于成为凶手的牺牲品，所以人们才同意，假如自己做了凶手的话，自己也得死。”②这说明刑罚权是由人民缔结社会契约时同意才产生的。贝卡利亚用社会契约论进一步明确阐明了刑罚权的根据。他论述说：人们为你争我夺的战争所困扰，无力享受变得空有其名的自由，于是缔结契约，让出各自部分自由，以便享受剩下的那份自由。“由此可见，正是这种需要迫使人们割让自己的一部分自由，而且，无疑每个人都希望交给公共保存的那份自由尽量少些，只要足以让别人保护自己就行了。这一份份最少量自由的结晶形成惩罚权。”③这就明确说明了刑罚权是基于人们相互缔结的契约而产生。

（三）命令说，认为刑罚权的根据在于主权者的命令。此说渊源于英国分析法学的首创者、法理学家奥斯丁（John Austion，1790—1859年）的法律为主权者的命令说。他认为“‘法律’一词或所谓严格意义上的法律，是命令”，如果不服从命令，就会招致惩罚。但他还没有明确提出刑罚权的根据。至1850年俾尔得

① 转引自许鹏飞：《刑罚权之根据》，载《法律杂志》第8卷第1期。

② 卢梭著、何兆武译：《社会契约论》，商务印书馆1980年版，第46页。

③ 贝卡利亚著、黄风译：《论犯罪与刑罚》，中国大百科全书出版社1993年版，第9页。

多(Bertauld)的著作《个人自由论》与《刑法论》两书出版后，这一学说才建立起来。俾氏认为国家有刑罚权是基于国家有命令权。“所谓命令权，就是说有使人们尊重该命令的权利，或者有制裁人们的权利——命令的制裁就是刑罚，所以命令权就是有处罚违反该命令的权利。这就是刑罚权的实在根据。”他在《刑法论》的第一章里说：“主权者宣布法律和执行法律，假若他的命令不能使违犯者发生危险，那么，法律也将不成其为法律，而仅是一种劝告、一种请求，主权者也将不成其为主权者，而仅仅是宗教上的‘传教师’罢了。因为制裁是一切法律的本质，主权的根本，也就系之于‘强制的方策’，刑罚就是这种制裁。……所以合法的刑罚权，是仅在于命令权(法律)的依赖，这就是刑罚的真实的根据、真实的渊源。”①

(四)功利说，或称社会必要说，认为刑罚权是由于社会的利益或社会的必要而存在。英国法学家、功利主义学说的创始人边沁是这一主张的倡导者。他认为，“大自然将人类置于两位国王，即痛苦和快乐的统治之下”②，幸福就是避苦求乐，功利意味着是产生幸福或防止不幸。“个人的伦理以幸福为它的目的，而立法也不能有其他的目的。”③“政府的职责是以奖惩办法提高社会的幸福。……根据危害幸福的行为及其犯罪之程度便可对它提出惩罚。”④刑罚权就是根据维护幸福的实在利益而产生的。

德国法学家、目的法学的创始人耶林(R. V. Jhening，1818—1892年)也是此说的主张者。他认为人类的行为都要受一定的目的支配。目的有两种，即个人目的和社会目的，前者以利己为根据，后者以利他为根据。要使利己和利他、个人和社会相

---

① 转引自许鹏飞：《刑罚权之根据》，载《法律杂志》第8卷第1期。

②③④ 《西方法律思想史资料选编》，北京大学出版社1983年版，第484、495、490页。

结合，法律就是促进这种结合的手段。而法律必须具有强制性，“法律通过‘报酬’的手段对人类的权利加以规定，通过‘制裁’的手段强制人类履行义务，就能够实现上述的结合。”①刑罚权就是为了实现个人利益与社会利益相结合的目的而存在的。

（五）纯正正义说，认为刑罚权的根据在于正义的要求。此说为德国著名哲学家康德、黑格尔所主张。“其要领略谓吾人有正义之观念，要求对不正加以相当之责罚而赎罪。故社会对犯罪科处刑罚系应此正义之要求。”②康德把对法律的研究建立在什么是公正的科学、什么是公正等研究之上，认为公正的正义是刑罚产生的根据。在他看来，杀人者必须处死，犯罪者必须受到惩罚，否则，“社会就没有公正和正义，那么在这个世界上人类的生命就没有什么价值了”③。黑格尔认为，犯罪是对法的否定，刑罚是对犯罪的否定，所以刑罚不过是否定之否定。对作为现象刑罚的种种考虑，“都假定以刑罚是自在自为地正义的这一点为基础”④，“就正义的实存形式来说，它在国家中所具有的形式，即刑罚”⑤。这表明在以正义为刑罚权的根据上，他与康德的观点实质上是相同的，尽管论述各有特点。

（六）社会防卫说，认为刑罚权是为防卫社会免受犯罪的侵害而设立。此说为实证学派的学者所倡导，因而也被称为实证派。刑事人类学派的创始人龙勃罗梭即从这种观点立论说明刑罚权的根据。他说：“野兽食人，不必问其生性使然，抑故尔作恶；吾人遇之，必毙之而已。禁锢疯犯，亦同此自卫原理。……

---

① 见张宏生等主编：《西方法律思想史》，北京大学出版社 1990 年版，第 350 页。

② 见［日］久礼田益喜：《日本刑法总论》，彭松堂 1925 年版，第 15 页。

③ 《西方法律思想史资料选编》，北京大学出版社 1983 年版，第 424 页。

④⑤ 黑格尔著、范扬等译：《法哲学原理》，商务印书馆 1982 年版，第 102、103 页。

刑罚必从自卫立论，方可无反对之地。”[①]菲利虽然也认为刑罚是为防卫社会而存在，但在他看来，“用暴力来矫正暴力总不是一种好办法”[②]，因而提出一些刑罚的替代措施。嗣后，比利时刑法学者普林斯(Prins，1845—1919年)大力提倡社会防卫论，其关于刑罚权根据的观点也属此说。

(七)折衷说，或兼采纯正正义说和社会必要说，或兼采社会防卫说与纯正正义说。前者主张“刑罚权的发生原由于正义的要求，但现实应否加以刑罚制裁，当依社会的必要而定。”[③]后者主张刑罚权的发生，固然来自防卫社会；同时不能忽视法律是以正义为基础。刑罚科处一个犯人，不仅基于该行为危害社会的生存，而且也在于正义的实现。所以刑罚的执行，不只是防卫社会免受犯罪的侵害，尤应满足社会的一种本能感应——正义，这才是刑罚权的整个根据[④]。

如何评价上述诸说呢？我们认为神权说当然有它产生的背景，从科学的观点看来显然是荒谬的。如所周知，神是人创造的，超自然的神是不存在的，统治者宣扬神赋予国家以刑罚权，不过用以欺骗人民，巩固他们的统治罢了。同时这种主张易于使个人自由遭受损害，因为它使政府可以假借神的意志，任意剥夺人民的自由权利。契约说在反对封建专制的斗争中曾经起过积极作用，但它不符合客观的历史事实，已为现代一般学者所公认。历史证明：国家不是根据人们相互缔结的契约而产生的，而是阶级斗争不可调和的产物，因而契约说不能说明刑罚权的根据。命

---

① 刘麟生译：《朗伯罗梭氏犯罪学》(二)，商务印书馆1929年版，第139—140页。

② [意]菲利著、郭建安译：《犯罪社会学》，中国人民公安大学出版社1990年版，第78页。

③ [日]久礼田益喜：《日本刑法总论》，岸松堂1925年版，第15页。

④ 见许鹏飞：《刑罚权的根据》，载《法律评论》第8卷第1期。

令说，从它的渊源说，法律为主权者的命令这一命题就不科学。因为法律是经过法定程序表现的统治阶级的意志，并非主权者的一般命令。并且刑事制裁也不是法律的本质，何况除一部分法律附有刑事制裁外，其余的法律并没有这种制裁。同时，命令说对主权者为什么享有刑罚权，并没有给予回答，因而也就没有阐明刑罚权的根据。功利说，用社会的现实利益来论证刑罚权的根据，较之以上诸说确有进步，因为刑罚权的产生是有功利上的根据的，但它并未给以科学的说明。因为它只是抽象地用个人的幸福和痛苦、实现个人利益与社会利益相结合的目的来阐明刑罚权的产生，而丝毫没有涉及刑罚是阶级统治需要的产物。这不仅不能阐明刑罚权的根据，而且将刑罚权的阶级本质完全掩盖起来。纯正正义说，从正义上寻找刑罚权的根据，有其一定的道理，因为犯罪是危害社会的恶，是非正义的，惩治犯罪的刑罚自然是基于正义而发生。但正义不是抽象的，在阶级社会里，统治者认为是正义的，被统治者可能认为是非正义的；或者相反，统治者认为是非正义的，被统治者可能认为是正义的，因而用抽象的超阶级的正义不能阐明刑罚权的真实根据。社会防卫说，从社会与犯罪人的关系立论，接触到问题的实质，这是值得肯定的；但它把犯罪人看作是一切对社会造成或可能造成危害的人，而不问其主观上是否有罪过，这有悖于现代刑法的责任主义原则。同时它所说的社会，是离开阶级统治的社会，它所说的社会防卫，并非统治者对侵犯其统治的防卫，所以也就无法真正阐明刑罚权的根据。折衷说把刑罚权的根据建筑在两重基础之上，即或者建筑在纯正正义说与功利说的基础之上，或者建筑在社会防卫说与纯正正义说的基础之上；但如上所述，这些学说虽各有所长，却都回避了国家的阶级本质和统治权，所以折衷说并没有克服这些学说的缺陷，因而未能对刑罚权的根据作出科学的说明。

那么，如何阐明刑罚权的根据呢？我们认为，只有根据马克思主义才能作出科学的解释。刑罚权是国家统治权的一部分，是一种法律现象。要了解刑罚权的根据，就不能不了解统治权的产生和法律的本质。马克思主义告诉我们，国家不是从来就有的，它是在社会划分成阶级的时候，在剥削者和被剥削者出现的时候才出现的。“所以，它照例是最强大的、在经济上占统治地位的阶级的国家，这个阶级借助于国家而在政治上也成为占统治地位的阶级，因而获得了镇压和剥削被压迫阶级的新手段。”①可见统治权是最强大的、在经济上占统治地位的阶级在阶级斗争中战胜敌对阶级夺取政权后取得的，统治阶级利用这种权力，镇压敌对力量，保护统治者的利益不受侵犯。为此，统治者将他们的意志，通过立法机关制定为法律。“法律就是取得胜利并掌握国家政权的阶级的意志的表现。”②作为统治权的一部分的刑罚权，也是最强大的阶级在阶级斗争中战胜敌对阶级夺取政权后取得的，并经过立法程序在刑事法律中加以规定。

刑罚权虽是国家统治权的一部分，但毕竟有它的特殊性，即它是制裁犯罪人的一种权力。这种权力的根据是什么呢？马克思指出：“刑罚不外是社会对付违反它的生存条件(不管这是些什么样的条件)的行为的一种自卫手段。”③由此可见：1. 刑罚是社会对付违反它的生存条件的行为的，违反社会生存条件的行为即犯罪，是先于刑罚而存在的；2. 刑罚是社会的一种自卫手段，是为了制止犯罪的侵犯而出现和使用的；3. 由于社会是划分成阶级的，所以刑罚总是社会上居于统治地位的阶级，用以维护自己统治的生存条件的。据此我们认为，统治阶级为了对付违反它的生存条件的行为而进行自卫，这才是刑罚权的根据。但仅仅说到这里还是不够的，因为还没有对“它的生存条件”作出应有的解释。所谓“它的生存条件”也就是该社会(即该社会的统治阶

① 《马克思恩格斯选集》第4卷，人民出版社1972年版，第168页。
② 《列宁全集》第16卷，人民出版社1988年版，第292页。
③ 《马克思恩格斯全集》第8卷，第579页。

级)所存在的经济基础。作为法律现象的刑罚权，也必须由它所存在的经济基础来说明。马克思说："法律应该是社会共同的、由一定物质生产方式所产生的利益和需要的表现，而不是单个的个人恣意横行。"①所以刑罚权的根据，归根结底，还在于一定的物质生产方式所产生的利益和需要。一定的生产方式本身发生变化，或者一定的生产方式产生的利益和需要发生变化，刑罚权(其主体和内容)也会跟着发生变化。所以刑罚权也不是统治者的恣意横行，谁违反这一规律，谁就会受到历史的惩罚。

第三节 刑罚的本质

一、关于刑罚本质的学说

日本学者正田满三郎在谈到关于刑罚本质的争论时说："……围绕刑罚的本质是否报应，从上世纪末到本世纪初在德国展开激烈的争论，即使在我国从目的刑论(抑止刑论)对报应刑论的批判，锐意主张以教育刑论为中心，是众所周知的。"②这就是说，西方学者关于刑罚本质的争论，主要是报应刑论与目的刑论的对立。这种对立系以刑罚存在的理由是什么为标准而展开的。

(一)报应刑论。认为犯罪是一种恶行，刑罚是对犯罪这种恶行还报的一种害恶。"在这个意义上，刑罚的本质是报应，与伦理上无色的社会防卫措施的保安处分相区别。"③善因善报，恶因恶报，是这种主张的理论基础，刑罚就是对犯罪这种恶因所给予的恶报。由于报应刑论认为，刑罚的科处应绝对以犯罪为其法

---

① 《马克思恩格斯全集》第6卷，第292页。

② [日]正田满三郎：《刑法体系总论》，良书普及会1979年版，第363页。

③ [日]吉川经夫：《改订刑法总论》，法律文化社1974年版，第287页。

律上的原因，此外绝不应追求任何目的，因而被称为绝对主义。

近代的报应刑论，由康德发其端，经过黑格尔，至宾丁大致完成。

康德基于形而上学展开绝对的报应刑论。他认为人是有理性的，人的意志是自由的，犯罪是有自由意志的人违反理性的绝对命令的行为，国家依据法律用刑罚予以抑制，即给犯罪人以害恶的报应。在他看来，对犯罪科处刑罚是人类理性的当然要求，并且是基于正义的要求；刑罚只能由于他犯了罪的理由才能予以科处，而不能是为了其他的目的。他说："法院的惩罚绝对不能仅仅作为促进另一种善的手段，不论这是对犯罪者本人或者公民社会都如此。惩罚在任何情况下，必须只是由于一个人已经犯了一种罪行，才加刑于他。因为一个人绝对不应该只作为一种手段去达到另一个目的……"①。康德从惩罚的平等原则出发，将他的报应刑归纳为"同害报复"。据此他认为，如果你诽谤了别人，就是诽谤了自己；你打了别人，就是打了自己；你杀了别人，就是杀了自己。所以科刑应当依照同害报复原则进行，即"以眼还眼"，"以牙还牙"，"以血还血"。他主张即使一个公民社会由各成员同意而宣告解散，在解散前，如果监狱中尚有一个宣告死刑的谋杀犯，也应该将他处死，然后再行解散。他指出："应该这样做的原因是每一个人都可以认识到自己言行有应得的报应"②。由此康德的报应刑被称为等量报应刑。

黑格尔从辩证法的观点阐述绝对的报应刑论。他认为犯罪是理性人的自由意志的产物，所以人要对自己所实施的犯罪行为负责。同时犯罪不仅是对单个权利的侵害，而且"否定了作为法那样的法"，即否定一般的法律秩序，为了恢复法律秩序，这就需要刑罚。他说："对无犯意的民事上不法，不规定任何刑罚，因

---

①② 引自《西方法律思想史资料选编》，北京大学出版社 1983 年版，第 424、425 页。

为在这里并无违法的意志存在。反之，对诈欺就得处以刑罚，因为这里的问题是法遭到了破坏。”①从法的角度看，犯罪是对法的否定，刑罚是对犯罪的否定，所以刑罚是法之否定的否定，这样刑罚就使法律本身回复了原状。正是通过刑罚对犯罪的扬弃，表示了犯罪的无价值性，显示出法的有效性。他还认为以刑罚抑制犯罪，在概念上是对侵害的侵害，在这个意义上刑罚是报应；但这种报应不是单纯的同害报复，而应具有“适应侵害价值的相等性”。他说：“犯罪的扬弃是报复，因为从概念上说，报复是对侵害的侵害，又按定在说，犯罪具有在质和量上的一定范围，从而犯罪的否定，作为定在，也是同样具有在质和量上的一定范围。但是这一基于概念的同一性，不是侵害行为特种性状的等同，而是侵害行为自在地存在的性状的等同，即价值的等同。”②所以黑格尔的报应刑被称为等价报应刑。

宾丁（K. Binding，1841—1920年）基于规范说展开绝对的报应刑论。他认为犯罪是违反规范，刑罚法规对规范违反行为规定具体的法律后果，此即国家刑罚权的根据之所在；刑罚对否定规范的犯罪再否定，旨在维持法律秩序。他主张各个刑罚权的内容应当与犯罪的分量立于一定的关系，即犯人由科刑所受痛苦的大小，应当与法律秩序因犯罪所受损害的大小成正比。详言之，法律秩序由犯罪所受的损害大，犯人由刑罚所受的痛苦也应当大；反之，法律秩序由犯罪所受的损害小，犯人由刑罚所受的痛苦也应当小。他从维持法律秩序的见地出发，主张报应刑论，因而他的报应刑论被称为法律的报应主义③。

德国报应刑论与目的刑论的争论，给日本刑法学界以很大影响。在日本也有一些主张报应刑论的学者，其中最彻底的报应刑

---

①② ［德］黑格尔著、范扬等译：《法哲学原理》，商务印书馆1982年版，第95、45页。

③ 见［日］太谷实：《刑法讲义总论》，成文堂1986年版，第30—31页。

论者是大场茂马博士。在他看来，“‘刑罚是作为对犯罪(罪责)的报应加于行为者的痛苦’，必须是‘正义报应’，即‘对行为者欲为的意思与其所为的行为的正当的报应’。不要将此与刑法的目的，即‘保护生活利益与维持法律秩序’相混同。”①他坚持刑罚的本质只能是报应。

(二)目的刑论。认为刑罚并非对犯罪的报应，而是预防将来犯罪，保护社会利益的手段。换言之，刑罚对犯罪人科处，不是以已然之罪为绝对的原因，而是另有目的——预防未然之罪，保护社会利益，因而被称为相对主义。目的刑论，也称保护刑论，或社会防卫论。“目的刑论一词，用来与报应刑论相对立使用时，往往仅指特别预防论。”②我们认为在这种意义上的目的刑论，应当首先提到龙勃罗梭，尽管他没有用过目的刑一词，但他的观点却是属于目的刑论的。

龙勃罗梭最早提出社会防卫的观点。认为犯罪是对社会的侵害，刑罚是社会防卫的手段，必从社会自卫立论，才没有反对的余地。换言之，为了保护社会的利益，国家必须对犯罪人科处刑罚。他主张不能把报应作为惩罚的根据，科处刑罚的目的是为了行为人将来不再犯罪。所以施罚应根据行为人的不同情况来确定：对“生来犯罪人”应终身监禁或适用死刑，以免他们重新犯罪。对惯常犯罪的人，应与“生来犯罪人”同样处理。对患有激情性精神病和偶发性精神病的犯罪人可以判处罚金；对患有精神病的老年和少年犯罪人，应送农场或感化院。他积极提倡特别预防，而反对一般预防，认为对犯罪人判处刑罚，对一般人不会产生威吓的效果，也没有理由去威吓他人。

李斯特被认为是最先提出目的刑概念的著名学者。1882年

---

① 引自[日]大塚仁：《刑法中新旧两派的理论》，日本评论社1983年版，第178页。

② [日]石原一彦等编：《现代刑罚法大系Ⅰ》，日本评论社1984年版，第41页。

他在马布克大学作了以“刑法的目的观念”为题的讲演，这个讲演被誉为是一篇划时期的论文。在论文中，他具体地展开了耶林(Jhering，1818—1892年)主张的目的思想，在目的意识的法益保护上求刑罚客观化的方向。他反对报应刑论，力主目的刑论，认为刑罚是以预防再犯防卫社会为目的。为此，他主张以犯罪反复的强弱为标准将犯罪人加以分类，根据犯罪人的不同情况，给以不同处遇以防再犯。他把犯罪人分为机会犯罪人和惯习犯罪人，惯习犯罪人又分为改善可能者与改善不可能者。对机会犯罪人应处以罚金刑，因为他是在外部影响下犯了罪，几乎没有同样犯罪反复的危险。对改善可能者，可处以自由刑进行改造，使习惯于正常生活成为普通人而复归社会。对改善不可能者，处以终身监禁刑或者死刑，使之永久与社会隔离，以免危害社会。他的这种以犯罪人的性格和心理状况为标准，个别确定刑罚的见解，称为刑罚个别化(特别预防论)，是他在刑法学上的一大贡献。

目的刑论继续向前发展，一部分学者如李普曼(M. Liefmann,1869—1928年)、兰扎(V. Lanza，1869—1929年)特别重视用刑罚改善犯人，认为改善不可能的犯罪人，最多不过是难以改善，并非不必要改善，主张刑罚应当是对所有的犯罪人进行改善、教育，使之适应正常的社会生活而复归社会。这种观点称为“改善刑论”或“教育刑论”，它仍然属于目的刑论的范畴。

在日本，牧野英一是支持目的刑论学者中最著名的学者。在关于刑罚的基础问题上，明确表示，他舍弃报应刑论，采取目的刑论。认为报复是人们的本能，但仅以本能之故并非就正当；深信对刑罚来说，预防不可能不成为它的目的。他说：“刑罚的目的，毕竟是犯人的改善，换言之是教育。虽然无庸讳言它是一种特别的教育，然而是使犯人的人格适应社会生活的方法，即教育的方法。”①可见牧野更进而支持教育刑论。

---

① 引自[日]大塚仁：《刑法中新旧两派的理论》，日本评论社1983年版，第182页。

(三)并合论，又称综合主义或折衷主义，也被称为“相对的报应主义”。即一方面承认刑罚是对犯罪的报应或正义的报应，同时主张刑罚具有双面预防的目的或一般预防的目的。后期古典学派的学者如迈耶等，固属此说；即使前期古典学派的代表人物如贝卡利亚、费尔巴哈，实质上亦属此说，因而将他们的观点，放在这里阐述。

贝卡利亚认为，刑罚存在的根据是社会契约，使罪犯受到惩罚的权利属于全体公民或属于君主，只有法律才能为犯罪规定刑罚，超越法律限度的刑罚就不再是正义的刑罚，对犯罪最强有力的约束力是刑罚的必定性。他主张刑罚与犯罪相对称，认为“刑罚不但应该从强度上与犯罪相对称，也应从实施刑罚的方式上与犯罪相对称。”①这些见解表现了他的绝对主义的倾向；同时他并不认为刑罚只是对犯罪的报应，而是另有目的。他说：“刑罚的目的既不是要摧残折磨一个感知者，也不是要消除业已犯下的罪行。……刑罚的目的仅仅在于：阻止罪犯再重新侵害公民，并规诫其他人不要重蹈覆辙。”②即刑罚具有特别预防和一般预防的目的。

费尔巴哈严格区别法与道德，认为犯罪不是违反道德，而是违反法律的行为，犯罪的尺度是由犯罪所生的对社会造成的损害。一个人所以犯罪，是由于追求实施犯罪所带来的快乐；刑罚是国家通过法律规定的按照客观标准对犯罪人所施加的制裁，制裁自然是一种痛苦。为了防止犯罪，应当使一般人预先知道因犯罪而受刑的痛苦，大于因犯罪所得到的快乐，从而抑制其心理上产生犯罪的意念。这就要求：什么行为是犯罪、什么犯罪应处什么刑罚都必须事先由法律明文加以规定(罪刑法定主义)。依照心理强制说，刑罚意味着威吓，费氏从威吓刑的立场出发，主张一般预防论，认为在法律中规定刑罚的目的，在于警告社会上可能成为犯罪者的人不要实施犯罪行为。至于具体犯罪发生后，对

①② 贝卡利亚著、黄风译：《论犯罪与刑罚》，中国大百科全书出版社1993年版，第57—58、42页。

犯罪人判处刑罚，不过是显示刑罚预告的真实性，只具有第二位的意义。可见虽然费尔巴哈的如下观点，即 1. 刑罚是一种痛苦。2. 刑罚是对已然罪行的回报等与报应刑论相一致；但他承认刑罚具有一般预防的目的，因而“可以说，实际上，刑罚是以传统的报应主义与一般预防主义相结合的形式实现的。”①

迈耶是后期古典学派的代表人物之一。如前所述，在刑罚论中，他提出了所谓“分配理论”，即认为刑罚分为刑的规定、刑的量定及行刑三个阶段，此三阶段分别具有报应、法的维持和目的刑的意义。详言之，立法者对轻重不同的犯罪规定相应的轻重不同的法定刑，具有报应的意义；法官审判时对行为人的行为是否构成犯罪依法予以确认和量定刑罚，具有维持法律的规定和尊严的意义；行刑机关根据法律和政策对服刑人实行教育改造，使之复归社会，具有预防的意义。这种理论既坚持报应刑论的观点，同时承认刑罚的特殊预防的目的，被认为是后期古典学派中分配理论的先驱。

在日本支持并合论的学者较多，植松正教授的观点可称此说的代表。他说：“刑罚的本质是报应还是改善(教育)，虽然存在学说上的争论，但报应与改善决不是二者择一的排他关系。报应是刑罚的本质的核心，改善是刑罚的重要机能之一，两者不是互相排斥的观念，是出色的并存的思想。不，勿宁说只有使两者并存，刑罚的真正价值才能发挥。”②这里植松教授将报应刑论与目的刑论明确地并合在一起。

二、对刑罚本质学说的评析

西方学者对刑罚的本质是从刑罚的存在理由或刑罚的正当化的根据的角度来说明的，与我们对本质的理解有所不同。这里只

---

① ［日］藤木英雄等编：《刑法的争点(新版)》，有斐阁 1987 年版，第 7 页。

② ［日］植松正：《刑法概论 I 总论》，劲草书房 1974 年版，第 32 页。

就他们的学说加以评述。

(一)对报应刑论的评析

康德、黑格尔和宾丁的报应刑论，共同的观点是：1. 科刑应当根据法律。2. 科刑绝对以犯罪为其法律上的原因。3. 刑罚应当与犯罪相均衡。这些观点有其可取之处，也有严重的缺陷，我们应当一分为二地予以评价。它们的可取之处在于：1. 科刑应当根据法律，是对罪刑擅断主义的否定。中世纪封建刑法，实行罪刑擅断主义，法官或君主不顾法律规定，按个人意志随意定罪科刑，肆意侵犯人民的权利。依法科刑，对法官量刑给予一定限制，有利于对人民权利的保护。2. 科刑只能以犯罪为法律上的绝对原因，不能追求另外的目的。这是绝对报应刑论的核心观点。从其积极意义上看，有罪必罚，无罪不罚，使无罪之人不受刑罚处罚，可以避免罚及无辜。3. 刑罪相称，即重罪重判，轻罪轻判，罚当其罪，不枉不纵，体现了刑罚公正的原则，直至今日仍然具有意义。4. 从阐明刑罚的本质看，报应刑论应当说有一定的道理。因为他们所谓刑罚的本质，如前所述，是指刑罚的存在理由或刑罚正当化的根据。他们认为，刑罚就是为了报应已然之罪才存在；没有已然之罪，刑罚也就失去了存在的理由。就此而言，应当说是无可非议的。

报应刑论的严重缺陷在于：1. 否认刑罚的目的，与国家设立刑罚的本意不符。国家制定法律，规定刑罚，并非单纯为了对犯罪给予报应，而是为了维护统治阶级的利益和法律秩序。刑罚确实是为了对付犯罪才存在的，但不能因此否定它另有目的。2. 否认刑罚的目的，实际上与绝对报应刑论本身的观点也不尽一致。黑格尔主张的犯罪是对法的否定，刑罚是对犯罪的否定即否定之否定，其意义是国家用刑罚对否定法律的犯罪加以否定，使法律本身恢复原状，即使被侵害的法律秩序得以恢复，这实际上就是黑格尔所未说出的刑罚的目的。至于在宾丁的报应刑论中，刑罚具有维持法律秩序的目的就更明显了。3. 有罪必罚，“谋杀人者必须处死”，这些观点过于绝对化。因为实际上由于各种各样的原因，有罪以不罚为宜，谋杀者以不处死为妥，这在社会生活上是并不少见的。康德在其著作中曾以参与谋杀案的人数甚多，不能通过刑场上一大堆尸体来展示正义为例，说明在这种情况下必须允许对那些 罪犯不判处死刑。这实际上是对他们所主张的上述原则的修正。4. 将刑罚的本质和刑罚的目的对立起来，也欠妥当。刑罚的本质是刑罚的存在理由或刑罚正当化的根据，刑罚的目的是适用刑罚所希望达到的效果，两者并不是互相排斥的；否定刑罚的目的，会使刑罚不能很好地发挥其应有的作用。随着时代的发展，绝对报应刑论愈益显出不能适应社会的要求，因而现在这种主张已很少见了。

（二）对目的刑论的评析

现代学派的目的刑论具有如下共同的观点：1. 刑罚不是对犯罪的单纯的报应而是另有目的。2. 刑罚的目的是特别预防。3. 刑罚的对象是具有危险性格的人。4. 主张刑罚个别化。目的刑论的这些观点给近代刑法和近代刑法学以很大的影响。它的贡献在于：1. 摒弃报应刑论的否定刑罚目的的错误。主张刑罚不应是对已然之罪的报应，而是为了防止发生未然之罪而科处，即刑罚不应是回顾过去，而应是面向未来。2. 目的刑论强调特别预防，主张适用刑罚的目的是使犯人将来不再犯罪，能适应社会生活而复归社会。由此出发，他们提出一些使服刑人尽快复归社会的刑事政策，如累进处遇制、限制短期自由刑、对少年犯和累犯的特殊处遇等，促进了刑法制度的现代化。3. 主张犯罪人的性格如何，是科刑的最重要的标准，将刑罚处罚的中心由行为转为行为人。从而将传统的只研究行为的刑法，转而注意对行为人的研究，使刑法理论产生巨大变化。4. 由于强调科刑的标准是犯罪人的性格，而人的性格、情状各不相同，所以科刑必须根据行为人的不同情况区别对待，才能达到特别预防的目的。因而他们提出的刑罚个别化原则得到广泛的承认，以致成为现代刑法中几乎被公认的量刑原则之一。

同时目的刑论也存在严重的缺陷，这表现在：1. 强调特别预防，忽视一般预防。目的刑论者从特别预防的目的出发，只注意刑罚对犯罪人的淘汰、隔离和改善的作用，而忽视一般预防，置警戒社会上有犯罪倾向的人远离犯罪于不论，表现了他们在刑罚目的见解上的片面性。有的学者如木村龟二对此为目的刑论辩解，认为目的刑论者也重视一般预防，但这只是辩解者的观点，目的刑论的倡导者并非如此。以社会防卫为目的的目的刑论者龙勃罗梭就明确表示反对一般预防，因而这种辩解不符合事实。2. 在科刑标准上否定行为标准，实际上是放弃了量刑的客观标准，这必然导致量刑上的主观随意性。因为行为的危害大小是客观的，易于掌握，而行为人危险性格的大小是主观的，难于把握，因而它很容易为司法专横者所利用，成为他们肆意侵犯人权的口实。3. 教育刑论强调刑罚的教育作用，虽然有可取之处；但把刑罚归结为教育刑，则掩盖了刑罚的真实性质。刑罚总是惩罚犯罪的方法，它以剥夺犯罪人一定的权益为内容，有些刑罚(如自由刑)虽然可能伴之以教育，但那是在人身受到强制下进行的，换言之，也是以强制为前提的。离开刑罚的强制，片面强调教育、改善，刑罚就很难发挥其应有的作用。4. 刑罚的本质能否说成是预防或教育，值得探讨。目的刑论者反对报应刑论，认为刑罚的适用有其目的，但他们并未明确提出刑罚预防犯罪或防卫社会的目的就是刑罚的本质，只是后来的学者把刑罚的本质归结为报应刑论与目的刑论之争，然而大多没有把目的刑论的目的直接说成是刑罚的本质。与一般学者不同，木村龟二教授明确提出，在自然事实上，本质与目的应加区别，而在文化事实上，“其本质、概念与目的处于不可分的关系，其本质就是目的，目的就是本质，它的概念不可能在目的论的概念以外。例如通货，有货币、纸币、银行券，其他等等，在性质、形态、重量上虽然各不相同，但离开对它们的定义——国家作为交换的媒介物而付与强制通用力这一目的，就不可能理解它的本质、概念。可是刑罚不是单纯的自然事实，而是包含着人的意思、目的、价值的文化事实，从而刑罚的本质、概念，当然不能与其目的相分离来把握。……所以首先必须认识：刑罚的本质问题，同时就是它的目的问题。”①我们认为这种论断是不能成立的，即使在文化事实上，本质和目的也不能等同。以木村教授所举的通货为例，他认为国家作为交换的媒介物而付与强制通用力这一目的，就是通货的本质，其实不然。根据政治经济学理论，通货的本质是价值的一般代表，它与通货的目的毕竟是不同的范畴。因而我们对木村教授的结论，难以赞同。

（三）对并合论的评析

贝卡利亚和费尔巴哈的刑罚理论，在历史发展上先于康德和黑格尔，有的学者将他们放在启蒙思想家中论述，有的在相对主义或初期目的刑主义标题下，在报应刑论之后新派目的刑论之前论述。考虑到他们兼有报应刑论与目的刑论的观点，因而放在并合论里阐述。

贝氏和费氏的刑罚理论中颇有一些报应刑论的观点，如认为刑罚的对象是已然的犯罪行为，科刑的标准是行为对社会造成的危害，科刑的原则是刑与罪相均衡，刑罚的内容是痛苦等均属之；同时他们承认刑罚另有一般预防和特别预防的目的或另有一般预防的目的，因而被称为相对的报应刑论或初期的目的刑主义。他们的许多观点为近代刑法学所接受，有些观点如刑与罪相称成为近代刑法学的基本原则之一，刑罚的一般预防和特别预防被公认为刑罚的目的，因而他们被誉为近代刑法学的奠基人或“近代刑法学”之父。他们的不足是：只注意研究刑罚与犯罪行为的关系，而忽视研究刑罚与犯罪人的关系；只强调刑与罪相适应，而忽视刑罚的个别化。我们认为，这些不足是与当时的历史

① ［日］木村亀二：《刑法总论（增补版）》，有斐阁1984年版，第38页。

条件相联系的，它掩盖不了他们理论的光辉，所以从总体上还是应当给予肯定的评价。

至于迈耶的分配理论、大场的并合论，都是在报应刑论与目的刑论长期争论之后出现的，他们力图调和两者之间的矛盾，代表了两者互相渗透的综合主义倾向；但他们的观点还是难以令人满意。迈耶的分配理论是不符合实际的，刑的量定，既是对已然犯罪的惩罚(或者说报应)，同时也有特别预防与一般预防的目的，并非像迈耶所说只是法的维持。行刑，既是实现对犯罪的报应，也有警戒世人勿蹈覆辙的目的，也并非如目的刑论所主张的只有特别预防的目的。大场认为报应和改善不是互相排斥的观念，但他没有说明改善(或教育)是不是刑罚的本质(只说改善是刑罚的重要机能之一)，对刑罚本质的争论没有给予科学的说明。

我们认为，了解刑罚的本质，首先应当了解什么是本质。根据马克思主义哲学，“本质是事物的内部联系。它由事物的内在矛盾构成，是事物的比较深刻的一贯的和稳定的方面。……本质从整体上规定事物的性能和发展方向”①。刑罚的本质指刑罚本身所固有的、决定刑罚之所以成为刑罚的根本方面。从刑罚本身看，它是任何刑罚方法所具有的，而不论这种刑罚方法表现为什么刑种(如是罚金或者是死刑)；从刑罚与其他强制方法的关系看，它是刑罚所特有的，是区别于其他强制方法的内在属性。据此，关于刑罚的本质的争论，相对而言当以报应刑论为可取。说刑罚的本质是报应，即刑罚是对犯罪的报应，这一本质是刑罚本身所固有的，刑罚就是报应已然之罪的，没有已然之罪就不可能有刑罚，“无犯罪则无刑罚”是近代刑法公认的原则；同时，说刑罚是对犯罪的报应，也可以将刑罚与保安处分区别开来，因为保安处分虽与犯罪有联系，但它不是对犯罪的报应，而只具有预防的性质。可见说刑罚的本质是报应，确有一定道理。只是我们

---

① 《辞海》缩印本，上海辞书出版社1980年版，第1247页。

认为不宜简单地说刑罚的本质是报应，而应表述为刑罚的本质是对犯罪的报应。报应刑论的不足在于它否定刑罚另有目的，把刑罚的本质与刑罚的目的对立起来。至于目的刑论，它有很多优点是不可否认的，刑罚有它的目的，也是为近代刑法学所公认的；但把目的刑论的目的说成就是刑罚的本质，将目的与本质混为一谈，则是难以令人接受的，对此前面已有评述，兹不复赘。

在我国刑法理论中，对刑罚的本质问题论述不多。就我们所知，认为"刑罚以其惩罚的严厉性为其本质属性"①，或者认为"刑罚的法律本质是惩罚的严厉性"②是具有代表性的观点。我们认为这种观点值得商榷。因为惩罚的严厉性对某些刑种来说并不具有，如罚金或管制，这些刑种与作为治安行政处罚措施的劳动教养相比，都不如劳动教养严厉。按惩罚严厉性说，无法对此作出解释。可见此说只能说明一部分刑种，而不能说明全部刑种，因而不宜将它解释为刑罚的本质。在我们看来，从我国的情况出发，宜认为刑罚的本质是对犯罪的惩罚性，亦即刑罚是对犯罪的惩罚。从刑罚本身说，这是任何刑种所具有的属性；从与其他强制方法的关系说，这是刑罚区别于其他强制方法的特性，这不仅使刑罚与行政处分、纪律处分等相区别，而且使刑罚与诉讼过程中对被告人的拘留、逮捕等强制处分和作为治安行政处罚措施的劳动教养相区别。因为拘留、逮捕不是对犯罪的惩罚，而是为了保证诉讼程序的正常进行而采取的；劳动教养也不是惩罚犯罪的方法，而是强制性教育改造的行政措施。这就避免了惩罚严厉性说的缺陷。至于教育，虽然某些刑种具有这种属性，但并非为一切刑种所具有，因而不应认为刑罚的本质是教育。这一点在邱兴隆等的《刑罚学》一书中，言之成理，持之有故，我们赞同，于

---

① 邱兴隆等著：《刑罚学》，群众出版社 1988 年版，第 60 页。

② 何秉松主编：《刑法教科书》，中国法制出版社 1993 年版，第 390 页。

此就不赘述了。

第四节 刑罚的功能

一、刑罚的功能概说

刑罚的功能，日本刑法学者通常称为刑罚的机能。根据《现代汉语词典》，“功能”指“事物或方法发挥的有利的作用；效能。”①“机能”指“细胞组织或器官等的作用和活动能力。”②又据《新现代汉语词典》，“功能(1)[function]：效能；功效(肠胃功能紊乱) (2)[ability]：才能(亦以功能自进)”③。“机能(1)[enginery]：泛指系统中某一部分应有的作用和活动能力 (2)[function]：细胞组织或器官的作用和能力”④。可见“功能”与“机能”都有function之意，亦即都有效能、功效、作用之意，因而称为刑罚的功能或刑罚的机能均无不可。不过根据《现代汉语词典》，功能一词，有“所发挥的有利作用”之意，似以用“刑罚的功能”一词为更佳。因为在这一标题下，我们所论述的只是刑罚的积极作用，“刑罚的功能”一词可以表示出这一意思。

所谓刑罚的功能，指国家制定、裁量和执行刑罚对人们可能产生的积极作用。它具有如下特点：

(一)刑罚的功能是刑罚对人们产生的作用。所谓对人们产生的作用，意思是不仅对犯罪人，而且对被害人以及社会上其他人产生的作用。刑罚是对犯罪人适用的，当然会对犯罪人产生一

---

①② 《现代汉语词典》，商务印书馆1983年第2版，第382、522页。

③④ 王同亿主编《新现代汉语词典》，海南出版社1992年版，第541、724页。

定的作用；但是刑罚不仅直接影响犯罪人，而且对犯罪人以外的人也会发生一定的作用。这里所说的犯罪人以外的人，首先是社会上的不稳定分子或者说潜在的犯罪人，他们在思想上存在犯罪的倾向，对犯罪分子判处刑罚，自然会在这些人的思想上产生反映。其次是社会上的广大人民群众，他们奉公守法，痛恨犯罪分子，对犯罪分子判处刑罚，也可能在这些人的心理上产生作用。再次是被害人及其家属，他们身受犯罪分子之害，对犯罪分子判处刑罚，不能不在他们的心理上发生影响。所以考察刑罚的功能，不能只限于考察刑罚对犯罪分子本身的作用，而应从整个社会的角度，即从对整个社会的作用来考察，才能对刑罚的功能全面了解，恰当评价。

（二）刑罚的功能是刑罚对人们产生的积极作用。德国刑法学家耶林（R. von Jhering，1818—1892 年）曾说："刑罚如两刃之剑，用之不得其当，则国家与个人两受其害。"①的确，刑罚既有积极作用，也有消极作用，有的学者甚至指出刑罚的许多消极作用，作为主张废除刑罚的理由；但直到现在世界各国均未废除刑罚，原因就在于它的积极作用是其他手段无法代替的。刑罚消极作用的产生，一在于刑罚本身（如短期自由刑，威慑力不大，难收改造效果，又易交叉感染犯罪恶习等），各种刑罚得失留待刑罚种类中论述；一在于用刑不当（刑罚过重会伤害群众，刑罚过轻会放纵罪犯），如何正确用刑留待刑罚裁量中论述，这里只研究刑罚的功能。所谓刑罚的功能，仅指刑罚产生的积极作用，即对国家和社会产生的有利作用。这不仅因为"功能"一词的含义是"有利的作用"，而且因为这便于研究如何更好地发挥刑罚应有的效能。

（三）刑罚的功能是刑罚可能产生的积极作用。这意味着刑罚在客观上具有产生相应积极作用的可能性，这种可能性在刑罚本

① 转引自林山田：《刑罚学》，台湾商务印书馆 1983 年版，第 127 页。

身有其存在的根据，而不是人们主观臆造的。如果客观上根本不可能产生积极作用，自然谈不上刑罚的功能。可能性和现实性在哲学上是一对范畴，我们说刑罚的功能是刑罚可能产生的积极作用，而没有强调现实产生即已经产生的积极作用，因为现实性是实现了的可能性，已经产生的作用，自然包含在可能性之中；其次，有时由于某种原因，可能产生的积极作用并未转化为现实，如刑罚有教育改造的功能，但有的犯罪分子经过服刑并未得到改造，出狱后继续进行犯罪，但这并不能因而否定刑罚的教育改造功能，因为实践证明这种可能性在大多数服刑人身上都变成了现实性。用“可能产生”可以将功能与实际产生的效果区别开来，不致由于某种原因未产生积极效果而否定刑罚功能的存在。需要指出：可能性是包含着现实性的，如果在任何情况下都不可能转化为现实性，那就谈不上可能性，因而也就不会是刑罚的功能。

（四）刑罚的功能是制定、裁量、执行刑罚可能产生的作用。这说明刑罚的功能不是仅就刑罚的判处或刑罚的执行某一点而言的，而是从刑罚的制定到刑罚的裁量再到刑罚的执行整个过程而言的，不这样考察就会失之于全面。国家制定刑罚，对某种犯罪规定一定的法定刑，会使人们知道实施某种危害社会的行为会受到什么样的刑罚处罚，从而会使人们在心理上产生影响。审判机关对犯罪人裁量判处一定的刑罚，执行机关对犯罪人执行刑罚，不仅会对犯罪人产生作用，也会对犯罪人以外的人产生作用。因而可以说刑罚的功能是刑罚的制定、裁量、执行全过程的功能。

二、关于刑罚功能的不同见解

日本刑法学者在教科书中往往还论及刑法的机能，如中山研一教授在其《刑法总论》中论及刑法的规制（或规律）机能、刑法的保护机能、刑法的保障机能①。我们认为，刑法的机能与刑罚

---

① ［日］中山研一：《刑法总论》，成文堂1989年版，第10—15页。

的机能二者虽有密切的联系，但毕竟属于不同的范畴：刑法是规定犯罪和刑罚的规范的总和，刑罚是惩罚犯罪的手段，因而二者的机能或功能毕竟有所不同。这里我们只是论述刑罚的功能，而不论及刑法的功能。

刑罚有哪些功能，见解并不一致。根据我国和日本学者的观点，大别之可分为以下几类：

（一）二分法。将刑罚的功能分为个别预防功能和一般预防功能两类。前者又分为剥夺或限制再犯能力、个别鉴别、感化、个别威慑、改造等五种；后者又分为刑罚对潜在犯罪人的功能、刑罚对受害人的作用、刑罚对其他违法者的作用等三种①。此为我国青年学者邱兴隆所主张。

（二）三分法。将刑罚的功能分为对犯罪人的功能、对社会的功能与对被害人的功能三类，然后再加细分。这种分类，据笔者所知，最早为牧野英一教授所提出，他在《日本刑法》一书中论述刑罚的目的时，作了上述区分。他说："刑罚的目的，……从如下三方面观察时，可将其作用作如下分类：

1. 对犯人方面，刑罚首先对犯人发挥其作用，称之为特别预防。又可分为两点：

（1）社会的适合。……（2）社会的隔离。……

2. 对社会方面，刑罚又以警戒一般社会以防后车的倾覆为目的，谓之一般的预防，而同时又有满足一般社会报应思想的作用。

3. 对被害者方面，刑罚对被害者其法益受不当的侵害不能忽视，而有给予满足的作用。"②

后来，吉川经夫的《改订刑法总论》、刑法理论研究会的《现代刑法学原论（总论）》都采用这种三分法论述刑罚的机能，并且将刑

---

① 邱兴隆等著：《刑罚学》，群众出版社1988年版，第72—95页。

② ［日］牧野英一：《日本刑法》，有斐阁1939年第64版，第576—577页。

罚的机能明确分为对一般社会的机能、对犯罪行为者的机能、对被害者的机能，分别加以论述①。我国刑法学者高铭暄教授主编的《刑法学》、何秉松教授主编的《刑法教科书》在"刑罚的功能"一节均采此三分法，但标题略有改动，即将刑罚的功能分为刑罚对犯罪人的功能、刑罚对被害人的功能、刑罚对社会其他成员的功能加以论述。两书在具体分析时，则各有特点，不尽一致②。

(三)四分法。将刑罚的功能分为四种，即1. 报复感情平息机能；2. 保安的机能；3. 赎罪的机能；4. 预防的机能③。此为日本刑法学者西原春夫教授所主张。

(四)八分法。将刑罚的功能分为八种，即1. 剥夺功能；2. 改造功能；3. 感化功能；4. 威慑功能；5. 鉴别功能；6. 补偿功能；7. 安抚功能；8. 鼓励功能④。此为我国刑法学者樊凤林教授主编的《刑罚通论》一书所主张。

如何看待上述观点呢？我们认为刑罚功能的二分法将刑罚功能归结为特殊预防与一般预防，似未能将刑罚的功能完全加以概括。因为有的功能如鼓励功能不宜归结为预防功能，正如作者自己所说："刑罚的这种鼓励作用，其意义并不在于防止守法者自己犯罪，因而未必能恰当地归入刑罚的一般预防功能。"⑤勉强归入，未免不够科学。四分法虽然揭示了刑罚的多种功能，但分析

---

① [日]吉川经夫：《改订刑法总论》，法律文化社1974年版，第288—290页；刑法理论研究会：《现代刑法学原论(总论)》，三省堂1984年版，第317—322页。

② 高铭暄主编：《刑法学》，中央广播电视大学出版社1993年版，第302—306页；何秉松主编：《刑法教科书》，中国法制出版社1993年版，第397—401页。

③ [日]西原春夫：《刑法总论》，成文堂1978年版，第436—438页。

④ 樊凤林主编：《刑罚通论》，中国政法大学出版社1994年版，第70—79页。

⑤ 邱兴隆等著：《刑罚学》，群众出版社1988年版，第96页。

不够细致。有些功能，如改造功能、鼓励功能，均未涉及，似嫌不够全面。八分法对刑罚的功能论述比较周全，但有些功能能否算是刑罚功能则值得研究。例如认为刑罚对被害人具有补偿功能就值得推敲。作者论述说："我国刑法对被害人补偿功能主要表现在第31条的规定：'由于犯罪行为而使被害人遭受经济损失的，对犯罪分子除依法给予刑事处分外，并应根据情况判处赔偿经济损失'。"①众所周知，赔偿经济损失是一种非刑罚处罚方法，非刑罚处罚方法不是刑罚，将非刑罚处罚方法的功能说成是刑罚功能，显然缺乏根据。同时八分法将刑罚功能，并行列出八种，也失之琐碎，有待进行科学的调整。三分法首先将刑罚的功能从三个方面加以分析，然后再具体论述刑罚的各种功能，以简驭繁，比较科学。至于具体应有哪些功能，诸家所论，均有可取，这里不拟一一评析，以下正面阐明我们的看法。

三、我国刑罚的功能

我国刑罚的功能，可从三个方面加以论述：

（一）对犯罪人的功能

刑罚是对犯罪人适用的强制方法，它首先对犯罪人发生作用。刑罚对犯罪人的功能，主要可有如下两种：

1. 惩罚功能。刑罚是惩罚犯罪人的手段，它以剥夺犯罪人一定的权益为内容，同时包含着国家对犯罪人的否定评价。所以受到刑罚处罚，必然使犯罪人感受到相当的痛苦。日本学者吉川经夫指出："作为报应的刑罚，以对受刑者剥夺其财产，或剥夺其身体的自由，有时剥夺其生命为内容。那对被科处刑罚者是明显的非常痛苦。刑罚是一种害恶，必然发生痛苦这一现实，必须率直地承认。"②事实确系如此而不可能相反。因为如果遭受刑罚

---

① 樊凤林主编：《刑罚通论》中国政法大学出版社1994年版，第79页。

② ［日］吉川经夫：《改订刑法总论》，法律文化社1974年版，第287—288页。

处罚，犯罪人不是感到痛苦，而是生活上优于社会上普通人的生活，心理上觉得在监狱里比在社会上还好，那就失去刑罚的意义，丧失刑罚的惩罚功能，不仅无助于抑制犯罪，而且会鼓励犯罪。任何刑罚处罚都会使犯罪人因受到严厉制裁和国家的否定评价而感到痛苦。服刑人亲身承受犯罪带来的这种恶果，就会考虑今后避免再遭受类似的痛苦，从而就会产生抑制重新犯罪的意念。当然，刑罚的这种功能也因人而异，对多数犯罪人特别是初犯或偶犯，刑罚的惩罚功能可能明显见效，而对某些犯罪恶习很深的人可能很难产生预期的惩罚作用；但不能因此否定刑罚的惩罚功能的存在。顺便指出：有的同志把剥夺犯罪人的一定的法益，称为剥夺功能，将国家对犯罪人的否定评价，称为惩罚功能，二者并列存在，我们认为这是值得研究的。因为剥夺一定权益是刑罚惩罚的根本内容，国家的否定评价是通过剥夺一定权益来实现的；离开了一定权益的剥夺，惩罚就失去了根本内容，国家的否定评价也不易实现，所以我们认为不宜将剥夺功能置于惩罚功能之外。这就是我们将两者一起列入惩罚功能中论述的原因。

任何刑罚都具有惩罚功能，这是各种刑罚的共性；但不同的刑罚还具有不同的惩罚功能，这是各种刑罚的个性：死刑是剥夺犯罪人生命的刑罚，它从肉体上将犯罪人加以消灭，使犯罪人本人永远不可能再危害社会。死刑的这种功能，被称为社会淘汰功能或简称淘汰功能。无期徒刑、有期徒刑、拘役是剥夺犯罪人身体自由的刑罚，它将犯罪人置于监狱或看守所，使之在一定期间与社会隔离开来，不致再对社会实施危害行为。自由刑的这种功能，被称为隔离功能。淘汰功能和隔离功能，从防止犯罪对社会的侵害方面来讲，称为保安功能。管制是限制犯罪人身体自由的刑罚，它将犯罪人置于公安机关的管束和人民群众的监督之下，使服刑人不易重新犯罪。罚金和没收财产是以剥夺犯罪人一定财产为内容的刑罚，它或者剥夺犯罪人的犯罪资本，或者使其感受丧失财产的痛苦，因而可能抑制其重新犯罪。剥夺政治权利使犯罪人丧失其原来享有的一定权利，这对其利用原有职务和其他权利进行犯罪是一种有效的惩罚，从而可以防止其重新利用这种权利进行犯罪活动。这几种刑罚的功能可以称为限制功能。可见不同刑罚的不同功能对防止服刑人重新犯罪的强度是不同的。但不能由此得出结论，为了防止重新犯罪，应当尽量适用具有高强度防止再犯能力的刑罚。因为从报应刑的观点来看，罪刑应相适应，轻罪重判，有违刑罚的公平原则，必然会引起犯罪人的不满和社会心理的不平衡。从目的刑的观点来看，正如意大利刑法学者菲利所说："罪恶如疾病，对症发药，俟其治疗而复元，此研究犯罪人类学者所有之事，然后惩罚应用之方法，始可决定。"①如同轻病不能用猛药一样，轻罪也不能用重刑，否则绝不可能达到刑罚惩罚功能所预期的效果。我国法律文化历来提倡宽严相济，毛泽东主席主张惩办与宽大相结合，我国刑罚体系中创设各种刑罚，理由即在于此。

2. 改造功能。有的同志称为教育改造功能，这可以说是我国刑罚对犯罪人的主要功能。刑罚对犯罪人的惩罚功能是与刑罚的产生同时产生的，它具有久远的历史；而刑罚对犯罪人的改造功能，则是近代以后才为西方启蒙思想家和近代学派的刑法学者所大力倡导。启蒙思想家荷兰学者格老秀斯（Hugo Grotus，1583—1654 年）明确提出惩罚的第一目的是"改造"。他说："关于惩罚的第一目的，就像保罗、普鲁塔克和柏拉图所说的'改造'。惩罚的目的就是使一个罪犯变成一个好人。"②近代学派代表德国刑法学家李斯特力倡目的刑主义，他将犯罪人分为机会犯罪人与惯习犯罪人，后者又分为改善可能者和改善不能者，主张对改善可能者可处以自由刑，让其参加劳动，逐渐习惯于正常生活，以至改造成为普通人而复归社会。二次世界大战后，新社会

---

① 转引自刘麟生译：《朗伯罗梭氏犯罪学》（二），商务印书馆 1929 年版，第 143 页。

② 转引自《西方法律思想史资料选编》，北京大学出版社 1983 年版，第 158 页。

防卫论的创始人法国刑法学家安塞尔(M. Ancel，1902—1990年)，进一步强调犯罪人有复归社会的权利，社会有使犯罪人复归社会的义务，主张社会应当并且能够把犯罪人教育改造成为新人，复归社会。西方刑法学者虽然大力提倡对犯罪人的改造，但由于资本主义制度本身的弊端，在多数国家改造收效甚微，以致在西方国家的监狱实务中，有的监狱工作者毫不讳言地表示，他们不讲什么改造，并说："那是骗人的鬼话。"这反映了他们在改造犯罪人上的失败。

真正重视对犯罪人的改造的，是以马克思主义为指导的社会主义中国。马克思主义认为，无产阶级的历史使命就是改造世界。毛泽东主席在《实践论》中指出："无产阶级和革命人民改造世界的斗争，包括实现下述任务：改造客观世界，也改造自己的主观世界……所谓被改造的客观世界，其中包括了一切反对改造的人们……"[①]这从哲学的高度论述了无产阶级改造世界的任务。所谓被改造的客观世界，自然也包括犯罪分子。中华人民共和国成立之后，遵照毛泽东主席在《论人民民主专政》一文中的有关指示，我国对服刑的犯罪人实行了劳动改造，取得了举世瞩目的成就。1994年12月29日通过并公布施行的《中华人民共和国监狱法》第3条明文规定："……将罪犯改造成为守法公民。"这表明我国刑罚的改造功能已为法律所确认。

我国刑罚的改造功能，包括如下两方面：

(1)劳动改造功能。犯罪分子大多是从好逸恶劳、贪图享受、追求淫乐而走向犯罪的。通过劳动，使犯罪人逐步养成劳动习惯，能够矫正其好逸恶劳的恶习，恢复普通人的正常本性。所以我国建国之初，于1954年即公布施行了《中华人民共和国劳动改造条例》，明文规定了国家对犯罪人的劳动改造。需要说明，这里的劳动与社会上的劳动性质有所不同，它是强迫的，具有惩

---

① 《毛泽东选集》第1卷，人民出版社1991年版，第296页。

罚的性质，目的是通过劳动改造罪犯成为新人。我国刑法关于有期徒刑、无期徒刑均规定："凡有劳动能力的，实行劳动改造。"关于死刑缓期2年执行，也规定："实行劳动改造，以观后效。"《监狱法》第69条规定："有劳动能力的罪犯，必须参加劳动。"可见我国对劳动改造的重视。为了通过劳动有效地改造罪犯，必须正确处理劳动与改造的关系。应当明确，劳动是手段，改造是目的，劳动是为改造服务的；不能一味劳动，忽视改造，甚至丢掉改造。这样就会丧失刑罚的劳动改造功能。

根据《监狱法》的规定，要安排好改造罪犯的劳动，应当注意如下几点：(甲)根据罪犯的个人情况，合理组织劳动。罪犯的劳动应当与他的身体状况和技术能力相适应。(乙)在劳动中注意矫正犯人的恶习，逐渐使他们养成劳动习惯，这是通过劳动，改造罪犯成为新人的关键，应当给予极大的关注。(丙)在劳动中使他们学会生产技能，掌握一定的谋生本领，为释放后就业创造条件，以便复归社会，成为社会上有用的一员。

(2)教育改造功能。教育可以使人增长知识，改变观念，提高思想，学会技能，所以从事教育职业的教师，被誉为人类灵魂的工程师。由于教育具有如此功能，因而它也是改造罪犯不可或缺的方法。《监狱法》设立"对罪犯的教育改造"专章，详细规定了对罪犯的教育改造。但是应当指出，对服刑罪犯的教育也与社会上的教育有所不同，它是以刑罚的惩罚功能为基础的，并且是为改造罪犯成为新人服务的。为了收到教育改造罪犯的良好效果，在改造罪犯的教育中，应当因人施教，分类教育，以理服人；并且采取集体教育与个别教育相结合、狱内教育与社会教育相结合，以更好地发挥刑罚的教育改造功能。

按照内容来划分，改造罪犯的教育可以概括为如下三个方面：

(甲)思想教育。这是以改造罪犯思想为根本要求的教育，包括法制、道德、形势、政策、前途等内容，旨在使服刑人通过这些教育，知法、懂法、守法，增强法律意识，培养道德观念，习于遵守公德，认清形势，了解政策，选择好的前途，自觉接受改造，以便成为对社会有用的新人。

(乙)文化教育。根据部分统计资料，犯罪人的文化程度一般都偏低，有些甚至没有受过学校教育，因而在犯罪人服刑期间，应当根据不同情况，对他们进行扫盲教育、初等教育或初级中学教育。提高服刑人的文化素质，有利于其复归社会，适应社会生活。

(丙)职业技术教育。根据监狱生产和服刑人释放后就业的需要，对服刑罪犯进行专业技术教育，使他们掌握某种专业技术，以便复归社会后具有自食其力、独立生活的能力。

(二)对社会的功能

刑罚虽是对犯罪人适用的，但它同时是社会的防卫手段。因而刑罚不仅对犯罪人发生作用，而且对社会产生作用。刑罚对社会的功能，我们认为主要有以下三种：

1. 威慑功能，或称威吓功能。即刑罚以其具有剥夺权益的强制力使人畏惧而不敢犯罪。我国古代法家即持此主张，如韩非说："重一奸之罪，而止境内之邪。……是以上设重刑而奸尽止。"①商鞅说："刑重而必得，则民不敢试，故国无刑民。"②都认为重刑具有强大的威慑功能，可以防止犯罪。近代西方刑法学者对于刑罚的威慑功能，存在着分歧意见。刑事古典学派著名代表费尔巴哈是肯定刑罚的威慑功能的，他主张应当使人们预先知道因犯罪而受到刑罚惩罚的痛苦，大于因犯罪所得到的快乐，就会产生抑制其心理上萌生犯罪的意念，从而可以防止犯罪。刑事人类学派创始人龙勃罗梭则是否定刑罚的威慑功能的，他说："今则刑罚宽和，监狱舒适，更无令人恐吓之理；况施罚所以恐吓他人，公道究何在乎?"③他认为近代的刑罚既无威慑之力，也

---

① 《韩非子·六反》。

② 《商君书·赏刑》。

③ 刘麟生译：《朗伯罗梭氏犯罪学》(二)，商务印书馆 1929 年版，第 141 页。

无威慑他人之理，从而完全否定刑罚的威慑功能。我们认为既不能夸大刑罚的威慑功能，也不宜否定刑罚的威慑功能，刑罚具有一定的威慑功能是客观存在的。详言之，刑罚不是对任何人都产生威慑的效果，对绝大多数人来说，他们奉公守法，从没有想到违法犯罪，这不是因为害怕犯罪后会受到刑罚处罚，而是由于他们具有良好的思想意识；对于极少数恶性很深或者犯罪习性很深的人来说，他们虽知犯罪后会受重惩，也不惜以身试法，刑罚对他们很难发挥威慑功能；但对社会上的不稳分子来说，刑罚的威慑功能会产生一定的效果，他们可能慑于刑罚的威力而不去实施犯罪行为，因而对刑罚的威慑功能，需要给予应有的重视。

刑罚的威慑功能在刑罚的三个阶段上都存在。首先是法定刑，立法上规定某种犯罪应处什么刑罚，这向全社会提供一个犯罪与刑罚的对价表，使欲犯罪者了解后，不愿为犯罪付出高昂的代价，会望而却步。其次是宣告刑，对实施犯罪的人，在查明其犯罪事实后，依法宣布对犯罪人判处的刑罚，有违法犯罪意念者看到犯罪受到现实的刑罚惩罚，不愿重蹈覆辙，会从中汲取教训，打消犯罪意念。最后是执行刑，犯罪人身受执行刑罚之苦，多为社会上的人所知晓，有犯罪之念者闻知个中情况，也可能知所警戒，回心向善。因此，我们对刑罚在各个阶段上的威慑功能都不应忽视。

2. 教育功能。对一些犯罪规定一定的刑罚，可以教育广大人民群众，了解违法犯罪行为的后果，自觉地遵纪守法，并积极参与同犯罪分子的斗争。对犯罪人判处应得的刑罚和执行刑罚，可以使广大人民群众进一步知法、懂法，认识犯罪之后刑罚的不可避免，会提高人民群众遵纪守法的自觉性和同犯罪分子斗争的积极性。我国对重大案件常常举行公判大会，其意义既在于震慑潜在犯罪人，也在于教育广大人民群众，教育整个社会。毛泽东主席在抗日战争时期，就判处黄得功死刑一案曾经指出："黄得功过去斗争历史是光荣的……但他犯了不容赦免的大罪……如为赦免，便无以教育党，无以教育红军，无以教育革命者，并无以教育做一个普通的人。"①这说明对应处刑罚的犯罪人判处刑罚，对广大人民群众都具有教育功能。

3. 鼓励功能。犯罪人的犯罪行为，侵害公民利益，危害社会秩序，广大奉公守法的公民，对之无不心怀痛恨。在犯罪人受到刑罚的宣判和执行时，他们解除了心头之恨，由衷感到欢欣鼓舞，特别是对严重危害社会治安的犯罪分子判处刑罚时，更是如此。1983 年严打前后的情况就是很好的说明。1983 年 8 月以前，犯罪分子没有受到应有打击，社会治安状况严峻，曾出现"坏人神气，好人受气"的情况；后来，给予犯罪分子严厉刑罚制裁，正义得到伸张，"坏人神气，好人受气"就转化为"坏人丧气，好人神气"。这一事实说明，刑罚对罪犯的惩治，就是对人民群众与犯罪分子作斗争的支持。这是刑罚的鼓励功能的生动表现。

(三)对被害人的功能

被害人包括犯罪行为的直接受害者和直接受害者的家属。由于受到犯罪行为的侵害，被害人对犯罪人不免存在复仇心理；但现代社会不允许私人复仇，这样当法院对犯罪人判处刑罚并付诸实际执行时，被害人在心理上就会得到满足。例如张××在持续 11 年中杀害 23 人。在法院审判张犯时，被杀害者的家属聚集法院外面等待判决结果。当对张犯判处死刑的消息传出后，他们纷纷点放鞭炮祝贺，表现了他们心理上的满足和欣慰。刑罚的这种功能，我国学者称为安抚功能，日本学者称为报复感情平息机能。"认为刑罚具有这样的机能，如果正视社会生活的现实是容易理解的。又，既然现代国家独占刑罚权，禁止私人复仇，并且没有消灭人的复仇心，所以，解释为刑罚不能不经营这种机能。"②西原春夫教授的上述见解，我们认为是可取的。从社会生活的实际情况看，应当肯定刑罚对被害人具有安抚功能或报复感

---

① 《毛泽东书信选集》，人民出版社 1984 年版，第 110 页。

② [日]西原春夫：《刑法总论》，成文堂 1978 年版，第 437 页。

情平息功能。

第五节　刑罚的目的

一、西方学者关于刑罚目的的理论

刑罚目的论在西方近代刑法理论中占有重要地位，围绕刑罚目的，西方学者发表了不少见解，形成名目繁多的学说。现参照日本学者岛田武夫的概括加以论述①。

(一)绝对主义

认为刑罚是犯罪的当然结果，犯罪是刑罚的原因。换言之，刑罚只是由于犯罪才被科处，此外不应追求任何其他目的，因而称为绝对主义，又称报应主义或报复主义。可分为如下两说：

1. 狭义的报应主义。这种主张从意思自由与因果报应两方面来观察，认为善因有善果，恶因有恶果，犯人当实施行为时，尽管有为善为恶的自由选择，仍然追逐罪恶，种下恶因，所以实施该种行为，应受恶报是基于正义要求的当然结果。主张此说的学者，立论并不相同，大别之，复有如下三说：

(1)神意报应主义。认为神是正义的象征，神意就是正义，犯罪系违反神意，应当受到神的惩罚。国家是神的代理者，神授予国家以刑罚权，国家对犯罪的刑罚是根据代表正义的神意而实施的报应。德国法理学家斯塔尔(Stahl，1802—1861年)持此说。此说将法律与宗教混为一谈，借用虚幻世界的神意，说明世俗世界的刑罚，不过是对人民的愚弄。今日看来，实属荒唐。

(2)道德报应主义。认为社会的道德观念，系正义的所在。

---

① 见[日]岛田武夫：《日本刑法新论》(第一卷总论)，第416—421页。

犯罪是违反道德的行为，刑罚是根据道德观念对犯罪的报应，所以它必须与犯罪人所为的罪恶相适应。德国学者黑尔巴特等持此说。此说虽较前说有进步，即对刑罚目的不是从虚幻的世界，而是从现实的世界来说明，但所谓道德报应，不足以说明刑罚的目的。因为刑罚毕竟是法律现象，刑罚目的仅从道德上说明，不可能作出符合实际的解释。

(3)法律报应主义,或称法理报应主义。认为正义的根据在于法律,犯罪是违反法律的行为,刑罚是对犯罪的法律的报应,是理性上的当然要求。科处刑罚除由于犯罪的原因之外,并不追求其他目的。通常认为德国哲学家康德和黑格尔是此说的代表①。此说从法律角度说明刑罚的适用,这是可取的;但只从已然之罪加以说明,仍然否认刑罚另有目的存在,实在难以令人赞同。

2. 赎罪主义。认为刑罚是科处犯罪人以痛苦,犯罪人由于承受刑罚的痛苦,可以使自己从犯过罪的过去解脱出来,因为刑罚的痛苦有消灭罪孽的力量。所以刑罚的轻重,应当考虑犯罪人的性格和心理痛苦的大小。德国法理学家柯勒(Kohler,1849—1919年)持此说。此说只是说明了刑罚对犯罪人具有消灭罪孽的作用,仅从已然犯罪着眼论述,并未说明刑罚的目的,因而亦不足取。

(二)相对主义

认为刑罚不是因为有犯罪才科处,而是为了将来不犯罪。所以刑罚不是犯罪的当然结果,而是预防将来犯罪,维护社会利益的手段。所以刑罚的目的不在于犯罪本身,而在于保护社会的实际利益,从而科刑的标准应依是否达到维护实际利益的目的来决定,不是依犯罪的客观现实或罪责的大小来决定。所以称为相对主义,又称目的主义或功利主义。可分为如下三说:

---

① 参见[日]久礼田益喜:《日本刑法总论》,岩松堂1925年版,第17—18页;高仰止:《刑法总则之理论与实用》,台湾五南图书出版公司1986年版,第41—42页;韩忠谟:《刑法原理》,台湾雨利美术印刷有限公司1981年版,第21—24页。

1. 一般预防主义。认为刑罚的目的在于预防社会上一般人犯罪的发生，因为犯罪大都由于贪欲所引起，国家制刑、判刑和行刑就是用以使人们知道受刑之苦，大于犯罪所得的贪欲满足，以致知所畏惧，不敢触犯刑律。主张此说者，见解不一，复有如下三说：

(1)威吓主义。认为利用执行残酷的刑罚，可以收到预防社会上一般人犯罪的效果。为了使社会上一般人知晓刑罚的执行，所以刑罚的执行应当公开，借以收威吓之效。德国学者葛梅林(Gmelim)持此说。此说强调刑罚的残酷性，不仅与现代刑罚日趋文明与缓和的时代精神不合，且会导致破坏罪行相适应原则，导致重刑主义，使刑罚失去合理的界限，难以收到预期的效果。

(2)心理强制主义。认为人人都有追求快乐避免痛苦的本能，一个人之所以犯罪，是为了追求实施犯罪所带来的快乐。要想预防犯罪，应当对犯罪人加之以痛苦，即对犯罪科处刑罚，并使人们预先知道因犯罪而受到的痛苦，大于因犯罪所得到的快乐，从而产生抑制其犯罪的意念。简言之，刑罚之所以能够预防犯罪，在于刑罚具有心理的强制作用。德国刑法学家费尔巴哈持此说。此说从抑制犯罪心理上分析，应当说是有一定道理的，因而费尔巴哈的心理强制说一度颇有影响。但各国刑法都明文规定犯罪应受刑罚，犯罪仍然不能遏止，说明刑罚的心理强制作用是有限的；并且刑罚的心理强制作用是与刑罚的轻重成正比的，要想增强刑罚的心理强制作用，就不免导致严刑峻罚，这就会出现与威吓主义相同的缺点。

(3)警戒主义。认为犯罪大多由于行为人不知道其行为是否被刑罚处罚或对其行为缺乏注意所致，因而为了预防犯罪，法律应当公开宣示何种行为应受刑罚处罚，唤起一般人民的注意，教育其不去实施犯罪。德国刑法学者鲍尔(Bauer)持此说。此说强调刑罚的警戒教育作用，这是值得肯定的；但刑罚的作用并不限于此，这就不免有以偏概全之失。

一般预防固然是刑罚的目的之一，但刑罚的目的绝不仅是一般预防。因而上述诸说除存在各自的缺点外，只知其一(一般预防)，不知其二(特殊预防)，可以说是它们的共同缺陷。

2. 特别预防主义。认为刑罚的目的在于预防被科处刑罚的犯人将来再实施犯罪。详言之，刑罚是对犯罪人科处的，所以刑罚的目的不是预防社会上一般人犯罪，而是预防特定的犯罪人即被科刑的犯罪人将来再行犯罪。主张此主义者，复有如下两说：

(1)改善主义。认为刑罚的目的在于犯罪人本人，使其悔改向善，将来不再犯罪。因为国家对犯罪人有改善之责，刑罚只应成为引导犯罪人向善的手段，不应成为威吓和报应的工具。德国学者路德(Röder)等持此说。其中又有道德的改善说、智能的改善说与法律的改善说等不同主张。此说与后来的教育刑主义的观点相近似，确有可取之处；但不够全面 。就死刑来说，对适用死刑的犯人就毫无改善可言。

(2)防卫主义。认为国家与个人同样具有生存权，罪犯的犯罪行为是对国家生存权的侵害，国家为了防卫自己免受犯罪的侵害，因而对犯罪人科以刑罚。意大利学者龙勃罗梭等持此说。龙氏是社会防卫论的倡导者，他明确提出："刑罚必从防卫立论，方可无反对之地。"同时表示反对一般预防。此说不仅说明了刑罚权的根据，而且说明了国家适用刑罚的根本目的，是值得称道的；但他们仅从防卫社会立论，对如何使犯人复归社会，却并未给予论述。

特殊预防自然也是刑罚的目的之一，但刑罚的目的也绝不仅是特殊预防。因而上述两说除存在各自的缺点外，忽视一般预防，则是它们共同的缺陷。

3. 双面预防主义。认为刑罚的目的是一般预防和特殊预防。意大利著名刑法学家贝卡利亚、英国法学家边沁(J. Bemtham)均持此说。贝卡利亚认为，刑罚的目的是："阻止罪犯重新侵害公民，并规诫其他人不要重蹈覆辙。"持此说的学者，有的主张以一般预防为主，特殊预防为辅；相反，有的主张以特殊预防为主，一般预防为辅；此外，也有的主张一般预防和特殊预防两者并重。此说注意到刑罚的一般预防目的，同时注意到刑罚的特殊预防目的，既避免了一般预防主义的片面性，也避免了特殊预防主义的片面性，对后世的刑罚目的理论有很大的影响。对我们来说，这种观点也是值得借鉴的。自然它也有不足之处，如对如何实现刑罚的特殊预防目的，如何正确处理一般预防与特殊预防的关系等，都缺乏科学的说明。这是他们的历史局限性所致，我们不必苛求前人。他们的不足，正好留给后人以进一步研究的余地。

(三)折衷主义，或称综合主义

"即以刑罚的本质为对犯罪的报应,同时要求应当实现刑罚诸种目的的学说。"①此说认为刑罚是由于有了犯罪而科处,将刑罚的原因归之于报应主义;同时承认刑罚的目的,主张刑罚的目的是预防犯罪或防卫社会。它调和绝对主义与相对主义,融正义观念与目的思想于一体。主张此说的学者,由于侧重点的不同,复可分为真正的折衷主义,即将报应与预防置于同等的地位;绝对的折衷主义,即以正义报应为基础,辅之以相对主义;相对主义的折衷主义,即以预防目的为基础,辅之以绝对主义。如德国学者考斯特林(Köstlin)认为:"刑罚只有在报应主义的范围内且达到刑罚目的的必要范围内才得科处之。"②这属于真正的折衷主义。奥特兰(Ortolan)认为,"虽然刑罚的根据在于报应主义,但在不损害此主义的观念范围内,可以将刑罚作为改善及威吓的手段。"③这属于绝对的折衷主义。芬格(Finger)说:"刑罚的目的在特别预防的范围内存在改善、威吓及淘汰,而在一般预防方面,在适合正义公平观念程度内,应当保证以威吓满足法律观念。"④这属于相对的折

---

① [日]久礼田益喜:《日本刑法总论》,岸松堂1925年版,第22页。

②③④ 引自[日]久礼田益喜:《日本刑法总论》,岸松堂1929年版,第23页。

衷主义。折衷主义既肯定刑罚的报应的本质,又主张刑罚的预防的目的,应当说是可取的。可惜此说仍是众说纷纭,莫衷一是。在报应观念与预防犯罪相矛盾时,真正的折衷主义无法解决,因为它主张二者并重。绝对的折衷主义,过分强调报应,与使服刑罪犯复归社会的时代思潮不合,难以令人接受。相对的折衷主义,只承认在一般预防方面,考虑正义公平观念,未免失之于片面,亦不足取。由此可见,上述折衷主义理论,虽然提出了刑罚目的理论发展的正确方向,但仍然没有使这一问题得到妥善的解决。

二、我国刑法中刑罚的目的

(一)刑罚目的概说

何谓刑罚的目的?我国刑法学者看法不一:通常认为,刑罚的目的是适用刑罚的目的,如《中国刑法学》写道:“这里所说的刑罚目的,实际上是指国家对犯罪分子适用刑罚的目的,即人民法院对犯罪分子判处刑罚所预期达到的结果。”①与此不同,有些学者认为,刑罚的目的,不只是适用刑罚的目的,而是指制定、适用和执行刑罚的目的,如《中国刑法论》写道:“这里所说的刑罚目的,实际上是指国家运用刑罚的目的,即国家通过制定、适用、执行刑罚所期望达到的目的。”②我们原来是赞同前说的,现在看来,将刑罚的目的仅仅认为是适用刑罚的目的,视野不免狭窄,且不符合实际。比较起来,当以后说为妥。因而认为,刑罚的目的是国家制定、适用、执行刑罚所希望取得的效果。据此分析,刑罚目的具有如下特点:1. 刑罚目的贯穿于刑罚的制定、适用和执行的全过程,而不只是限于某一阶段。2. 刑罚目的是

---

① 高铭暄主编:《中国刑法学》,中国人民大学出版社 1989 年版,第 229 页。

② 杨春洗等主编:《中国刑法论》,北京大学出版社 1994 年版,第 186 页。

预先设立的，存在于制定、适用、执行刑罚之先或之际。正如马克思所说："劳动过程结束时得到的结果，在这个过程开始时就已经在劳动者的表象中存在着，即已经观念地存在着。"①3. 刑罚目的是希望取得的效果，是一种主观愿望，这种愿望可能变为现实，也可能与现实有相当距离。这是因为目的的实现还需要借助其他许多因素的配合。

至于什么是刑罚的目的，在我国刑法学界一直存在着争论。高铭暄教授主编的《新中国刑法学研究综述》一书，曾概括了七种不同观点：即(1)惩罚说，认为适用刑罚的目的在于限制和剥夺犯罪分子的自由和权利，使他们感到压力和痛苦，以制止犯罪的发生。(2)改造说，认为对犯罪人判处刑罚，是通过对犯罪分子惩罚这个手段，达到改造罪犯，使其重新做人的目的。(3)预防说，认为适用刑罚的目的是预防犯罪，它表现为特殊预防和一般预防两个方面。(4)双重目的说，认为对犯罪分子适用刑罚，既有惩罚犯罪分子的目的，又有教育改造犯罪分子的目的。(5)三目的说，认为适用刑罚的目的有三：即惩罚和改造犯罪分子，预防他们重新犯罪；教育和警戒社会上的不稳分子，使他们不走上犯罪道路；教育广大群众增强法制观念，积极同犯罪作斗争。(6)预防和消灭犯罪说，认为对犯罪分子适用刑罚是要把他们当中的绝大多数人教育改造成为新人，从而达到预防犯罪，最终消灭犯罪，以保护国家和人民利益的目的。(7)根本目的和直接目的说，认为适用刑罚的根本目的是"预防犯罪，保卫社会"；直接目的是：惩罚犯罪，伸张正义；威慑犯罪分子和社会上不稳分子，抑制犯罪意念；改造犯罪分子，使其自觉遵守社会主义法律秩序②。我们认为，上述诸说均有可取之处，也都有程度不同的

---

① 《马克思恩格斯全集》第 23 卷，第 202 页。

② 见高铭暄主编：《新中国刑法学研究综述》，河南人民出版社 1986 年版，第 408—410 页。

缺陷。对于它们，在近几年出版的刑法专著中多有评析，限于篇幅，兹不复赘。就最近两年的刑法著作看，关于刑罚目的，大多持特殊预防与一般预防说①。也有个别著作持直接目的、间接目的和根本目的说②。在我们看来，认为刑罚的目的是特殊预防和一般预防，无疑是正确的；但不应局限于此。因而我们认为个别著作中的新的提法，有助于对这一问题的深入研究。不过，我们并不赞同间接目的说，因为作为所谓间接目的的“堵塞漏洞，铲除诱发犯罪的外部条件”，并不是通过刑罚所能达到的结果，而需借助“司法建议书”由有关单位来解决。把通过“司法建议书”希望取得的效果，说成是刑罚的目的之一，不免令人感到牵强，故而为我们所不取；但根本目的和直接目的的论点，却有参考的价值。在我们看来，刑罚的目的是有层次的。尽管原来有的同志提出的根本目的和直接目的说受到一些批评，但我们认为，此说的错误不在于将刑罚目的分为根本目的和直接目的，而在于对什么是根本目的，什么是直接目的，没有作出恰当的解释。我们的观点是：刑罚目的可以分为根本目的和直接目的两个层次，根本目的是刑罚追求的最终目标，直接目的是具体指导刑罚的制定、适用和执行。根本目的决定直接目的，直接目的则是实现根本目的的必要条件。

(二)刑罚的根本目的

刑罚的根本目的表现了国家制定、适用、执行刑罚所期望达到的最终目标和统治者的要求。它不仅为资产阶级学者所重视，也为革命导师所关注。启蒙思想家孟德斯鸠曾指出：“惩罚犯罪

---

① 见高铭暄主编：《刑法学》，中央广播电视大学出版社 1993 年版，第 307—312 页。樊凤林主编：《刑罚通论》，中国政法大学出版社 1994 年版，第 95 页。

② 见何秉松主编：《刑法教科书》，中国法制出版社 1993 年版，第 404—410 页。

应该总是以恢复秩序为目的。”[①]提倡“社会防卫论”的意大利学者龙勃罗梭认为，对犯罪人判处刑罚，是为了保卫社会的利益。所谓“刑罚必从自卫立论，方可无反对之地”，意思就是这样。目的刑论的倡导者德国刑法学家李斯特主张“刑罚唯一的妥当根据，不可能在对法秩序维持的必然性以外。”[②]由此他认为刑罚只能是社会防卫的手段，刑罚的目的是保护个人的生命、身体、财产、自由、名誉的利益和保卫国家的存在、安全和统治利益。如前所述，马克思曾经指出，刑罚不外是社会对付违犯它的生存条件的行为的一种自卫手段。这实际上是说，刑罚的目的是社会防卫犯罪侵犯它的生存条件。以上论述，都是讲的刑罚的根本目的，所以我们认为，在研究刑罚目的时，不应对刑罚的根本目的避而不谈。

我国刑法中刑罚的根本目的是什么，论者表述不一：有的认为，刑罚的根本目的是“通过对犯罪分子适用刑罚，巩固和发展有利于无产阶级和广大人民的社会关系和法律秩序，保障和促进社会主义物质文明建设和精神文明建设的顺利进行。”[③]有的认为，刑罚的根本目的是“通过适用刑罚，预防犯罪，保卫社会主义社会。”[④]两种表述都只限于适用刑罚的目的，未免有失狭隘；后一表述将预防犯罪也包括在内，与直接目的重复，似属不妥。我们认为，我国制定、适用和执行刑罚的根本目的在于：保护广大公民的合法权益和社会秩序，保障具有中国特色的社会主义建设的顺利进行。我国刑法第 2 条规定的刑法任务，即“保卫无产阶级专政制度，保护社会主义的全民所有的财产和劳动群众集体所有的财产，保护公民私人所有的合法财产，保护公民的人身权利、民主权利和其他权利，维护社会秩序、生产秩序、工作秩序、教学科研秩序

---

① 孟德斯鸠：《论法的精神》（上），商务印书馆 1982 年版，第 200 页。

② 引自［日］木村龟二编：《刑法学入门》，有斐阁 1957 年版，第 106 页。

③ 甘雨沛主编：《刑法学专论》，北京大学出版社 1989 年版，第 293 页。

④ 何秉松主编：《刑法教科书》，中国法制出版社 1993 年版，第 410 页。

和人民群众生活秩序,保障社会主义革命和社会主义建设事业的顺利进行。"也可以说就是我国刑罚的根本目的。由于制定刑法时的历史条件,当时还未提出建设具有中国特色的社会主义的论题;同时用上述规定表述刑罚的根本目的,也不够概括,因而我们作了如上表述。

我国刑罚的根本目的,表现了我国刑法的阶级性质,划清了与剥削阶级国家刑罚目的的原则界限。它从宏观上指导我国刑罚的制定、适用和执行,同时它决定着我国刑罚的直接目的具有自己的特性,并通过直接目的的实现达到它本身的实现。

(三)刑罚的直接目的

我国刑罚的直接目的是预防犯罪,它包括特殊预防和一般预防两方面。

1. 特殊预防。就是预防犯罪分子本人重新犯罪,亦即对犯罪分子适用和执行刑罚,是为了使该犯罪分子本人不再实施犯罪行为。特殊预防包括如下两个方面的内容:

(1)改造犯罪分子成为弃恶从善的新人,不再进行犯罪活动。对犯罪分子适用和执行刑罚,除了判处死刑立即执行的极少数犯罪分子以外,对绝大多数犯罪分子来说,都是要把他们改造成为遵纪守法、弃恶从善的新人。刑罚的这种目的在过去的《中华人民共和国劳动改造条例》和现行的《中华人民共和国监狱法》中都有明确的规定。《劳动改造条例》第25条规定:"劳动改造必须同政治思想教育相结合,使强迫劳动逐渐接近于自愿劳动,从而达到改造犯人成为新人的目的。"《监狱法》第3条规定:"监狱对罪犯实行惩罚和教育相结合、教育和劳动相结合的原则,将罪犯改造成为守法公民。"惩罚和教育相结合、教育和劳动相结合,是我们同犯罪分子作斗争的基本政策,也是改造犯罪分子必须遵循的方针。因为刑罚是一种严厉惩罚方法,它不是一种仁慈的东西。对犯罪分子适用和执行刑罚,就是对犯罪分子进行惩罚。只有在他们受到惩罚之后,他们才能痛切地认识到违法犯罪的严重后果，才可能弃恶从善，重新做人，不敢再以身试法。同时我们是社会主义国家，我们对犯罪分子适用刑罚，不是为惩罚而惩罚，而是为了教育改造犯罪分子成为新人。因之，我们判处和执行刑罚时，决不能忽视刑罚的教育作用，必须把惩罚和教育、教育和劳动密切结合起来。在劳动过程中，要注意对服刑人进行政治思想教育，使他们认罪服法，树立新的道德观念，提高重新做人的觉悟，逐步消除犯罪思想；并且通过强迫劳动，使他养成劳动习惯和掌握生产技术，以便刑满释放以后，能够奉公守法，自食其力。这样，犯罪分子被改造成了新人，不再犯罪，我们就达到了特殊预防的目的。相反地，如果在执行刑罚过程中，只注意惩罚，不注意教育；只强调劳动生产，而忽视教育改造；或者只注意教育，不注意惩罚；只强调自我教育，而忽视劳动生产，忽视严格管理，都会影响达到刑罚的特殊预防目的。

(2)淘汰犯罪分子，使之不再危害社会。在犯罪分子中，有极少数罪大恶极怙恶不悛的分子，为了使他们不致再行危害社会，不得不对他们适用死刑，将他们从社会上加以淘汰，这也是我国刑罚的一种特殊预防。因为将这种犯罪分子判处死刑，立即执行，他们就不能再实施犯罪行为，这也就达到了预防犯罪分子本人重新犯罪的目的。当然这种情况在我国刑事审判实践中只占极少数；但是，我们毕竟还有死刑，也就无需讳言我国刑罚的这种特殊预防的目的。此外，对判处死刑缓期2年执行和判处无期徒刑的罪犯，其刑罚的严厉程度，同死刑立即执行比较接近，但是即使对这些犯罪分子，我们也没有放弃对他们改造的希望和努力。我国刑法中规定的减刑、假释，对他们同样适用。事实上这些犯罪分子中的绝大多数，经过长期的服刑改造，最后也都改造成为自食其力的新人。这说明淘汰犯罪分子，使不再危害社会，虽然也是我国刑罚的一种特殊预防，但它不是主要的；改造犯罪分子成为新人，才是我国刑罚的特殊预防的主要内容。

2. 一般预防。就是预防社会上可能犯罪的人实施犯罪，亦即通过制定、适用和执行刑罚，防止社会上的不稳分子走上犯罪的道路。一般预防包括三个方面的内容：

(1)警告、威慑社会上的不稳分子，使他们不致走上犯罪的歧途。社会上的不稳分子，指受各种腐朽思想影响具有犯罪倾向的人。他们私人欲望严重，法制观念淡薄，为了追求声色货利，可能铤而走险，实施犯罪行为。国家制定、适用和执行刑罚，会警戒抑制这些不稳分子，使他们认识到犯了罪是要受应有惩罚的，从而阻止他们走上犯罪道路。当然，防止这些分子犯罪，主要不是靠刑罚的威慑作用，而是靠综合治理，靠社会主义物质文明和精神文明建设；但刑罚的威慑、警戒作用，却是不能忽视的。同时，还应指出，刑罚的威慑、警戒作用，决不在于刑罚的残酷，而在于刑罚的不可避免。列宁指出："有人早就说过，刑罚的防范作用，决不在于刑罚的残酷，而在于有罪必究。最重要的不是对犯罪行为处以重刑，而是要把每一桩罪行都揭发出来。"①那种采用酷刑预防犯罪的威吓主义刑罚观点，是同我国刑罚的一般预防根本不同的。

一般预防的对象是否包括广大奉公守法的公民，刑法学界有肯定说与否定说之争②。我们认为，预防犯罪是由预防的主体、预防的对象和预防的依靠力量共同组成的活动。广大奉公守法的群众是我们预防犯罪的依靠力量，国家鼓励和依靠他们同犯罪进行有效的斗争，因而他们不是预防的对象。如果把他们推入预防的对象行列，我们就失去了坚强的依靠，我们预防犯罪的事业就会寸步难行。奉公守法者如果受到腐蚀变为有犯罪倾向者时，自然他就成为一般预防的对象；不过这时他已从奉公守法者的行列转到不稳分子的行列去了，他也是作为社会不稳分子而成为一般

---

① 《列宁全集》第4卷，人民出版社1984年版，第364页。

② 肯定说，见邱兴隆等著：《刑罚学》，群众出版社1988年版，第86页。否定说，见周振想：《刑罚适用论》，法律出版社1990年版，第140页。

预防对象的。但不能由此得出结论，广大奉公守法的公民都是一般预防的对象。

(2)教育和鼓舞广大人民群众积极地同犯罪作斗争，防止不稳分子实施犯罪。我国刑法是广大人民意志的反映，是保护人民利益的武器。广大人民群众自觉地遵守法律，不是由于刑罚的威慑作用，而是由于自身的觉悟和遵守法律同自身利益的一致性。国家通过制定、适用和执行刑罚，可以使人民群众知法懂法，提高认识，鼓舞斗志，增强信心，积极地同犯罪行为作斗争。犯罪分子总是生活在群众之中的，群众对犯罪分子的警惕性和斗争性提高了，就会造成预防不稳分子犯罪的天罗地网，如果不稳分子敢于违法犯罪，群众就会出面制止；已犯了罪的，就会将他们扭送公安机关或检举揭发出来，使之受到应有的刑罚制裁。他们慑于广大群众的威力，不得不收敛违法犯罪活动。所以，通过对犯罪分子适用和执行刑罚，教育和鼓舞广大人民群众同犯罪分子作斗争，对防止不稳分子犯罪具有极为重要的作用。正因为如此，1991 年 3 月 2 日全国人大常委会通过的《关于加强社会治安综合治理的决定》明确规定："鼓励群众自觉维护社会秩序，同违法犯罪行为作斗争"为社会治安综合治理的主要任务之一。

(3)安抚被害人，防止他们进行私人报复。所谓被害人，如上节所述，包括犯罪行为的直接受害者及其家属，如杀人罪的被杀者及其父母、妻子、儿女等。这些人由于受到犯罪行为直接或间接的侵害，承受着犯罪所造成的物质损失和精神痛苦。基于复仇心理，他们强烈要求或盼望给犯罪分子以应有的惩罚。如果他们的这种愿望得不到满足，他们可能对犯罪人或其家属进行私人报复。而私人报复造成严重危害的，同样构成犯罪。所以，对犯罪分子适用和执行刑罚，会安抚被害人，平息他们的报复感情，避免私人报复行为，预防由此导致的犯罪发生。

3. 特殊预防与一般预防的关系。特殊预防与一般预防是对立的，又是统一的。二者的对立在于特殊预防的对象是犯罪人，它要求根据犯罪人改造的难易判处和执行刑罚。犯罪人如果易于改造，就不应判处重刑，也不应执行长期刑期；否则，就不应判处轻刑，也不应执行短期刑期。一般预防的对象主要是不稳分子，它要求根据社会治安状况的好坏判处和执行刑罚，如果社会治安稳定，可以相对从轻判处，或者从宽执行刑罚；否则，可以相对从重判处，或者从严执行刑罚。所以，对一个犯罪分子，从特殊预防的角度看，应判处轻刑或从宽执行刑罚；而从一般预防的角度看，则应相对从重判处或从严执行刑罚。或者相反，从特殊预防的角度看，应判处重刑或从严执行刑罚，而从一般预防的角度看，则应相对从轻判处或从宽执行刑罚，于此明显表现出两者的矛盾。二者的统一在于预防犯罪，不论是特殊预防或一般预防都是为了预防危害社会的犯罪发生。正确处理二者的关系，会有助于实现刑罚预防犯罪的目的，因而应当引起重视。

特殊预防与一般预防在刑罚的制定、适用和执行的不同阶段主次作用并不一致。在刑罚制定阶段，以一般预防为主，兼顾特殊预防。因为这时刑罚是面向整个社会的，它向整个社会昭示犯罪的刑罚后果，预防不稳分子犯罪，并不以特定的犯罪人为限；同时适当考虑个别犯罪的情况，作出有利于特殊预防的规定，如累犯从重、自首从轻等。在刑罚执行阶段，则以特殊预防为主，兼顾一般预防。因为这时刑罚是面对服刑人的，要达到教育、改造犯罪人的目的，不能不按照服刑人的个人情况行刑，减刑、假释等刑罚制度均为鼓励服刑人改造而设立。同时适当考虑一般预防的需要，特殊预防的处理，不应当有害于对犯罪的一般预防。在刑罚适用阶段，特殊预防与一般预防同样重要，但可根据社会形势的不同而对某一方面有所侧重。刑罚适用阶段是实现刑罚目的的关键环节，因为刑罚的制定即法定刑，只是法律的抽象规定，要靠刑罚适用才能转化为现实的刑罚，而刑罚的执行即行刑是刑罚适用的延伸，它必须以刑罚适用为前提，否则就无刑罚执行可言。因而我们对此拟多作一些论述。

人民法院对犯罪分子适用刑罚时，有特殊预防和一般预防两方面的目的。这就是说，对犯罪分子适用刑罚，不仅在于预防犯罪分子本人重新犯罪(特殊预防)，而且在于警戒、威慑社会上的不稳分子，使之不实施犯罪；教育和鼓舞广大人民群众积极同犯罪作斗争，防止不稳分子犯罪(一般预防)。所以，适用刑罚时，既要从刑罚的特殊预防考虑，也要从刑罚的一般预防考虑，忽视任何一个方面，都不利于我国刑罚目的的完满实现。例如，只考虑刑罚的一般预防，忽视特殊预防，过重判刑，追求“罚一警百”的威慑作用，就不利于对犯罪分子的改造。因为罚不当罪的重刑，只会引起犯罪分子的对立情绪，不可能使犯罪分子在思想上真正认罪服法，悔过自新，刑满出狱，就难免不重新实施犯罪。相反地，如果只考虑刑罚的特殊预防，忽视一般预防，不顾当时的社会形势，过轻判刑，就不利于警戒、威慑社会上的不稳分子，也不利于鼓励人民群众同犯罪作斗争。因为在一定社会形势下的畸轻判刑，实际上会鼓励社会上的不稳分子以身试法，并挫伤人民群众同犯罪分子斗争的积极性。我们必须注意防止这两种错误倾向。同时还应当指出，特殊预防和一般预防两方面都不能忽视，并不意味着在不同的具体历史条件下，随着社会形势的变化，随着某种犯罪活动的增加或减少，在量刑时不能对一般预防或特殊预防某一方面给予更多的考虑。这就是在犯罪减少、社会治安稳定时期，量刑时可以更多地考虑特殊预防；在犯罪增加、社会治安严峻时期，量刑时需要更多地考虑一般预防。这样因时制宜地有所侧重，会更好地达到刑罚预防犯罪的目的。

第六节　刑罚论的体系

一、刑罚论的体系概观

刑罚论体系是依据刑罚的基本理论及刑罚发展过程为顺序所

建立的刑罚理论的有机整体。在刑法理论中，刑罚论不像犯罪论那样受人重视，刑罚论体系也不如犯罪论体系那样复杂多样；但不同学者所建立的刑罚论体系也往往存在着差异。因而应当建立怎样的体系，也需要考察一下各种不同的刑罚论体系，以便建立自己的刑罚论体系时有所借鉴。

(一)西方国家刑法学中的刑罚论体系

西方国家刑法学中的刑罚论体系，虽不像犯罪论体系那样五花八门，但也颇有分歧。这里选择有代表性的几种，略加述评。

1. 刑罚一元论的刑罚论体系。这种体系仅仅包括刑罚，而不包括保安处分在内。这是以刑事古典学派的刑罚理论为基础而建立的。日本学者植松正的《刑法概论Ⅰ总论》中第三编刑罚论，所建体系就是如此。其体系如下：

第一章　刑罚的种类与性质

第二章　刑罚规定与具体的科刑

这一体系十分简单，由于刑罚的本质与机能已在第一编基础论中论述，所以这里未给刑罚的基本理论以应有的地位。同时由于过于简单，刑罚的发展过程也未显示出来。因而我们认为，这一体系不足取。

日本学者冈田庄作的《刑法原论·总论》中第二编刑罚论，亦采用不包括保安处分的体系。其体系如下：

第一章　刑罚的意义

第二章　刑罚的本质

第三章　刑罚的目的

第四章　刑罚的种类

第五章　刑罚的轻重

第六章　刑罚的适用

第七章　刑的执行

第八章　刑的消灭

这一体系，可取之处在于：它对刑罚的基本理论给以足够的重视，并清楚地展现了由刑罚种类到刑罚消灭的刑罚全过程。缺点是刑罚的基本理论分章过细，失之琐碎；且将刑罚的轻重独立成章与刑罚的适用并列，亦不科学。

日本学者内田文昭的《刑法Ⅰ(总论)》第三编刑罚论，也是按照刑罚一元论建立的体系。其体系如下：

第一章　概说

第二章　刑的适用

第三章　刑的执行

第四章　刑罚的消灭

这一体系简繁比较适当，且展现了刑罚的发展过程，值得参考。不足之处是：对刑罚的基本理论缺乏论述；同时将各种刑罚放在“概说”一章研究，没有给“刑罚的种类”以独立的地位，显然与其重要性不符；并且从章目上看，也使“刑的适用”失去了前提。

2. 刑罚与保安处分二元论的刑罚论体系。这种体系不仅包括作为犯罪法律后果的刑罚，而且包括作为预防犯罪措施的保安处分。即它将保安处分也放在刑罚论中论述，而不是在刑罚论之外，另设保安处分论独立成章。保安处分是刑事社会学派学者提出的，上述体系自不免受到刑事社会学派刑罚理论的影响。日本学者久礼田益喜的《日本刑法总论》第三编刑罚，所建立的体系就是如此。其体系如下：

第一章　刑罚的观念

第二章　刑罚的种类

第三章　刑罚的适用

第四章　刑罚的执行

第五章　未决拘留

第六章　刑罚的消灭

第七章　期间计算

第八章　保安处分

第九章　因犯罪所生损害的赔偿

这一体系，既阐明了刑罚的基本理论，又展现了从刑罚种类到刑罚的适用、执行以至消灭的过程，确为可取。但将未决拘留、期间计算、因犯罪所生损害的赔偿均独立成章，与刑罚的种类、适用等并列，既失之于不够概括，又失之于不够严谨。同时将保安处分列在刑罚论中论述，客观上混淆了保安处分与刑罚的根本区别，实有背于保安处分的性质，难以令人接受。这类体系，均有此弊，下面对此，不再评议。

日本学者正田满三郎的《刑法体系总论》第四编刑罚论，亦采用刑罚和保安处分二元论的体系。其体系如下：

第一章　刑罚制度

第二章　刑罚的种类与其体系

第三章　观念的刑罚法律关系的形成与刑罚的加重减轻

第四章　现实的刑罚法律关系与刑的执行限制

第五章　刑罚的消灭

第六章　关于少年犯罪的特则

第七章　保安处分

这一体系虽然也论述了刑罚的基本理论，并展现了刑罚的发展过程，但前后联系不够紧密，而且所谓"观念的刑罚法律关系的形成"和"现实的刑罚法律关系"等表述方法也不大明白易懂，另外设立"关于少年犯罪的特则"专章，将本不属刑罚领域研究的一些问题，都放在这里研究，不尽符合刑罚论内容的要求。

日本学者中山研一的《刑法总论》第三编刑罚论，所采体系也包括保安处分。其体系如下：

第一章　刑罚的意义

第二章　刑罚的适用

第三章　刑罚的执行

第四章　刑罚的消灭

第五章　保安处分

这一体系，如同前述内田文昭的体系一样，简繁适宜，结构严谨，没有多余之章，看去一目了然，颇有借鉴意义。但“刑罚的种类”列在“刑罚的意义”章内未独立成章，其缺陷也与内田文昭的刑罚论体系的缺陷大体相同。

（二）前苏联刑法学中的刑罚论体系

前苏联刑法学中的刑罚论体系，在各种刑法教程中相差不大，但也不尽相同。这里评述两种体系，以资参考。

1. 刑罚一元论的刑罚论体系。这可以 B. M. 契希克瓦节主编的《苏维埃刑法总论》第四编刑罚论为代表。其体系如下：

第一章　刑罚概说

第二章　刑罚的体系与种类

第三章　刑罚的适用

第四章　刑罚的延期执行

第五章　免刑

这一体系，简明扼要，值得称道；但用“刑罚的延期执行”和“免刑”作为章的标题，并未反映出“刑罚的执行”和“刑罚的消灭”等刑罚论的重要内容，因而我们认为亦不可取。

2. 类似刑罚和保安处分二元论的刑罚论体系。这可以 H. A. 别利亚耶夫等主编的《苏维埃刑法总论》第十五章至第二十一章为代表。该书未曾分编，因而也无刑罚论的编名；但其第十五章至第二十一章则属刑罚论的内容，其各章的顺序安排，即为刑罚论体系。其体系如下：

第十五章　刑罚的概念和目的

第十六章　刑罚的体系和种类

第十七章　免除刑事责任

第十八章　判处刑罚

第十九章　缓刑

第二十章　免刑、前科的消灭和撤销

第二十一章　医疗性和教育性的强制方法

这一体系，虽然反映了刑罚论的基本内容，但不够科学。首先章的标题缺乏概括性，如“缓刑”只是刑罚执行中的一个问题，不能涵盖刑罚执行中的其他情况；“免刑、前科的消灭和撤销”只是几个问题的并列，而且有些内容也未概括进去。其次各章的安排，其前后顺序也值得研究，如将“免除刑事责任”放在“刑罚的体系和种类”之后，就欠妥当。因为是否免除刑事责任，通常是在刑罚裁量阶段进行，本书未设刑罚裁量章节，以致免除刑事责任无所依附。最后“刑罚的执行”这一刑罚论中的重要问题，在这一体系中竟然没有适当的位置，应当说也是较大的缺陷。因而我们认为这一体系实在不能令人满意。

(三)我国刑法学中的刑罚论体系

我国刑法学中的刑罚论体系，基本上是刑罚一元论的体系。具体表现大体上可分为两种：一为基本上以我国刑法总则第三章刑罚和第四章刑罚的具体运用的规定为依据，适当加以变更而建立的刑罚论体系；一为根据刑罚理论按照刑罚的发展过程而建立的刑罚论体系。下面分别加以评述。

1. 以我国刑法总则有关刑罚的规定适当加以变更的刑罚论体系。这一体系，最早为高铭暄教授主编的《刑法学》第四编刑罚总论所采用，以后许多刑法教程纷纷效法，以致在我国刑法学中占着主导地位。其体系如下：

第十六章　刑罚的概念和目的

第十七章　刑罚的体系和种类

第十八章　量刑

第十九章　数罪并罚

第二十章　缓刑

第二十一章　减刑、假释

第二十二章　时效、赦免

这一体系，给予刑罚的基本理论以应有的重视；同时大体上体现了刑罚的发展过程，这是可取之处。缺点是各章标题概括性不够，刑罚的发展过程也表现得不太清楚。从专题研究的角度看，这样的体系似不宜采用；从刑法教材的角度看，今后似也有必要加以革新。

2. 根据刑罚理论以刑罚发展过程为基础的刑罚论体系。这种体系主要为刑罚论专著所采用，具体安排也有不同。青年学者邱兴隆等著的《刑罚学》首先采用这种体系。其体系如下：

绪论篇　下分三章(1—3 章)

哲理篇　下分四章(4—7 章)

体系篇　下分五章(8—12 章)

量刑篇　下分五章(13—17 章)

行刑篇　下分五章(18—22 章)

这一体系，用篇统章，以简驭繁，层次清楚。对刑罚基本理论用两篇加以论述，表现了专著重视理论研究的特色。同时篇章标题及其顺序安排，清楚地表现了刑罚的发展过程，结构严谨，不蔓不枝，很有参考价值。缺点是根本没有对刑罚消灭加以研究，显得刑罚的发展过程有始无终，有关的重要问题未能予以论述，洵属美中不足，令人惋惜！

樊凤林教授主编的《刑罚通论》所采用的体系，与上述体系近似，但有自己的特点。其体系如下：

导论

第一编　刑理篇，下分五章(1—5 章)

第二编　刑种篇，下分六章(6—11 章)

第三编　适用篇，下分五章(12—16 章)

第四编　量刑篇，下分五章(17—21 章)

第五编　行刑篇，下分六章(22—27 章)

第六编　附论篇，下分四章(28—31 章)

这一体系，其优点除与上述体系的优点相同外，还有增加附论篇，扩展了刑罚的视野，并论述了保安处分。这样安排既研究了保安处分问题，又不影响刑罚一元论的体系。缺点：一是未对刑罚消灭加以探讨，似有所欠缺；二是将并非并列关系的刑罚适用与量刑并列为两篇，似不够严谨。总的来看，仍然值得借鉴。

二、本书所采用的体系

本书是以我国刑法总则第三章刑罚和第四章刑罚的具体运用的规定为法律根据研究刑罚一般原理和具体运用的专著。我们比较研究了各种刑罚论体系，经反复讨论，确定本书以我国刑罚论专著所采用的体系为基础，借鉴外国刑法学中刑罚论体系的可取之处，采用如下体系：

绪论　仅设一章(即第 1 章刑罚论序说)

第一编　刑罚种类，下分四章(2—5 章)

第二编　刑罚裁量，下分七章(6—12 章)

第三编　刑罚执行，下分五章(13—17 章)

第四编　刑罚消灭，下分四章(18—21 章)

附编　非刑措施，下分两章(22—23 章)

现将绪论和各编设置的理由，略加说明：

绪论，主要研究刑事责任与刑罚、刑罚权的概念和根据、刑罚的本质、功能和目的，旨在对刑罚的基本理论即报应刑论与目的刑论的对立、绝对主义与相对主义的对立进行系统的论述，从而为研究刑罚的种类、裁量、执行、消灭奠定理论基础。

第一编刑罚种类，主要研究我国刑法规定的各种刑罚方法。这是刑罚裁量的前提，因而放在第一编论述。我国刑法规定的刑罚分为主刑和附加刑两种。主刑即只能独立适用不能附加适用的刑罚方法，附加刑是附加主刑适用的刑罚方法，也叫从刑。依照我国刑法规定，附加刑可以附加适用，也可以独立适用。主刑分为管制、拘役、有期徒刑、无期徒刑、死刑五种。附加刑分为罚金、剥夺政治权利、没收财产三种；另外还有只对犯罪的外国人适用的驱逐出境。本书根据刑罚理论，采用生命刑、自由刑、财产刑、资格刑的分类，将上述九种刑罚方法完全加以概括。

第二编刑罚裁量，主要研究在确定犯罪之后对行为人的刑罚适用。这是各种刑罚的具体运用，所以放在刑罚种类之后论述。整个刑事审判活动最后总是归结为是否对行为人判刑或判处何种刑罚，因而这一环节在刑事审判活动中具有重要意义。本编不限于研究我国刑法总则有关刑罚适用的规定，而且还对刑罚裁量的原则、方法以及各种刑罚的裁量进行探讨，以期在理论上有所深入，在实践上便于操作。

第三编刑罚执行，主要研究刑罚裁量之后对判刑人如何有效地执行刑罚。这是刑罚裁量的发展或继续，因而放在刑罚裁量之后论述。为了有效地执行刑罚，我国刑法明文规定了几种刑罚制度，如缓刑、减刑和假释。但本编不限于研究这些制度，此外还对刑罚执行的原则以及各种刑罚的执行进行探讨，目的在于总结实践经验，进一步完善刑罚的执行。

第四编刑罚消灭，主要研究对特定的犯罪人由于犯罪行为而生的刑罚权基于何种事由而消灭。这可能发生在刑罚裁量之前，也可能发生在刑罚执行过程中或者发生在刑罚执行完毕之后，由于这类事由的存在，以致刑罚权消灭，或者刑罚执行的法律后果消灭，因而在刑罚执行之后论述。刑罚对特定犯罪人因犯罪行为而产生，因特定事由存在而消灭。从刑罚制定经刑罚裁量、刑罚执行到刑罚消灭，这是刑罚发展的全过程。因而特设刑罚消灭一编，使刑罚的发展过程能够有始有终地予以论述。

附编非刑措施，主要研究非刑罚处理方法和保安措施。非刑罚处理方法为我国刑法明文加以规定，是处理不需要判处刑罚的轻微犯罪的必要方法。保安措施是预防特定行为人不至犯罪的措施。二者都是对付犯罪的手段，是刑罚的补充，但不是刑罚。由于两者是刑罚的补充，基于连类而及的原则，应当在刑罚论中加以论述。由于两者不是刑罚，本着内容与论题相一致的原则，则以将它们放在刑罚论正文之后论述为宜。附编之设的缘由，盖出于此。

第 一 编

刑罚种类

第一编

[illegible]

第二章　生　命　刑

第一节　生命刑存废之争辩析

一、生命刑存废之争概述

生命刑，或称死刑，是指剥夺犯罪人生命权利的刑罚方法(后文中除标题外一般称为死刑)。

死刑是几千年人类刑罚史上领衔的主刑，可以说与刑法有着同样悠久的历史，也是至今刑罚理论中首要的课题之一。

死刑存废之争的挑起者，为意大利刑法学家贝卡利亚。公元1764年，年仅26岁的贝卡利亚在他的成名著作《论犯罪与刑罚》中，提出了一个大胆的问题："在一个组织优良的社会里，死刑是否真的有益和公正？人们可以凭借怎样的权利来杀死自己的同类呢？"①从而引发了一场世界范围的、长达200余年至今不息的死刑存废之争。

贝卡利亚发表《论犯罪与刑罚》，时值18世纪中叶，随着社会的进步，资产阶级自由、平等、博爱的人权思想正在欧洲流行。贝卡利亚关于废除死刑的观点，就是建立在近代人权理论基

---

① ［意］贝卡利亚著、黄风译：《论犯罪与刑罚》，中国大百科全书出版社1993年版，第45页。

础上的。以17世纪英国哲学家洛克，18世纪法国启蒙思想家孟德斯鸠、卢梭为代表，提出并完善了自然权利说、天赋人权说、社会契约论，认为人人生而具有平等的生命权、自由权和财产权，而国家权利是由每个公民所自愿让出的一小部分个人权利集合而成的，国家是社会契约的产物；在自然权利中，生命是一种受到特殊保护的权利。洛克指出："一个人既然没有创造自己生命的能力，就不能用契约或通过同意把自己交由任何人奴役，或置身于别人的绝对的、任意的权力之下，任其夺去生命。谁都不能把多于自己所有权的权力给予他人；凡是不能剥夺自己生命的人，就不能把支配自己生命的权利给予别人。"①这种"有限契约"论认为，生命权是神圣的，它是人所固有的，同那些可以符合自然法也可以不符合自然法的人定法没有任何依存关系；国家正是为了保卫人的这些权利而存在的，它不得蔑视任何人的生命权。在这些理论的基础上，贝卡利亚进一步指出，人们最初在订立社会契约的时候，只交给公共当局一份尽量少的权利，人们不具有当然也不可能交出剥夺自己生命的权利。"因而，死刑并不是一种权利，我已经证明这是不可能的。"②"体现着公共意志的法律憎恶并惩罚谋杀行为，而自己却在做这种事情；它阻止公民去做杀人犯，却安排一个公共的杀人犯。我认为这是一种荒谬的现象。"③

不过，贝卡利亚并没有主张无条件地彻底废除死刑。他认为在两种情况下，死刑是必要的：第一，当一个人甚至被剥夺了自由以后，他还拥有某种联系和某种力量，影响着这个国家的安全；或者他的存在可能引起不利于现存政体的变革。第二，处死他是预防其他人犯罪的根本的和唯一的防范手段④。但是，由于贝卡利亚对死刑本质的无情抨击，他的废除死刑的观点（本来是有条件地

---

① ［英］洛克著、叶启芳等译：《政府论》下篇，商务印书馆1964年版，第17页。

②③④ ［意］贝卡利亚著、黄风译：《论犯罪与刑罚》，中国大百科全书出版社1993年版，第45、49、45—46页。

废除死刑的观点）在当时的欧洲大陆引起了强烈的反响。

热烈地赞扬和同情贝卡利亚观点的，在欧洲各国各个阶层都大有人在。法国百科全书派的学者们邀请他去巴黎访问，俄国女皇叶卡特琳娜邀请他去莫斯科参与立法①。18世纪末法国大革命时期雅各宾政府的领导人、被列宁称为“伟大的资产阶级革命者”②的马克西米利昂·罗伯斯比尔，也赞同贝卡利亚的观点，一度成为废除死刑的积极鼓吹者：“第一，死刑是极端不公正的；第二，它不是最有镇压性的刑罚，与其说它能防止犯罪，不如说它更能促使犯罪事件的增加。”③“从人道和正义的观点来看，社会所如此看重的那些令人厌恶的场面，只不过是整个民族进行的隆重的谋杀行为而已。”④

但针锋相对地批评贝卡利亚死刑观点的人士也不在少数，“在法国，大受多数法学家、法官及哲学家之非难、反对、攻击。……称柏加利亚氏为正义道德之破坏者，因其反对拷问及死刑故也。”⑤当罗伯斯比尔在议会演讲抨击死刑时，修道院长莫利就在台下喊道：“请罗伯斯比尔先生到匪窟里去说明自己的见解吧！”⑥德国古典唯心主义的创始人康德，从报应主义的立场阐述了反对废除死刑的观点：“谋杀人者必须处死。在这种情况下，没有什么法律的替换品或代替物能够用它们的增或减来满足正义的原则。没有类似生命的东西，也不能在生命之间进行比较，不管如何痛苦，只有死。因此，在谋杀罪和谋杀的报复之间没有平

---

① 黄风：《贝卡利亚及其刑法思想》，中国政法大学出版社1987年版，第34页。

② 《列宁全集》第21卷，人民出版社1959年版，第197页。

③④ ［法］罗伯斯比尔著、赵涵舆译：《革命法制和审判》，商务印书馆1986年版，第68、69—70页。

⑤ ［意］菲利著、许桂庭译：《实证派犯罪学》，商务印书馆，第7页。

⑥ ［法］罗伯斯比尔著、赵涵舆译：《革命法制和审判》，商务印书馆1986年版，第69页。

等问题，只有依法对犯人执行死刑。”①“甚至假定有一个公民社会，经过它所有成员的同意，决定解散这个社会，并假定这些人是住在一个海岛上，决定彼此分开散居到世界各地，可是，如果监狱里还有最后一个谋杀犯，也应该处死他以后，才执行他们解散的决定。应该这样做的原因是让每一个人都可以认识到自己言行有应得的报应，也认识到不应该把有血债的人留给人民。如果不这样做，他们将被认为是参予了这次谋杀，是对正义的公开违反。”②康德认为，贝卡利亚“他的说法完全是诡辩的和对权利的颠倒。没有人忍受刑罚是由于他愿意受刑罚，而是由于他曾经决心肯定一种应受刑罚的行为。”③法国最著名的唯心主义哲学家、辩证法大师黑格尔，也介入了当时的死刑存废之争，并从否定社会契约论着手，批评了贝卡利亚的废除死刑的观点：“培卡利亚否认国家有处死刑的权利，其理由，因为不能推定在社会契约中包含着个人同意，听人把他处死；毋宁应该推定与此相反的情形。可是，国家根本不是一个契约，保护和保证作为单个人的个人的生命财产也未必就是国家实体性的本质，反之，国家是比个人更高的东西，它甚至有权对这种生命财产本身提出要求，并要求其为国牺牲。”④

围绕死刑存废问题的思想争论在思想家们的著作中大量出现。死刑废止论者与死刑存置论者各执一词，双方的论据都在论战中不断得到补充。特别引人注目的是，双方竟能在多个相同的观察点上，得出完全相反的结论。

请看争论双方的论据交锋：(1)死刑废止论者认为死刑是野蛮时代血腥复仇的沿袭，与文明人类的伦理正义相悖；死刑存置论者则认为死刑正是基于伦理正义的必然要求。(2)死刑废止论

---

①②③ [德]康德著、沈叔平译：《法的形而上学原理——权利的科学》，商务印书馆1991年版，第166、167、169页。

④ [德]黑格尔著、范扬等译：《法哲学原理》，商务印书馆1961年版，第103页。

者认为死刑根本不能威慑犯罪人；死刑存置论者则认为死刑具有最大的威慑作用。(3)死刑废止论者认为死刑不符合社会契约论；死刑存置论者则认为死刑的存在是社会契约论的基本要求。(4)死刑废止论者认为死刑违背宪法精神；死刑存置论者则认为死刑绝无违宪性。(5)死刑废止论者认为死刑的不可分性有悖于罪刑相适应原则；死刑存置论者则反问：无期徒刑也具有不可分性，岂不也得废止？(6)死刑废止论者认为死刑错判难纠；死刑存置论者则认为，自由刑照样错判难纠，不能因噎废食。(7)死刑废止论者认为死刑助长人们的残忍心理；死刑存置论者则认为现代较文明的死刑执行方法，减少了助长人们残忍心理的可能性。(8)死刑废止论者认为死刑杜绝了犯罪人自新之路，不符合现代教育刑的趣旨；死刑存置论者则认为，死刑只适用于罪大恶极不堪改造的犯罪人，并不违背现代教育刑的精神，等等。

这场争论的内容是广泛而深刻的。说它广泛，一是因为这场争论几乎波及世界上所有的国家；二是因为死刑的存废已不再仅仅是个操作性的法律问题，而是涉及哲学、政治学、伦理学、社会学、经济学、心理学、生理学等等领域的重大社会问题。说它深刻，是因为死刑存废的争论触及了人性中最深层的东西——理性与本能的矛盾。

这场争论整整持续了200多年，至今仍在西方各国的刑法学界、社会学界以及其他思想界激烈地进行着。

在中国，死刑的存与废似乎是一个无法引起争议的问题，至今也谈不上什么死刑存废之争。但是，我们不得不面对如何认识和评价死刑的问题。这涉及我国刑事立法改革的方向；涉及现阶段刑事司法中是应当增加还是减少死刑适用的价值评判。

在展开讨论之前，我们必须区分两个极易被混淆的问题。问题之一，死刑是否应当废止？这是一个理性的问题，我们可以从三个不同的角度来考查它：(1)死刑是否符合人类文明的发展方向？(2)死刑是不是一种有效的预防犯罪方法？(3)死刑存在的真实基础或者说死刑发挥的实际功能是什么？问题之二，死刑是否能够废止？换言之，死刑的废止需要一些什么样的条件？这是一个现实的问题，需要结合人类文明的发展程度，特别是具体国家的国情来考察。

存在的不一定是合理的，不合理的不一定能够立即消失。上述两个问题处于两个不同的层次；但无论如何，我们必须首先解决前一个层次上的认识，然后才能为现实问题的解决寻找正确的答案。

二、生命刑的废止是人类文明发展的必然结果

人类自认为是天地万物间最高级的动物，创造了高度的物质文明和精神文明，因此以傲然的态度鄙视着低级动物们的相互厮杀、弱肉强食。但是我们不能忘记，人类今天的文明并不是随着人类的产生而产生的，而是随着人类的进步而发展起来的，或者说，人类是随着文明的进步而有今日之辉煌的。

人类有过茹毛饮血的历史。从远古走来的人类，无法截然地与远古的历史一刀两断。人类今日的生活中，还残留着一些文明史前时期的遗迹，尽管这些遗迹经过人类各个时期文明进步浪潮的冲刷，越来越模糊难辨。死刑，就是这样的遗迹之一。

即使是极力推崇和颂扬死刑的人士，也不能不承认，死刑并不是人类文明高度发展的产物，更不是随着人类文明的发展而越来越发达的；相反，死刑作为人类从未开化时期继承下来的遗迹，是随着人类文明的发展而逐步走向没落的。

马克思曾经清楚地揭示了死刑与原始社会以血复仇制度间的血缘关系："死刑是往古的以血还血、同态复仇习惯的表现。"①

无数的传说和研究都证明，地球上的所有人种都在其发展的某一阶段依靠以血复仇的制度。19 世纪末 20 世纪初的大量研究资料表明，在非洲的许多土著人、美洲的印第安人、澳大利亚西

① 《马克思恩格斯全集》第 8 卷，第 352 页。

部的土著人等等未开化的民族中，都有着以血复仇的习惯①。

据研究，在人类原始社会里实行了几千年的以血复仇的制度，也有过初期、盛期和终期之分。以血复仇制度的终结，便是作为国家刑罚制度的死刑的产生。

以血复仇的始期，是不加区别的复仇。近亲者被外部落的人杀害，死者的同部落人便要进行复仇。甚至近亲者病死或者在事故中丧生，也会引起以血复仇。这是因为他们认为自然死亡是有害的妖术所导致的。例如，一个爱斯基摩人部落在发生疫病后见白人就杀，因为他们把疫病的发生当作白人故意造成的。这一时期以血复仇的对象并不限于杀人者，也不限于杀人者所在的部落，尽量找不设防的人下手就是了。对于这种现象，弗洛伊德解释为血亲者为了转嫁自己潜意识里对死者的罪责感，而寻找替罪羊。可以确信的是，以血复仇在很多情况下并不考虑个人的责任。

以血复仇发展到盛期时，复仇的目标局限到了杀人者所属的部落内。但这加剧了部落间的对立和部落的责任，卷入以血复仇的人的范围扩大了，以血还血的复仇愈演愈烈，动辄导致部落间的战争。

到后来，人们的意识发生转变，毫无道理的突发性的暴力开始停止，以血复仇开始仪式化。以象征性战争、通婚、赎罪劳役等形式及后来的支付抵偿金的形式，就可以满足复仇要求了。在这一转变的同时形成的国家，开始对以血复仇制度提出了异议。

以血复仇制度是私人行刑权的表现，而国家要求对一切重大犯罪行使裁判权。因此，所有在国家形成过程中部落体制走向崩溃的地方，都是国家权力首先对以血复仇提出异议，然后逐渐给它施加压力，最终废止它。国家把追查并处罚杀人犯的工作交给了司法官。这样，以血复仇就消失在国家宣告和执行的死刑中了。

---

① 参见[德]卡尔·布鲁诺·赖德尔著、郭二民编译：《死刑的文化史》，生活·读书·新知三联书店1992年版，第19—32页。

比之血腥的以血复仇，死刑制度当然标志着当时人类文明的进步；但我们需要强调的是，死刑制度来源于以血复仇，仅凭这一点，就不能说死刑制度是人类文明高度发展的产物。从整个人类发展史来说，只能认为人类文明的发展促使着以血复仇的变种和逐步没落。

作为国家刑罚制度的死刑，继承了以血复仇的衣钵，当然也继承了原始社会对其他违反禁忌者(如对近亲奸、妖术、渎神、反逆行为者)予以处死的习惯。只不过，作为阶级统治工具的国家，运用死刑时越来越自觉地强调它用以维持阶级统治和阶级压迫的功能了。

死刑的历史在每个国家都是古老而漫长的。纵观这古老而漫长的历史，我们可以清楚地看到，死刑在每一个国家，都经过了一个由滥用到慎用、由苛酷到轻缓的演变过程，并且在为数不少的国家已经完全退出了历史舞台。

德国的《加洛林纳刑法典》，是中世纪欧洲国家滥用死刑的典范。根据该法典，连在池塘捕鱼和堕胎，也要处死刑。而且死刑的执行方法十分残忍，包括火烧、车裂、四马分尸、尖物刺死等。恩格斯 1850 年在《德国农民战争》一书中揭露道："加洛林纳法典中的各章论到'割耳'、'割鼻'、'挖眼'、'断指断手'、'斩首'、'车裂'、'火焚'、'夹火钳'、'四马分尸'等等，其中没有一项没有被这些尊贵的老爷和保护人随一时高兴就用在农民身上。"①但是 1780 年至 1790 年的德国皇帝约瑟夫二世，由于受到贝卡利亚的启蒙主义思想影响，于 1786 年宣布在他统治下的奥地利各邦废除死刑。他的弟弟托斯卡纳大公利奥波德也在其领地里采取了同样的做法。后来的德国又在相当长的时间里恢复适用死刑，尤其在希特勒法西斯主义统治时代达到了惨虐的高峰。但德国最终彻底废除了死刑，而且这一改革是在德国分裂时期实

① 《马克思恩格斯全集》第 7 卷，第 397 页。

现的：前德意志联邦共和国在1945年仅对谋杀罪保留了死刑，1949年基本法宣布对一切犯罪废除死刑；前德意志民主共和国于1987年发布命令，声明“遵照联合国关于逐步从国家生活中消除死刑的建议”，立即废除一切死刑。

中世纪英国死刑制度的残酷不亚于德国。到19世纪初，英国刑法中的死刑罪名还有220—230种之多。恩格斯说：“谁都知道，英国的刑法典在欧洲是最森严的。就野蛮来说，早在1810年它就毫不亚于加洛林纳法典了，焚烧，轮碾，砍四块，从活人身上挖出内脏等等曾是惯用的几种刑罚。”①可以招致死刑的罪名包括：无故砍树、偷窃芜菁、小偷小摸、写恐吓信、破坏鱼塘、偷猎、和吉普赛人来往，等等。1801年，曾有一个13岁的少年因偷窃一把匙子而被绞死。1840年正规警察成立后，可判死刑的罪行减到15项，至1861年，可判死刑的罪行再减至4项：谋杀、叛国、火烧船坞和公海抢掠。1929年，英国“废除死刑协会”的秘书莱特·卡尔拔在其著作《二十世纪犯罪》中提出，即使完全废除死刑也不会增加犯罪。于是，英国自1932年起，曾经停止死刑执行达5年，作为试验。但时值第二次世界大战前夕，局势动荡，试验未能收到理想的效果，所以，战时和战后，英国又恢复了死刑的适用。1948—1956年间，曾有人先后多次提出废除谋杀罪死刑的法案，并在下议院获得通过，但遭到上议院反对。1965年工党政府旧案重提，在上、下两院顺利通过，决定对谋杀罪暂时废除死刑5年。1969年，英国宣布对谋杀罪永远废除死刑。1983年和1987年英国议会曾有恢复谋杀罪死刑的议案，但在1987年仍以三分之二的大多数票否决恢复死刑②。现在英国刑法虽然仍对严重叛国罪和海盗罪保留死刑，但从1964年至今的30年中从未执行过死刑。

---

① 《马克思恩格斯全集》第1卷，第701页。

② 参见李昌道：《香港法制漫谈》，香港中华书局1990年版，第116页。

在立法上对死刑存废的变革反复最多的是俄国。沙皇俄国彼得大帝的女儿叶利扎维塔女皇，是世界上废除死刑的第一个成功实验者。早在贝卡利亚的著作问世23年前，即1741年，叶利扎维塔女皇即位之时，就宣布了在她的治世下不执行死刑。她信守这个许诺，并在1753年第二次训令强调这一点，决定性地废除了死刑。女皇治世20年后于1761年去世。这20年是近代欧洲最大的国家最早一段长期没处死刑的时期。全世界为这个极为大胆的实验而瞠目，惊异该国的一般犯罪没有像所有人预计的那样增加。在彼得三世和叶卡特琳娜二世统治期间，俄国执行的死刑也很少。可能是受人道主义和启蒙主义精神的影响，叶卡特琳娜二世于1766年发出行政改革和制定新法的诏令，其中说："社会处于正常状态时处死国民既无益也无必要。"①前苏联在社会主义时期，死刑走过了三次废除、三次恢复的道路。第一次废除死刑，是在1917年十月革命胜利后的第二天，全俄第二次苏维埃大会通过了一个关于废除死刑的法令。但为了镇压反革命分子的反抗，死刑的适用很快就恢复了。第二次废除死刑，是在1920年，根据列宁关于苏维埃政权已经巩固，恐怖要限制在"最小最小的限度以内"的指示，苏维埃政府以全俄中央执行委员会和人民委员会的名义颁布了《关于彻底废除极刑（枪决）的决议（第79号）》。这次废除死刑本身就是有条件的，明确宣布今后是否恢复适用死刑，取决于各国政府和地主阶级的反抗程度。1922年苏俄刑法典又恢复了死刑。第三次废除死刑，是在伟大的卫国战争胜利后，1947年苏联最高苏维埃主席团颁布《关于废除死刑的法令（第518号）》，宣布在和平时期废除死刑的适用。但是不到3年死刑又恢复了，1950年宣布"对祖国叛徒、间谍和反革命破坏分子适用死刑"，1954年宣布对情节严重的故意杀人罪适用死

① 见［德］布鲁诺·赖德尔著、郭二民编译：《死刑的文化史》，生活·读书·新知三联书店1992年版，第160页。

刑。现在的俄罗斯国家也没有废除死刑，但只适用于严重刑事犯罪，不适用于经济犯罪。虽然俄国在死刑的存废方面反反复复，但前苏联及俄罗斯学者对死刑的基本观点是一贯的：第一，俄国对刑事立法中保留死刑，始终持否定态度，但承认革命时期不能废除；第二，死刑是一种权宜之计，国家对其应是限制、减少适用并逐步走向完全废除①。

美国是由 50 个州组成的联邦国家，各州均有独立的立法和司法体系，因而死刑在各州的情况有所不同。1972 年联邦最高法院对福尔曼案件的裁决，导致了大多数州对死刑的暂停执行，并引起各州刑法的修改。该裁决认为，死刑正在被“任意和反复无常地”适用，这违反了联邦宪法修正案第 8 条关于“不得处以非常残酷之刑罚”的精神。后来死刑的执行在一些州的司法实践中又被恢复，但已有 36 个州的法律明文规定只对“一级谋杀罪”适用死刑，有 12 个州完全废除了死刑。

根据联合国预防与控制犯罪委员会的统计，到 1990 年 10 月为止，世界上对所有犯罪废除死刑的国家有 47 个，对普通犯罪（不包括战争罪等特殊犯罪）废除死刑的国家有 18 个，法律上保留死刑但在实际上已经废止死刑执行的国家有 25 个，保留并执行死刑的国家共 93 个。就是说，目前法律上废除死刑的国家，和近 10 年甚至更长的时间内未执行死刑的国家加起来，已达 90 个，与保留死刑国家的比例近乎一比一。而且，对全部犯罪或对普通犯罪废除死刑的国家中，有 31 个国家是在 1976—1990 年这短短 14 年间废止的②。可见废除死刑运动的发展越来越迅猛。

有人认为死刑的没落与废除只是外国的事情，与中国国情相差甚远。实际上，就死刑的历史发展过程来看，中国死刑制度的沿革

---

① 参见陈明华：《当代苏联东欧刑罚》，中国人民公安大学出版社 1989 年版，第 103—118 页。

② 参见［日］迁本义男译：《世界的死刑——联合国预防与控制犯罪委员会报告书》，成文堂 1990 年版，第 194—199 页。

与外国并无大的差异，仍然是一个由多到少、由苛酷到轻缓的过程。

中国古代的死刑也曾经十分苛酷。《淮南子·暮真训》记述："夏桀殷纣，燔[①]生人，辜[②]谏者，为炮烙，铸金柱[③]，剖贤人之心，析才士之胫，醢[④]鬼侯之女，菹[⑤]梅伯之骸"，"刳谏者，剔孕妇，攘天下，虐百姓"。其残酷程度令人不忍卒读。西周作《吕刑》，五刑之律共三千条，其中大辟（死刑）二百条。根据1975年湖北省云梦县睡虎地出土的秦代竹简来看，秦律中的死刑有四种：其一戮，即刑辱示众，或者戮尸；其二弃市，即杀之于市，暴尸于众；其三磔，即分裂其肢体致死；其四定杀，即将犯人固定水中，淹溺致死。但见诸后世史籍的秦代死刑，还有车裂、扑杀、夷三族、枭首、腰斩、肢解、凿颠、抽胁、镬烹、具五刑等[⑥]。这些死刑，有些是法定的常刑，有些则是法外的滥刑。

汉、唐盛世，死刑较前大有减轻。根据《九朝律考》，汉朝死刑刑名有三，为枭首、腰斩和弃市。到《唐律》，死刑刑名减为两种，为绞斩。而且"九十以上七岁以下，虽有死罪不加刑"，从主体上限制死刑的适用。据史籍记载，唐朝贞观四年，断死罪29人，开元二十五年，也只处死58人而已[⑦]。虽然死刑制度在宋、元、明时代又有反复，但自清末《大清新刑律》之后，死刑就变为一种，且均规定执行死刑必须秘密进行[⑧]。

中华人民共和国成立以后，我们党确定了我国"绝不废除死

---

① 燔（fán）：焚烧，烤。

② 辜（gù）：同磔（càn），裂其肢体而杀之。

③ 为炮烙，铸金柱：置铜柱，炭火烧之，使犯人步其上，坠火烧死，或说让犯人抱柱烧死。

④ 醢（hǎi）：剁为肉酱。

⑤ 菹（zū）：切成碎片。

⑥⑧ 参见周密：《中国刑法史》，群众出版社1985年版，第439—480页。

⑦ 参见崔敏：《中国当代刑与法》，群众出版社1993年版，第53页。

刑,但要少杀慎杀”的死刑政策。“绝不废除死刑”,是基于中国国情和巩固政权的现实需要;“要少杀慎杀”,是因为认识到了死刑的不合理本质。比之北洋政府时期和国民党统治时期,我国在死刑制度的轻缓化方面又有了大的进步。

中国为何至今没有步入废除死刑的国家的行列，我们留待下文探讨。但可以肯定无疑地说，无论在哪个国家，死刑都是从原始社会以血复仇制度演变而来的，它绝不会随着人类文明的发展而发扬光大。死刑的最终废止是历史的大趋势，是人类文明发展的必然结果。

三、生命刑对于犯罪并无有效的威慑力

坚持留置死刑甚至极力主张扩张死刑立法，增加死刑适用的人士，一直有一个“坚实”的论据，那就是，死刑具有最大的威慑力，是预防犯罪最有效的手段。他们认为，一方面，死刑用最简单、最经济的方法，从肉体上消灭了犯罪人，彻底铲除了该犯罪人重新犯罪的条件。还有什么刑罚的特殊预防功能能发挥得如此彻底？另一方面，执行死刑所产生的恐怖效应，必然能够最大程度地阻止潜在犯罪人实施犯罪。因为死刑的威慑效果最为强烈，所以它的一般预防作用也最为有效。

不可否认，死刑确实是最有效的特殊预防手段。可是，社会到底以什么样的理由、在多大程度上有权适用这种消灭人身的彻底预防手段？这是一个值得认真思考的问题。至于死刑是否具有人们所期望的最大威慑力和一般预防效果，则大有置疑的余地。

(一)从理论上讲，生命刑不可能对犯罪产生有效的威慑力

“治乱世用重典”，以重刑威慑阻遏犯罪的思想，早在我国春秋战国时期，就已经被法家一派的法律思想家们奉为预防犯罪、治理国家的经典。对这种思想进行理论上阐释的，最系统的当属近代德国刑法学家费尔巴哈的心理强制说。费尔巴哈认为，人人都有趋利避害、向乐避苦的心理，这就是人们实施一切行为的心理动机。犯罪人之所以要实施犯罪，是因为犯罪行为能给他

带来某种欢乐；而如果有一种犯罪后的必然结果，能够让犯罪人承受大于犯罪欢乐的痛苦，犯罪人就会放弃犯罪的念头。刑罚就是为犯罪人设定的这样一种痛苦。每个犯罪人在实施犯罪之前，必须在犯罪之乐与刑罚之苦之间进行选择，只要刑罚有可能带给他足够的痛苦，他就不会选择犯罪。死刑所能带给犯罪人的痛苦是最大的，当然就对犯罪人有着最大的心理强制，对犯罪行为有着最有效的遏制力。

然而，这只是一个有一定合理性的设想而已。它能在一定程度上说明问题，但它忽视了一个根本的道理：乱世并不是轻典的结果，犯罪人实施犯罪，特别是某些重大犯罪，主要原因也不是他权衡后认为刑罚不重才选择的结果。因此重典治不了乱世，死刑也吓不住重罪。

首先，我们从犯罪产生的根源来看。犯罪是一种社会病，它是一定社会中政治、经济、文化教育、道德观念、家庭关系等等社会因素与犯罪者个体相互作用的产物。死刑不可能根除产生犯罪的复杂社会根源，自然不可能从根本上遏制犯罪的发生。中国清末法学家和法律改革家沈家本曾经指出："苟不能化其心，而专任刑罚，民失义方，动罹刑纲，求世休和，焉可得哉？"①沈家本还在考证明太祖朱元璋严刑峻法而收效甚微的历史事实后，指出："上之人不知本原之是务，而徒欲下之人不为，非也。于是重其刑诛谓可止奸而禁暴，究之奸能止乎？暴能禁乎？朝治而暮犯，暮治而晨亦如之，尸未移而人为继踵，治愈重而犯愈多"②，"见重刑之无效，治世之道当探其源也。"③结论是："化民之道，固在政教，不在刑威也"④。按照今天我们的认识，应该说，犯罪的根源不在于刑罚的轻重，要预防犯罪，真正的治本之策还有赖于有效的社会综合治理。

---

①②③ 沈家本：《历代刑法考》第1卷，中华书局1985年版，第171、180—181、64页。

④ 沈家本：《历代刑法考》第4卷，中华书局1985年版，第2025页。

其次，我们从刑罚产生一般威慑效果的心理机制来看。刑罚要对潜在犯罪人产生一般威慑效果，前提是潜在犯罪人明知自己的行为构成犯罪，并且确信刑罚是犯罪的不可避免的后果。问题就出在这个前提上。潜在犯罪人是否明知自己的行为构成犯罪？这里有一个法盲犯罪的问题。我国司法实践中不乏受害人在受害后邀集亲友杀死流氓强奸罪犯的“为民除害”案件，父兄合谋杀死忤逆之子的“大义灭亲”案件，愚昧无知的文盲妇女被他人利用运输巨额毒品的案件等等，这些案件的犯罪人或根本不知道自己的行为是犯罪，或根本不了解自己的行为严重至于死罪，死刑对他们怎样发生威慑？退一步，假设绝大部分潜在犯罪人明知自己的行为已构成犯罪，那么，他是否确信刑罚是其犯罪行为的不可避免的后果？这一环节上的问题更大。身居高位的贪污犯、受贿犯，在其实施犯罪行为时，不必确信自己的行为将使自己丧命，只要确信必然的后果是丢掉乌纱帽，也足以遏止他的犯罪决意。但具体案件的当事人心理上缺乏的正是这种确信。他们根本不相信自己的犯罪行为会败露，对于自己逃脱惩罚充满侥幸。所以，他们虽然知道所犯之罪属于死罪，但并不因而抑止犯意，而仍然敢于以身试法。

再次，我们从潜在犯罪人对死刑的态度来看。死刑有无心理上的威慑，只能是对那些潜在的重大犯罪人而言。一般盗窃犯在犯罪时不可能感受到死刑的威慑。那么，潜在的重大犯罪人都是些什么样的人呢？(1)上述的经济犯罪人最有可能清醒地权衡犯罪之乐与刑罚之苦的比重，但强大的侥幸心将这种权衡冲抵得荡然无存。谋杀犯和大部分抢劫犯、重大盗窃犯等，都属于这种情况。(2)政治犯罪人可能十分清楚其犯罪与死刑之间咫尺之遥的因果联系，但这些被刑法学家称为“确信犯”的人，对其理想和信念的确信，早已淹没了对死刑的恐惧。(3)激情犯、情境犯实施严重罪行，如某些杀人、伤害、强奸等犯罪，犯罪人多是由于某种矛盾激化或情境刺激，以致丧失理智，感情冲动而在一瞬间实施了犯罪行为。这种情况下，犯罪人“鬼迷心窍”，往往不可能准确地去酌量其犯罪行为可能造成的法律后果，更不可能清醒地去权衡实施犯罪之乐与应得刑罚之苦的得失比例。对这些人，死刑的威慑力可以说来不及发挥。(4)还有一些可称之为“亡命徒”的犯罪人，虽然明知自己犯罪行为的严重性并确信犯罪后必然要被判处死刑，却仍然要孤注一掷实施犯罪。对这一类犯罪人，死刑的威慑力明显没有任何意义。而且这一类人犯罪的原因值得进一步研究。据美国的调查，1976年至1987年间，美国被处死刑的93人中，有4人是智商仅在59—70的精神发育不全者，其精神年龄只相当于7—10岁。还有极少数人表现出明显的精神病症状①。实践中被判处死刑的，究竟有无某种程度的精神不正常者？有无科学查证？如果有，疾病能用刑罚治疗吗？

(二)从实践中考察，生命刑也从未对犯罪产生过有效的遏制力

马克思在《死刑。——科布顿先生的小册子。——英格兰银行的措施》一文中指出：“历史和统计科学非常清楚地证明，从该隐(基督教《圣经》中亚当的长子，曾杀死他的弟弟亚伯)以来，利用刑罚来感化或恫吓世界就从来没有成功过。适得其反！”②

马克思在这篇文章中，还引用了《晨报》发表的一篇很有趣的日志：英国在1849年3—4月间，每当对罪犯执行死刑后，立即又有杀人案和自杀案发生。在引用了这份材料之后，马克思总结道：“这个统计表证明，不仅自杀而且连最残暴的杀人行为都是在处死罪犯之后立即发生的。”③

中国自古崇尚“治乱世用重典”，但基本的历史事实是，从来没有一个乱世是因严刑峻法而得到治理的。殷商作炮烙、醢脯之法，“淫刑以逞，而国亦随之亡矣。然则重刑何为哉？荀卿谓

---

① 见[日]迁本义男译：《世界的死刑——联合国预防与控制犯罪委员会报告书》，成文堂1990年版，第57页。

②③ 《马克思恩格斯全集》第8卷，第578页。

治则刑重，乱则刑轻，非笃论也。”①“班固《刑法志》之言曰：‘秦始皇兼吞战国，遂毁先王之法，灭礼谊之官，专任刑罚，……而奸邪竝生，赭衣塞路，囹圄成市，天下愁怨，溃而叛之。’观于斯言，则重刑之往事大可鉴矣，世之用刑者，慎勿若秦之以刑杀为威，而深体唐虞钦恤之意也。”②到隋朝，隋文帝“以盗贼不息，乃益肆淫刑”，生杀任情，罪及九族，“其尤重者，行轘裂枭首之刑，或磔而射之，命公卿已下，脔噉其肉。百姓怨嗟，天下大溃。观于炀帝先轻刑而后淫刑，与文帝如出一辙。文淫刑而身被弑，炀淫刑而国遂亡。……世多以隋与秦并称，秦乎隋乎？其淫刑者之龟鑑乎？”③历史的教训切不可等闲视之。

20世纪20年代以来，国外许多学者就死刑与凶杀犯罪发案率之间的关系进行过大量的研究。使用的方法有两种：第一种是在实行死刑的国家与废除死刑的国家之间，或实行死刑的州与废除死刑的州之间就凶杀发案率进行比较。这是一种横的比较；第二种是在同一个国家或同一个州之内对废除死刑或恢复死刑前后的凶杀发案率进行比较。这是一种纵的比较。1919年，莱伊默德·帕伊利用有关资料，最早对美国死刑遏制力的状况发表了实证研究报告，之后萨瑟兰多和喀库帕脱里库、埃来等纷纷发表了研究成果，共同的结果都否认死刑对于犯罪的抑制力④。研究者认为，废除死刑的国家其杀人犯罪率未见比保留死刑的国家更高，同一国家内地理环境邻近或社会经济状况差别不大的保留死刑和废除死刑的州，杀人犯罪率亦无明显区别，甚至得出相反结论，如“保留死刑的伊利诺斯州1931年到1946年的杀人犯罪率比废除死刑的威斯康星州高出4倍；而废除死刑的明尼苏达州与保留死刑的科罗拉多州相比，杀人案件的发生率前者比后者减少

---

①②③ 引自沈家本：《历代刑法考》第1卷，中华书局1985年版，第11、17、46—47页。

④ 见[日]迁本义男：《日本的死刑废止论》，成文堂1983年版，第191页。

2倍半"[1]。瑞士依其1942年生效的刑法，有10个州保留死刑，而其他15个州废除了死刑。但这两类州之间，杀人犯罪率并无显著差异，也没有发生过一起杀人犯特地跑到死刑废止的州去杀人的案件[2]。从纵的比较看，在废除死刑的国家，如奥地利、德国、荷兰、比利时、意大利、瑞典、芬兰等，其杀人犯罪率并不因为死刑的废止而突然上升，相反，在有些 国家甚至有下降的趋势。例如，前联邦德国废除死刑的前一年即1948年的杀人犯为427人，而废除死刑的1949年杀人犯人数降至410人，其后逐年下降，至1952年时只有309人犯杀人罪[3]。奥地利先后共5次宣布过死刑的恢复或废止，但杀人犯罪率始终未有过任何重大的改变[4]。还有人研究过使用死刑的频繁程度与凶杀发案率之间的关系。舒斯烈尔和贝利将保留死刑的州内判处死刑率与凶杀发案率作对比，结果认为二者相互关系不大[5]。可见所谓死刑对于其他人犯罪的威慑作用，只不过是一种设想而已。

当然也有相反的统计资料。如1975年，阿伊扎古·埃里发表了题为《死刑的抑制效果——生死问题》的论文，以复杂的统计方法，得出了死刑对犯罪具有抑制力的结论[6]。还有研究结论认为，每执行一次死刑可以防止8到20起凶杀[7]。

如果说国外的研究见仁见智，难分伯仲，则应当承认，我国

---

① 引自[日]石原明等著:《刑事政策》，1980年版，第138—139页。

② 引自黄太云:《增加死刑能否遏制犯罪》，载《法学家》1994年第4期，第38页。

③ 引自赵秉志、张智辉、王勇:《中国刑法的运用与完善》，法律出版社1989年版，第341页。

④ 引自希维茨:《犯罪学手册》第11卷，第6页。

⑤⑦ 引自[挪威]约翰尼斯·安德聂斯著、钟大能译:《刑罚与预防犯罪》，法律出版社1983年版，第144、146页。

⑥ 引自[日]迁本义男:《日本的死刑废止论》，成文堂1983年版，第191页。

的刑事立法和刑事司法实践，对于死刑是否有遏制力的问题有着最强有力的说服力。

我国1979年颁布的刑法典，规定死刑的条文只有7条，可以适用死刑的罪名只有28种。但在刑法颁布至1994年底的短短15年中，在全国人大常委会先后通过的21个《决定》和《补充规定》中，有13个规定了死刑，死刑条文达29个，可以适用死刑的罪名计40种。刑法中死刑条文共达36个，可以适用死刑的罪名达68种之多。无论就法定死刑的数量还是就死刑立法的增长速度而言，中国都处于世界前列。从司法实践来看，1983年以后，“严打”斗争持续了10多年，司法机关对犯罪分子发动了一次又一次的“战役”和“专项斗争”，实际执行死刑的数量也相当可观。按照死刑具有最大威慑力的理论，严重刑事犯罪率应当是呈下降趋势的。但不尽如人意的是，严重刑事犯罪不仅居高不下，而且日益严重，治安形势令人忧虑。

请看我国政府公布的如下统计表：

表一　**1982—1987年全国公安机关立案刑事案件构成统计表**①

类别＼年份	1982	1983	1984	1985	1986	1987
凶　杀	1.2%		1.8%	1.9%	2.1%	2.3%
伤　害	2.7%		2.8%	2.9%	3.4%	3.8%
抢　劫	2.2%		1.4%	1.6%	2.2%	3.3%
强　奸	4.7%		8.7%	7%	7.2%	6.5%
其中严重盗窃	2.4%		4.1%	8%	9.9%	13.5%

还有学者根据政府公布的数据制作了另一份统计表：

① 本统计表引自《中国法律年鉴》(1988年)。

1982—1992年全国公安机关立案刑事案件统计表①

表二　　　　　　　　　　　　　　　　　　　　　　　（单位：起）

类别 \ 年份	1982	1983	1984	1985	1986	1987	1988	1989	1990	1991
凶　杀	9324		9021	10440	11510	13154	15959	19590	21214	23199
伤　害	20298		14526	15586	18364	21727	23639	35931	45200	57498
抢　劫	16518		7273	8801	12124	18775	26318	72881	82361	105132
强　奸	35361		44630	37712	39121	37225	34120	40999	47782	50331
盗　窃	608501		394840	431323	425845	435235	658683	1673223	860793	1922506
其中严重盗窃	14604		16108	34643	42192	58661	122042	277147	295418	329229

可以看出：1. 凶杀、伤害、抢劫、强奸和严重盗窃(这些罪的法定最高刑均为死刑)在刑事案件总数中所占的比重自1983年开始"严打"以来并未下降，反而一直呈上升趋势。由1982年的13.2%上升到1987年的29.4%，增长了一倍还多。2. 判处死刑比例很高的凶杀案，到1989年已比1982年增长了近乎一倍；而强奸犯罪竟在"严打"后第一年的1984年就增加了23%。3. 严重刑事犯罪迅速增长的势头并没有得到遏制。与1982年刑事立案数相比，在1983年"严打"开始后的8年(1984—1991年)中，凶杀案平均每年递增30%，强奸案每年递增近20%，伤害案每年递增35%，抢劫案每年递增80%，严重盗窃案每年递增近3倍②。

面对这样的统计数字，还有人说，若不是死刑发挥了遏制作用，严重刑事犯罪的增长幅度还不知要比现在高多少倍呢！但是，有什么证据能证实这种推测的正确性呢？有人认为增加死刑

---

① 本统计表引自黄太云：《增加死刑能否遏制犯罪》，载《法学家》1994年第4期，第37页。统计数字来自1988—1992年《中国法律年鉴》。

② 引自黄太云：《增加死刑能否遏制犯罪》，载《法学家》1994年第4期，第37页。

能遏制犯罪，于是大幅度地增加了死刑，得到的结论是死刑遏制不了犯罪。可以肯定的结论不就是这样吗？

这里，我们只想着重指出：死刑对于犯罪并不具备有效的一般预防作用，如果加强甚至增加死刑适用的理由是要“治乱世”，预防其他人的犯罪，则结果必然是不尽如人意的。其实还有更深层的问题应当思考。马克思说：“一般说来，刑罚应该是一种感化或恫吓的手段。可是，有什么权利用惩罚一个人来感化或恫吓其他人呢？”①马克思的这段话，值得我们深思！

四、生命刑的现实功能是满足报应观念

国家适用死刑的目的在于一般预防和特殊预防。但我们已经清楚地证明，死刑能够产生一般预防效果的设想是缺乏根据的。那么，应当如何认识死刑的特殊预防效果呢？

就特殊预防而言，死刑无疑是最有效的措施。但是，这种剥夺犯罪人生命权，将犯罪人永远隔离于社会的特殊预防措施，并不是社会可以任意适用的。仅从特殊预防的角度来讲，社会只能在一种情况下适用死刑：确信该犯罪人必然还要危害社会，而社会没有任何别的方法可以防止他再犯罪。但在和平时期存在这种情况吗？死刑所能达到的特殊预防效果，无期徒刑也能达到。有人认为，无期徒刑存在被减刑或假释的可能性，会影响特殊预防的效果。实际上这种担心是没有必要的，因为：一方面，对无期徒刑犯予以减刑或假释，本身就要求以犯罪人不致再危害社会为条件；另一方面，还可以考虑无假释可能性的无期徒刑②。因此，除了在战争、革命或类似情况下以外，特殊预防并不能作为适用死刑的充分理由。在战争、革命或类似情况（如打击黑社会

---

① 《马克思恩格斯全集》第8卷，第578页。

② 参见［美］莎莉·康斯坦里奥、马克·康斯坦里奥：《生死裁判》，载《人类行为与法》1994年4月号英文版，第163页，美国Plenum出版社出版。

犯罪的需要)下，由于形势的发展动荡不定，或者犯罪人有着监狱所无法控制的影响力，除死刑外，无期徒刑与其他刑罚都不具备不可挽回的现实性。因而战争、革命等需要这种现实的不可挽回的惩罚措施。

除了国家以死刑的威慑力预防犯罪的意愿以外，死刑的存在是否还有什么现实的支柱呢？换言之，死刑发挥着什么样的现实功能，才使广大的普通民众支持它的存在呢？

我们认为，死刑所发挥的最现实的功能，也就是死刑得以存在的最强大的支柱，是满足人们的报应观念，或者说是满足人们的本能的报复心。

曾有一名残忍的罪犯为一点小小的纠纷，将一名无辜的少年毒打致死。任何一个正直的公民都对罪犯充满义愤，笔者也曾为该罪犯被判处死刑而感到“大快人心”。“只看到残忍的杀人现场，或只听到杀人的样子的人，可以在即使将犯人碎尸万段也不满足之地位上考虑问题，不会有轻易赞成死刑废除论的心境。”① 这就是人的本能。如果不从整个人类进步的高度来进行理性的思考，而只是从个人的感觉和义愤出发来表态，不可能有人会赞成废除死刑。

“生命刑是基于伦理、正义的必然要求”②，“死刑对被害人和广大群众具有安抚慰藉作用”③，“对于情节严重的谋杀者不处以死刑，便意味着被害人的生命不如犯罪人的生命重要”④，对严重的犯罪分子“不杀不足以平民愤”，杀了就能“大快人心”，

---

① 引自[日]团藤重光著、铃木敬夫译：《关于废除死刑》，载《外国法译评》1993年第3期，第87页。

② 见陈兴良主编：《刑种通论》，人民法院出版社1993年版，第48页。

③ 见杨聚章：《试谈死刑制度》，中国法学会刑法学研究会1994年研讨会论文。

④ 见樊凤林主编：《刑罚通论》，中国政法大学出版社1993年版，第153页。

这一系列不同的说法，实际上都表述了相同的意思，即，死刑能够满足人们的报应观念，抚慰人们的报复心。实际上，这也正是死刑所真正发挥的现实的功能。

伦理、正义、公正、公平都是些抽象的概念，实际上它们运用于刑罚问题上，其核心内容都是一个，那就是报应。古希腊哲学家亚里士多德认为，法律是“正义”的体现，正义分为“分配的正义”和“平均的正义”。所谓分配的正义就是求得比值相等，“‘比值相等’的意义是根据各人的真实价值，按比例分配与之相衡称的事物。”①刑罚就是分配正义的体现，对杀人犯处以死刑，对盗窃犯处以罚金，这些都是通过弥补受害人的损失恢复正义。既然刑罚是分配正义的体现，刑罚的基本准则就应该是报应，即“以牙还牙，以血还血，以命抵命”。近代自然法理论的奠基者格老秀斯认为，刑罚“是由于邪恶行为而招致的一种痛苦”②，“是受害人痛苦的一种补偿”③。德国哲学家康德说：“公共的正义可以作为它的原则和标准的惩罚方式与尺度是什么？这只能是平等的原则”，“根据这个原则……也可以这样说：‘如果你诽谤别人，你就是诽谤了自己；如果你偷了别人的东西，你就是偷了你自己的东西；如果你打了别人，你就是打了你自己；如果你杀了别人，你就杀了你自己。’这就是报复的权利。”“谋杀人者必须处死，在这种情况下，没有什么法律的替换品或代替物能够用它们的增或减来满足正义的原则。”④这样，公平、正义的内涵就很清楚了：以眼还眼，以牙还牙，以血还血，杀人者偿命，还都是原始社会以血复仇时代留传下来的古老呼声。

报应和复仇的呼声是一种客观的存在。但这种客观存在，并

---

① 亚里士多德：《政治学》，商务印书馆 1981 年版，第 234 页。

②③ 见《西方法律思想史资料选编》，北京大学出版社 1983 年版，第 157、158 页。

④ ［德］康德：《法的形而上学原理——权利的科学》，商务印书馆 1991 年版，第 165—166 页。

不是人类理性的产物，而是人类野蛮时代报复本能的沿袭。在原始社会，它是以血复仇制度存在的基础。到了有阶级统治的时代，人们仍然要求替代以血复仇的死刑制度来完成报应和复仇的功能。格老秀斯就曾明确地指出：刑罚产生于一种人与兽共有的本性，即复仇的欲望。因此他给刑罚下了一个定义：刑罚是“要求惩罚邪恶行为的邪恶欲望”①，对犯罪人处以刑罚只不过是以恶攻恶。当我们超越自己的本能而以理性的态度来审视自己的报应要求时，就不得不承认，格老秀斯的定义是接近真理的。

死刑在中国几千年的刑罚史上，始终在发挥着满足民众报应观念、平息民众复仇心理的功能。但它的这种功能，并不是统治者运用死刑时所期望的主要功能。统治者期望死刑发挥的是遏制犯罪、治国平天下的功能。于是，死刑就在这完全不同的两个支撑点上延续并发展下来：民众为了满足报应观念而呼吁死刑；统治者为了遏制犯罪而适用死刑。大家的要求不谋而合，都认为万万不可没有死刑。

现在看起来，死刑存续的这两个支撑点都存在疑问。死刑能够遏制犯罪只不过是一种幻想，我们对此已经做了充分的论证。至于用死刑来满足民众的报复心，则无论如何不符合文明时代人类的理性。马克思说：“的确，想找出一个原则，可以用来论证在以文明自负的社会里死刑是公正的或适宜的，那是很困难的，也许是根本不可能的。”②考察人类在不同历史时期正义观念的变化，或者说报应标准的变化，就足以说明“杀人偿命”的报应观念已远远跟不上人类文明发展的步伐。在古代，人们认为凌迟处死、五马分尸才是对重罪者的正义惩罚，我们今天还能认为它是正义的吗？或者说，我们能承认它在古代是正义的吗？提及现代文明社会尊重一切人包括罪犯的生命，立即有人质问：“是否就

① 转引自黄风：《贝卡利亚及其刑罚思想》，中国政法大学出版社1987年版，第86页。

② 《马克思恩格斯全集》第8卷，第578页。

意味着成为犯罪对象的普通人的生命、健康和公众巨额财产的价值就不如罪犯的生命、健康和财产的价值重要呢？”①这是典型的偷换概念。难道必须把两件东西都毁掉，才能证明两者价值的同等吗？受害者的生命很重要，所以损害他的犯罪人要受到严厉的惩罚；人的生命都很重要，所以社会不能为了惩罚犯罪人，而像犯罪人曾经做的那样再损害一个生命，这才是现代人类文明所要求的价值观。古希腊哲学家柏拉图，就已经否认将报应作为刑罚存在的正当理由。他借普罗塔哥拉之口说：“任何人也不是仅仅因为过去而处罚，那就像野兽一样是在要求盲目的报复，有理性的人处罚是为了防止犯罪和让观看处罚的人今后不要作恶。”②

法学家对刑罚目的的认识，经过了从报应刑到教育刑的历史进步过程，这是人类理性的飞跃。但文化素质较低的民众对死刑的强烈呼吁，仍然反应的是原始的报应观念。我们必须分清对死刑的理性认识和本能要求，必须分清现实的“是”与理性的“应当是”。为了一个政权的存在，统治者不能不考虑大部分民众的现实的要求；为了一个民族的发展，学者不能不进行高于普通民众现实要求的理性思考。有人立足于“立法上扩大死刑适用是客观现实的要求”，批评死刑应限制适用的通说“来源于理性的论证和简单地借鉴外国立法例，难免脱离中国实际”③。这种观点反映的是思考方法上的短视和对理性价值的贬低，很难让人赞同。

这里还要强调我们的思考方法：首先，必须以理性的眼光来审视死刑；其次，才是以现实的态度来改造死刑。我们进行理性思考的结论是：

1. 死刑是从原始社会血腥的以血复仇制度遗留演变而来的

---

①③ 引自张利民：《关于中国死刑适用的思考》，载《现代法学》1994年第6期，第31页。

② 转引自黄风：《贝卡利亚及其刑法思想》，中国政法大学出版社1987年版，第83页。

产物，它必然随着人类文明的发展而废止；

2. 死刑并不具备人们所想象的预防犯罪的有效威慑力；

3. 死刑所真正发挥的现实功能只是满足民众的报应观念，而适用死刑的报应观念已不符合人类文明发展的要求；

4. 国家为了满足民众的报应要求而适用死刑，应当说是一种不得已而为之的措施，对其只能采取谦抑而非扩张的态度。

五、我国生命刑制度发展的合理方向

死刑在中国必然也要废止，这是不可逆转的大方向。早在1956年，刘少奇同志代表党中央在党的第八次全国代表大会上作的政治报告中，就明确提出"逐步地达到完全废除死刑"的要求。他说："党中央委员会认为，除极少数的罪犯由于罪大恶极，造成人民的公愤，不能不处死刑以外，对于其余一切罪犯都应当不处死刑……凡属需要处死刑的案件，应当一律归最高人民法院判决或者核准。这样，我们就可以逐步地达到完全废除死刑的目的，而这是有利于我们的社会主义建设的。"①清醒地认识这一点十分重要。日本、印度、俄罗斯都没有废除死刑，但它们的大多数学者起码认识到死刑的废止是必然的事情，目前不废止是迫不得已。在我们看来，这种认识是符合实际的。

辨清了大方向，即解决了理性层次上的问题后，我们来考察现实层次上的问题：我国能不能废除死刑？在什么条件下才能废除死刑？

回答这一问题不能脱离中国的实际，也不能脱离国际环境的实际。

从国际环境来看，当然是有利于死刑向废除方向发展的：

1. 废除死刑已成为世界性的趋势。大多数国家由于人权运动的推动，国民对死刑的态度大多趋向否定，到1990年10月，

---

① 《刘少奇选集》下卷，人民出版社1985年版，第254—255页。

全面废除死刑或在实际上废除死刑的国家已达 90 个，占世界所有国家的近半数。而且，保留死刑的国家又各自情况不同：有很大一部分国家仅对谋杀罪、战争罪等几个特别严重的罪名适用死刑，如美国保留死刑的州，仅将死刑适用对象局限于谋杀罪中最严重的罪行——一级谋杀罪；有些国家虽宣判适用死刑但实际上很少执行死刑，如我国的东邻日本，1990 年至 1992 年这 3 年间，未执行一起死刑。所以目前虽有一半国家还保留死刑，但其中不少国家都把死刑作为万不得已的以恶除恶方法，不等于这些国家都推崇死刑。从 1976—1990 年这短短 14 年间就有 31 个国家废除死刑的势头看，废除死刑的国家总数在近几十年内还会增长。这种国际大环境会对中国人的观念起到潜移默化的作用。

2. 不少具有东方文化传统的国家和经济文化水平相对落后的国家，也已步入废除死刑或很少执行死刑的行列。

以前我国不少人士，把废除死刑和不执行死刑，完全看成是发达资本主义国家的事情，认为其原因在于高度发达的社会经济和独特的民族历史传统。但国家间的横向比较研究证明，这种观点是不切合实际的，是一种想当然的臆测。从经济的发达程度来看，印度在整体上还不如中国，其国内的宗教矛盾、民族矛盾、中央和地方的矛盾及种姓制度所引起的社会矛盾，远比我国的社会矛盾尖锐复杂。但是，印度现行刑法典只有 6 个规定死刑的条文，死刑仅仅适用于对印度进行战争罪、帮助军人叛变罪、谋杀罪、无期徒刑犯在刑罚执行期间又犯谋杀罪、帮助特定的人犯谋杀罪和土匪犯谋杀罪等罪名。也就是说，印度的死刑只适用于几种严重的谋杀罪和两种军事犯罪。蒙古在限制死刑方面也走得很快。40 年代初，蒙古刑法典中还有 44 个死刑条文，其中仅反革命罪就有 12 条挂有死刑，但到 1961 年公布新刑法典，死刑条文已减少到 7 条，适用死刑的罪名也仅限于间谍罪、恐怖罪、破坏罪、盗窃国家或公共财产罪、故意杀人罪、盗窃私有财产罪和抢劫罪。在文化传统和价值观念方面，东邻日本应当说与我国有最大的相似性。但日本现行刑法典只有 11 个条文规定死刑，死刑罪名也只有 11 种，而且在死刑适用上也越来越谨慎。从 1948 年到 1984 年，日本一审被宣判死刑的人数共 712 人，实际被执行的共 544 人。从逐年统计数据的变化，可以看出两个特点：一是一审被宣判死刑的人数逐年下降，1948 年被宣判死刑的是 116 人，而从 1969 年开始，每年只有数人，只有 1982 年超过 10 人；二是实际执行死刑的人数逐年下降，1958 年以前的大部分年份每年实际执行都在 30 人以上，但自 1972 年开始，每年实际执行都只有数人(除 1975、1976 年超过 10 人)①。

3. 国际合作领域竭力促进废除死刑运动。联合国及其有关组织，自 50 年代以来，即呼吁各个国家减少死刑的适用，进入 80 年代以后，联合国对死刑的态度和立场变得越来越强硬，直接敦促而不仅仅是呼吁各国废除死刑。1989 年 12 月 25 日，第 44 届联合国大会还以 59 票赞成、26 票反对、48 票弃权通过了《联合国废除死刑公约》(第二选择议定书)。该公约要求各成员国除战时以外，应当无保留地、尽快地废除死刑，宣称废除死刑有助于人类尊严之提升及人权更进一步地发展。现在，在这一议定书上签字的国家已达到使之生效的法定数目，并正向世界所有的国家开放。改革开放中的中国不可能不受到国际社会的影响。只要国际社会不干涉中国内政，中国是会逐步适应世界步伐的。

而从中国国内的实际来看，死刑的废除就不是朝夕之间的事情了。

如前所述，现阶段中国存置死刑以至扩大死刑立法，加强死刑适用，是基于两个支撑点：其一，刑事立法的决策者们确信治乱世必须用重典，认为加强死刑的适用能够有效地遏制犯罪率的增长；其二，广大民众对于严重的刑事犯罪有着强烈的报应观念。这两个支撑点的存在，决定了当前中国绝对不可能立即废除

---

① 见[日]大塚仁：《刑法概说(总论)》，有斐阁 1987 年改订版，第 458 页。

死刑。而中国的死刑制度将在今后多长的时间内逐步废除，也取决于这两个支撑点支撑力的弱化程度和速度。

首先，要解决刑事立法决策方面对死刑的认识问题。

认识问题的解决会很困难，但也不是不可能解决。1. 社会转型时期各种矛盾、各种社会问题所导致的较高的犯罪率，会随着经济体制改革和政治体制改革的进一步发展，各种社会关系的理顺，而慢慢降下来。社会治安形势好转了，对死刑的过分依赖自然会减少。2. 增加死刑立法，加强死刑适用的政策，经过十多年的实践检验，越来越明显地显现出它的无效果甚至负效果来，有关方面不能不对此进行重新审视。3. 国际社会的普遍要求也不能不考虑。如果意识到我们的死刑政策并不能取得预期的效果，何必还要为此承受国际社会的非议，让这些非议影响中国对外交往的发展？4. 刑法学家和犯罪学家们要以追求真理的精神，积极地就死刑问题展开广泛的讨论，首先在理论界就死刑的存废达成共识，并将这种共识推而广之，争取获得对刑事立法决策阶层的响应。

如果刑事立法的决策阶层对于死刑没有一个恰当的认识，中国死刑制度的合理发展就不可能起步，更谈不上废除死刑问题。所以这一点是核心与关键。反之，如果消除了死刑能够遏制犯罪率上升的迷信，许多犯罪的死刑问题很快就可以解决，如经济犯罪、政治犯罪等的死刑，本来就不是根据“民愤”规定的，即使立即废除也不会引起普通民众太大的关注。

其次，要逐步淡化广大民众的报应刑观念。

同样是对严重的刑事犯罪人判处死刑，中国的大多数民众都认为是理所当然、罪有应得，甚至有些人士对当今中国在世界上遥遥领先的死刑适用率还感到不满足，而在其他一些国家，则会有大部分民众投票支持废除死刑，游行示威反对执行死刑，为什么？根本的问题是，经过了近代启蒙运动的西方各国，在民众意识中播下了根深蒂固的人权观念，人的生命权被认为是至高无上的天赋权利，所以很正常的推论是：不论出于何种理由，不仅个人无权剥夺他人的生命，国家也无权剥夺个人的生命；不能允许国家在禁止个人杀人行为的同时，却以合法的理由扮演杀人犯的角色。而中国人人权意识的发展，却没有经过这样一个重要的历史环节。两千多年的封建社会，本身就以等级特权为社会结构的基本特征，虽然也承认生命的价值，但这种生命价值被分为三六九等，上等人的生命是宝贵的，下等人的生命则次之，如果是连下等人都算不上的罪犯，就不会有多少人认为他的生命还有多大价值。所谓上等人是这种意识，普通老百姓也是这种意识。普通民众在贬低罪犯生命价值的同时，也贬低自己的生命价值，承认自己的生命不如达官显贵的生命尊贵。到了半殖民地半封建社会，中国人固有的等级观念里又多了一层比我们尊贵的人，那就是洋人。推翻三座大山的压迫后，中国人民在政治上、经济上翻了身，但在人权意识方面还没有彻底翻过身。普通民众甚至知识阶层对于人人生而平等的思想并没有深刻的理解和体会，仍然在贬低自己人格价值的同时，颇带优越感地贬低着罪犯的人格与生命。有些人士对死刑废除运动一言以蔽之："那是人家外国的事情"，而仍然流露出半殖民地半封建时期的意识：尊重人权、人人平等是人家外国人的专利，我们中国人怎么可能做得到呢？

因此，要淡化广大民众在刑罚思想方面的报应观念，并不是一件简单的事情。它的背后，是如何提高中国人民的社会主义民主意识，如何加强中国人民法制观念的伟大工程。我们每一位刑事法律工作者以至每位社会科学工作者，对这项工程都承担着一份沉重的责任。

曾经有学者对我国死刑的废除作过分阶段的"百年规划"，言之有据，很有积极意义。虽然具体的时间很难预料，但随着上述两方面观念的逐步转变，通过刑事立法、司法、理论各方面的共同努力，中国最终废除死刑这一目标的实现，也并不一定遥遥无期。毕竟中国不是世界上废除死刑的首创国，我们有足够的经验教训可以借鉴，而且中国在未来几十年间，政治、经济、文化必然会有大的发展，特别是人民群众的社会主义民主法制观念必然会有大的飞跃，这些都是我国死刑制度走向废除的积极条件。

在对中国在适当的条件下也要彻底废除死刑这一大方向取得共识以后，就应促使我国死刑制度逐步向着这个方向发展：

第一步，下决心不再增加死刑立法，严格控制刑事司法实践中的死刑适用。

第二步，经过几次有计划的刑事立法改革，大幅度削减死刑条文和死刑罪名，仅对故意杀人罪、抢劫罪、放火罪等最严重的刑事犯罪和部分军事犯罪保留死刑。

第三步，废除包括故意杀人罪在内的一切刑事犯罪和军事犯罪的死刑，实现全面废除死刑制度的最终目标。这是一个较远的目标，也是最艰巨的一步。废除严重刑事犯罪的死刑，有赖于全体人民人权价值观念的全面提高和恶恶报应意识的大幅度减弱；废除所有军事犯罪的死刑，还要依靠我国国力的壮大和国际和平环境的到来。在可预见的半个世纪内，这一步恐怕很难实现，但它确实应当成为我们努力的方向。

第二节　我国刑法中的生命刑

一、我国刑法中规定生命刑的政策依据

一个国家是否保留死刑，如何在刑法中规定死刑，取决于该国统治阶级对于死刑的认识和态度。我国的刑法是在中国共产党的刑事政策指导下制定的，其中关于死刑的规定，体现着我党对于死刑适用的一贯政策，表明了我党对于死刑的认识和态度。重温党的一贯政策，对于我们正确理解我国刑法中的死刑制度，恰当评价当前的死刑立法与司法，都有着十分重要的意义。

（一）“保留死刑、少杀慎杀”是我国一贯的死刑政策

作为中华人民共和国的主要缔造者和中国共产党的伟大领袖，毛泽东同志自始至终地坚持“保留死刑、少杀慎杀”的正确思想，并将它作为指导我国死刑适用的一贯政策。

1940年12月25日，毛泽东同志在《论政策》一文中指出：“应该坚决地镇压那些坚决的汉奸分子和坚决的反共分子，非此不足以保卫抗日的革命势力。但是决不可多杀人，决不可牵涉到任何无辜的分子。”①1948年1月18日，针对当时农村土改运动中出现的多杀乱杀的主张，毛泽东同志在《关于目前党的政策中的几个问题》一文中，尖锐地指出：“必须坚持少杀，严禁乱杀。主张多杀乱杀的意见是完全错误的，它只会使我党丧失同情，脱离群众，陷于孤立。”②同年2月15日，毛泽东又在为中共中央起草的指示中再次强调：“反动分子必须镇压，但是必须严禁乱杀，杀人愈少愈好。”③

1951年5月8日，毛泽东同志在为中央所写的指示中指出：对于在内部肃反中清理出来的反革命分子，“凡应杀分子，只杀有血债者，有引起群众愤恨的其他重大罪行例如强奸许多妇女，掠夺许多财产者，以及最严重地损害国家利益者；其余，一律采取判处死刑，缓期二年执行，在缓刑期内强制劳动，以观后效的政策。”④同月，毛泽东在修改第三次全国公安会议决议时，强调指出：“凡介在可捕可不捕之间的人一定不要捕，如果捕了就是犯错误；凡介在可杀可不杀之间的人一定不要杀，如果杀了就是

---

① 《毛泽东选集》第2卷，人民出版社1991年版，第767页。

②③ 《毛泽东选集》第4卷，人民出版社1991年版，第1271、1284页。

④ 毛泽东：《镇压反革命必须打得稳，打得准，打得狠》（1950年12月—1951年9月）。

犯错误。”①

1956年4月25日，毛泽东同志在《论十大关系》的报告中，阐述了对待反革命分子“杀、关、管、放”的综合治理思想，并进一步论证了少杀慎杀的方针，他指出：“今后社会上的镇反，要少捉少杀。……机关、学校、部队里面清查反革命，要坚持在延安开始的一条，就是一个不杀，大部不捉。”“机关肃反实行一个不杀的方针，不妨碍我们对反革命分子采取严肃态度。但是，可以保证不犯无法挽回的错误，犯了错误也有改正的机会，可以稳定很多人，可以避免党内同志之间互不信任。”②

1956年11月15日，毛泽东同志在中共八届三中全会的讲话中说：“那些罪大恶极的土豪劣绅、恶霸、反革命，你说杀不杀呀？要杀。……我们杀的是些‘小蒋介石’。至于‘大蒋介石’，比如宣统皇帝、王耀武、杜聿明那些人，我们一个不杀。但是，那些‘小蒋介石’不杀掉，我们这个脚下就天天‘地震’，不能解放生产力，不能解放劳动人民。”③毛泽东同志还曾经指出：“六亿人民的大革命，不杀掉那些‘东霸天’‘西霸天’，人民是不能起来的”④。

毛泽东同志的这些论述，为我国的死刑政策确定了内涵，奠定了基础。从这些论述中可以看出，我国的死刑政策是基于对死刑的如下正确认识：

第一，不推崇死刑，不迷信死刑。“我们不是靠杀人来统治”，也从来没有为了震慑一般人而强调死刑。

第二，保留死刑是为了两方面的目的：特殊预防和满足群众

① 毛泽东：《镇压反革命必须实行党的群众路线》(1951年5月)。

② 毛泽东：《论十大关系》(1956年4月25日)。

③ 毛泽东：《在中国共产党第八届中央委员会第二次全体会议上的讲话》(1956年11月15日)。

④ 毛泽东：《中国农村的社会主义高潮的序言》(1955年9月、12月)。

的报应要求。在战争年代和人民政权刚刚建立的时候，比较强调死刑的特殊预防功能，因为必须用革命的恐怖手段来消灭反革命的有生力量，防止他们反攻倒算，以保卫革命的胜利果实。同时，适用死刑是为了平息民愤，满足广大群众最强烈的报应要求。这一点在毛泽东同志的多次论述中都表达得非常清楚：适用死刑的对象并不简单是犯有严重罪行者，而是那些罪行严重以致引起群众愤恨者。要论罪行，不是“大蒋介石”们罪恶昭著吗？被推翻的反动政权在这些人的操纵下屠杀了多少共产党人和革命志士？为什么“一个不杀”？就因为他们的行为缺少很具体的苦主，普通民众对他们的罪行没有太真切的感受，报应的呼声不是太强烈。而且从特殊预防的角度考虑，已经被剥夺权力的他们也已失去了再危害人民的能力，没有必要再对其适用死刑。“凡应杀分子，只杀有血债者，有引起群众愤恨的其他重大罪行……”要杀罪大恶极的土豪劣绅、恶霸、反革命。为什么？因为这些人有血债，有苦主，不杀不足以平民愤，不杀就不能取得人民的支持，脚下天天要闹“地震”，“不能解放生产力，不能解放劳动人民”，“人民是不能起来的”。可见，我党并不是主张报应刑，否则不可能不杀那些罪恶深重的“大蒋介石”们；同时，我党又认识到人民群众有强烈的报应观念，所以在严格控制的幅度内适用死刑以争取人民。现在保留死刑，仍然是为了上述两方面的目的。

第三，死刑有消极作用，多杀乱杀后患无穷。我们的历史使命是消灭腐朽的剥削制度和剥削阶级、改造全人类，而不是从肉体上消灭一切反动分子。少杀慎杀可以不犯无法挽回的错误，可以稳定很多人，赢得社会同情，可以保存活证据，保留劳动力；反之，多杀乱杀难免犯错误，“只会使我们丧失同情，脱离群众，陷于孤立。”所以，杀人愈少愈好，可杀可不杀的坚决不杀，杀了就是犯错误。

我党对于死刑的上述认识是正确的。在这种正确认识基础上确定的“保留死刑、少杀慎杀”的死刑政策，在相当长的历史时期里，正确地指导了我国的刑事立法和刑事司法工作，为巩固人民民主专政的政权和社会主义建设事业提供了稳定的保障。

（二）80 年代以来，我国的死刑政策没有得到充分的强调

70 年代末 80 年代初，由于多种复杂的历史原因和社会原因，我国的社会治安出现了严峻的形势。杀人、放火、抢劫、强奸、盗窃等刑事犯罪率直线上升，给广大人民群众的生命财产安全造成了严重威胁。同时，随着经济体制改革的展开，新旧体制交接之际，人们的思想、价值观念发生剧烈变化，贪污、受贿、走私、诈骗等经济犯罪也急剧增加，严重地损害了公私财产的安全和经济体制改革的顺利进行。

面对这种情况，如何正确地估计社会治安形势，科学地分析犯罪率上升的原因，制定一套有效的应对措施，成为一个复杂而重大的课题。党中央正确地提出了社会治安综合治理的措施，并从人力、物力、财力上予以保证，有些地方已初见成效。但是，作为社会治安综合治理的一个重要环节，死刑的作用被过分夸大了。

不少同志不能正确认识犯罪发生与犯罪率增长的客观原因，只是一味地归责于政法机关“打击不力”；而对“打击不力”这一客观存在的问题，又不能全面地理解，不是着眼于提高破案率，加强惩罚的不可避免性和及时性，而是狭隘地强调判处死刑不多，重刑不够，认为多判一些死刑就能遏制犯罪率的上升。在一定时期内，这种重刑主义的思想认识占了主导地位，而我党一贯倡导的少杀慎杀政策则没有得到应有的强调和充分的贯彻。表现在立法上，是一再要求修改原有罪名的法定刑，提高新规定罪名的法定刑，导致死刑罪名和死刑条款成倍地增加；表现在司法上，是有些地方直接提出“可杀可不杀的杀掉，可抓可不抓的抓起来”，在“严打”中甚至规定杀人捕人的定额，作为考察地方政法机关工作业绩的重要指标，导致实际上判处死刑人数以惊人的速度增长；表现在刑法学研究中，是关于少杀慎杀、轻刑慎刑的讨论成了新的学术禁区，甚至有的学者明确地提出“不宜再提

‘可杀可不杀的不杀’”①，为重刑主义提供理论依据。

我们认为，上述情况的出现是一种极不正常的现象。

我党的“保留死刑，少杀慎杀”的死刑政策，既符合中国的实际，又顺应了历史发展的潮流，并且进一步发展了人类法制文明的已有成果，使中国共产党人的治国方略，达到了前所未有的境界。这样一项符合人类文明发展潮流的，而且经长期实践证明正确的刑事政策，应当说是有利于我国人民民主专政的巩固与社会主义事业发展的，是一项宝贵的精神财富，我们理应继续坚持和贯彻，而没有任何理由将其遗忘或丢弃。

二、我国刑法中生命刑的规定

我国刑法中的死刑规定包括总则性条款和分则性条款。总则性条款，是指刑法典总则部分关于死刑的刑种、适用条件、程序、执行方法、死缓制度等的规定。分则性条款，是指刑法典分则中关于适用死刑的罪名及其具体适用条件的规定。刑法典总则中的死刑条款，对于刑法典分则中所有死刑罪名都有指导意义。

(一)总则性死刑条款

我国刑法总则关于死刑的规定，严格贯彻了我国“保留死刑，少杀慎杀”的死刑政策，充分体现了严格限制死刑的立法精神。

1. 规定了严格的死刑适用条件

第一，“死刑只适用于罪行极其严重的犯罪分子”(刑法第48条)。这是对死刑适用对象的实质性限制。“只适用于”，从表述上就体现了限制死刑的精神。“罪行极其严重”，指罪行对国家和人民利益的危害特别严重，情节特别恶劣，同时行为人具有极

---

① 见成光海：《不宜再提“可杀可不杀的不杀”》，载《西安大学学报》1987年第3期，第30页。

其严重的人身危险性[1]。按照我国刑法主客观相一致的原则，仅仅客观犯罪行为非常严重，不能适用死刑，我们不是客观主义的报应刑论者；仅仅主观恶性至极，客观罪行不严重，也不能适用死刑。

第二，“犯罪的时候不满18周岁的人和审判的时候怀孕的妇女不适用死刑。(刑法第49条)这是对死刑适用的对象的进一步限制。也就是说，对于犯罪的时候不满18周岁的人和审判的时候怀孕的妇女，即使其属于罪行极其严重的犯罪分子，也不能适用死刑。这里所谓不适用死刑，是指不能判处死刑，而不能理解为可以判处死刑但暂时不执行，待犯罪分子年满18周岁或怀孕妇女分娩后再执行死刑。对犯罪时不满18周岁的人不适用死刑，是考虑到不满18周岁的未成年人对于自己行为的认识能力和控制能力都有局限性，同时他们可塑性大，容易接受改造，从刑罚人道主义和特殊预防的效果两方面来看，对他们都不宜适用死刑。对审判时怀孕的妇女不适用死刑，也是基于刑罚人道主义的立场，考虑到虽然妇女犯有死罪但胎儿是无辜的，不能为了惩罚犯罪人而株连无辜的胎儿，所以不宜对孕妇适用死刑。有人提出可待孕妇分娩后再判处死刑。1998年8月4日最高人民法院《关于对怀孕妇女在羁押期间自然流产审判时是否可以适用死刑问题的批复》指出：“怀孕妇女因涉嫌犯罪在羁押期间自然流产后，又因同一事实被起诉、交付审判的，应当视为审判的时候怀孕的妇女，依法不适用死刑。”由此可见，审判时怀孕的妇女，分娩后，也不适用死刑。

2. 规定了严格的死刑核准程序

为了限制死刑适用，防止错杀，我国刑法对死刑的判决及其核准程序作了特别规定。刑法第48条规定：“死刑除依法由最高人民法院判决的以外，都应当报请最高人民法院核准。死刑缓

---

① 见马克昌：《论死刑的适用》，载《改革开放与刑法发展》，中国检察出版社1993年版，第177页。

期执行的，可以由高级人民法院判决或者核准。”

死刑复核是在一般的一审、二审程序之外，对死刑案件规定的特别监督程序。每一宗判处死刑立即执行的案件都要逐级上报最高人民法院核准，客观上就限制了死刑适用的数量，也更有利于保证死刑判决的质量。

1983 年 9 月 2 日全国人大常委会修改的《人民法院组织法》第 13 条规定：“……严重危害公共安全和社会治安判处死刑的案件的核准权，最高人民法院在必要的时候，得授权省、自治区、直辖市的高级人民法院行使。”最高人民法院根据上述规定，于同月 9 日发出通知，指出：“在当前……对杀人、强奸、抢劫、爆炸以及其他严重危害公共安全和社会治安判处死刑的案件的核准权，本院依法授权由各省、自治区、直辖市高级人民法院和解放军军事法院行使”。各地对危害国家安全案件和贪污受贿等严重经济犯罪案件处死刑的，仍由高级人民法院复核同意后，报最高人民法院核准。1991 年至 1997 年，最高人民法院又分别发出通知，将云南省、广东省、广西省、甘肃省、四川省的部分毒品犯罪死刑案件的核准权，授权由云南省、广东省、广西省、甘肃省、四川省高级人民法院行使。

大量死刑案件复核权的下放，大大降低了死刑复核的规格，实际上也降低了死刑复核制度的效能。这与 80 年代以来我国死刑指导思想的变化是有着密切联系的。

3. 设置死缓制度，控制死刑的实际执行

刑法第 48 条规定：“对于应当判处死刑的犯罪分子，如果不是必须立即执行的，可以判处死刑同时宣告缓期二年执行。”刑法第 50 条规定：“判处死刑缓期执行的，在死刑缓期执行期间，如果没有故意犯罪，二年期满以后，减为无期徒刑；如果确有重大立功表现，二年期满以后，减为 15 年以上 20 年以下有期徒刑；如果故意犯罪，查证属实的，由最高人民法院核准，执行死刑。”这就是我国的死刑缓期执行制度(简称死缓制度)。死缓制度对于应当判处死刑的犯罪分子，即罪行极其严重已达到适用死刑条件的犯罪分子，又在是否执行死刑的环节上留了一线生机，只要不是必须立即执行的，均可适用死缓的规定；而缓期二年以后，只对故意犯罪的执行死刑，所以死缓制度在本质上是对死刑适用的更严格的限制。

死缓制度是我国刑事立法上的一项独创，在国际上受到普遍好评，在日本刑法草案的审议过程中，曾专门提出过关于采纳中国的死刑缓期执行制度的意见①。

（二）分则性死刑条款

我国 1979 年刑法分则中，有 7 个条文规定了 28 个死刑罪名，之后的单行刑法即《决定》和《补充规定》中有 29 个条文规定了 40 个死刑罪名，共计有 36 个条文规定了 68 个死刑罪名。1997 年修订的刑法，在立法过程中宣布死刑罪名不增不减，但在分则罪名大量增加的情况下，实质上对死刑罪名的确定还是在一定程度上贯彻了谦抑原则。1997 年刑法，在 44 个条文中规定了 66 个死刑罪名。具体是：

1. 刑法分则第一章危害国家安全罪，有 1 个条文（第 113 条）概括规定了 7 个死刑罪名：（1）背叛国家罪；（2）分裂国家罪；（3）武装叛乱、暴乱罪；（4）投敌叛变罪；（5）间谍罪；（6）为境外窃取、刺探、收买、非法提供国家秘密、情报罪；（7）资敌罪。

2. 第二章危害公共安全罪，有 5 个条文 13 个死刑罪名：（1）放火罪；（2）决水罪；（3）爆炸罪；（4）投毒罪；（5）以危险方法危害公共安全罪；（6）破坏交通工具罪；（7）破坏交通设施罪；（8）破坏电力设备罪；（9）破坏易燃易爆设备罪；（10）劫持航空器罪；（11）非法制造、买卖、运输、邮寄、储存枪支、弹

---

① 见［日］大塚仁：《刑法概说（总论）》，有斐阁 1986 年改订版，第 458 页。

药、爆炸物罪；(12)盗窃、抢夺枪支、弹药、爆炸物罪；(13)抢劫枪支、弹药、爆炸物罪。

3. 第三章破坏社会主义市场经济秩序罪，有9个条文规定了17个死刑罪名：(1)生产、销售假药罪；(2)生产、销售有毒、有害食品罪；(3)走私武器、弹药罪；(4)走私核材料罪；(5)走私假币罪；(6)走私文物罪；(7)走私贵重金属罪；(8)走私珍贵动物、珍贵动物制品罪；(9)走私普通货物、物品罪；(10)走私固体废物罪；(11)伪造货币罪；(12)集资诈骗罪；(13)票据诈骗罪；(14)金融凭证诈骗罪；(15)信用证诈骗罪；(16)虚开增值税专用发票、用于骗取出口退税、抵扣税款发票罪；(17)伪造、出售伪造的增值税专用发票罪。

4. 第四章侵犯公民人身权利、民主权利罪，有5个条文规定了6个死刑罪名：(1)故意杀人罪；(2)故意伤害罪；(3)强奸罪；(4)奸淫幼女罪；(5)绑架罪；(6)拐卖妇女、儿童罪。

5. 第五章侵犯财产罪，有2个条文规定了2个死刑罪名：(1)抢劫罪；(2)盗窃罪。

6. 第六章妨害社会管理秩序罪，有5个条文规定了7个死刑罪名：(1)传授犯罪方法罪；(2)暴动越狱罪；(3)聚众持械劫狱罪；(4)盗掘古文化遗址、古墓葬罪；(5)盗掘古人类化石、古脊椎动物化石罪；(6)走私、贩卖、运输、制造毒品罪；(7)组织、强迫卖淫罪。

7. 第七章危害国防利益罪，有2个条文规定了2个死刑罪名：(1)破坏武器装备、军事设施、军事通信罪；(2)故意提供不合格武器装备、军事设施罪。

8. 第八章贪污贿赂罪，有2个条文规定了2个死刑罪名：(1)贪污罪；(2)受贿罪。

9. 第十章军人违反职责罪，有10个条文规定了11个死刑罪名：(1)战时违抗命令罪；(2)隐瞒、谎报军情罪；(3)拒传、假传军令罪；(4)战时临阵脱逃罪；(5)阻碍执行军事职务罪；

(6)军人叛逃罪；(7)为境外窃取、刺探、收买、提供军事秘密罪；(8)战时造谣惑众罪；(9)盗窃、抢夺武器装备、军用物资罪；(10)非法出卖、转让武器装备罪；(11)残害居民、掠夺居民财物罪。

综上所述，可见我国刑法中死刑罪名立法的两个特点：其一，死刑罪名立法在近十余年来有很大发展。1979 年刑法分则所规定的死刑罪名数量不大，且其中有 15 个反革命罪的死刑在实践中很少适用，有可能常用的只是 13 个最严重的危害公共安全罪、侵犯公民人身权利罪和侵犯财产罪，而以后增补的单行刑法中死刑条文和死刑罪名均大量增加，死刑的适用条件由严格限制转为广泛扩展。这一变化与前述的对于我国死刑政策认识的变化有密切关系。现行刑法虽然在死刑罪名立法方面没有增加，甚至在具体罪名的死刑适用上有所限制(如盗窃罪的死刑适用)，但基本上保持了近十余年来单行刑法的死刑罪名规模。其二，高死刑率已成为我国刑法的一个特色。我国刑法规定的总罪名为 413 个，其中 66 个规定有死刑，死刑罪名占全部罪名的六分之一强。与世界其他国家比较，无论在绝对数量还是在相对比例方面，我国刑法中的死刑罪名的名次都是很靠前的。

三、我国刑法中生命刑的完善

鉴于以上认识，虽然刑法修订不久，我们认为刑事立法仍将面临进一步完善死刑立法的任务。

我们关于我国死刑完善的建议，基于如下几点认识：

第一，死刑是从人类文明史前时期留传下来的遗迹，它必然随着人类文明的发展而废止，这是历史的潮流，我国也不会例外。

第二，历史与我国近十多年的实践证明，死刑对于犯罪并无有效的威慑力，预防犯罪要靠综合治理，不能迷信死刑。

第三，我党关于“保留死刑、少杀慎杀”的一贯死刑政策是正确的，一切违背这一政策的认识和作法都应当纠正。

我们的具体建议是：

(一)大幅度削减刑法中的死刑罪名，将平时适用死刑的范围控制在10个罪名左右

1. 废除绝大部分贪利犯罪的死刑。贪利犯罪主要是指经济犯罪和财产犯罪。我国现行刑法中，对走私罪，盗窃罪，走私、贩卖、运输、制造毒品罪，贪污罪，受贿罪，盗掘古文化遗址古墓葬罪等贪利犯罪规定了死刑。我们认为，除毒品犯罪外其他贪利犯罪的死刑应当废止，也可以废止。

首先，从功利的立场看，死刑并不能有效地遏制贪利犯罪。贪利犯罪的发生和增多，都有着复杂的社会原因，特别是现阶段的严重经济犯罪，其发生与国家政策上的失误、经济管理上的混乱、政府机构中的腐败、社会监督的缺乏等等，都有着密切的关系。对经济犯罪的预防和遏制，关键在于健全经济管理制度，完善社会监督机制，在刑事立法中强调刑罚的及时性和不可避免性，而不在于死刑的存否与多少。

其次，从报应的立场看，也不应当对贪利犯罪适用死刑。无论贪利犯罪所侵犯的客体多么重要，都无法与人的生命相比较，即使世界上保留死刑的国家，也极少有对贪利犯罪规定死刑。

再次，根据中国普通民众的一般价值观念，可以对贪利犯罪废除死刑。尽管人民群众对标志腐败的经济犯罪和令人不安的财产犯罪均深恶痛绝，但按照中国人"杀人者偿命"的传统价值观念，对于没有血债、没有苦主的犯罪分子，并不是强烈要求判处死刑的。

2. 废除大部分危害国家安全犯罪和军事犯罪的死刑。

我国现行刑法中的危害国家安全犯罪，挂有死刑的罪名已由1979年刑法规定的15个减为7个，但仍有减少的余地。从司法实践考察，这些罪名及其死刑不少属于虚设，极少适用，反而增加了我国刑法的死刑数目，徒招非议。按照目前的立法，反革命

罪一章改为“危害国家安全罪”，其中的反革命破坏罪、反革命杀人罪、反革命伤人罪应当并入爆炸罪等危害公共安全罪、故意杀人罪、故意伤人罪，原罪名及死刑自然要废止。其他罪名，我们同意这样的主张，即采取概括立法的方式，将大部分反革命罪名分别归入外患罪、内乱罪两个罪名，然后以列举的方法对其中最严重的危害行为规定死刑。这样，危害国家安全犯罪的死刑就可以仅余两种，既不影响对反革命罪行的严厉惩罚，又有利于我国的国际形象。

我国现行刑法中的军事犯罪，有11个罪名挂有死刑。这些犯罪有些是战时与平时都可能发生的，有些犯罪则只能在战时发生。从军事司法的情况来看，还未见到这些死刑适用的案例①。可见对军事犯罪规定这么多的死刑也是备而无用的，完全可以废除非战时军事犯罪的死刑。这样，虽然保留了战时军事犯罪的死刑，但由于只能在战时或战后适用，对于死刑的实际适用量没有什么影响。

3. 废除并非“罪行极其严重”的普通刑事犯罪的死刑。单独看每一种刑事犯罪，每一种都是令人痛恨的。但死刑是最严厉的刑罚方法，且无法再分轻重，只能适用于最严重的即“罪行极其严重”的犯罪分子。严重的故意杀人罪依照我国法制传统与外国一些立法例，都认为是应当判处死刑的，在现阶段可以作为“罪行极其严重”的一个参照标准。比较之下，故意伤害罪，拐卖妇女儿童罪，绑架罪，组织、强迫卖淫罪，传授犯罪方法罪，非法制造、买卖、运输枪支弹药、爆炸物罪，盗窃、抢夺枪支弹药、爆炸物罪，这些犯罪虽然都属于严重罪行，但与故意杀人罪相比，危害程度明显要轻一个档次，应当废除死刑。

通过上述削减，我国刑法中的死刑罪名可以降至20个以下，包括：几种最严重的危害国家安全罪，以危险方法危害公共安全

---

① 参见陈兴良：《刑法哲学》，中国政法大学出版社1992年版，第378页。

罪，破坏特定设备危害公共安全罪，劫持航空器罪，生产销售假药罪，生产销售有毒食品罪，故意杀人罪，强奸罪，奸淫幼女罪，抢劫罪，走私、贩卖、运输制造毒品罪以及 6—7 个战时军事犯罪。除去危害国家安全犯罪和战时军事犯罪，平时刑事司法中适用的死刑罪名约为 10 个。这样一个规模，既符合我国现阶段不得不保留死刑的实际，又不违背限制死刑、逐步废除死刑的人类法制文明的潮流，而且不至于和国际上其他国家的死刑立法悬殊太大，对现阶段我国的死刑立法来说，是一个较合理的选择。

(二)积极适用死缓制度，严格控制立即执行死刑的数量

死缓制度是我国刑事立法上的独创，其意义就在于减少死刑的实际执行。但目前刑事司法中，在适用死缓制度方面还存在一些问题。主要表现在认识方面。第一，是没有充分强调死缓制度适用的对象就是罪行极其严重应处死刑的犯罪分子，有人把死缓适用的对象理解为罪不当死的犯罪分子，实际上降低了死缓适用对象的规格。第二，是对于“如果不是必须立即执行的”缺乏统一的理解，各地司法机关在适用上各行其是。实际上，按照我国刑法规定死缓制度的立法精神，对所有判处死刑的犯罪分子，都应当斟酌考虑适用死缓的可能性，只对必须立即执行的判处立即执行。有学者主张，可以规定对所有判处死刑的罪犯一律适用死缓①。这种观点有进一步研究的价值。

“如果不是必须立即执行的……”我们对这一规定的基本理解是：1. 如果不立即执行死刑，则无法控制该重大犯罪人对社会造成新的危害；2. 如果不立即执行死刑，则可能引起社会震荡。这两个条件具备其一，则应当判处死刑立即执行。如犯有死罪的重大黑社会犯罪集团的首要分子，或在公共场所制造爆炸造成多人死伤的犯罪分子，都属于“必须立即执行的”。反之，不

---

① 见陈兴良：《刑法哲学》，中国政法大学出版社 1992 年版，第 379 页。

具备这两个条件之一的，都应当适用死缓。例如，对由于民事纠纷激化而杀人的故意杀人罪，如果做好了受害人亲友的安抚救济工作，就可以适用死缓，而不必立即执行死刑。

（三）严格执行死刑复核制度，为控制死刑适用提供程序上的保证

死刑复核制度是鉴于死刑判决的特殊性而为之设立的特别程序。死刑案件除最高人民法院判决的以外，都应当报请最高人民法院核准，从客观上就限制了死刑适用的数量。而且，由于最高人民法院对于刑事立法精神有着较准确的理解，在审查核准死刑案件时，对于死刑的适用把关更为严格。据我们向有关权威人士了解，死刑案件经最高人民法院审查核准的程序，而改判为死刑缓期执行或无期徒刑的不在少数。

但是，1983 年以后，为了适应从重从快打击严重刑事犯罪的需要，最高人民法院将杀人、强奸、抢劫、爆炸以及其他严重危害公共安全和社会治安判处死刑的案件的核准权，授权省、自治区、直辖市的高级人民法院行使，并将云南、广东两省的毒品死刑案件的复核权，授权云南、广东两省的高级人民法院行使。这样做的效果是，这些死刑案件的二审程序和复核程序在实际上合二为一，死刑复核程序在本质上不复存在。我们认为，将人命关天必须慎之又慎的问题置诸一边，简单地以工作量的问题或方便快捷等理由使死刑复核程序形同虚设，这种做法是值得深刻反思的。最高人民法院应当克服重重困难，尽早将死刑案件的复核权全部收回去，为控制死刑提供基本的程序保证。

第三章　自　由　刑

第一节　自由刑概述

一、自由刑的概念

当今世界各国刑罚体系中，自由刑均居于核心地位。但何谓自由刑，学者间所下定义并不相同，归纳起来，有以下几种见解：1.“自由刑者，国家剥夺犯人自由，以为犯罪之制裁是也”①。2.“自由刑是以剥夺受刑者的身体自由为内容的刑罚”②。3.“广义地说自由刑是以剥夺人的自由和限制自由为内容的刑罚”③。4.“自由刑乃剥夺犯人之自由，将其拘束于一定处所并施以刑事矫治的刑罚手段。”④在以上各种定义中，第一、二、四种观点均有可商榷之处。第一种观点将自由刑的内容定义为剥夺犯人的“自由”，没有明确指明为“人身自由”，与自由刑的基本涵

---

① 见高仰止：《刑法总则之理论与实用》，台湾五南图书出版公司1986年版，第453页。

② 见[日]吉川经夫：《改正刑法总论》，法律文化社1974年版，第296页。

③ 见[日]木村龟二主编：《刑法学词典》，上海翻译出版公司1991年版，第418页。

④ 见林山田：《刑罚学》，台湾商务印书馆1983年版，第181页。

义不甚相符。因为“自由”一词的含义甚广，不但包括人身自由，而且包括现代各国宪法中所规定的公民享有的言论、出版、集会、结社等政治自由权利，而剥夺政治自由并非属于自由刑，而属于资格刑。尽管此定义作者对自由刑的解释中将“自由”限制为“人身自由”，但至少其所下的定义不甚确切。第二种定义虽指明自由刑的处罚内容是犯人的“人身自由”，但却将自由刑限制在“剥夺人身自由”的范围内，而将不少现代国家采用的限制自由刑排斥在定义之外，仍在自由刑刚起源时的意义上进行理解，显然落后于时代的发展。第四种观点不但也是在自由刑的本源定义上将其内容限制为剥夺人身自由，含义过窄，而且将“施以刑事矫治”手段作为自由刑的必备内容，虽与现代多数国家所采用的剥夺自由刑的特点相符，但却难免会将早期各国所采用的主要以监禁惩罚人犯为目的，忽视对人犯进行矫治的刑罚排除在自由刑之外，而这恰恰却正是典型的、本源意义上的自由刑。中国古代法律称自由刑为“徒”，据《唐律疏义》解释：“徒者奴也，盖奴辱之”，即强制罪犯服苦差劳役，以示奴辱和惩罚，并不以矫治为目的。西方近代意义上的自由刑为“监禁”(imprisonment，即投入监狱)，也即将罪犯囚禁于监狱，也没有矫治的内容。但在刑法学界，这些非以矫治为内容的刑罚方法也都被视为自由刑。可见，刑事矫治并非自由刑的必备特征。相比较而言，第三种观点将自由刑定义为剥夺或限制犯人的人身自由，且没有要求以刑事矫治为必备内容，既从内涵上揭示出自由刑以处罚人身自由为内容的基本特点，又在外延上概括古今中外出现过的一切自由刑种，故比较科学。我国刑法学界基本上采纳此定义方式①。因此，我们认为，所谓自由刑，就是以剥夺或限制犯罪人人身自由为重要内容的刑罚方法。

---

① 见陈兴良主编：《刑种通论》，人民法院出版社1993年版，第174页。

二、自由刑的演进

历史上，自由刑的产生、发展过程十分缓慢。人类自进入阶级社会就有了刑罚，但早期的刑罚主要是生命刑和身体刑。据《说文》解释，“刑，罚罪也，从井从刀”，“刑，到也”。可见，在中国，刑字自生之日就与伤身夺命密切相关。中国自夏朝起就有墨、鼻、腓、宫、大辟五刑之制，其中有四种属于生命刑或身体刑，一种为丑辱刑。当时虽也有“流宥五刑”的流刑之规，但仅作为对五刑的减轻措施而使用，不在正规刑罚体系之列，且与奴役相结合，故与今日之自由刑大不相同。西周时期设有圜土、嘉石之制，前者系将轻微违法者或无业游民囚禁于用土墙围筑的禁闭场所，并强制服劳役，刑期分一、二、三年三个等级；后者是将罪犯戴上枷锁，令其坐于嘉石之上，经过一定时间，再交专人监督服劳役；秦汉时期出现过复作、罚作、司寇作、城旦舂、鬼薪、白粲及隶臣妾等处罚方法。上述方法也都以剥夺或限制人犯人身自由，强制服劳役为特征，但也均未被列入刑罚体系中，故作用很有限。中国历史上具有典型自由刑性质的徒刑出现于南北朝的北周时期。北周刑律中规定了杖、鞭、徒、流、死五刑体系，徒刑正式列入主刑，并与鞭刑同时适用；隋朝沿袭此制创立了笞、杖、徒、流、死五刑之制，将徒刑分为一年、一年半、二年、二年半、三年等，并且附加鞭刑。据《唐律疏义》解释：“徒者，奴也，盖奴辱之，”也即强制罪犯服苦差劳役，以示奴辱与惩罚，并不以改造罪犯为目的，因此，这时的徒刑与现代自由刑还有本质的区别。此五刑之制为以后各代刑律沿用，直至清末的《大清新刑律》才打破这一体系，建立了以自由刑为中心，包括死刑、无期徒刑、有期徒刑、罚金、拘役五刑的新刑罚体系。此后又为国民党旧政府制定的刑法所承袭。

由此可见，中国古代自由刑演变的特点：出现时间晚于生命刑、身体刑；在刑罚体系中不占主要地位，仅是生命刑、身体刑的补充；主要内容是强制犯人从事苦役劳动，注重刑罚的惩罚与威慑功能，忽视对罪犯的矫正改造；一般均有确定的刑期，没有无期自由刑。

西方国家历史上自由刑产生时间明显晚于中国。上古及中世纪欧洲出现了监狱，但其当时的作用仅限于拘禁犯罪嫌疑人、未决犯和等待处决的死刑犯、政治犯，而不是对已决犯执行自由刑的场所①。当时各国刑罚体系的核心也是生命刑、身体刑。这种局面一直维持到资产阶级革命之前。

自由刑在古代奴隶制、封建制社会不受重视的原因主要是：1. 原始复仇观念的影响。原始社会的复仇习惯使人们渐渐习惯于将杀人、伤身作为惩罚他人的主要方法。在此基础上建立起来的奴隶制、封建制社会的刑罚体系，就必然要受这种传统习惯的影响而重视生命刑、身体刑；2. 社会关系性质的决定。奴隶制、封建制社会是极端不平等的社会，奴隶、农民对奴隶主、封建地主具有直接或间接的人身依附关系，他们没有多少人身自由可言，因而对他们剥夺人身自由就无多大实际惩罚意义，而他们恰恰又是法律的主要惩罚对象；3. 最根本的原因是专制统治的需要。奴隶制、封建制社会共同特征都是社会上少数人对大多数人进行残酷的剥削和压榨。为不使被压迫者的反抗行为危及自己的统治地位，统治者就必然要借助于严刑峻法，最大限度地发挥刑罚的恐吓功能。而在这方面，生命刑、身体刑显然优于自由刑。

近代自由刑出现于16、17世纪的西方社会。当时资本主义生产方式已经产生，血腥的资本原始积累把为数众多的无产者抛向城市街头，成为流浪者、乞丐。这些人为谋生存而违法犯罪，对社会治安乃至统治秩序都构成了威胁，急需集中收容，于是就出现了以收容流浪者和乞丐为对象的矫正机构。最早是1550年英国伦敦设立的矫正院；1595年荷兰的阿姆斯特丹也建立了著

① 参阅林山田：《刑罚学》，台湾商务印书馆1983年版，第187页。

名的矫正院和妇女纺织所。17世纪初，欧洲其他国家也开始纷纷仿效，建立了类似的矫正机构。这些机构的主要目标就是将收容对象集中起来，从事劳动生产，使其学会自食其力。收容对象，以后逐渐扩大到一般犯罪者，矫正院开始正式具备现代监狱的功能。到了18世纪，资本主义生产方式的进一步发展加剧了社会矛盾，犯罪问题日益严重，使原来关押人犯的矫正机构、监狱人满为患，统治者已无法再顾及被关押罪犯的矫正改造；同时，资本主义商品生产者以竞争不平等为由，迫使监狱取消生产职能，只剩下监禁和除害功能。只强调让罪犯通过艰苦生活，繁重劳动来接受惩罚，而不关心监狱条件的改造和内部管理，导致监狱状况十分恶劣，罪犯间交叉感染严重，监狱不但不能减少犯罪，而且成了滋生新的犯罪的场所，累犯率因此急剧上升。这种状况引起人们严重忧虑，并由此于18世纪引发了一场以改善监狱状况和犯人待遇，提高监禁、改造质量为宗旨的改良运动。这场运动不仅促使监狱设施和生活条件有所改善，而且创造了不少新的自由刑执行方法，如独居制、沉默制等，更重要的是改变了人们对监狱功能的认识，已逐渐由单纯监禁转向对罪犯的矫正和教育。至此，集监禁与矫正、改造功能于一身的现代意义上的自由刑才正式产生，并在刑罚体系中占据中心地位。在法律上正式确立以自由刑为中心的刑罚体系的，则是1810年法国刑法典；而真正在西方国家建立一整套科学的自由刑立法、司法、行刑体系的时间约在20世纪初期。西方国家刑罚体系的更新，对世界范围内刑罚制度的改革起了积极的推动作用，自由刑最终在世界各国受到普遍重视。中国《大清新刑律》创立的刑罚体系也是受了西方国家的这种影响。

现代自由刑能于18世纪后在西方资本主义国家迅速崛起，并在短短2个世纪中一下跃居刑罚体系的核心刑种地位，要归功于资产阶级革命的推动。

从经济上说，资产阶级生产方式的建立促使商品经济迅速发展，这需要社会提供大量的劳动力，劳动力已成为财富的重要源泉。而原有刑罚体系中的生命刑、身体刑，都是以使社会减少劳动力为代价的，这不利于资本主义经济的发展。而专制制度下的奴役形式又被消除，这就为推动国家改革刑罚体系，采用既不毁损劳动力，又能利用这些劳动力为国家积累财富的自由刑提供了经济动力。“当其他的奴隶形式被消灭，造成劳动力短缺时，就可能产生一种劳役形式的刑罚……对劳动力的需求促使劳役成为一种受欢迎的刑罚方式”①。

在政治上，新的资产阶级为了号召人民起来帮助其推翻封建专制制度，并维护其新生的资产阶级政权，掀起了一场要求进行社会变革的启蒙思想运动。一些启蒙思想家口诛笔伐，对封建专制制度，特别是不合理的封建刑事司法制度进行了猛烈抨击。他们打出自由、平等、博爱、天赋人权的大旗，在刑法方面提出了罪刑法定、罪刑等价、刑罚人道等进步主张，为资产阶级革命进行舆论准备。这些主张将人们的注意力直接引向旧的刑罚体系中的生命刑、身体刑上。因为大量地使用生命刑、身体刑肯定不符合罪刑等价、刑罚人道原则的要求，因而使人们强烈地感觉到废除身体刑，废除或减少使用生命刑的必要性。同时，资产阶级生产方式的确立和资产阶级启蒙思想运动将公民个人人身自由的客观和主观价值都提到了一个新的水平。客观上，在资本主义生产方式迅速发展，生产力水平大大提高的情况下，劳动力在相同时间内创造财富的能量大大增强，从而使劳动力价值也相应大大提高。而劳动力价值的提高也就意味着人身自由的升值。主观上，启蒙运动使人们在思想上对人身自由重要的认识有了根本的改变，意识到人身自由是个人实现人的社会性的前提条件。没有人身自由，人的社会性得不到发展，人就不能真正实现其社会价值。人们对个人价值认识的提高，促使人对个人人身自由更加珍惜，甚至将其提到与生命同等的地位。人身自由的升值，无疑会

---

① ［美］理查德·霍金斯、杰弗里·P·阿尔伯特：《美国监狱制度》，中国人民公安大学出版社1991年版，第13页。

使剥夺人身自由这种刑罚方法的惩罚性严厉程度相对加重，从而具备了替代当时受到猛烈抨击的身体刑，甚至生命刑的条件。

在思想方面，以实证主义为指导的刑事人类学派，特别是刑事社会学派刑法理论的出现，使人们对刑罚本质、功能、目的的认识，即刑罚观念，有了根本的改变。人们不再将刑罚的本质仅仅看作是对已生犯罪的报应，而看作主要是对社会安全的防卫；刑罚目的不仅是为了惩罚罪犯，威慑社会，更重要的还是要预防犯罪。特别是注重针对罪犯犯罪的个人和社会原因，对犯罪者适用合适的刑罚方法，对其进行矫正教育改造，使其消除反社会性，重返社会生活的正常轨道。这种目的刑、教育刑主义的产生，立刻受到社会的认同，各国纷纷按照这种目的刑罚理论对刑罚制度进行改革。原来那些无助于实现教育、改造罪犯目的的身体刑、生命刑，当然要受到否定和摒弃。相比较而言，自由刑则更有利于实现刑罚上述目的，当然就会格外地受到重视。

十月革命后出现的前苏联为代表的一批社会主义国家，更加重视公民人身自由的价值，更重视刑罚方法的人道性、科学性，更重视刑罚对罪犯的改造与教育，因而也更重视发挥自由刑的功能。列宁亲自指导制定的苏俄第一部刑法典中，不但采用了以自由刑为中心的刑罚体系，而且还创立了一种限制自由刑——不剥夺自由的劳动改造，第一次在法律上使自由刑与监禁脱钩，并使这种刑罚取得主刑地位。这使人类社会中的自由刑制度又向前迈了一大步，后为不少社会主义国家所接受。

自由刑现已成为世界各国刑罚体系的中心刑罚。这表现在以下几个特点上：1. 各国刑法中的主刑，除对少数严重犯罪规定了死刑外，主要刑种均为自由刑。几乎所有犯罪的法定刑中均规定有自由刑可以适用。有的国家甚至已经废除了死刑，自由刑成了可适用罚金的轻罪之外的所有犯罪的必处刑罚。2. 在司法实践中，法官判处自由刑的机会也占很大的比重，在保留死刑的国家中，死刑只在极其个别的情况下才作为不得已的处罚方法加以运用。即使对应处死刑之罪，只要还有一点不杀的可能性，法官就会以自由刑替代判处。对于可判罚金或其他不剥夺自由的附加刑的案件来说，自由刑往往在服刑者违反一定条件的情况下，被作为替代刑加以使用。自由刑还是缓刑、假释、减刑等刑罚制度的基础性刑种，离开自由刑，这些制度就失去了存在的余地。3. 现代自由刑的主要功能是对罪犯进行矫正与改造，是实现特殊预防目的的主要手段。在现阶段，离开自由刑，刑罚预防犯罪的目的就难以实现。

二、自由刑的特征

现代意义上的自由刑具有下面几个特点：

（一）自由刑的核心内容是使服刑者失去或减少人身自由。现代刑罚体系中的自由刑主要是剥夺人身自由的刑罚方法。所谓人身自由，就是个人依据自己的意志决定，在法律许可的范围内，自主决定自己身体活动的自由。个人作为社会成员，人身自由对个人价值的实现具有极其重要的作用。它是人们进行社会交往，从事社会活动，实现特定权利，履行特定义务，取得某种利益的必要的前提。任何自然人的身体一般均有自主活动的能力，但并非每个人都有进行这种活动的自由。在阶级社会中，人的身体活动自由必须受法律的约束，它是国家通过法律赋予公民的一种权利，当然，国家在认为有必要的时候，也就有权力依照法律剥夺某个人的这一权利。人被剥夺了人身自由，就要处于与正常的社会相隔绝的状态，一切正常的社会联系几乎都会被中断，他无法再过常人的自由生活，无法享受家庭的天伦之乐，也无法对家庭成员尽自己应尽的义务，还会给家庭生活造成困难，给家庭成员造成心理上的创伤；无法建立和保持本应有的社会关系，还可能失去原来的亲朋好友。如果罪犯违反有关监禁规定，就会受到相应的严肃处理和制裁。自由刑就是以人的这种人身自由为剥夺对象，通过强制性手段限制罪犯的活动自由，使其一切活动均处于司法机关的监控之下。这不但限制了犯罪分子再次危害社会的可能性，同时也限制了他参与社会活动和社会交往的权利，从而对服刑者造成一定的痛苦，以实现自由刑作为刑罚方法的惩罚功能。这一特定的剥夺对象，使自由刑既区别于以剥夺生命和摧残、折磨身体为内容的生命刑和身体刑，也使自由刑区别于以剥夺财产和从事某种活动的资格为内容的财产刑和资格刑。这一特征，使自由刑既能发挥惩罚罪犯的功能，又能警诫可能的犯罪者，同时能安抚被害人的家属，平息民愤。

(二)自由刑以教育、矫正、改造罪犯为其主要的执行宗旨。这是现代自由刑与历史上曾经出现过的自由刑的主要区别。支撑现代自由刑制度的理论、思想基础是刑罚人道主义和教育刑思想。因此，现代的监狱并不仅仅是关押犯罪人的监禁场所，更重要的是对罪犯进行矫正、教育、改造的地方。罪犯在这里不再是被奴役和压迫的客体，而是再社会化的对象。罪犯除了必须老老实实接受正常的监督与教育、矫正、改造之外，作为一个国家公民，他还享有法律所赋予的各项公民权利，例如生命健康权、人格名誉权、财产继承权和没有被国家剥夺而且尚能行使的其他政治权利，如选举权、出版权以及法律允许其在服刑期间仍享有的其他权利等。这些权利也要得到包括监管人员在内的其他人和政府机构的尊重和保护。司法机关在执行自由刑期间，有权对罪犯采取一些正常、必要的矫正教育手段，帮助罪犯洗刷犯罪意识，树立正确的人生观、世界观和过正常生活的决心；帮助罪犯学习文化知识和谋生技术，以增强其适应社会的能力。为了促使罪犯改造，执行机关往往要强制罪犯从事力所能及的体力劳动或工作，但这种劳动不是带有惩罚和奴役性的劳役，而是促使罪犯更好地进行矫正、改造的手段。这一特征，符合教育刑的新思想，不但使刑罚更加符合人道主义，而且有助于帮助罪犯改造成新人，减少累犯。

(三)自由刑具有时间上的持续性和可分性。罪犯从开始服刑到刑罚执行完毕，中间有一段持续的期限，这段期限少则一天，多则数十年，最长的直至罪犯在狱中死亡为止。各国在自由刑期限的规定上不尽相同，有的差别还很大。刑期的长短往往是标明刑罚轻重程度的主要标志，甚至是唯一标志。自由刑的这种时间性特征是其他刑罚方法很少具备的，只有资格刑是例外。这一特征使自由刑适用对象的范围非常大，既可适用于重罪，甚至可作为死刑的替代方法适用于死罪，也可适用于轻罪。能在最大限度上做到罪刑相适应。

（四）自由刑要求特定的执行场所。这是自由刑与其他刑种相区别的另一主要特征。自由刑要求在一定的期限内持续性地剥夺犯罪分子的人身自由，并对其进行教育、矫正，这当然就要求必须设立专门的看管机构和监管设施。传统的自由刑执行场所就是监狱。监狱不但有铁牢高墙构筑而成的固若金汤的监禁设施，而且有武装精良，训练有素的看管队伍。看守昼夜值勤，内外戒备森严，因而历来是执行自由刑的首选场所。除此之外，不少国家还有诸如劳改队、劳动营、少年犯管教所、矫正院等非监狱性监管场所，也被用于执行自由刑。在轻刑化、刑罚执行社会化、人道化等新的刑罚观念的影响下，自由刑的执行场所目前正在朝着开放化的方向逐渐发生变化，出现了一些新的执行方法和执行制度，如半开放监禁、周末监禁、缓刑制度等，使自由刑执行正在不断地得到改进。在某些情况下，特定监禁场所的作用已开始减小。限制自由刑的出现，更使得自由刑的执行在一定程度上开始与特定的执行场所相分离。不过，在当前以及今后相当长的一个时期内，监狱和其他监禁场所仍将是自由刑的主要执行地点。刑罚执行开放化、社会化将是一个缓慢的、渐进的过程。

（五）自由刑是一种刑罚措施，它只能由审判机关通过判决适用于已构成犯罪的犯罪分子，以实现对其所犯罪行的惩罚。它与国家的其他剥夺人身自由的强制措施相比，在性质上有严格的差别。这类措施主要有：作为判决前保证刑事诉讼能够正常进行的强制措施而使用的逮捕、拘留、收容审查；作为为保证民事诉讼能够正常进行，而对妨害民事诉讼者适用的惩罚性民事拘留以及国外的一种民事处罚措施——债务监禁；作为行政处罚措施的行政拘留；作为强制性教育措施的劳动教养；作为强制治疗性措施的强制医疗、强制戒毒等。这些措施有的根本就不能适用于犯罪分子；有的虽也适用于犯罪分子，但是只在判决前作为临时性的羁押措施，本身不具有惩罚性。因此，这些措施虽在一定程度上都有剥夺人身自由的特征，但都不属于自由刑。

自由刑的上述特征，使之既能较好地满足古典学派以刑罚惩罚犯罪，恢复正义的主张，又能较好地实现社会学派的以刑罚教育、改造、矫正罪犯的思想，这就决定了自由刑在当今社会中必然要受到人们的重视。

不可否认，自由刑也确实存在不少弊端，这些弊端往往与其优点产生于同一个特征。主要有以下几点：

第一，长时间的监禁生活，会使罪犯减低甚至丧失适应正常社会生活的能力。现代自由刑多为剥夺自由刑，为了使被监禁者感受到服刑的痛苦，也是为了限制其再犯的可能性，在服刑期间，罪犯完全处于与正常人相隔离的状态，几乎断绝同监外一切正常的社会交往和联系。他无法亲身了解社会的发展，无法在与他人的正常交往中学习适应社会的技能，并且还可能因为长时间地远离社会而逐渐丧失原有的社会经验和社会生活能力；另一方面，现代社会日新月异地向前发展，这使得每一个正常的人要想及时跟上社会的进步，都得必须随时了解社会，不断更新自己的知识和观念。而被监禁者则不具备这种及时跟上社会发展的条件。这两个方向的发展趋势的不断增强，最终会将服刑者抛向远离社会正常生活的轨道。出狱之后，他会表现出对于社会的很大的不适应性，并因此而可能实施与社会规范不合的反社会行为，甚至成为累犯。

第二，监禁生活会使罪犯在人格上形成盲从性，这也会影响到其重新适应社会的能力。监狱和劳动改造场所有严格的纪律管束，对监管人员命令，罪犯必须绝对服从。这会使罪犯在长时间的监禁生活中在心理上和行为上对监管人员形成较大的盲从性，失去自己人格上的独立性。遇事消极被动，唯命是从，谨小慎微，缺乏主见，循规蹈距，不越雷池。这种人确实已不再具有人身危险性，但同时也丧失了作为一个社会成员所应具备的主观能动性和竞争性。这样的人回到社会后，虽然不会再次危害社会，但也难在竞争激烈的社会中有所作为。这也会在一定程度上减低服刑者对社会生活的适应性。

第三，监禁生活能给罪犯带来更多的无形的消极影响。监禁不但能使服刑者在一定时间内失去人身自由，而且给其带来的痛苦远远不止这些。他还可能失去十分宝贵的工作，从而失去出狱后的就业保障；可能失去正常接受社会文化教育的机会；失去恋爱、结婚组成家庭的机会，甚至可能使已有的家庭面临解体的威胁；他会从此被人们贴上劳改释放犯的标签，从而给未来的个人生活、社会交往、重新就业都造成非常不利的影响，等等。这些现实存在的无形损害，不但会给服刑者造成一定的心理创伤，而且会使他们对未来的生活感到担忧。这会影响到他们的再社会化进程。一旦出狱，这种担忧成为现实，他们就会受到由上述不利后果所引起的种种困难的困扰，并会因此而产生一种失落感和一些其他消极心理。如果社会在此时对其关怀不周，也有可能使他们对社会产生对立情绪，并进而再次实施反社会行为。

第四，监禁生活会给罪犯家庭带来很大的生活压力。罪犯在服刑期间无法对家庭进行正常的照顾，不能扶养家中没有独立生活能力的老人、幼儿，不能对自己的子女进行正常的教育和管教，不能分担家庭负担，不能给家中以经济上的帮助，这会给罪犯的家庭生活造成极大的困难和压力。对于家庭生活本来就比较困难，而且对罪犯本人又有较大依赖性的家庭来说，尤其如此。其结果，一方面是将困难重重的罪犯家庭推向社会，给社会增加不安定因素；另一方面，使罪犯心中产生较大的后顾之忧，难以安心接受教育与改造，从而影响改造质量。

自由刑的上述消极性，有些是自由刑本身所固有的，有些则是由于社会中存在的一些消极因素的影响而伴生的。但它们确实直接影响着自由刑的适用效果和罪犯的改造、矫正质量。这也正是促使人们在近代开始思考对自由刑进行改革的主要动因。

三、自由刑的分类

世界各国对自由刑的规定各不一样，使自由刑内容表现出极为丰富的特点，表现形式也形形色色。不过，根据一定的标准，仍可对这些多种多样的自由刑进行归纳分类。主要的分类如下：

(一)剥夺自由刑与限制自由刑

这是根据对罪犯人身自由的限制程度而进行的划分。剥夺自由刑就是完全剥夺犯罪分子的人身自由，将其拘禁于一定场所的刑罚方法。这种刑罚对人身自由的限制程度是最高的。罪犯必须在监禁场所中度过与社会相隔离的监禁生活，其惩罚性相对也要严厉些。这是自由刑的传统形式，也是目前各国自由刑体系中的主要形式。各国刑法中都规定有剥夺自由刑，只是称法不同。有的称为监禁，如英、美等国；有的直称为剥夺自由，如波兰；有的称为徒刑，如我国；有的还区别不同情况称为监禁和禁锢，如日本。

限制自由刑，就是不对罪犯进行关押，但对其人身自由进行一定程度限制的刑罚方法。这是根据现代教育刑理论，为了弥补短期自由刑的不足而被采用的一种新的自由刑种。被处以限制自由刑的罪犯，本人仍像正常人一样生活在社会中，过着正常的家庭生活，保持正常的社会联系，继续从事原来的工作。在有的国家中，罪犯在劳动中还与他人享受同等的报酬待遇，经济收入不因服刑而减少。罪犯服刑的表现就在于必须遵守法律规定的一些约束，履行法院依法确定的罪犯必须履行的义务，如限制其行动范围、定期向有关机关汇报活动情况、参加判决确定的义务劳动，等等。在具体内容上，各国规定不尽一致。目前，世界上有不少国家的刑法都规定有限制自由刑，不过名称也不尽相同。我国称为管制，英、美称为保护观察、社会服务令，原苏联和东欧一些国家的刑法则称为不剥夺自由的劳动改造。有些国家的刑法中没有这样的刑种。

限制自由刑的产生，标志着自由刑的发展又向前迈了一大步。它一方面使罪刑相适应原则得到更加准确、全面的贯彻，同时也使刑罚个别化原则能够顺利得以实施。审判机关可根据情况对那些犯罪较轻，但根据罪犯人身危险性的不同情况而需要区别对待的案件，分别采用剥夺和限制自由刑两种刑罚方法进行处理，使刑种与人身危险性程度相适应。此外，限制自由刑在相当的程度上弥补了短期自由刑的不足，可以避免监禁会给罪犯的改造、再社会化带来的种种不利影响。限制自由刑在一定程度上与当今世界刑罚的轻刑化、开放化的发展趋势相协调。不过，由于当前人们的报应观念仍然根深蒂固，惩罚犯罪以实现正义的心理要求仍比较强烈，而限制自由刑的报应、惩罚功能相对要弱一些，难以满足社会上述观念的要求，故在未来相当长的一个时期内，限制自由刑仍将在世界刑罚体系中处于次要地位，仅对剥夺自由刑起补充作用。占主导地位的将仍然是剥夺自由刑。有些国家刑法中至今未规定限制自由刑，如韩国。

（二）无期自由刑与有期自由刑

这是根据是否以犯罪分子的终身自由作为剥夺对象而作的划分。无期自由刑，又称为终身自由刑，就是剥夺犯罪分子终身自由的刑罚方法。有些国家也称为终身监禁。被处以无期自由刑者，除非犯罪分子在服刑期间有较好的表现，受到减刑、假释或赦免处理，而有可能重新获得自由外，罪犯就要在监狱中度过自己的余生，直到自然死亡。当然，实践中真正在狱中住至死亡者，为数极少。尽管如此，无期徒刑仍然是一种相当严厉的刑种。其严厉性仅次于死刑。由于死刑往往被视为过于严厉的刑罚而被一些国家法律所废除，或虽有保留但实际上极少适用，因而无期徒刑常被作为死刑的替代刑种而适用于罪恶重大的罪犯，这使得无期自由刑在现代刑罚体系中的作用显得特别重要。

有期自由刑，就是剥夺犯罪分子一定期限的人身自由的刑罚方法。在不同的国家，此刑种被分别称为有期监禁、有期惩役、有期禁锢、有期徒刑等。其特点是对罪犯的监禁有确定的期限，期满就须予以释放，其严厉性较之无期自由刑为低。由于其刑期跨幅大，适用面广，故在现代自由刑中处于核心地位。各国对有期自由刑的规定不尽一致，一般情况下，上限为15年，加重处罚可达20年，但最高的也有长达几十年，甚至上百年的。其下限一般为1个月，或十几天，最低的为1天。

(三)长期自由刑和短期自由刑

这是根据剥夺罪犯人身自由的时间长短而作的划分。长期自由刑就是剥夺罪犯较长时间的人身自由；短期自由刑就是在较短时间内剥夺犯罪分子的人身自由。尽管两者之间的区别主要是时间的长短，它们在本质上都属于有期自由刑的范畴；但由于随着刑事政策学研究的发展，短期自由刑的弊端越来越受到人们的注意，如何改革短期自由刑的执行制度和方法，越来越成为各国普遍关心的问题。因此，短期自由刑已成为一个独立的刑种而从通常的有期自由刑中分离出来。各国对短期自由刑的称呼也不尽相同，如拘禁、拘留、拘役等。在执行内容和执行场所上，甚至罪犯在服刑期间的待遇上，短期自由刑与长期自由刑也都存在着区别。在如何划分长、短期自由刑的刑期上，各国规定也不相同，对上限有的规定为30日、3个月或者更长；下限有的规定为1日、10日或更长一些。我国刑法规定的拘役刑期为15日以上，6个月以下。外国刑法对短期自由刑一般都不规定强制服劳役，只有在罪犯提出申请时，才允许其参加劳动。

(四)定期刑和不定期刑

这是以法官对案件所判的有期自由刑是否有确定的刑期为标准作的划分。定期刑，就是判决所判处的宣告刑有一个固定的明确的刑期，在执行过程中，非因减刑、假释、赦免等原因而被提前释放，罪犯必须在狱中服满此确定期刑才能获得自由。定期刑与人们的报应观念和正义要求存在密切关系，更体现了古典学派的罪刑等价的思想。不定期刑，就是法官对罪犯所宣告的自由刑只有刑种，而无确定的刑期，或者只判决所应执行的最低刑期或最高刑期，然后交由执行机关根据服刑者的矫正情况，具体决定释放时间的一种刑罚制度。不定期刑的出现与近代教育刑理论的产生有直接关系。它的立足点不是维持罪刑相适应，而是实现刑罚个别化，判决必须以确保罪犯能失去人身危险性，真正重新做人为宗旨，以确保社会的安全。这种制度的产生，曾在一些国家和地区，特别是美国，产生了很大的影响，相继被这些国家的法律所肯定；但后来此制度又逐渐受人冷落。目前在世界各国的判决中，定期刑仍占统治地位；但围绕不定期刑的争论和研究仍在进行。

（五）附劳动的自由刑和纯监禁的自由刑

这是以是否要求服刑者在被关押的同时，还必须参加劳动为标准所作的划分。附劳动的自由刑，就是要求罪犯中凡有劳动能力的，必须在服刑期间进行劳动改造。在历史上的自由刑中，劳役往往是主要的服刑内容，这种劳役带有明显的惩罚性和奴役性，因而，附劳动的自由刑往往被视为具有较强伦理谴责性和一定羞辱性的刑罚方法。后来西方一些国家在确立刑罚体系时，有意识地把自由刑分为两类。一类以劳动作为服刑内容，此刑只适用于背伦、无耻的反道义性犯罪。此刑种一般称为惩役。另一类则只以监禁为内容，不要求罪犯从事劳动，作为纯名誉刑适用于一般的非伦理性犯罪，如出于政治动机、宗教信仰而实施的犯罪。这种刑罚一般称之为监禁或禁锢。在社会主义国家刑法中，劳动通常都是自由刑的当然内容。

四、自由刑改革方面的几个问题

自由刑的显著功能，决定了它作为主要刑种在当今世界刑罚体系中发挥着不可替代的作用。而它的缺陷，则又决定了其自身还需要进一步的改革和发展。因此，近些年来，世界范围内掀起了一场以完善刑罚制度为重心的刑法改革运动。这一运动的主要内容就包括完善自由刑。这种完善基本循着三条线索向前发展：一是针对自由刑种多样化而进行自由刑刑种的单一化；二是针对长期自由刑的弊端而寻找合理的自由刑执行方法；三是针对短期自由刑的弊端而寻求限制短期自由刑适用的有效途径。刑罚发展的基本方向是自由刑的单一化、刑罚执行的社会化、短期自由刑的限制化。这无疑会使自由刑制度更加趋向合理。下面就自由刑改革所涉及到的自由刑单一化和短期自由刑限制化问题作一些简单的述评。

（一）自由刑刑种单一化

所谓自由刑单一化，就是取消不同种类自由刑刑种之间的差别，而将其归入一个刑种，刑罚的轻重只通过刑期的长短来说明。

西方国家早期的监禁刑种过多，这些监禁刑虽都以关押为特点，但在是否服劳役以及监禁的程度上有所差别。例如英国19世纪的监禁包括苦役、附艰苦劳动的监禁、无艰苦劳动的监禁等三种形式。无艰苦劳动的监禁又分为三个等级①。监禁种类多样化的目的，是为了针对不同种类犯罪的特点，适用不同形式的监禁刑。这似乎有区别对待的意思，看上去更合于刑罚目的，因而西方国家的刑法中都不同程度地存在着自由刑种类多样化问题。例如，原联邦德国旧刑法中的自由刑就有重惩役、轻惩役、禁锢和拘留。日本刑法中存在惩役、禁锢和拘留三种自由刑。惩役和

---

① 参见李贵方著：《自由刑比较研究》，吉林大学出版社1992年版，第83页。

禁锢有不少相同之处，如它们都要剥夺罪犯的人身自由、它们的刑期都相同。相互之间的主要区别是惩役必须服劳役，而禁锢则不必服劳役，只有罪犯本人提出劳动申请的，才允许其在独居的监房内从事一些简单的手工作业劳动。由于劳役常被视为带有羞辱性的惩罚，所以惩役是被当作无耻刑而适用于那些出于违背人伦、丧失廉耻的动机，具有较大道德谴责性的犯罪。而禁锢则只适用于出于非无耻动机的犯罪，如政治犯、信仰犯、过失犯等。此外，在劳动的场所上，惩役可以在监狱以外的非监禁场所从事劳动，而禁锢则不能离开监狱。在日本"这里所谓单一刑论，广义上，指惩役、禁锢、拘留三种自由刑应当一体化的见解。狭义上，指惩役与禁锢的区别废止论"①。

自由刑种类的多样化，自古典学派开始，就引起了激烈的争论。不少人对多样化的必要性提出了质疑，主要理由是：首先，不同类别自由刑在对罪犯人身自由进行剥夺上都是相同的，它们的目的都是为了矫正罪犯，区别只在于是否劳动以及劳动的地点等方面。而这些区别不但无实质意义，而且对实现刑罚目的无多少益处，因而无必要区分不同的刑种。其二，自由刑有时间性特征，刑期跨度很大。刑期长短，既能体现刑罚的轻重，又能满足不同情况的犯罪分子改造的需要。因此，只要根据犯罪的不同情况，在一个刑种内判处期限不同的自由刑，就完全可以达到惩罚犯罪，改造罪犯的目的。其三，以是否强制劳动作为区别重自由刑和轻自由刑的主要界限，这本身就是轻视劳动的一种表现。劳动在当今社会中是社会成员人人应尽的责任，并不是一种耻辱。法律允许服监禁刑者自由申请参加劳动，也说明劳动不是耻辱。因此，不应当将附劳动的自由刑当作耻辱刑使用。其四，赋予重自由刑以无耻刑的特性，只能使那些被判此刑者的人格、名誉遭

---

① ［日］西原春夫著：《刑法总论》（改订准备版）（下卷），成文堂1995年版，第493页。

到贬低，这不但有损于罪犯的个人权利，而且不利于罪犯重新做人，会给其复归社会造成困难。这对实现刑罚目的有害而无益。其五，在实践中，这些刑种的差别也不是很大。在立法上，它们往往会被适用于同一犯罪，如日本刑法对妨害公务、滥用职权、隐匿文书等犯罪都将惩役与监禁并列规定为选择刑种。由此可见，难说惩役与监禁在羞辱性上有多少差别；在司法中，凡是被监禁者提出劳动申请的，都能获得批准，因而劳动在监禁刑中也是平常之事。由于以上几点理由，多数人主张取消自由刑种的多样化，而实行单一化刑种。自由刑的单一化本有多种含义，包括终身自由刑与有期自由刑的单一化、长期自由刑与短期自由刑的单一化、各种不同类别的长期自由刑的单一化等。不过，现在的自由刑单一化主要指不同类型长期自由刑种之间的单一化。

国际社会对自由刑单一化一直持支持态度。19 世纪中叶在伦敦召开的“国际刑法及刑事会议”第一次会议上，就提出这一问题，并进行了争论。此后 1878 年斯德哥尔摩会议的有关决议中，认为“各种自由刑尽可能在法律上单一化起来”。进入本世纪后，1930 年的第 10 次布拉格会议也讨论了这一问题。1951 年的伯尔尼会议则主张以刑罚个别化原则为指导对犯罪进行新的种类划分，对不同犯罪确定不同的执行方法，并以这种新的划分来取代原来的以犯罪性质及重要性为标准对犯罪所作的分类，以及以此为基础而产生的自由刑种的多样化。

学术界对自由刑多刑种的异议，以及国际刑法学会对自由刑单一化的积极支持，对世界范围内的自由刑单一化运动起了不小的推动作用，不少国家开始着手自由刑的单一化工作，并在立法上取得了较大的进展。荷兰在 1881 年就实现了自由刑的单一化。进入本世纪后，实行单一化的国家逐渐增多，这在东欧及拉美国家表现得比较明显。南斯拉夫将原有的严格监禁与普通监禁合二为一；波兰则用剥夺自由取代原来的监禁与拘留；德国在单一化问题上的作法比较有代表性，在原联邦德国的旧刑法中，自由刑为重惩役、轻惩役、禁锢、拘留等四种，1969年在修改刑法时，统一规定为自由刑，其中只分为有期与无期两种；英国1948年的“刑事诉讼法”第1条也将原来的惩役、禁锢单一化为监禁，并分为有期与无期；拉美的乌拉圭、墨西哥、哥斯达黎加等国，也都已实现了自由刑的单一化。

自由刑单一化有助于消除不同种自由刑种之间人为的歧视性差别，有利于罪犯的社会复归，也有利于根据刑罚个别化的需要对罪犯进行新的分类和采取新的区别对待措施。从这种意义上说，自由刑单一化是自由刑发展过程中的一种进步。当然，也应看到，自由刑的单一化也是个形式问题，关键还在于刑罚制度本身内容的合理化。取消以是否劳动为区别标准的不同种类的自由刑当然可取，但是将拘留、拘役等短期自由刑也一律归入一个自由刑中也未必合适。因为这些短期自由刑在执行地点、方法等方面均与一般的自由刑存在较大的差异，很有必要与长期自由刑分别对待，这是有目共睹的。如果将其归入一个自由刑中，势必还要在这个自由刑中，再用一定的标准区别出短期自由刑，以便对此问题进行专门的研究，这无疑是换汤不换药，没有多少实际意义。因此，在自由刑的单一化问题上，也应该坚持实事求是的原则，从实际需要出发，而不应盲目照搬他国的做法。何况，即使在国外，各国立法的态度也并不完全相同。韩国刑法至今仍有劳役与徒刑之分；而法国虽然在1976年刑法修改草案中终止了重罪监禁刑与轻罪拘禁刑的区别，但在新刑法中，自由刑仍分为徒刑、拘押、监禁三种，前两种适用于重罪，后者适用于轻罪。

（二）短期自由刑限制化问题。

短期自由刑，是自由刑制度出现以来受到非议与争论最多的一个刑种。它的存废问题也是百余年来刑罚改革的一项重要内容。

自由刑的“短期”是相对于长期自由刑而言的，但具体到“短期”的期限如何确定，各个研究者看法不尽一致。有的主张是3个月以下，有的认为在1年以下，但多数人和多数国家认为应以刑期在6个月以下者为短期①。因为从行刑效果看，在6个月以下时间内，很难对罪犯进行有效的教育和改造，所以对其存在价值及如何完善问题，就需要进行专门的研究。不少国家刑法都将短期自由刑作为一个独立的刑种予以规定。我国刑法中的拘役就属于这类短期自由刑。

短期自由刑随自由刑制度的产生而产生，因其符合罪刑等价和刑罚人道主义的思想而曾倍受早期资本主义的推崇。然而，随着实证主义法学研究的兴起，当人们将眼光开始投向刑罚的社会效果时，短期自由刑的弊端立即引起了人们的注意。刑事人类学派的代表人物龙勃罗梭首先发难，他认为判处短期刑只能使犯人和其他犯人接触，而没有足够的时间将他改造好。对这类案件，可以采取诸如监外执行、法庭警告、罚款、监外强制劳动、流放，甚至肉刑、假释等非监禁方法代替。此后，对短期自由刑的非难不绝于耳，直至今日。主要理由是：1. 短期自由刑由于时间太短，所以一方面惩罚功能太弱，不具有刑罚的威慑力；另一方面，行刑机关没有足够时间来了解各个罪犯的特点，并有针对性地对其进行矫正和教育。2. 被适用短期自由刑者，本身多为初犯或轻微罪犯，此等人尚有一定的羞耻心，容易改过自新。然而一旦被关押，就同其他罪犯一样被贴上犯罪分子的标签，这会导致其产生自暴自弃的心理；而且入狱必然丢失工作，这又会使罪犯对未来的生活产生后顾之忧；入狱还会给罪犯的家庭生活带来重大的不利影响，这也会给罪犯造成精神负担。这些因素的共同作用，使罪犯很难接受正面教育，从而更容易走向犯罪道路。3. 执行短期自由刑的场所大多设施不善，房舍不足，往往将受刑人群集在一起，这极易使不同的罪犯间发生交叉感染，相互交流犯罪经验和技术，强化犯罪意识，从而增大罪犯的人身危险性，制造出更加危险的累犯。4. 西方国家刑法规定，对短期自

---

① 参见林山田：《刑罚学》，台湾商务印书馆1983年版，第196页。

由刑可用罚金替代，这使得实际受到自由刑执行的多为社会上的中、下等人，上流社会的人可以以交罚金来逃避监狱的痛苦，这又会导致罪刑不平等。5. 短期自由刑需要社会较大的支出，以维持对罪犯正常的严密关押、防范和教育，而短期犯在狱中又难以有组织地进行劳动，且在西方，短期犯一般都不被强制劳动，他们不能给社会创造财富。因此，执行自由刑会给社会造成巨大的浪费。总之，从积极性上讲，短期自由刑难对罪犯起教育、矫正作用，也难以威慑可能的犯罪者；从消极意义上讲，短期自由刑容易造就更加危险的累犯。因此，执行短期自由刑难以达到刑罚预防犯罪的目的。“拘役刑之刑罚目的，若以威吓与隔离之观点言之，由于拘束犯人身体自由之时间，甚为短暂，显难收预期之效果；若以改善与矫正之观点言之，亦因为时间短暂，殊不易收教育之实效，故拘役之刑罚，要不足以言社会防卫，从而此种刑罚之存在价值，极其些微也。”①

短期自由刑的弊端越来越引起国际社会的关注。早在1812年伦敦第一次国际刑法及监狱会议上就讨论了以不剥夺自由的劳动代替短期监禁的可能性问题，建议以农业劳动或日监禁代替短期监禁。后来多次国际会议均讨论过短期自由刑的弊端及补救措施。1885年罗马刑法和监狱会议上，加罗法罗干脆提出了废除4个月以下的短期自由刑的主张。

面对要求废除短期自由刑的呼声，国际刑法界也有人提出相反的意见，即短期自由刑仍是适用于轻微犯罪所不可缺少的刑罚方法，本身仍具有不少优点。如它可适用于轻微之罪，可避免轻罪重罚，这更有利于罪刑相称原则的贯彻；它本身比限制自由刑具有更大的威慑性，从而比限制自由刑更能发挥刑罚的一般预防效果，这对于过失犯、初犯来说更是如此；它较之于罚金更能避

---

① 引自高仰止：《刑法总则之理论与实用》，台湾五南图书出版公司1986年第3版，第458—459页。

免执行上的不公正性；它可以增加被监禁人员的周转量，从而提高监狱的利用率，以减少狱政费用等。一旦废除短期自由刑，还没有更好的方法进行替代。正如台湾学者林山田所言："就刑事政策的观点而言，并不能由于短期自由刑的弊多利少，而轻易主张放弃短期自由刑。……主张废除短期自由刑在刑事政策上是没有可行性的。"①

应该承认，短期自由刑确实有不少弊端，但同时也得承认，在当前情况下，短期自由刑在其适用于轻微之罪这一点来说仍具有不可替代性，至少具有不可全部替代性。现实生活中，轻微犯罪毕竟是大量的，如果废除短期自由刑，要么是将这些犯罪加重责任而判处长期徒刑，这样做的结果必然是轻罪重判，有违于罪刑相适应原则，并会因此而使罪犯产生抵触情绪，不利于对罪犯的改造；要么是对罪犯适用限制自由刑，而限制自由刑对相当一部分轻微的罪犯来说，是根本达不到预防其再次犯罪目的的。因为这种犯罪分子犯罪的原因主要是不晓得法律后果的严肃性，或者是藐视法律的尊严。对他们来说，必须通过比较严厉的刑罚制裁，让其感受刑事法律后果的痛苦性，才能使其认识到法律的不可侵犯性，借以树立自觉守法的意识；通过刑罚的痛苦性，还可警诫社会上可能的犯罪者。限制自由刑不剥夺犯罪分子的人身自由，他仍生活在社会中，过着几乎和其他人一样的正常生活，这样轻的处理对上述犯罪分子来说根本达不到预防其再次犯罪目的；对其他的危险者也起不到威慑的效果。实践证明，对这样的犯罪者必须适用短期自由刑，以发挥其积极作用，因此，短期自由刑目前还不宜废除。但在同时，也应对短期自由刑的适用加以必要的限制，并尽量寻找短期自由刑的替代措施，以减少其可能产生的消极影响。这也是当前世界各国刑事立法、司法的基本发展趋势。有关国际会议的决议多数也都持这种主张。1960 年在

① 林山田：《刑罚学》，台湾商务印书馆 1983 年版，第 199 页。

伦敦召开的防止犯罪暨罪犯处遇会议有关自由刑的决议中就认为，短期监禁“普遍实施，极不相宜”，但也不宜完全废止，而应逐渐减少适用。凡能以非剥夺自由刑予以替代者，就不应监禁；凡必须监禁者，则也应与被长期监禁者隔离，并采取较具建设性的处遇措施；若有开放式的执行场所，则应优先送往。这一决议基本上反映了目前世界上短期自由刑的发展趋势。目前绝大多数国家刑法中都规定有短期自由刑。不过，不少国家同时都还规定有其他可选择的刑种或方法，以限制短期自由刑的适用范围。如1997年1月1日生效的俄罗斯联邦刑法典规定了拘役刑，但同时还规定有强制性工作、劳动改造、限制自由等非剥夺自由的刑种；法国新刑法规定：“处监禁刑之轻罪，法院得指令被判刑人犯为公法法人或有资格实施公共利益性质之工程的协会完成付报酬的公益劳动”，以作为监禁刑的替代刑罚。

第二节 剥夺自由刑

剥夺自由刑，就是将罪犯拘禁于一定的场所，剥夺其人身自由的刑罚方法。剥夺自由刑是现代各国自由刑，乃至整个刑罚体系的核心内容。但各国刑法所用名称不尽相同，长期的有用监禁、惩役、剥夺自由的劳动改造等；短期的有用拘役、拘留等。我国刑法主要根据刑期长短，将剥夺自由刑划分为无期徒刑、有期徒刑和拘役三个刑种。

一、无期徒刑

(一)无期徒刑概述

无期徒刑，是剥夺犯罪分子的终身人身自由，实行强制劳动改造的刑罚方法。无期徒刑的法律特征主要是：1. 形式上表现为对犯罪分子进行关押，剥夺其人身活动自由。这体现了无期徒刑作为刑罚的惩罚性。关押地点通常为监狱，此外也可视罪犯个人情况，将之羁押于劳动改造管教队或少年犯管教所。2. 内容上表现为对犯罪分子进行强制劳动改造。这体现了无期徒刑矫正、教育犯罪分子，使之成为社会新人的积极作用。3. 时间上表现为剥夺犯罪分子的终身自由。如果在服刑期间没有得到国家宽恕，罪犯将在羁押场所服刑终身，直至死亡。这体现了无期徒刑惩罚的严厉性。

无期徒刑上述特征，决定了它是仅次于死刑的一种严厉的惩罚方法。在目前我国还大量存在严重犯罪，特别是刑法还保留死刑的情况下，无期徒刑在我国刑罚体系中占据着十分重要的地位。一方面，它是惩罚恶性犯罪的有力武器；另一方面，它又是限制死刑适用，贯彻少杀方针的有效手段。在我国现行刑法中，无期徒刑主要适用于那些罪行严重，需要与社会永久隔离，但又不必判处死刑的犯罪分子。我国刑法分则原来规定适用无期徒刑的条文一共有 22 条，修改后的刑法增加到 75 条，一共涉及 99 个罪名(注：罪名数量均以最高人民法院 1997 年 12 月 9 日《关于执行〈中华人民共和国刑法〉确定罪名的规定》中确定的罪名为准)。这些犯罪主要是危害国家安全、危害公共安全、破坏社会主义市场秩序、侵犯公民人身权利、侵犯财产、贪污贿赂和军人违反职责等方面的严重犯罪。

概括起来，我国刑法对无期徒刑规定情况有以下几个特点：1. 绝大多数是与死刑并列规定为选择刑种，少数条文中将无期徒刑作为最高刑与有期徒刑并列规定。将无期徒刑作为绝对确定法定刑的条文还没有。由此可见，我国刑法中的无期徒刑明显具有限制死刑适用的作用。2. 我国刑法中的无期徒刑所适用的犯罪均为故意犯罪，没有过失犯罪。可见立法机关规定无期徒刑的依据侧重于犯罪分子的主观恶性和人身危险性。3. 无期徒刑多数是被作为“情节加重犯”、“结果加重犯”、“数额加重犯”等的加重法定刑予以规定的，从而使其实际适用范围也受到了限制。只有少数严重犯罪中，无期徒刑适用于基本构成的犯罪。

虽然无期徒刑要剥夺罪犯终身自由，但在我国，被处此刑的人却并非就完全断绝了自新之路。根据惩罚与教育相结合的刑法基本原则，我国刑法还规定了减刑、假释、赦免等宽恕制度。如果服刑者能够好好接受改造，重新做人，从而得到减刑、假释、赦免处理，还是有机会重新获得自由，重返社会的。实际上，在我国被处无期徒刑的罪犯真正服刑终身的情况很少。

(二)无期徒刑存废之争

无期徒刑这一刑种是优是劣，应存还是应废，曾在刑法界引起过激烈争论。主废论者列举无期徒刑之弊端，主要有：1. 人之生命长短不齐，因此，无期徒刑对长寿者服刑时间长，短命者则时间短，这难体现刑罚的公平性；2. 无期徒刑不能分割，适用中无法做到罪刑相适应和刑罚个别化，这也有失公正；3. 被判无期徒刑者不但终身与社会隔绝，而且往往由此造成妻离子散，众叛亲离，罪犯不但无人身自由，而且精神上长期受折磨，这种痛苦使得无期徒刑的惩罚性较之只受短暂痛苦即丧失生命的生命刑更加痛苦；4. 受无期徒刑宣告者，晚年在狱中丧失劳动能力时，需要国家无偿供养，这会增加社会经济负担，因而不具有经济性；5. 最重要的，还在于无期徒刑杜绝了罪犯再生的希望，从而会使其丧失接受矫正改造的积极性和主动性，陷入自暴自弃状态，轻则消极抵触，重则抗拒改造。这与刑罚目的的实现相背驰。有鉴于这些弊端，认为还是应废除无期徒刑。

与此相反，有的学者则针锋相对，列举无期徒刑的优点，主张保留无期徒刑。其理由主要有：1. 无期徒刑作为一种比较严厉的刑罚，用以惩罚危害严重的犯罪正是罪刑相适应的必然要求。如果废除了死刑，对那些危害十分严重，判有期徒刑嫌轻的犯罪分子，就无法判处相适应的刑罚。至于无期徒刑不可分割，这对死刑以及长期徒刑来说都是存在的，总不能以此为由而把这些刑种一同废除。2. 所谓生不如死，无期徒刑酷于死刑，这并不符合社会公众的一向观念。在绝大多数人看来，死刑毕竟不但剥夺了人的一切自由，而且还剥夺了人存在的本身，因而，它比无期徒刑要严厉得多。而且死刑还具有无可补救的性质。正因为如此，国际社会要求废除死刑的呼声远较要求废除无期徒刑的呼声更为强烈。3. 无期徒刑的严厉性使之较有期徒刑具有更加明显的威慑效果，有助于刑罚一般预防目的的实现。同时，它对服刑者自身的震撼作用也更大，有助于促使罪犯自我反醒，接受改造。多数国家对无期徒刑都规定有减刑、假释等制度，如果罪犯改造得好，还是可以重新获得自由的，这并没有杜绝其再生之路。因此，无期徒刑与实现刑罚特殊预防的目的也不矛盾。相反，对那些不思悔悟，抗拒改造的罪犯来说，让他们服刑终身也是避免其再次危害社会的有效方法。4. 无期徒刑为社会保留了一批劳动力。被判无期徒刑的罪犯在服刑期间可以通过劳动为社会创造财富，因而能给社会创造价值；对因年老、患病等失去生活能力的罪犯，法律允许对其适用假释、监外执行、保外就医等特殊方法改变监内执行的方式，所以，一般并不会将经济负担转嫁至社会。因此，无期徒刑也符合刑罚经济性原则。

有关无期自由刑存废之争在早期比较激烈。这种争论虽对无期徒刑的立法产生了一定的影响，一些国家刑法中确实已废除了无期自由刑，如前苏联、前捷克、波兰、罗马尼亚等东欧国家以及美洲一些国家的刑法中都未规定或已取消了无期自由刑。但总的来说，这种影响还是比较小的。世界上保留无期自由刑的国家还是占绝大多数。有些国家废除之后，又再行恢复使用。如匈牙利 1950 年颁布的刑法典总则中规定了终身自由刑，1961 年取消了此种刑罚，1978 年新刑法则又恢复了此刑。1997 年生效的俄罗斯刑法典也规定了“终身剥夺自由”刑。美国有些州虽未采用终身自由刑，但对有期自由刑未规定上限，数罪并罚又采用绝对相加原则，致使一些罪犯被判几十年、上百年，甚至上千年徒刑，这事实上也等于是终身自由刑。无期自由刑难以取消的原因主要在于：各国都还存在严重犯罪，无论从打击犯罪，保卫社会，还是从改造、矫正罪犯角度看，都离不开无期自由刑这一手段。特别是进入20世纪后，人们对死刑残酷性的认识越来越清楚，因而要求废除死刑的呼声日益高涨，包括联合国在内的一些国际组织都公开表明反对包括生命刑在内的酷刑。这使得国际社会中出现了一股反对、废除死刑的潮流。目前废除死刑的国家远较废除无期徒刑的国家为多，有些没有在法律上废除死刑的国家也在酝酿废除死刑，或事实上已不执行死刑，或将死刑的适用尽量压缩在很小的范围内。这种情况下，无期自由刑就成了对付严重犯罪非常重要的，甚至是最后的手段。放弃这一手段，社会安全就得不到必要的保障。因此，关于无期自由刑的存废之争在现代社会已基本趋于平息。当然，当年主张废除无期自由刑者提出的无期自由刑的弊端，也引起了社会的充分注意。人们设计了包括假释、减刑、缓刑在内的多种方法来尽量弥补无期自由刑的不足，使其逐渐丧失绝对终身刑的性质。因此，无期自由刑自然也就无取消之基础。日本学者久礼田益喜说："虽然无期自由刑的是非依时间与场所而异其结论，但在今日我国的社会状况下，没有必要废止之；特别是在死刑绝对废止之时，将犯人绝对与社会相隔离的唯一方法，当增其必要。"①韩忠谟说："实则无期徒刑绝非死刑之缺乏回复性可比，近来假释制度办理完善，无期徒刑人犯，如有悛悔实据，在一定期间之执行后，得许假释，故受刑者并非永无出狱之望，而依此假释制度，更可促使犯人改悔，所谓无期徒刑过于残酷，易使受刑人自暴自弃云云，似属无据。且无期徒刑之严重隔离作用，有代替死刑之功能，在盛唱废止死刑之今日，不失为极有价值之刑罚，更无可废之理。"②我们赞同上述观点。目前，辅之以减刑、假释的无期自由刑在大多数国家刑

---

① ［日］久礼田益喜：《日本刑法总论》，岩松堂书店1925年版，第536页。

② 韩忠谟：《刑法原理》，台湾雨利美术印刷有限公司1981年版，第408页。

法中都有规定，有的国家还对一些严重犯罪规定无期自由刑为绝对法定刑，如英国刑法中的谋杀罪就只有终身监禁这一个刑种。当然，在多数情况下，无期自由刑还是与死刑或有期自由刑并列作为选择刑加以规定。随着废除死刑运动的逐渐深入，无期自由刑在世界各国刑罚体系中的地位将会越来越重要。

(三)我国无期徒刑的完善

我国在人民民主革命时期，各革命根据地、解放区颁布的一些政策、法令中就有无期徒刑，如1941年晋冀鲁豫边区《毒品治罪暂行条例》等法令中均有这种刑罚。解放初期，无期徒刑还是新生政权同反革命分子作斗争的重要武器。随着政权的稳定，国家工作重心转移至经济建设，有人对于无期徒刑是否应在未来刑法中加以规定提出了疑问，因而在50年代发生过一场关于无期徒刑存废的讨论。

主废者的主要理由是：1. 无期徒刑与我国刑法社会主义性质不符。社会主义刑法不是以惩罚，而是以改造罪犯为目的，而无期徒刑难收此效果。当时的世界上其他社会主义国家多数都没有规定此刑种。2. 无期徒刑已失去存在的社会条件。建国初期的特殊形势下，使用无期徒刑有利于巩固新生的政权，而且也是限制死刑的有效手段。随着社会主义改造的基本完成，国家主要任务已由摧毁旧的国家机器变为保护生产力发展，当时作为对敌斗争重要工作使用的无期徒刑自然也就失去了存在的基础。镇反之后一个时期，无期徒刑在司法实践中的使用率一直比较低就是证明。3. 实际执行中，被判无期徒刑的罪犯一般在劳改两年后，大都被减为有期徒刑，因而使无期徒刑已失去终身自由刑的性质。此外，无期徒刑的存在与死缓制度、有期徒刑等刑罚措施也会发生矛盾。因此认为应当取消无期徒刑，用死缓制度来达到无期徒刑的效果，或者将有期徒刑的最高刑期提高到20年或25年。

主存论者则认为无期徒刑应当保留。理由是：1. 长期的司法实践表明，无期徒刑是惩罚犯罪、保护人民不可缺少的有力武器，我们不能因别国没有规定就予以取消，立法应依据我国国情。何况世界上保留无期自由刑的国家毕竟还是占绝大多数。2. 减刑、假释制度已给罪犯提供了不少悔过自新的再生机会，事实上多数被判无期徒刑的罪犯最后都因在服刑中能好好改造而被减了刑，因此，无期徒刑在我国并未断绝罪犯的再生之路，它与我国刑法的社会主义性质和刑罚目的并不矛盾。3. 死缓本身不是刑种，它以判处死刑为前提，而死刑与无期徒刑的性质、适用对象、法律后果都不同，被适用死缓的人，考验期间还有被执行死刑的可能，因此，不能以死缓制度替代无期徒刑。将有期徒刑最高刑期提高至20或25年，同样解决不了有期徒刑与无期徒刑之间差距大的问题。

经过反复讨论，主存论得到了多数人的赞同，立法机关也采纳了这种主张，除1950年7月起草的《中华人民共和国刑法大纲(草案)》中没有规定无期徒刑外，以后起草的所有刑法草案，直至1979年刑法中都规定了无期徒刑。虽然迄今仍有人主张废除此刑种，但在刑法界基本没有引起反应。这次修改刑法时，不但没有取消无期徒刑，而且适用面较原来大为扩展，由22条增至75条，充分表明了国家对无期徒刑的态度。

我们认为，从我国现实情况看，要求取消无期徒刑是不合时宜的。首先，我国社会中恶性犯罪还大量存在，社会治安形势不容乐观，因此，在刑法上必须保留惩罚严重犯罪的刑罚手段。若于此时取消无期自由刑，不利于打击严重犯罪。其次，就目前而论，我国还不具备废除死刑的条件，在法律上还得保留死刑。社会公众中的重刑意识还根深蒂固，对严重犯罪通常都有严惩的强烈愿望。如果此时取消无期徒刑，其结果势必导致对那些本不该处死而只应处无期徒刑的罪犯处以死刑，这无形中要扩大死刑适用范围，与我国一贯坚持的“少杀”方针相背离。再次，无期徒刑与现有的减刑、假释制度配套使用，既可使悔过自新者能重返社会，又可对劣性不改者永久地与社会隔离，这对实现特殊预防、一般预防犯罪的刑罚目的都有好处。

既然现阶段我们还不能放弃无期徒刑，那就应研究如何更充分地发挥其积极作用问题。我们认为，我国现行刑法对无期徒刑的规定情况总的来说是合适的，不过从长远发展考虑，法律对无期徒刑的使用，仍有继续完善的必要。下面提几点完善建议。

1. 立法应当慎重控制无期徒刑的适用范围。就其性质而言，无期徒刑毕竟仍是一种十分严厉的刑种，因此，国家应当将之作为处罚犯罪分子的最后手段的一种来适用于那些危害最严重的犯罪。而对何谓最严重犯罪，则应慎重选择，如果控制不严，面积过宽，也就会使无期徒刑失去最严厉刑罚应有的威慑作用。新的刑法中将无期徒刑的适用面大大拓宽，加上死刑适用范围的急剧膨胀，使我国1997年刑法明显地表现出重刑倾向。但若仔细分析，有些犯罪是否有必要规定无期徒刑是很值得研究的。例如，我国刑法原来对行贿罪规定的法定最高刑只有3年有期徒刑，而1988年颁布的《关于惩治贪污罪贿赂罪的补充规定》一下子将其提高为无期徒刑，10年之内行贿罪的危害性真的就一下子增加到这么严重的程度？是否有必要对此罪规定如此严厉的刑种？不无疑问。1997年刑法又保留了这种修改，显然必要性不大。从司法实践看，对行贿犯处无期徒刑之刑的，可谓绝无仅有。这更证明立法这种修改带有较大的任意性。从立法原理上分析，一个罪法定刑的最高刑，应与通常情况下此罪中危害最严重的犯罪相适应，否则，就违背了罪责刑相适应的原则。因此，建议立法机关今后再修改、补充刑法时，对无期徒刑的使用还是应全面衡量，反复比较，在可能的情况下，还是尽量不要动用这一刑种；在必须使用时，则应对适用的情节进行比较严格而且明确的限制，尽量将其实际适用范围控制在比较小的程度内。如果立法机关在立法时进行这样的详细规定确实有困难的，也应通过司法解释予以阐明。

2. 应当对无期徒刑减刑作出比较明确的、严格的限制。我国修改前的刑法仅规定对无期徒刑在执行中可以减刑，但对何时可以减，可以减为多少年的有期徒刑却没有具体规定，而由司法机关进行解释。有关司法解释规定：判处无期徒刑的，确有悔改或立功表现的，在服满 2 年刑后可以减为 18—20 年有期徒刑；对有重大立功表现的，可减为 13—18 年有期徒刑①。这一解释实际上并无法律依据，因为我国刑法对有期徒刑规定的最高刑只有 15 年，司法机关在将无期徒刑减为有期徒刑时，也只有受这个刑种最高刑期的限制才为合法。当然，这样一来，势必会使被判无期徒刑的罪犯在受到减刑后实际服刑时间太短而影响判决的严肃性。这说明立法上有缺陷。此外，现行刑法规定无期徒刑几经减刑后，或者在假释前实际服刑的期限不能低于 10 年，这实际上意味着我国刑法中无期徒刑的实际刑期相当于 20 年有期徒刑，这和有期徒刑的最高刑只有 5 年之差。赋予无期徒刑这样低的刑期与这个刑种应有的严厉惩罚性很不相称。我国司法机关一般对无期徒刑犯最后大都作减刑处理，这必然会使无期徒刑应有的威慑作用大大降低，使该刑种失去其终身自由刑的含义。据此，我们曾在本书第一版时建议：应当在法律中明确规定无期徒刑减刑的时间和可减刑的幅度，以使司法机关在减刑时有法可依。同时，法律还应当提高无期徒刑的最低服刑期限。可考虑将其最低服刑期改为不低于 15 年，并相应规定无期徒刑服满 5 年后方可减刑，一般减为 18—20 年有期徒刑。与此相应，死缓考验制度中的考验期也应作相应的修改。可惜在修改的刑法中，这些意见并没有被采纳。综观刑法的修订，主要体现在分则增加了不少新的条文，而总则的基本制度方面并没有太多新的内容和变化，从这点讲，我们认为这次刑法修改并不是一种彻底的、全新的修改。在一定时期过后，仍有再次修改的必要。我们希望这些建议在将来再次修改刑法时能给予考虑。有的学者提出无期徒刑

① 1997 年 10 月 28 日最高人民法院《关于办理减刑、假释案件具体应用法律若干问题的决定》。

必须实际服刑10年以上刑期才能减刑①。我们认为这个期限太长，不利于对无期徒刑犯进行改造。

为了弥补无期徒刑的缺陷，有人主张设立无期徒刑缓刑制②。此建议曾得到国内一些专家的赞同。我们认为，设立这一制度的目的无非是在判刑之后，给犯罪分子一个悔过自新的机会，如果在考验期内表现好，考验期满可被减为有期徒刑，借以克服无期徒刑断绝犯罪分子自新之路的弊端。不过，我国刑法中规定有减刑制度，如果被判无期徒刑的犯罪分子在关押期间好好改造，也是有机会被减为有期徒刑的，这种效果与无期徒刑缓刑制度可达到的效果完全相同，那么再设立缓刑制显然就纯属多余。我国于建国初期曾运用过无期徒刑缓刑制度，但在实践中这一制度很少被适用，故在制定刑法时没有再予以规定③，这次修订刑法时也没有增加，也说明无期徒刑缓刑制度缺乏存在的必要性。

二、有期徒刑

（一）有期徒刑概述

有期徒刑，指剥夺犯罪分子一定期限的人身自由，并强制劳动改造的刑罚方法。其基本特征除了有确定的刑期而非剥夺终身自由之外，其他方面与无期徒刑完全相同。

有期徒刑的特征决定了它较之其他刑种具有明显的优点：1. 最有利于对罪犯进行教育和改造。它在一定期限内对罪犯进行关押，不但能达到明显地否定评价犯罪行为的效果，而且使执行机关有较为充分的时间对罪犯进行矫正改造，克服了短期自由刑刑

---

① 参见陈兴良：《刑法哲学》，中国人民大学出版社1992年版，第394页。

② 参见邱兴隆：《刑罚学》，群众出版社1988年版，第205—206页。

③ 参见高铭暄：《中华人民共和国刑法的孕育和诞生》，法律出版社1981年版，第72—73页。

期过短带来的各种弊端；同时，有期徒刑既非剥夺罪犯的生命，亦非剥夺其终身自由，罪犯在判刑时明确知道自己将要服刑的期限，从而在心中会鼓足生活的勇气，克服无期徒刑可能给罪犯带来的消极、悲观情绪，有助于罪犯积极主动地接受改造。2. 有期徒刑具有最广泛的适用性，这是由于其刑期的可分性决定的。它的上限与无期徒刑相接，下限与拘役相接，中间跨度很大，因此，既可以作为重刑适用于严重的犯罪行为，也可以作为中度刑罚适用于危害居中的犯罪行为，还可以作为轻刑适用于危害较小的犯罪行为。其广泛的适用面也是其他刑种难以具备的。3. 最能体现罪刑相适应原则和刑罚个别化原则的要求。有期徒刑往往有比较宽的法定刑刑期幅度，不同的刑期决定着有期徒刑的严厉性差别，这就使有期徒刑的轻重程度有比较大的差异，从而可以使司法人员在处理案件时能在最大的程度上体现罪刑相适应原则，从而达到重罪重判、轻罪轻判的效果。同时，一定长度期限的行刑过程，也能使执行机关根据不同罪犯的特点，有针对性地采取区别对待的教育、改造措施，因而便于在行刑中贯彻刑罚个别化原则。这也是其他刑种所难以具备的。

正由于有期徒刑具有以上优点，所以它在目前各国刑罚体系中均居于核心刑种的地位。任何国家刑法中均有有期徒刑，不过，各国所规定的方式、内容并不完全相同，主要差别在：1. 名称。各国刑法对有期徒刑的称谓不一样，有的称为有期惩役，有的称为有期禁锢，有的称为有期劳动改造，还有的称为有期监禁。2. 刑期。各国对刑期的规定方式也有较大的差异。大致有以下几种情况：(1)在刑法总则中规定了有期徒刑的最高刑期和最低刑期，同时在分则条文中又规定了各罪的量刑幅度。至于最高刑和最低刑的期限，各国规定也不一致。从最高刑看，最长的可达 30 年，如法国新刑法中对重罪所适用的徒刑、拘押的最高期限为 30 年。最低的只有 10 年，如前苏联。日本刑法规定有期惩役、有期监禁的刑期为 1 个月至 15 年；波兰刑法规定的有期劳动改造刑期一般为 3 个月至 15 年，特殊情况下可长达 20 年。

分则中各条所规定的法定刑幅度，则依各罪的危害性大小而定。这种方式在大陆法系国家中采用的较多。(2)刑法没有统一规定有期徒刑的刑期，而在分则各条直接规定各罪的法定刑幅度，这种方式在英、美法系国家中较为常见。(3)有的国家在刑法总则中将有期自由刑分为多个等级，并相应规定每种等级的最高限，同时也规定了这一刑种的最低限。分则各罪只规定适合于该罪的最高刑，而没有限制最低刑，最低刑由法官决定。例如法国新刑法将重罪之自由刑徒刑和拘押的最高刑分别规定为：无期(终身)、30年、20年、15年，最低刑为10年；而适用于轻罪的监禁，最高刑分别规定为：10年、7年、5年、3年、2年、1年、6个月。分则只规定各罪最高刑。例如该法第311—3条中规定："盗窃罪处3年监禁。"它并不意味着对这种盗窃罪必须处3年监禁，而是指最高刑只能处3年监禁。(4)分则各条对有期徒刑的规定多用相对确定法定刑方式，即都有一个刑期幅度。但也有个别国家对各种犯罪的规定的有期徒刑采用绝对确定的法定刑，如尼日利亚刑法对各种犯罪所规定的有期徒刑都有一个绝对确定的刑期。如堕胎罪，处3年有期徒刑；重伤罪，处7年有期徒刑等。这种法定刑显得过于呆板，不利于真正贯彻罪刑相适应原则。3. 内容。在是否要求罪犯必须劳动方面，各国规定也不尽相同。有些国家，如俄罗斯及一些东欧国家的刑法都将劳动作为服刑罪犯应尽的义务；而有的国家则不要求罪犯在监禁期间必须劳动，如美国多数州即是如此；日本刑法则将有期自由刑分为有期监禁和有期惩役，前者不以劳动为必要，后者则必须进行劳动。韩国刑法也是如此。

不可否认，有期徒刑也有不少弊端。主要表现为：1. 较长时间的关押易使服刑者产生对社会的不适应性。同时，关押使罪犯失去工作，脱离家庭，因而会使罪犯情绪消沉，悲观失望，这也不利于对其进行正常的改造矫正。2. 各种罪犯关押在同一监狱，易发生犯罪意识的交叉感染，致使累犯、再犯增加。3. 有期徒刑的刑期判决主要以犯罪分子所犯罪行为根据，而与实际所需改造时间相分离，从而往往会出现改造所需的刑期不够或者剩余的情况，难体现教育、改造罪犯的目的。4. 短期徒刑因关押时间短，加上司法机关在判决前对罪犯的羁押时间要依法折抵刑期，故使所判短期徒刑的实际执行时间十分有限，无法对其进行有效的改造，反而可能使其在短期的关押中受到其他罪犯犯罪意识的感染而加大其人身危险性。上述缺陷有些是有期徒刑的惩罚性所必然引起的，因而难以消除；有些则是有期徒刑本身规定不完善或社会传统习惯、意识造成的，这可以通过立法或社会宣传加以弥补。现代世界各国已开始注意采取措施来解决有期徒刑所存在的问题。例如，在刑法中规定缓刑、减刑、假释制度，使有期徒刑能充分适应改造罪犯的需要；实施行刑社会化方案，增加犯人与社会接触的机会；规定犯人出狱后的权利保障制度，减少社会歧视的负面影响，等等。这些都在一定程度上弥补了有期徒刑的不足，从而使此刑种持久地在现代刑罚体系中占据核心刑种的地位。

有期徒刑在我国刑罚体系中也是核心刑种。凡是我国刑法所规定的犯罪，均能处以有期徒刑。我国刑法对有期徒的规定内容有几个方面：

1. 刑期。刑法总则第 45 条规定，有期徒刑的刑期为 6 个月以上 15 年以下。也就是说，对犯罪分子所犯的一个罪一次判处的刑罚最高不能超过 15 年，最低不能低于 6 个月。下列特殊情况下，对罪犯可以突破 15 年刑期，但不得超过 20 年：(1) 几个有期徒刑判决实行并罚，决定执行的刑期时；(2) 被适用死缓的罪犯，在死缓考验期限没有故意犯罪，并有重大立功表现的，两年考验期满后需减为有期徒刑时；(3) 被判处无期徒刑的罪犯，在执行期间确有悔改或立功表现的，被减为有期徒刑时，根据有关司法解释，也不能超过 20 年刑期。此外，我国刑法分则各条又根据各种犯罪的危害程度，规定了各罪可处的最高刑和最低刑。不少条文还对同一犯罪规定了几个不同的有期徒刑的法定刑幅度。其中，所规定的法定最高刑有 2 年、3 年、5 年、7 年、

10年和15年。法定最低刑一般有半年、1年、2年、3年、5年、7年、10年几种。比较特殊的是第347条第2款对严重的走私、制造、贩卖、运输毒品罪所规定的法定刑中，有期徒刑只有一个绝对确定的刑期，即15年。这个刑期是作为法定最低刑与无期徒刑、死刑共处于一个法定刑幅度之内的。

2. 执行方法。在关押期间，对罪犯实行强制劳动改造。我国刑法第46条规定：被判处无期徒刑、有期徒刑的罪犯，在刑罚执行期间，凡有劳动能力的，必须实行劳动改造。也就是说，劳动改造是我国自由刑的法定服刑内容。马列主义认为，劳动创造了人，劳动也能改造人。犯罪分子通过劳动，一方面可以培养劳动意识和自食其力的观念，进而消除在多数罪犯身上所存在的贪图享受、不劳而获的意识和习气；另一方面，罪犯在劳动中也能学会正常谋生的手段和技能，这对刑满释放重返社会之后过上正常的社会生活十分有利。同时，劳动也可为国家创造财富，减少国家为关押罪犯而付出的巨大开支。此外，劳动还有助于服刑者保持健康的体魄，减少消极关押可能给其身体健康带来的不利影响。所以，在我国，凡有劳动能力的罪犯，在有期徒刑服刑期间，都必须参加劳动改造。

3. 我国有期徒刑也有减刑、假释、缓刑制度等补救措施相配合，从而在很大程度上克服了有期徒刑的弊端可能产生的消极影响。

在我国，有期徒刑与劳动教养都是在一定期限内剥夺、限制罪犯人身自由，都要对被适用者实行强制劳动改造、教育。但是，两者却有原则上的区别，不可混淆。(1)性质不同。有期徒刑是刑罚方法，只能由人民法院依照刑事诉讼程序予以适用；而劳动教养是一种行政处罚措施，其主要内容是对教养者实行强制性教育，由省、自治区、直辖市和大、中城市劳教管理委员会审查批准后予以适用。(2)适用对象不同。有期徒刑只能适用于犯罪分子；劳动教养则只适用于有一定违法行为，尚不需要追究刑事责任，又需要强制教育的人。(3)法律后果不同。被判有期徒刑的人，刑满释放后再犯罪的属于再犯，甚至可能构成累犯，因而依法要从重处罚；而受过劳动教养的人，在劳教期满后又犯罪的，不构成再犯或累犯。

（二）有期徒刑的立法完善

为了使有期徒刑更好地发挥打击犯罪，改造罪犯，保护社会的作用，我们认为在未来再次修改刑法时，仍需要对我国刑法中的有期徒刑制度作进一步的完善。具体建议如下：

1. 应当适当提高有期徒刑的法定最高刑期。目前我国刑法规定有期徒刑最高刑期只有 15 年，有些偏低。一方面导致与无期徒刑相隔太远，差距太大，无法对那些处 15 年徒刑太轻，而处无期徒刑又太重的犯罪恰当量刑。二是在我国目前重刑观念普遍存在的情况下，往往导致无期徒刑过多地适用，从而使判刑出现偏重趋势，影响刑法的公正性。在外国，有期徒刑的最高刑不少都高于 15 年，有的甚至达 30 年。我们认为，可将我国有期徒刑最高刑提至 25 年，并罚时不超过 30 年。同时限制无期徒刑的适用范围，控制无期徒刑减刑的条件，以更好地体现罪刑相适应。

2. 缩短有期徒刑法定刑的幅度。我国现行刑法分则对一些犯罪所规定的有期徒刑法定刑幅度过宽，有的上下限相差 7 年，如 3 年以上 10 年以下；有的甚至相差 10 年，我国刑法中不少犯罪的法定刑中，规定有 5 年以上有期徒刑这个幅度。将这么宽的幅度留给司法人员去对具体案件酌情裁量决定刑罚，其自由裁量权显然过大，不利于维护法律统一性。因此，应当在未来立法中限制法定刑幅度，上下限之间幅度以不超过 5 年徒刑为宜。此外，还可通过司法解释，将幅度较宽的法定刑的适用情况具体化，争取使对同种犯罪行为的处刑在全国范围内趋于一致，避免同罪不同罚现象的发生。

除上述意见外，还应考虑改革有期徒刑的执行方法，逐渐实行行刑社会化、开放化。

在完善有期徒刑方面还有一个值得研究的问题，即我国应否采用不定期刑制度。

所谓不定期刑，指法官在判决时对构成犯罪需要监禁的被告不给确定的刑期，由行刑机关根据犯罪人在服刑期间的改造情况决定具体的释放时间。不定期刑有两种基本模式：一种是绝对不定期刑，即裁判时只作有罪宣告，不指明所需服刑的期限，完全由行刑机关根据罪犯表现决定释放时间；另一种是相对不确定刑，即法官在判决中规定罪犯所需服的最高刑期或最低刑期，行刑机关在不违背这个刑期标准的前提下，自主决定释放时间。不定期刑的特点主要是：1. 它适用的对象是需要判处有期自由刑的犯罪分子；2. 法官在判决时所给的刑期是不确定的；3. 行刑机关掌握着最后释放时间的决定权力。决定服刑时间的主要因素是罪犯的悔改表现。现代不定期刑制度是在实证学派提出的目的刑、教育刑思想影响下，于19世纪下半叶出现在西方社会的一种新的刑罚制度。

在此之前，西方刑法理论受刑事古典学派的刑法思想所支配，强调责任原则、罪刑等价、罪刑法定，主张刑罚是对已然犯罪危害性的报应，罪犯责任大小与其犯罪危害性成正比，刑罚以责任为依据，故也应与犯罪的危害性成正比。犯罪构成后，其社会危害性是确定的，犯罪分子应负的刑事责任也是确定的，因而他所应受到的处罚也只能是确定的；而且根据三权分立原则，对罪犯决定刑罚的权力只能由审判机关掌握，行刑机关无权变更法院的判决。这种确定刑判决虽符合责任原则，也有助于防止司法擅断，但这种具有“回顾”性质的刑罚制度，其明显缺陷是使刑罚与改造罪犯的需要相脱钩，会产生“刑期剩余”或“刑期不足”等问题，无助于预防罪犯再次犯罪。

19世纪末，由德国刑事社会学派李斯特倡导的目的刑主义，对传统古典学派的刑罚理论形成了冲击。他认为刑罚的目的主要不是报应犯罪，而是为了教育、矫正罪犯，预防犯罪，保卫社会；认为刑罚必须为防止具有社会危险性的人危害社会这一目的服务。因此，他主张应根据犯罪人的社会危险性性质和程度决定刑罚的质和量。对具有较大社会危险性，改造困难的惯犯，不能判处确定刑罚，应当采用不定期刑。这种不定期刑制度以个别预防理论为基础，以刑罚个别化原则为指导，着眼于刑罚矫正、教育功能的实现。从该理论本身而言，对社会确实较古典学派的定期刑理论具有更加积极的作用，因此一经提出，立即受到重视。美国纽约州最早对贫困、流浪和犯罪的儿童适用不定期刑，并于1877年正式制定了也可适用于成年人的不定期刑法律。此后不久，其他各州也纷纷仿效，至1910年，已有21个州采用不定期刑。其他一些西方国家，如澳大利亚、日本、英国、芬兰、瑞典等国家，也相继在一定程度上引进了这项制度。日本于1922年对少年犯采用不定期刑。1908年在华盛顿、1925年在伦敦召开的国际监狱会议均一致认为"不定期刑是刑罚个别化与矫正个别化之当然结果而促请各国采行此一制度"①。

主张不定期刑的主要理由是：1. 根据罪犯改造情况决定实际服刑时间，能达彻底改造罪犯之目的，同时，也可弥补定期刑可能产生的"刑期过剩"和"刑期不足"的弊端；2. 将释放的时间的决定根据放在罪犯改造情况上，可调动犯人的改造自觉性，有利于实现犯人自决原则；3. 可避免将来改造好的罪犯出狱后再次危害社会，故可达到有效保卫社会的目的。

尽管本世纪初前后不定期刑在西方社会迅速崛起，对传统刑罚理论和刑法制度都形成了强大冲击，但反对不定期刑的呼声也一直不绝于耳，因而使不定期刑成为当今刑法学中一个相当有争论的问题。反对者的主要理由是：1. 不定期刑与现代刑法的基石——罪刑法定和罪刑均衡原则相抵触，从而有可能从根本上瓦解现行刑事法律体制。如日本刑法学者福田平等所言："由于未

① 引自林山田：《刑罚学》，台湾商务印书馆1983年版，第256页。

定刑期，在与罪刑法定主义的关系上采用它是值得怀疑的。”①2. 不定期刑允许行刑机关掌握刑期决定权，这就破坏了三权分立的政治原则；而且由于对行刑机关的释放权无从监督，罪犯也无法为自己受到的不正当待遇进行辩护，因而可能导致行刑人员行刑擅断的恶果。3. 不定期刑使受刑者对自己出狱时间无从了解，始终在这种不确定状态下服刑，对受刑人过于苛刻，容易导致丧失生活信心，甚至引起狱内混乱；或者使罪犯一味巴结讨好行刑人员，这也会影响改造效果。4. 现在社会尚未找到一种准确可靠的人身危险性测定标准，因此，不定期刑要达到主张者所预期的保卫社会的目的还很困难。在现实适用中，不定期刑又往往会造成同罪不同罚的处罚差异，这与目前社会成员中普遍存在的报应思想形成很大的冲突。

在主张和反对不定期刑的争论声中，不定期刑越过了本世纪初期所出现的暂短的辉煌时代。到了本世纪 60 年代后，人们在对实行了半个多世纪的不定期刑效果进行评价时，发现不定期刑并未达到预期效果，相反带来了一些副作用。“实际数据和调查研究表明，监狱改造犯人的工程很少奏效，而且预测犯人的未来也是困难的和不可靠的。总之，改造犯人的计划的失败，说明了医疗模式的不成功，因而引起了对不定期刑制度的非议。再者，不定期刑制度由于法官、监狱和假释委员会的自由裁量权过大，产生了刑罚上的悬殊不平，破坏了法制。”②“不定期刑导致假释的滥用和专断，”“实践中引起了监狱内混乱及暴力现象的增加。”③这些不良的效果，促使人们自 70 年代中期起纷纷建议改变不定期刑制度。1977 年美国印第安那州率先废除不定期刑和假释，代

---

① ［日］福田平、大塚仁：《日本刑法总论讲义》，辽宁人民出版社 1986 年版，第 215 页。

② 参见储槐植：《美国刑法》，北京大学出版社 1987 年版，第 324 页。

③ 参见李贵方著：《自由刑比较研究》，吉林大学出版社 1992 年版，第 139 页。

之以定期刑。到了80年代，美国许多州又都恢复了定期刑。

目前，不定期刑在世界各国采用情况可概括为：1. 只有少数国家采用此制，多数国家，包括刑事社会学派观点比较盛行的一些西方国家，如德国、法国、瑞典、意大利等均未实行不定期刑。2. 采用不定期刑的少数国家中，一般也只适用于少数特殊罪犯，主要是少年犯、累犯和惯犯。例如，日本刑法就只对少年犯采用不定期刑。3. 采用不定期刑的国家基本上都是采用相对不定期刑，基本上没有采用绝对不确定刑的。

不定期刑提出者的愿望无疑是好的，之所以此项制度会落到今天这种不景气的地步，原因很多，恐怕主要原因还在于目前的世界还未提供不定期刑发挥功能的客观条件。这些条件至少应包括：人们要能够改变刑罚追求正义、报应犯罪的这一传统刑罚观念，完全接受目的刑主义的思想；社会发展到可以摆脱在目前的法制国家中起着基石作用的三权分立、罪刑法定、罪刑等价等法制原则的束缚，而又不至于发生混乱；社会具备能够准确测量犯罪人人身危险性的科学手段。显然，我们现在所处的社会还远远没有发展到这样的程度，还不具备这些条件。这就决定了不定期刑必然要受冷落的命运。不定期刑体现的刑法发展方向和追求的目的也许是对的，但脱离了现代社会现实条件则必然会产生错误。正如前苏联学者斯皮里多诺夫所言："目的，当自己获得足够的手段予以保障的时候才是现实的。目的失去手段之时，就只会变成一种良好的愿望。"①良好的愿望并不能等同于现实。

值得注意的是，国内也有一些学者主张应在我国实行不定期刑制度。其理由是：1. 根据罪犯改造所需的时间确定应服的刑期，符合刑罚目的的要求；2. 对少年犯、累犯和惯犯适用相对不定期刑，真正体现了刑罚个别化原则；3. 由罪犯自己通过好好接受改造，争取早日获释，有利于调动犯人改造的自觉性；

---

① 斯皮里多诺夫：《刑法社会学》，群众出版社1989年版，第180页。

4. 由劳改机关决定释放时间，有利于调动劳改机关行刑的积极性；5. 以最少的刑罚量达到最大的刑罚效果，体现了刑法的经济原则。因此建议先对少年犯、惯犯、累犯实行不定期刑①。

我们认为，上述观点并非毫无道理。但问题关键在于，在受刑事社会学派目的刑主义长久影响的欧洲和美国，人们都难以接受不定期刑对罪刑法定、罪刑均衡原则进行否定的事实，那么，在报应意识根深蒂固的中国，现在实行不定期刑能否为社会意识所接受我们不无疑问；对人身危险性测量技术的缺乏，最终导致不定期刑在西方出现失败结局，人们已经从这种失败中感到废除不定期刑的必要性和迫切性。那么，我们在至今仍未找到这种测量方法的情况下，是否还有必要再去冒险进行这种试验，也值得怀疑；最后，我国刑法中的减刑、假释制度已经解决了定期刑判决带来的"刑期过剩"问题，从而在这方面也达到了不定期刑所能达到的效果。至于另一个方面的"刑期不足"，则可以通过在刑法中增加"加刑"制度予以解决。这样，不定期刑所要达到的效果，就完全可以在不对现行刑罚体制动大手术的情况下，轻易地予以实现。而且随着国家对劳改工作的重视，行刑机关劳改质量的不断提高，完全能够将服刑期满还没有改造好的罪犯的数量控制在很小的范围内。这些人即使放出监狱，也不会对社会构成多大威胁；何况我们还可以对其采取必要的社会控制，限制其再次危害社会的能力，因而没有必要为了这点问题而去动摇刑法基本理论，触动整个刑事法制体系。否则，对社会可能引起的负效应恐怕远远大于能够带来的正效应。不定期刑在西方国家的曲折经历已充分说明了这一点，因此，完全没有必要在我国实行不定期刑，至少近期还没这个必要。

---

① 参见陈兴良主编：《刑种通论》，人民法院出版社 1993 年版，第 297—301 页。

三、拘役

(一)拘役的概念

拘役，指短期剥夺犯罪分子的人身自由，就近强制实行劳动改造的刑罚方法。其特征主要有：1. 剥夺罪犯人身自由，对罪犯人身实行关押，并对有劳动能力的，实行强制劳动改造，故其仍属剥夺自由刑，具有一定程度的惩罚性。2. 刑期比较短，幅度窄。根据刑法第 42 条的规定，拘役刑期为 1 个月以上 6 个月以下，这就决定了拘役在我国刑罚体系中仍然属于轻刑的性质。3. 就近实行劳动改造。这里有两层含义：一是在拘役期间，凡有劳动能力的罪犯，必须进行劳动改造；二是必须就近执行。即在犯罪分子所在地的县、市或市辖区公安机关设置的拘役所或附近的监狱、劳改队执行。究其原因主要是由于刑期太短，不必远途送往他地，同时也便于落实罪犯每个月 1 至 2 天的探亲规定。

根据我国刑法第 43 条规定，被处拘役的罪犯，服刑期间每个月可以回家 1 至 2 天。通过让罪犯回家探亲，使其与家庭保持一定的联系，既可使罪犯有机会帮助家庭解决一些困难，又便于发挥罪犯家庭对罪犯本人的教育感化作用，这有助于消除短期自由刑的一些消极影响。参加劳动的罪犯，执行机关还要依法酌量发给报酬。

拘役由公安机关执行。拘役刑期从判决执行之日起计算。判决执行前先行羁押的，羁押 1 日，折抵刑期 1 日。

拘役作为一种轻刑，其适用对象主要是犯罪危害轻微，但仍需进行关押的犯罪分子。目前我国刑法分则中规定可以适用拘役的条文有 265 条，散见于分则各章，占分则规范性条文的 82%以上。一共涉及 337 个罪名。可见，在我国，拘役的适用范围是比较广的。除故意实施的危害公共安全罪、走私国家禁止进出口的物品罪和部分严重的军职罪外，对其他方面的犯罪，绝大多数都可适用拘役。当然，适用的是这些罪中比较轻微的情况，因为拘役毕竟是一种轻刑。在各罪法定刑中，拘役刑与管制刑规定在一起的有75个条文，其余各条中，拘役都是被作为法定最低主刑而加以规定的。由于拘役刑刑期幅度较窄，所以，刑法分则各条未再将拘役具体划分出不同长度的法定刑幅度，只规定了拘役刑名称。也就是说，对任何犯罪适用拘役刑时，其法定刑幅度都是刑法总则第42条所规定的1个月以上6个月以下。

在我国，法律允许对公民人身自由进行剥夺的强制措施还有刑事拘留、行政拘留、民事拘留等；但拘役与这些措施之间存在着原则区别：1. 性质不同。拘役是刑罚方法，具有惩罚犯罪的作用；而刑事拘留是刑事诉讼中的一种强制措施，适用目的主要是为了保证刑事诉讼活动的正常进行。行政拘留属于治安处罚，是对一般违法行为的制裁方法。民事拘留是民事诉讼中的强制措施，是对违反民事诉讼法规，扰乱民诉活动行为的制裁方法。因此，这三者都不是刑种，都不具有刑罚的法律性质。2. 适用对象不同。拘役只能适用于被判决构成犯罪的犯罪分子；而刑事拘留只适用于罪该逮捕的现行犯或重大犯罪嫌疑分子。行政拘留适用于违反治安管理处罚条例，尚未构成犯罪的违法者。民事拘留则适用于违反民事诉讼法规，扰乱民事诉讼活动正常进行，尚未构成犯罪的民事诉讼参与人或其他人。3. 适用机关不同。拘役和民事拘留均由人民法院适用，刑事拘留、行政拘留则由公安机关适用。4. 法律依据不同。适用拘役以刑法为依据；适用刑事拘留则以刑事诉讼法和逮捕拘留条例为依据，行政拘留的适用要以治安管理处罚条例为依据，民事拘留的适用则要以民事诉讼法为依据。

拘役与有期徒刑同属剥夺自由刑，而且都有一定的刑期；但两者也有明显的区别：1. 刑期长短和幅度完全不同。有期徒刑的刑期为6个月以上15年以下，刑期长，起点高，上下限幅度宽；拘役刑期则为1个月以上6个月以下，刑期短，起点低，幅度窄。2. 适用对象不同。拘役作为轻刑，适用于犯罪较轻的犯罪分子；而有期徒刑，既可适用于犯罪较轻的罪犯，也可适用于危害严重的罪犯。3. 执行场所不同。拘役刑必须就近执行；而被处以有期徒刑的罪犯，则不要求必须就近执行，一般要由监狱、劳改队等专门的执行机关强制罪犯进行劳动改造。4. 执行期间的待遇不同。被处拘役的罪犯，每个月可回家 1 至 2 天，参加劳动的，酌量发给报酬；而法律对被判处有期徒刑的罪犯并未作出在服刑期间允许探亲的规定，而且也未规定对参加劳动改造的要酌量发给报酬。以前，我国对判处有期徒刑的罪犯在服刑期间基本上实行强制无偿劳动改造。但是，《监狱法》第 72 条第 1 款规定："监狱对参加劳动的罪犯，应当按照有关规定给予报酬。"由此可知，今后对在监狱中劳动改造的犯罪分子，也应发给一定的报酬。5. 法律后果不同。被判处有期徒刑的犯罪分子在刑满释放或赦免后 5 年内再犯罪的，能够构成累犯；而判处拘役的犯罪分子在刑满释放或赦免后再犯罪的，则不能构成一般累犯。

与我国拘役刑相类似的短期自由刑在世界各国刑法中均有规定，只是在期限长短上有些差别。从最低刑来看，有的规定为 2 个月，如法国，有的为 10 日，如意大利，有的甚至为 1 日，如日本。从最高刑来看，有的规定为 30 日，有的规定为 2 个月，有的规定为半年。一些国家受自由刑单一化的影响没有规定独立的短期自由刑种，但其统一的剥夺自由刑的最低刑期一般也比较低，如德国规定的有期监禁为 1 个月以上。因此，事实上在这些国家也存在着短期自由刑。

(二)我国拘役刑的完善

短期自由刑种在我国实行的时间比较长。自民主革命时期，一些根据地就采用了短期剥夺自由刑，只是名称不同，如"短期监禁"、"禁闭"、"劳役"、"羁押"等。但限于当时特殊的环境条件，这些刑种实际上很少使用。解放后，尽管法律没有进行统一规定，这些短期自由刑仍以不同形式在全国各地加以运用，成为同犯罪作斗争的有效手段。我国立法机关在 1979 年制定刑法时，正式将短期自由刑以拘役刑种规定在刑法之中。这次修改后的刑法再次加以规定，内容未作大的改动。

当然，理论界关于短期自由刑的利弊和存废之争，自建国以来就一直存在。50 年代，一些学者就认为短期自由刑利少弊多，不应当在刑法中加以规定，其所列举的弊端与国外的研究大同小异，无非也是短期刑刑期太短，不利于改造罪犯，也不利于威慑其他可能的犯罪者；难以实现刑罚目的，易在罪犯之间发生犯罪意识的交叉感染；易断绝罪犯的自新之路，促使罪犯自暴自弃等。我国现行刑法实施后，针对拘役刑在实践中适用率低的情况，一些学者重新提出废除短期自由刑问题。其理由主要有："其一，如果羁押期过长，就会使许多判决一宣布就放人，难以发挥刑罚功能；其二，刑期太短，难收教育改造之效；其三，拘役条件差，加之管教不力，犯人之间交叉感染，加深犯人主观恶性；其四，判处短期自由刑与判处中长期自由刑对犯罪人前途具有同样影响；其五，短期自由刑缺乏威慑力，难以收到一般预防的作用。"①

我们认为，尽管拘役刑存在诸多问题，有些问题甚至难以避免，但要求废除拘役刑，乃至全部短期自由刑，是不现实的，也是不必要的，而且是不应该的。所谓不现实，是由于罪刑相适应仍是我国刑法基本原则，而这一基本原则所赖以存在的思想基础——报应观念现在仍根深蒂固存在于我国广大社会成员思想意识之中。当前，社会上还存在着大量的轻微犯罪，而我们迄今尚未找到更为合适的、且能为社会所接受的、与这些轻微犯罪的社会危害性相适应的处理方法，如果此刻取消拘役刑，势必使法律对这些危害行为无法给予恰当的处罚。正如有些专家所言："归根到底，短期自由刑的存在有其现实基础，即大量轻罪的存在，就目前情况看，无论哪个国家，完全废除 6 个月以下短期自由刑

① 参见赵秉志主编：《刑法修改研究综述》，中国公安大学出版社 1990 年版，第 173—174 页。

都是不可能的。”[1]所谓不必要，是由于拘役虽有不少弊端，但多是可以通过对其进行改革完善，采取补救措施就能减少其负面影响的。在这方面，国内外立法、司法实践中已有不少成功经验可供我们借鉴，因而拘役刑并未进入不可救药、只有废除的死胡同。所谓不应该，是由于自由刑对社会发展不可缺少，它对一些特定犯罪，如过失犯罪、渎职犯罪等轻微犯罪分子确实能起到良好的教育、改造作用，并对其他可能违法犯罪者起到一般预防作用。一旦废除，法律对这些犯罪就显得无能为力，不利于预防轻微犯罪。而且一旦废除拘役，势必在有期徒刑与行政拘留之间形成空格，对本该处拘役的罪犯，要么处以有期徒刑，这会使罪犯心中不服，影响改造效果；要么处以罚金或其他轻刑，这又会使社会感到罚不当罪，有违社会公平意识要求，损害法律尊严。因此，取消拘役在我国目前条件下不合时宜。这也是目前我国理论界占主导地位的观点[2]。

拘役刑不能放弃，但必须对其进行完善，以充分发挥其长，弥补其短。如何完善我国刑法中的拘役刑，我们认为，一方面要吸取国外比较成功的经验，另外还应结合我国的实际情况。具体来说，主要应考虑从以下几方面进行改革：

1. 严格拘役刑的宣告。由于拘役刑可能给罪犯的声誉以及未来的工作、生活造成不良影响，因此，应当在法律上确定短期自由刑作为对付轻微犯罪的“最后手段”的地位，即在非必不可少的情况下，法院不应对罪犯适用拘役刑。确保拘役刑只适用于那些危害不大，但又确实有关押必要的罪犯。在这方面，前联邦德国于 1975 年生效的新刑法典第 47 条第 1 款很有借鉴意义：“法院科处不满 6 个月之自由刑，惟在依犯罪或犯罪人之人格所

---

① 引自李贵方著：《自由刑比较研究》，吉林大学出版社 1992 年版，第 129—130 页。

② 参见陈兴良主编：《刑种通论》，人民法院出版社 1993 年版，第 217 页；邱兴隆著：《刑罚学》，群众出版社 1988 年版，第 219 页。

具特别情况，堪认为科处自由刑对犯罪人之影响作用及法律秩序之维护确不可少时，始得为之。”我国刑法中也应规定类似的“最后手段”条款以给审判人员运用拘役作为指导。鉴于未满18岁的未成年人的人格尚未定型，为不过早地使其受短期自由刑弊端的影响，建议立法上明确规定，对审判时不满16岁的，以及未满18岁的偶犯，一般不得处以拘役刑。俄罗斯刑法第54条第2款规定：“对在法院作出判决之时不满16岁的人，以及对孕妇和有8岁以下子女的妇女，不得判处拘役。”这一规定的精神值得借鉴。

2. 充分发挥其他刑种，如罚金刑的替代作用。主要包括：(1)扩大罚金刑适用范围。各国实践表明，对不少犯罪分子而言，对其判处罚金所能达到的刑罚积极效果与拘役刑相同，但却不具有短期自由刑固有的弊端。因此，尽量以罚金刑代替短期自由刑已成为国外一个基本的趋势。1950年国际刑法及监狱会议一致认为，罚金是代替短期自由刑的较好刑罚。一些国家法律允许法官可根据案件的具体情况，自由决定是否对该处短期自由刑的罪犯易处罚金。如前联邦德国刑法典第47条第2款规定：“法律纵未规定罚金刑，如法院对犯罪不须科处6个月或超过6个月之自由刑，而又无前项所定必须科处自由刑的情形者，法院得宣告罚金。”我国刑法目前对罚金的适用只限于分则有规定的犯罪，且此时罚金并非完全与拘役刑并存，因而一定程度上限制了罚金适用范围，从而也限制了罚金对拘役刑的替代效果。因此，应允许法官在认为必要时，对所有拘役刑判决都可以罚金刑予以替代。(2)管制。作为限制自由刑种，管制是我国独创的刑罚方法，它既可以发挥刑罚打击犯罪的作用，同时又可避免短期自由刑因监禁而带来的弊端，并且有利于发挥社会参与对犯罪分子监督、改造的作用。如果运用得恰当，管制也不失为替代拘役刑的有效手段。我国修改后的刑法对管制作了一些修改，加强了管制力度，比以前有所完善。可惜没有允许与拘役相互替代，这既限制了管制这一限制自由刑的广泛适用，又限制了拘役刑弊端弥补措施的选择，从而影响刑罚的功能。因此，在未来修改刑法时，有必要明确规定这两种刑罚方法可以相互替代、易科。由法院酌情决定。(3)增设一些资格刑。有些犯罪的发生与犯罪分子从事一定的专门工作有密切关系，往往是由于疏于职守或违反了自身职责规定而危害了社会。如交通运输人员与交通肇事罪，工、矿企业工作人员与重大责任事故罪，医务人员与医疗事故罪等。如果剥夺这些人从事这些工作的资格，不但对其是一种惩罚，对其他从业人员也是一种警诫，同时，也可以防止其再次利用这种资格或因渎职而危害社会。这既可达到刑罚预防犯罪的效果，也可在一定程度上减少短期自由刑的弊端。故建议我国刑种增加诸如禁止驾驶、禁止从事某种职业、禁止担任某种职务的资格刑。

3. 充分发挥缓刑的作用。我国刑法规定允许法院对判处拘役、3 年以下有期徒刑的犯罪分子，根据其犯罪情节和悔罪表现，在确认其确实不致再危害社会时，给予缓刑。缓刑制度，一方面根据罪刑相适应原则的要求，对犯罪分子的犯罪行为给予剥夺自由刑处罚的严厉否定评价；另一方面又暂不对罪犯进行关押，让罪犯仍生活在社会上，自觉进行自我改造，并发挥社会对罪犯的监督、帮助、教育作用，从而在一定程度上避免因短期监禁而带来的种种弊端的消极影响；同时则又在一定期限内保留随时执行原判刑罚的可能性，因而对罪犯思想上始终保持一种压力，促使其在缓刑期内时时注意约束自己。被判处 3 年以下徒刑、拘役的罪犯一般罪行都比较轻，而且判决前通常都能有悔改表现，将他们置于社会并不会对社会形成威胁。刑法十几年来的实践证明，缓刑的效果是十分明显的，社会已经看到了缓刑制度的优点，并已接受了这种制度的存在。中央曾经提出要“多判一些缓刑”的意见，这是非常正确的。因此，审判人员应高度重视缓刑的作用，对必须判处短期自由刑的罪犯，应首先考虑是否可适用缓刑。只要有适用缓刑的必要，就要适用缓刑。现行刑法对缓刑制度作了较多的修改补充，使其较以前更加完善、合理，既可避免关押造成的不良结果，又可使罪犯在缓刑考验期间不隐瞒旧罪，不犯新罪，不违反法律、法规和有关规定，从而好好悔过自新，重新做人。

4. 改善拘役刑的执行方式。(1)建立专门的拘役所，避免目前通常将拘役犯放在当地看守所或劳改队，与未决犯一起关押的不当做法。看守所的主要功能是羁押未决犯，本身并不担负改造、矫正罪犯的任务和职能，从而也不具备这方面的条件。看守机关不会重视对拘役犯的教育改造，因而往往使劳动成为拘役的唯一内容。将拘役犯放入看守所，无法实现改造罪犯的目的。相反，未决犯中情况很复杂，让罪行本来比较轻微，人身危险性也本不甚大的拘役犯与这些未决犯放在一起，加上教育措施跟不上，反而可能妨害改造质量。拘役刑这种执行状况已严重影响到其应有的执行效果。而这又成为法院不愿判处拘役，对本该判处拘役的罪犯改处徒刑的一个重要原因。因此，建立专门的以惩罚、教育、矫正拘役犯和其他短期徒刑犯为主要职能的行刑场所，是十分必要的。(2)因拘役刑的执行也在逐渐向社会化方向过渡，故可考虑对已羁押一段时间的罪犯，随着执行完毕之日的到来，逐渐增加罪犯接触社会的机会。

为了更好地发挥拘役刑的功能，应要求司法机关严格执行刑事诉讼法及逮捕拘留条例对逮捕人犯的条件规定，对可能判处拘役的罪犯，尽量不要采取逮捕措施，以避免过多地出现因羁押期折抵拘役刑期而造成拘役刑事实上无法执行，并致使法院不愿判处拘役刑的问题。

第三节　限制自由刑

一、管制的概念和特征

管制，指由人民法院判决，对犯罪分子不予关押，但限制其一定自由，交由公安机关管束和人民群众监督改造的一种刑罚方法。

管制作为一种限制自由刑，是我国的一个独创。早在民主革命时期就已经存在，当时主要适用于“那些可以不判徒刑，但须剥夺一定时期的一部或全部政治权利并加以改造的罪犯”，“是过去在老解放区久已实行有效的办法”①。全国解放后，人民法院在审判实践中，对某些反革命分子和贪污分子，继续采用这一制裁方法，后逐渐扩大到其他刑事犯罪分子。中央人民政府于1952年4月21日公布的《中华人民共和国惩治贪污条例》正式在法律中将管制规定为刑种而适用于某些贪污犯罪分子。同年7月17日，政务院批准公布的《管制反革命分子暂行办法》规定，管制适用于“历史上有罪恶，解放后既无悔改表现或悔改证明，又无现行反革命活动，虽须给予一定的惩罚，但其罪恶程度尚不须逮捕判刑的历史反革命分子。”同时规定管制既可由人民法院判决，也可由县、市以上公安机关决定适用。这就使当时的管制具有刑罚方法和行政处分的双重性质。1956年11月16日，全国人大常委会通过的《关于反革命分子的管制一律由人民法院判决的决定》规定：“今后对于反革命分子和其他犯罪分子的管制，一律由人民法院判决，交由公安机关执行。”自此以后，管制才具有刑罚性质而只能由法院适用。管制在中华人民共和国成立初期主要适用于历史反革命和贪污犯罪，后来逐渐扩大到盗窃、诈骗等普通刑事犯罪。但总的来说，国家当时是将管制作为对敌专政的措施而适用的。最高人民法院曾在1959年作出规定：管制作为专政的一种手段，应当只适用于属于敌我矛盾性质的犯罪分子，不适用于人民内部矛盾性质的犯罪分子。但是，在我国现行刑法中，则把管制作为一种轻刑而适用于罪行轻微的犯罪分子，

---

① 见1952年政治法律委员会：《关于〈中华人民共和国惩治贪污条例〉草案的说明》。

从而使管制的性质发生了重大变化。

根据我国刑法总则第 3 章第 2 节规定，现行管制具有以下特点：

1. 对犯罪分子不予关押，不剥夺其人身自由，只是对其人身自由进行一定的限制。犯罪分子仍然在原来所在单位从事工作，或在原居住地点进行正常的生活，既不离开自己的家庭，也不中断与社会的正常交往，仍然生活在社会之中。在服刑期间参加劳动的，实行同工同酬。在服刑期间除必须遵守法律所规定的几项限制外，罪犯的行动基本上是自由的。不剥夺人身自由，是管制刑与其他自由刑的重要区别。

2. 被判处管制刑的罪犯必须在公安机关的管束和群众监督下进行劳动改造。也就是说，罪犯虽有人身自由，但其劳动、生产和其他主要活动却要受到一定的约束和限制。这是决定管制能够成为刑罚方法的本质特征。它一方面通过公安机关的管束和群众的监督来限制罪犯的活动自由，表明管制刑同样具有一定的惩罚性和痛苦性；另一方面则通过强制罪犯劳动改造，表明管制刑的最终目的还是为了改造、教育犯罪分子。同时，有利于发挥人民群众参与改造罪犯的积极作用。

3. 管制必须由人民法院判处，这是现行管制同过去的管制不同的一大特点。建国后一个时期，管制在我国曾既作为刑罚，又作为行政处分而存在过，因而法院和公安机关均可加以适用，这就难免会使管制的适用发生混乱现象。虽然 1956 年国家就正式明确管制只能由法院判决适用，但实践中这种混乱并未完全根除。特别是“文革”期间，公安机关，甚至某个工作组、专案组、驻队干部都可随意宣布对公民实行管制，而且没有期限限制，严重侵犯公民人身权利，也损害了管制的作用。有鉴于此，我国刑法不但明确了管制的刑种地位，而且明确规定只能由人民法院判处，从而从根本上杜绝了实践中在管制刑适用上存在的混乱现象。值得说明的是，1979 年颁布的刑法第 33 条明确规定管制须由“人民法院判决”，而现行刑法没有再作这种规定。这并不意味着今后管制可不由法院判决了。相反，它意味着，目前在我国，社会成员对管制的刑罚性质已形成共识，而所有刑罚都只能由人民法院判决，管制当然也不可能有例外，因此，再规定管制由人民法院判决，显属多余。就此而论，不应再将“由人民法院判决”作为管制的一个特征。但考虑到历史上毕竟有过将管制当作非刑罚的时期，为了使人们更清楚地判明现在管制与历史上管制的不同，我们仍然将其视为管制的一个特征。

根据刑法第 38 条规定，管制刑期为 3 个月以上 2 年以下；数罪并罚时，最高不超过 3 年。罪犯在被管制期间必须遵守刑法第 39 条规定的 5 项管制内容，即：(1)遵守法律、法规，服从监督；(2)未经执行机关批准，不得行使言论、出版、集会、结社、游行、示威自由的权利；(3)按照执行机关的规定报告自己的活动情况；(4)遵守执行机关关于会客的规定；(5)离开所居住的市、县或者迁居应当报经执行机关批准。与 1979 年刑法规定相比，现行刑法对管制内容的修改主要表现在：第一，取消了有关罪犯必须积极“参加集体生产劳动或者工作”的内容。因为参加生产劳动、工作，这是公民的权利，也是对社会应尽的义务，在劳动有酬的情况下，劳动体现不出惩罚性，因而将其规定为管制刑内容明显不妥。而且在市场经济体制下，公民不一定都要在集体单位工作，个体劳动也是合法的，因而原规定与市场经济体制也不协调。第二，将原规定的“迁居或者外出须经执行机关批准”，改为离开所居住的市、县或者迁居，应当报经执行机关批准。这就明确了报经批准的前提条件，可避免以前由于法律规定前提不清，而在实践中各地执行机关掌握的条件宽、严不一的现象发生。第三，增加了有条件地停止行使公民的言论等自由权利和限制会客的两项内容。这就大大增加了管制刑的惩罚力度，同时也有利于执行机关在管制执行期间对罪犯的行动进行监督、约束和控制，有利于对罪犯的改造。当然，执行过程中，对这两项内容的掌握要注意：一是对罪犯停止的自由权利，在必要时，也可同意其行使。同意与否，由执行机关决定。可见，这种停止行使权利与“剥夺权利”还是不同的。二是限制罪犯会客，应本着既有利于对罪犯的监督和改造，同时又不至于过分限制其人身自由为原则。不要将这种限制自由执行成变相剥夺公民正常会见客人的自由。

管制作为我国主刑中唯一的限制自由刑，是一种轻刑，按其性质来说，应该适用于犯罪轻微，并且不需要关押的犯罪分子。不过，在我国现行刑法中，管制的适用范围相对比较窄，在刑法分则规定有法定刑的300多个条文中，只有75个条文规定有管制，所占比例较小。

现行管制刑与1979年以前新中国历史上曾经出现过的管制相比有以下几点区别：1. 法律性质不同。现在的管制是一种轻刑，只能适用于危害轻微，不需关押的犯罪分子；过去的管制则主要作为专政措施适用于带有敌我矛盾性质的历史反革命分子。在一定情况下，也可作为刑罚适用于其他罪犯。2. 严厉程度不同。现行管制对罪犯人身自由的限制主要表现为遵守刑法第39条所规定的5项管制内容，除此以外，别无其他更多的限制。没有被附加剥夺政治权利的，罪犯仍然享有政治权利；而过去的管制处罚要严厉得多，被管制者的日常活动往往要受到严密的监视，而且剥夺政治权利是其中一项必不可少的内容。3. 期限不同。现行管制的刑期为3个月以上2年以下，数罪并罚时最高不超过3年；而根据1952年《管制反革命分子暂行办法》的规定，管制的期限一般为3年以下，必要时还可以延长，从而使管制的刑期事实上难以确定，具体执行时可能变成无限期管制。4. 适用机关不同。现行管制必须由人民法院判决，由公安机关执行；而过去的管制，既可以由人民法院判决，有时也可由公安机关决定适用。

管制刑作为一种限制自由刑，是我国在改进自由刑体系方面所作的一种有益尝试，它将自由刑的执行同固有的监禁场所相分离，从而从根本上杜绝了监禁刑对人身进行关押而可能给罪犯的改造教育带来的消极影响，有利于减少监狱关押人数，有利于避免交叉感染，有利于减轻监禁给罪犯家庭生活带来的过重负担，从而有助于罪犯的心理稳定和改造，更为重要的是，它将社会力量引入刑罚的执行，可以充分发挥人民群众在对罪犯的监督、教育、改造方面的作用。这种尝试与目前世界范围内刑罚轻缓化、刑罚执行的公开化、社会化趋势是相吻合的。

类似我国管制刑的限制自由刑，在其他国家也存在，只是在内容、刑期上有些差别。前《苏俄刑法典》第 27 条规定有不剥夺自由的劳动改造。被判此刑的人，要在其原工作地点或主管劳动改造工作的机关所指定的，但在被判刑人所居住地区内的其他地点被强制参加劳动改造。并扣留其工资的 5%～10%。刑期为 1 个月到 1 年①。像这样不剥夺自由的劳动改造限制自由刑在原东欧一些国家也存在。其共同特点都是把劳动作为限制自由刑的必然内容，而且都要对劳动报酬扣除一部分以加强惩罚的严厉性；劳动地点有的可在原居住地、原单位，有的则必须在异地劳动改造。例如前《苏俄刑法典》中的不剥夺自由的劳动改造就分为在原居住地或原单位和在异地服刑两种情况。前捷克和保加利亚刑法中也都有这样的划分。相对而言，到异地服刑的惩罚性要相对严厉些。俄罗斯现行刑法典规定的限制人身自由的刑罚主要有两种：一种是“劳动改造”，要求罪犯在其工作地点进行劳动，并扣除5%～20%工资作为国家收入。另一种称“限制自由”，将罪犯安置在专门机构实行监督，但不与社会隔离。并规定在一定条件下，可用“限制自由”替代“劳动改造”，也可用“剥夺自由”代替“限制自由”。

在英、美等西方国家中，也存在限制自由刑，如保护观察、社会服务令等。英国 1973 年颁布的《刑事法院权力法》第 14 条第 1 款规定：“在判处已满 18 岁的人监禁刑时，法院在判决时或

---

① 别列亚耶夫：《苏维埃刑法总论》，群众出版社 1987 年版，第 289—290 页。

判决前应该发布命令(在本法中称为“社会服务令”)要求他以按照本法后续条款规定在命令所指定的期限内的(在加重处罚情况下为40小时以上，240小时以下)无偿劳动，作为其他处理方式的替代措施。”该条第2款列举了适用“社会服务令”的四个前提条件，其中一条为适用前必须征得罪犯本人的同意，以免同国际条约中有关禁止强制劳动的条款相抵触。被处刑的罪犯在服刑期间不予关押，仍在原居住地生活，但必须按命令指定的时间从事无偿劳动。这类劳动有两类，一类是不带任何个人关系色彩的实际劳动，如为老人或残疾人装修房间、为儿童修理玩具等；另一类劳动带有慈善事业性质，如为残疾儿童当游泳教练、帮助老年人等。这些劳动通常都是在业余时间进行的，累计计算服刑时间。“社会服务令”惩罚性正体现在它以比较严厉方式干预了罪犯的闲暇时间，但意图是希望通过这些劳动能够产生矫正效果。HOME OFFICE为法院处理罪犯所准备的手册《法院审判》指出：“设置社区服务令的主要目的是为那些需要判处短期拘禁刑的罪犯提供一项建设性的选择。”①从上面所述可以看出，英国的社会服务令的特点主要有：1. 适用这种限制自由刑必须征得罪犯本人的同意；2. 没有专门、固定的服刑场所，而由法院根据情况临时决定；3. 罪犯要从事无偿劳动；4. 劳动要在闲暇时间进行。

限制自由刑的产生，是自由刑发展史上的一场革命，它体现了刑罚发展历史上轻刑化的总趋势，也体现了20世纪产生的，并已广为人们接受的教育刑思想，通过使自由刑与监狱等监禁场所相脱离，来避免监禁可能产生的各种消极影响。因而是替代剥夺自由刑特别是短期自由刑的良好选择之一。尽管在报应、重刑意识还广泛存在的今天，要大范围地实施限制自由刑还不可能，目前只能有条件地适用于比较轻微的罪犯，但在将来，限制自由

---

① 见克劳斯著：《英国审判体制》，伦敦巴特乌斯和发行者有限公司1981年版，第29—31页。

刑在各国刑法体系中的地位一定会越来越重要。

三、管制刑的完善

管制虽为我国所独创的限制自由刑，但在建国后制定刑法过程中，曾围绕在刑法中应否保留这种刑罚进行过争论。1979 年制定刑法时立法者还是采用了大多数人的主张，在刑法中保留了管制刑。经过十几年的刑法实践，学术界对管制刑存在价值的争论再起波澜，针对刑法原规定的不足，有人重新提出取消刑法中的管制问题。主要理由归纳起来有以下几点：1. 管制刑赖以存在的历史条件已不复存在。中华人民共和国成立前，使用管制是由于当时战争状态下无法对罪犯实施监管而不得已采取的权宜之计；中华人民共和国成立后使用管制则是由于存在历史反革命分子。而现在这些特殊的历史条件均不复存在，故管制也就失去了存在的基础。2. 管制插在拘役与行政拘留之间，使国家惩罚措施体系不协调。从将判决执行前的羁押期折抵刑期的比例看，管制还重于拘役，且管制还不能适用缓刑，因此，管制的存在有损于刑罚体系的科学性。3. 目前，经济体制改革引起农村集体生产方式解体，城乡个体劳动者增多，人口流动频繁，基层群众组织能力下降，从而使管制刑的执行失去组织保证，实践中难以有效执行，致使管制在实践中已很少被适用，形同虚设。此外，管制缺乏足够的严肃性与惩罚性，难起威慑作用。管制的存在还妨害了缓刑制度的完善①。

也有不少人认为管制应当保留。主要理由是：1. 管制是“专政机关与群众路线相结合”的方针在刑罚方法上的具体体现，它对罪行较轻不必关押的罪犯能起较好的教育改造效果，符合我国国家的性质和刑罚目的的要求。2. 管制对那些罪行较轻，不须

---

① 参见赵秉志主编：《刑法修改研究综述》，吉林大学出版社 1992 年版，第 169—170 页。

关押，但又需给予一定惩罚的犯罪分子，是最适宜的处罚手段，因此管制的存在符合罪刑相适应原则的要求。3. 现在的管制与历史上的管制在适用范围、内容、执行方法上都有相当大的区别，因而并未过时。而且管制刑符合世界刑罚开放化、社会化发展方向，其有许多优点为其他刑种和刑罚制度所不能替代。4. 管制刑的核心是群众监督，与生产组织形式关系不大，只要有群众的地方就可有效地组织群众监督。改革不应成为影响管制存在的因素。实践中管制执行效果不佳，与司法、执法人员对管制刑缺乏必要的认识和重视有关，不能以此为由否定管制存在的根据。5. 管制与拘役的性质、内容均不一样，拘役重于管制，这一点是无法否认的，行政拘留不是刑种，因此，保留管制刑不存在打乱刑罚体系科学性的问题①。

经过激烈的争论，最后基本达成共识，我国目前不能取消管制，其主要根据就是它是我国主刑中唯一的限制自由刑，一旦取消，就使刑罚体系不太合理，过于严厉，与世界刑法发展限制自由刑，弥补短期自由刑缺陷的总趋势不相一致。对于原刑法规定与新形势不相符合之处，可通过修改、补充加以完善。最后，立法机关采纳了这种意见，一方面在现行刑法中保留了管制刑，而且基本内容未大改动；但是对管制的条件作了增加，加大惩罚力度，较之于以前更为合理一些。这些变化前面已有说明，这里不再赘述。

不过，如果认真研究现行刑法对管制的规定，就可发现，其中仍有一些缺陷。

首先，刑罚的首要特征在于它的惩罚性，不能给罪犯带来一定的痛苦或利益损失，就谈不上刑罚的存在。这种惩罚性并非仅

---

① 参见邱兴隆著：《刑罚学》，中国人民大学出版社 1992 年版，第 219—224 页；赵秉志主编：《刑法修改研究综述》，吉林大学出版社 1992 年版，第 170 页。

仅是为了实现正义报应的需要，它对于帮助罪犯从痛苦中感受正义的力量、犯罪的无价值性和非功利性，从而促使其进行深刻的自我反省，从痛苦中吸取教训，树立正确的思想意识和法律观念也都是必不可少的。同时，这种惩罚性也可在社会上确立法律的威严，间接地表明国家和社会利益的不可侵犯性，这也有利于刑罚一般预防目的的实现。但我国现行刑法中管制所体现的惩罚性仍然较弱。遵纪守法是公民的责任，每个公民都应做到，因而谈不上对罪犯的处罚；虽然公民有言论、出版等宪法规定的自由权利，但这种权利也不是任意的、不受限制的，具体行使时，也得以不违法、不危害国家、社会、他人利益为限，否则，就要被禁止。而且，行使结社、集会、游行、示威等权利，也必须经过有关部门批准，方可行使；而被管制的罪犯虽然可暂时停止行使这些权利，但并不是剥夺，经过执行机关批准，还是可以行使的。而当罪犯要求行使这些权利而又不危害社会时，执行机关也就无理由不予准许，这样一来，管制刑这项内容也就起不到刑罚应有的惩罚作用了。至于限制会客，确有一定约束作用，但事实上，在罪犯居住和日常活动相对自由的情况下，罪犯正常会见客人，执行机关是难以具体控制的，因而也难起到多大限制作用。要求罪犯按规定汇报和迁居、离开所居住的市、县时，必须经执行机关批准，除了在手续上给罪犯带来一些不便之外，也无多大的惩罚作用。就定期汇报而言，只要没有再犯新罪，汇报不汇报效果都是一样的；一旦又犯了罪，自然要受罚，可这对其他公民也是如此，并非仅对管制犯有效。至于外出须经批准，如果未出本市、县，则不需报经批准；即使离开市、县外出，如果有正当理由，执行机关一般也没有理由不予批准；如果是非法外出，法律当然不会允许，可犯罪分子在请求外出时，绝对不会说外出进行非法活动，总要找合法的理由。因此，执行机关通常也就难以拒绝，这一限制实际也就无多大的约束作用。我国历史上的管制确实起到过重要作用，但那时的管制作为对敌专政的措施，要比现在的管制严厉得多。被管制者不但一举一动都要受到严格的监督，而且往往要被强制从事一些无偿的公益劳动，如果稍有不规矩的行为，就可能受到群众的批斗或司法机关的更严厉的惩罚等处理。这些严厉的措施虽然往往于法无据，但在实践中则普遍采用，这就使管制具有比较严厉的惩罚性和威慑力。但这些内容均为现行法律所不许，因而现行管制在其惩罚性上与过去的管制相去甚远，当然它们的社会效果也就无法相比了。

其次，管制的执行，需要群众有效的监督相配合。而群众监督的正常开展必须至少具备两个前提条件，一是群众有积极参与对罪犯进行监督改造的自觉性和积极性，而这种自觉性和积极性又来自于群众对国家事务崇高的参与意识；二是社会具备组织群众进行监督的有效机制。在以前，管制之所以能有效地运用，首先是群众非常关心国家大事，自觉地将维护国家利益的任务同自己的责任相联系，具有很高的对敌斗争热情。这种热情的形成是国家长期展开"以阶级斗争为纲"的宣传所造成的必然结果，尽管其存在是不正常的，但对于管制的执行在客观上确实起到了有效的思想保障作用。当时管制对象主要是历史反革命分子，因此，参与执行管制，就具有参与进行对敌斗争的性质，人们热衷于这项工作也就不难理解了。另外，在组织形式上，计划经济体制将每个人都固定在一个比较狭小的活动领域之内，各级组织、各个单位对其中每个成员活动情况都具有很大的控制功能，这也给管制监督的落实提供了有效的条件。而现在的情况则有了重大变化。一方面，对"以阶级斗争为纲"的否定使人们对阶级斗争的热情大大降低，甚至产生了厌烦情绪；经济改革将人们的注意力重点引向关心个人经济利益方面，这进一步促使人们对国家事务的参与热情的冷淡，因此，人们已不再像以前那样具有参与协助司法机关管制罪犯的自觉性和主动性。另一方面，经济改革造成的多种经济成分并存，使人们已不再像从前那样必须被死死地固定于某一工作、生产单位和生活区域，社会成员流动性加剧，导致社会组织对其成员的控制能力也大大减弱。特别是在农村和城市私营企业以及被个人承包经营的单位，对公民的约束力甚微，人们可以随时任意地离开这些地方而流动到其他地方，这使得社会难以正常地组织群众对罪犯进行监督控制。而且，在市场经济情况下，各个组织、单位，特别是以生产经营为主的基层单位、组织，其主要任务就是最大限度地追求利润，这也使这些组织中的领导对于协助国家机关对罪犯进行监督改造缺乏热情。在当前形势下，罪犯外出进行正当的自由生产经营是合法行为，这又使司法机关在对管制犯决定是否批准其外出经营生产时遇到两难局面：如果批准其外出，势必导致对其监督措施落空；如果不批准，则会妨害管制犯的正常生产活动，且于法无据。如果以其正在服刑为由禁止其外出生产经营，虽确实能对罪犯起到惩罚作用，可这不但限制了罪犯正常生产经营能力的发挥，而且还会造成罪犯重大的经济损失。若将这样的限制维持最高可长达 2 年之久的时间，必然会造成管制的惩罚性大大重于拘役刑的后果，同时，还会给被管制者的家庭生活带来严重的不利影响，进而会引起新的社会问题，于社会也不利。上述情况可以说是经济改革所造成的必然结果，但却使管制失去了发挥其效力的必备前提。我国司法机关这些年很少判处管制，主要就是因为管制在实践中很难落实，发挥不了应有的效能。有人将这种现象的出现看作是司法机关不重视管制的结果，实际上这并不是问题的根本所在，而是以前立法与已发展的社会形势不相吻合的必然表现。现在法律并未有实质性的改变，从而实行起来仍将会遇到很多困难，司法机关少判管制，管制难以发挥应有作用的局面不太可能有根本好转。

第三，现行管制缺乏必要的强制性，因而难以发挥应有的效果。法律所规定的管制的惩罚性仍然不足，可在现实中，这些惩罚性内容也缺乏应有的执行保障。因为法律只规定由公安机关执行管制，却并未指明如果罪犯违反了这些规定，公安机关应当如何进行处理。这种情况下，若对罪犯不加以处罚，不足以保障管制内容的执行；而若要处罚却没有法律依据，这是管制难以有效执行的另一重要原因。在国外，对限制自由刑的执行往往以易科短期自由刑作后盾，对于违反规定的服刑者改处监禁以示惩罚。我国刑法不允许这样的易科，这无疑就限制了管制功能的发挥。

第四，现行刑法中规定的管制适用对象存在许多问题。一般认为，管制作为限制自由刑，适用于犯罪较轻又不必关押的犯罪分子。如果按照这一标准，管制应是作为拘役的替代措施而适用的，即从犯罪危害性而言，两者适用范围应相同，只是从罪犯人身危险性看而有需关押与不需关押之别。故对前者可适用拘役，对后者则适用管制。若按这一理解，现行管制的适用对象范围应根据罪犯的人身危险性来确定。可我国刑法分则是根据犯罪性质来确定管制适用范围的，这与管制的本质特征有矛盾。因为犯罪性质与罪犯的人身危险性大小并非绝对存在相互对应的关系，因此与罪犯需不需要关押也并非必然相联系。在实践中，那些现行法律没有规定管制，只规定可适用拘役的犯罪分子，也同样可能存在不需关押就足以避免其再次危害社会的情况，对这种罪犯不允许适用管制显然是不妥的。而且从我国刑法分则规定情况看，我们很难看出对能适用拘役刑的罪，同时规定管制和不规定管制的区别标准是什么。例如，对危害国家安全罪，绝大多数都规定同时可判处拘役或管制；而对于过失犯罪，却往往只规定拘役，而没有同时规定管制刑。我们总不能说危害国家安全的犯罪性质和危害程度都轻于过失犯罪，更不能说前者罪犯的主观恶性和人身危险性都小于后者的罪犯。可见，立法机关在分则这方面的规定是非常任意的。这种任意性也是由管制与拘役的适用对象确实难以截然分开所决定的。

另一方面，管制与缓刑的适用对象也很难区分。因为缓刑适用对象也是那些犯罪轻微，因不会再危害社会而不需关押的犯罪分子。那么，在管制与缓刑的适用对象方面就存在着几乎是完全的重叠现象，我们很难在管制与缓刑的适用对象之间划出明显的界限，到底哪些罪犯可以适用管制，哪些罪犯可以适用缓刑。同时，又由于我国刑法对管制规定的内容过于宽松，又使得管制与缓刑考验内容难以协调。为了加强对缓刑罪犯考验期间的监督改造，现行刑法第 75 条明确规定了被缓刑的罪犯在考验期间必须遵守的四项条件，而这四项，正好是管制刑中五项内容的第一、三、四、五项。这就意味着，缓刑期间的罪犯，差一点就等于在服管制刑，或者说是服了绝大部分的管制刑。这显然使管制与缓刑规定明显不协调。因为缓刑期间，罪犯是不服刑的；而被管制的罪犯，是在承受刑罚惩罚，不能混同一般的“考验”。而我国刑法恰恰将两者几乎混淆了。如果说对缓刑规定合适的话，那么对管制而言，就肯定不合适了。这一矛盾，同样存在于管制与假释的考验内容之间。

从以上论述可知，现行刑法中的管制，虽有所进步，但仍存在不少问题，总的说来，就是惩罚力度仍然不够，由此而引发了难以执行、与其他刑罚制度矛盾冲突的问题。因此，为了更好发挥管制的作用，对管制刑仍然有修改完善的必要。我们认为，未来再次修订刑法时，可考虑从以下几方面完善管制刑：

1. 缩短管制刑期，增加易科拘役规定，健全执行体制。我国目前的管制刑期为 3 个月以上 2 年以下，数罪并罚时可达 3 年，时间显得太长，如果说在过去计划经济体制下，在人们活动空间通常比较固定情况下这种刑期还算可以，那么，在市场经济体制的社会中，人们经济活动空间大大扩展，管制刑再将人们长时间固定于一个狭隘的活动空间就不太合适了，不但会给罪犯本人及家庭经济利益带来重大不利影响，而且也限制了罪犯充分利用自己的才能积极参与市场经济活动，给社会作出更大贡献的机会；同时，还会给执行机关的行刑造成很大的困难。因此，可考虑将管制刑期缩短，使之与拘役刑刑期相当，并明确可将其作为短期自由刑的替代措施与拘役刑互相易科使用。

2. 继续加大惩罚力度。为使管制刑能充分体现其既不剥夺自由，同时又是一种刑罚的特征，必须考虑增加能体现惩罚性的义务性规定。我国自由刑的主要特征之一都是进行劳动改造，管制刑也不应例外。但劳动作为改造手段，应与公民以正常的劳动作为谋生手段有些区别，这不但应体现在前者劳动带有强制性上，而且也应体现在劳动报酬的差别上。凡国外刑法规定的限制自由刑要求进行的劳动，要么是无酬的，要么是低酬的，这是刑罚惩罚性的必然要求，而我国刑法规定管制犯在劳动中实行同工同酬，没有体现出劳动改造与一般劳动谋生的区别，故应予以修改。可考虑参照拘役刑的规定："参加劳动的，可酬量发给报酬"，由行刑机关具体规定发放标准，但原则上必须低于同工同酬的待遇，其扣除部分，应上缴国库。同时，法律还可根据犯罪分子犯罪原因及个人的一些特殊情况，规定一些有助于罪犯矫正反社会性格，加速改造过程的法律义务，如不许饮酒、不许单独外出等，以体现刑罚个别化原则。

3. 扩大管制刑适用范围。管制作为一种限制自由的轻刑，其适用对象不应根据犯罪性质来确定，而应根据犯罪行为的危害程度和罪犯的人身危险性大小来确定。对于一切危害较轻，罪犯本人又不会再次危害社会的罪犯，均可考虑适用管制。也就是说，管制应作为一种替代刑种适用于一切可以处以拘役的罪犯。在立法上，仍应保留管制刑的主刑地位，但应当在法律中明确规定："对于应当判处拘役的犯罪分子，如果认为不必关押的，可易处管制。"这样就使管制与拘役的适用范围等同。在分则条文中，就不用再分别规定对哪些犯罪可以适用管制。

有人曾主张将管制改为附加刑，允许对判处有期徒刑、拘役的罪犯附加适用管制，待主刑执行完毕后再执行附加的管制刑①。我

---

① 参见樊凤林主编：《刑罚通论》，中国政法大学出版社 1993 年 6 月版，第 190 页。

们认为这是不必要的。因为这必然会使罪犯受到双重处罚，违背罪刑相适应的责任原则。而且，根据建议者的意图，管制作为附加刑主要是为了解决“有些人虽经过较长期的服刑，但人身危险性并未根除，一旦返回社会，极易旧病复发，重新作案，成为社会不安定的重要因素”问题，从预防重新犯罪角度来考虑的。但是，罪犯在改造期间是否能改造好，刑满释放后是否存在再次危害社会的可能，这在法院对其犯罪行为判处刑罚时是无法预测的，充其量只能是个大致估计，而且这种估计也往往与后来的结果不相一致。人的可变性决定了法官在几年前不可能准确预见几年后罪犯的改造程度。如果允许法院仅凭这种粗略的、不可靠的估计，作为给一个人确定刑罚的依据，必然会使量刑带有极大的任意性、擅断性和非科学性，因此，这一建议不可取。

4. 增加管制易科拘役刑的规定。为了提高管制刑种的严肃性，保证管制刑内容能够正确得到执行，必须对管制内容的执行给予一定的权威保障。从国外立法情况看，限制自由刑往往是与剥夺自由刑配套实施的。一方面，对论罪该处短期剥夺自由刑的罪犯，允许法官改处限制自由刑，以减少监狱羁押人数，消除剥夺自由刑可能产生的消极影响；另一方面，对违反限制自由刑内容的罪犯，允许法官将剩余刑期改为执行剥夺自由刑。例如，俄罗斯刑法典第 53 条规定：“在被判处限制自由的人恶意逃避服刑的情况下，可以用剥夺自由代替，其期限为法院判决所判处的限制自由的期限。”我国管制在执行过程中，也经常遇到一些人不遵守有关规定，长期外出不归，致使执行机关失控，但又无法进行处理的情况，这使管制刑的威力作用大大降低。因此，建议我国刑法中也作出相应的规定，对逃避服管制刑，或严重违反管制内容的，法院可将剩余刑期易科拘役刑，从而使管制与拘役真正能够相互替代，优势互补。

5. 健全管制执行体制。为使管制能正常发挥作用，使管制内容落到实处，必须建立、健全 管制刑的执行体制。首先，应根据不同情况，确定罪犯的服刑场所。以前，管制的核心内容是群众监督，因此，管制犯通常在本单位、本地区基层组织的监督下进行劳动改造。但鉴于我国目前的社会状况已发生重大变化，再依靠这样的基层单位已无法使管制得以正常执行，故应将管制的核心内容由群众监督改造改为不剥夺自由的劳动改造，也就是说，对管制执行的重点应放在不剥夺自由的劳动改造方面，而不应过分强调群众的监督。与此相应，执行场所也应根据各罪犯的不同情况进行具体确定。对于单位比较固定，领导体制比较健全的机关、企业事业单位中的罪犯，可将其放在所在单位执行管制，由单位和群众协助公安机关监督改造；对于没有相对固定工作单位，从而难以放在单位执行管制的罪犯，或根据罪犯的具体情况认为不适宜放在本单位劳动改造的罪犯，则应由执行机关交由有条件执行管制的单位协助监督改造。条件允许的情况下，也可考虑设置专门的管制执行场所，服刑者在工作时间到该场所服刑，劳动改造，剩余时间则自由安排。其次，公安机关应成立管制指导委员会，作为管制刑执行的督查、协调、指导机构，负责指导、督促管制工作的落实，讨论决定管制方面的重大问题。指导委员会除由公安机关人员参加外，也可吸取社会上有声望的人士参加，检察机关也可派员参加，以督促管制委员会依法开展工作。第三，应由公安机关会同法院、检察院制定专门的管制实施细则，统一规范管制刑从判决、交付执行、行刑完毕、宣告解除的各个环节、各个方面的执法行为，明确执行人员的职责、权限，规定服刑人员必须遵守的条件和奖惩措施，规定对管制执行活动的合法性进行监督的有关内容，以促使管制的执行向正规化、制度化方面发展。

第四章　财　产　刑

第一节　罚　　金

一、罚金刑概述

(一)罚金的概念和特点

中外刑法学界对罚金下过多种定义。其一:“罚金刑是一种针对某些犯罪规定的剥夺犯人金钱的财产刑”①;其二:“罚金是以剥夺一定数额的金钱为内容的财产刑”②;其三:“罚金是法院在法律规定的情况下和在法律规定的范围内判处的金钱处罚”③;其四:“罚金刑是责令犯罪人向国家缴纳一定数额的金钱的刑罚”。上述不同的定义,从不同的角度分别表明了罚金刑的属性,但都不够全面。我们认为,罚金是法院判处犯罪人向国家缴纳一定数额金钱的刑罚方法。该定义表明罚金有以下特点:

1. 罚金是一种刑罚方法

从法律属性上看,罚金首先是一种刑罚方法。当今世界刑罚体系包括生命刑、自由刑、财产刑和资格刑。罚金属于刑罚方法

---

① [日]岛保著:《刑事政策学大纲》,清水书店 1930 年版,第 175 页。

② [日]团藤重光:《注释刑法(1)总则》,有斐阁 1981 年版,第 104 页。

③ 参见蒙古人民共和国刑法典第 23 条。

中的财产刑。财产刑是以剥夺罪犯财产(包括金钱和财物)为内容的刑罚方法。各国刑法规定的财产刑有罚金、科料及没收财产等。科料(有人译成罚款)是日本刑法典中规定的一种特殊财产刑。科料与罚金的区别有两点：一是比罚金轻，二是被判处科料的人不会被同时限制资格①，即不存在需要复权的问题。也有的国家刑法典中，将罚金作为唯一的一种财产刑，如巴西等国及美国加利福尼亚州刑法。在我国刑法中，除罚金外，没收财产也是一种财产刑。

罚金是一种刑罚方法，这是与其他非刑罚方法相区别的显著特征。这一特征使罚金具有一般刑罚方法的共性，例如法定性、强制性、适用对象特定性及适用程序专门性等。

2. 罚金由法院根据刑法的规定适用

因为罚金是我国刑法中的一种刑罚方法，所以，只能由作为国家审判机关的人民法院才能判处，其他任何机关、团体或个人都无权适用。同时，人民法院判处罚金时还必须依照我国刑法的规定适用。例如我国刑法分则中明确规定了哪些犯罪可以适用罚金刑，哪些犯罪不可以适用罚金刑，以及有些单行刑事法规还具体规定了罚金刑数额限制等等。罪刑法定和依法适用罚金是社会主义法制原则的必然要求。

3. 罚金只能对触犯刑律的犯罪人适用

罚金的适用对象只能是犯罪人，对那些没有触犯刑律而有一般违法行为的人只能适用相应的非刑罚方法。

作为罚金刑适用对象的犯罪人，除了包括犯罪分子外，是否包括犯罪法人的问题，在外国有不同的立法例。前联邦德国1968年公布的《秩序违反法》第26条规定，对法人只统一规定处

---

① [日]大塚仁等编：《大注释刑法》第1卷，青林书院1991年版，第295页。

以罚款，废止对法人科处罚金的诸规定①。而日本、美国等国家有对法人适用罚金的规定。我国刑法在第31条规定了对单位判处罚金。

4. 罚金是以强制犯罪人向国家缴纳一定数额的金钱为内容

罚金以剥夺犯罪人的金钱为内容，这是罚金刑与其他刑法方法的最大区别。现代各国刑法中罚金刑只限于剥夺金钱。至于强制犯罪分子向国家缴纳金钱的形式，各国法律上规定的详略有所不同。英国1979年《治安法官法令》第61条规定，被处以罚金的人既可以支票也可以现金形式向法院缴纳，由法院将收缴的罚金定期上缴内政部门。

(二)罚金与行政罚款、赔偿损失的区别

根据罚金刑的以上特征，可以将罚金(不管它叫什么名称)与行政罚款(日本叫过料)及赔偿损失区别开来。

1. 罚金与行政罚款不同。我国的行政罚款被规定在治安管理法规、某些单行经济法规和行政法规中。罚款曾经在有的单行经济法规中叫做罚金或罚锾。如1980年9月公布施行的《中华人民共和国个人所得税法》第12条第2款规定："匿报所得额，偷税、抗税的，税务机关除追缴税款外，可以根据情节轻重，处以应补税款五倍以下的罚金"；1949年12月公布的《上海市人民政府违反禁止贩卖与屠宰耕牛暂行罚法》第4条规定的处罚方法则叫罚锾。罚金与行政罚款虽然都是一种金钱处罚，但两者存在本质区别：(1)适用对象不同。罚金适用对象是犯罪人；行政罚款的适用对象是违反治安管理法规或违反经济、行政管理法规的一般违法人。(2)适用机关不同。罚金的适用机关是人民法院；行政罚款适用机关是公安、海关、税务等行政机关。(3)适用的后果不同。罚金是刑罚方法，因而受过罚金处罚的人，在法律上就被看作有前科，虽然我国刑法没有关于前科的规定，但它仍是量

---

① 参见[日]石原一彦、西原春大等编：《现代刑罚法大系Ⅰ》，日本评论社1984年版，第220页。

刑时的酌定从重情节 。有的国家刑法典条文中还反映出罚金与行政罚款的不同法律后果。如日本刑法第103条规定："藏匿犯罚金刑以上之罪人或拘禁中脱逃之人或使之隐避者，处二年以下惩役或二百元以下罚金。"而罚款是一种行政处分，受过罚款处罚的，则不发生前科问题。

2. 罚金与赔偿损失也不同。我国刑法第36条和第37条规定的赔偿损失(或者赔偿经济损失)，是指对被害人遭受的经济损失所给予的一定补偿。赔偿损失也是由人民法院对犯罪分子适用的，并使犯罪分子遭受一定的经济损失，这是它与罚金的相似之处。两者的区别在于：1. 罚金是一种刑罚方法，如前所述，受过罚金处罚的就有前科；而赔偿损失只是一种民事强制方法，按照刑法第32条的规定对犯罪人免予刑事处分而责令赔偿损失的，就不发生前科问题。2. 罚金是判处犯罪分子向国家缴纳一定数额的金钱；而赔偿损失则是责令向被害人交付一定数额的金钱。

二、罚金刑的利弊

(一)罚金刑的优点

1. 罚金刑对贪利性犯罪是罚当其罪

对情节严重的贪利性犯罪分子，仅处以自由刑尚不足以遏制其再犯，如并科罚金刑剥夺其金钱，破其所图，灭其所欲，可使其遭受毁灭性打击。对于情节较轻的贪利犯罪，有时单处罚金刑即可使犯罪人感到在经济上不仅无利可图，而且得不偿失，不得不对自己的行为重新估价，从而发挥刑罚的特殊预防功能。同时，对社会上存在的企图通过犯罪途径谋取私利的人以警戒，权衡得失，从而放弃贪利性犯罪的意图，罚金刑的一般预防功能也由此得以发挥。

2. 罚金刑可避免犯罪人在监狱内交叉感染

这是针对短期自由刑的弊端而提出的。短期自由刑因关押时间短，教育改造效果尚未充分发挥却反而使罪犯之间恶习互相感染。所以，国外有人说短期自由刑是“使受刑者改善少却堕落多的刑罚”①；“短期自由刑使被拘禁者受到恶劣影响同时又传播坏习惯，甚至可能由此产生累犯或常习犯。不仅达不到刑期无刑的目标，反而会‘刑产生刑’。”②而罚金刑只剥夺犯罪人的“自由凝集物”——金钱，不必将犯罪人投入监狱执行，从而消除了犯罪人在狱中交叉感染的可能性。

3. 罚金刑可避免犯罪人对社会生活的不适应性

刑罚目的是预防犯罪，包括特殊预防与一般预防。特殊预防目的要求使罪犯改过自新重新做人，即重新成为适应社会生活的正常公民。而自由刑使犯罪人关押狱中使之与社会隔离，服完刑的人从监狱走向社会，回归社会均不同程度存在着如何适应社会的问题。日本著名刑事政策学家宫泽浩一说：“自由刑的功能是有限度的，在受刑者的自由大幅度受限制的设施内执行刑罚，本身就与为了复归社会而施刑的初衷完全矛盾。在没有自由的地方为复归自由社会作准备，就像是在‘榻榻咪’(日本式房间里铺的草垫)上练习游泳一样。”③罚金刑则对犯人不予关押，执行时不妨碍犯罪人的职业，不影响其家庭生活，因而在单科罚金刑时可避免犯罪人对社会生活的不适应性。

4. 罚金刑具有可分割性

适用罚金刑对犯罪人剥夺的是金钱，而金钱是可以计量和分割的，它可以像自由刑一样，便于根据犯罪的社会危害性和主观恶性的程度判处与罪行相适应的罚金。

5. 罚金刑具有匿名性

罚金刑的匿名性，是指受刑人虽受罚金之处罚，但对于受刑人的名誉并不像受自由刑之执行一样留下污点。日本刑法学家福

---

①② ［日］宫泽浩一等编：《演习刑事政策》，青林书院新社 1972 年版，第 324、326 页。

③ ［日］宫泽浩一著：《刑事政策的动向》，成文堂 1981 年版，第 277 页。

田平说，受罚金刑的人，不因此改变生活环境，周围的人也往往不加注意，即使被人注意到了，一般人也不会作太大的反应，不会给人留下那种“蹲过班房”的烙印，也不会看到一般人的那种不信任目光①。这种匿名性使罚金刑有独特的矫正功能，即既剥夺了罪犯的劳动成果——金钱，又使其名誉和社会关系不受影响，从而减少了自暴自弃的现象，有利于其悔过自新。

6. 罚金刑具有可附加性

罚金刑的可附加性，是指可以将罚金刑与生命刑或者自由刑并科。与之相比，生命刑和自由刑则无此优点，因为生命刑是剥夺生命，生命一旦失去，自由便不存在，所以自由刑与生命刑两者不相容，不可相互附加。罚金刑的可附加性为大范围适用罚金刑提供了基础。在日本改正刑法预备草案中有“应该处惩役或禁锢刑时，即使没有并科罚金的规定，也可以并科罚金”的规定②。这是一种充分利用罚金刑的可附加性之立法例。

7. 罚金刑有经济性

罚金刑的经济性，是指执行罚金刑不像执行自由刑那样需要监狱等机构和建筑，执行简便。罚金刑是强制犯罪人向国家无条件地缴纳金钱，国家不仅花费少，而且还可以增加国库收入。据统计，1981 年，美国为狱政官员的工资、监狱建筑与维修、医疗、食品及囚服等支出近 52 亿美元，占全国矫正开支总费用的 66%③。罚金刑的经济性常为各国刑法学者所称道。

8. 罚金刑是惩罚犯罪法人的最佳手段

各国刑事立法对法人犯罪大都实行两罚制，刑不仅及于构成

---

① ［日］庄子邦雄等编：《刑罚的理论与现实》，岩波书店 1972 年版，第 188 页。

② ［日］宫泽浩一等编：《演习刑事政策》，青林书院新社 1972 年版，第 319 页。

③ 参见［美］大卫·E·杜菲著：《美国矫正政策与实践》，中国人民公安大学出版社 1992 年版，第 3659 页。

犯罪的直接责任人员，而且及于犯罪法人。法人具有法律拟制性，并无人身之生命与自由，不能承受生命刑与自由刑。但是，法人具有一定的财产，可以承受罚金这种财产刑。因此，国外有学者说，考虑到法人犯罪是一种有组织的团体犯罪，通常能从中得到大的利益以及法人本身也有一定的资力，从一般预防和特别预防目的出发，对犯罪法人处以不同于一般犯罪个人的高额罚金，不仅理论上没有问题，而且实践上也是极其合理的①。在我国刑事立法中，罚金刑则是处罚犯罪法人唯一的刑罚方法。

9. 罚金刑有误判易纠性

使用任何一种刑罚，都难免产生错判。有错必纠是社会主义法制的必然要求。然而生命刑和自由刑误判难纠。因为生命刑是对生命的剥夺，人头落地，不能复活；自由刑是对自由的剥夺或限制，如果误判，虽然可以立即释放，但已失去的自由却无法挽回。惟有适用罚金刑后，一旦发现误判，可以通过向受刑人返还其缴纳的金钱，赔偿其利息及损失并恢复名誉等方式，进行彻底纠正。

(二)罚金刑的缺点

1. 罚金刑有不平等性

罚金刑以剥夺一定数额金钱为内容，犯同一罪处同等数额的罚金，刑式上是“法律面前人人平等”，实质上是不平等的。因为犯罪人的经济状况不同，经济承受能力可能相差很大。如判1 000元罚金，对腰缠万贯的富人，只如九牛失一毛，无关痛痒，而对于一贫如洗的穷人，则意味着倾家荡产和负债累累。资产阶级刑法学者也认为：“罚金刑因贫富差异所产生的效果完全不同，会失去刑罚的公平性。罚金刑即使对穷人有刑罚的预防作

① ［日］石原一彦、西原春夫等编：《现代刑罚法大系》，日本评论社1984年版，第226页。

用，也不会对富人产生这种预防效应。”①

2. 罚金刑可能株连无辜

罪责自负(又叫刑罚的一身专属性)是我国刑法的一项基本原则。尽管法院在裁量罚金时，为了避免犯罪人不堪承受或者累及家人，已经考虑到犯罪人支付能力，但犯罪人亲朋用自己的财产为犯罪人缴纳金钱的现象仍普遍存在。因为罚金刑不像自由刑那样直接指向行为者的身体，而是指向存在于人身之外的财产，这就难以保证刑罚的效果集中于受刑者本人。日本有刑法学者认为：“罚金可能是受刑者以外的人代为支付，因而刑罚将会关系对犯罪者处分的意义。并且以剥夺一定金钱为内容的罚金刑，从其性质来说，哪里也没有保证受刑者以外的人不支付。因为他人可能代受刑者支付，例如父母代孩子支付罚金。”②

3. 罚金刑可能有悖于罪刑相适应原则

罪刑相适应原则要求犯罪所受的刑罚与其责任大小相适应，责任越大，刑罚越重。而法院判处罚金时，往往更多地考虑罚金能否缴纳，而缴纳罚金与犯人的支付能力直接相关，因而司法人员在裁量罚金时，要根据犯罪人的支付能力确定罚金数额，而难以顾及犯罪的社会危害性程度和主观恶性大小。这种以受刑人财产状况和支付能力为根据来确定罚金数额的做法，有悖于罪刑相适应原则。

4. 罚金刑重罚不重教

日本学者西山富夫说：“罚金刑是给受刑人以失去财产为痛苦，以此达到镇压犯罪、预防犯罪之目的的刑罚。因此罚金刑不像自由刑那样具有积极的教化改善功能，而只有消极的镇压作用。”③尤其是罚金刑对富人没有什么影响，有时镇压和教育功能

---

①③ [日]宫泽浩一等编：《演习刑事政策》，青林书院新社 1972 年版，第 319、317 页。

② [日]庄子邦雄等编：《刑罚的理论与现实》，岩波书店 1972 年版，第 192 页。

两方面都不能达到。

5. 罚金刑可能难以执行

与生命刑和自由刑相比较，罚金刑存在执行难的问题。生命和自由人皆有之，无论其贫富贱贵，均可以依法予以剥夺，无不可逾越的障碍。而罚金刑的执行是剥夺犯人以金钱，社会贫富不均现象大量存在，对于穷人而言，若无一定数额的金钱与财产，则无法执行，如果易科自由刑施于穷人，一方面导致同罪异罚现象，另一方面又有违“为避自由刑之弊端而设罚金刑”的初衷。因此，国外有学者认为：“罚金刑，无论其金额制定得如何合理，如果执行方法有问题，则将无刑罚之效果。”①

6. 罚金刑可能导致以罚代刑

在单科罚金刑时，由于仅剥夺了犯罪人的一定数额金钱，因而在社会上容易造成一种以钱赎罪，以罚代刑的印象，使人们误以为金钱万能，钱能买法，使有钱犯罪人无所顾忌，甚至会出现先备好罚金，后实施犯罪的现象，从而有损于刑罚的严肃性，降低刑罚的威慑力。

7. 罚金刑适用范围较窄

对于具有严重反社会性的罪犯或恶习较深的惯犯、累犯，不宜单处罚金刑，这是世界司法实践证明了的事实。罚金刑的单科只宜适用于过失犯罪、法人犯罪以及其他不需要关押的轻微犯罪。因而，罚金刑的适用面是较窄的。

8. 罚金刑容易导致逃避制裁

罚金刑的执行以犯罪人拥有一定数额的金钱为前提，而金钱和财物是身外之物，可以被犯罪分子在罚金刑执行前转移或隐匿起来，因而罚金刑容易使犯罪人(包括法人)逃避刑事制裁。

9. 罚金刑容易导致重新犯罪

当罚金的判决确定后，如果犯罪人无资力可支付，但又恐不

---

① [日]宫泽浩一等编：《演习刑事政策》，青林书院新社 1972 年版，第 321 页。

缴纳罚金而会受到其他更严重的刑事处罚，就会想方设法，甚至不惜采取盗窃、诈骗等非法手段获取钱财，由此重新犯罪。

日本学者吉田敏雄在评析罚金刑的优劣时说："与短期自由刑相比较，罚金刑有以下优点：罚金刑的执行，不使犯罪人脱离职业、家族和社会，罚金刑同自由刑一样可以进行分割，可以用高额罚金刑，使其威慑效果增大，同时可回避进过监狱的烙印，还可节约为剥夺自由所付出的费用，误判也容易纠正恢复等等。另一方面，罚金刑的短处有：(1)罚金刑造成富人与穷人的不平等，因此违反社会的正义；(2)对不能支付罚金的人换科自由刑时，被执行者大多是穷人，也造成不公平，同时作为回避短期自由刑良策而设的罚金刑也因此违背初衷；(3)因罚金刑的执行给犯罪人家庭带来不好影响；(4)可能出现为了交纳罚金而重新犯罪的现象；(5)分次交纳罚金将使行政费用增大；(6)与自由刑相比较，罚金刑的一般预防效果很小，等等。"①

(三)罚金刑利弊评价

罚金刑利弊优劣的争论旷日持久。随着论争的深入，双方对罚金刑本身存在的利弊从不同角度作了挖掘和评判，使人们能够站在今天这样的基点上来全面认识罚金刑。同时，也由于这种论争，使学者们不懈地探讨有关罚金刑的改造问题。论争所持的理由变化不大，但问题的焦点在发生嬗变。过去主要讨论罚金刑的存废问题，现在人们关注的则是其适用范围大小问题。我们对罚金刑的总体认识是：罚金刑利弊皆有，但利大于弊。

1. 从刑法思想看罚金刑利弊

罚金刑的利弊之争，离不开刑法思想乃至刑法学派之争。刑法学旧派(即报应刑论者)认为刑罚目的是报应，主张罪刑的绝对均衡。因此，在适用罚金刑时就会只看罪犯的责任大小而不顾

---

① [日]石原一彦、西原春夫等编：《现代刑罚法大系》，日本评论社1984年版，第265页。

罪犯的资力，这当然常常导致对有产者无关痛痒，对无产者如临深渊的不平等，也导致罚金刑的执行困难等后果。而刑法学新派，尤其是20世纪中叶后崛起的新社会防卫学者则认为刑罚的目的是防卫社会，改善个人，并使罪犯重新复归社会①，主张刑罚个别化。因此，强调适用罚金刑时，不仅要看责任大小，更重要的是看罪犯的资产多少，不追求罚金数额表面的平等，而追求受刑者实际感受的平等性②。同时，他们又特别赞赏执行罚金刑时，不使罪犯脱离家庭和社会以及罚金刑的经济性，所以新派学者尤其是新社会防卫论者极力推崇罚金刑③。我们认为，传统的绝对罪行法定主义已经完成了它反封建的历史使命，罪刑法定主义与刑罚个别化相结合的时代已经来临。只要在适用罚金刑时，有针对性地选择适用对象(如过失犯、初犯、轻微故意犯等)和适用方式，就可以使罚金刑的利大于弊。

2. 从相对平等性评罚金刑利弊

前述罚金刑的第一个弊端也是它常被人批评的一个短处，就是罚金刑的不平等性。但是任何一种刑罚包括生命刑、自由刑、资格刑都只是有相对的平等性，绝对平等是不可能的。英国著名的功利主义法学家边沁曾经对此作过精辟的论述。他说：“相同的名义之刑不是相同的实在之刑。年龄、性别、等级、命运和许多其他情节，应该调整对相同之罪的刑罚。如果罪行是人身伤害，同样的财产刑对富人将无足轻重，而对穷人则沉重不堪；同样的刑罚可能给某一等级之人打上耻辱烙印，而对低等级之人则可能毫无影响；同样的监禁对一个商人可能是毁灭性打击，对一个体弱多病的老人则无异于死刑，对一个妇女可能意味着终身耻

---

①③ 参见鲜铁可：《安塞尔新社会防卫思想研究》，载《中外法学》1994年第2期。

② [日]参见宫泽浩一等编：《演习刑事政策》，青林书院新社1972年版，第320页。

辱，而对其他状况的人也许无关紧要。”①有的国家为了消除罚金刑的上述不平等性，曾经在立法上规定以犯罪人的支付能力作为决定罚金数额的根据或主要根据。但有的学者又提出这样会产生新的不平等性：“这一制度，使罚金的多少由受刑人的资力决定，不是给人一种有资力倒成了坏事吗，这违背宪法中关于法律面前人人平等的规定。”②这也从反面证明，任何改革刑罚的措施，都不可能达到绝对平等。罚金刑及其改革过程也不能违反这一规律，但只要我们坚持罪行法定与刑罚个别化相结合原则，罚金刑的相对平等性就会更加发挥其优势，使它的利大于弊。

3. 罚金刑不能与“以罚代刑”混淆

在我国，否定罚金刑的理由之一是罚金给人造成以钱赎罪、以罚代刑的印象，容易淡化刑罚观念。我国长期的封建法律制度在人们的观念中根深蒂固。在漫长的封建社会中，罚基本上与刑分离，未进入主刑。罚为赎罪以金，作为权势的象征，这种观点还有一定的影响。而西方发达国家现在基本上无此看法。它们反而认为，“金钱是自由的凝集物，这是一种事实，因此，剥夺金钱，就限制了消费，能使人感到很大的痛苦”③。在现代社会中，罚金已作为与生命刑、自由刑相提并论的刑罚方法之一。对行为人处以罚金刑，必定是该人已经构成犯罪。尽管罚金刑的内容是剥夺受刑人的金钱，但作为刑罚方法标志着国家对其谴责的严厉性，根本不同于一般的民事、经济处罚。法律意义上的所谓以罚代刑是指某些行政执法部门，对已构成犯罪的案件不依法移送司法机关，擅自作罚款处理了事，这种做法是极其错误的，是对法

---

① 吉米·边沁著：《立法理论——刑法典原理》，中国人民公安大学出版社1993年版，第70页。

② ［日］庄子邦雄等编：《刑罚的理论与现实》，岩波书店1972年版，第196页。

③ ［日］石原一彦等编：《现代刑罚法大系Ⅰ》，日本评论社1984年版，第265页。

制的破坏，应当加以纠正。因此，不能将罚金与“以罚代刑”混为一谈。科处罚金不会放纵罪犯，因为单科罚金是有条件的，只对过失犯罪和少数不宜关押的初犯、轻微犯罪才能适用。对严重犯罪则并科罚金，其刑罚效果应超过判处单一的生命刑或自由刑。这样一来，在需要时，即使是亿万富翁仍可剥夺其自由又同时判处罚金。

4. 罚金刑与自由刑的利弊权衡

罚金刑确实存在许多天生的缺陷与不足，如教育改善功能不够、执行困难等。执行困难可以通过程序上的改进加以解决，而教育改善功能不够则往往无法从根本上解决。但是审视一事物，应当全面考察，有比较才有鉴别。单科罚金刑是作为短期自由刑的替代刑在20世纪才逐渐扩大适用的。分析罚金刑的得失取舍，不得不参照短期自由刑的情况。日本著名刑法学家大塚仁在《犯罪与自由刑》一文中说，短时间的剥夺自由，威慑力小，不能期待一般预防与特别预防的效果，相反，监狱使犯人的坏习惯交叉感染，使他们丧失职业，脱离家庭，妨害受刑人的再社会化①。由此可见，对于过失犯罪、偶犯、初犯以及其他轻微犯罪，单处罚金刑存在的弱点(如教育改善功能小)，在短期自由刑中亦存在。但罚金另外具有给国家减少狱政开支、避免在狱中传染恶习以及不妨碍受刑人重新社会化等独特优点。罚金刑与短期自由刑的利弊两相权衡，在一定范围内，针对一定的对象适用罚金刑优于短期自由刑。这也是罚金刑在世界范围的生命力旺盛不衰的主要原因。

三、罚金刑的立法规定

(一)罚金的地位

罚金的地位，主要是指罚金在刑罚体系中的地位，即罚金是

---

① 引自[日]庄子邦雄等编：《刑罚的理论与现实》，岩波书店1972年版，第225页。

主刑，还是附加刑，各国立法不尽一致。不少国家的刑法把罚金刑规定为主刑，如意大利、日本、巴西、瑞士、朝鲜等。1968年意大利刑法典第17条规定："犯罪可科处之主刑如下：1. 无期徒刑　2. 有期徒刑　3. 罚金。"另有许多国家的刑法把罚金规定为附加刑，如前捷克斯洛伐克、匈牙利、前苏联、美国、英国、法国以及印度等国刑法。罚金作为附加刑时，有的国家刑法规定，只能附加适用，不能单独适用，如1950年《捷克斯洛伐克刑法典》第18条(三)规定："附加刑只能与主刑同时判处。"有的国家刑法则规定罚金刑既能附加适用，也能单独适用，如1960年《苏俄刑法典》第22条第2款规定："……罚金、撤职、责令赔偿致成的损害可以作主刑适用，也可以作从刑适用。"罚金在我国刑法中是一种附加刑。根据我国刑法第34条第2款规定，附加刑也可以独立适用。由于罚金刑是以剥夺一定数额的金钱为内容，所以，对于过失犯罪、初犯、偶犯以及其他情节较轻的不需要判处短期自由刑的犯罪，只要剥夺其一定金钱就足以达到刑罚目的时，可以单科罚金。对于贪利性犯罪及其他情节严重的刑事犯罪，判处一定的自由刑尚不足以对其罪行以应有的惩罚时，可以并科罚金，体现国家对其行为谴责的严厉程度。我国罚金刑既可附加适用，又可独立适用，能使法院根据犯罪的社会危害性和犯罪人的主观恶性进行选择，从而便于利用罚金刑更有效地同犯罪行为作斗争。

(二)罚金的种类

金钱是罚金刑的基本要素，犹如生命刑中的生命或自由刑中的自由。罚金刑的分类，一般也根据立法上对金钱的数额、缴纳方式等规定的不同，而分为以下四种：

1. 普通罚金制。又称限额罚金刑，是指刑法中规定罚金的一定数额，在法定的数额幅度内，由法院根据具体案件情况而作出裁量的罚金制度。这是世界上大多数国家规定的罚金刑。但关于法定数额的规定，又有三种不同的方式：

(1)总则规定例。是指在刑法典总则中规定罚金额的上限和下限，或者只规定其中之一(上限或下限)，在分则中不再规定罚金数额，只规定处以罚金。如前《捷克斯洛伐克刑法典》第48条规定：“罚金的数额为一千万捷克克隆以内，但不得少于一千捷克克隆。”

(2)分则规定例。是指在刑法总则中不规定罚金的数额限度，只在分则中规定罚金数额的上限和下限。例如《西班牙刑法典》第291条规定：“伪造经法律允许发行之公债及其利息单，或者将其引入西班牙国境内者，应处以长期苦役，并科以西币5 000元至25万元罚金。”

(3)总则、分则均规定例。指在刑法典总则中对罚金数额作原则性规定，在分则中再具体规定。如1907年制定的《日本刑法》第15条规定：“罚金为20日元以上，但予以减轻时得降至20日元以下。”第17条规定：“科料(罚款)为1角以上20日元以下。”第208条规定：“加暴行于人而未至伤害者，处2年以下惩役或500元以下之罚金、拘留或科料。”这时要结合总则和分则的规定才能确定科处罚金的数额范围。

普通罚金刑规定一定幅度的数额，既便于法官量刑时有所遵循，又便于根据具体情况进行裁量。但其缺点是由于经济情况的变化如货币贬值，法律所规定的罚金数额，往往会变得完全脱离现实生活，为此，必须适应经济情况的变化，对罚金数额作调整。例如，日本自1907年颁布刑法以来，关于“罚金为20日元以上……”之规定已作了三次修改：第一次是1948年公布的《罚金等临时措置法》(简称《罚临》)第2条第1款规定，将罚金的下限改为1 000日元(即提高50倍)；第二次是1972年公布的新《罚临》规定，罚金的下限为4 000日元(即提高200倍)；第三次是1991年根据法律第31号文件规定，罚金的下限为10 000日元(即提高500倍)①。

---

① 参见[日]大塚仁等编：《大注释刑法》第1卷，青林书院1991年版，第286页。

2. 倍比罚金制。又称按比例罚金制，是指刑法规定以某个与犯罪有关的数额为基础，然后以其一定的倍数或几分之一来确定罚金数额的制度。按照一定数额的倍数确定的罚金，如我国刑法第 201 条规定，犯偷税罪的"处 3 年以下有期徒刑或拘役，并处偷税数额 1 倍以上 5 倍以下的罚金"。按照一定数额的分数确定的罚金，如 1871 年《德国刑法典》第 145 条之一规定："未得政府必要的核准，在德国发行允诺给付一定数额金钱的无记名债券，或流通此种债券者，处以等于所发行债券名义上价值五分之一的罚金。"这一规定既便于审判人员裁量，又不致受经济情况变化的影响，通常适用于具有一定财产数额的贪欲型犯罪或者税务等方面的经济犯罪。作为基数的数额，往往是犯罪数额或者犯罪所得数额。不过这种规定对有的犯罪不适用，如过失伤害罪、妨害公务罪等。

3. 无限额罚金制。即在刑法典中不规定罚金的数额限度，而由法院根据犯罪行为的社会危害性、犯罪人的主观恶性以及其经济状况等，自由裁量罚金数额的制度。在外国刑法中很少采用此规定。德国旧刑法第 86 条规定："犯本章之罪者(指内乱罪)，除处以第 80 条至第 84 条之刑外，得并处无限额之罚金。"我国 1979 年刑法中的罚金刑属于无限额罚金刑。不过，现行刑法对此有所改变，如采用倍比罚金制。

4. 日数罚金制。又称日付罚金制或日额罚金制。是按照确定交纳罚金的天数和每天应当交付的罚金数额逐日交付罚金的制度。具体说，这一制度分两阶段：第一阶段，根据行为者的刑事责任大小和行为者的人身危险性程度确定交纳罚金的天数；第二阶段，根据行为者的财产状况确定每天应缴纳的罚金数额①。这一制度最先出自瑞典法学家窕雷的设计。1916 年瑞典的刑法草

---

① 参见[日]平野龙一著：《犯罪者处遇法的诸问题》，有斐阁 1982 年版，第 147 页。

案首次将日数罚金制条文化。最早将日数罚金刑法定化的是1921年的芬兰刑法典第4条。随后，墨西哥(1929年)、瑞典(1931年)、古巴(1936年)、丹麦(1939年)及前联邦德国(1975年)等国刑法典也采纳了这一制度。

在日数罚金制中，根据确定每天应纳罚金数额的方法不同可分为两种模式。一种是瑞典模式，该模式计算每日罚金数额的方法是用行为人每月的个人总收入减去其每月支出费用(包括养家颧口的费用)后，再除以30。第二种模式是德国模式，该模式中每日罚金数额是指行为人每日实际收入，所以有学者说这一模式比上一种模式至少有两大优点：首先，消除了确定行为者每日支出费用大小的困难性；其次，每日实际收入作为每日罚金数额时的刑罚效果要大，因为此时惩罚得更严厉①。

提出日数罚金制，主要是基于两个目的：一是克服普通罚金制中"因贫富差异而使罚金效果完全不同"的不平等现象②；二是通过逐日交纳罚金而使犯罪人日日反省，悔过自新。因此，有学者说，这样一方面对行为的评价是明确的，维持了行为责任原则；另一方面，也使刑罚效果(痛苦程度)平等化③。不过，对此制度提出批评的学者也不少。他们指责这一制度将传统罚金制全面修改后带来司法实务混乱，针对所有的事件调查被告人的资力将延长诉讼时间，并且在共犯之资力相差较大时进行公正量刑也很困难等等④。在瑞典，法律实施后较长一段时间内也还是先确定罚金总额，再除以天数得出每日应纳的金额后，在形式上作为

---

① 参见[日]宫泽浩一著：《刑事政策的功能》，成文堂1982年版，第291页。

②④ 参见[日]宫泽浩一等编：《演习刑事政策》，青林书院新社1972年版，第319、320页。

③ 参见[日]庄子邦雄等编：《刑罚的理论与现实》，岩波书店1972年版，第194页。

日数罚金刑宣告①。

另外，日本刑法学者市川秀雄受日数罚金刑的启发，提出无定量罚金制，被称为市川秀雄方案。此方案即在宣告罚金刑的时候，不宣告罚金的数额，在一定期间内缴纳定额的罚金，如已到时效，即不再缴纳罚金的制度。日本著名刑法学家牧野英一对市川秀雄方案颇为关注，曾著文《不定量罚金制之提倡》表示赞赏，他说："不定期刑，既然是对于少年的改善性方法，当然也应该扩张到罚金刑上面。不定量罚金刑制度，虽然在各国立法例上，还没有看到，但由刑罚的改善机能来看，不定量的制度，自由刑和罚金刑应该没有区别的理由。"②牧野英一还认为，如果实行不定量罚金制，应注意两点：第一，要辅以保护观察制度，鼓励受刑人走上自新之路，以发挥罚金刑之改善的机能，第二，要实行假免除制度，像自由刑的假释制度那样，凡缴纳罚金额三分之一以上者，可暂予免除，如在一定期限内，未发生应撤销的事由时，其免除即为确定的③。不过，市川秀雄方案至今未见立法例。

（三）罚金的适用对象

1. 罚金刑的适用与轻罪重罪

罚金刑与轻罪重罪关系，是指罚金刑仅适用于轻罪抑或既可以适用于轻罪又能够适用于重罪，对此问题，各国有以下三种立法例：

（1）罚金刑仅适用于轻罪。如《罗马尼亚刑法典》中挂有罚金刑的条文共 54 个，其适用范围仅限于轻罪，多数系 1 月监禁至 1 年监禁与罚金刑选科，最高为 2 年以下监禁。这种规定在世界刑事立法中不多见。

---

① 参见[日]平野龙一著：《犯罪者处遇法的诸问题》（增补），1982 年版，第 149 页。

②③ 转引自刁荣华主编：《法律的演进与适用》，台湾汉林出版社 1977 年版，第 234 页。

(2)罚金刑主要适用于轻罪。如《日本刑法》共计适用罚金刑的52个条文，处刑3年以下的条文就有48个，占适用罚金刑条文总数的92.3%。《瑞士刑法典》分则有222个条文，其中130个条文的法定刑中挂有科处罚金刑的规定，而单科罚金以及轻惩役或拘役选科罚金的共有123个条文，占挂有罚金刑全部条文的94.6%。在美国，罚金通常作为轻罪和违警罪的惩罚方法，对比较严重的罪往往只能和监禁刑一起适用①。罚金刑主要适用于轻罪原则被大多数国家所采用。

(3)无论轻重罪，都可适用罚金刑。这种现象世界范围内，只在极少数国家中出现。如《印度刑法典》中对各种性质的犯罪都规定有罚金刑，无论是国事罪、军职罪还是谋杀罪、强奸罪。在英国，除谋杀罪外几乎对所有犯罪都可以适用罚金刑。《泰国刑法》中挂有罚金刑的条文所占比例也相当大，分则条文共计292条，规定罚金刑的有262条，约占分则条文的77.4%。

我国刑法典中规定罚金的条文有125个，其中绝大多数系适用处3年以下有期徒刑、拘役或者管制的轻罪，最重的是第358条的规定，即：组织他人卖淫或者强迫他人卖淫的，处5年以上10年以下有期徒刑，并处罚金；有下列情形之一的，处10年以上有期徒刑或者无期徒刑，并处罚金或者没收财产。

2. 罚金刑的适用与犯罪性质

罚金刑的适用不仅与犯罪的轻重有关，而且还与犯罪性质有关。与罚金刑的适用紧密相关的几类犯罪是过失犯罪、贪利犯罪及法人犯罪等。

(1)罚金刑与过失犯罪

因主观上出于过失(疏忽大意或过于自信)而构成犯罪的是过失犯罪。尽管过失犯罪可能造成非常严重的后果，但按照现代刑法理论，从总体上看过失犯罪属于较轻的犯罪，因而有的国家

---

① 参见储槐植著：《美国刑法》，北京大学出版社1987年版，第309页。

在刑事立法中确定了“以处罚故意(犯)为原则处罚过失(犯)为例外”以及“处罚过失(犯)以法律有特别规定为限”的原则。由于过失犯被看作轻罪，所以许多国家刑法中对过失犯大量规定罚金刑。例如现行日本刑法中，失火罪处20万日元以下罚金；过失溢水罪处6万日元以下罚金；因过失使火车、电车或船舰之往来危险者，处10万日元以下罚金；如因业务上疏忽构成本罪的，处3年以下之禁锢或20万日元以下之罚金；过失致人于死者处20万日元以下罚金；过失伤害罪，处10万日元以下罚金或科料。就失火罪和过失伤害罪而言，规定单科或并科罚金的国家除日本外，还有韩国、泰国、德国、瑞士等。我国刑法分则中规定可处罚金刑的125个条文中，也有规定过失犯罪处罚金刑的，如刑法第137条。过失犯罪在主观方面不像故意犯罪那样有意识地决意犯罪或放任犯罪，犯罪者都是不希望危害结果的出现。对此用比较轻缓的刑罚方法，易于起到威慑警戒作用。短期自由刑的弊端自不待说，不到不得已的情况，应尽量避免使用自由刑。而罚金刑作为一种替代短期自由刑之较轻缓的刑罚方法，适用于过失犯罪应当说是比较理想的。特别是对单位过失犯罪，也只好适用罚金刑。

(2)罚金刑与贪利犯罪

贪利犯罪，是指以非法获利为目的的财产犯罪、经济犯罪以及其他犯罪。对贪利犯罪选科或并科罚金刑，在各国刑法中规定得比较普遍。如《意大利刑法典》第24条规定，犯罪出于图利之动机者，法律虽规定有期徒刑，法官仍得并科以罚金。《瑞士刑法典》第50条也规定，犯罪之出于图利之意图者，法官除得处行为人以自由刑外，并科罚金。刑法学界普遍认为，对通过犯罪手段非法获利者的金钱予以剥夺，无论从抑制贪欲、预防犯罪的角度还是从让犯罪人欲得反亏，强调惩罚的角度看都大有必要。以盗窃罪、侵占罪为例，韩国、泰国、德国、奥地利、巴西及意大利等国刑法均规定了罚金刑。日本法制审议会刑事法分会现在也正在就盗窃罪、诈欺罪、恐吓罪、侵占罪、赃物罪及毁弃公(私)文书等犯罪增设罚金刑的问题进行研讨。我国刑法也注重发挥罚金刑在惩治贪利性犯罪中的作用。刑法分则挂有罚金刑的125个条文，分别规定在第3章破坏社会主义经济秩序罪、第5章侵犯财产罪和第6章妨害社会管理秩序罪等章节中。其中除妨害公务罪等少数犯罪外，绝大多数是贪利犯罪。这一立法宗旨是正确的。

(3)罚金刑与法人犯罪

法人犯罪，"一般是指法人的法定代表人或代理人，经法人全体成员或者决策机构集体决定或授权，以法人的名义实施的侵害我国刑法所保护的社会关系的行为。"①尽管法人能否成为犯罪主体的问题，中外刑法理论中至今仍存在两种截然相反的观点，但是，越来越多的国家通过单行刑法或附属刑法形式明确了法人犯罪问题却是事实。也有少数国家在刑法典中对法人犯罪加以确认。以日本为例，到1984年为止，已颁布的带有刑事罚则的法令(条例)约700种，其中，有处罚法人规定的法令达460种，且使用两罚规定的占95%②。由于法人不能承受生命刑和自由刑，所以对法人处罚金刑已被各国立法实践普遍采用。我国在1979年刑法中没有规定法人犯罪，但1987年的《海关法》首开处罚法人犯罪之先河。此后，又陆续在《关于惩治走私罪的补充规定》等单行刑法、附属刑法中规定了对法人犯罪可判处罚金，1997年3月修正的刑法终于规定了单位犯罪可以处罚金刑。

(四)罚金的适用方式

罚金的适用方式又称罚金的运用形态，是指罚金的单科、选科、并科和易科问题。

1. 单科罚金制，指在刑法典中对某种犯罪或某种犯罪的特定情节只规定罚金刑，而不规定其他刑罚方法。一般只适用于犯

---

① 马克昌等主编：《刑法学全书》，上海科学技术文献出版社1993年版，第90页。

② [日]石原一彦等编：《现代刑罚法大系 I》，日本评论社1984年版，第188页。

罪性质较轻的犯罪。例如《意大利刑法》第509条规定："雇主或劳工不履行集体劳动之契约或工会公布之有关义务者，处二十万里拉以下罚金。"我国刑法典中是否采用了单科罚金制，存在不同看法。有的学者认为我国1979年刑法第127条就是单科罚金制①。第127条规定："违反商标管理法规，工商企业假冒其他企业已经注册的商标的，对直接责任人员，处3年以下有期徒刑、拘役或者罚金。"我们认为，该条是下面要论述的选科罚金制，而不是单科罚金制。

2. 选科罚金制，是指在刑法中对某种犯罪或者某种犯罪的特定情节规定，既可以适用自由刑，也可以适用罚金刑，由法官在裁量刑罚时择一适用，而不能同时适用。例如日本刑法第204条规定："伤害人之身体者，处10年以下惩役或10万日元以下罚金或科料。"我国刑法第139条规定："违反狩猎法规，在禁猎区、禁猎期或者使用禁用的工具、方法进行狩猎，破坏珍禽、珍兽或者其他野生动物资源，情节严重的，处2年以下有期徒刑、拘役或者罚金。"

3. 并科罚金制，是指在刑法中，对某种犯罪或者某种犯罪的特定情节同时规定自由刑和罚金刑两种刑罚方法，法院在具体裁量刑罚时可以或者必须将两者兼而科之。并科罚金制又进一步分为两种：

(1)必并科，是指在刑法分则条文中明确规定判处自由刑时必须同时科处罚金刑。例如：《西班牙刑法典》第296条规定："伪造外国法律所允许，或其他具有相同法律效力规定所发行之有记名证券，或其他无记名有价信用证券者，应处以短期苦役，并科以西币五千元至五万元之罚金"。我国刑法中也有采用必并科的立法例，如刑法第240条规定："拐卖妇女、儿童的，处5年以上10年以下有期徒刑，并处罚金；……"

---

① 参见《中国刑法词典》，学林出版社1989年版，第403页。

(2)得并科，是指在刑法分则条文中规定判处自由刑时同时规定还可以并科罚金刑，是否并科由法官根据具体案情确定。如前联邦德国刑法典第204条规定："依第203条规定有为他人保守产业或营业秘密之人，无权而为利用者，处2年以下自由刑或并科罚金。"我国1979年刑法中的罚金刑亦有这种规定方式，如1979年刑法第68条规定："以营利为目的，聚众赌博或者以赌博为业的，处3年以下有期徒刑、拘役或者管制，可以并处罚金。"1997年修正刑法后，基本上取消了"可以"的规定，增加了必并科的条款，以充分发挥罚金刑的惩治预防功效。

4. 易科罚金制。指在刑法中规定受短期自由刑宣告者，在一定的情况下，变更科处为罚金刑。如我国台湾地区"刑法"第41条规定："犯最重本刑为3年以下有期徒刑以下之刑之罪，而受6月以下有期徒刑或役拘之宣告，因身体、教育、职业或家庭之关系，执行显有困难者，得以1元以上3元以下折算一日，易科罚金。"

值得说明的是，罚金刑的适用方式虽然是四种，但各国刑事立法中一般不会只选某一种，而是针对不同的犯罪分别采用不同的方式，甚至在同一犯罪的法定刑中，可以同时采用上述几种方式，如自由刑与罚金并科或选科罚金刑。如《泰国刑法》第390条规定："因过失致伤害他人之身心者，处1年以下有期徒刑或科或并科一千巴特以下之罚金。"我国刑法第345条第2款规定："违反森林法的规定，滥伐森林或者其他林木，数量较大的，处3年以下有期徒刑、拘役或者管制，并处或者单处罚金。"

第二节　没收财产

一、没收财产概述

(一)没收财产的概念和特点

根据我国刑法第 34 条和第 59 条的规定，没收财产是将犯罪人个人所有财产的一部或全部强制无偿地收归国有的刑罚。没收财产主要有以下特点：

1. 没收财产是一种刑罚方法。这是没收财产的法律属性。具体地说，没收财产与罚金一样同属财产刑范畴。这一特点使没收财产与其他刑罚方法划清了界限，同时又赋予没收财产刑具有其他一切刑罚方法的共性：法定性及强制性等。

2. 没收财产由法院根据法律的规定适用。因为只有作为国家审判机关的人民法院才能适用刑罚方法，没收财产这一财产刑也不例外。同时人民法院判处没收财产刑时必须依照法律(刑法、刑事诉讼法)的规定适用。例如是选科没收财产还是并科没收财产，我国刑法分则有相应的规定。依法适用没收财产刑是我国社会主义法制原则的必然要求。

3. 没收财产是以将犯罪人个人所有的一部或全部财产强制无偿收归国有为内容。首先，适用对象只能是犯罪分子，对那些没有触犯刑律而有一般违法行为的人只能适用相应的非刑罚方法。其次，该刑罚的内容是剥夺犯罪人的财产，这是没收财产刑与其他刑罚方法的最大区别。

(二)没收财产与相关法律强制措施的区别

根据没收财产刑的上述三大特点，可以将没收财产刑与罚金刑及没收犯罪物品的法律强制措施相区别。

1. 没收财产与罚金的区别

没收财产与罚金的相同之处是较多的，如两者同属财产刑；都是我国刑法中的附加刑；在适用内容上都可以是将犯罪人所有的金钱强制无偿收归国有；在适用程序上都是由人民法院依法判决，公安机关、检察机关以及其他任何政府机关都无权作出没收财产或罚金的决定等等。但是没收财产与罚金刑仍存在以下区别：(1)罚金是以剥夺犯罪人一定数额的金钱为内容；而没收财产是以剥夺犯罪人个人所有的财产如土地、房屋、物质等为内容。尽管在没收财产时也包括没收犯罪人的存款，但即使没收存款，它也与罚金不同，因为它是以现有的金钱为限，而罚金则是责令缴纳一定数额的金钱，这一数额可能超过犯罪人手中现有的金钱数。(2)在适用对象上，没收财产主要适用于严重犯罪，如反革命罪及其他严重贪利犯罪；罚金适用对象(尤其是单处罚金时)主要是较轻的犯罪，如偷税、假冒商标等。因此一般认为，没收财产是比罚金更严厉的财产刑①。(3)没收财产的执行具有一次性特点，即人民法院判处没收财产后，一次性地没收其一部或全部，且不存在减免问题；而罚金可以分几次缴纳，还可以在罪犯遭遇灾祸，缴纳有困难时酌情予以减免。至于罚金刑中的分期缴纳与易科等措施就更不可能在没收财产刑中出现。(4)没收财产刑一般由法院执行，必要时可以会同公安机关执行；而罚金刑只可能由人民法院执行。

2. 没收财产与没收犯罪物品的区别

我国刑法第64条规定："犯罪分子违法所得的一切财物，应当予以追缴或者责令退赔；……违禁品和供犯罪所用的本人财物应当予以没收。"这在刑法理论上称为没收犯罪物品(又称特别没收或没收)。犯罪分子通过犯罪取得的财物，如贪污、诈骗的赃款赃物，他本无权占有，自应予以追缴或责令退赔，使受损失的公私财产恢复原状。犯罪分子持有法律禁止私人非法持有的物品，如枪支弹药、毒品及淫秽物品等，当然应予没收，这是一种行政强制措施。供犯罪所用的犯罪分子本人的财物，如杀人的凶器、聚众赌博的赌具、印刷非法出版物的印刷机等，具有诉讼证据的作用，没收这些财物是刑事诉讼中的强制措施。上述所有没收犯罪物品都不具有刑罚的法律后果。没收财产是一种附加刑，它只适用于刑法分则规定可以并处或单处没收财产的那些犯罪，不得任意扩大其适用范围，而没收犯罪物品等并没有这样的限制。

---

① 参见林准主编：《中国刑法教程》，人民法院出版社1989年版，第173页。

我国刑法中的没收财产，与前苏联及东欧部分国家的没收财产是大致相同的，如苏俄刑法典第35条、罗马尼亚刑法典第68条、南斯拉夫刑法典第40条等。然而，我国刑法中没收财产与日本、德国、美国、英国及瑞士等国刑法中的“没收”有着本质区别。

日本现行刑法中不存在没收财产刑。日本将没收犯罪物品这种没收在形式上作为刑罚的一种(与罚金、科料一起组成财产刑)，且当作附加刑，但实质上不具有刑罚的性质①。日本刑法第19条第1款规定：“下列之物得没收之：一、构成犯罪行为之物；二、供给或准备供给实行犯罪行为之物；三、由犯罪行为所产生或所得之物或者作为犯罪行为之报酬所得之物；四、作为前款所列之物之对价所得之物。”由此可看出日本刑法中的没收实际上是一种非刑罚措施。《日本1974年改正刑法草案》已经明确地将没收从“刑罚”一章中分出，“作为刑罚以外的特别处分”②。

美国现在也不存在没收财产刑。美国的没收制度分为刑事没收与民事没收两种。前者作为刑罚制度对被宣判有罪之人科处，后者只作为民事强制措施。美国的刑事没收范围由各单行刑事法规分别规定，各有不同。一般来说，供犯罪行为使用或欲供犯罪行为使用以及犯罪所生之利益或财产是刑事没收的对象③。

二、没收财产的立法规定

(一)没收财产的适用对象

由于没收财产是一种严厉的财产刑，所以一般只适用于两大

---

① 参见[日]团藤重光著：《刑法纲要》(总论)，创文社1980年版，第472页。

② 参见[日]大塚仁等编：《大注释刑法》第1卷，青林书院1991年版，第314页。

③ 参见[日]佐伯仁志：《美国的没收制度》，载日本《法学家》1993年3月号。

类犯罪：一是危害国家安全的犯罪；二是贪利性犯罪，尤其是严重的贪利性犯罪。

1. 危害国家安全的犯罪

《波兰刑法典》第 46 条规定："在对下列重罪量刑时，法院应该判处没收财产之一部或全部：(1)危害波兰人民共和国的重大政治经济利益。……"我国刑法第 113 条规定，犯危害国家安全罪的，可以并处没收财产。对危害国家安全罪适用没收财产刑，反映了国家对这类犯罪的最严厉谴责，也是对继续从事这类犯罪的资本予以必要的剥夺。

2. 贪利性犯罪

贪利性犯罪，即以贪财图利为目的的犯罪，仅处以自由刑不足以抑制其贪财欲，也不足以消除其再犯条件，因此，设有没收财产刑的国家，往往把贪利性犯罪作为适用没收财产刑的主要对象。例如《苏俄刑法典》第 153 条规定："以国家的、合作社的或者其他公共的经营方式进行私营性质的、企业活动的，处五年以下的剥夺自由并科没收财产，或五年以下的流放并科没收财产，或处二百卢布以上一千卢布以下的罚金。"我国刑法分则中挂有没收财产刑的条文，除了第一章危害国家安全罪外，其余的全部是第三章(破坏社会主义经济秩序罪)、第五章(侵犯财产罪)及第六章(妨害社会管理秩序罪)等章节中的贪利性犯罪，如走私罪、非法经营罪及贪污罪等。

(二)没收财产的适用方式

没收财产刑的适用方式主要有以下两种：

1. 并科制，即在对犯罪人科处生命刑或自由刑时同时判处没收财产。这种方式又可根据是否必须科处没收财产刑分为得并制与必并制两种。(1)得并制，是指判处一种刑罚的同时可以并处没收财产。如《苏俄刑法典》第 91 条规定，犯强盗罪的，处 3 年以上 10 年以下的剥夺自由，并科或不并科没收财产。(2)必并制，是指判处一种刑罚的同时必须并处没收财产。如《罗马尼亚刑法典》第 159 条规定，犯间谍罪的，处死刑和没收全部财产，或处15年至20年监禁、没收财产。我国刑法第347条规定："走私、贩卖、运输、制造毒品，有下列情形之一的，处15年有期徒刑，无期徒刑或者死刑，并处没收财产……"

2. 选科制，指刑法对某种犯罪或者某种犯罪的特定情节规定既可以适用没收财产也可以适用其他刑罚，由法官酌情选择适用。这有两种情况：第一种情况是规定"并处、单处罚金或者没收财产"。例如我国1979年刑法第117条规定，投机倒把罪，处3年以下有期徒刑或者拘役，可以并处、单处罚金或者没收财产。在这里，没收财产与罚金可以择一适用，如果选择适用没收财产，可以附加适用，也可以单独适用。第二种情况是规定"并处罚金或者没收财产"。例如我国1979年刑法第122条规定，伪造国家货币、贩运伪造的国家货币罪，处3年以上7年以下有期徒刑，可以并处罚金或者没收财产。在这里，没收财产虽然也是与罚金可以择一适用，但如果选择适用没收财产，则只能附加适用，不能单独适用。

(三)没收财产的范围

没收财产的范围是指刑法规定犯罪人的哪些财产可以被没收，哪些财产不能被没收。多数国家对此只作笼统的规定，即没收犯罪分子个人所有的财产。不过也有许多国家具体规定哪些财产不得没收，例如《罗马尼亚刑法典》第70条规定："犯罪分子及其家属之家用与私用财产，不予没收。犯罪分子及家庭成员赖以谋生之财产，维持犯罪分子或其家庭生活绝对必要之财产，不予没收。此类财产之范围由法律确定。"还有个别国家如蒙古，在刑法典中对不得没收的财产进行了十分详细的列举。我国刑法第59条规定了没收财产的范围："没收财产是没收犯罪分子个人所有财产的一部或全部。"这种规定是社会主义法制中"罪责自负"原则的必然要求。

(四)没收财产的数量

没收财产的数量是指没收犯罪人财产的一部还是全部的问题。对此，多数国家的刑法对具体犯罪只规定没收财产，而具体是一部还是全部财产，由司法人员裁量。如《苏俄刑法典》第 35 条规定："没收财产，是把被判刑人个人所有的财产的全部或一部强制地无偿收归国有。如果没收的是一部分财产，则法院应当指明所没收的是哪一部分财产，或者将没收的财物一一列举。"我国刑法分则条文仅规定没收财产，判决是没收一部或没收全部，由审判人员根据具体情况确定。也有少数国家刑法分则中明确规定是没收全部财产还是一部财产，例如《罗马尼亚刑法典》第 165 条规定，破坏国民经济罪，处 5 年至 15 年监禁，禁止行使一定权利和没收部分财产，如果对国民经济造成了严重损害的，处死刑，没收全部财产，或处 15 年至 20 年监禁，禁止行使一定权利。

第五章 资 格 刑

第一节 资格刑概述

一、资格刑的概念

资格刑是剥夺犯罪人享有或行使一定权利的资格的刑罚。

在中外刑法理论上，对资格刑，有的称之为名誉刑，亦有的称之为能力刑，还有的称之为权利刑。尽管称谓不一，但其内涵并无多大差异，因而通常被替换使用。只不过从严格意义而言，把资格刑称为名誉刑、能力刑或权利刑，都不够贴切。因为，名誉刑是剥夺犯罪人名誉的刑罚，在资格刑中，虽然确有一部分是直接剥夺犯罪人名誉的，诸如剥夺荣誉称号、学位称号、奖章、勋章等等，但剥夺言论、出版、集会、结社、游行、示威等自由权利，却很难说直接剥夺的是犯罪人的名誉。其间接后果固然也会使犯罪人名誉受损，可是这并不能成为把这种刑罚划到名誉刑范围的理由，因为生命刑、自由刑乃至财产刑也会产生同样的后果，如果把这类刑罚都作为名誉刑看待，显然是荒谬的。由此可见，名誉刑的概念并不能包容现代资格刑的全部内容。至于能力刑，则是剥夺犯罪者享有公权能力的刑罚①。资格刑中的剥夺选举权、被选举权等政治权利的刑罚，固然是对犯罪者所享有的公权能力的剥夺，但剥夺奖章、荣誉称号、军衔等已经获得的荣誉，却并非是对公权能力的剥夺。因此，把现代资格刑说成是能力刑，也有以偏概全之嫌。权利刑之称虽然不会出现类似弊病，但任何刑罚都是对犯罪人一定权利的剥夺，不仅资格刑如此，生命刑、自由刑以及财产刑也都一样。如果把资格刑称之为权利刑，就不能体现资格刑的特殊性，不能把它同其他类型的刑罚区别开来。事实上，唯有资格刑这一概念才能恰如其分地表达这一类刑罚方法的基本特征。

二、资格刑具有以下主要特征

1. 资格刑是以剥夺某种资格为内容的刑罚。无论是剥夺政治权利，还是剥夺荣誉称号，以及禁止从事某种活动，都只是对犯罪人享有或行使某种权利的资格的一种剥夺，其结果只能使犯罪人的名誉受损或者其社会活动的范围受到限制，而不是使其直接丧失生命、失去人身自由或者遭受财产损失。这是资格刑不同于生命刑、自由刑和财产刑的关键所在，也是资格刑的最本质特征。

2. 资格刑所剥夺的资格既可能是犯罪人过去已经取得的资格，也可能是其未来将要取得的资格。例如，剥夺犯罪人的勋章、奖章、荣誉称号、学位、军衔，这是剥夺犯罪分子已经取得的资格的情形。剥夺担任公务的资格，剥夺从事一定职业、营业活动的资格，剥夺选举权和被选举权，则主要是剥夺犯罪分子将要取得或行使某种权利的资格。而生命刑、自由刑和财产刑，都只能是剥夺犯罪人已经具有的生命权、自由权和财产权。对于已

---

① 参见韩忠谟著：《刑法原理》，台湾雨利美术印刷有限公司 1981 年增订 14 版，第 415 页。

经死亡的人，不可能剥夺其生命和自由，对于那些一无所有的犯罪分子，也不可能适用没收财产等财产刑。唯有资格刑才能剥夺犯罪人未来可能享有或行使某种权利的资格。不仅如此，从现代资格刑发展的趋势来看，其重心早已由剥夺犯罪人已经取得的名誉、地位，转移到了剥夺其未来可能享有或行使某种权利，从事某种活动的资格上，以达到预防其重新犯罪的目的。

三、资格刑的作用

关于资格刑的利弊优劣，是存是废，在刑法理论上，争论颇为激烈。主存论者认为，资格刑在刑罚体系中应占有一席之地。其根据在于，资格刑具有以下优点：

1. 资格刑具有最明显的政治上的否定评价作用。对犯罪分子适用任何刑罚，虽然都意味着国家对其犯罪行为作出了严厉的否定评价，但生命刑、自由刑和财产刑的直接效果是剥夺罪犯的生命、自由和财产，至于政治上的否定评价则是间接体现出来的。而资格刑的最主要内容是剥夺犯罪人的政治权利和已经取得的某种荣誉、头衔，它侧重于从政治上对犯罪人及其犯罪行为进行否定评价，而不是直接给犯罪人造成某种物质上的损害。因此，直接对犯罪人及其犯罪行为作出政治上的否定评价，既是资格刑的主要实质内容，也是资格刑不同于其他刑罚方法，不能被其他刑罚方法所取代，即具有存在必要的关键所在。

2. 资格刑具有剥夺或限制再犯能力的独特功能。“它剥夺犯罪人在一定期间内从事公职的资格与行使公权的能力，并非以惩罚犯罪人或剥夺犯罪人的名誉为目的，而是以此作为一种防患未然的预防措施。……此外，……自由刑执行完毕后，并非即表示犯罪人已经改过迁善，而能再度适应社会，若再加上没有完善而有效的出狱人辅导制度，则出狱人的再犯可能性，依然是相当高的。所以，就社会保安的需要，在一定期间之内剥夺其公权，似尚能符合现代刑事政策之基本立论。"①除了有限制再犯的功能之外，资格刑还能直接剥夺罪犯再犯某类罪的能力。例如，"对从事特种职业者，如医师、律师、司机等在职业上之犯罪剥夺其继续其职业之资格，可以避免职业上再犯同类之犯罪"②。

3. 资格刑具有维护国家威信、纯洁国家公职人员队伍的作用。国家公职人员担负着依法对国家的政治、经济、文化等方面进行有效管理的责任，他们一旦渎职枉法，从事违法犯罪活动，不仅会直接给国家和人民利益造成损失，而且会严重损害国家的威信以及国家公职人员的形象。因此，对国家公职人员利用职务实施犯罪的，"剥夺犯罪人之被选举资格，为公务员、民意代表及陪审员等资格，直接可确保公职人员之信誉，间接可维护国家社会之利益"③。

主张废除资格刑的论者认为，资格刑有以下几个明显的缺点，因而应予废除：

1. 资格刑具有过剩性。资格刑一般是附加于其他刑罚而适用，当对被判处自由刑的罪犯附加适用时，其刑期是从徒刑、拘役执行完毕之日或者从假释之日起计算。在这种情况下，如果犯罪分子通过主刑的执行尚未改造好，对其适用资格刑可以在一定程度上起到预防其重新犯罪的作用。但是，一般来说，徒刑、拘役已经执行完毕的犯罪分子，大多已经改造好。被假释出狱的罪犯，其刑罚虽然尚未执行完毕，但却是在已经改造好的前提下得到释放的。对这类犯罪分子继续适用资格刑，显然是多余的，无疑会带来"刑罚过剩"的不良后果。

2. 资格刑不具有足够的威慑力。资格刑以剥夺犯罪人的资格为内容，而资格是无形的、非物质性的，剥夺某种资格不会给犯罪人造成直接的、有形的、物质性的损失。因此，资格刑的威

---

①③ 林山田著：《刑罚学》，台湾商务印书馆1983年版，第309页。

② 张甘妹著：《刑事政策》，台湾三民书局1980年版，第350页。

慑力极为有限。而“犯罪人不少为知识及道德水准低，缺乏廉耻观念之徒，区区资格剥夺对其毫无作用”①。同样，对于社会上的其他不稳定分子，资格刑的影响亦微乎其微。

3. 资格刑不利于犯罪人回归社会。因为资格刑是“建立在报应刑思想、惩罚、威吓、和社会隔离各种观念之上的，由憎恶犯罪人的心理出发；而现代则是目的主义时代……置重于社会的适合，则所以鼓励犯罪人适于社会生活者，无所不至；所以避免为犯罪人复归社会的障碍者，亦无所不用其极。褫夺公权，于犯罪人被执行自由刑之后，犹复剥夺其资格，损害其名誉，不但和现代执行自由刑的本旨相矛盾，且根本违背了目的主义，力求社会适合的精神。盖现代执行自由刑的本旨，既在使犯罪人改过迁善，适于社会生活，自由刑执行完了，表示犯罪人已经改过迁善，适于社会生活，乃又褫夺其公权，不把他和常人一样看待，非矛盾而何？”②“就改善言，名誉刑之加科，无异于公开宣扬受刑人之前科事实于公众，增加受刑人社会复归之困难，与改善之旨相悖。”③

在资产阶级刑法理论上，“多数的学者认为资格刑弊多益少，而且无论从报应、威吓及改善上言，均殆无何等效果”④。但我国刑法理论界的绝大多数学者认为，资格刑既有利亦有弊，总体而论，还是利大于弊。并且资格刑的弊病或缺陷，可以通过完善立法和司法的途径来克服。例如，针对资格刑有可能造成刑罚过剩的弊病，可以采用资格刑的分立制，根据犯罪人的实际情况，剥夺其某一项或者多项资格。这样，就不致于刑罚过剩。再

---

①③ 张甘妹著：《刑事政策》，台湾三民书局1980年版，第351页。

② 蔡墩铭主编：《刑法总则论文选辑》(下)，台湾五南图书出版公司1984年版，第1064页。

④ 张甘妹著：《刑事政策》，台湾三民书局1980年版，第350—351页。

如，采用资格刑的减免制，在犯罪分子刑满释放时，对确实已经改造好的，免除其资格刑；对尚未完全改造好，但原判资格刑过长的，予以适当减轻。这就可以避免资格刑成为出狱犯人回归社会的障碍①。

我们认为，任何一种刑罚方法都是利弊并存，资格刑也不例外。不管是无视其利与弊哪一个方面，或者是夸大其中的某一面，都不是实事求是的科学态度。在资本主义国家，一些关于资格刑的保存论者和废除论者，正好犯了这种片面性的错误。我国一些刑法学者认为，资格刑既有利又有弊，其弊病可以通过完善立法和司法而得到克服，这比那种只强调其利或弊某一面的观点，要合理得多。但是，应该看到，对资格刑的弊病，要想通过完善立法和司法的途径完全得到克服，使其至善至美，是不可能的。资格刑有可能带来刑罚过剩及影响犯罪人回归社会的副效应，这是不可能改变的客观事实。不过，有弊病并不意味着就得废除。比如，死刑有很明显的弊病，关于死刑的存废问题，在刑法理论上争论了几百年，并且有许多国家早就废除了死刑。但是，也有许多国家仍保留有死刑，有的国家废除之后又予恢复。之所以如此，是因为各国的政治、经济、文化的发展状况不同，资格刑也是如此。我们当然不能因为它有弊病，而有些国家早已废除，就认为我国也应该废除。从我国的司法实践来看，对于那些犯罪情节较轻，不需要判处自由刑，而适用资格刑较为合适的，单独判处资格刑，这不仅可以减少关押人数，也有利于预防犯罪。再说，许多国家的刑法中规定有保安处分制度，而我国刑法中没有这种规定，资格刑在一定程度上可以起保安处分的作用，因此，保留资格刑还可以弥补我国现有立法上的不足。

---

① 参见陈兴良主编：《刑种通论》，人民法院出版社 1993 年版，第 481 页。

第二节　剥夺政治权利

一、剥夺政治权利的概念

剥夺政治权利，是人民法院依法判处，剥夺犯罪分子参加国家管理和一定社会政治生活权利的刑罚方法。

早在中华人民共和国成立之前，在革命根据地时期，剥夺政治权利就被作为一种刑罚而使用。当时沿用旧称“褫夺公权”，除作为附加刑与徒刑合并科处外，还作为一种轻刑单独使用。解放初期，在司法实践中，仍把作为刑罚方法的剥夺政治权利称为“褫夺公权”。以后，随着法制建设的展开，中央法制委员会于1950年11月28日在《关于剥夺政治权利问题的解答》中指出，“应依共同纲领，决定为剥夺政治权利”，从此，“褫夺公权”的旧称被废除，而代之以“剥夺政治权利”的称谓。1951年2月21日颁布的《中华人民共和国惩治反革命条例》，同年4月19日公布的《妨害国家货币治罪暂行条例》以及1952年公布的《中华人民共和国惩治贪污条例》，都把剥夺政治权利作为一种刑罚，用法律条文的形式固定下来。1979年7月1日全国人大通过的《中华人民共和国刑法》、《中华人民共和国刑事诉讼法》、以及1997年3月14日全国人大修订的《中华人民共和国刑法》，则在总结过去刑事立法和司法实践经验的基础上，对剥夺政治权利的适用范围、内容、期限和程序等作了更加具体明确的规定。

我国刑法中的剥夺政治权利具有以下主要特征：

1. 剥夺政治权利是一种刑罚方法，只能由人民法院依法对犯罪分子适用。在1982年的新宪法公布以前，我国的剥夺政治权利有两种：一种是针对敌对阶级分子的专政措施。例如，1949年9月29日全国政协第一届全体会议通过的《共同纲领》规定，依法在必要时期内剥夺反动分子、封建地主、官僚资本家的政治权利。后来，全国人大先后通过的几部宪法，也都作了类似规定。其中，1978 年宪法第 18 条规定：“国家依照法律剥夺没有改造好的地主、富农、反动资本家的政治权利，同时给以生活出路，使他们在劳动中改造成为守法的自食其力的公民。”《共同纲领》和《宪法》所规定的剥夺政治权利，是我国人民夺取政权以后，一定时期内对整个敌对阶级在政治上采取的一种强制措施。它对所有敌对阶级分子都适用，而不论其是否触犯刑律。此种剥夺政治权利，由国家基本大法所宣告，而不由人民法院另行判处，并且对所有敌对阶级分子，在其没有改造好之前，都是无限期地剥夺。后来，由于经过长期的教育改造，绝大多数敌对阶级分子转变成了自食其力的劳动者，国内阶级关系发生了很大变化，全国人大在 1982 年通过的宪法中，就废除了这种作为针对敌对阶级分子的强制措施的剥夺政治权利。另一种剥夺政治权利是对犯罪分子适用的刑罚方法。在 1982 年宪法颁布之前，它与那种针对敌对阶级分子的强制措施的剥夺政治权利同时存在，只不过此种剥夺政治权利是由刑事法律所规定的，它只能由人民法院依法对特定的犯罪分子适用，并且对不同的犯罪分子，根据其犯罪情节，既可以附加于主刑适用，也可以单独适用。另外，对不同的犯罪分子,剥夺政治权利的期限长短也有所不同。1982 年宪法颁布之后,剥夺政治权利仅仅只作为一种刑罚而存在,它只能由人民法院依法对犯罪分子适用,其他任何机关、团体和个人都无权剥夺公民的政治权利。

2. 剥夺政治权利是剥夺犯罪分子参加国家管理和一定社会政治生活权利的刑罚方法。它所剥夺的是一种政治性的无形的权利，包括两方面的内容：一是参加管理国家的权利；二是参加一定社会政治生活的权利。有的论者认为“剥夺政治权利是剥夺犯罪分子参加管理国家的政治活动权利的刑罚方法”①。在我们看

---

① 见《中国刑法词典》，学林出版社 1989 年版，第 404 页。

来，这种表述不够准确。因为，我国刑法所规定的剥夺政治权利，除了剥夺犯罪分子参加管理国家的政治活动的权利之外，还剥夺其他方面的政治权利，例如，宪法规定公民享有的言论、出版、集会、结社、游行、示威等自由权利，也在剥夺政治权利刑所要剥夺的范围之内，这些权利，很难说是管理国家的权利，而实际上只是一种参与社会政治活动的权利。只有选举权和被选举权，担任国家机关职务的权利、担任企业事业单位和人民团体领导职务的权利，才是管理国家的权利。

另外，剥夺政治权利刑所剥夺的权利，既可能是犯罪人已经享有的权利(如已满18周岁的人依法享有选举权和被选举权)，也可能是犯罪人现在暂时不具有但将来可能享有的权利(如审判时未满18周岁的人，虽然当时不具有选举权和被选举权，但将来有可能享有)。至于犯罪人将来事实上有无行使此种权利的可能，则在所不问。

关于剥夺政治权利刑是轻刑还是重刑，或者是时轻时重的刑，在我国刑法理论界有不同意见。一种观点认为，“在中国，剥夺政治权利在性质上是一种较严重的刑罚，只有在犯罪性质和犯罪情节比较严重，犯罪分子在一定时期内不宜行使政治权利时，才予以剥夺。对一般轻微的犯罪不适用这种刑罚。”①另一种观点认为，“附加适用剥夺政治权利，是作为一种比较严厉的刑罚而适用于重罪。”“独立适用剥夺政治权利，是作为一种不剥夺人身自由的轻刑而适用于较轻的犯罪。”②此种观点是我国的通说。在我们看来，认为剥夺政治权利是一种重刑，只对重罪适用，对轻罪不能适用的观点，与我国刑法的规定不符。我国刑法分则有些条文规定的犯罪可以独立适用剥夺政治权利，而这些犯

---

① 见《中国大百科全书·法学》，中国大百科全书出版社1984年版，第25页。

② 见高铭暄主编：《中国刑法学》，中国人民大学出版社1989年版，第259—260页。

罪(如侮辱罪、诽谤罪、非法拘禁罪等)大多为轻罪。实际上，我国的剥夺政治权利刑既可以适用于重罪，也可以适用于轻罪。但是，不能说它适用于重罪时是一种比较严厉的重刑，而适用于轻罪时就是一种轻刑，因为：第一，刑种的轻重是相对而言的，在我国刑法所规定的五种主刑和三种附加刑中，孰重孰轻，答案只能有一个，不能说某种刑罚既是重刑又是轻刑。第二，刑罚的轻重是由其所剥夺的权利的性质所决定的。一般来说，人的生命权利和人身自由权利重于财产权利和政治权利，所以，从总体上看，剥夺生命和人身自由的主刑重于剥夺财产和政治权利的附加刑，后者为轻刑。第三，剥夺政治权利等附加刑既可以独立适用，也可以附加于主刑适用。附加适用时，它只是作为主刑的一种辅助手段而起次要作用。不能因为它附加适用于重罪，而使其变成一种重刑。比如，罚金是人们所公认的一种轻刑，但根据我国刑法，对走私毒品、武器弹药、珍贵文物、淫秽物品这类重大走私罪，在判处主刑的同时应当并处罚金。我们当然不能因为罚金附加适用于重罪，而把它视为一种重刑。第四，从我国刑法分则条文所规定的法定刑对剥夺政治权利的排列顺序来看，它是排在有期徒刑、拘役、管制之后。显然，在立法者看来，有期徒刑最重，拘役次之，剥夺政治权利最轻。既然剥夺政治权利比拘役、管制还轻，当然也就只能视为一种轻刑。

二、剥夺政治权利的内容

关于剥夺政治权利，在我国不同的历史时期，其内容有所不同。在解放前革命根据地的司法实践中，剥夺的内容一般是选举权与被选举权；担任国家职务之权；受国家的勋章、奖章及荣誉称号之权；从事特种职业及特种营业权。建国后，中央法制委员会于 1950 年 11 月在统一名称的同时，一方面补充了剥夺政治权利的内容，将担任公共团体职务之权以及受领抚恤金之权包括在内，并规定适用时可剥夺政治权利的全部或一部；另一方面，又把原来规定的不属于政治权利范围的从事特种职业及特种营业权删去。1952 年 4 月 21 日公布的《中华人民共和国惩治贪污条例》，把剥夺政治权利可全部或一部剥夺用法律条文的形式固定下来。该《条例》第 11 条规定："犯本条例之罪者，依其犯罪情节，得剥夺其政治权利之一部或全部。"1953 年 6 月 27 日政务院批准的《管制反革命分子暂行办法》，又首次在刑事立法中，把剥夺政治权利的全部内容写进了法律条文。该办法第 4 条规定，剥夺政治权利的内容是："(一)选举权与被选举权；(二)担任国家机关行政职务之权；(三)参加人民武装与人民团体之权；(四)言论、出版、集会、结社、通讯、居住、迁移及示威游行之自由权；(五)享受人民荣誉之权。"

随着社会主义法制的逐步完善，我国 1979 年 7 月 1 日通过的《中华人民共和国刑法》，在总结以往的刑事立法和司法实践经验的基础上，修改了以前规定的剥夺政治权利的内容，把以往规定的参加人民武装之权、享受人民荣誉之权等排除在外，另将"参加人民团体之权"改为"担任企业、事业单位和人民团体领导职务的权利"。此外，对剥夺政治权利所包括的各项内容可否部分剥夺的问题，未像《惩治贪污条例》那样规定可以部分剥夺，当然只能理解为不可部分剥夺，而只能是全部剥夺。1997 年修订的刑法，对剥夺政治权利的内容基本上未作修改。

根据刑法第 54 条的规定，剥夺政治权利是剥夺以下四项权利：

(一)选举权和被选举权

宪法第 34 条规定："中华人民共和国年满 18 周岁的公民，不分民族、种族、性别、职业、家庭出身、宗教信仰、教育程度、财产状况、居住期限，都有选举权和被选举权；但是依照法律被剥夺政治权利的人除外。"刑法把选举权和被选举权列为应剥夺的政治权利的首要内容，是因为选举权和被选举权是公民最基本或最重要的政治权利。公民通过行使选举权，可以选出自己的代表代为行使管理国家的权利；而行使被选举权，则可能使自己直接参与管理国家的活动、行使管理国家的权利。

（二）言论、出版、集会、结社、游行、示威自由的权利

毛泽东同志曾经指出："人民的言论、出版、集会、结社……自由，是最重要的自由。"①剥夺犯罪分子这种政治上的自由权利，是对其犯罪行为的一种严厉否定评价和政治责难。至于言论、出版、集会、结社、游行、示威自由的涵义，我们认为，不能从广义上解释，而只能从狭义上理解为限于"政治性"的范围之内。就剥夺言论、出版自由而言，并不是泛指不允许犯罪分子用口头或书面文字表达自己的思想，更不是指不让犯罪分子随便讲话，不让其发表任何类型的文章或出版各种书籍。对于非政治性而又对社会无任何危害的言论不应该限制；对社会有益的学术性、科技性及建设性的言论，不仅不能限制，相反应予保护和鼓励。例如，按照我国的有关法律、法规和改造罪犯的政策，对正在服刑的犯罪分子（包括被附加剥夺了政治权利的），只要确有专长，都应该予以鼓励，并创造条件让其发挥专长，包括发表学术论文、出版学术专著、传授先进技艺等，对其中确有重大发现、发明或贡献的，还可以减刑。由此可见，剥夺言论、出版自由，只能理解为剥夺犯罪分子发表政治性言论、出版政治性书籍的自由。值得一提的是，有的论者认为，作为剥夺政治权利内容的"剥夺言论自由的范围应比宪法规定的言论自由的范围小。……它不能与宪法规定的言论自由划等号，应限定在政治性的内容的范围之内"②。笔者以为，把剥夺言论自由限定在政治性内容的范围之内是正确的，但认为剥夺政治权利刑中所要剥夺的言论自由与宪法规定的言论自由的内涵和外延不同，则是错误的。因为从我国刑法第54条第（二）项的规定可以看出，剥夺言

---

① 《毛泽东选集》第3卷，人民出版社1991年版，第1070页。

② 见王焱林：《剥夺政治权利刍议》，载《现代法学》1988年第2期，第14页。

论自由是指剥夺宪法规定的言论自由，而不是在宪法规定之外的“言论自由”。事实上，宪法规定的言论自由，也是指公民具有发表政治性言论的自由，而不是一般日常生活意义上所指的说话自由。因为宪法是国家的根本大法，公民个人之间交流思想感情，用语言进行沟通，以从事日常的生活事务，这种自由权利毋需宪法赋予，也没有在宪法中加以规定的必要。同样道理，剥夺集会、结社自由，也仅指剥夺政治性集会、结社自由，非政治性的集会(如宗教集会)、非政治性的结社(如组织、参加纯学术性社团)，则不在禁止之列。但是，游行、示威是一种带有政治性的社会活动，此种自由权利，当然在剥夺的范围之内。

应当指出，1982 年宪法把公民的通信自由与言论、出版、集会、结社、游行、示威的自由分割开来，作了专门规定，该法第 40 条规定：“中华人民共和国公民的通讯自由和通信秘密受法律的保护。除因国家安全或者追查刑事犯罪的需要，由公安机关或者检察机关依照法律规定的程序对通信进行检查外，任何组织或者个人不得以任何理由侵犯公民的通信自由和通信秘密。”本来，按 1978 年宪法第 45 条的规定，通信自由也在剥夺政治权利刑所剥夺的范围之内，但是，由于新宪法明文规定，除“依照法律规定的程序对通信进行检查外，任何组织或者个人不得以任何理由侵犯公民的通信自由和通信秘密”，由此推论，宪法也不允许任何组织或个人以任何理由剥夺公民的通信自由。因此，新宪法施行之后，通信自由不在剥夺政治权利刑所应剥夺的范围之内。修订的刑法也未将其包含在剥夺政治权利的范围之中。

(三)担任国家机关职务的权利

国家机关是依法对国家进行政治、经济、文化等各方面管理活动的机关，包括各级国家行政机关、权力机关、司法机关，等等。在这些国家机关担任职务，就意味着直接参加了管理国家的活动。因此，担任国家机关职务是一项极为神圣的权利，被剥夺政治权利的犯罪分子是不配享有的。应该指出，剥夺担任国家机关职务的权利，不以禁止犯罪分子在国家机关担任领导职务为限，还包括禁止其担任一般国家工作人员的职务，比如，担任一般的审判员、检察员、税务征收员，等等。但是，这并不意味着不允许被剥夺政治权利的人在国家机关工作。实际上，在国家机关从事非政治性或非管理性的工作(如做炊事员、打字员等勤杂工)，应该允许。

(四)担任国有公司、企业、事业单位和人民团体领导职务的权利

国有公司、企业、事业单位虽然不是国家机关，而是经济、文化等实体，但却是组成国家的细胞，在这些单位担任领导职务，也可以说是参与了国家的管理活动，所以，此种权利也在剥夺政治权利刑所应剥夺的范围内。不过，应该注意，在国有公司、企业、事业单位和人民团体工作而不担任领导职务，则是允许的。因为剥夺政治权利刑只是剥夺政治上的权利，并不能剥夺犯罪分子的劳动权、工作权。

还应当指出，根据刑法第 54 条的规定，剥夺政治权利只是剥夺上述四项权利，并不是剥夺一切公民权利。宪法规定的公民的基本权利，除了第 34 条规定的选举权和被选举权，第 35 条规定的言论、出版、集会、结社、游行、示威的自由权以外，还有第 36 条规定的宗教信仰自由权，第 37 条、38 条、39 条规定的人身自由、人格尊严、住宅不受侵犯的权利，第 41 条规定的批评、建议、申诉、控告、检举权，以及其他条文规定的受教育权、劳动权，等等。其中，宪法第 41 条规定："中华人民共和国公民对于任何国家机关和国家工作人员，有提出批评和建议的权利；对于任何国家机关和国家工作人员的违法失职行为，有向有关机关提出申诉、控告或者检举的权利。"这里的批评、建议、申诉、控告和检举的权利，是宪法赋予公民参政议政，对国家机关及其工作人员进行监督的权利，当然是一种政治权利，但对其不能予以剥夺，相反应予鼓励和保护，从而也就不能把这类言论

纳入剥夺言论自由的范围。由此可见，被剥夺政治权利的人，只是被剥夺了刑法明文规定的那些政治权利，未被剥夺的政治权利仍然依法享有；同时，被剥夺的政治权利中，虽然有一部分是宪法规定公民享有的基本权利(也有一部分不属公民基本权利)，但是，并非剥夺了宪法规定的一切公民权利。

三、剥夺政治权利的适用方式

我国刑法中的剥夺政治权利有以下两种适用方式：

(一)附加适用

根据我国刑法第56、57条的规定，附加适用剥夺政治权利有以下三种情况：

1. 对于危害国家安全的犯罪分子应当附加剥夺政治权利

危害国家安全的犯罪分子是实施危害中华人民共和国行为的犯罪分子。由于这类犯罪分子公然与人民为敌，严重危害了国家利益，所以，刑法规定对这类犯罪分子，不论罪行轻重，在判处其他主刑的同时，都应当附加剥夺政治权利。

2. 对于被判处死刑、无期徒刑的犯罪分子，应当剥夺政治权利终身

对于被判处死刑、无期徒刑的犯罪分子，是否有必要剥夺政治权利，在刑法理论上有不同意见。有的学者认为不必剥夺①。也有的学者认为“有谓宣告死刑，生命既绝，公权即无所附丽。无期徒刑囚禁终身，自亦无从享有公权，似无再行宣告褫夺公权之必要云云。”②但是，我国刑法理论上的通说认为，对被判处死刑、无期徒刑的犯罪分子，有剥夺政治权利终身的必要。理由

---

① 参见马克昌等主编：《刑法学全书》，上海科学技术文献出版社1993年版，第191页。

② 高仰止著：《刑法总则之理论与实用》，台湾五南图书出版公司1986年版，第474页。

是：(1)对被判处死刑、无期徒刑的罪犯应当给予政治上的否定评价。因为政治权利是宪法赋予公民的庄严权利，国家既然剥夺了罪犯的生命或终身自由，理应同时剥夺这种庄严的权利，以表示政治上对其惩罚和否定。(2)防止死刑罪犯遇赦、无期徒刑罪犯假释后利用政治权利再犯罪。死刑判决从宣告经核准到执行必须经过一定的时间，在此期间，被判处死刑的罪犯可能遇到特赦而不执行死刑；被判处无期徒刑的罪犯，也可能因为假释出狱。如果在判决的当时，不宣告剥夺政治权利终身，这类罪犯被赦免或者假释以后仍享有政治权利，有可能利用政治权利危害社会。(3)有利于处理与罪犯有关的民事法律关系。有些权利，罪犯的生命或终身自由虽然被剥夺，但却有可能被他人代为行使。例如，罪犯以前有著作，他们的亲属还有可能代其行使出版权。剥夺这类罪犯政治权利终身，就有了禁止他们的亲属代行这种权利的法律根据①。

我们基本上赞成通说的主张，只是觉得通说列举的第三条理由有点牵强。因为，剥夺政治权利刑只是剥夺了刑法明文规定的四项政治权利，并未剥夺罪犯的民事权利，此其一。其二，“剥夺政治权利终身的‘终’字，是自始至终的整段时间的意思，‘终身’是一生的意思。所以，剥夺政治权利终身就是剥夺罪犯从判决生效之时起，到罪犯死亡之时止这一段时间的政治权利。因此，剥夺政治权利终身与无期徒刑的剥夺自由终身的期限相等，同时执行，与死刑是同时执行完毕的。”②其三，罪犯死亡之后，还继续剥夺其政治权利，不仅不符合剥夺政治权利终身的本义，而且也无实际意义。因为在剥夺政治权利所应剥夺的四项权利

① 参见高铭暄主编：《中国刑法学》，中国人民大学出版社 1989 年版，第 259 页。

② 见张令杰：《谈剥夺政治权利》，载《法学研究》1981 年第 6 期，第 10 页。

中，选举权与被选举权、担任国家机关职务的权利、担任企业事业单位和人民团体领导职务的权利，这三项权利在罪犯死亡之后都是不可能行使的。至于集会、结社、游行、示威这类自由权利的行使，也是以人的生命存在为前提条件的。唯有出版之权，有可能在罪犯死亡之后，由他人代为行使。但是，如前所述，对被剥夺政治权利的罪犯的著作并非一律禁止出版。宪法第47条规定："中华人民共和国公民有进行科学研究、文学艺术创作和其他文化活动的自由。国家对于从事教育、科学、技术、文学、艺术和其他文化事业的公民的有益于人民的创造性工作，给以鼓励和帮助。"该条所规定的权利，并不在剥夺政治权利刑所应剥夺的范围之内。那么，对于罪犯生前的科学研究成果、文学艺术创作，有什么理由禁止他人代行出版？事实上，如果那样，就好比在泼脏水的同时连坐在盆里洗澡的孩子也一起泼掉了，当然是愚蠢之举。至于对罪犯生前所著的违背四项基本原则，对社会有危害的著作，肯定应禁止出版。但是，对未剥夺政治权利的人的这类著作，依法也在禁止之列。由此可见，禁止被剥夺政治权利终身的人在死亡之后，由他人代行出版对社会有危害的著作，并不是由于剥夺政治权利刑对其继续有效，而是由于其著述的内容依法应禁止出版。

3. 对于严重破坏社会秩序的犯罪分子，也可以附加剥夺政治权利

刑法第56条规定，对于故意杀人、强奸、放火、爆炸、投毒、抢劫等严重破坏社会秩序的犯罪分子，可以附加剥夺政治权利。应当注意的是，对于严重破坏社会秩序的犯罪分子，法律规定只是"可以附加剥夺政治权利"，这不同于前述两种情形。前述两种情形都是应当附加剥夺政治权利，是采取强制并科原则，审判人员无任何选择余地；而这里规定"可以附加剥夺政治权利"是采取任意并科原则，即是否剥夺要由审判人员灵活掌握，不是硬性的一律附加适用。对犯严重破坏社会秩序罪的未成年罪犯如何适用剥夺政治权利问题，1995年5月2日最高人民法院

《关于办理未成年人刑事案件适用法律的若干问题的解释》中规定："对犯严重破坏社会秩序罪的未成年罪犯，除依法判处无期徒刑……的以外，一般不附加判处剥夺政治权利刑。"这为对未成年犯如何适用剥夺政治权利刑提供了依据，在司法实践中今日仍可参照执行。

（二）独立适用

在我国刑法典中，独立适用剥夺政治权利是由刑法分则条文明确规定的，涉及到四种类型的犯罪：（1）危害国家安全罪。包括分裂国家罪，煽动分裂国家罪（第 103 条）；武装叛乱、暴乱罪（第 104 条）；颠覆国家政权罪，煽动颠覆国家政权罪（第 105 条）；资助危害国家安全犯罪活动罪（第 107 条）；叛逃罪（第 109 条）；为境外窃取、刺探、收买、非法提供国家秘密、情报罪（第 111 条）。（2）侵犯公民人身权利、民主权利罪。包括非法拘禁罪（第 238 条）；侮辱罪，诽谤罪（第 246 条）；煽动民族仇恨、民族歧视罪（第 249 条）；破坏选举罪（第 256 条）。（3）妨害社会管理秩序罪。包括煽动暴力抗拒法律实施罪（第 278 条）；招摇撞骗罪（第 279 条）；伪造、变造、买卖国家机关公文、证件、印章罪，盗窃、抢夺、毁灭国家机关公文、证件、印章罪，伪造公司、企业、事业单位、人民团体印章罪，伪造、变造居民身份证罪（第 280 条）；非法获取国家秘密罪（第 282 条）；聚众扰乱社会秩序罪，聚众冲击国家机关罪（第 290 条）；组织、领导、参加黑社会性质组织罪，包庇、纵容黑社会性质组织罪（第 294 条）；非法集会、游行、示威罪（第 296 条）；非法携带武器、管制刀具、爆炸物参加集会、游行、示威罪（第 297 条）；破坏集会、游行、示威罪（第 298 条）；侮辱国旗、国徽罪（第 299 条）。（4）危害国防利益罪。包括聚众冲击军事禁区罪，聚众扰乱军事管理区秩序罪（第 371 条）；冒充军人招摇撞骗罪（第 372 条）；伪造、变造、买卖武装部队公文、证件、印章罪（第 375 条）。

应当指出，在刑法分则和特别刑事法律规定某罪可以独立适用剥夺政治权利的情况下，剥夺政治权利都是放在其他几种主刑之后，作为一种可供选择适用的刑罚方法，而不是必须适用的唯一刑罚方法。至于刑法分则条文和特别刑事法律没有规定剥夺政治权利的其他犯罪，则不得独立适用剥夺政治权利。

四、剥夺政治权利的期限

我国刑法对剥夺政治权利的期限，分以下四种情况，作了不同规定：

一是判处死刑、无期徒刑的，剥夺政治权利终身；

二是死刑缓期执行减为有期徒刑，或者无期徒刑减为有期徒刑的，附加剥夺政治权利的期限应改为 3 年以上 10 年以下；

三是判处有期徒刑、拘役而附加适用或者单独适用剥夺政治权利的期限为 1 年以上 5 年以下；

四是判处管制附加剥夺政治权利的期限与管制的期限相等。

第三节　驱 逐 出 境

一、驱逐出境的概念

我国刑法中的驱逐出境，是强迫犯罪的外国人离开我国国(边)境的刑罚方法。它具有以下主要特点：

(一)驱逐出境只对犯罪的外国人(即具有外国国籍或无国籍的人)适用。我国是一个独立的主权国家，在我国境内的外国人必须遵守我国的法律，在我国境外的外国人也不得侵犯我国国家和公民的利益。凡是外国人犯罪而又由我国法院审判的，如果人民法院认为他继续居留我国将对我国国家和人民利益产生危害，就可以适用驱逐出境这种特殊的刑罚方法。但是，对犯罪的我国公民不能适用驱逐出境。

(二)驱逐出境既可以独立适用，也可以附加适用。当外国人犯较轻的罪而又不必适用主刑时，可以单独适用驱逐出境。如果犯罪较重，在判处主刑的同时，可以附加适用驱逐出境。

(三)驱逐出境只是“可以”(不是“应当”)对犯罪的外国人适用。也就是说，对犯罪的外国人不是一律都要适用驱逐出境，而是要由人民法院根据案件的具体情况，并兼顾我国与其所属国之间的关系和国际斗争的形势，灵活掌握适用。

二、驱逐出境的性质

关于驱逐出境的性质，涉及到两个问题：一是驱逐出境是不是一种刑罚方法；二是如果它是一种刑罚方法，那么，是否属于资格刑的范畴。

对前一个问题，我国刑法学界有三种不同观点：第一种观点认为，驱逐出境是一种刑罚方法。按照刑法第35条的规定，驱逐出境既可以独立适用，也可以附加适用，这完全符合附加刑的基本特征；并且它只能由人民法院对犯罪的外国人适用，所以是一种特殊的附加刑，而不是行政强制措施①。第二种观点认为，驱逐出境既不在刑法第33条规定的主刑之中，也不在刑法第34条规定的附加刑之列；并且它既可以由法院判处，也可以由公安机关命令宣布，所以，驱逐出境不是刑罚，而是一种行政强制措施②。第三种观点认为，驱逐出境既是一种刑罚方法，又是一种行政强制措施。当人民法院依法对犯罪的外国人适用时，是一种刑罚方法；当公安机关依照有关行政法规，对外国人宣布驱逐出境时，则是一种行政强制措施③。

我们赞成第三种观点。在我国刑法第33、34条所规定的主

---

① 参见冯艳蓉：《驱逐出境是一种刑罚方法》，载《政治与法律》1986年第2期。

② 参见于志：《驱逐出境不属于刑罚》，载《政治与法律》1985年第3期。

③ 参见李伟芳、王正超：《驱逐出境仅是一种刑罚方法吗?》，载《政治与法律》1986年第6期。

刑和附加刑中，确实没有驱逐出境，但这是因为驱逐出境只能对犯罪的外国人适用，所以，未列入刑法第33、34条所规定的一般刑罚方法之中，而在第35条中作了专门规定。由此可见，以刑法第33、34条所列举的主刑和附加刑中没有驱逐出境为理由，而将其排除在刑罚方法之外，是不妥当的。另外，也应该看到，除了人民法院可以对犯罪的外国人依法判处驱逐出境外，我国政府及公安机关也可以对有违法行为的外国人作出驱逐出境的决定。这后一种情形，显然不属于刑事处罚，只能视为行政强制措施。因此，认为驱逐出境仅仅只是一种刑罚方法的观点，也有失偏颇。只有第三种观点才是正确的。

应该指出，作为刑罚的驱逐出境与作为行政措施的驱逐出境有原则区别。前者是一种刑事处罚，适用于经我国法院审判的犯罪的外国人；后者是一种行政处罚，适用于在我国境内实施了危害我国国家和人民利益行为而又享有外交特权与豁免权的外国人，或者是违反我国的《外国人入境出境管理法》的有关规定，如非法入境、出境，在我国境内非法居留或停留，未持有效旅行证件前往不对外国人开放的地区旅行，伪造、涂改、冒用、转让入境、出境证件，情节严重的外国人。前者由人民法院依照我国刑事诉讼法规定的程序进行判决；后者由我国政府及公安机关依照有关程序作出决定。

关于驱逐出境是不是一种资格刑的问题，我国刑法学界意见比较一致，现有的教科书及有关专著，都是把它作为一种资格刑来论述的。至于为什么作为资格刑，而不作为其他类型的刑罚看待，过去很少有人论及。最近有论者提出，对犯罪人一定资格的剥夺是资格刑的本质属性。驱逐出境剥夺的是外国人在我国居留的资格，这种资格已经为我国法律所确认。如我国《外国人入境出境管理法》规定："依照中国法律在中国投资或者同中国的企业、事业单位进行经济、科学技术、文化合作以及其他需要在中国长期居留的外国人，经中国政府主管机关批准，可以获得长期居留或者永久居留资格。""对于不遵守中国法律的外国人，中国政府主管机关可以缩短其在中国停留的期限或者取消在中国的居留资格。"由此可见，法院对犯罪的外国人适用驱逐出境，正是对外国人在中国居留资格的剥夺，因而是一种资格刑①。我们认为，这样解释有说服力。

应当指出，在有些国家，驱逐出境分为终身驱逐出境与限期驱逐出境两种。例如，《瑞士刑法典》第 55 条规定："外国人受重惩或轻惩自由刑之宣告者，法官得将其驱逐于瑞士国境 3 年至 15 年，累犯者得终身驱逐出境。"我国刑法对驱逐出境无期限规定，显然，只能理解为永久或终身驱逐出境。

第四节　资格刑的立法完善

我国现存的几种资格刑中，驱逐出境只对犯罪的外国人适用，其适用面很窄，不具有普遍意义。只有剥夺政治权利，才具有普遍适用的效力。而剥夺政治权利，在中华人民共和国成立后相当长一段时期内，曾被作为一种专政措施，适用于专政对象，剥夺的内容又是政治权利。因此，这种资格刑具有浓厚的政治色彩，在一定程度上是阶级斗争的产物。在目前敌对阶级作为整体已经被消灭，阶级斗争已经不是社会的主要矛盾的情况下，剥夺政治权利作为资格刑的主要内容，已经在很大程度上不能适应同犯罪作斗争的需要。为此，我们建议从以下几方面完善我国的资格刑。

一、增加一些新的资格刑内容

从各国的刑事立法来看，资格刑主要包括剥夺以下几方面的

---

① 参见陈兴良主编：《刑种通论》，人民法院出版社 1993 年版，第 499 页。

权利：一是选举权和被选举权；二是担任公职权；三是亲权和其他民事权；四是特定职业权(或生产、经营权)；五是荣誉权；六是居留权。我国的驱逐出境是剥夺外国人在我国的居留权，剥夺政治权利所剥夺的内容，除了宪法规定公民享有的言论、出版、集会、结社、游行、示威等自由权利外，实际上只有选举权、被选举权和担任公职的权利。此外，还有剥夺亲权，剥夺特定职业权等内容的资格刑，在我国刑法中没有规定。当然，对外国刑法特别是资本主义国家刑法中资格刑所包含的内容，要作具体分析，不能全盘照搬。例如，在资产阶级和其他剥削阶级占统治地位的国家，夫妻、父子地位不平等，丈夫对妻子、父亲对子女享有某些特权，因此，当父亲滥用父权或丈夫滥用夫权而受有罪宣告时，就有必要剥夺其亲权，以防止其利用这些特权继续侵犯妻子和子女的权利。而在我们社会主义国家里，丈夫与妻子、父母与子女在家庭中享有平等的权利，不存在一方独享的特权，也就没有必要在资格刑中规定剥夺此种权利。

但是，对剥夺特定职业权，即剥夺犯罪分子从事某种特定职业或生产经营活动的权利，确有必要加以规定。因为，在现实生活中，有不少犯罪(特别是经济犯罪)，都与犯罪人的职业有关，许多犯罪分子就是利用自己的职业或者在从事生产经营活动中实施各种犯罪的。对于这种犯罪人，剥夺其从事特定职业的权利，既是对其犯罪的一种惩罚，也是防止其利用职业再犯罪的一种重要手段。

可能有人会提出，行政法中已经规定了吊销执照、许可证、责令停业整顿等行政处罚措施，又另在刑法中规定剥夺从事某种特定职业或生产、经营活动权利的资格刑会显得重复多余。但我们认为，行政处罚不能代替刑罚。行政处罚措施与刑罚方法在形式上相同的情况并不少见，如行政拘留与拘役、罚款与罚金，都在形式上没有多大差别，但性质不同。我国刑法也并未因为行政法中已有行政拘留和罚款的规定，而不在刑法中规定拘役和罚金这样的刑罚。实际上，剥夺犯罪分子从事某种特定职业或生产经营活动权利的资格刑，比行政法中的吊销执照等类似处罚要严厉得多。另外，由于它是审判机关作出的判决，其强制性也比行政机关作出的处罚决定大得多。

二、合并某些资格刑的内容

在现实生活中，公务人员从事的职务犯罪时有发生，这些犯罪大多是公务人员利用职务上的便利，或者在履行职务的过程中实施的。因此，剥夺这类犯罪分子担任公职的权利，就等于限制、剥夺了其再犯渎职罪的能力，这对于实现刑罚的目的具有重要意义。我国刑法第54条第(三)、(四)项规定，剥夺犯罪分子"担任国家机关职务的权利"和"担任国有公司、企业、事业单位和人民团体领导职务的权利"，其意义也正在于此。但是，这两项权利内容的实质是相同的，可以合并概括为剥夺"担任公职的权利"。这样，既可以把"担任国家机关职务的权利"和"担任国有公司、企业、事业单位和人民团体领导职务的权利"都包括进去，克服一一列举、重复繁杂的弊病，又能更好地体现立法本意。

三、明确规定某些资格刑的适用条件

我国刑法第56条规定："对于故意杀人、强奸、放火、爆炸、投毒、抢劫等严重破坏社会秩序的犯罪分子，可以附加剥夺政治权利。"什么情况下可以附加适用？司法实践中往往难以掌握和认定，难免造成执法不统一的现象。建议明确规定适用的条件，便于审判人员准确执行法律。

四、实行资格刑的分立制

我国刑法中剥夺政治权利刑的适用形式只有全部剥夺一种，即剥夺刑法第54条所列举的四项权利的全部。这一方面限制了剥夺政治权利刑的适用范围，使其在附加适用的情况下，只能适用于性质严重和罪恶重大的犯罪，其范围十分狭小。另一方面又难免出现“刑罚过剩”的问题，因为单处剥夺政治权利只能适用于轻罪犯。而对于犯侮辱、诽谤之类轻罪的人，连宪法赋予公民的言论、出版、集会、结社、游行、示威等自由权利都一概剥夺，既显得过分，也无此必要。然而，一些国家刑法采用资格刑的分立制，则无此弊病。所谓资格刑的分立制，就是把资格刑所要剥夺的各种权利内容分别规定，单独适用，彼此之间不发生连带关系。以《瑞士刑法典》为例，它所规定的资格刑，包括剥夺官职权、亲权及监护权、职业或经营权等三方面内容。这三方面权利之剥夺分属于三个法律条文，实际上是三种资格刑，并且其适用条件均有所不同，便于法官根据犯罪人的不同情况，灵活选择适用，以发挥其预防犯罪的作用。我们认为，这种立法经验值得借鉴。

但是，实行资格刑的分立制必须有严格的适用条件。在外国刑法中，一般都有各种限制条件，例如，《瑞士刑法典》在规定上述三种资格刑的同时，明确指出，剥夺官职权，须证实犯罪人不适于担任官职或公职；剥夺亲权及监护权，须认为犯罪人不适合执行这种权利；剥夺职业或经营权，须认为犯罪人有继续滥用这种权利的可能。我国刑法可以在总则中原则规定，对危害国家安全的犯罪分子和被判处死刑、无期徒刑的罪犯，应当剥夺包括言论、出版、结社、集会、游行、示威等自由权利在内的多种政治权利以及剥夺勋章、奖章、军衔和各种荣誉称号，以显示对这类敌视我们的政权和制度以及严重危害国家和人民利益的犯罪分子在政治上的严厉惩罚和否定评价。除此之外，对公务人员犯渎职罪的，可以酌情单处或并处剥夺担任公职的权利，以防止其继续利用职务或在履行职务过程中再次实施犯罪；对一般公民利用国家行政机关特许的某种权利从事违法犯罪活动的，则可以酌情单处或并处剥夺从事特定职业(或生产、经营活动)的权利，而对其他权利可以不剥夺。

第 二 编

刑罚裁量

第六章　刑罚裁量原则

第一节　刑罚裁量的概念

刑罚裁量即量刑，这是我国刑法学界约定俗成的专业术语，但在不同的国家和地区也有不同的称呼，例如，前苏联有的刑法教材称为“判处刑罚”[①]；日本的一些著作称为“刑的量定”，如西原春夫认为：“如同前述刑的适用一词，是对特定的行为者宣告特定之刑；选定那个特定之刑的过程，叫刑的量定，或叫量刑。具体言之，意味着决定宣告刑的过程。”[②]在我国台湾地区的刑法论著一般称为“刑之酌科”或“科刑”[③]；港澳学者认为：“量刑是法官在审理刑事案件中，根据刑法的规定，在审酌犯罪行为和行为人的有关情况后，裁量决定刑罚的活动”[④]；而祖国大陆的刑法学者通常叫做量刑。这与国家或地区的刑法规定和法律文化背景有一定关系。至于怎样给量刑下定义？我国大陆刑法学者

---

① 别利亚耶夫等主编：《苏维埃刑法总论》，群众出版社 1987 年版，第 327 页。

② [日]西原春夫：《刑法总论》，成文堂 1978 年版，第 451—452 页。

③ 《云五社会科学大辞典·法律学》，台湾商务印书馆 1971 年版，第 84、351 页。

④ 米健等著：《澳门刑法》，澳门基金会出版(1994 年 8 月)，第 155 页。

却有不同的表述，归纳起来主要有下列三种观点：

1. 狭义说。指量刑的范围是在法定刑内裁量决定刑罚。例如，《法学词典》(第3版)说："量刑"是"审判机关对罪犯确定刑罚的种类和轻重"①。多数刑法教科书认为："量刑是人民法院对犯罪分子依法裁量决定刑罚的一种审判活动。"②有的学者表述得更加明确具体："量刑是法院在法定刑范围内，或依照刑之加减事由，对犯罪人选择适用刑种并决定其刑度的活动。量刑只能发生于相对法定刑之下。这种法定刑，既有明确的刑罚限度，又有在此限度内的一定灵活性，便于司法机关针对案件的具体情况判处轻重适当的刑罚。"③

2. 广义说。指量刑的范围除刑罚外，还包括免予处罚。例如，《中国大百科全书·刑法卷》认为，量刑"是审判人员审理刑事案件后，根据一定的原则和应考虑的各种情节，依法权衡轻重，对被告宣告一定刑罚或免予处罚。"④有些刑法教科书认为："量刑和定罪一样，是刑事审判活动的基本环节之一，它所要解决的问题，是人民法院在定罪的基础上，依法决定对犯罪分子是否判处刑罚，判处何种刑罚，判处多重的刑罚的问题。"⑤

3. 折衷说。即从广义和狭义两个方面给量刑下定义，两种定义并用。例如，有的学者说："量刑是审判机关对已构成犯罪的分子，依法裁量决定应服刑罚的刑种及刑期的审判活动。从广义上讲，……对犯罪情节轻微的犯罪分子免予刑事处分，也属于量刑活动的体系之内。"⑥有的学者认为："所谓量刑，从狭义上

---

① 《法学词典》(第3版)，上海辞书出版社1989年版，第98页。

② 高铭暄主编：《中国刑法学》，中国人民大学出版社1989年版，第268页。

③ 赵炳寿主编：《刑法若干理论问题研究》，四川大学出版社1992年版，第267页。

④ 《中国大百科全书·法学卷》1984年版，第382页。

⑤ 何秉松主编：《刑法教科书》，中国法制出版社1993年版，第440页。

⑥ 苏惠渔等：《电脑与量刑》，百家出版社1989年版，第1页。

讲，就是法院对特定行为人宣告科以特定的刑罚；从广义上讲，是指选择、裁量、决定刑罚的活动过程，宣告缓刑、免予刑事处罚等处分决定……也属于量刑的范围。”①

上述三种定义尽管在表述上有所差异，而从具体解释上看，基本观点却是一致的，都抓住了量刑活动的重点，对我国的刑事审判工作曾经起过积极指导作用，为量刑概念的进一步完善和更新奠定了基础，应当予以充分的肯定。但是，根据刑法第 37 条和第 61 条的规定，量刑作为一种审判活动，应当包括对犯罪分子适用刑罚和非刑罚处理方法等内容，所以传统的量刑概念均存在着一定缺陷，简要分析如下：

首先，第一种定义未能穷尽我国刑法规定的量刑活动的全部内容，具有一定的片面性。为了弥补这种缺陷，在解释论上又陷入了矛盾。其一，这种定义在文字表述上，仅把量刑活动界定为“裁量决定刑罚”，选择“具体刑事制裁方法”和“选择适用刑种并决定其刑度”，而且只能在法定刑的“限度”内“判处轻重适当的刑罚”。这种概念本身的内涵和外延都是十分明确和肯定的，这就把量刑活动中可能发生的对犯罪人免予刑事处分或适用训诫等非刑罚处理方法，以及缓刑制度的适用，排除于量刑活动之外，其定义项的外延明显小于被定义项的外延，不算是一个完全真实的定义。其二，既然量刑活动是对犯罪人选择、决定和判处“刑罚”、“刑事制裁方法”、“刑种和刑度”，就不可能发生在量刑中“解决对犯罪分子是否判刑”②的问题。可是，提出这种定义的有些学者，在阐述量刑的含义和内容时又说，“量刑还包括对犯罪分子决定不适用任何刑罚，即对犯罪人作有罪宣告，同时又决定

① 顾肖荣等：《量刑的原理与操作》，上海社科院出版社 1991 年版，第 230 页。

② 高铭暄主编：《中国刑法学》，中国人民大学出版社 1989 年版，第 268 页。

予以免刑"①，这岂不是自相矛盾吗？这种超出概念内涵和外延来解释被定义项的做法，本身是违反逻辑的，说明了这种量刑定义缺乏严谨性，同时又说明这种观点与广义说没有实质的区别。

其次，折衷说既赞成狭义说，又支持广义说，似乎全面公允，而其实质则是理论上的模棱两可。我们认为，量刑是人民法院对犯罪分子权衡刑事责任轻重并落实是否承担刑事法律后果的审判活动的整体。在量刑问题上，刑法给我们提供的研究对象和探索范围是确定的，不像某种研究领域那样还存在对象范围划分上的分歧，所以，我们的任务是怎样给量刑下定义，才能准确揭示其本质属性的问题。当然，对同一事物可以从不同的角度下定义，但所下的不同定义只是从不同的侧面揭示该事物的内涵，而且在不同定义之间，绝对不允许存在矛盾。然而，折衷说却给量刑下了两个定义，无论是狭义的还是广义的，在出发点和角度上并无二致，都是说明量刑活动有哪些内容，似乎没有这种区分的必要。

第三，广义说最大的优点是指出定罪是量刑的前提，量刑应考虑"各种情节，依法权衡轻重"，对犯罪分子决定"是否"判处刑罚，把"免予处罚"纳入量刑的视野之内，应当给予充分的肯定。但是也有不足之处，主要是未将是否适用缓刑和非刑罚处理方法，纳入量刑活动的范围，从定义中也看不出量刑在刑法中的地位和作用，因此也不算一个完善的概念。

总之，传统量刑概念主要存在两个问题：一是没有从犯罪、刑事责任和刑事法律后果(主要是刑罚)三者之间的内在联系上，揭示量刑的本质属性，阐明它在刑法中的地位和作用，这就是说，没有体现刑法第5条规定的罪、责、刑相适应这一刑法基本原则。二是受传统思想的影响，忽视非刑罚处理方法对于遏制和预防犯

---

① 赵炳寿主编：《刑法若干理论问题研究》，四川大学出版社1992年版，第267页。

罪的作用，未能全面、准确地概括现行刑法关于量刑的规定。

量刑概念同其他事物的概念一样，都是人们实践和认识的科学总结，因而不是一成不变的。它应全面概括现行立法的有关规定，根据司法实践和理论的发展不断完善。从理论上给量刑以科学的概念，准确揭示它的内涵和界定它的外延，对于深入研究和阐明刑法中的这一重大问题具有头等重要的意义。

量刑一词，从词语上看，量就是裁量，刑就是刑罚。量刑也就是刑罚裁量。由于过去一般人认为，犯罪的法律后果，只是刑罚，所以认为量刑或刑罚裁量，就是对确定的犯罪人裁量判处什么刑罚，或者说是选定特定之刑的过程。可是，经过我国学者最近几年对刑事责任的研究，从犯罪与刑事责任的关系看，通常认为刑事责任是由于犯罪而产生的法律责任；从刑罚与刑事责任的关系来看，实现刑事责任的形式，主要是刑罚，但不限于刑罚，还包括非刑罚处理方法以及免予处罚等。所以，当前对刑罚裁量或量刑，应作出较本来意义为宽的解释，即将非刑罚处理方法的裁量和是否免予处罚的裁量，也包括在刑罚裁量之内。同时，我们认为，“死缓”、缓刑二者虽然都不是刑种，而是刑罚的执行方法或暂缓执行的制度，但它们都是属于从宽处理的范畴，都是在刑罚裁量时决定的问题，理所当然地不应排除在刑罚裁量之外，而这一点往往为一些学者在对量刑下定义时所忽视。

综上所述，所谓刑罚裁量或量刑，是指人民法院在定罪的基础上，权衡刑事责任的轻重，依法决定对犯罪分子是否判处刑罚或适用某种非刑罚处理方法，判处何种刑种和刑度以及是否现实执行某种刑罚的审判活动。它具有如下四个特征：(1)量刑是人民法院权衡并落实刑事责任的一种审判活动，其他机关、团体、单位和个人都不能行使量刑权；(2)量刑的前提是正确定罪，被处理的对象只能是犯罪分子，对未经人民法院认定有罪的人不能追究刑事责任；(3)量刑轻重的根据只能是案件确有的宽严处罚情节，其他事由不得影响量刑活动；(4)量刑的任务是依照惩办与宽大相结合的政策，依法选择适当的刑罚或其他处理方法实现刑事责任。

第二节　刑罚裁量原则评述

根据本章第一节的命题，这里所说的刑罚裁量的原则也就是通常所说的量刑原则。关于量刑原则，我国刑法学界众说纷纭，莫衷一是。本节特就主要观点进行评述。

在量刑原则的概念问题上，刑法学界主要有下列四种观点：

1. 一般原则说。这种观点认为："量刑是非常复杂细致的工作，要达到……刑法基本原则的要求，保证合法、正确地将刑罚运用到性质、情节各有差异的具体犯罪案件中去，必须有严格的态度、科学的方法，遵循一定的基本准则，即量刑的一般原则。"①"量刑必须以一定的原则为指导。刑法第57(按：即现行刑法第61条)条规定：'对于犯罪分子决定刑罚的时候，应当根据犯罪的事实、犯罪的性质、情节和对于社会的危害程度，依照本法有关规定判处。'这是量刑的一般原则，它是我国人民法院长期以来量刑经验的科学总结，也是'以事实为根据，以法律为准绳'的审判工作指导原则在量刑上的具体体现。"②多数刑法论著在解释量刑的一般原则时，索性将刑法第61条规定直接解释为"以事实为根据，以法律为准绳"，这种观点是我国刑法学界的通说。

2. 基本原则说。这种观点认为："量刑的基本原则是指为量刑活动特有的，对量刑具有普遍指导意义的、人民法院在量刑时

---

① 杨春洗、杨敦先主编：《中国刑法论》，北京大学出版社1994年版，第214页。

② 高铭暄主编：《中国刑法学》，中国人民大学出版社1988年版，第268页。

必须遵循的准则。”要做到量刑适当，完成刑法的任务，只有全面考虑罪刑相适应与实现刑罚目的，使两者互相协调制约，才能发挥量刑的最佳效果。因此，量刑的基本原则正是指导量刑达到这种基本要求的准则，它规定了量刑活动的指导思想、量刑的依据和标准，在此前提下，提出确定我国量刑原则的六条根据：(1)确定量刑基本原则的前提标准是：“首先，量刑的基本原则是为量刑活动所特有的，而不是刑法的其他部分所共有的；其次，量刑的基本原则是贯穿于量刑的始终，对量刑的整个活动具有普遍指导意义的，而不是量刑的局部性的原则”。(2)量刑基本原则必须“以现行刑法规定为依据，但不是局限条文，因为现行刑法的规定也有不完善之处”。(3)量刑基本原则应受罪刑相适应和实现刑罚目的所制约并与之协调，“以发挥刑罚的最佳效果”为基本要求。(4)量刑基本原则“要吸收中外刑法理论的优秀成果”。(5)量刑基本原则“应参照世界各国刑事立法的有关规定”。(6)量刑基本原则“应以马克思主义基本原则为指导”①。

3. 具体原则说。这一种观点认为：“量刑的原则，是国家审判机关量刑时必须遵循的具体原则。它规范着整个量刑活动，对于量刑活动的正确进行具有重要的指导作用。”量刑是具体体现刑罚目的并服务于刑罚目的的重要环节，必须围绕着实现刑罚目的这一根本任务而开展。刑罚目的作为国家适用刑罚所追求的客观结果的集中概括，具有高度的抽象性，而量刑作为一个非常具体化的司法实践活动，不仅需要指明运行的基本方向和总体规范，更需要明确能够反映基本方向和总体规范的具体方向和具体规范，并以此实际指导自己的具体活动，否则难以保证具体的量刑活动不偏离正确的轨道。量刑原则“犹如人们要依靠具体路标的实际导向，才能达到最终目的一样，要在量刑中不偏离刑罚的目的所确定的基本方向和总体规范，就必须遵循具体准则的指导

① 赵炳寿主编：《刑法若干理论问题研究》，四川大学出版社 1992 年版，第 268—270 页。

和规范。”因此，我国的量刑原则具有三个特点：第一，直接性。所谓直接性，是指量刑原则应当对国家审判机关的量刑活动起着直接的指导作用，成为量刑活动在实现刑罚目的的过程中必须具体遵循的规范。只有这样，才能使特殊预防和一般预防的抽象目标，直接下达于量刑活动，成为其应当实际到达的具体位置，从而也才能保证审判机关明确掌握和具体遵循。第二，专门性。所谓专门性，是指量刑原则应当对量刑活动的特有问题予以专门的指导。在对犯罪人具体裁量决定刑罚时，必须面对并解决三个基本问题：一是怎样正确处理所决定的具体刑罚与具体犯罪的关系；二是怎样正确处理所决定的具体刑罚与具体犯罪人的关系；三是怎样正确处理具体裁量刑罚与具体适用法律的关系。第三，一致性。所谓一致性，是指量刑原则应当与刑罚适用的基本原则保持一致性。刑罚适用的基本原则既是指导包括量刑原则在内的全部刑罚适用环节的基本准则，也是产生量刑原则的母体，因此量刑原则不能有所违背①。

4. 三层次原则说。这种观点认为：“在量刑过程中必须遵循的原则很多，归纳起来有三个层次”：“第一个层次的原则即刑法基本原则。”指我国刑法特有的贯穿全部刑法始终的罪刑法定原则，罪刑相适应原则，罪责自负、反对株连的原则，惩罚与教育相结合的原则。这些基本原则不仅对定罪有指导作用，对量刑也有指导作用。“第二个层次的原则即刑法的一般原则。”我国刑法第 61 条的规定，就是量刑的一般原则。一般也可概括为坚持以犯罪事实为根据，以刑事法律为准绳的原则，但结合量刑，应强调的是以定罪为根据，以法定刑为准绳。“第三个层次的原则即刑法规定量刑的具体原则。例如，从重处罚原则、从轻处罚原则、减轻处罚原则、免除处罚原则、数罪并罚原则等等。这些原

① 樊凤林主编：《刑罚通论》，中国政法大学出版社 1994 年第 2 版，第 379—383 页。

则只是适用于某一种犯罪的具体原则，不是量刑的一般原则。”①

上述四种观点各有其独到之处，比如，第一种观点认为，要体现刑法基本原则的要求，保证合法、正确地将刑罚运用到性质、情节各有差异的具体犯罪案件中去，量刑必须以一定的原则为指导，并把我国刑法中的量刑原则表述为量刑的一般原则；第二种观点都把量刑原则定义为人民法院在量刑时必须遵循的准则，认为量刑原则必须体现和实现刑罚目的，主张量刑原则应当对量刑活动所特有的问题予以专门指导并贯穿于量刑的始终；第三种观点提出量刑与实现刑法任务的关系，主张量刑原则必须面对并正确解决具体刑罚与具体犯罪、具体刑罚与具体犯罪人、具体裁量刑罚与具体适用法律三个关系；第四种观点提出刑法的基本原则对量刑也有指导作用等等，我们认为是正确的。但是，这四种观点关于量刑原则概念的某些主张，却有进一步研究之处。

第一种观点认为量刑的一般原则就是刑法第 61 条规定，并把它概括为“以事实为根据，以法律为准绳”，这种观点存在两个方面的问题。一方面，怎样理解刑法第 61 条规定。(1)该条文中的“情节”一词，是否包括罪前情节和罪后情节？(2)“对于社会的危害程度”，是否包括犯罪人的人身危险性程度？(3)“依照本法有关规定判处”，是否包括尚未上升为法律的刑事政策？如果作否定性的理解，刑法第 61 条就不能认为是量刑的一般原则，因为罪前罪后情节、犯罪人的人身危险性和尚未上升为法律的刑事政策，对于是否判处刑罚和处刑轻重具有重要的意义。另一方面，“以事实为根据，以法律为准绳”的原则，是我国法律适用的基本原则之一，“早在 50 年代它就是我国审理案件的基本指导思想，但正式把它制度化、法律化，是在 1979 年制定的《刑事诉讼法》中……在 1982 年制定的《民事诉讼法(试行)》中也

① 高格著：《定罪量刑的理论与实践》，吉林人民出版社 1994 年版，第 168—170 页。

明确规定了这个重要原则。"[①]法律适用的基本原则、刑法的基本原则和量刑的一般原则是处于三个不同的层次，它们之间的关系是：上一层次的原则统率下一层次的原则，下一层次的原则体现上一层次的原则；如果把第一层次的原则降低或代替第三层次的原则，实际上也就抹煞了量刑原则的特殊指导意义，因而在理论上难以成立。

第二种观点认为量刑原则是对量刑活动具有普遍指导意义的一般准则是正确的，但是关于"量刑基本原则"的提法则不妥当。因为，量刑的基本原则是相对于量刑的具体原则而言的。对于人民法院的量刑活动来说，所遵循的只是个罪量刑原则和数罪并罚原则。由于数罪并罚必须而且只能在个罪量刑的基础上进行，所以刑法学界在习惯上将个罪量刑原则称为量刑的一般原则，以示同数罪并罚原则相区别。数罪并罚原则并不是仅对某一类犯罪、某个方面犯罪或某种具体犯罪的量刑才能适用的原则，所以，不好说它是相对于一般量刑原则的具体量刑原则。至于确立量刑原则要吸收中外刑法理论的优秀成果，应参照世界各国刑事立法的有关规定和应以马克思主义基本原则为指导的提法，却显得过于抽象和空泛。我们认为，马克思列宁主义、毛泽东思想是刑法的指导思想，已经体现在我国的刑事立法和刑事政策中，量刑原则也不例外；中外刑法理论优秀成果的吸收和世界各国刑事立法例的借鉴，必须转化为我国的刑事立法和刑事政策，才能作为量刑原则的根据。因此，没有必要将它们作为确立我国量刑原则的直接根据之一。

第三种观点认为量刑原则规范着整个量刑活动，是实现刑罚目的的实际导向的观点是正确的，但是，把量刑原则说成是实现刑罚目的的"具体路标"和"具体规范"，显然降低了量刑原则的普遍指导意义。我们认为，量刑原则只能是人民法院进行量刑活

---

① 沈宗灵主编：《法学基础理论》，北京大学出版社 1988 年版，第 371—372 页。

动的宏观指导准则，它解决的是量刑的总体指导思想和方向性问题，不是量刑活动的具体规范。所谓量刑的具体规范，是指某一行为在构成某种具体犯罪的条件下，怎样根据案件的具体情节，正确认定、评价和适用量刑情节，在什么法定刑范围内(或基础上)依法对犯罪分子从重、从轻、加重、减轻或者免除处罚的具体规则。既然量刑原则规范着“整个”量刑活动，是实现刑罚目的的实际“导向”，它就不可能是对具体犯罪人裁量决定刑罚的“具体规范”。强调量刑原则是实现刑罚目的的“具体规范”，实际上是把量刑原则同量刑情节的具体适用相互混淆起来，从而模糊了宏观指导原则与具体操作规则的界限，所以是不足取的。更主要的是，关于量刑原则应当与刑罚适用的基本原则保持一致性的提法，存在较大的问题。在提出这种观点的学者看来，刑罚适用的原则有四项，即必然性原则、及时性原则、效益性原则和衡定性原则。所谓刑罚适用的必然性原则，“是指所有应受处罚的犯罪都必须实际适用刑罚，做到有罪当罚，有罪必罚。”①也有学者叫做“有罪应罚的原则”或称为“刑罚的不可避免性”的原则，它“要求在犯罪与刑罚之间建立起必然的因果关系”，并将它“作为我国刑法中量刑的基本原则”，认为这一原则的“基本含义是：(1)量刑时凡是犯罪行为都应受到刑罚处罚，刑罚处罚是犯罪的必然结果；(2)任何人犯罪都应受到刑罚处罚，不能因人而异……”②。我们认为这种观点不全面。按照我国现行刑法规定，对具体犯罪及其行为人是否需要判处刑罚，取决于是否具有刑法规定的免除处罚情节和条件，而且是对各种量刑情节正确适用和科学平衡的结果。在有法律和事实依据的前提下，量刑因罪而别和因人而异，是刑罚个别化原则的内容。对绝大多数犯罪判处刑

① 樊凤林主编：《刑罚通论》，中国政法大学出版社1994年第2版，第279页。

② 赵炳寿主编：《刑法若干理论问题研究》，四川大学出版社1992年版，第270—271页。

罚，对极少数犯罪不适用刑罚(如免于刑事处分或免除处罚)，不仅是现行刑法的明文规定，而且是司法实践的客观事实。因此，我国刑法的量刑原则不应同“有罪必罚”这种陈旧观念保持一致性，更不能将它说成是我国刑法的量刑原则。所谓刑罚适用的衡定性原则，“是指适用刑法时尽量在空间上保持均衡，在时间上保持稳定，避免罪同因地异则罚殊和罪同因时迁则罚异。”①我们认为，把这种观点上升为我国刑罚的适用原则是错误的。因为犯罪的本质是行为的社会危害性，罪行的社会危害性程度影响刑事责任的大小。某一行为有无社会危害性以及社会危害性的大小，不完全取决于行为本身，还受社会环境和社会发展的制约。从横向来看，我国是一个政治、经济和文化发展很不平衡的大国，同一犯罪行为在城市和农村，在沿海和内地，在内地和边疆，在汉族地区和少数民族地区实施，社会危害性程度是有所差别的；从纵向来看，同一犯罪行为发生在不同时期、年代和社会发展阶段，社会危害性也不尽相同。所以“罪同因地异则罚殊和罪同因时迁则罚异”，应当是正常合理的现象，也是刑罚个别化原则的要求，它与毫无根据的和主观臆断的同罪量刑畸轻畸重有着本质的区别，不可因为后者的存在而否定前者的科学性。再说，刑罚适用的范围比刑罚裁量范围宽，在刑罚量定之后的刑罚执行过程中，还可能通过刑罚执行制度来修正原判确定的刑罚(如减刑和假释等)，所以，量刑原则应同刑罚适用原则保持一致和不能有所违背的观点，在理论上难以成立。

第四种观点存在两个问题：一是把我国刑法的基本原则纳入量刑一般原则的范畴，认为它是第一个层次的量刑原则。其错误在于，既然刑法的基本原则是“刑法所特有的贯穿全部刑法始终”的指导准则，那么，量刑的一般原则理所当然地要体现刑法的基本原则，也就没有必要再将刑法的基本原则视为量刑的一般

① 樊凤林主编：《刑罚通论》，中国政法大学出版社 1994 年第 2 版，第 283 页。

原则。把刑法的基本原则纳入量刑一般原则的范畴，这实际上是模糊了刑法的基本原则与刑法具体原则的统率与被统率关系，混淆了两者之间的区别，因而在理论上是混乱的，所以应作否定评价。二是提出多层次量刑原则的观点，认为量刑原则可分为一般原则和具体原则。量刑的一般原则是对刑法分则规定的各类犯罪以及各类犯罪中的具体犯罪的量刑普遍适用的原则，如"以犯罪事实为根据，以刑事法律为准绳"，就是量刑的一般原则；量刑的具体原则是对某一类犯罪或某个方面犯罪的量刑所适用的具体原则，除了从重、从轻、减轻、免除处罚原则和数罪并罚原则之外，军法从严的原则和军人犯罪战时从严的原则，也是属于第三层次的所谓具体量刑原则①。我们认为这种观点难以成立。首先，从重、从轻、加重、减轻和免除处罚，是在量刑原则的指导下，依法对被审理的犯罪及其行为人决定是否适用刑罚以及适用何种刑罚或刑期的具体操作规则，不是量刑的一般原则。将量刑的具体规范提升为量刑的一般原则的错误之所在，见前所述。其次，数罪并罚原则不是对某类犯罪或某个方面犯罪的量刑所适用的原则，由于各类犯罪以及各类犯罪中的具体犯罪都可能涉及数罪并罚的问题，所以不能说数罪并罚原则是个罪量刑原则的下一层次的具体原则。最后，军法从严是一项刑事立法政策，表现为军人违反职责罪在立法上比普通刑事犯罪处罚从严，如死刑实用面宽，主刑起刑点高，增加了资格刑和相同行为(如非法获取军事秘密罪)法定刑较高等等，这不是一项具体的量刑原则。军人犯违反职责罪战时从严的规定，有的是同种犯罪的加重构成条件，如刑法第 425 条规定："指挥人员和值班、值勤人员擅离职守或者玩忽职守，造成严重后果的，处 3 年以下有期徒刑或者拘役；造成特别严重后果的处 3 年以上 7 年以下有期徒刑。战时犯

---

① 高格：《量刑的一般原则与量刑的方法》，载《法学研究》1988 年第 3 期。

前款罪的，处5年以上有期徒刑。”有的则是该种犯罪的从重处罚情节，如第426条规定：“以暴力威胁方法，阻碍指挥人员或者值班、值勤人员执行职务的处5年以下有期徒刑或者拘役；情节严重的，处5年以上有期徒刑；……战时从重处罚。”因此，战时从严也不是一项具体量刑原则。如前所述，我国刑法中只有个罪量刑原则(量刑的一般原则)和数罪并罚原则，没有必要再将量刑原则划分为若干层次。

综上所述，我国刑法中的量刑原则，不宜说成量刑基本原则、量刑的具体原则或量刑的“三层次”原则，应当表述为量刑的一般原则。所谓量刑的一般原则，是指人民法院在法定刑的范围内或基础上，决定对犯罪分子是否适用刑罚或者处罚轻重的指导思想和准则。由于量刑的目的是对犯罪分子落实刑事责任，是全部刑事审判工作的落脚点和归宿，因此，量刑原则具有以下一些特征：

1. 体现我国的刑事政策。所谓刑事政策，是指党和国家为了预防和减少犯罪，根据我国国情和一定时期的形势而制定的与犯罪进行有效斗争的指导方针和对策。刑事政策有全国性刑事政策与区域性刑事政策、基本刑事政策与具体刑事政策和长期性刑事政策与临时性刑事政策等，后者不一定全都上升为刑法，例如对少数民族公民犯罪实行的“两少一宽”政策，就属于具体性、区域性的刑事政策，在量刑时必须坚决贯彻执行。

2. 体现刑法的任务。根据刑法第2条规定，刑法的任务是用刑罚的手段同一切犯罪行为作斗争，在当前，要正确地运用刑罚手段，同一切破坏改革开放、经济发展和社会稳定的犯罪行为作斗争。要实现这一任务，在量刑时必须正确适用刑罚，做到量刑适当，严防畸轻畸重。

3. 体现刑法的基本原则。刑法的基本原则包括罪刑法定、罪刑相适应、罪责自负和惩罚与教育相结合等原则，它们是贯穿于整个刑法的基本准则，但是在量刑中体现得最为直接和充分。

4. 体现刑罚的目的。刑罚的目的是指人民法院对犯罪分子适用刑罚所预期达到的结果——预防犯罪。预防犯罪表现为特殊预防和一般预防两个方面，两者是紧密结合的，量刑时不可偏废。

量刑原则的这四个特征，是由量刑自身的性质所决定的。在刑法的基本原则下面，虽然有许多适用于不同层次范围的专门的或具体的指导准则，如刑法的时空效力原则、主客观相统一的定罪原则、想象竞合犯从一重处原则等等，然而，还没有一种专门原则像量刑原则这样，能够直接地而全面地体现刑事政策、刑法任务、刑法基本原则和刑罚目的，所以，上述"四个体现"是量刑原则区别于刑法中其他具体原则的特征。量刑原则作为量刑的指导思想和准则它应有自己的相对独立性，否则量刑原则也就失去了自身存在的意义。

那么，什么是我国刑法的量刑原则呢？在这个问题上，我国刑法学界有各种不同的提法。早在50年代，一些刑法学者根据全国第三届司法工作会议提出的"事实是根据，法律是准绳"的司法工作原则，提出量刑的下列四项原则：(1)必须根据法律规定的负担刑事责任的原则，并且在法定刑的范围内来适用刑罚；(2)必须根据犯罪的全部情况，衡量其犯罪情节的轻重，考察其社会危害性的大小来裁量刑罚；(3)必须参照犯罪分子的个人情况，来考察犯罪分子的社会危害性程度，以帮助确定刑罚；(4)必须根据刑罚的目的，并密切结合政治斗争的要求来适用刑罚①。这算我国刑法学界关于量刑原则的最早论述，前三项原则的内容基本上是正确的，而最后一条原则却带有那个时代的特征，认为量刑要"有效地为政治斗争服务"，"刑罚的适用不能不受阶级斗争的形势的影响"，这反映了当时的客观情况，实践证明是错误的。除此之外，在38年前能够提出前三项量刑原则是

---

① 见中央政法干部学校刑法教研室编著：《中华人民共和国刑法讲义》，法律出版社1957年版，第216—218页。

难能可贵的，对于今天仍有重要的理论指导意义。

关于“形势”是否量刑原则的问题，在制定1979年刑法时，曾经有过争论：“有的同志认为，‘形势’是定罪量刑的重要根据，离开形势就不可能理解为什么对同一行为在不同地区和不同的时间作不同的处理，因而他们主张在量刑原则的条文中增加形势的内容。但另一些同志不同意这种看法，认为形势本身并不是量刑的根据，量刑的根据乃是犯罪的性质、情节和对于社会的危害程度等。不过在评定行为的社会危害程度时要适当考虑‘形势’的因素，如平时与战时，前线与后方，发案率上升与下降，治安秩序良好与混乱等等。把‘形势’作为评定行为社会危害程度的一个因素加以考虑，同把‘形势’直接作为量刑的根据，这无论在概念上或提法上都不是一样的。我们不能像过去搞运动时那样强调所谓‘紧跟形势，配合中心’，而要坚持以事实为根据，以法律为准绳，强调严格依法办事。……经过讨论，没有采纳把‘形势’列入量刑原则的条文的意见。”①刑法颁行以后，刑法学界在这个问题上虽然还有争论，但绝大多数学者反对把紧跟形势当成量刑的一个原则。

至于我国刑法中的量刑原则究竟包括几项？其具体内容是什么？除了多数刑法教科书认为刑法第57条规定是量刑的一般原则，并将它表述为“以犯罪事实为根据，以刑事法律为准绳”外，刑法学界还有各种不同的提法，现以量刑原则项数的不同，将一些主要提法分列如下：

1. 两项原则说。主张我国的量刑原则有两项，但不同学者又有不同提法：一种提法是罪刑相适应原则和刑罚个别化原则②；另一种提法是量刑的目的性原则和量刑的公正性原则③；

---

① 高铭暄编著：《中华人民共和国刑法的孕育和诞生》，法律出版社1981年版，第87—88页。

② 曲新久：《试论刑罚个别化原则》，载《法学研究》1987年第5期。

③ 邱兴隆等著：《刑罚学》，群众出版社1988年版，第258页。

再一种提法是量刑的公正性原则与量刑的合理性原则[①]；还有一种提法是报应原则与预防原则，即“以已犯之罪的社会危害性为基础，同时考虑未然之罪的可能性”[②]。

2. 三项原则说。认为我国的量刑原则是三项，但持这种观点的学者也有不同的提法：一种提法是：(1)罪刑相适应原则；(2)刑罚个别化原则；(3)刑罚法定原则[③]。另一种提法是：(1)依法量刑原则；(2)责任原则；(3)从刑事政策出发的原则[④]。再一种提法是：(1)罪刑均衡原则；(2)刑罚个别化原则；(3)依法量刑原则[⑤]。

3. 四项原则说。主张量刑原则有四项，学者又有两种提法，一种提法是：(1)以犯罪事实为根据的实事求是原则；(2)以刑事法律为准绳的社会主义法制原则；(3)要贯彻罪责自负、反对株连的原则；(4)执行刑事法律中定罪量刑的平等原则[⑥]。另一种提法是：(1)有罪应罚的原则；(2)论罪量刑的原则；(3)刑罚个别化原则；(4)依法量刑的原则[⑦]。

在上述各种提法中，有些提法是把法律的适用的基本原则降格为量刑原则，例如以事实为根据，以法律为准绳的原则，平等原则；有的提法是把刑法的基本原则降格为量刑原则，例如刑罚

---

① 苏惠渔等著：《量刑与电脑》，百家出版社1989年版，第24页。

② 陈兴良：《刑法哲学》，中国政法大学出版社1992年版，第600页。

③ 周振想：《刑法适用论》，法律出版社1990年版，第60页。

④ 顾肖荣、吕继贵主编：《量刑的原理与操作》，上海科技出版社1991年版，第11页。

⑤ 樊凤林主编：《刑罚通论》，中国政法大学出版社1994年第2版，第283页。

⑥ 高格主编：《刑法教程》，吉林大学出版社1987年版，第184—189页。

⑦ 赵炳寿主编：《刑法若干理论问题研究》，四川大学出版社1992年版，第270页。

法定原则，罪刑相适应原则(罪刑均衡原则)，罪责自负、反对株连的原则；有的提法是把刑法的任务和刑罚的目的，降格为量刑原则，例如报应原则与预防原则，有罪应罚的原则和目的性原则等。如前所述，量刑原则必须全面地体现这些原则，但它们不是量刑原则的本身。由于量刑是在法定刑范围内或者以法定刑为基础，决定对犯罪分子是否适用刑罚或者处罚轻重，所以，刑罚个别化是量刑的核心。但是，刑罚个别化首先要以行为和行为人的刑事责任大小为依据，其次还要受刑法和刑事政策关于量刑的有关规定所制约，否则刑罚个别化就会失去控制，成为少数法官随心所欲的借口，因此，量刑原则必须将这两点反映出来，才具有科学的指导意义。

通过以上分析，我们认为，我国刑法中的刑罚裁量原则共有三个相互联系、相互依存和相互制约的原则：一是刑责相适应原则，二是刑罚个别化原则，三是依照刑事法律政策量刑的原则。把这三项原则统称为量刑的一般原则，本书将在下节专题加以阐明。

第三节　刑罚裁量的一般原则

一、刑责相适应原则

所谓刑责相适应原则，是指审判机关对犯罪分子判处的刑罚，要与他所应担负的刑事责任相均衡，责任重则刑罚重，责任轻则刑罚轻，如果刑事责任轻微依法不需要判处刑罚的则免除处罚，而适用非刑罚处理方法。刑事责任的大小决定是否适用刑罚和处罚的轻重，是这项量刑原则的特点。由此可见，这里所说的刑责相适应原则不同于罪刑相适应原则。

罪刑相适应原则作为资产阶级启蒙思想的结晶，是西方大陆法系刑事古典学派(旧派)客观主义、报应刑论和商品价值观念在刑法上的反映。这一原则在资产阶级革命胜利后，为法国1789年《人权宣言》和1810年《法国刑法典》所确立，对现代各国刑法和刑法理论产生了巨大的影响。尽管国内外刑法学者对这一原则有各种不同解释，但如下表述才是它的真正含义："刑罚一定要和犯罪相称，即罚当其罪。换言之，决定刑罚的轻重要与社会危害性大小相当，重罪适用重刑，轻罪适用轻刑。"①其特点有三：一是客观性，强调已然之罪是适用刑罚的根据，对于保障尚未实施犯罪行为的人免受刑罚处罚具有积极的意义；二是限制性，不仅要求刑罚要以现实罪行为依据，而且要求处罚轻重与行为的社会危害大小相均衡，限制轻罪重罚和重罪轻判，防止司法专横和罪刑擅断，是这项原则的根本含义；三是公正性，符合一般人恶有恶报、罪有应得的朴素公平观，对被害人具有抚慰作用，并能满足公众的正义感情。这些特点在我国刑法中都有大量的体现，因此，在1997年修订刑法以前，罪刑相适应原则被视为我国刑法的基本原则之一。

但是，随着社会的发展，罪刑相适应原则也逐渐暴露出自身的局限性：(1)它对罪刑关系的把握是静态的，具有绝对确定的法定刑倾向，而承担刑罚的人则是动态的，存在各种不同的情况，比如人身危险性程度、改造的难易、是否有再犯的可能等，均未纳入量刑的视野，这显然同刑罚的预防和改造罪犯的目的发生矛盾；(2)立法上的罪刑关系具有相对性，它只能反映立法当时的社会关系，同时受立法者认识水平的制约，而行为的社会危害性及其程度则随着社会的发展而变化，由于时过境迁，法定的罪刑关系未必能够体现罪刑均衡，再说刑罚的严厉程度(比如死刑)也不一定同某些罪恶深重的犯罪相适应，因而对这一原则的坚持和适用，在实践中往往走向自己的反面；(3)将犯罪人的自由意志

---

① 引自高铭暄主编：《中国刑法学》，中国人民大学出版社1988年版，第34页。

绝对化，忽视一定的社会物质生活条件与犯罪的关系，况且建筑在报应思想上的公平观，具有古代报复主义的浓厚色彩，目前惩罚的公正性并不意味将来的合理性，这种片面的惩罚主义不利于社会防卫，也未能从根本上解决社会犯罪问题。鉴于罪刑相适应原则具有诸多无法克服的缺陷，因而受到资产阶级新派刑法学者的非难，我国刑法学界也有不少学者对这项原则提出质疑。

由于罪刑相适应原则是在犯罪必须受到刑罚处罚的前提下来要求罪刑均衡，这就与我国刑法规定的量刑内容和范围发生了两个矛盾：首先，在我国刑法中，犯罪与刑罚并非全都存在对应关系，例如，刑法第 37 条规定："对于犯罪情节轻微不需要判处刑罚的，可以免予刑事处罚，但是可以根据案件的不同情况，予以训诫或者责令具结悔过、赔礼道歉、赔偿损失，或者由主管部门予以行政处罚或者行政处分。"刑法还规定了 10 多种应当或可以免除处罚的情节。这些规定说明，对某些罪犯不一定给予刑罚处罚。其次，我国刑法为各种犯罪类型配置的法定刑，除绑架、拐卖妇女儿童、劫持航空器等几种犯罪的重罪或极重罪是绝对确定的法定刑外，绝大多数犯罪的法定刑都是相对确定的法定刑，具有两个以上的选择刑种或者较宽的刑期幅度，其中有很多法定刑的下限是 6 个月徒刑、拘役、管制，甚至是单处附加刑。这种罪刑关系和刑法有关免除处罚的规定，表明立法者授权审判机关根据案件的具体情况，决定是否适用刑罚，如果需要判处刑罚，还应根据犯罪分子在犯罪实施过程中和罪前罪后的表现，选择适当的刑种和确定执行的刑期。由于前科、自首等等与现实犯罪无关的因素已纳入量刑根据的视野，最后的判决不可能同所犯罪行的客观危害保持均衡。

由于罪刑相适应原则存在严重的形而上学和客观主义色彩，修订刑法时没有将它规定为基本原则，而是在第 5 条中明确规定罪、责、刑相适应原则，即"刑罚的轻重，应当与犯罪分子所犯罪行和刑事责任相适应。"法定刑与罪行相适应，主要是从立法上明确罪刑关系，为各种具体犯罪及其派生的构成类型，配置相应的法定刑，即罪行重则法定刑重，罪行轻则法定刑轻；立法者不可能为较重的犯罪规定较轻的法定刑，反之亦然。而量刑作为审判活动的一个重要环节，则是以法定刑为范围或基础，根据犯罪人刑事责任的大小，决定具体执行的刑罚或刑期(确定宣告刑)。由于法定刑与罪行相适应只能提供具体犯罪的相应法定刑，并不能解决是否判处刑罚和处以何种刑罚或刑期的问题，所以它不是一项量刑原则。只有宣告刑与刑事责任相适应，才是我国刑法中的量刑原则之一。这里应当注意的是，刑法第5条中的罪行与法定刑相适应，与传统的罪刑相适应原则是不同的，因为后者要求宣告刑与罪行(行为的社会危害程度)相适应；刑法第5条中的刑事责任与宣告刑相适应，与传统的刑罚个别化也有区别，因为后者对犯罪人宣告执行的刑罚，可以不受罪行轻重和特定法定刑幅度的制约。

刑事责任与宣告刑相适应原则要求：对犯罪分子所判处的刑罚，必须同犯罪人的刑事责任相均衡。如果责轻刑重、责重刑轻或者责任轻微依法不该判处刑罚而适用刑罚，同样违背了这项原则的精神。由于刑责相适应原则能涵纳行为虽已构成犯罪，但因刑事责任轻微而免予刑事处分，适用非刑罚处理方法的情况，对全部量刑活动都有指导意义，所以是我国刑法的量刑原则。犯罪引起刑事责任，刑事责任是介于犯罪和刑罚之间的桥梁和纽带，对罪刑关系起着调节作用。刑事责任既是犯罪的后果，又是刑罚的先导。只有正确定罪，才能找到对该种犯罪适用的法定刑；只有明确对犯罪分子追究刑事责任的范围，才能根据其责任的大小轻重，决定是否适用刑罚或处罚轻重。这就是审判机关办理刑事案件的基本步骤和过程。鉴于现行刑法规定的犯罪，绝大多数是复杂的构成类型，具有多个法定刑档次，因此定罪不仅要认定罪名，更重要的是确认具体的构成类型：是构成基本罪，还是构成派生的轻罪、重罪或极重罪。所以，正确定罪是对犯罪分子具体落实刑事责任的前提。

刑事责任虽然是基于实施犯罪行为而产生的，但是刑事责任的轻重程度，不完全取决于已然的犯罪行为。正如有的学者指出："决定刑事责任存在或不存在，有或没有的根本原因和内在根据，只能是犯罪构成或实施犯罪行为，不可能是别的什么东西。……至于在刑事责任存在的问题解决以后，还要解决刑事责任的程度大小问题，此时不仅要考虑犯罪构成事实本身所体现的社会危害程度，而且还要考虑犯罪构成以外的其他案情事实所体现的社会危害程度，以便使刑事责任实现质和量的完整统一，为人民法院的量刑工作提供确切而合理的根据。"①有学者也认为："犯罪行为以外的因素，主要是犯罪人的一贯表现，悔罪表现等，也对刑事责任的程度产生着重要的影响。"②因此，我们支持把人身危险性从社会危害性概念中分离出来的观点，并认为行为的社会危害性和行为人的人身危险性的统一，是评价刑事责任轻重大小的根据，因为"犯罪的社会危害性，是指犯罪给社会已经造成的危害，其评价的对象是严重危害社会的行为。……属于'已然'的领域。……而犯罪人的人身危险性，是指犯罪人再次犯罪的可能性，……属于'未然'的领域。"③

行为人的人身危险性对刑事责任程度的影响，在我国刑法中是有大量规定的。例如：(1)为什么刑法第17条规定"已满14周岁不满18周岁的人犯罪，应当从轻或者减轻处罚"，第19条规定"又聋又哑的人或者盲人犯罪，可以从轻、减轻或者免除处罚"？因为这类犯罪人智力发育不成熟不完全或者有障碍，不能令其对自己的行为负完全的责任。(2)为什么第20条和第21条规定防卫过当和避险过当"应当减轻或者免除处罚"？因为行为人是基于正当行为或为避免更大的损失而导致犯罪，也不能让他们对所造成的损害完全负责。(3)为什么刑法第65条规定对累

---

① 高铭暄主编：《刑法学原理》第1卷，中国人民大学出版社1993年版，第425页。

② 何秉松主编：《刑法教科书》，中国法制出版社1993年版，第373页。

③ 曲久新：《试论刑法学的基本范畴》，载《法学研究》1991年第1期。

犯“应当从重处罚”，而第67条规定对自首“可以”从轻、减轻甚至免除处罚？因为前者具有较大的人身危险性，存在再犯罪的可能性，后者人身危险性较小，再犯罪的可能性不大，所以，两者的刑事责任在程度上是有所区别的。

总之，犯罪行为的社会危害性和犯罪人的人身危险性，决定刑事责任的有无及其轻重程度；犯罪分子应负刑事责任的大小，决定对其是否适用刑罚或者处罚宽严。由于刑责相适应原则体现了量刑的这种内在属性，所以将它作为我国刑法的一项量刑原则，是顺理成章的。

二、刑罚个别化原则

刑罚个别化原则是西方大陆法系刑事人类学派和刑事社会学派(合称新派)在批判刑事古典学派的基础上发展起来的，是主观主义、目的刑论和功利价值观念在刑法上的反映。新旧两派在罪刑关系问题上的争论焦点是：旧派认为，罪犯是具有辨别是非善恶能力的人，基于自由意志所作出的有利自己的选择，而每个人的自由意志都是相同的，所不同的只是行为的外部表现及其客观损害，因此，适用刑罚只能以行为的社会危害及其程度为标准，作到罪刑相应，至于行为人个人的其他情况，则对处刑的轻重不发生影响。新派对这种只注重行为和结果的罪刑观持否定的态度，认为犯罪是行为人所处社会环境与生理、心理交互作用的产物，犯罪并非每个人自由意志选择的结果，某些人具有容易犯罪的特殊性格和倾向，因而旧派试图用所谓心理强制作用来遏制犯罪是一种不切实际的幻想。由于不同的犯罪人具有不同的情况，每个人犯罪的原因存在着差异，为了使社会免受具有犯罪性格和倾向的人所侵害，也为了消除、改正这些人的犯罪倾向，就不应当以其犯罪行为的外部表现和客观损害来确定刑罚，而应以犯罪人的反社会倾向即人身危险性大小来分别处遇，这就是刑罚个别化的本来含义。

刑罚个别化理论由龙勃罗梭、菲利、李斯特等新派代表人物提出，经过德国沃尔伯格和法国塞来尔斯等刑法学者的进一步发展，于上个世纪末形成较为完备的体系，在世界范围内得到多数刑法学者的支持，逐渐成为近代各国刑罚裁量的一项重要原则。1893 年瑞士刑法草案(司特士案)最先引进保安处分制度，就是对刑罚个别化原则的认可。接着，一些西方国家如意大利、前联邦德国、日本、芬兰、巴西、韩国等相继在刑法中不同程度地规定了刑罚个别化原则，就连前苏联和许多东欧国家的刑法，也都在刑法中写进量刑时要考虑“个人情况”的条款。

新派倡导的刑罚个别化原则，较之旧派主张的罪刑相适应原则，具有两点无可非议的进步：一是体现了对不同犯罪人的区别对待，使刑罚的适用更加有效合理，有利于限制刑罚的滥用；二是刑罚的适用应同教育改造罪犯所需的限度相适应，可以起到特殊预防的作用，能在一定程度上防止犯罪人再次实施犯罪，并能限制具有某种犯罪倾向的人实施犯罪。但是，由于新派的刑罚个别化理论，忽视犯罪行为的现实危害大小，过分强调犯罪人的反社会倾向，割裂了行为与行为人、行为的主观方面与行为的客观方面的联系，必然推导出如下结论：(1)既然以人身危险性作为适用刑罚的标准，那么重罪可以轻判，轻罪可以重判，甚至对尚未犯罪的所谓具有“反社会倾向”的人也可以适用刑罚；(2)犯罪人何时能够改造好，在对其判处刑罚时是难以预料的，因而就可以适用不定期刑。这种理论的弊端是显而易见的，它至少为法官的主观臆断留下了方便之门。

鉴于新派的刑罚个别化理论同旧派的罪刑相适应理论一样，既有其合理的因素，也有不科学的方面，因此国内外有不少刑法学者，在吸收新派刑罚个别化理论的合理内核的基础上，为补救其弊端而加进新的内容，作出符合本国需要的解释。我国刑法学者根据主客观相统一的原则，在这方面作了有益的探索，使刑罚个别化原则赋予了新的含义。例如，有的学者把刑罚个别化解释为“根据犯罪人的具体情况，即根据犯罪人个人已构成的‘罪行’和‘潜在’的社会危险性、人格形成过程以及复归社会可能性大小来适用相应的刑罚。”①我们赞同这种既不全盘否定又不照搬的创新观点。因此，我们所说的刑罚个别化原则，同西方新派刑法理论创始人倡导的刑罚个别化原则，是存在着一定区别的。

作为我国刑法的量刑原则之一的刑罚个别化原则，是刑责相适应原则的派生原则，指审判机关在量刑时，应当根据犯罪人所犯罪行的社会危害程度和犯罪人的人身危险性大小，在相应的法定刑范围内或以该法定刑为基础，判处适当的刑罚或刑期。这里虽然专指刑罚的适用，但是并不排斥因刑事责任轻微而免除刑罚处罚的情况。在量刑时既要根据犯罪人实施犯罪的不同情况——现实罪行轻重和客观危害大小，又要考虑犯罪人个人的其他情况——人身危险程度及改造难易，在主客观相统一的基础上，对实施同种犯罪的不同犯罪人判处各别的刑罚，是我国刑罚个别化原则的特点。这就是说，张三犯这种罪与李四犯这种罪，由于各自的社会危害程度和人身危险程度存在着差别，因而对他们判处的刑罚也应当有所差别。正如马克思指出：“不论历史或理论都同样证明了这样一件事实，不考虑任何差别的残酷手段，使刑罚毫无效果，因为它消灭了作为法的结果的惩罚。”②刑罚个别化原则的本质就是对犯罪分子区别对待，它是具体落实刑事责任的唯一方法。试想，如果离开了刑罚个别化，能够实现刑罚与刑事责任的相对均衡吗！

刑罚个别化的前提是正确定罪。从宏观上看，我国现行刑法为不同性质和不同构成类型的犯罪配置了轻重不等的40多种法定刑；从微观上看，构成不同的犯罪适用不同的法定刑，由于犯罪性质或构成类型不同，追究刑事责任的范围是有所区别的，这

---

① 《中国刑法词典》，学林出版社1989年版，第389页。

② 《马克思恩格斯全集》第1卷，第139页。

就从罪刑法定和罪责刑相适应的高层次上为刑罚个别化奠定了基础。但是，正确定罪只能揭示同种犯罪的共性，凡是行为构成该种犯罪的，不论实施犯罪的主客观因素有何差别，也不论行为人的个人情况有何不同，都应在相同的法定刑范围内或基础上追究刑事责任，还不能实现刑罚个别化。由于不同的人在实施该种犯罪的过程中，各有自己不同的情况，行为人在罪前或罪后也有不同的表现，其中有些事实情况能够反映行为的社会危害性程度和人身危险性大小，它们就是量刑情节，因此，只有案件确实存在的量刑情节才能揭示同种犯罪的个性。由于“量刑的必要性是以相对确定的法定刑的存在为前提的”①，因而量刑的最终目的是在同种犯罪的共性中谋求具体案件的个性，对不同的犯罪人宣告不同的刑罚，从而落实刑事责任，实现惩罚上的区别对待，达到特殊预防和一般预防之目的。

定罪情节决定法定刑，量刑情节决定宣告刑。从这个意义上讲，量刑情节是刑罚个别化的唯一根据。所谓量刑情节是人民法院在定罪和确定相应法定刑的基础上，对犯罪分子量刑时据以从重从轻处罚、减轻处罚或者免除处罚以及暂缓执行刑罚的，表明行为的社会危害程度和行为人的人身危险程度的主客观事实情况。量刑情节由两个部分组成：

1. 罪中情节。指存在于犯罪实施过程中的该种犯罪构成事实以外的主客观事实特征。不同性质或不同构成类型的犯罪，其构成要件在名称、数量上通常是不同的，即使要件的数量和名称完全相同，其中某些要件的具体内容和形式也不一定都相同。该种犯罪构成要件在数量、名称及其内容与形式上的特定性，不仅是区分犯罪性质或构成类型的标准，而且也是区分构成要件与量刑情节的依据。某种事实特征，在此罪中是量刑情节，但在彼罪中可能是构成要件事实。作为量刑情节的犯罪事实，主要有如下

① 苏惠渔等：《电脑与量刑》，百家出版社 1989 年版，第 1 页。

主客观情况：危害行为方式，危害结果数量，犯罪对象的特点，犯罪时间、地点和手段的差异；行为人的年龄、身份和责任能力状况，故意或过失的形式，特定的目的和动机，对违法性的认识程度；犯罪的预备、未遂和中止，行为人在共同犯罪中的地位与作用，等等。

2. 罪前罪后情节。指存在于现实犯罪实施前后的同犯罪行为没有必然联系的主客观事实情况。前者主要有犯罪前的一贯表现、累犯、前科以及犯罪的起因等等；后者主要有自首、立功、坦白和认罪程度、退赃好坏、毁灭罪证、嫁祸于人、畏罪潜逃等等。

总之，凡是构成要件以外的、能够表明行为的社会危害程度和行为人的人身危险程度的一切主客观事实特征，都对量刑的轻重以至是否适用刑罚发生影响，在量刑时只有实事求是地认定和评价这些因素，才能做到区别对待。

由于作为量刑情节使用的罪中情节只是犯罪事实(犯罪情节)的一部分，另一部分则是定罪情节(犯罪构成事实)，所以，正确认定量刑情节的关键问题是：严格区分定罪情节与量刑情节的界限。所谓定罪情节，亦称犯罪构成事实，是指司法机关(主要是审判机关)据以认定行为符合某种犯罪构成要件的主客观事实情况。定罪情节与量刑情节具有本质的区别：(1)前者只限于罪中情节，外延比较窄；后者包括部分罪中情节和全部罪前、罪后情节，外延比较宽广。(2)前者是犯罪构成要件涵纳的实际内容，揭示具体犯罪类型的性质，表明该种犯罪的共性；后者揭示同一犯罪类型中不同案犯的个性，表明个案之间的特点和差异。(3)前者是定罪的根据，决定本罪追究刑事责任的统一标准和范围，同法定刑有必然的联系；后者以某种法定刑为适用的前提或基础，是刑罚个别化的根据，同宣告刑有必然的联系。总之，定罪情节决定法定刑，只有某种法定刑的产生，才有量刑情节赖以发挥作用的范围或基础。

同上述问题密切相关的另一个关键问题是，同一犯罪情节可否在定罪和量刑中多次评价和反复使用？在这个问题上，我国刑法学界有两种观点。一种观点认为“量刑情节与定罪情节既有重合，也有交叉”。“重合、交叉的情节”由于“二者存在着内部联系”，“都根源于行为的社会危害性和行为人的人身危险性的有机统一”，因此，“作为定罪的情节，不应重复评价为量刑情节”的“观点难以成立”①。另一种观点借鉴前联邦德国刑法典第64条规定的第3项量刑原则，即“属于法定犯罪构成事实要素之情况，毋庸再加斟酌”的规定，提出“禁止重复评价”的主张，认为“量刑时考虑的只能是构成要件以外的其他表明行为的社会危害性程度的事实要素，定罪情节作为犯罪构成的基本事实在定罪时已经使用，因而在量刑时不得再度使用，否则就会有悖于禁止重复评价的原则。例如，依照刑法第236条规定，犯强奸妇女罪的，处3年以上10年以下有期徒刑，情节特别严重或者致人重伤、死亡的，处10年以上有期徒刑、无期徒刑或者死刑。根据有关司法解释，这里的情节特别严重，包括强奸妇女多人或多次。正因强奸妇女多人或多次才视为情节特别严重，处10年以上有期徒刑、无期徒刑或者死刑。如果再把这一情节作为从重处罚的根据，就是重复评价，其结果必然不适当地加重了犯罪人的刑事责任，因而应予禁止。”②

在上述两种主张中，我们同意第二种观点。理由如下：

首先，任何一个犯罪事实都有自己的层次结构和因素结构，于是诸种情况可能在同一事物的不同层次上以不同面貌特征表现出来。特征是情节存在的形式，没有特征就没有刑法上的情节。所以，在对某个犯罪事实作出情节属性的认定时，都必须以某一

---

① 喻伟主编：《刑法学专题研究》，武汉大学出版社1992年版，第295、324页。

② 陈兴良：《禁止重复评价研究》，载《现代法学》1994年第1期。

层次上的一定特征为依据。例如主观上有“罪过”这一事实，其层次结构和因素构成如下：

其次，犯罪事实中的某种因素，只有同特定犯罪构成类型相联系时，才能作出属性上的判断。因为该事实情况，对所有的犯罪构成类型来说具有相对性：在此罪中是定罪情节，在彼罪中则可能是量刑情节；而对于特定的犯罪构成类型来说则具有绝对性：或者是定罪情节，或者是量刑情节，不可能既是构成要件事实又是量刑情节。

- 罪过
  - 故意
    - 直接故意
      - 犯罪目的
      - 犯罪动机
    - 间接故意
  - 过失
    - 过于自信的过失
    - 疏忽大意的过失

第三，由于犯罪事实存在层次结构和因素结构，所以同一犯罪“事实”可以在不同层次上从不同方面作不同意义的评价；但是同一犯罪事实中的某种“因素”或“特征”，在定罪量刑的过程中，只能作一次评价和使用。例如：某乙“盗窃2 000元”这一犯罪事实，根据有关司法解释，从犯罪构成上评价为盗窃“数额较大”(500—2 000 元以上)，认定该行为成立盗窃罪的基本罪，“处 3 年以下有期徒刑、拘役或者管制”；但是从量刑上评价，盗窃2 000元这一具体犯罪数额，其危害程度毕竟重于盗窃 2 000 元以下至 500 元，轻于盗窃 2 000 元以上至 5 000 元，如果本案没有其他从宽或者从重处罚情节的话，在量刑时就应重于前者而轻于后者。从表面上看，这似乎是对“盗窃 2 000 元”作重复评价，但从实质上看，两次评价的层次、角度、条件和意义都是不同的。如果否认这种评价在性质上、意义上、层次上和特征上的差别，硬把它们说是重复评价，据以抹煞定罪情节与量刑情节的界限，那么刑法上的各种具体范畴和概念还有什么意义呢？

刑罚个别化的根据虽然是量刑情节，但是量刑情节的适用要受量刑幅度的限制，这就是说，不论行为及其行为人有多少个从宽或从严处罚情节，在量刑时都不能超越法定刑的范围或脱离法定刑这个基础。所谓不能超越法定刑的范围，是指当犯罪分子不具有减轻处罚情节时，只能根据其刑事责任的大小，在法定刑范围内酌情判处适当的刑罚或刑期，超出这个范围就是违法。所谓不能脱离法定刑这个基础，是指当犯罪分子具有减轻处罚情节时（它们都是法定情节），假定没有其他从重或从轻处罚情节的话，只能在法定最低刑的下一“格”范围内判处刑罚①。确切地说，减轻处罚情节只起着限制向下扩展量刑幅度的作用，仍然没有脱离原来的法定刑，至于是否在法定最低刑的下一格判处刑罚，还要受其他量刑情节的制约。我们认为，如果减轻处罚没有限度，难免有宽大无边之嫌。例如，犯走私、贩卖、运输、制造毒品和生产、销售伪劣商品之极重罪，法定最低刑均为15年有期徒刑；又如，军人非法获取军事机密罪的极重罪，法定最低刑为10年。在犯罪人具有减轻处罚情节场合，如果减轻不受“格”的限制，岂不是可以判处1个月拘役或3个月管制吗？这显然是脱离了该罪的法定刑。因此，只有把减轻处罚界定为“将法定最低刑往下扩展一格”，才符合立法的本意。

三、依照刑事法律政策量刑的原则

刑罚个别化的根据是表明行为社会危害性程度和行为人人身危险性程度的量刑情节。那么，什么事实情况能够成为量刑情节，什么事实情况不能成为量刑情节？不能由个人说了算，必须有刑事法律和政策上的依据，否则，法官的自由裁量权就会失去

---

① 刑法学界通常将死刑，无期徒刑，有期徒刑15年、10年、7年、5年、3年、2年、1年，拘役，管制和单处某种附加刑视为刑罚的加减格。

制约。因此，所谓依照刑事法律政策量刑的原则，是指人民法院据以处罚宽严的主客观事实情况，必须是由刑法和刑事政策规定或认可的量刑情节的内容。这就是说，任何量刑情节要么是法律规定的，要么是刑事政策规定的，要么是法律和政策的精神所认可的。如果为法律的含义和政策的精神所不容纳，审判机关就不能作为处罚宽严的根据。限制法官的自由裁量权，是这项原则的特点。

量刑情节是一个多层次的复杂系统。我国刑法学界通常以刑法是否明确规定其内容和形式为标准，在顶层划分为法定量刑情节和酌定量刑情节两大类。所谓法定情节，是指刑法条款明叙其具体内容和形式的，审判机关在量刑时应当或可以从重、从轻、减轻和免除处罚的主客观事实情况；所谓酌定量刑情节，是指审判机关依据刑事法律的授权和刑事政策的精神，规定其具体内容和形式(如司法解释)或者结合具体案情自行评价，据以处罚宽严的主客观事实情况。这里需要提请注意的是，法定情节与酌定情节不是对称的范畴，因为某些法定情节也需要酌定，而酌定情节也不是没有法律和政策上的根据。我们无意变更刑法学界约定俗成的提法，只是说在评价每个情节在量刑中的分量应当实事求是，不能一概认为法定情节比酌定情节重要。

依照刑事法律政策量刑，是我国刑法中不可缺少的一项量刑原则，它包括如下两个方面：

(一)量刑必须以刑事法律为准绳

量刑必须以刑事法律为准绳，是指量刑根据的法律渊源。在我国，只有成文法才能成为量刑的法律根据，它包括刑法典、单行刑法、非刑事法律中的刑法规范以及我国参加或缔结的国际刑法公约和条约，其中刑法第 61 条关于“对于犯罪分子确定刑罚的时候，应当根据犯罪的事实、犯罪的性质、情节和对于社会的危害程度，依照本法的有关规定判处”的规定，是依法量刑的一般指导原则。对这一条文刑法学界有各种不同的认识，然而我们认为如下理解比较切合立法的原意：

1. 量刑必须根据“犯罪事实”。犯罪事实是案件事实的下位概念，是指存在于某种犯罪实施过程中的，那些表明行为的社会危害性及其程度的主客观事实情况的总和。从总体上来说，犯罪事实与犯罪情节(罪中情节)是同一概念，但从两者的相互关系上考察也有一定的区别：前者是后者的总和，后者是前者的具体表现。正如有的论著指出：“犯罪情节和犯罪事实是既有联系又有区别的两个不同概念，犯罪事实是指客观存在的犯罪诸种情况的总和，实际上是犯罪的全貌。犯罪事实是对犯罪情节的概括，犯罪情节则是犯罪事实的一个个基本单位，是犯罪事实的表现与展开。犯罪情节对于犯罪事实，就如同砖瓦木石对于房屋一样。”①在犯罪事实中，有的是犯罪构成事实即定罪情节，有的则是量刑情节。但是，量刑情节不仅包括构成事实以外的犯罪事实，还包括罪前和罪后情节。刑法第61条为什么把“犯罪事实”排列在首位呢？我们认为有两层意思：一是处罚轻重必须以罪行(行为的社会危害性及其程度)为基本的依据，行为人的人身危险性处于次要的地位；二是处罚轻重必须有可资证明的事实情况，不可主观臆断。

2. 量刑必须根据“犯罪性质”。所谓犯罪性质，从狭义上讲，是指行为构成何种犯罪，是成立基本罪、重罪还是轻罪。每个构成类型都是行为的一定危害性质与危害程度的统一，因而不同的构成类型具有不同的犯罪性质；从广义上说，犯罪性质还包括是构成一罪还是数罪，是完成形态的犯罪还是未完成形态的犯罪，是单独犯罪还是共同犯罪。世界上没有抽象的犯罪，因而也没有抽象的犯罪构成。“证明某人行为中具有法律所规定的犯罪构成的一切因素，也就证明了这些行为具有社会危害性”；“只有全部因素的总和才能决定每个具体犯罪的实质。”②因此，正确定罪

① 《中国刑法学词典》，学林出版社1989年版，第457页。

② 特拉伊宁：《犯罪构成的一般学说》，中国人民大学出版社1957年版，第65—66页。

是量刑适当的基础，是依法量刑的保障。

3. 量刑必须根据“情节和对于社会的危害程度”。为什么刑法第61条对这里的“情节”一词不用“犯罪”二字来加以修饰和限制呢？这就是立法的奥妙之处。试想，如果用“犯罪”来修饰“情节”，岂不是把罪前和罪后的那些表明行为人人身危险性的主客观事实情况排除于量刑根据之外吗！因此，有的论者把它理解为“犯罪情节”，不仅在法律上缺乏依据，而且在理论上也不能自圆其说。条文中的这个“情节”，可以作两种理解：一是既包括犯罪情节如定罪情节和据以处罚轻重的罪中情节，又包括罪前情节(如累犯、再犯等)和罪后情节(如自首、立功等)；二是理解为“定罪情节”以外的情节，专指据以处罚宽严的罪中、罪前和罪后的那些量刑情节。我们认为第一种理解与“犯罪事实”有部分重复，更主要的是刑法第61条的规定中“情节”排列在“犯罪的事实、犯罪的性质”之后，这就表明首先要有犯罪事实存在才能正确定罪，只有在正确定罪的基础上才能适用量刑情节，其间具有严密的逻辑关系，故应以第二种理解为当。至于“对于社会的危害程度”一语，强调的则是社会危害“量”大小。如前所述，社会危害性这一概念在制定刑法时就包含人身危险性，它正好与量刑情节的功能相对应。

4. 所谓“依照本法的有关规定判处”，是对前三句的总体概括，强调在依法定罪的基础上依法适用量刑情节，因为，什么犯罪配置什么法定刑，应当或可以适用哪些量刑情节，刑法作了相应的规定。修订的刑法规定了80多个量刑情节，其中，适用于一切犯罪的总则性量刑情节有20多个，适用于某个或某些犯罪的分则性量刑情节近50多个。此外，刑法第37条还有免予刑事处分后适用非刑罚处理方法和特殊减轻处罚规定和核准程序、减轻处罚的原则性规定。对于上述各项规定，司法机关在量刑时必须认真执行。

(二)量刑必须以党和国家的刑事政策为指导

我国的刑事政策萌芽于第二次国内革命战争时期的红色根据

地，建国后得到初步发展，但在“文革”期间却遭受严重破坏，直到党的十一届三中全会后才形成一个较为完备的体系。党和国家制定刑事政策的根据，从宏观上讲是工人阶级的历史使命与改造罪犯，预防和减少犯罪的总体目标，从微观上讲是一定阶段社会政治经济形势和一定时期内的犯罪状况与犯罪产生的原因，因而刑事政策是多种多样的，可以用不同的标准进行分类：根据作用的领域不同，分为刑事立法政策、刑事司法政策和刑事社会政策；根据适用的范围不同，分为全国性刑事政策与区域性刑事政策；根据适用的时间效力不同，分为长期性刑事政策与临时性刑事政策；根据性质和内容不同，分为基本刑事政策和具体刑事政策。我国的刑事政策具有多种表现形式，长期性、全国性刑事政策或基本刑事政策，主要是通过刑法、单行刑法和非刑事法律中的刑法规范表现出来，所以，依法量刑也就是贯彻执行刑事政策。

但是，临时性、区域性的具体刑事政策主要是以如下五种形式表现出来：(1)党和国家的有关文件，如中共中央文件、国务院文件、中共中央与国务院联合文件；(2)中共中央、国务院和全国人大所属部门文件；(3)最高人民法院文件、最高人民检察院文件和两院的联合文件；(4)最高人民法院、最高人民检察院与国务院所属部门的联合文件；(5)党和国家领导人在有关会议上的报告和正式讲话。刑事政策虽然与刑事法律具有共同的目的，在内容上也有许多相互联系和共同之处，但它毕竟不是刑法规范，在司法实践中只能起指导作用并通过刑法的具体运用发挥功能。相对于刑法而言，刑事政策具有较大的灵活性。刑法规范一经制定就具有一定程度的稳定性和连贯性，而刑事政策是根据不同的政治、经济条件和社会治安状况制定出来的，并根据社会的发展变化和实践的检验随时加以调整，以弥补刑事立法的滞后和不足，使刑法的适用更加切合实际。刑事政策不仅是贯穿整个刑事立法的灵魂，而且是刑事司法的指南。由于有些刑事政策尚未上升为法律，所以，以党和国家的刑事政策为指导是我国量刑原则的重要内容，因此，认为“法定性”是“量刑情节的特征的主要表现”之一的观点①未免狭窄，比如对“少数民族公民犯罪”一般从宽的政策，就尚未上升为法律，但仍不失为一个量刑情节。

在量刑中以党和国家的刑事政策为指导，主要体现在下列两个方面：

首先，坚决贯彻惩办与宽大相结合的基本刑事政策。这一刑事政策不但贯穿全部刑事立法而且统率所有的具体刑事政策，带有整体性和全局性，因此可以称为总刑事政策。其基本精神是：区别对待，宽严相济，惩办少数，改造多数，其中区别对待是核心；基本内容是：首恶必办，胁从不问，坦白从宽，抗拒从严，立功折罪，立大功受奖，其中坦白从宽，抗拒从严是重点。刑事政策的这些基本精神和内容是一个有机联系的整体，在量刑时必须正确理解，全面贯彻。

其次，认真执行与量刑有关的各项具体刑事政策。在基本刑事政策统率下，党和国家已制定了一整套与量刑相关的具体刑事政策，表现为如下两个方面：(1)对特殊类型犯罪的刑事政策。例如，坚决消灭有组织犯罪和对犯罪集团成员区别对待的刑事政策；对法人(单位)犯罪实行双罚制与单罚制并存，对其直接责任人员按自然人犯罪处罚与另立较轻法定刑并用的政策；对严重刑事犯罪实行依法从重从快打击方针；对严重经济犯罪实行依法从严处罚方针等等。(2)对特殊类型犯罪人的刑事政策。例如，对违法犯罪的未成年人实行教育、感化、挽救的方针，坚持教育为主，惩罚为辅的原则；对累犯从重处罚的政策；对国家工作人员犯罪从严从重处罚的政策；对军人犯罪实行军法从严、战时从严的政策和战时特别缓刑制度；对少数民族公民犯罪实行“两少一宽”的政策等。这些政策在对有关犯罪量刑时，都必须贯彻执行。

---

① 陈兴良等：《论量刑情节》，载《法律科学》1995年第2期，第43页。

第七章　刑罚裁量模式与裁量方法

第一节　刑罚裁量模式

一、量刑模式的概念

刑罚裁量模式即量刑模式这个提法，是近年来在一些研究量刑的著述中出现的。有的学者说："量刑模式是指根据某类事物具有同态性的原理，对各种量刑活动的表象所反映出来的共性的一种形式上的概括、归纳和抽象。量刑模式亦可称之为量刑的操作程序。"①这个概念的提出，对于完善我国量刑理论具有重要的作用。只有在弄清量刑模式的基础上，量刑方法的研究才有现实意义。正如任何新生事物都存在这样那样的缺陷一样，这个定义还没有揭示出量刑模式的基本特征，有必要在它的基础上进一步明确这一概念的内涵。我们认为，量刑模式是由刑法决定的，不同法系、不同国家或不同性质的刑法具有不同的量刑模式，但是无论哪种量刑模式都必须回答下列问题：(1)量刑活动在什么前提下进行？(2)以什么为根据评价行为人的刑事责任程度？(3)在什么法定刑范围内(或基础上)追究犯罪分子的刑事责任？(4)

---

① 苏惠渔等著：《电脑与量刑》，百家出版社 1989 年版，第 76 页。

怎样对犯罪分子追究刑事责任？简言之，量刑模式是指实现刑法任务和体现量刑原则的量刑活动的前提、根据、范围和基本步骤。量刑方法则是指在一定量刑模式下，为实现量刑目的任务而采取的具体操作方法和技术。量刑模式与量刑方法具有密切的联系，一般说来，量刑模式制约着量刑方法，而同一量刑模式，又可能存在多种量刑方法，至于哪种方法能够更好地实现量刑任务和体现量刑的基本原则，还需经过实践进行检验。但是，这里必须指出，如果量刑模式不符合现行刑法的规定，背离定罪与量刑的基本理论，任何量刑方法都是徒劳的。从近年来我国刑法学界关于量刑模式的研究情况来看，有的学者是将量刑模式和量刑方法分别开来，作为两个不同的范畴进行研究，在一定量刑模式的前题下阐述量刑方法；而有的学者则将量刑模式和量刑方法融为一体，量刑模式本身也就是一种量刑方法。

二、对“成文法与判例法互补和融合的量刑模式”的评述

我国有些刑法学者认为：“鉴于现行量刑模式存在一些难以自补的缺陷，因而有必要借鉴判例法的长处来弥补自身的不足，建立以成文法为主，以判例法为补充的具有中国特色的量刑模式。”他们对成文法和判例法两种量刑模式的优劣得失进行比较之后，提出成文法与判例法互补和融合的“优化量刑模式的设想”①。现简介并评述如下。

（一）所谓成文法与判例法两种量刑模式

主张成文法与判例法互补和融合的学者认为，尽管世界各国的量刑活动方式千差万别，但依量刑的根据不同，可分为大陆法系的量刑模式和英美法系的量刑模式两大类。其基本观点如下：

所谓大陆法系的量刑模式，是指大陆法系国家以成文法典为

① 参见苏惠渔等著：《电脑与量刑》，百家出版社 1989 年版，第 76—88 页。

主要法源，要求法官审理刑事案件必须根据立法机关制定的成文刑法，不能以判例为量刑的根据。这种以成文法规范为依据的量刑模式，从哲学上来说是从一般到个别的推理；从形式逻辑来分析，是三段论式的演绎推理，即：

> 法律规定犯了某种罪应处某种刑罚，
> 某人犯了某罪，
> 所以，某人应处某种刑罚。

所谓英美法系的量刑模式，是指英美法系国家以判例法规范为依据，某一判决中的法律规则不仅适用于该案，而且往往作为一种先例而适用于以后该法院或下级法院所管辖的案件。只要经过"识别"证明案件的基本事实相同或相似，就应以先例所定规则处理。这种量刑模式从哲学上说，是从个别到个别的推理，量刑采用的是类比方法，即：

> 具有约束力的某判例具有A、B、C……几个属性，并处以X刑罚，
> 经识别，正在审理的案件也具有A、B、C……几个属性或与这些属性相似，
> 所以，某案件也应处以X刑罚。

主张成文法与判例法互补和融合的学者认为，大陆法系的量刑模式的优点是：(1)能有效避免法律运行机制的失控；(2)有利于司法的统一和法的稳定性和权威性；(3)引用成文法规范方便易行。缺点是：(1)成文法概括、抽象、不具体，当它规定是绝对确定的法定刑时，过于死板，限制了法官的能动性，当它规定是相对确定的法定刑时，刑度弹性大，不同法官处刑也差异大，导致量刑不公正；(2)成文法相对稳定，立法程序复杂，在社会经济变化很快时，缺乏快速灵敏的应变能力。而英美法系的

量刑模式的优点是：(1)审判与立法融为一体，立法能随时应变，及时指导审判；(2)判例比较具体，法官易于仿效；(3)依据判例，可以保证对同类案件平等量刑避免较大的出入。缺点是：(1)判例较庞杂，引用不便；(2)在法官思想业务素质不具备的条件下，各自援引与效仿的判例不同，常会造成偏差与司法不统一。由于前者的长处正是后者的短处，而后者的长处正是前者的短处，因而得出"大陆法系的量刑模式与英美法系的量刑模式相互融合将成为一种发展趋势"的结论。

(二)所谓"优化量刑模式的设想"

在这些学者看来，"我国的量刑模式和大陆法系的量刑模式基本相通，判例法在中国刑法中没有什么地位和作用可言。"因而"现行的量刑模式存在着一些难以克服的缺点，理论和实践都在呼唤弥补现行量刑模式之不足的判例法。"于是提出"优化量刑模式的设想"。其主要内容如下：

1. 以刑事法律的主导地位为前提。指刑事判例必须在立法者为刑法确定的框架之内活动，由于这个事实，刑事判例具有服从性。最高人民法院审定发布的刑事判例，不得与刑法规定相抵触，否则无效；审判人员在定罪量刑活动中，必须"以事实为根据，以法律为准绳"，刑事判决书中的定罪量刑部分，必须引用法律条文，而不应该是刑事判例。

2. 指导性判例。指在现行刑法的框架内对具体的犯罪危害程度及其刑罚加以界定。能通过判决意见中的推理力量和量刑结果的公正合理而使审判人员思想上接受，为以后的类似案件提供可资仿效的样版，从而发挥平衡量刑作用。指导性判例的发布权限和范围应根据具体情况有所区别：对于能在全国范围内起指导作用的刑事判例，只能由最高人民法院汇编和发布；对于只具有局部指导意义的刑事判例，应由最高人民法院委托各该高级法院以案例公告和汇编形式在本管辖区内公布。最高人民法院对各高级人民法院公布的刑事判例有审核撤销的权力。最高人民法院和高级人民法院应定期清理各类判例，规定判例的有效指导期，期满后继续有指导意义的判例要加以延期，以防止判例过于庞杂混乱。

3. 有约束力的判例。主要限于那些刑法没有明文规定，而其行为的社会危害性已达到应受刑罚惩罚程度的情况。最高人民法院 1993 年第 3 号公告向国内公布的两例以制造、贩卖有毒酒的危险方法致人伤亡的案例，已经用判例的形式创制了“以制造、贩卖有毒酒的危险方法致人伤亡”的罪名以及量刑标准，作了运用判例的成功尝试。今后，在刑法尚未对此罪名及法定刑度增补的情况下遇到类似案例，审判人员可以直接引用最高人民法院的类似案例对类似案件定罪量刑。

4. 赋予类推案例以约束力。上述有约束力的判例不同于“一案一报”的刑事类推案例，后者不符合惩办犯罪的及时性原则。如果能赋予类推案例对以后的类似案件以约束力，同时辅之以二级识别的诉讼制度，就可收到既防止类推滥用又符合及时性原则两全之效。所谓二级识别的诉讼制度，是指初审法院的审判人员对自己受理的属于刑法没有规定且行为的社会危害性已经达到应受刑罚惩罚程度的案件，从犯罪构成上加以识别，如果和最高人民法院以判例形式公布的类推案例“最相类似”，可以直接引用前例对该案定罪量刑，然后不管被告人是否上诉，都应由上级人民法院进行二审识别，裁定一审法院直接引用前例的制度。

上述量刑模式得到我国部分刑法学者的支持，例如有的学者在其著作中详细加以介绍，认为“这种主张是有道理的”，对于“总估(结)量刑经验、修改完善刑事法律以及推动量刑的现代化等方面也将发挥重要的作用”①。

(三)对所谓“优化量刑模式”的质疑

我们认为，上述“优化我国量刑模式的设想”，在理论和实

---

① 高格著：《定罪量刑的理论与实践》，吉林人民出版社 1994 年版，第 218 页。

践上都存在诸多问题，大有商榷的必要：

1. 所谓"以刑事法律的主导地位为前提"，实际上仅限于在刑事判决书中"引用法律条文"，而整个量刑的主导和前提则是"刑事判例"。统览我国现行刑法，除了对劫持航空器等少数几种犯罪的重罪或极重罪规定绝对确定的法定刑外，其余都是配置相对确定的法定刑。多刑种宽幅度是我国法定刑的特点，宣告刑只能在相应的法定刑幅度内(或基础上)根据具体案件的刑事责任大小来决定。由于成文法对绝大多数犯罪不可能提供"犯了某种罪应处某种刑罚"这一大前提，所以，"以成文法为主，以判例法为补充"的量刑模式，实质上还是"判例法量刑模式"。于是，"以成文法为主"也就成了一句空话。

2. "以成文法规范为依据"的所谓大陆法系"三段论式"，如果说是一种量刑模式的话，它只能是绝对确定的法定刑"量刑模式"，同样，由于"判例法"在量刑上以"宣告刑"为标志，其处罚是绝对确定的，所以在这点上同大陆法系的"三段论式"别无二致：

> 具有"A、B、C……几个属性的行为"，判例宣告处以某种刑罚，
> 某人的行为被认定为"具有A、B、C……几个属性"，
> 所以，对某人应处以某种刑罚。

因此，所谓"优化量刑模式"，岂不是同"量刑的必要性是以相对确定的法定刑为前提的"观点相矛盾吗？既然"我国刑法完全采用相对确定的法定刑"①，那么，前述大陆法系的量刑模式与英美法系两种量刑模式的"互补和融合"，根本就不可能优化我国刑法的量刑模式。

---

① 苏惠渔等著：《电脑与量刑》，百家出版社1989年版，第1页。

3. 提出前述“优化我国量刑模式的设想”的学者，却忽略了如下两个问题：(1)相对确定的法定刑前提下，用什么标准来确认某个判例的合理性和公正性，从而使该判例上升为“判例法”呢？在没有产生一个具有可操作性的科学的确认标准之前，怎能说该判例是正确的呢？由于有权制定判例法的两级审判机关有数十个，各自的审判委员会成员在价值取向、评价根据和评价角度上存在着差异，某判例能否上升为“判例法”难免发生分歧，这势必要由国家最高权力机关制定一个统一的“确认标准”，它实际上就是一部对具体犯罪制定绝对确定的法定刑的“立法原则”或者说是关于量刑标准的“特别刑法”，假如真的颁布了这样一部法律，直接用之于量刑就是了，何必再搞什么判例法呢？(2)某个判例法一经颁布，其绝对确定的处罚，对于往后发生的“具有A、B、C……几个属性”从而符合该判例法的案件，很难说是适当的，况且，完全照搬判例宣告的刑罚来处罚现实犯罪，也有悖于刑法的基本理论和量刑原则。正如世界上没有两片完全相同的绿叶一样，现实生活中也不可能有两个事实完全相同的案件。成立同一罪名以至符合同一构成类型的不同个案，由于发生在不同时间和地区，其行为的社会危害性程度和行为人的人身危险性程度，都会存在着或多或少的差别，即使某个或某些量刑情节在名称上相同(比如自首、累犯)，而各自的具体情况也有所不同，从而影响处罚轻重。由此可见，上升为法的判例的处刑，难以适应千差万别的同种现实犯罪及其犯罪人。

4. 如果在量刑上实行判例法，那么民法、经济法和行政法等部门法势必也要随之仿效，于是最高人民法院和各省、市、自治区的高级人民法院，只得成年累月为筛选、审批、发布、清理和废止判例而忙碌，其结果是机关编制扩大，会议频繁，判例越来越多……更严重的是这两级审判机关事实上变成了立法机关，后果将会怎样，令人不堪设想。

5. 提出所谓“优化我国量刑模式的设想”的学者，曾经收集1 500份盗窃罪判决书和数百份杀人罪的判决书，将每个案例的定罪情节(构成要件)和量刑情节混合一起整理成“案情”，再把“案情”相同的判例进行归类，通过分析比较和数学处理，使之形成若干种标准量刑模式，编制一定的程序将它们存贮在电脑中，最后将作为量刑对象的具体案件的案情，逐一输入电脑，应用电脑识别判断和处理信息的功能，对照标准的量刑模式，该模式的判决就是本案的量刑结论。据说这两个罪名的电脑辅助量刑系统软件研究了几年，但因没有公开发表，其功能和结论如何我们无法评价。这里要提出的问题是：(1)对一个罪名怎样收集到数以千计的判例？(2)收集来的判例的“案情”是否详细准确？(3)不分构成要件和量刑情节是否科学？(4)需要多少专家来对这么多判例进行比较、分析和研究？(5)怎样确定哪种判决是“标准的判决”？(6)作为量刑对象的具体案件怎样变成可供电脑识别判断的“案情”信息？由什么人将它变成这种信息等等？这一系列的问题如何解决？我们认为，我国是一个幅员辽阔，人口众多，民族复杂，各地经济文化发展不平衡，社会变化日新月异的国家。众所周知，在我们的国度里，事实完全相同的案件，发生在不同的时间或不同的地区，各自的社会危害性程度就不一样，被判处的刑罚也会千差万别。任何一种推理过程，如果前提不可靠，其结论很难说是正确的；任何研究项目，都要考虑我国现阶段人力、物力和财力能否支撑。如果一个罪名的量刑系统(辅助量刑系统中的一个很小的子系统)要研制两三年的话，那么，现行刑法已经规定了罪名400多个，全部完成辅助量刑系统要用几个世纪？因此，这种量刑方法和科研导向也值得怀疑。

6. 1997年刑法，在第3条中明确规定了罪刑法定原则，同时废止了1979年刑法关于类推的规定，所以，所谓“赋予类推案例以约束力”的观点，显然不符合现行刑法的要求。

总之，所谓“优化我国量刑模式的设想”，实质上是以判例法取代成文法，将审判机关变为刑事立法机关，不但不符合我国的国情，而且脱离了宪法规定的政治体制，违反了社会主义法制原则，所以应作否定的评价。我们认为，由最高人民法院收集、精选和发布一些典型、复杂、疑难、正确而具有启发性的判例，供地方各级人民法院参考是完全必要和有益的，但是它们不是判例法。

三、对“层次分析量刑模式”的评述

有的学者根据系统工程中的“多层次加权分析决策方法”，提出所谓“层次分析量刑模式”，认为它能对影响量刑的社会、政治和法律等因素进行定量分析，是正确解决量刑本身所要求的定量化与决定量刑诸因素的非定量之间的矛盾的一种简便方法，并对这种量刑模式作了详细的论述①。

(一)所谓“层次分析量刑模式”

什么是“层次分析量刑模式”？有学者曾对它的基本原理作过如下简要介绍：“第一步，建立影响量刑轻重因素的递阶层次结构并确定每个元素影响刑罚轻重的系数。即按照我国刑法第57条，把影响量刑轻重的因素分为14种，分属不同层次。然后判断矩阵对每个元素的相对重要性及每层元素进行两两比较，然后确定各元素相对于刑罚总量的权重值(系数)，也就是重要性数。研究者根据矩阵的Pcnon Fronhinc理论，利用计算机算出各元素相对刑罚总量的权重值。第二步，上述数据具有普遍效力。要求得出具体犯罪中各元素数量，还应结合各元素在具体犯罪中的得分。如犯罪客体B1(规定为10分)，包括重大客体(10→7分)，一般客体(7→1分)。如果某一犯罪侵犯的是重大客体，应得10分。那么在该犯罪中B1的分值就为$0.405\times10=4.05$。其他的依此类推，累计各元素分值之和。第三步，是通过罪刑换

① 参见郑昌济著：《刑法思维学》，中国政法大学出版社1991年版，第138—155页。

算,确定具体刑罚。”①

这种量刑模式的数学模型和计算公式比较复杂,这里仅将其基本框架、罪行量表和刑罚折算表列举如下:

1. 递阶层次结构及各计算元素权重值系数图

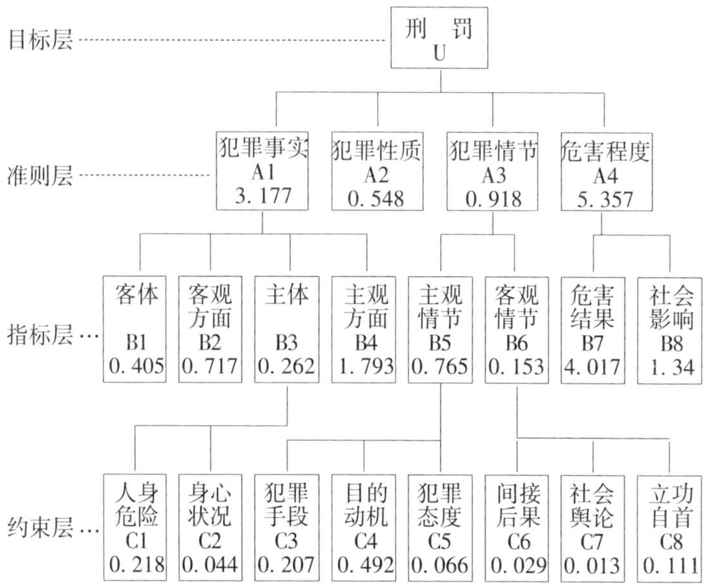

① 段立文、陈殿福:《近年来标准量刑概览》,载《政法论坛》1991 年第 5 期。

2. 罪行量表

项　目	内　　容	计　分	项　目	内　　容	计　分
犯罪客体 B1 0.405	重大客体 一般性客体	10—7 7—1	犯罪动机 C4 0.492	恶　　劣 次 恶 劣 一　　般	10—8 7—5 4—1
客观方面 B2 0.717	既　　遂 未　　遂 预　　备 中　　止	10—7 7—4 4—1 0—4	犯罪态度 C5 0.066	抗　　拒 坦　　白 一　　般	10—8 7—4 3—2
人身危险 C1 0.218	较　　大 一　　般 较　　小	10—3 7—5 4—1	间接后果 C6 0.029	严　　重 一　　般 轻　　微	10—7 5—4 3—1
身心状况 C2 0.044	正　　常 非 正 常	10 5	社会舆论 C7 0.013	民愤巨大 一般谴责 有所谅解	10—3 7—5 4—1
主观方面 B4 1.793	故　　意 过　　失	10—6 5—1	罪后表现 C8 0.111	不 自 首 自　　首 立　　功	10—7 7—5 3—1
犯罪性质 A2 0.548	反 革 命 危害公共安全 破坏经济秩序 侵 犯 人 身 侵 犯 财 产 妨害社会秩序 妨害婚姻家庭 渎　　职	10—8 10—7 10—5 10—3 10—4 10—4 5—1 5—2	危害后果 B7 4.017	极 重 级 轻 重 级 轻 微 级	10—8 7—5 4—1
犯罪手段 D3 0.207	恶　　劣 次 恶 劣 一　　般	10—8 7—5 4—1	社会影响 B8 1.34	重　　大 一　　般 轻　　微	10—8 7—5 4—1

3. 刑罚折算表

罪行积分	91—100	86—90	81—85	76—80	71—75	66—70	61—65	56—60	51—55	46—50	45以下
折处刑罚	死刑含死缓	无期徒刑	14—15	12—13	10—11	8—9	6—7	4—5	2—3	0.5—1	拘役 管制 免刑
			有期徒刑(以年为单位)								

提出这种量刑模式的学者，举了如下案例来说明该模式的量刑结果：王×，男，33岁。某日将卖鸡蛋的女青年丁某骗至家中，先行强奸，尔后又杀害，并碎尸灭迹。按该量刑模式特定的判断方式和计算公式，得出量刑的总值(罪行积分)为99.525，按《刑罚折算表》应处以死刑。

这种量刑模式还将刑事责任年龄“量化为综合指标的相关系数(K)，以此来限定量刑的综合数量指标。如对未满14岁的人，K取值为0；已满14岁未满16岁的人，K取值为0.4—0.6；对已满16岁未满18岁的人，K取值为0.7—0.95。”例如，李某未满14岁，有杀人行为，假设对其行为评分总值U为95分，由于其K值为0，则95(U)×0=0，不予判刑；又如，高某，已满14岁未满16岁，犯放火罪，假设罪行评分总值为95分，其K值为0.5，则95(U)×0.5(K)= 47.5，按《刑罚折算表》可处以0.5—1年有期徒刑；再如，黄某，已满16岁未满18岁，犯强奸罪，假设其罪行评分总值U为98分，其K值取0.9，则：98(U)×0.9(K)= 88.2，按《刑罚折算表》可判处14—15年有期徒刑。

(二)对所谓“层次分析量刑模式”的质疑

从上述“递阶层次结构及各计算元素权重值系数图”和“罪行量表”可以看出，这种量刑模式是将各种定罪情节(犯罪构成事实)和量刑情节均作为量刑的根据，通过“判断矩阵”量化为罪行积分，最后得出罪行总分，然后对照“刑罚折算表”，决定对该案犯罪分子的宣告刑。我们认为，这种量刑模式在理论和实践上也同样存在着不少问题，商榷如下：

1. 定罪是量刑的前提，只有确认行为成立某种犯罪，才能进入量刑的过程，否则对其量刑就是违法的。例如，既然“李某未满14岁”，依照我国刑法第17条第2款规定，其“杀人行为”本来就不构成犯罪，而这种量刑模式将其行为量化为95个“罪行积分”，虽然通过“K值0”公式得出“不予判刑”的结论，也难以掩盖它混淆罪与非罪界限的缺陷。我们认为，符合某种犯罪构成四个方面诸要件的犯罪事实，只能起定罪(认定犯罪性质)的作用；行为符合某种犯罪构成类型，只能提供相应的法定刑(幅度)。因此，这种量刑模式把犯罪构成事实(B1—B4、B7)和犯罪性质(A2)作为量刑(决定宣告刑)的重要因素，实质上是将定罪情节与量刑情节混为一谈，从而抹煞两者之间的地位和作用。

2. 刑法分则规定的十类犯罪，其分类名称刑法学界叫做类罪名。这种量刑模式把类罪名概括为“犯罪性质”(A2)，作为罪行计分的重要项目。例如，危害公共安全罪计7—10分，起点和顶点是比较高的，但是其中有些犯罪如交通肇事罪的基本罪的法定刑，却是“处3年以下有期徒刑或者拘役”，至少要计7分；而渎职罪计2—5分，其中有些犯罪如行贿罪的法定最高刑为无期徒刑，受贿罪的法定最高刑为死刑，最高只能计5分，两者相较，足以说明这种计分标准与我国刑法规定的罪刑关系毫无共同之处，显然是不科学的。

3. 把刑法第61条规定的“犯罪的事实、犯罪的性质、情节和对于社会的危害程度”，在递阶层次结构中分解为四个量刑元素(A1—A4)，并给予各不相同的权重值，在理论上是不能成立的。因为，行为具有犯罪构成事实也就揭示了犯罪性质，行为对于社会的危害程度，只能由犯罪事实、犯罪性质、情节来加以说明，由于它们之间存在交叉和重合的关系，不能视为四个独立的量刑元素。再说，将该条文中的“情节”说成“犯罪情节”也不符合立法的原意。

4. 表明社会危害性和人身危险性及其程度的某种事实情况，究竟是构成要件事实(B1、B2、B3、B4 或 C1、C2)，还是量刑情节(B5、B6、B7 或 C4、C5、C6、C8)？其属性必须在定罪之后才能确定。这就是说，在此罪中是构成事实，在彼罪中是量刑情节，具有相对性。例如，危害后果(B7)、间接后果(C6)和犯罪手段，在某些犯罪中就是犯罪客观方面的构成要件(B2)，而将立功自首(C8)说成是犯罪情节也是欠妥的，因为立功自首只能发生在犯罪行为结束之后，属于罪后情节。还应当指出的是，该量刑模式的“递阶层次结构”和“罪行量表”尚未穷尽作为量刑依据的各种因素，仅现行刑法明文规定的量刑情节不但比它多得多，而且内容具体。由此可见，这种量刑模式在理论上是混乱的。

5. 更为严重的是，由于这种量刑模式不是在定罪的前提下，找出应当适用的法定刑，然后再在相应法定刑的范围内(或基础上)量刑，所以，它对任何一种具体犯罪所提供的追究刑事责任的范围，都是免刑——死刑(其《刑罚折算表》充分证明了这一点)，于是，在“递阶层次结构”和“罪行量表”存在严重理论混乱的情况下，特别是现行刑法废止加重处罚情节以后，当具体案件并不具有减轻或免除处罚情节时，其罪行积分所折算的刑罚，难免超出该罪法定刑的上限和下限，导致违法适用刑罚和免除刑罚。

总之，我们不是说“多层次加权分析决策方法”不对，也不是说矩阵代数的“Pcnon Fronhinc 理论”不对，而是说这种量刑模式不仅完全脱离了定罪与量刑的基本理论，而且置现行刑法规定的各种具体犯罪的罪刑关系于不顾，因而在理论上漏洞百出，加之复杂的数学计算公式，在实践中难以使一般审判人员理解，因而缺乏科学性和可操作性，故为我们所不取。

四、我国刑法的量刑模式

如果说量刑模式是指实现刑法任务和体现量刑原则的量刑活动的前提、根据、范围和基本步骤的话，那么，我国刑法的量刑模式应当是：在正确定罪的前提下，以案件确有的量刑情节为依据，首先应用一定的方法正确评价犯罪人的刑事责任程度，然后根据其责任的大小，采取一定的方法在法定刑范围内(或基础上)求解量刑的最佳适度，对犯罪分子宣告判处某种刑罚或非刑罚处理方法。由于本书已在量刑原则一章中阐明了它的基本内容，在此恕不赘述。

第二节　刑罚裁量方法评介

一、刑罚裁量方法的概念和意义

量刑偏差是一个带世界性的普遍现象。产生这种现象的原因是多方面的，但是，在立法相对完备和排除干扰的前提下，发生量刑偏差的原因，主要是量刑方法的问题。然而，什么是量刑方法？某些研究和阐述量刑方法的学者，或者是回避量刑方法的概念，或者将量刑模式与量刑方法混为一谈，说“量刑的方法，是指审判人员依法对犯罪分子裁量决定刑罚的步骤、程序、手段、模式的总合。”①我们认为，不同国家或不同性质的刑法决定量刑模式，而不同的量刑模式又有不同的量刑方法，因此，我国的量刑方法，是指在我国《刑法》规定的量刑模式下，为实现量刑的目的和任务而采取的对犯罪分子落实刑事责任的具体操作方法和

① 高格著：《定罪量刑的理论与实践》，吉林人民出版社 1994 年版，第 211 页。

技术。它包括两个方面：一是以案件确有的量刑情节为根据，评价犯罪人刑事责任轻重程度的操作方法；二是根据犯罪分子刑事责任的大小，在相应法定刑范围内或基础上求解量刑最佳适度(宣告刑)的操作技术。

为了解决量刑偏差的问题，世界各国刑法学者都在本国刑法规定的量刑模式范围内对量刑方法进行反思和探索。在西方国家，由于过去在量刑方法上未能找到科学的途径，于是在立法上赋予法官“自由裁量权”，在诉讼中提倡法官“自由心证”，把防止量刑偏差的希望，寄托于审判人员的“良知”、“学识”和“经验”上。这种做法不但没有解决量刑偏差问题，反而使“量刑之偶然性”成了“久年之诟病”。例如：美国哈佛大学法学院教授鲁克指出：该国“对于类似犯罪所科之刑，在不同的法院间，甚至在同一法院之法官相互间，并不能统一。”“在相类似情况下所犯之同样罪，在某法官之下被处长期徒刑，在他法官之下仅被处轻锢刑，而且无须设如此差别之适当理由。”所以，“美国多数的司法部长们曾为联邦法院宣告刑之无规则性所困惑”。新泽西州的研究报告认为：“决定量刑差异倾向之因子，并不在于犯罪情况及被告人情状之上，而在于法官本身上”。这种不良的结果“并非由于刑法之缺憾，而是由于各法官间自然所存见解上之大异”①。美国一参议员也认为：“今天的刑事判决是一个全国性的丑事，不同的法官对于犯了同样罪的被告给了完全不同的判决，一个被告可以得到缓刑处理，而另一个犯了同样罪的被告则被判处长期徒刑。造成这种明显差异的原因，可以直接追溯到赋予法官的毫无限制的自由裁量权，法官的行为不受法律任何约束，这就导致在某些判决中不存在法律基础。”②

---

① 见蔡墩铭主编：《刑法总则论文选辑》(下)，台湾五南图书出版公司 1962 年版，第 829、834、830、833—834 页。

② 引自董岩：《从法官的自由裁量权看美国的刑事判决》，载《外国法学研究》1987 年第 3 期。

在英国，刑事立法除对每种犯罪规定最高刑外，不再以任何方式限制法官的自由裁量权，因而量刑偏差日益严重。该国内政部研究小组罗杰·塔林在其研究报告中，揭示了遍及英格兰和威尔士的640个小审判庭在量刑中的种种差异。加拿大、澳大利亚、新西兰等国，也先后对量刑偏差的情况进行了规模不等的调查，揭示了在许多类似案件里刑罚不一致的现象。在前苏联，同样存在量刑不公正的问题，刑罚的严厉程度在不同地区存在巨大的差别，而在期限方面差别有时达到30%—40%①。

为了限制法官的自由裁量权，防止量刑偏差，各国在本世纪末期掀起了量刑方法改革运动。例如，美国加利福尼亚州1977年制定了《统一确定量刑法》，明尼苏达、宾夕法尼亚和华盛顿州提出了《判刑指导准则》，并建立"量刑指导委员会"等专门机构指导量刑工作。美国律师协会1980年也提出了《量刑修正标准》②。美国联邦政府1984年制定的"犯罪综合法案"有两个主要内容：一是实行"强制量刑"，创设法官必须遵守的许多规则；二是设立联邦审判委员会，借以提高审判的公正性。1987年11月1日生效的《美国联邦量刑准则》，将联邦法律规定的罪行分为43个等级并规定相应的刑罚，要求法官们必须按照统一标准判刑，如果法官认为某一罪行需要加重或减轻处罚，必须有陈述其理由的书面报告，以避免各级法院对同一罪行予以不同的处罚。加拿大、澳大利亚、新西兰等国也纷纷建立司法判决委员会、量刑委员会等量刑协调组织，英国和前苏联为提高法官量刑水平，还对法官进行了专门的培训③。由此可见，量刑方法改革已引起了世界各国的高度重视。

在我国，量刑原则对于正确量刑虽然具有十分重要的指导意

---

①③ 参见苏惠渔等著：《电脑与量刑》，百家出版社1989年版，第2—4页。

② 参见赵秉寿主编：《刑法若干理论问题研究》，四川大学出版社1992年版，第309页。

义，但是，当原则和量刑模式确定之后，采取什么方法来实现量刑的任务和目的，却是决定量刑是否适当的关键因素。毛泽东说："我们不但要提出任务，而且要解决完成任务的方法问题。我们的任务是过河，但是没有桥或没有船就不能过。不解决桥和船的问题，过河就是一句空话。不解决方法问题，任务也只是瞎说一顿。"①量刑的任务是依照惩办与宽大相结合的政策，依法选择适当的刑罚或者非刑罚处理方法，对犯罪分子落实刑事责任，实现量刑的公正合理性，从而达到预防和减少犯罪的目的。要实现这一任务和目的，不可缺少量刑方法。然而，不是任何量刑方法都能达到量刑的最佳效果，不同的量刑方法可能导致差异较大的量刑结果。因此，必须紧紧围绕量刑目的探索量刑的科学方法，使其成为实现量刑任务的可靠保障。有了科学的量刑方法就能够达到刑责均衡，保障量刑的公正合理，有利于刑罚目的的实现；如果量刑方法不当或错误，必然发生量刑偏差，甚至会出现处罚畸重畸轻、罚不当罪的现象，与刑罚的目的背道而驰。勿庸讳言，在我国的审判人员中确实存在着重定罪而轻量刑的思想倾向，认为"只要定罪正确，判刑轻重无关大局"，这显然是十分错误的。正如有的学者指出："只有定罪正确，才有可能作到量刑正确。然而定罪正确，并不能完全作到量刑正确。有的刑事案件定罪是完全正确的，在量刑时却出现畸轻畸重的现象，不仅不能有效地惩治犯罪，而且可能出现或纵或枉的现象，有损社会主义法制的权威性。"②但是，就绝大多数的刑事审判人员来说，主观上都力求使自己审判案件在量刑上达到公正合理，然而量刑偏差的现象却不能避免，这成了长期困绕着我们的严重问题。华东政法学院曾设计 150 个案例，向近千名刑事审判人员进行量刑问卷调查，要求接受调查的人员不臆造与量刑有关的轻重情节，仅

---

① 《毛泽东选集》第 1 卷，人民出版社 1991 年版，第 139 页。

② 李光灿主编：《中华人民共和国刑法论》(上册)，吉林人民出版社 1984 年版，第 511 页。

根据每个案件中给定的同一事实和量刑情节，提出自己的量刑意见。调查结果表明：70%左右的审判人员对各案量定的刑罚与平均值正负差距一般不超过1年，30%左右的审判人员对各案量定的刑罚差距却较大或太大，如对某一案例的量刑竟有15年之大的差距①。应当说对于问卷调查的这些案例，不存在任何违法干扰问题，为什么会发生如此之大的差距呢？除了答卷者的政治观点、业务水平、心理素质和实践经验的差异外，量刑方法问题未能获得彻底解决，则是最主要的原因。对于同一案件，由于不同的法官采取不同的量刑方法，所作出的宣告刑必然发生较大的差距。因此，探索量刑方法的科学性和可操作性，对于完成量刑任务和实现刑罚目的具有极其重要的意义。

二、刑罚裁量方法评述

我国刑法学界对司法实践中采用的量刑方法和学术研究中提出的量刑方法，在分类上存在着不同的观点，主要有如下六种表述：

1. 有的学者把量刑模式和量刑方法混合一起统称为量刑模式，并将其划分为五种：(1)基础刑期之量刑模式；(2)数量化量刑模式；(3)罪刑量表量刑模式；(4)层次分析法量刑模式；(5)电脑量刑模式②。

2. 有的学者将量刑方法划分为三种：(1)综合估量式量刑方法；(2)分步加减式量刑方法；(3)定量分析和电脑分析法③。

3. 有的学者将量刑方法分为三种：(1)综合量刑方法；(2)

---

① 苏惠渔等著：《电脑与量刑》，百家出版社1989年版，第10页。

② 段立文、陈殿福：《近年来量刑标准化研究概览》，载《政法论坛》1991年第5期。

③ 赵秉寿主编：《刑法若干理论问题研究》，四川大学出版社1992年版，第312—314页。

数学量刑方法；(3)电脑量刑方法①。

4. 有的学者在传统的综合估量式量刑方法之外，将借助新科技研究的量刑方法分为如下三种：(1)运用决策科学进行量刑的方法；(2)运用数学进行量刑的方法；(3)动用电脑进行的量刑方法②。

5. 有的学者将量刑方法分为两类，一类是司法实践中采用的经验作业法即综合估量式量刑方法，另一类是科学量刑方法。后者又再分为：(1)层次分析法；数学模型法；(2)定量分析法；(3)电脑量刑法③。

6. 有的学者除了阐述自己主张的基准点量刑方法外，还将他人提出的量刑方法分为三种：(1)罪行等级式的量刑方法；(2)数学量刑方法；(3)电脑量刑方法④。

以上各种分类，存在三个问题：(1)除综合估量式(经验作业)和基础刑(基本刑)量刑方法外，其他分类由于没有明确其划分的标准，因而从该量刑方法的名称上看不出量刑方法的主要内容和基本特征；(2)有的分类是将量刑模式和量刑方法混为一谈，而且均未在刑法规定的量刑模式前提下，来阐述和评价量刑方法；(3)除综合估量式的量刑方法外，其他方法均含有层次分析、分步加减、决策科学、定量分析和数学模型的内容，而且它们都能按各自的设计编制软件程序，通过电脑来加以体现，所以用它们作为量刑方法名称是不确切的。我们认为，上述各种观点中的所谓“电脑量刑模式”或“电脑量刑方法”，主要是指判例或

---

① 喻伟主编：《量刑通论》，武汉大学出版社1993年版，第110页。

② 高格著：《定罪量刑的理论与实践》，吉林人民出版社1994年版，第218—222页。

③ 樊凤林主编：《刑罚通论》，中国政法大学出版社1994年版，第481页。

④ 何秉松主编：《刑法教科书》(第二次修订版)，中国法制出版社1995年版，第462—469页。

判例法量刑模式；所谓“运用决策科学进行量刑的方法”和“罪刑量表的量刑模式”，实际上就是指“层次分析法量刑模式”，对这两种量刑模式，在本章第一节中我们已作了评价，这里不再重述。至于其他量刑方法，基本上是在我国现行刑法规定的量刑模式下进行研究和设计的，现按各自的基本内容或主要特征归纳为如下三种，简介并评述如下：

（一）综合估量的量刑方法评述

所谓综合估量法，亦称经验作业法，有学者对它作了如下简要的概括：“这是一个使用较多的传统方法，指审判人员在掌握案情的基础上，根据犯罪的社会危害性程度和通过犯罪人个人情况反映出来的犯罪人再犯可能性大小，进行分析、综合、判断，一次性地估量出对犯罪人应当宣告适用的刑罚。”①有的学者指出：“当前我国的量刑，大多采用传统的经验作业法”②。这种“估堆”式量刑方法的弊端在于：(1)不分定罪情节与量刑情节，将它们混合一起进行综合估量，因而决定宣告刑直接因素不仅有量刑情节，而且还包括定罪情节，于是定罪情节既起决定法定刑的作用，又参与决定宣告刑，违反了同一事实特征禁止重复评价的原则，以致同一事实情况反复起着从重或从宽的作用。(2)由于综合估量，就不可能对每个量刑情节作出具体深入的分析和实事求是的评价，也不可能科学地解决案件既有“应当”从重或加重处罚情节，又有“应当”从轻或减轻处罚情节的矛盾，于是宣告刑的产生不可避免地带有主观随意性和偶然性。(3)这种经验作业法全凭法官个人的法律意识和实践经验，而法官的政治、业务、心理素质和实践经验客观上存在的差异，必然导致量刑的偏差。(4)即使个别法官对某个案件的量刑被公认为是适当的，他

---

① 赵秉寿主编：《刑法若干理论问题研究》，四川大学出版社 1992 年版，第 313 页。

② 樊凤林主编：《刑罚通论》，中国政法大学出版社 1994 年版，第 481 页。

未必能从科学上阐明其理由，如果量刑被认为不适当，人们也难以从科学上揭示其产生偏差的具体原因，从而为刑事司法腐败留下方便之门。总之，由于这种量刑方法缺乏客观性、标准性和科学性，我国刑法学界几乎异口同声地对它持否定态度，可以说，学者们设计的其他量刑方法，都是针对这种量刑方法的弊端而提出来的。

（二）基础刑量刑方法评述

亦称基本刑或基准点量刑方法。有学者对它的基本原理作了如下简要的概括：所谓基础刑量刑方法，是指在相应法定刑范围内，“首先确定基本刑，先找出量刑的基准点，然后再视案件有无从重从轻情节，并明确划分其轻重不同的档次，最后在已确定的基础刑上作上下浮动，得出该罪应判的刑期。”这是一种较早提出的量刑改革方案，它是针对我国刑法虽然规定从重处罚、从轻处罚情节，但却没有明确参照刑而提出的。研究者认为，从重、从轻并不是在法定刑限度以内任意量刑，对罪犯的从重或从轻处罚应建立在一定的基础上，总要有个参照。同时，减轻、加重本身也包含基本刑的意思，否则就无从谈起。从数学角度讲，加重就是量的增多，减轻就是量的减少，但增多和减少，是相对某个标准量而言的，这个标准量就是基础刑。建立基础刑，便于法官掌握统一标准，达到量刑在时间地域上的基本平衡①。但是，在确立基础刑的问题上，又有以下几种主张：

1. 以中间线为基础刑。即把基础刑确定在法定刑幅度内 1/2 的中线上，也即平均刑。从重处罚就应在中线以上量刑；从轻处罚则在中线以下量刑。

2. 以中间线为基础刑加最高最低刑之差乘一定百分比。首先，以法定刑幅度的中间线为基本法定刑指数；其次按年、月为标准确定最高刑和最低刑指数；再次，找出 30 个影响量刑的从

---

① 参见段立文、陈殿福：《近年来量刑标准化研究概览》，载《政法论坛》1991 年第 5 期。

重从轻情节作为可供选择的法定刑变量，并将它们分为决定性情节和一般性情节；最后求解宣告刑：(1)对决定性情节的计算公式为：最高刑或最低刑和基本法定刑相减之差×75%=从重从轻指数。如果是从重情节，其宣告刑为：基本刑+从重从轻指数；如果是从轻情节，其宣告刑为：基本刑-从重从轻指数。(2)对一般性情节的计算公式为：最高刑或最低刑和基本法定刑相减之差×10%=从重从轻指数。宣告刑的运算同上。

3. 固定式的基础刑。由于影响量刑轻重的因素比较稳定，同种罪的量刑基准点较为一致，不管谁触犯这一罪名，对其基础刑都固定在某一点上。这种基础刑的确定来源于大量的量刑调查结果。例如，研究者通过大量调查分析，认为强奸罪量刑基础点相对稳定，一般应为 5 至 6 年，如果有从重(从轻)情节，则在此基础上浮动。

4. 移动式的基础刑。有的犯罪影响量刑轻重的因素可变性强，决定同类犯罪社会危害性大小的因素比较活跃，由此决定了同类犯罪的量刑基准点应是可变的、移动的。比如数额是决定盗窃罪社会危害性大小及刑罚轻重的主要因素，因此量刑基准点就随盗窃数额的变化而不同。

应当肯定，提出上述量刑方法的学者，都是为了补救综合估量方法的弊端，作为一种理论探索有其先导的意义，我们也曾经赞同过这种观点，但是后来发现它同样也存在着诸多问题，于是改变了过去的看法。因为，无论哪种基准点量刑方法，其核心都存在一个根据什么来确定基本刑和怎样确定基本刑的问题。什么是基本刑？有学者作了这样的解释："所谓基本刑，就是暂不考虑从严从宽处罚的各种情节，仅根据犯罪行为本身的社会危害性程度，在一定量刑幅度以内判处刑罚。基本刑不是在量刑幅度中间线上判处的刑罚。基本刑存在每个量刑幅度范围内的任何一点上，上至最高刑，下至最低刑，只要与犯罪行为本身的社会危害性程度相当，就是基本刑。基本刑是从重从轻处罚的基准点，不确定基本刑，就无法从宽从严处罚，因为它没有基础；基本刑不准，偏高或偏低，也会造成从宽从严处罚失当。因此，在量刑过程中，正确决定基本刑，是搞好量刑工作的关键之一。”持这种观点的学者认为，基本刑量刑方法是他们已经形成的“一套具有中国特色的、行之有效的量刑方法”①。对这种武断的说法，我们实在不敢苟同，理由如下：

1. 众所周知，表明“犯罪行为本身的社会危害性程度”的事实情况，有一部分是犯罪构成事实，另一部分则属于“从严从宽处罚情节”范畴，因此，所谓“暂不考虑从严从宽处罚的各种情节”，实际上就是以犯罪构成事实(即定罪情节)为根据来确定基本刑。持这种观点的学者认为：“在刑法条文根据犯罪情节、社会危害程度不同而规定数个相互衔接的具体量刑幅度的情况下，确定量刑幅度的问题就要复杂一些。定罪以后，虽然解决了整个条文规定的法定刑范围，但对于该种性质的具体犯罪案件，不能以此作为适用的幅度，而必须深入分析、全面认定其犯罪情节和社会危害程度，在整个条文规定的数个量刑幅度中，选择一个与其情节和对于社会危害程度相适应的具体量刑幅度作为这一具体犯罪的量刑幅度。”②这种观点存在两个问题：(1)刑法为一个罪名规定的数个量刑幅度，有的是相互衔接的，有的则是相互交错的，例如，刑法第383条第1款规定的贪污罪，其4档法定刑中都存在交错的情况，图示如下页(≡表示法定刑范围)，因此，所谓“数个相互衔接的具体量刑幅度”的说法至少是不严谨的。(2)对于具有“数个量刑幅度”的犯罪来说(占全部罪名的绝大多数)，同一“犯罪构成事实”就重复使用了三次：第一次是起决定行为构成某种犯罪(即定罪)的作用，第二次是起在数个量刑幅度中决定适用某个“具体量刑幅度”的作用，第三次是起决定“基本刑”的作用，这种典型的重复评价是产生量刑畸轻畸重的根源之一。提出这种观点的学者忘记了我国刑事立法的一个基本事

---

①② 何秉松主编：《刑法教科书》(第二次修订版)，中国法制出版社1995年版，第462—463页。

实，即现行刑法为各种不同的犯罪构成类型所配置的法定刑目前共有44种模式，各种法定刑模式之间均存在一定的轻重差距，甚至悬殊很大。因此，只有刑法为该种具体犯罪配置的法定刑，才能与“犯罪行为本身的社会危害性程度相当”，这才是真正的基础刑，除此之外，任何在法定刑范围内另行设立基础刑的做法，在理论上都难以成立。

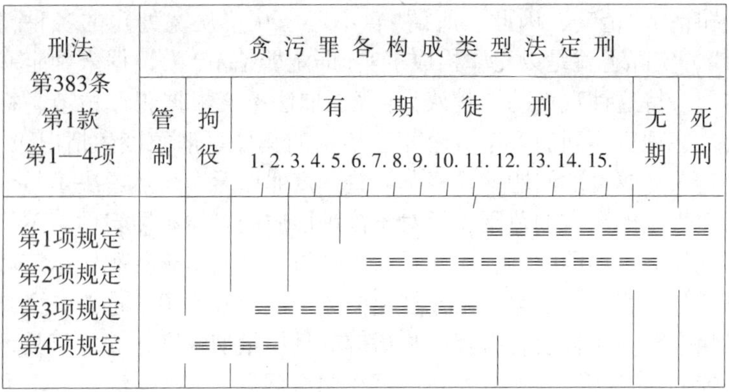

2. 犯罪构成事实只能起定罪从而起决定法定刑的作用，而在法定刑范围内（或基础上）决定宣告刑的依据只能是量刑情节。所谓“暂不考虑从严从宽处罚的各种情节，仅根据犯罪行为本身的社会危害性程度，在一定量刑幅度以内判处刑罚”的观点，同样是不科学的。既然从严从宽处罚的各种情节尚未进行评价和使用，凭什么在法定刑幅度的“任何一点上”确定量刑的基准点？如果说是根据“犯罪行为本身的社会危害性程度”（姑且不说这个根据是否正确），那么它的轻重量到底是多少？究竟是用什么方法计算出来的？基本刑量刑方法并未对此作出任何回答。既然连求解基准点的方法都没找到，而“基本刑是从重从轻处罚的基准点，不确定基本刑，就无法从宽从严处罚”，那么，法官又只得重新回到“综合估量”基本刑的道路上去，何以说这种方法是“具

有中国特色的、行之有效的量刑方法”？由于拿不出确定基本刑的操作方法来，就必然导致基本刑不准，于是，量刑偏宽偏严甚至畸轻畸重的现象也就在所难免。这种量刑方法还存在许多破绽，但因作为量刑前提的基准点方法被否定，附属于它的其他具体操作方法也就毫无评价的意义了。

（三）分格式的量刑方法

有学者对这种量刑方法作如下简介：它是“用加权平均测评法和模糊综合评判法这两种数学方法，根据量刑情节，把罪行情节分为一至六等，即一等情节轻微，二等情节较轻，三等情节一般，四等情节较重，五等情节严重，六等情节特重。与罪行等级情节相对应，法定刑也应划分为一至六档。最后，按照罪刑相适应原则，与具体犯罪情节等级对号，再斟酌判处相应的档次刑。对量刑情节分为基本量刑情节与特别量刑情节。基本量刑情节指决定刑罚轻重的情节，即犯罪构成的必要要件与选择要件。特别量刑情节指加重、减轻、从重、从轻处罚与免除处罚情节。在量刑中又可以将要判的刑罚分为基础刑与调整基础刑。基础刑是根据犯罪的基本量刑情节和刑法规定的法定刑，运用数学方法，对罪犯判处的基本刑罚。如果案件没有任何从重、从轻的特别量刑情节，这个基础刑也就是判决的宣告刑。如果有从重、从轻的特别量刑情节则经过调整后，才能成为宣告刑，即调整基础刑。”①

根据以上描述，这种量刑方法也存在诸多矛盾：（1）量刑情节是一个复杂概念，在多数案件中，可能既有从重情节，也有从轻、减轻和免除处罚情节，也可能存在多个从重或从轻处罚情节。究竟是将每个情节都划分为一至六等，还是对案件所有的量刑情节划分为一至六等呢？如果是指后者，又是根据什

---

① 高格著：《定罪量刑的理论与实践》，吉林人民出版社 1994 年版，第 221 页。

么标准将全案所有的甚至是相互矛盾的量刑情节进行等级划分呢？(2)既然对所有的量刑情节作了等级划分，那么，再将量刑情节划分为基本量刑情节与特别量刑情节又有什么意义？更主要的是，符合"犯罪构成的必要要件与选择要件"的事实情况，是定罪情节而不是量刑情节，它只能决定对犯罪分子追究刑事责任的范围(即法定刑)，不能"决定刑罚轻重"(即宣告刑)，所以，不可将它说成"基本量刑情节"。(3)既然已将量刑情节划分为六个等级并将法定刑划分为六个档次，为什么还要将"要判的刑罚分为基础刑与调整基础刑"呢？两者之间究竟是什么关系？既然采取基础刑与调整基础刑的量刑方法，那么，"分格式的量刑方法"也就丧失了自身存在的价值。总之，这种量刑方法也难以赞同。

第三节　刑罚裁量方法新探

为了探索一种既能够有效地避免偏差，杜绝畸轻畸重，又具有可操作性的量刑方法，我们在这方面作了一些尝试。我们研究的出发点是：量刑方法必须贯彻量刑的一般原则，符合现行刑法规定的量刑模式，不但要奠定在定罪量刑基本理论的基础上，而且应当概念明确，逻辑严谨，简便易懂，在审判实践中具有可操作性，能够实现量刑的目的和任务。经过几年探索，我们发现在我国量刑模式的前提下，适用量刑情节的本质，归根到底在于缩小追究刑事责任的范围，在其间确定一个将量刑模糊度降到最低限度的点，它就是量刑的最佳适度，于是形成了"根据情节量化积分，压缩量刑幅度，求解量刑最佳适度"的量刑方法。现将初步研究成果简述如下：

一、正确定罪是适用量刑方法的前提

如前所述，我国刑法的量刑模式是在正确定罪的前提下，以案件确有的量刑情节为依据，首先应用一定的方法正确评价犯罪人的刑事责任程度，然后根据其责任的大小，采取一定的方法在法定刑范围内(或基础上)求解量刑的最佳适度，对犯罪分子宣告判处某种刑罚或非刑罚处理方法。因此，只有定罪正确，量刑方法才能发挥作用，如果定罪错误，再好的量刑方法也不能避免量刑偏差；但是在定罪正确的条件下，如果量刑方法不科学，量刑偏差依然存在。

定罪是司法机关(主要是审判机关)对被审理的行为与刑法规定的犯罪构成进行相互一致的认定。犯罪构成是区分罪与非罪和此罪与彼罪的法律标准，犯罪构成事实是确认具体行为是否成立犯罪的唯一根据。定罪的任务有三：首先，确定行为是否构成犯罪。其次，在确认行为构成犯罪的条件下，再解决行为构成何种具体犯罪的问题。所谓构成何种具体犯罪，包含两层意思：(1)是构成一罪还是成立数罪，如果是前者还要确认行为成立何种罪名；(2)当该罪名具有基本犯罪构成与派生的减轻、加重或特别加重构成类型时，还要进一步确认行为是构成基本罪，或者是构成派生轻罪、重罪、较重罪或极重罪。最后，如果该行为是故意犯罪，还要进一步确认：(1)是完成形态的犯罪还是未完成形态的犯罪？如果是后者，还要确认是预备犯、中止犯还是未遂犯；(2)是单独犯罪还是共同犯罪？如果是后者，还要确认行为人是主犯、从犯、胁从犯还是教唆犯。由此可见，定罪对于量刑具有如下两个决定性的影响：

1. 提供相应的法定刑。这是因为刑法为各种具体犯罪配置了轻重不等的法定刑模式，只有正确定罪，才能找准相应的法定刑；只有找准了法定刑，才能在它的范围内或基础上，根据量刑情节求解宣告刑的最佳适度。

2. 提供相应的量刑情节。无论是现行刑法和刑事政策规定的量刑情节，还是司法实践和刑法理论上公认的酌定量刑情节，都不可能完全为一切具体犯罪所实用，于是每个具体犯罪就会形成一个属于自己的量刑情节表，它与其他犯罪的量刑情节表既有部分相同又有部分不同。这是因为：(1)表明行为社会危害性及其程度和行为人人身危险性及其程度的某些事实特征，在此罪中是犯罪构成事实(定罪情节)，在彼罪中则是量刑情节，如果某种事实特征被规定为某种犯罪的定罪情节，那么它理所当然地不是该种犯罪的量刑情节。(2)刑法和刑事政策规定的量刑情节，有适用于一切犯罪的总则性情节，也有只能适用于特定犯罪的分则性情节。(3)司法实践和刑法理论上公认的某些酌定量刑情节，也不是对一切犯罪都能适用。比如，在其他情况相同的条件下，直接故意应略重于间接故意，对于过失犯罪和以直接故意为构成要件的犯罪来说就不是量刑情节；又如，积极退赃就只能适用于经济犯罪，等等。因此，定罪不但制约着法定刑的轻重，而且还制约该种犯罪可能适用的由若干情节组成的量刑情节一览表。

总之，在正确定罪的前提下，量刑方法作为一种审判活动和方法，实际上是如何认识量刑情节和法定刑两者的内部矛盾，以及怎样解决它们之间的相互矛盾，在矛盾运动的过程中科学揭示并客观反映其对立统一的交汇点——量刑的最佳适度。这是不以人的意志为转移的客观规律，任何量刑方法违反了这一规律，必将陷入误区，自尝苦果。

二、量刑情节逐个量化并分别积分，是评价刑事责任程度的科学方法

在正确定罪并找准法定刑模式的基础上，量刑情节是决定宣告刑的唯一根据。以情节的功能为标准，量刑情节从宏观上分为从重、从轻处罚情节和减轻和免除处罚情节两类。这里所谓的情

节逐个量化，仅指从重、从轻处罚情节而言，减轻和免除处罚情节不存在量化问题(对此将在本节第三个问题中阐述)。

从一个案件来看，可能只有一个量刑情节，也可能具有多个量刑情节，没有任何量刑情节的案件是不存在的。对于一个具体的量刑情节来说，其表明刑事责任大小的程度，即影响从重从轻处罚的程度，都可以进行定量分析。怎样对情节作定量分析呢?我们的基本观点是，由于“模糊性”是某些事物存在的形式，对这类事物越作精确的剖析，越把握不住它的本质，越难以作出正确的评价。量刑情节就属于具有一定模糊性的事物，所以对情节的量化，只能采取模糊决策。我们认为，对犯罪人具有的每个从重或者从轻处罚情节，只需进行如下两次评价，就能达到定量分析的目的。

(一)正确评价每个情节在整个量刑情节中影响处罚轻重的“份量等级”

所谓特定情节在整个量刑情节中的份量等级，是指该情节在本罪可以适用的全部量刑情节中所处的地位和作用。这是对不同性质的量刑情节，在同其他量刑情节进行比较的基础上，评价其影响处罚轻重的份量。由于每个情节的性质不同，其表明的社会危害程度和人身危险程度在客观上是存在着差别的，因而对于处罚轻重具有不同的影响力，不可等量齐观。例如，坦白、自首和立功这三个情节，都是从轻处罚情节，但各自对从轻处罚的影响力就不一样；又如，累犯、有前科和劳教人员解除劳教后近年内犯罪这三个情节，都是从重处罚情节，而对从重处罚份量也有所不相同；再如，犯罪前表现好坏，认罪态度好坏等等，虽然都是酌定量刑情节，但对处罚轻重的影响力较小，自应评价为次要情节。因此，可以将适用于本罪的不同性质的全部量刑情节，按其对量刑影响力份量大小，评价为四个等级：(1)特别重要情节，计40分；(2)重要情节，计30分；(3)一般情节，计20分；(4)次要情节，计10分。

（二）正确评价每个情节在同种情节中影响处罚轻重的“程度等级”

所谓特定情节在同种情节中影响处罚轻重的程度等级，是指同一性质的量刑情节，在不同案件中有不同的具体表现，其表明的社会危害程度和人身危险程度在客观上也同样是存在着差别的，从而对处罚轻重的影响力也应当有所不同。例如，累犯是法定从重处罚情节，而刑满释放不几天又犯罪与三四年以后又犯罪，累犯重罪与累犯轻罪就不相同；又如，自首是法定从轻处罚情节，而自首又有各种不同的情况，立案前自首与通缉后自首，犯罪较轻自首与犯罪较重自首，自首并有立功表现与无立功表现也不一样；再如，某种经济犯罪数额，作为构成要件有“数额幅度”，但不同案件或不同的犯罪人又有其不同的具体犯罪数额；复如，积极退赃是酌定从轻处罚情节，但退赃的数量与能力也不尽相同，等等。这就是说，同种情节因其在不同案件中的具体表现上的差别，其社会危害性和人身危险性就存在程度等级划分的可能性。我们认为，同种情节中影响处罚轻重程度的等级评价，也划分为五个档次：一档为最重或最轻，计 50 分；二档为很重或很轻，计 40 分；三档为一般重或一般轻，计 30 分；四档为较重或较轻，计 20 分；五档为略重或略轻，计 10 分。

最后，将一个情节的上述两次评价所计分值相加，就得出该情节的实际积分，于是，任何一个量刑情节都可以划分为：计 20 分、计 30 分、计 40 分、计 50 分、计 60 分、计 70 分、计 80 分和计 90 分共八种不同情况。对每个量刑情节的上述两步等级评价，办案人员是不难做到的，即使评价不太准确，比如偏高一级或偏低一档，由于这种定量分析比较细致，也不会对量刑造成多大的偏差。但是，无论是份量等级评价还是程度等级评价，在认定最高档次时要特别慎重，并且应当有事实和理论上的依据。当然，每次评价究竟分为几个等级，哪个情节应确定为何种份量等级，哪种情况应评价为何种程度档次，各等级的分值以多少为当，都还可以进行专题性研讨和实案检验，最后取得共识。

这里需要重点解决的问题是，当一个案件既有从重处罚情节又有从轻处罚情节时，应当如何处理？回答只能是：采取轻、重积分等量抵销的方法。比如，犯罪人具有从重从轻处罚情节各1个，其中，从重情节积70分，从轻情节积40分，经过抵消后该案实际只有30个从重分。根据这种方法，任何一个案件不论有多少个从轻从重情节，从重、从轻情节逐个积分，分别累计，等量抵销后的总积分，只能是或轻或重情节的积分(以下简称情节总积分)，它是测定该案犯罪人应负刑事责任程度的具体指标，分值的高低决定处罚的轻重。这种轻、重积分等量抵销法较之轻、重情节个数抵销法，显得更加科学和合理，因为轻、重相反的每个情节经过认真的两步量化，各自的积分量通常是不相等的，但是应当肯定轻重抵销的思路，我们现在提出的轻、重积分等量抵销法，就是受它的启发并且是对它的深化和发展。然而，有的学者以“轻重情节的性质不同”为理由，抓住“正负数量不可能是相等的”缺点，而对轻重抵销的思路加以否定，试图用他们的所谓“先加后减”来解决一案从轻从重情节并存的矛盾①。我们对此不以为然，因为它是“基本刑”的产物，在理论上实难成立。试问：当犯罪人既是累犯(从重情节)又是从犯(从轻情节)时，两个情节的“性质”迥然不同，而且又都是法定“应当”情节，在这种情况下如果不用轻重抵销方法，难道对一个犯罪人可以同时从重处罚和从轻处罚吗？其结果仍然是轻重抵销。

三、法定刑的空间数量关系，是求解量刑最佳适度的客观尺度

如果说全案量刑情节的总积分是测定该案犯罪人刑事责任程度的指标的话，那么，法定刑的空间刻度及其数值则是衡量并落

---

① 何秉松主编：《刑法教科书》(第二次修订版)，中国法制出版社1995年版，第467页。

实刑事责任的客观尺度。为什么要将法定刑视为一个特定空间呢？因为量刑本身就是一个数学问题，而数学则是“研究现实世界的空间形式和数量关系的科学”①。根据求解量刑最佳适度的需要，法定刑空间刻度的数值，是通过如下步骤来计算出来的：

（一）明确法定刑空间刻度与情节积分的关系

法定刑空间设定为多少个刻度，对求解量刑的最佳适度不发生实质性的影响，但是，一个刻度等于多少刑罚量，或者说特定的刑种或刑期占多少个空间刻度，以及情节的一个积分等于多少个空间刻度，则会影响量刑的最佳适度。究竟积一分相当于几个刻度呢？这取决于当犯罪人只有一个量刑情节，而该情节的量化积分为满分时，从重处罚可否接近法定最高刑？从轻处罚可否接近法定最低刑？根据刑法和司法解释的有关规定以及司法实践，回答是肯定的。因此，我们设法定刑空间为 100 个刻度，将犯罪人仅有的一个从重情节或者从轻处罚情节的最高积分设定为 90 分（即该情节在份量上评价为特别重要的情节，在程度上评价为最重或最轻的档次），于是，仅有的这个情节如果是从重处罚情节，量刑的最佳适度应在上限一侧第 95 个刻度上，离最高刑只有 5 个刻度；如果是从轻处罚情节，量刑的最佳适度应在下限一侧第 5 个刻度上，离最低刑只有 5 个刻度。之所以留下一点余地，是因为两次评价还不能保证百分之百的准确，量刑情节总积分仍然存在一定的模糊性，只能建议判处什么刑种或者在多少年月左右判处刑罚。至于左多少或右多少，留给审判人员去作决断。因此，本量刑方法是有限度地尊重法官自由裁量权并能充分发挥法官主观能动性的一种量刑方法。

（二）分配每个刑种在法定刑空间所占的刻度

多刑种宽幅度是我国法定刑的特点。如果某种犯罪的法定刑模式除了选择适用主刑外还可以单处附加刑时，附加刑应纳入量

---

① 《辞海》（缩印本），上海辞书出版社 1980 年版，第 1473 页。

刑幅度的范围。法定刑中的每个刑种具有不同的惩罚意义，表明对犯罪人追究刑事责任的性质和范围，因此，它们应平均分配法定刑的空间，然后再根据一定的标准，调整有关刑种之间空间宽度，确立各自的位置。具体阐述如下：

1. 有期自由刑所占的空间刻度实行内部换算和调整

有期徒刑、拘役和管制三个主刑，由于它们各自的社会政治评价意义不同，应当在法定刑空间占有等量宽度，但是，它们都是有期自由刑，在剥夺或限制人身自由时间这一点上，具有相同的质，所以它们在法定刑幅度中的空间关系，应根据刑法第 41 条和第 44 条关于管制、拘役日期折抵羁押日期的规定精神进行换算和调整。我们以有期徒刑的日数为折算标准，管制 2 日折抵徒刑 1 日，拘役 1 日折抵徒刑 1 日。首先将它们各自的刑期用月来表示，然后按法定刑规定的期限，分配每个刑种在法定刑幅度内应占的空间宽度。例如“处 3 年以上 7 年以下有期徒刑”的幅度是 4 年，换算成 48 个月；又如，凡是处 5 年、3 年、2 年和 1 年“以下”有期徒刑的法定刑幅度，在法定刑空间上的反映，必须减去起刑期 6 个月。拘役换算成 6 个月（实际多算了 1 个月起刑期），管制换算成 12 个月（也多算了 1 个半月），由于两者的起刑期较短而未扣减，这主要是出于表述方便上的考虑（以月为整数），如果运算的结果表明，量刑的最佳适度是在拘役或管制范围内的某个刻度上，它所表明的刑期即量刑结论读数，就不必像有期徒刑那样，还要再加上起刑期才能提供量刑结论的读数（有期徒刑的起刑期依法定模式的不同，最高为 10 年最低为 6 个月）。

现以赌博罪的法定刑为例，图示有关刑种的空间关系如图表。

2. 无期徒刑和死刑应占的空间刻度

当法定刑为有期徒刑、无期徒刑或者死刑时，无期徒刑和死刑应占法定刑幅度的多少空间刻度呢？这是一个较为棘手的问题。我们首先研究无期徒刑应占的空间，然后再解决死刑应占的空间宽度。经过对现行立法的考察，无期徒刑在法定刑幅度中的

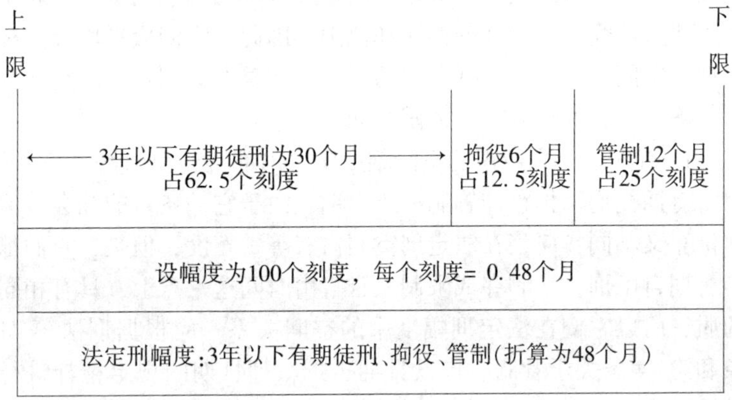

空间位置，可以确定在徒刑15年至20年之间。理由是：（1）刑法第50条规定，“死缓”2年期满以后，如果确有重大立功表现，可以减为15年以上20年以下有期徒刑。（2）第78条第2款规定，有期自由刑经过减刑以后，实际执行的刑期不能少于原判刑期的1/2，但判处无期徒刑的不能少于10年。（3）第81条第1款规定，被判处无期徒刑的犯罪分子，实际执行10年以上，如果认真遵守监视，接受教育改造，确有悔改表现，假释后不致再危害社会的，可以假释。（4）第87条第（4）项规定，犯罪的法定最高刑为无期徒刑、死刑的，经过20年期限不再追诉。这些规定虽然没有明讲无期徒刑剥夺人身自由的最高期限是20年，但隐含着在符合法定条件的情况下，通常都能转化为15年以上至20年徒刑。因此，将有期徒刑上限加5年即15年至20年，视为无期徒刑在法定刑幅度中的空间位置，是符合数理逻辑的。如果量刑的最佳适度突破20年，结论只能是判处死刑。而死刑应占多少空间刻度呢？确定为多少对从严处罚来说不发生丝毫的影响，而对从宽处罚影响就大了。因此，我们设计几个方案，进行数以百计的实案验证后，确定死刑在法定刑中的空间宽度应与无期徒刑相等为最佳的选择，即20年至25年之间。例如，故意伤害的极重

罪法定刑是“处 10 年以上有期徒刑、无期徒刑或者死刑”，其中，10 年以上有期徒刑的上限为 15 年，减去起刑期 9 年，幅度共 6 年，再加上无期徒刑和死刑各占幅度 5 年，法定刑空间幅度共容纳 16 年，经换算为 192 个月后，其空间关系图示如下：

上限　　　　　　　　　　　　　　　　　　下限

25年　　　　20年　　　　15年　　　　7年

死刑占31个刻度	无期徒刑占31刻度	10年以上有期徒刑占38个刻度
设法定幅度为100个刻度，一刻度= 1. 92个月		
法定刑:处10年以上有期徒刑、无期徒刑或者死刑(折算为192个月)		

3. 附加刑应占的空间刻度

当法定刑既可以选择适用主刑也可以单处附加刑时，附加刑应视为一个选择刑种，纳入法定刑的幅度范围，与其他主刑平均分配空间刻度。但是，求解主刑的最佳适度时，必须先减去附加刑所占空间宽度，再将剩下的刻度作为有期自由刑的总刻度，计算出一刻度合多少个月的刑期。例如，非法捕捞水产品罪的法定刑模式是：处 3 年以下有期徒刑、拘役或者罚金。其幅度空间分配如下页。

总之，刑法规定的五种主刑，都应折算成月在法定刑空间中表示出来。计算公式如下：（1）法定刑空间总刻度 ÷ 刑种数 = 每个刑种应占的刻度；（2）法定刑总月数 ÷ 幅度总刻度 = 1 刻度的刑期月数（简称刻度月）；（3）刑种折合的月数 ÷ 刻度月 = 该刑种所占的空间刻度。

（三）加重、减轻和免除处罚情节只能起扩展或突破量刑幅

上限　　　　　　　　　　　　　　　　　下限

3年以下徒刑为30个月 占55.5个刻度	拘　役 占11.1个刻度	罚　金 占33.33个刻度
设幅度为100刻度。有期徒刑、拘役总占66.6个刻度，1刻度为0.54个月		
法定刑:3年以下有期徒刑、拘役、罚金(其中前两项折算为36个月)		

度的作用

有学者在论述量刑情节的功能时指出："法定刑一经确定，便对法官量刑具有不可变更的制约性。然而立法者在确定法定刑时，只针对某一性质的犯罪之一般情形，而不可能反映该犯罪的一切情况。因此为兼顾具体案件中可能出现的特殊情况，不可避免地要规定可以超越法定刑幅度的一些特殊情况"，因此加重、减轻和免除处罚情节具有"变更法定刑的功能"①。这种看法与我们两年前的如下观点不谋而合："当犯罪人具有加重、减轻或者免除处罚情节时，适用这些情节之后，量刑幅度应当在法定刑幅度的基础上有所扩大。"② 鉴于修订的刑法没有加重处罚的规定，所以，只有减轻处罚情节才起向下扩展量刑幅度的作用，而免除处罚情节的功能，则是允许从轻情节的总积分可以突破量刑幅度的下限，从而提供免除处罚的一种可能性。减轻和免除处罚情节这种功能，只能以法定刑为基础，这就是说，扩展量刑空间必须以特定法定刑的刻度月（1 刻度 = 多少个月刑期）为参数，计算新幅度的总刻度，从而保障减轻处罚不脱离法定刑这个基础。

① 陈兴良、莫开勤：《论量刑情节》，载《法律科学》1995 年第 2 期。

② 赵廷光：《"电脑辅助量刑系统"的一般原理》，载《中国法学》1993 年第 1 期。

这里还须明确三个问题：(1)从逻辑上讲，只有先经过减轻才能谈得上免除，所以免除处罚情节的适用，自然要根据具体犯罪的法定型，将相应的一个或数个减轻"格"应占空间刻度连带出来，而且免除处罚只能表现为一条界线。当轻重抵销后剩下的从轻情节总积分，超过了一定减轻格的下限，而该下限是有期徒刑6个月、拘役、管制和附加刑时，量刑结论才是免除处罚，否则只能在更下一个减轻格范围内判处刑罚。由此可见，具有免除处罚情节与宣告免除处罚之间没有必然性。(2)凡是具有减轻或者免除处罚情节的案件，由于这些情节是多功能情节，只有首先作出减轻或者免除处罚的评价，从而向下扩展量刑空间之后，再在新的量刑幅度范围内适用从重从轻处罚情节，这就是说，量刑情节适用的顺序是"先减免，后从轻从重"。(3)当一个案件具有多个减轻或者多个免除处罚情节时，其中只能将一个情节评价为减轻或者免除处罚，其余的减轻和免除均只能评价为从轻。从理论上讲，如果把多个免除处罚情节都评价为免除处罚，实际上就意味着只承认一个免除处罚情节，而跳格减轻处罚，则可能导致量刑远离法定刑下限的情况，不适当地减轻了犯罪人的刑事责任。

现以刑法第326条后段规定的倒卖文物罪的重罪(情节加重犯)为例，图示量刑幅度向下扩展的情况(见下页)。

(四)求解宣告刑最佳适度的操作技术

1. 法定刑空间与情节量化积分的关系。首先，将法定刑幅度设定为一定的空间宽度并划分为一定的刻度：(1)法定刑刑种中无附加刑时，总刻度为100。(2)法定刑刑种中主刑和附加刑为三个刑种时总刻度为66，法定刑刑种中主刑和附加刑为四个刑种时总刻度为75，这两个数值称为缩小总刻度，只作分配法定刑空间和计算1刻度合多少个月使用，求解宣告刑仍以100为总刻度。(3)适用减轻或免除处罚情节而扩展的那一部分空间刻度加法定刑总刻度，称为扩展总刻度，它是在这种场合下求解宣告刑的总刻度。然后，将犯罪人具有的全部量刑情节逐一量化为若干轻重积分，经过轻、重积分等量抵销得出或重或轻的总积分(简称总积分)，逆向表现在量刑幅度内。最后，以从轻情节总积分量所指的刻度为上限，或者以从重情节总积分量所指的刻度为下限，使较宽的量刑幅度缩小成为一个相对较窄的幅度，呈现在上限或下限一侧，其中间线所在的刻度就是量刑的最佳适度(宣告刑)。

上限　　　　　　　　下限

<table>
<tr><td rowspan="2">法 定 刑 幅 度</td><td colspan="3">减 轻 处 罚 幅 度</td><td rowspan="5">免除处罚可以突破的界限</td></tr>
<tr><td>减轻一格</td><td>减轻二格</td><td>减轻三格</td></tr>
<tr><td>法定刑共 100 个刻度</td><td>33 个刻度</td><td>16 个刻度</td><td>9 个刻度</td></tr>
<tr><td>一刻度=徒刑 0.72 个月</td><td rowspan="2">减轻处罚(4—3 年)共 24 个月</td><td rowspan="2">减轻处罚(2 年)共 12 个月</td><td rowspan="2">减轻处罚(1 年)仅 6 个月</td></tr>
<tr><td>法定刑：5 年以上 10 年以下有期徒刑，共 72 个月</td></tr>
<tr><td colspan="4">减轻处罚适用的量刑幅度共九年零六个月(即 114 个月)，扩展总刻度为 158 个</td><td></td></tr>
</table>

上限　　　　　　　　下限

2. 量刑操作的基本参数。(1)量刑幅度的总刻度，指法定刑的总刻度(100 刻度)或适用减轻或免除处罚情节而产生的扩展总刻度；(2)经过轻、重积分等量抵销得出或重或轻的情节总积分；(3)一个情节积分等于量刑空间多少个刻度(我们设 1 个情节积分等于 1 个空间刻度)；(4)如果法定刑是多刑种，各刑种在量刑空间依次排各占有多少个空间刻度；(5)有期自由刑必须换算成总月数，并计算出一个刻度等于多少月刑期(简称刻度月)。由于现行刑法共规定了 40 多种法定刑模式，而不同的具体犯罪又适用不同的法定刑模式，加上具体案犯是否具有减轻或免除处罚情节等因素，上述参数均为变量，因此，量刑空间的宽窄，总积分多少和或轻或重，刑种的空间位置和所占刻度量，一个刻度等于多少月刑期，又因法定刑模式和案情的不同而各有差别，各自的量刑参数是容易计算出来的。

3. 量刑情节适用的功能。量刑情节的本质是揭示案犯社会危害性和人身危险性的轻重程度，而情节量化和适用的功能，则是为了缩小或扩大量刑幅度。这种功能包括如下两个方面：(1)减轻处罚情节适用的功能是扩展量刑幅度，是指在法定刑幅度的基础上，根据相应的减轻格向下增加空间刻度。扩展后空间刻度，应大于100刻度，除具有免除处罚情节可以突破下限外，在扩展的幅度内进一步适用从轻或从重情节时，均不能突破它的上下限。法定刑向下扩展，对宣告刑的轻重将产生直接影响。(2)从重、从轻情节适用的功能是压缩量刑幅度(包括上述扩展后的幅度)，指通过两次定量刑分析，产生或轻或重的量刑情节总积分，然后借用“水银柱”的形象表现方法，将它反向累计在量刑空间内，这就是说，如果是从重情节积分，则以幅度下限为起点向上限方向延伸，反之，如果是从轻情节积分，则以幅度上限为起点向下限方向延伸，从而缩小刑罚裁量的范围，使“中间线”这根量刑最佳适度的“指针”，在相对较窄的幅度空间产生。在案件没有减轻和免除处罚情节时，经过抵销后的从重或从轻情节总积分超过100分时，无论超过多少，均不能突破法定刑的上下限。

4. 量刑结论的产生。当法定刑为多刑种时，作为量刑最佳适度标志的“适度线”显现在哪个刑种的刻度范围内，就适用哪个刑种：(1)如果“适度线”处于无期徒刑、死刑、拘役、管制或附加刑时，量刑结论只能是相应的刑种，但是，后三种刑罚还需进一步求解其具体的刑期、数额或比例。(2)如果“适度线”处于有期徒刑所占的刻度范围内，量刑结论则是“适度线”所指刻度表明的刑期月数加上起刑期月数。所谓起刑期月数，是指该有期徒刑下限以下的刑期，例如处 3 年以下有期徒刑，其起刑期为 6 个月徒刑；又如处 5 年以上 10 年以下有期徒刑，其起刑期为 5 年有期徒刑即 60 个月。但是，如果案件因适用减轻处罚情节而向下一格扩展了量刑幅度时，应以减轻格下限为起刑期，比如法定刑为处 5 年以上 7 年以下有期徒刑，其减轻格的起刑期就是 3 年有期徒刑。现举两案图示如下：

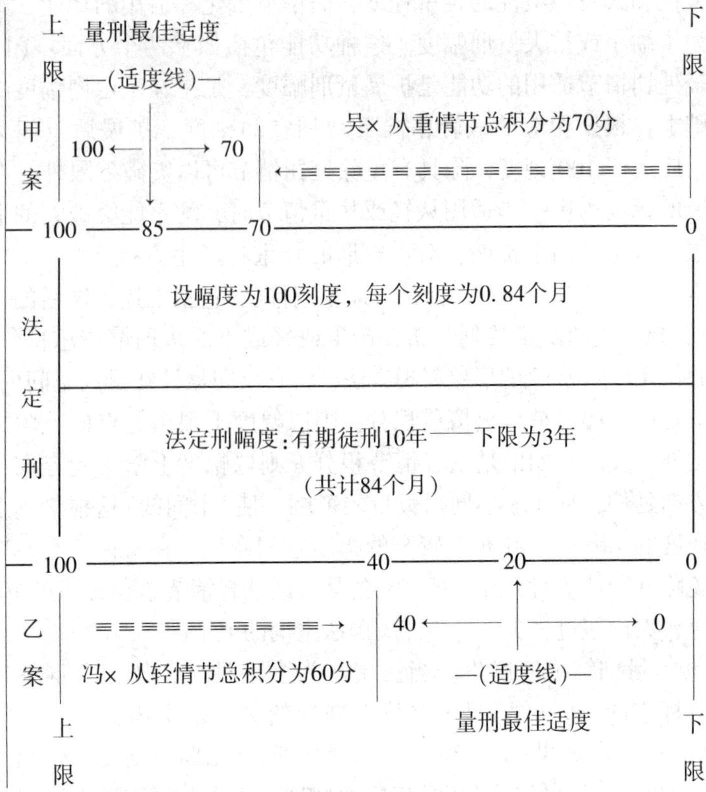

甲案量刑结论为：最佳适度85× 刻度月0.84+ 起刑36个月

= 107.4个月，即8年零11个月左右。

乙案量刑结论为：最佳适度20× 刻度月0.84+ 起刑36个月

= 52.8个月，即4年零5个月左右。

甲案：吴×犯出售假币罪的重罪，根据刑法第171条第1款中段规定法定刑为“处3年以上10年以下有期徒刑”。该犯具有5个量刑情节，其中：3个从重处罚情节，逐个量化共积130分；另两个从轻处罚情节，逐个量化共积60分，经过轻、重等量抵销，实际还有从重情节积分70分，其量刑最佳适度如上页上图。

乙案：冯×犯购买假币罪的重罪，法定刑与某甲相同。该犯具有量刑情节6个，其中：从轻情节3个，逐个量化共积220分；从重情节3个，逐个量化共积160分，经过轻、重等量抵消，实际还有从轻情节积分60分，其量刑最佳适度如上页下图。

5. 求解有期徒刑宣告刑的计算方法。当轻、重抵销后的量刑情节总积分达到或超过量刑幅度总刻度时(包括适用加重、减轻或免除处罚情节而产生的扩展总刻度)，如果是从重积分，宣告刑为法定最高刑或扩展后的最高刑，如果是从轻积分，宣告刑为法定最低刑或扩展后的最低刑。如果总积分小于量刑幅度总刻度，而“适度线”又在有期徒刑范围内时，则按下列公式求解宣告刑：

(1)法定刑为单一有期徒刑的计算方法

A. 从重情节总积分计算公式：

$$宣告刑=\left(\frac{总刻度-总积分}{2}+总积分\right)\times 刻度月+起刑月数$$

B. 从轻情节总积分计算公式：

$$宣告刑=\frac{总刻度-总积分}{2}\times 刻度月+起刑月数$$

(2)法定刑除有期徒刑外还有其他刑罚的计算方法

A. 从重情节总积分计算公式：

$$宣告刑=\left(\frac{总刻度-\begin{matrix}总积分和其他\\刑罚所占刻度\end{matrix}}{2}+总积分\right)\times 刻度月+起刑月数$$

B. 从轻情节总积分计算公式：

$$宣告刑=\frac{总刻度-\frac{总积分和其他}{刑罚所占刻度}}{2}\times 刻度月+\frac{起刑}{月数}$$

(3)减轻处罚有期徒刑的计算方法

宣告刑=法定最低刑-〔(总积分-法定刑总刻度)×刻度月〕

按照上述原理，由于量刑最佳适度因一定的数理逻辑产生变量为数不多，这就使我们能够将现行刑法规定的40多种法定刑模式，以及在该法定刑基础上适用减轻和免除处罚情节而扩展的量刑幅度，通过一定的计算过程，编撰一本适用于任何案件的量刑最佳适度速查表，只要提供具体案件量刑情节或轻或重的总积分读数，便能在相应法定刑的速查表中，找到对该案犯罪人判处某刑罚或有期徒刑具体刑期的量刑建议。现举第15号法定刑模式证明如下页。

对量刑情节的定量分析是本量刑方法的前提和依据，因此，只有对案件确有的全部量刑情节评价合理，量化恰当，才能得出正确的量刑结论。这种量刑方法的推广和应用，将丰富刑事诉讼的内容，提高公检法三机关的办案质量，引起刑事司法工作变革：凡是能够反映行为社会危害性程度和行为人人身危险性程度的事实情况，在侦查、起诉和庭审时都不能有所遗漏；在庭审过程中，控辩双方应当就案件的每个事实情况是否量刑情节，怎样正确评价其“份量等级”和“程度等级”进行认真负责的辩论；最后经合议庭确认并计算出量刑情节总积分，从而得出量刑的最佳适度，真正实现量刑的公正性和科学性。总而言之，在正确定罪基础上对案件确有的量刑情节进行科学的定量分析，是这种量刑方法的生命泉源！

№15

量刑最佳适度速查表

Y：年　M：月

法定刑幅度：处 3 年以上 10 年以下有期徒刑							减轻格：3 年至 2 年（等于 12 个月）				
法定刑参数及公式	参数	1. 设法定为 100 个刻度； 2. 1 刻度＝0. 84 个月刑期； 3. 法定最高刑 10y（＝120m）； 4. 法定最低刑 3y（＝36m）；					5. 法定刑主刑折算为　84m； 6. 从重处罚最佳适度＝（总刻度 100－总积分）÷2+总积分； 7. 从轻处罚最佳适度＝（总刻度 100－总积分）÷2。				
	公式	1. 从重或从轻处罚宣告刑＝最佳适度×0. 84+法定刑起刑期； 2. 减轻下扩幅度＝减轻总月数÷0. 84＝14. 2 刻度，总积分：120； 3. 减轻处罚宣告刑＝法定最低刑－〔（积分－100）×0. 84〕。									
从重处罚	积分	10	20	30	40	50	60	70	80	90	100
	适度	55	60	65	70	75	80	85	90	95	最高刑
	量刑	6y 10m	7y 2m	7y 7m	7y 11m	8y 3m	8y 7m	8y 11m	9y 4m	9y 8m	10y00m
从轻处罚	积分	10	20	30	40	50	60	70	80	90	100
	适度	45	40	35	30	25	20	15	10	5	最低刑
	量刑	6y 2m	5y 7m	5y 5m	5y 1m	4y 9m	4y 5m	4y 1m	3y 8m	3y 4m	3y00m
减轻	积分	110	120	←极限							
	量刑	2y 6m	2y00m								

（量刑意见应表述为：建议判处什么刑罚或多少年月左右的刑期）

第八章　刑罚裁量情节

第一节　量刑情节概述

一、概念

量刑情节，是指定罪事实以外的，与犯罪人或其侵害行为密切相关的，表明行为社会危害性程度和行为人人身危险性程度，并进而决定是否适用刑罚或处刑宽严或者免除处罚的各种具体事实情况。其特征是：

(一)量刑情节是刑事案件中的具体事实情况

一切犯罪中都包含着一系列的客观事实情况，其中有些表明了行为人的行为是具有社会危害性的行为，有些表明了行为人是具有人身危险性的人。犯罪的认定不能离开这些客观事实情况，刑罚的裁量依然不能离开它们。另一方面，也只有客观事实情况才能成为量刑情节。如果某种东西仅仅存在于人的大脑之中，而没有外化为客观事实情况，便不能成为量刑情节。

(二)量刑情节是定罪事实以外的具体事实情况

定罪事实包括基本犯罪构成事实和派生的犯罪构成事实，即定罪情节，其功能在于说明某一行为是否构成犯罪、构成何种犯罪以及决定适用何种法定刑。能够作为量刑情节的，必须是定罪事实以外的事实情况。例如，罪过是一切犯罪成立必备的要件，因而不能视为量刑情节。又如，犯罪目的是某些犯罪成立的要件，在以特定犯罪目的为犯罪成立要件的案件中，犯罪目的便不是量刑情节。只有在那些不以犯罪目的作为成立要件的犯罪中，直接故意内容以外的其他犯罪目的才能作为量刑情节看待。

（三）量刑情节是影响行为社会危害性或行为人人身危险性程度的事实情况

这就意味着，作为量刑情节的，必须是对行为的社会危害性或行为人的人身危险性有影响意义的主客观事实情况。如果某一事实情况对行为的社会危害性和行为人的人身危险性不发生任何影响，对裁量刑罚毫无意义，当然不能成为量刑情节。此其一。其二，存在于犯罪中的诸事实情况，有些主要影响行为的社会危害性程度，有些则主要影响行为人的人身危险性状况。无论上述哪种情况，都不影响它们成为量刑情节。其三，量刑情节不能决定行为社会危害性或行为人人身危险性的有无，只能影响它们的轻重程度。因此，对行为社会危害性和行为人人身危险性的有无起决定性作用的事实特征，只能是定罪事实，而不是量刑情节。

（四）量刑情节是与犯罪人自身或其行为有关的事实情况

首先，能够作为量刑情节的只能是与犯罪人自身或其行为有关的事实情况，这是刑法罪责自负、反对株连原则的基本要求。其次，量刑情节不仅仅限于与犯罪行为有关的客观事实情况，而且包括仅与行为人自身有关的主客观事实情况，如累犯、惯犯等。因之，量刑情节存在的范围不仅仅限于犯罪过程中，而且存在于犯罪行为实施前和实施后；不仅仅限于由刑法明文加以规定的，也包括虽然没有由刑法明文加以规定，但事实上对行为社会危害性和行为人人身危险性有影响的主客观事实情况。第三，量刑情节必须是案件确有的事实情况，不是主观臆造的东西。

二、界限

(一)量刑情节与犯罪构成事实

犯罪构成事实是刑法规定的，决定某一具体行为的社会危害性及其程度而为该行为构成犯罪所必需的客观事实情况。犯罪构成事实和量刑情节是两个功能完全不同的概念，前者的功能是决定能否成立犯罪以及成立何种犯罪，后者的功能是决定是否适用刑罚或处刑的轻重。由于犯罪构成事实是犯罪成立的要件，因而在量刑时便不能再作为量刑情节，对处刑轻重产生影响。例如，故意和过失均为犯罪构成事实，在量刑时候便不能再对故意犯从严处罚，对过失犯也不能再从宽处罚。

(二)量刑情节与犯罪情节

何谓犯罪情节？一些论著认为，"犯罪情节是犯罪分子进行犯罪时所为行为的各种情况，是组成犯罪事实的基本单位"①；也有些论著认为，犯罪情节与量刑情节是同一概念的两种称呼②；还有的认为，"犯罪情节，是指组成犯罪事实的基本单位，即最小分解单位，把这些单位有机地互相连结起来，才能组成完整的犯罪事实"③。我们认为，无论是把犯罪情节理解为犯罪人所为行为的各种情况，还是理解为与量刑情节相等同的概念，都是不妥的。前者的缺陷在于不适当地扩大了犯罪情节概念的外延，把决定犯罪性质的犯罪构成事实也错认为是犯罪情节的一部分；后者的缺陷则是不适当地缩小了犯罪情节概念的外延。因为犯罪情节中既包括定罪情节，也包含部分量刑情节。同时，量刑

---

① 孙膺杰等主编：《刑事法学大辞典》，延边大学出版社 1989 年版，第 216 页。

② 金凯等主编：《中华人民共和国简明刑法教程》，山东人民出版社 1987 年版，第 185 页。

③ 《政治与法律》，1984 年第 5 期，第 49 页。

情节不仅存在于犯罪行为过程中，而且存在于犯罪行为实施前和实施后。犯罪情节中有一部分是量刑情节，而量刑情节中则有一部分同犯罪的实施没有直接关系。

（三）量刑情节与定罪情节

定罪情节是指存在于犯罪实行过程中的，表明行为的社会危害性和行为人的人身危险性及其程度的，定罪时作为区别罪与非罪、重罪与轻罪以及此罪与彼罪标志的一系列主客观事实。定罪情节与量刑情节的主要区别表现在以下几个方面：（1）功能不同。定罪情节虽然不能决定犯罪行为的性质，但却具有区别罪与非罪、重罪与轻罪以及此罪与彼罪的功能。量刑情节的功能则是在定罪的前提下，并在相应法定刑的范围内或基础上，决定从宽从严处罚或免除处罚。（2）存在的范围不同。定罪情节只能是犯罪行为实施过程中的事实情况，即犯罪事实。而作为量刑情节的除了犯罪行为实施过程中的事实情况外，还包括罪前表现及罪后态度。（3）具体内容上两者虽然存在共同之处，例如，犯罪动机，在个别犯罪中可以是定罪情节，而在绝大多数犯罪中则是量刑情节，但是，在同一案件中，作为定罪情节的犯罪情节，便不能再作为量刑情节来使用。例如，数额较大是盗窃罪基本罪的定罪情节，在对这种具体犯罪裁量刑罚时，不能因为数额较大而从重处罚，只能根据其具体犯罪数额，在“数额较大”这个法定变量范围的比较中，作为量刑情节来使用。

三、意义

量刑情节在刑罚裁量中的意义主要表现在以下几个方面：

（一）是决定宣告刑的依据

宣告刑是以法定刑为基础，对法定刑的具体适用，即是审判机关根据刑法的规定和案件中确有的量刑情节，用判决对刑事被告人宣告的刑罚。现行刑法对绝大多数犯罪均规定了具有一定幅度的法定刑，可供量刑时选择适用，而宣告刑的刑种、刑期或数额则必须具体明确。如何将刑法规定的法定刑具体化为对刑事被告人适用的宣告刑？其唯一的根据就是量刑情节。因此，量刑情节具有在法定刑幅度范围内，对具体犯罪人最终决定宣告刑的功能。

(二)是突破法定刑的根据

审判机关一般只能在刑法分则性条文规定的法定刑幅度内对犯罪分子宣告刑罚。但是，犯罪是一种复杂的社会现象，内部情况千变万化，即使再完备、再健全的刑法典也不可能将各种犯罪内部的一切情况囊括殆尽。为此，刑法在针对各种犯罪的一般情况规定了相应的法定刑外，还规定了可以突破法定刑下限的减轻处罚情节。这些情节便具有突破法定刑的功能。

(三)赋予法官以适度的自由裁量权

众所周知，在奴隶社会和封建社会，普遍盛行的是罪刑擅断主义。法官以一时之好恶决定罪之有无、刑之轻重、人之生死，被认为是天经地义的。针对这种现象，资产阶级启蒙思想家在猛烈抨击的基础上提出了"罪刑法定"、"罪刑均衡"的刑法原则，主张法律不仅应对犯罪的定义、刑罚的性质作出明确的规定，而且还应使罪刑关系具体化，建议建立绝对确定的法定刑制度，法官的职责是机械地、绝对客观地执行法律。不可否认，这些主张对于刑法科学的发展进步，起到了重要的促进作用，在当时历史条件下具有进步意义。然而，无情的事实一再向我们表明，企图制定一部包罗万象的适用于已经和将要发生的一切犯罪的所有情形的法典，只是一种美好的愿望，在现实生活中是根本不可能实现的。法官不是也不可能是适用、执行法律的机器。在刑罚裁量中，法官的主观能动作用是不可缺少的。因此，当今绝大多数国家的刑法中规定的均是相对确定的法定刑。于此同时，为了避免法官滥用自由裁量权，各国刑法又规定了种类繁多的使法定刑具体化为宣告刑的事实依据，即量刑情节。可见，规定科学、完备的量刑情节体系，具有使刑罚裁量中法官自由裁量权适度化的功能。

第二节　量刑情节的种类

量刑情节的内涵极其丰富，性质各不相同。根据不同的标准，量刑情节可以分类为：

一、法定量刑情节与酌定量刑情节

这一分类的标准是刑法对量刑情节是否作了明文具体的规定。这是一种最常见、最简单的分类方法。

(一)法定量刑情节

法定量刑情节，是指法律明文具体规定的，量刑时必须考虑的各种情节。它既包括依照总则规定，对各种犯罪共同适用的情节，也包括依照分则规定，对特定犯罪单独适用的情节，还包括全国人大常委会有关决定、补充规定中规定的适用于特定犯罪的情节。法定量刑情节包括：

1. 刑法总则部分规定的量刑情节。(1)第一章“刑法的任务、基本原则和适用范围”第10条规定：“……在外国已经受过刑罚处罚的，可以免除或者减轻处罚”；(2)第二章“犯罪”第17条第3款规定：“已满14周岁不满18周岁的人犯罪，应当从轻或者减轻处罚”；(3)第19条规定：“又聋又哑的人或者盲人犯罪，可以从轻、减轻或者免除处罚”；(4)第20条第2款规定，正当防卫明显超过必要限度造成重大损害的，应当减轻或者免除处罚；(5)第21条第2款规定：“紧急避险超过必要限度造成不应有的损害的，应当减轻或者免除处罚”；(6)第22条规定，对于预备犯，可以比照既遂犯从轻、减轻处罚或者免除处罚；(7)第23条规定，对于未遂犯，可以比照既遂犯从轻或者减轻处罚；(8)第24条规定，对于中止犯，没有造成损害的，应当免除处罚；造成损害的，应当减轻处罚；(9)第27条规定，对于从犯，应当从轻、减轻处罚或者免除处罚；(10)第 28 条规定，对于胁从犯，应当按照他的犯罪情节，减轻处罚或者免除处罚；(11)第 29 条规定，教唆他人犯罪的，应当按照他在共同犯罪中所起的作用处罚。教唆不满 18 周岁的人犯罪的，应当从重处罚。如果被教唆的人没有犯被教唆的罪，对于教唆犯，可以从轻或者减轻处罚；(12)第四章"刑罚的具体运用"第 65、66 条规定，对于累犯，应当从重处罚；(13)第 67、68 条规定，自首或者立功的，分别不同情况，予以从轻、减轻或者免除处罚。

以上是我国现行刑法总则部分规定的普遍适用的量刑情节，也是我国刑法中最为主要的量刑情节。但是，有几个问题值得研究：

第一，这些量刑情节分布于第一、二、四章之中，这种规定方式不妥。首先，量刑的根据以及从轻、从重及减轻的含义，在第四章中才作了规定，而在此之前便有关于处罚原则的具体规定，这是不妥的；其次，第一章是规定刑法的任务、基本原则和适用范围，第二章是规定犯罪的，在这些章中却出现了刑罚具体运用的内容，也是不妥的；再次，分散规定量刑情节，不利于建立完整、科学的量刑情节体系，不利于对量刑情节作科学、准确的量化分析；最后，这种规定方法，不利于司法实践中对量刑情节的具体掌握运用。为此，我们建议，在今后修改刑法时，量刑情节应集中规定在一章中，形成独立、完备的科学体系。

第二，定罪情节与量刑情节没有分别规定。例如，关于行为人的年龄，我国刑法只在第二章第一节"犯罪和刑事责任"中作了规定，但其具体内容则既包括犯罪和刑事责任，也包括刑罚的具体运用，这种规定方法混淆了刑事责任与刑罚裁量的关系。与我国刑法总体构架颇为相似的前《苏俄刑法典》，在对年龄的规定上却与我国现行刑法完全不同。该法典第三章是关于犯罪和刑事责任的规定。在这一章中，该法典只规定了未成年人的责任(第 10 条)。至于对未成年人具体适用刑罚，则是在第五章"处刑和免刑"

中加以规定的。和我国现行刑法相比较，《苏俄刑法典》中这种关于情节的规定更为科学，值得修改我国刑法时借鉴。

第三，现行刑法规定的量刑情节不够全面。首先，惯犯应该和累犯一样，作为独立的量刑情节，且其处罚原则应重于累犯；其次，坦白、积极退赃应作为独立的量刑情节，受到应有的重视；再次，刑法不仅应当规定对具有积极认罪态度的如自首、立功、坦白等，要从宽处罚，而且应当规定对具有消极认罪态度的如拒不认罪、订立攻守同盟、毁灭罪证等，要从严处罚。

2. 刑法分则部分规定的量刑情节。这些量刑情节主要分布在刑法分则的若干具体条文中，不具有普遍意义，只适用于各该条具体的犯罪。

此外，党和国家的刑事政策对量刑情节也有大量的规定，如对少数民族公民犯罪处罚时一般从宽的政策，由于尚未上升为法律，还不能说它是法定量刑情节，应称之为政策性量刑情节。这类量刑情节是我国量刑情节体系中不容忽视的重要组成部分。建议党和国家对一些临时性、区域性的量刑情节，通过刑事政策的形式加以规定。

(二)酌定量刑情节

酌定，斟酌决定的意思，亦即缺乏明确而具体的决定依据。顾名思义，酌定量刑情节是指法律没有作明确而具体规定的量刑情节。正因为法律对这种情节缺乏明确而具体的规定，不少问题在刑法理论和司法实践中便难免产生意见分歧。从理论上说明、解决这些问题，对于充分发挥酌定量刑情节在实际裁量刑罚中的作用，具有重大意义。酌定量刑情节的范围非常广泛，常见的有如下两类：

1. 酌定从宽处罚的情节。具体包括：犯罪对象特殊，反映社会危害性程度较轻的；没有造成危害后果或危害后果较轻的；数额犯罪在本犯罪类型中数额较小的；积极采取措施消除或者减轻危害后果的；积极退赃的；主动赔偿经济损失的；犯罪人与被害人有特殊关系需要从轻处罚的；防卫中侵害第三人的；所谓“大义灭亲”行为构成的犯罪；被害人对犯罪的发生有一定责任的；危害行为持续时间较短的；犯罪时间、犯罪地点特殊，或者犯罪方法、手段反映社会危害性程度较轻的；违反非刑法法规、规章制度情节较轻的；特定义务来源特殊，反映社会危害性程度较轻的；防卫不适时的；正当防卫措施造成危害后果的；避险不适时的；避险中的自救行为；冒险行为具有一定合理性的；偶犯、初犯；老年人犯罪；一般残疾人犯罪；先天发育不良或后天疾病影响而智力低下控制力弱的；犯罪前表现一贯较好的；间接故意犯罪较直接故意犯罪为轻，疏忽大意过失犯罪较过于自信过失犯罪为轻；激于义愤的犯罪；犯罪目的、动机特殊，反映行为人主观恶性较轻的；对犯罪无违法性认识的；法律上或事实上主观恶性较轻的；假想防卫或假想避险；坦白交待罪行的(非自首犯)；认罪态度较好的；犯罪对社会影响较小、民愤不大的；根据当前、当地形势需要适当从轻处罚的，等等。

2. 酌定从严处罚的情节。具体包括：犯罪对象特殊，反映社会危害性程度较重的；造成了危害后果并且危害后果较重的；数额犯罪在本犯罪类型中数额较大的；有能力和条件消除或者减轻危害后果而放任不管的；拒不退赃或退赃较少的；有能力赔偿经济损失而不赔偿经济损失的；犯罪人与被害人有特殊关系需要从重处罚的；挑拨防卫；危害行为持续时间较长的；犯罪时间、犯罪地点特殊，或者犯罪方法、手段反映社会危害性程度较重的；违反非刑法法规、规章制度情节较重的；重犯(指再犯性质相同的罪)；犯罪人是有犯罪经验和犯罪技能的人；国家工作人员非职务性犯罪；犯罪前表现一贯不好的；深思熟虑的故意犯罪；犯罪目的、动机恶劣、卑鄙的；拒不坦白交待罪行的；认罪态度较差或不好的；犯罪对社会影响较大、民愤较大的；根据当地、当前形势需要适当从重处罚的，等等。

二、从宽量刑情节与从严量刑情节

根据情节表明的社会危害程度和人身危险程度，或者说是否对犯罪人有利，量刑情节可以划分为从宽量刑情节和从严量刑情节两大类。

（一）从宽处罚情节

从宽量刑情节，是指反映社会危害性和人身危险性程度较小，从而对犯罪人有利的量刑情节。具体影响量刑的幅度，则又包括从轻、减轻和免除处罚三个档次。除极个别的量刑情节只指定了一个从宽档次外，绝大多数从宽量刑情节，法律都规定了两个或两个以上的从宽幅度，例如，已满14周岁不满18周岁的人犯罪的，既是从轻处罚情节，又是减轻处罚情节；正当防卫明显超过必要限度的，既是减轻处罚情节，又是免除处罚情节；预备犯，既是从轻、减轻处罚情节，又是免除处罚情节，等等。

（二）从严处罚情节

从严量刑情节，是指表明社会危害性和人身危险性程度较大，从而对犯罪人不利的量刑情节。具体影响量刑的幅度，则又包括从重、加重两个档次。我国现行刑法只规定了从重量刑情节。在以往的刑事立法中，加重量刑情节有两个，即劳改犯逃跑后又犯罪的以及劳教人员、劳改罪犯对检举人、被害人和有关的司法工作人员、制止违法犯罪行为的干部、群众行凶报复的。1997年修订后的刑法取消了这一规定。

人民法院是代表国家依据法律行使审判权的专门机构，它兼具惩罚犯罪和保护人民的双重职能，公正是人民法院行使审判权最基本的要求，因此，在具体审理刑事案件时，人民法院应当从有利于犯罪人的情节和不利于犯罪人的情节两方面进行全面考虑。任何片面考虑从宽量刑情节或从严量刑情节的做法和主张，都是极端错误的，必须坚决摒弃。

三、罪前、罪中和罪后量刑情节

根据量刑情节具体存在的不同场合和时间，可以划分为罪前量刑情节、罪中量刑情节和罪后量刑情节。

罪前量刑情节是指犯罪行为实施前就已存在的、影响行为人的人身危险性状况，并进而影响量刑的情节。如犯罪人的一贯表现、有无前科、是否惯犯或偶犯等。罪前量刑情节只对行为人的人身危险性状况有所影响，但对行为的社会危害性状况则不发生影响，亦即犯罪行为的社会危害性状况不会因为罪前量刑情节的不同而有丝毫改变。

罪中量刑情节是指定罪事实以外的、与犯罪行为密切相关的、影响行为社会危害性和行为人人身危害性状况的具体事实特征，如犯罪动机、行为侵害的对象、行为造成的损害结果、防卫过当、避险过当等。罪中量刑情节不仅影响行为人人身危险性状况，而且影响行为社会危害性的程度。行为的社会危害性状况是量刑的前提和基础，也是量刑的主要依据，因此，罪中量刑情节便是一种最为重要，并被广为使用的量刑情节。

罪后量刑情节是指犯罪行为终了以后，犯罪人对已经实施完毕的犯罪所持的态度，如自首、坦白、毁灭罪证、订立攻守同盟等。罪后量刑情节主要影响着行为人的人身危险性状况，例如，犯罪以后自首的，行为的社会危害性状况不会因为犯罪人的自首而发生任何变化，但某些自首表明了犯罪人的人身危险性较小，甚至消除了。和罪前量刑情节不同的是，在一定的场合，罪后量刑情节不仅影响行为人的人身危险性状况，而且也会对行为的社会危害性状况发生影响，例如，犯罪人在实施犯罪行为以后，积极退赃，尽量挽回犯罪行为造成的损害，这就不仅表明了犯罪人的人身危险性有所减弱，而且也表明了犯罪行为的社会危害程度有所减轻。

四、“应当”情节与“可以”情节

应当情节是指法律规定对量刑结果必然产生影响的情节。应当情节既包括法定应当从严处罚的情节，如教唆不满18周岁的人犯罪的教唆犯、累犯等，也包括法定应当从宽处罚的情节，如共同犯罪中的从犯、已满14周岁不满18周岁犯罪的未成年犯等。无论是法定应当从严处罚的情节，还是法定应当从宽处罚的情节，犯罪中只要有这些情节存在，就必然对量刑产生影响，例如，在共同犯罪中，在其他情节相似的情况下，对主犯的处罚必然重于对从犯的处罚。应当情节之所以对量刑重轻必然产生影响，是因为这些情节的存在必然反映了犯罪社会危害性程度的轻重和犯罪人人身危险性程度的大小，亦即直接影响着量刑的根据。对于应当情节，法官在裁量刑罚时必须考虑，并且要对量刑的轻重产生实际的影响。而且一般说来，在没有其他情节的情况下，如果被告人的犯罪行为中有应当从宽处罚情节的，不论所犯罪行多么严重，社会危害性多大，均不能对其判处该罪的法定最高刑；如果被告人的犯罪行为中有应当从严处罚情节的，不论所犯罪行多轻，均不能对其判处法定最低刑，否则便是量刑不当。

可以情节是指法律规定对量刑结果或然产生影响的情节，如犯罪后自首的、未遂犯、预备犯、被教唆的人没有犯被教唆的罪的教唆犯、又聋又哑的人或盲人犯罪的、在国外犯罪已经在国外受刑罚的等等。与应当情节不同，这些情节的存在并不会对量刑结果产生必然的影响，法官在裁量刑罚时，既可以根据这些情节决定处刑的轻重，也可以不根据这些情节决定处刑的轻重。这是因为这些情节与犯罪的社会危害性程度和犯罪人的人身危险性程度之间不存在必然的联系。在一般情况下，可以情节对犯罪的社会危害性程度和犯罪人的人身危险性程度产生一定的影响，但在某些情况下也可能不发生影响或者影响甚微。当然，尽管可以情节对量刑结果可以产生影响，也可以不产生影响，但是，法律规定这种情节是带有倾向性的，法官在裁量刑罚时，除个别例外情形，原则上应当根据这些情节决定对犯罪人从宽或从严处罚。

五、单幅度情节与多幅度情节

单幅度情节是指法律规定的只能在一个幅度范围内影响量刑的情节，如累犯等，均只能在从重的幅度范围内影响量刑。多幅度量刑情节是指法律规定可以在两个或两个以上的幅度范围内影响量刑，如法律规定对预备犯可以比照既遂犯从轻、减轻或者免除处罚。多幅度情节之所以能够在两个或两个以上的幅度范围内影响量刑，是因为这些情节虽然在反映犯罪的社会危害性和犯罪人的人身危险性轻重性质取向上是一致的，但由于其内部具体实际情况不同，因而所反映出的程度大小不尽一致，这就决定了同一情节在不同的犯罪中对量刑从宽或从严的影响程度有大小之别。从我国现行法律的规定来看，从严情节均为单幅度情节，即只能从重处罚，不能加重处罚。而法定从宽情节则为多幅度情节。在具体适用中，对多幅度情节具体影响量刑幅度的选择，应该特别注意犯罪的性质及其社会危害性程度、具体情节自身的状况及其在整个犯罪中所处的地位和对行为社会危害性影响的程度等因素。这就是说，对多幅度量刑情节在定量分析时，首先要评价其是从重、从轻、减轻或免除处罚，然后再作下一层次的评价，由此可见，对量刑情节的定量分析，是一个多层次的评价过程。

六、反映行为社会危害性的情节与反映行为人人身危险性的情节

任何事实因素，只有对行为的社会危害性和行为人的人身危险性具有影响意义的才能作为量刑情节。但是，就具体事实因素而言，有的只影响或主要影响行为的社会危害性的轻重，有的则只影响或主要影响行为人的人身危险性的大小。一般说来，反映行为社会危害性的情节存在于犯罪行为实施的过程中。社会危害

性是一种行为属性，判断行为的社会危害性状况必须立足于犯罪事实。无论是社会危害性的有无还是大小，都是由犯罪事实所决定的。犯罪行为实施前行为人的一贯表现和犯罪行为实施后行为人的认罪态度，都不是决定行为社会危害性有无及其大小的因素。反映行为人人身危险性的情节则是多方面的，它既包括犯罪事实，也包括犯罪事实以外的，如犯罪前的一贯表现、累犯、再犯以及犯罪后的认罪态度、自首、立功等。应当指出，刑法中的不少情节既反映了行为社会危害性的轻重，也反映了行为人人身危险性的大小。例如，行为人的罪过形态，就已然之罪而言，它反映了行为的社会危害性状况；就未然之罪而言，它又反映了行为人的人身危险性状况。又如，犯罪中止，就已然之罪而言，它表明犯罪的社会危害性较轻；就未然之罪而言，它表明行为人的人身危险性较小。反映行为社会危害性的情节和反映行为人人身危险性的情节，虽然均对量刑结果具有影响，但是，区别两者不仅对量刑的轻重有意义，而且对刑罚方法的选择同样有意义。

七、同向情节与逆向情节

在一个犯罪中，量刑情节往往不止一个，而是数个。在数个量刑情节中，既可能是数个性质相同的情节，即均为从宽或从严情节，也可能是数个性质相反的情节，即既有从宽情节，也有从严情节。前一种情况的数个情节为同向情节，后一种情况的数个情节则为逆向情节。

第三节　法定量刑情节的适用

一、单一量刑情节的适用

(一)从重、从轻情节的适用

我国《刑法》第62条规定："犯罪分子具有本法规定的从重处罚、从轻处罚情节的，应当在法定刑的限度以内判处刑罚。"这一规定应该包括两层含义：一是在几个法定主刑中选择较重或较轻的刑种，二是在法定量刑幅度内判处较长或较短的刑期。这是适用从重、从轻处罚量刑情节的一般原则。

具体如何适用这一原则，学术界存在种种不同的主张：一种意见认为，从重处罚是在法定刑的平均刑期以上考虑应判处的刑罚，从轻处罚是在法定刑的平均刑期以下考虑应判处的刑罚，但都应在法定刑幅度内判刑，这就是所谓的"中间线论"。另一种意见认为，从重处罚就是在法定刑范围内对犯罪分子适用较重的刑种或较长的刑期，从轻处罚就是在法定刑范围内对犯罪分子适用较轻的刑种或较短的刑期。第三种意见认为，从重处罚是指与同类事实的犯罪相比具有从重情节时，在法定刑范围内适用较重的刑罚。从轻处罚是指与同类事实的犯罪相比具有从轻情节时，在法定刑范围内适用较轻的刑罚。第四种意见认为，从重处罚是指在法定刑幅度范围内选择比没有这个情节的类似犯罪相对重一些的刑种或刑期，从轻处罚是指在法定刑幅度范围内选择比没有这个情节的类似犯罪相对轻一些的刑种或刑期。也就是说，具体办理刑事案件时，先不考虑从重或从轻情节，仅根据犯罪事实及其社会危害性程度估定一个应判的刑罚，以这个估定的刑罚为基点，根据具体情节在犯罪行为中所处的地位和分量以及具体情节本身的层次和状态，确定从宽或从严的幅度，从而决定应当判处的刑罚。

我们认为，从轻是相对于不从轻或从重而言，从重是相对于不从重或从轻而言。具体说来，有时是和同一犯罪行为的不同情况相比较，如对未遂犯、中止犯从宽处罚，是和既遂犯相比较；有时是同一案件中不同的犯罪分子相比较，如共同犯罪中对主犯从重，对从犯、胁从犯从宽处罚，都是相比较而言；有时是不同案件的各种情况的犯罪分子之间的比较，如累犯从重处罚，是与初犯和非累犯相比较的。没有比较，没有比较的参照物，就无法确定对具体犯罪的从宽或从严。“中间线论”早已受到刑法理论界的批评和司法实践的否定。因为这种意见没有把量刑的某个情节与整个案件的罪行联系起来，而是孤立地看待或过高地估计单个量刑情节对于刑罚裁量的作用。量刑的根据是反映行为的社会危害性和行为人的人身危险性程度的各种情节的综合平衡，这就意味着整个案件的量刑结果是高于或低于中间线，并非某一个从重或从轻情节所能决定得了的。此其一。其二，“中间线论”在实践中缺乏可操作性。我国刑法规定的各种犯罪的法定刑有的只有一个刑种，有的则有几个刑种，并不是所有的法定刑都是能划中间线的，例如，当一个犯罪的法定刑既有有期徒刑，又有无期徒刑，还有死刑时，如何在这样的法定刑中确定中间线？其三，在司法实践中，一个案件往往不止一个量刑情节，而是数个量刑情节，而在数个情节中，既有从重性质的，又有从轻性质的，在这些犯罪中又如何划中间线？所以这种主张是不可取的。第二种意见在理论上是通说，但在我们看来并不是完美无缺的。因为这一定义虽然提出了从重、从轻是在法定刑范围内对犯罪人适用较重或较轻的刑罚，但这里的“较重”、“较轻”是以或应以什么作为参照物呢？这就决定了这一定义不符合概念的“明确性”的要求。第三种定义的不足取之处主要表现在其中的“同类事实”含义不明，到底是指具有从重或从轻情节的同类事实，还是没有从重或从轻情节的同类事实？让人难以捉摸。第四种意见的弊端在于“估定”一个“基准点”，对这种量刑方法，我们已在本书“刑罚裁量模式与裁量方法”一章中作了否定性评述。总之，我们认为，对量刑情节逐个评价，定量积分，轻重情节积分等量抵销，是适用量刑情节评价刑事责任程度的科学方法。

如何理解“法定刑限度”？具体说，是指法定罪的法定刑限度，还是所犯罪行应适用的法定刑限度？我们认为，应该是指后者。我国刑法规定的不少犯罪的法定刑中有若干个档次，不同档次的罪具有各不相同的具体犯罪构成条件，社会危害性程度也各不相同。从重或从轻只能在其中某个法定刑档次内进行，而不能在整个法定罪的数个法定刑幅度内从重或从轻，否则便会违背责刑相适应的刑罚原则。

从重或从轻应否限于可判刑范围内？也就是说，当罪犯的可判刑是在某个刑种或刑度内，从重或从轻能否逾越这个刑种或刑度？对此一些学者持否定态度，认为被告的可判刑是拘役，就不允许从重到有期徒刑，从轻到管制①。我们认为，这种意见在刑法规定的"法定刑的限度"这一从重、从轻的适用条件之外，又加上"可判刑的限度"，是没有法律根据的。此其一。其二，这一限制也是不合理的。"可判刑"在任何情况下都只能是一种估推，既不准确也不具体，充其量只能是一个概括的范围。既然只能是一个概括的范围，所谓"可判刑"只能是拘役，不能是有期徒刑或管制的结论便无从得出。

(二)减轻处罚情节的适用

我国《刑法》第 63 条第 1 款规定："犯罪分子具有本法规定的减轻处罚情节的，应当在法定刑以下判处刑罚。"第 2 款规定："犯罪分子虽然不具有本法规定的减轻处罚情节，但是根据案件的特殊情况，经最高人民法院核准，也可以在法定刑以下判处刑罚。"根据这一规定，我国刑法中的减轻情节可以分为两种情形：一种是该条第 1 款规定的法定减轻情节，另一种是该条第 2 款规定的酌定减轻情节。也有的学者称前者是一般减轻，后者为特殊减轻。

如何理解法定最低刑？在刑法分则条文中，针对某一犯罪只规定了一种法定刑时，对最低法定刑的认识不成问题。但在一个条文中同时规定两个或多个档次的量刑幅度时，应该如何确定法定最低刑？刑法学界有两种不同的观点：一种观点是"罪名说"

---

① 赵秉志主编：《刑法新探索》，群众出版社 1993 年版，第 373—374 页。

或“条文说”，视某一犯罪在同一条文里规定的数个量刑幅度为一个整体，即按罪名确定法定刑。据此，所谓法定最低刑，是指数个量刑幅度中最低的那个量刑幅度的下限。例如，有的学者认为：“人民法院确定了犯罪的性质”，只是“解决了对该罪适用的整个条文的法定量刑幅度(有的学者称为广义的法定刑)，即刑法规定的该罪的整个量刑幅度问题”，而“按哪个具体量刑幅度处罚”则取决于“量刑情节”，并说“研究这类量刑情节，解决适用刑法条文规定的数个具体法定刑中哪个法定刑的问题，是正确量刑的必要条件”①。按照这种观点，犯罪构成决定所谓的广义法定刑，量刑情节决定所谓的狭义法定刑。另一种观点是“构成类型说”，认为“以犯罪构成中行为的社会危害程度为标准，可分为普通的犯罪构成和危害严重和危害较轻的犯罪构成。”普通的犯罪构成“是犯罪构成的基本形式”；危害严重和危害较轻的犯罪构成，又称为“派生的犯罪构成”，“区分这些犯罪构成的意义在于使人们了解：刑罚的轻重与犯罪行为的社会危害性大小相适应，即使同一种犯罪，社会危害大小不同，法定刑的轻重也不一样。”②所以，有的学者明确提出：“根据国家法律的规定，一个犯罪可以有几个犯罪构成”③；“法定刑只能由具体犯罪构成决定，刑法不可能为某个或某些量刑情节配置法定刑。……对于这类集合构成类型的犯罪，如果按罪名确定法定刑，必然导致理论和实践上的一系列谬误。”④据此，所谓法定最低刑，只能是刑法为具体犯罪构成配置的相应法定刑的下限。

上述第二种观点是我们的一贯主张，在我们看来第一种观点

---

① 何秉松主编：《刑法教科书》(第二次修订版)，中国法制出版社1995年版，第442—446页。

② 马克昌：《犯罪构成的分类》，载《法学》1984年第4期。

③ 高铭暄、王作富主编：《新中国刑法的理论与实践》，河北人民出版社1988年版，第397页。

④ 赵廷光：《论定罪、法定刑与量刑》，载《法学评论》1995年第1期。

是错误的。因为，如果对具有多个档次量刑幅度的犯罪以罪名确定法定刑的话，那么，根据刑法分则，像故意伤害罪，盗窃罪，走私、贩卖、运输、制造毒品罪等犯罪的法定刑，由于囊括了管制、拘役、有期徒刑、无期徒刑和死刑五种刑罚，岂不是可以表述为“处刑法规定的主刑”，从而陷入了绝对不确定的法定刑泥坑。此外，还有走私普通货物、物品罪，生产销售假药罪，贪污罪，受贿罪等犯罪的法定刑，也都成了“处 1 个月拘役至死刑”。这显然是同现行刑法的规定背道而驰的。

这里还需要进一步指出的是，法定刑和量刑幅度是两个既有联系又有区别的概念。前者是立法者为具体犯罪构成类型所配置的刑罚，从现行刑法的规定来看，它有两种表现形式：一是绝对确定的法定刑，目前只有如下五种规定：(1)刑法第 121 条规定，劫持航空器，“致人重伤、死亡或者使航空器遭受严重破坏的，处死刑”。(2)刑法第 239 条规定，以勒索财物为目的绑架他人，或者绑架他人作为人质，致使被绑架人死亡或者杀害被绑架人的，处死刑，并处没收财产。(3)刑法第 240 条规定，拐卖妇女儿童，“情节特别严重的，处死刑，并处没收财产”。(4)刑法第 383 条第 1 款第 1 项规定，犯贪污罪，个人贪污数额在 10 万元以上，“情节特别严重的，处死刑，并处没收财产”。(5)前条款第 2 项规定，个人贪污数额在 5 万元以上不满 10 万元，“情节特别严重的，处无期徒刑，并处没收财产”。二是除了上述这些犯罪之外，其他的犯罪都是规定相对确定的法定刑，具有一定的刑期幅度或若干选择刑种，在具有多刑种的法定刑中，有期自由刑和附加刑又表现为一定的刑期或财产数额幅度。因此，只有相对确定的法定刑才具有量刑幅度的含义。但是，量刑幅度作为一个刑法术语，其外延比相对确定的法定刑广泛，它不仅包括相对确定的法定刑幅度，而且还包括在量刑中因适用加重或减轻处罚情节，在法定刑基础上向上限或下限扩展的量刑幅度，因此，不可将法定刑与量刑幅度混为一谈。

如何确定减轻处罚的最大减轻限度？一种意见认为，减轻处罚既包括刑期的减轻，也包括刑种的减轻，还可以减至免除处罚；第二种意见认为，减轻处罚仅仅限于刑期的减轻；第三种观点认为，减轻处罚可以是刑期的减轻，也可以是刑种的减轻，但只能是有限制的减轻，不能跨“格”减轻和减至免除处罚。我们认为，第一种意见认为减轻处罚可以减至免除处罚，实际上是把免除处罚看成减轻处罚的一部分，这种认识是不妥的，因为在我国刑法中，减轻处罚和免除处罚是两个不同的概念，具有各自独立的含义，当案件只有减轻处罚情节而没有免除处罚情节时，不能免除处罚。第二种观点把减轻处罚仅仅理解为刑期减轻，也同样是不妥的，因为减轻处罚是指刑的减轻，而刑罚的减轻自然包括刑期和刑种的减轻。所以，第三种意见是正确的，因为对走私、贩卖、运输、制造毒品等等性质和情节特别严重的犯罪来说，其法定最低刑是15年有期徒刑，如果减轻处罚不受“格”的限制，就会导致宽大无边。

减轻处罚能否从主刑减至附加刑？对此，有学者持否定态度①。反对者则认为，附加刑只是辅助刑，与主刑性质不同，刑法规定主刑的依据是社会危害性程度，规定附加刑的依据是客体的性质和这种犯罪的特点②。我们认为，否定者的意见是有道理的。但是，无论是从现实还是从未来来看，自由刑与财产刑的易科实际上是存在的，而且也是应该的。多元中心的刑罚体系是当今世界刑罚体系发展的趋势，财产刑、资格刑等在刑罚体系中的地位正在日益提高，这就决定了主刑与附加刑之间的界限不仅不是一成不变的，而且也并非是不可愈越的。

有的学者认为，在法定刑的某个刑种或刑度下处刑是减轻处罚的一种情形，例如，被告所犯之罪已该判处死刑，如有减轻情

---

① 见李光灿主编：《中华人民共和国刑法论》上册，吉林人民出版社1984年版，第547页。

② 见赵秉志主编：《刑法新探索》，群众出版社1993年版，第377页。

节，减为无期徒刑是减轻，减为有期徒刑也是减轻①。我们认为，这种见解是错误的。我国刑法中规定的减轻处罚具有特定的含义。上述见解把法定刑与可判刑混为一谈，从而也就混淆了从轻与减轻的界限。

减轻处罚的减轻幅度有无限制？一种意见认为，只能减轻处罚一格；另一种意见认为，刑法规定"应当在法定刑以下判处刑罚"，并没有限制减轻处罚的幅度。我们认为，现行刑法关于这一问题的规定存在明显的不足：其一，"法定刑"应为"量刑幅度"；其二，减轻处罚不应该是毫无限制的减轻，具体减轻处罚的幅度应该通过立法形式明确加以规定。根据现行立法的规定，只要判处具体犯罪量刑幅度以下的刑种和刑期，都是允许的。这种立法规定，赋予了法官不适当的极大的自由裁量权，值得今后修改刑法时引起重视。在现行立法条件下，减轻处罚仍宜采取限制格的方法。根据我国刑法分则规定，法定最低刑共有10个格，即无期徒刑、10年徒刑、7年徒刑、5年徒刑、3年徒刑、2年徒刑、6个月徒刑、拘役、管制和附加刑。具有减轻处罚情节的，法定最低刑为无期徒刑的，可以在无期徒刑以下10年徒刑以上判处刑罚。

法定减轻情节的适用具有明确具体的法律根据，因而适用起来往往偏差较少，即使出现偏差也比较容易发现和纠正。而酌定减轻情节则不然，法官的自由裁量在其中起着十分重要的作用，因而法律规定了较之法定减轻情节更为严格的适用条件。根据刑法第63条第2款的规定，可以从以下几个方面去把握：(1)犯罪人不具有刑法规定的减轻处罚情节。(2)涉及到外交、国防、宗教、民族、统战和经济建设方面问题的案件，根据案件的特殊情况，为维护国家利益，需要对犯罪人判处低于法定最低刑的刑

① 见赵秉志主编：《刑法新探索》，群众出版社1993年版，第376页。

罚。(3)减轻处罚必须经过最高人民法院核准。后者是从程序上严格控制酌定减轻情节的适用。

(三)免除处罚情节的适用

免除处罚，又称免予刑事处分，即对犯罪分子作有罪宣告，而免除其刑罚处罚。我国刑法总则共规定了10种免刑情节，即(1)在国外犯罪且已受过外国的刑罚处罚；(2)又聋又哑的人或者盲人犯罪；(3)防卫过当；(4)避险过当；(5)犯罪预备；(6)犯罪中止；(7)共同犯罪中的从犯；(8)共同犯罪中的胁从犯；(9)犯罪以后自首的；(10)有重大立功表现的。除了这10种免除处罚的情节外，刑法第37条还规定了免除处罚的其他情形和条件。

有的学者在论述免除刑罚情节的适用时，将刑法第37条规定的“对犯罪情节轻微不需要判处刑罚的，可以免予刑事处罚”，作为适用免除刑罚情节的条件。还有的学者认为，犯罪情节轻微的，可以免除处罚，是一般免刑情节；具有具体的如犯罪中止、犯罪预备等情节，是特殊免刑情节①。这种理解是错误的。刑法第37条是对免除处罚原则的规定，而且着重讲免除处罚后可以适用哪些非刑罚处理方法。免除刑罚情节的适用则是针对刑法总则和单行刑法所规定的免刑情节的适用而言的，它们与刑法第37条的规定是一般原则与具体内容的关系，亦即在适用免除处罚情节时应当以刑法第37条所规定的原则为指导，以刑法规定的免刑情节为根据，从而决定是否免除处罚和适用非刑罚处理方法。

我国刑法规定的免除处罚情节，免除处罚往往不是其唯一的功能。在规定免除处罚这一功能时，同时还规定了从轻或减轻处罚的功能。在具体案件中，对行为人是否宣告免除处罚，应当考虑以下几个条件：(1)行为人的行为已经构成了犯罪。这是免除处罚的前提条件，不具备这一条件，亦即行为人的行为没有构成

① 参见赵秉志主编：《刑法新探索》，群众出版社1993年版，第379页。

犯罪，便不能对其宣告免除处罚。这一条件使免除处罚与宣告无罪、不适用刑罚相区别。(2)犯罪情节轻微。这是适用免除处罚的本质条件，也是客观条件。这一条件决定了是否适用免除处罚，关键在于犯罪本身的严重程度。只有犯罪性质不严重，行为的社会危害性不大，同时又具有免除处罚情节的，才能宣告免除处罚。(3)不需要判处刑罚。这是适用免除处罚的主观条件。有罪必罚是刑法的一条原则，但是，这里的"罚"可以通过多种形式表现出来。具体的刑罚处罚是一种最常见、最主要的作为犯罪结果"罚"的表现形式。免除处罚，并不是没有惩罚犯罪分子，宣告有罪本身即是对其的惩罚，只是这种惩罚不是通过具体的刑罚惩罚表现出来的。所以，免除处罚所免除的只是刑罚惩罚，而不是没有处罚，因而与有罪必罚的刑法原则并不矛盾。所谓"不需要判处刑罚"，是指根据刑罚预防犯罪的目的，行为人的主观恶性较小，对其不判处刑罚也能达到预防的目的。有的学者将这一条件理解为"一方面对犯罪分子不判处刑罚不会引起人民群众的不满，另一方面犯罪人已有认罪悔罪之心和具体表现。"这种理解将所谓的"民愤"也作为决定是否适用免除处罚的条件，是欠妥的。

二、同一案件中多种量刑情节并存的刑罚裁量

在同一案件中存在数个量刑情节的情况下，如果数个情节性质和作用是相同的，即均为从宽性质的，或均为从严性质的，数个量刑情节影响量刑的程度首先决定于犯罪本身的性质及其危害程度。犯罪较轻的，从宽的幅度可以大些，从严的幅度可以小些；犯罪较重的，从宽的幅度可以小些，从严的幅度可以大些。但是，绝对不能搞"两个从轻就可以减轻，两个从重就可以加重"这种简单的相加法。同时，还必须考虑数个情节自身的情况，具体说就是在整个犯罪中所处的地位及其对犯罪的社会危害性和犯罪人的人身危险性影响的程度。一般说来，同一案件中数个性质相同情节的刑罚裁量是比较容易的，困难的是同一案件中

数个情节性质相异时的刑罚裁量。当数个性质相异、程度轻重不一，既有法定的也有酌定的，既有犯罪行为实施过程中的也有实施前或实施后数个量刑情节同时存在于一个犯罪之中时，到底应该如何根据这些情节，准确认定行为人应负刑事责任的轻重程度？这是实践中颇感棘手，理论界分歧较大的问题。

（一）分析与评析

如何认定多情节犯罪中行为人应负刑事责任的轻重程度？在当前理论和实践中，常见的看法和做法主要有以下几种：

1. 择一法。认定刑事责任时只注意或只主要考虑同一犯罪数情节中某一量刑情节。这种现象在强调社会形势、刑事政策对量刑的影响时最为明显。例如，最高法院组织召开了未成年人犯罪刑事审判工作会议，强调未成年犯罪刑事审判工作的特殊性。为贯彻这一会议精神，一些法院便十分重视行为人的年龄这一情节对刑事责任程度的影响，相应地，其他一些量刑情节往往被忽视了；又如，为严厉打击贪污、受贿、投机倒把等犯罪分子，两高发布了《关于贪污受贿投机倒把等犯罪分子必须在限期内自首坦白的通告》。为配合这一形势，从社会效果出发，某些法院较少考虑其它量刑情节乃至基本犯罪事实，对贪污数十万元的罪犯，因为其有自首并积极退赃的情节，结果只判处了短期徒刑，同时还宣告缓刑。

2. 相加法。在同一犯罪中，数个量刑情节的性质是相同的，即均为从宽量刑情节，或均为从严量刑情节。在确定刑事责任时，将数个情节相加，进而决定行为人应负的刑事责任。例如，同一犯罪中存在两个从轻情节，相加以后便成为减轻情节，两个从重情节相加以后便成为加重情节，等等；有的则采取拔高或降低法定刑幅度的方法，然后决定对犯罪人的处罚；更有甚者，对一罪中数个性质相同的情节，如果都是从重的，就判处该罪法定刑的最重刑种或最长刑期。如果都是从宽情节，就判处该罪法定刑的最轻刑种或最短刑期。

3. 抵消法。同一犯罪中的数个量刑情节性质不同，其中既有从宽性质的，也有从严性质的。在这种场合，抵消法便将两种性质不同情节相互抵消。抵消的结果正好相等，便按基本犯罪事实处刑；如果还有多余，便在基本犯罪事实的基础之上，加上多余部分，决定对犯罪人的处罚。

我们认为，上述几种方法中虽然都有一些合理的成分，但从总体上讲，是不可取的。

刑罚裁量固然不能离开刑事政策的指导，不能脱离当时、当地的具体社会形势。在一定时期，特别强调某一刑事政策，积极配合一定的社会形势，以提高刑罚适用的社会效果，不仅是必要的，而且也是应该的。但是，如果不适当地强调上述因素对量刑的影响，仅仅根据某一或某几种量刑情节，忽视犯罪的基本事实以及其它量刑情节的客观存在，对犯罪分子无限从宽或从严，却是为罪刑相适应的刑法原则所不容许的，也破坏了刑罚适用的严肃性和相对平衡性。同时，从根本上讲，“择一法”也不可能收到良好的社会效果，因为这种方法只能适用于特殊时期具有特殊情节的犯罪，并不能解决通常时期一般情况下一罪数情节刑事责任的认定问题。一位哲人曾经提出这样一个观点：在一个以死刑为最高刑的国度里，与在一个以无期徒刑为最高刑的国度里，刑罚对公众所产生的威慑力并无大的差异。这话虽然有点武断，但至少可以说明这样一个问题，即公众对严刑峻法具有适应性。一味强调某一情节在刑事责任认定中的特殊意义，随着时间流逝，最初所具有的特殊性以及由此而产生的特殊效果，必然会荡然无存。这就从刑罚适用的社会效果上说明了“择一法”具有较大的局限性。

“相加法”兼顾了一罪中的数情节，方法简单，便于掌握；但是，这种方法不能准确反映出犯罪行为的社会危害性和行为人的人身危险性状况，因而缺乏科学性。刑法分则规定的各种犯罪的法定刑有着宽广的幅度，法律赋予法官在运用量刑情节方面以极大的自由裁量余地，实践中各具体犯罪的基本犯罪事实的严重程度各不相同，每个量刑情节的内涵都不是等量的。这一系列不特定因素就必然决定了两个情节相加并不一定能准确等于另一情节。例如，强奸罪的基本罪的法定刑是处 3 年以上 10 年以下有期徒刑，如果犯罪人具有一个特别重要的从重处罚情节，同时还具有两三个一般的或次要的从轻处罚情节，也不能得出判处法定最低刑或减轻处罚的结论。这种方法的不足取之处在于，同一犯罪存在的数个性质相同的量刑情节，各自反映的刑事责任程度不是等量的，倘若数个情节的表明的社会危害性或人身危险性程度不一致，按照这种方法便会束手无策。同样道理，如果存在数个性质相异的量刑情节，由于各自反映的刑事责任程度是不等量的，在量刑中的作用也不尽相同，采取一个从宽情节与一个从重情节简单相互抵销的方法显然是不公平的。首先，从宽处罚情节包括从轻、减轻和免除处罚三个档次，从严处罚情节只有从重和加重两个档次，各档次量刑情节所反映的刑事责任程度差距很大，相互之间如何抵销？其次，即使从轻与从重和减轻与加重对应抵销，也因相互之间的处罚宽严量的不等，难以相互抵销。再次，在数个情节中，可能既有法定的也有酌定的，既有“应当”的也有“可以”的，它们在量刑中处于不同的地位，彼此之间又如何抵销呢？量刑情节是一个十分复杂的事物，不同性质的情节在量刑中处于不同的地位，具有不同的作用，即使是同一名称的情节，由于在不同案件中具体表现存在差异，处罚轻重的程度也各不相同。我们认为，只有以情节所反映的社会危害性程度和人身危险性程度为标准，对现实案件中的量刑情节逐个进行定量分析并表现为一定的积分，情节之间才有相加和抵销的可能，因此，无论是情节的个数相加还是个数抵销均缺乏科学性，实践中也是不可行的。

(二)总的原则

以上分析表明，上述几种方法都不尽人意。针对这些方法的不足之处，我们认为，要正确解决多情节犯罪刑事责任的认定问题，有必要首先明确几条总的原则。

1. 禁止重复评价原则

在确定刑事责任之前，首要的是弄清有哪些是量刑情节，严格区分量刑情节与定罪情节的关系。定罪情节是指司法机关(主要是人民法院)据以认定被审理的行为符合某种犯罪构成要件的主客观事实情况。而量刑情节则是在某一具体法定刑幅度范围内，确定处刑从宽从严或免除处罚的依据。例如，刑法第263条规定，犯抢劫罪，抢劫致人重伤、死亡的，处10年以上有期徒刑、无期徒刑或者死刑，并处罚金或者没收财产。这里的“致人重伤、死亡”是定罪情节，其功能是决定行为人的行为构成严重抢劫罪，并确定了法定刑幅度。行为人在实施上述犯罪行为后，主动投案自首，自首便是量刑情节，处理时可以根据自首情节的实际情况，在10年徒刑与死刑之间，确定行为人应当承担的刑事责任。应当指出，在定罪中已经发挥了作用的具体事实情况，在量刑时不能再度当作量刑情节，而作为从宽从严或免除处罚的依据。

2. 全面原则

量刑情节的内容十分丰富，性质各异，其中既有有利于犯罪人的，也有不利于犯罪人的。量刑时对于两类不同性质的情节，应当兼而顾及，给予同等重视，不允许厚此薄彼，否则便不可能做到公正量刑。但是，从我国司法实践的实际情况看，由于长期受极左思潮影响，对审判机关的职能存在片面认识，只重视惩罚职能，却忽视了同时存在的保护职能，加之重刑思想在我国仍然占有一定市场，因而全面原则常常被审判人员忽略，对犯罪人往往不能保持客观冷静的态度，只重视不利于犯罪人的情节，而相反性质的情节则重视得不够。这种做法不符合社会主义法制原则的要求，是错误的，应予纠正。为此，法律有必要明确规定，法院在裁量刑罚时，应权衡、综合考虑一切对于行为人有利与不利的情况。

3. 综合原则

同一犯罪中的数个情节，其中可能有的是从严性质的，有的是从宽性质的，有的有几个从严或从宽性质的。有的犯罪中既有从轻情节，又有减轻或免刑情节，或者既有从重情节，又有加重情节。面对这种情况，审判人员必须坚持综合原则。在数个情节性质各异的犯罪中，必须对各种情节逐一进行定量分析，通过科学的方法求解量刑的最佳适度。

综合原则并不排除在特定时期、特定社会形势下，着重强调某一个或某几个情节在认定刑事责任中的特殊意义，而是要求对这些情节特殊意义的强调要定量分析的适度，同时不能因为强调这些情节，忽视其它情节在刑事责任的认定中应有的地位和作用。这一原则坚决反对在对数情节犯罪确定刑事责任时，片面强调、不适当夸大某一情节的作用，使其成为影响刑事责任轻重的决定性因素，孤立据此决定处刑轻重。它要求对案件中的各种情节进行定性与定量相结合的分析以后，如果从宽的情节居于主导地位，便应在法律允许范围内判处较轻的刑罚，不能因为具有某一从严情节而判处较重的刑罚；如果从严的情节居于主导地位，则应在法律允许范围内判处较重的刑罚，也不能因为具有某一从宽情节而判处较轻的刑罚。

4. 具体分析原则

在我国刑法中，关于如何适用法定情节，分别规定了“可以”、“应当”，或直接规定“从重处罚”，三者的含义各不相同。“可以”指既可以这样做，也可以不这样做，因而是相对的、有弹性的。具体是否这样做，由法官根据具体案情而定。不过，若无特殊情况，原则上是应该这样做的；“应当”指必须这样做，这是绝对的、硬性的规定；直接规定“从重处罚”的，是指“应当从重处罚”。

同一案件中，既有“应当”从严的情节，又有“应当”从宽的情节，或者既有“可以”从严的情节，又有“可以”从宽的情节，应根据案件的具体情况，对数个不同性质的情节进行定量分析，轻重积分等量抵销后，按照一定的方法求解量刑的最佳适度。

不是所有的“应当”情节都优于“可以”情节。同一案件中，既有“应当”从严或从宽的情节，又有“可以”从严或从宽的情节，一般地说，“应当”情节优于“可以”情节。但是，有时“可以”情节在量刑中的地位和作用并不比“应当”情节低，应当根据它们的实际情况进行实事求是的评价。一个案件中，虽然具有一个“应当”的从严情节，但“可以”的从宽情节则有数个，在整个案中居于主导地位，处刑时便不能从严。这里要特别指出的是，“可以”情节具有相对性，它一旦经审判机关认定为该案适用的情节时，也就由法律上的“可以”情节转化为司法上的“应当”情节。

从宽的情节包括从轻、减轻和免除处罚三种形式。同一犯罪中，可能包括两种或三种从宽形式。在排列上，有的由轻到重，有的由重至轻。具体适用时，排列在前的应优先考虑，例如，刑法规定，防卫过当的，应当酌情减轻或者免除处罚。适用时首先应该考虑减轻处罚，只有减轻处罚仍嫌过重时，才考虑免除处罚。

法定情节优于酌定情节。同一犯罪中的数个量刑情节，其中可能既有法定的，也有酌定的。在一般情况下，法定情节应优先于酌定情节考虑；但是，如果酌定情节意义重大，对行为社会危害性和行为人人身危险性影响程度超过法定情节，可以优先于或与法定情节同等加以考虑。量刑情节的酌定与法定，很大程度上是反映立法者的认识问题。当某种事实情况未被司法实践所证明时，刑法暂不明文规定，一旦拿准了便写进法律。因此，某些具体案件中适用的酌定量刑情节的作用，并不亚于某些法定量刑情节。

罪中量刑情节优于罪前、罪后情节。如前所述，根据量刑情节存在的不同时间，可以将量刑情节分为罪前、罪中和罪后三种量刑情节。其中，罪前量刑情节的功能是在一定程度上反映行为人的人身危险性状况，罪后量刑情节的功能主要是反映行为人的人身危险性状况，只有罪中量刑情节才既反映行为的社会危害性状况，又反映行为人的人身危险性状况。在量刑的根据中，行为的社会危害性是主要的、基本的根据，因此，在量刑时，对罪中量刑情节的考虑应优先于罪前和罪后量刑情节考虑。但也有特殊情况，例如重大的立功行为，对处罚轻重的影响通常大于某些罪中量刑情节。

同一犯罪中数个情节性质相同时，即都是从宽性质的或都是从严性质的，综合考虑的结果应该是宽的宽上加宽，严的严上加严。如果数个情节的性质是相异的，即既有从宽性质的又有从严性质的，应对数情节逐一进行定量分析，比较各自的宽严程度，等量抵消，余者再据以从宽或从严。

准确判断每个量刑情节的从宽或从严程度，按从宽从严进行分类累计和相互比较的结果，可能是从宽的情节占优势，或从严的情节占优势。具体地说，不是从严程度大于从轻程度，就是从轻程度大于从严程度，在此基础上进行轻重程度等量抵消，剩下的只能是从严程度或从宽程度，这就为求解量刑的最佳适度提供了客观的可靠的依据。

第四节　酌定量刑情节及其适用

一、酌定量刑情节的概念

何谓酌定量刑情节？国内一些刑法论著或教科书采取了回避的态度，有些根本不提量刑情节问题，有些则只讲法定情节而不讲酌定情节。总的说来，对酌定量刑情节缺乏应有的重视。在论及酌定量刑情节的论著中，其定义的表述也极不一致。具有代表性的有以下几种表述方式：(1)是指审判机关在量刑时酌情考虑的情节[①]；(2)是指审判机关灵活掌握的影响犯罪对社会的危害

---

① 何秉松主编：《刑法教程》，法律出版社1987年版，第175页。

程度，从而影响处刑轻重的法定情节以外的其他情节。它虽然不是法律明文规定的，但却是根据立法精神和有关刑事政策，从审判实践经验中抽象、概括出来的[①]；(3)是指根据立法精神，从审判实践中总结出来的，由人民法院灵活掌握、酌情适用的情节[②]；(4)不是法律上明文规定的，而是从审判实践经验中总结出来的，在量刑时灵活掌握酌情适用的情节[③]；(5)是指刑法没有规定，而司法实践中普遍存在的、能反映犯罪的社会危害性以及罪犯改造难易程度的、对量刑具有影响力的，由审判人员根据案件的具体情况决定是否在量刑上予以考虑以及如何考虑的客观情况[④]；(6)刑法未明文规定但实际上认可，而由审判机关具体掌握、酌情适用的量刑情节[⑤]；(7)酌定情节是概括性的法定情节，其具体内容由司法机关根据案情斟酌决定，它既包括酌定定罪情节，也包括酌定量刑情节[⑥]；(8)法律上虽然没有明文规定，但对责任大小和预防犯罪有影响的，在量刑时应灵活掌握酌情适用的情节[⑦]；(9)法律规定所允许的，在法定量刑情节以外的对罪犯适用刑罚的各种情节。酌定量刑情节虽无刑法的明文规定，但却含有合法根据[⑧]；(10)法律虽无明文规定，但对量刑和决定行为的社会危害性程度有一定意义，由审判机关灵活掌握的情节[⑨]；(11)审判机关根据立法精神，从司法实践中总结出来的，

---

① 王作富主编：《中国刑法适用》，中国人民公安大学出版社 1987 年版，第 249 页。

② 林准主编：《中国刑法教程》，人民法院出版社 1989 年版，第 185 页。

③ 高铭暄主编：《中国刑法学》，中国人民大学出版社 1989 年版，第 278 页。

④ 《法律学习与研究》，1990 年第 6 期，第 14 页。

⑤ 樊凤林主编：《刑罚通论》，中国政法大学出版社 1994 年版，第 402 页。

⑥ 《河北法学》，1993 年第 2 期，第 7—8 页。

⑦ 顾肖荣等主编：《量刑的原理与操作》，第 33 页。

⑧ 苏惠渔等著：《量刑与电脑》，百家出版社 1989 年版，第 45 页。

⑨ 《政治与法律》1986 年第 3 期，第 42 页。

在量刑时根据不同案情斟酌予以考虑灵活运用的情节。

在我们看来，上述关于酌定量刑情节的诸定义，虽然从不同的侧面揭示了酌定量刑情节的一些特征，但是普遍存在两个问题：其一，没有完全、充分地揭示出酌定量刑情节的本质属性；其二，所揭示的特征中，并非都是酌定量刑情节的本质属性。例如，在第一个定义中，含义极不明确，是指酌情是否适用这一情节，还是指酌情如何适用这一情节？如果指前者，那么酌定量刑情节便成了法官随意裁量刑罚的“护身符”；如果指后者，那么法定量刑情节中也存在如何适用的问题，又如何将两者区别开来？同时这一定义也没有完全揭示出酌定量刑情节的本质属性；又如，在第五个定义中，关于酌定量刑情节特征的叙述虽然非常详细。但是，在这些特征中，有些并非酌定量刑情节的本质属性。因为酌定量刑情节，首先是一种量刑情节，亦即量刑情节与酌定量刑情节是上位概念与下位概念的关系。因此，在给酌定量刑情节下定义时，就无需同时揭示量刑情节的本质属性。

不仅如此，从上述诸定义的内容中还可以看出，在对酌定量刑情节若干具体问题的理解上也存在意见分歧：首先，酌定量刑情节作为影响量刑的因素之一，有无法律根据？第一个定义中没有提及这一问题，第二、四两个定义认为“不是法律明文规定的”，第三个定义认为根据是“立法精神”，第五、八、十个定义认为“刑法没有规定”，第六个定义更将酌定情节理解为“概括性的法定情节”。其次，酌定量刑情节的范围如何界定？第二个定义认为，只有影响犯罪对社会的危害程度的因素，才能作为酌定量刑情节。在第五个定义中，不仅影响犯罪对社会的危害程度的因素可以作为酌定量刑情节，而且能够反映罪犯改造难易程度的也可以作为酌定量刑情节。上述这些问题，直接影响到对酌定量刑情节性质的认定，是区别酌定量刑情节与其他概念的重要标志，故而必须在酌定量刑情节的定义中明确体现出来。

定义有语词定义和实质定义的区别。这里所说定义，当然是指实质定义，即对事物的本质或本质属性的断定和陈述，其功能在于揭示出事物的本质或本质属性，区别此事物与他事物。酌定量刑情节的定义既应避免重复“量刑情节”定义中的内容，又要和“法定量刑情节”的定义相区别。据此，我们认为酌定量刑情节应该定义为：我国刑法认可的，从审判实践经验中总结出来的，对行为的社会危害性和行为人的人身危险性程度具有影响的，在量刑时灵活掌握、酌情适用的各种事实情况。

二、酌定情节影响量刑的根据

在前述诸定义中，有的认为酌定量刑情节是刑法没有明文规定的情节，有的认为是刑法没有规定的情节。我们认为，这两种提法均不科学。我国《刑法》第 61 条规定：“对于犯罪分子决定刑罚的时候，应当根据……情节……依照本法的有关规定判处。”很明显，这里所指情节，当然应该包括法定情节和酌定情节两种。而且，《刑法》第 63 条第 2 款明文规定：“犯罪分子虽然不具有本法规定的减轻处罚情节，但是根据案件的特殊情况，经最高人民法院核准，也可以在法定刑以下判处刑罚。”我们理解，这里所说的“案件的特殊情况”，主要是指酌定量刑情节而言的。这一规定赋予了人民法院酌情减轻处罚的权力，同时也给法院具体考虑酌定情节裁量刑罚提供了法律依据。因此，严格而准确地说，酌定量刑情节既不是刑法明文规定的情节，也不是刑法没有规定的情节，而是刑法没有明文具体规定的情节，因而是为刑法所认可的量刑情节。

酌定量刑情节影响量刑，是法官自由裁量权在量刑中的具体体现。从我国目前社会生产力发展的水平以及社会实际情况看，这种权力的存在都是应该的。但是，任何权力都是相对的，法官自由裁量权的行使也不能脱离一定范围和一定条件的限制，否则，恶果是不言自喻的。为此，刑事立法就有必要增设关于酌定量刑情节的指导性的、概括性的规定。这对于保证酌定量刑情节在量刑时充分发挥积极作用，是十分必要的。同时，这也是贯彻罪刑法定、责刑相适应原则的必然要求。

酌定量刑情节能够作为影响量刑的因素，也是由其自身的性质以及犯罪的客观实际情况所决定的。其一，量刑的根据是行为人应当承担的刑事责任，而刑事责任的根据又是严重的社会危害性和人身危险性的统一。无论是行为的社会危害性，还是行为人的人身危险性，都是通过若干具体情节表现出来的。而由法律明确规定的法定量刑情节毕竟是少数。在一个案件中，可能不存在法定量刑情节，但却不可能没有酌定量刑情节。其二，就地位而言，毫无疑问，法定量刑情节是由法律明文具体规定，裁量刑罚时必须考虑的因素。但是，这丝毫不意味着酌定量刑情节不是量刑情节，或是可认定可不认定的情节。作为一种客观存在，对于行为社会危害性和行为人人身危险性影响较大的酌定量刑情节，审判人员量刑时必须予以认定和考虑。现行刑法之所以没有将酌定情节法定化，除了这些情节自身原因外，立法经验不足、实践中发生较少也是重要原因。因此，任何以自由裁量权为借口拒绝考虑酌定情节的，都是极端错误的。其三，就作用而言，在对行为社会危害性和行为人人身危险性影响的程度上，某些酌定情节，如犯罪动机、积极退赃、挽回损失、立功等，其意义甚至超过某些法定情节。

三、酌定情节的范围

如何界定酌定情节的范围？不少论著采取了部分列举的方法，对其作了归纳。具体是指以下一些情节：(1)犯罪动机；(2)犯罪手段；(3)犯罪的时间、地点；(4)犯罪造成的损害结果；(5)犯罪侵害的对象；(6)犯罪分子的一贯表现；(7)犯罪后的态度。如果以这些情节具体发生的时间阶段为标准进行划分，不难看出，前四者属于犯罪行为实施过程中的事实情况，犯罪分子的一贯表现是犯罪行为实施前的事实情况，犯罪后的态度则是犯罪行为实施后的事实情况。然而，无论是犯罪分子的一贯表现，还是犯罪后的态度，都仍然是概括性的。我们认为，犯罪前的事实情况中能够作为酌定量刑情节的，具体是指刑法特别规定以外的前科以及刑法特别规定以外的惯犯；犯罪后的事实情况中能够作为酌定量刑情节的具体是指法律特别规定以外的立功、坦白，以及积极退赃或挽回损失、严重的抗拒司法审判的行为等。

犯罪造成的损害结果能否作为酌定量刑情节？我认为，回答应该是肯定的。因为损害结果有各种不同的表现形式。有人身伤害也有财产损害，有物质损害也有非物质损害，有直接损害也有间接损害。有作为构成要件的危害结果、后果和犯罪数额，也有非构成要件的各种损害结果。后者作为量刑情节毫无疑问，即使是构成要件的损害结果，其中的各个变量表明不同的社会危害程度。因此，具体的危害结果在同其他的变量的比较中，确立自己量刑情节的地位，例如数额犯的具体犯罪数额，伤害罪特别是重伤害的损害程度是各不相同的。

关于酌定量刑情节所反映的内容问题，我们认为，量刑的根据是行为的社会危害性和人身危险性的统一，因此，酌定情节的内容应该不仅反映出了犯罪行为的社会危害性，而且反映出了犯罪人的人身危险性。反过来也可以说，不仅反映犯罪行为社会危害性的事实情况可以作为酌定量刑情节，而且反映犯罪人人身危险状况的事实情况也同样可以作为酌定量刑情节。以行为人的人身危险性作为量刑的根据，是实事求是、具体情况具体分析这一马克思主义活的灵魂的具体要求，符合我国对犯罪分子适用刑罚的目的，与我国刑事立法的精神以及有关的刑事政策也是相一致的。

四、酌定情节的表现形式

酌定量刑情节是从审判实践经验中抽象、概括出来的。那么，它有无具体的表现形式？应不应该有具体的表现形式？如果应该有，又应该通过什么形式把它表现出来？这些问题是研究酌定量刑情节时必须回答的。

酌定量刑情节有无具体的表现形式？从我国司法实践的现实情况看，回答只能是否定的。现实情况是，在不少审判人员的大脑中，究竟什么是酌定量刑情节，到底有哪些酌定量刑情节，酌定量刑情节可以在多大程度上影响量刑等等，并没有明晰的印象。造成这种状况的原因，与酌定量刑情节在我国缺乏明确的具体表现形式不无关系。其结果是，酌定量刑情节在司法实践的运用中随意性很大，一些不能作为量刑情节的因素，亦即不能直接反映出犯罪行为的社会危害性和犯罪人的人身危险性的因素，如民愤等，也被当作量刑情节，影响着刑罚的裁量。而另一些应当作为量刑情节考虑的因素，因为缺乏具体表现形式，往往又被忽视。同时，由于缺乏具体表现形式，酌定量刑情节影响量刑的程度，不仅存在“时间差”，而且存在“地区差”，严重影响了量刑的公正、平衡和合理，这些都是不正常的现象。

为了解决这一问题，一些学者建议，应使酌定情节法定化①。我认为，这一建议有一定道理。对于司法实践中经常使用、条件具备、时机成熟的酌定量刑情节，如坦白、积极退赃等，应尽快通过立法程序使之法定化。但是，这并不能从根本上解决酌定量刑情节缺乏具体表现形式的问题。因为能够法定化的毕竟只是部分酌定量刑情节，酌定量刑情节作为一种客观事实，必将存在相当长的时间，而且随着社会条件的变化，这一阵营中无疑还会有新的成员加入。而且法律应当具有相对的稳定性，酌定情节法定化也需要时间。因此，从根本上解决这一问题的有效途径只能是借助判例这种形式。具体说就是，由最高法院有选择性地将全国各级法院裁决生效的判决，经过审查，认为是正确并且可以作为以后量刑参考、借鉴的，编纂成册，发给下级法院，指导下级法院如何运用酌定情节裁量刑罚。这种做法简单、快

① 《法律学习与研究》，1990 年第 6 期，第 14 页。

捷、便行，比较适合我国国情，有利于充分发挥上级法院对下级法院在业务上的指导、监督的职能作用，也可以确保酌定量刑情节在司法实践得到正确运用。

五、酌定量刑情节与法定量刑情节的关系

实际运用酌定量刑情节裁量刑罚，必须明确酌定量刑情节在量刑中的地位。具体讲，就是应该如何解决酌定量刑情节与法定量刑情节之间的相互关系？

法定量刑情节与酌定量刑情节有着密切的联系。法定量刑情节是刑法明文具体规定的影响量刑的情节，但刑法的规定往往比较抽象、原则。从宽，宽到什么程度？从严，严到什么地步？法院在掌握宽严的具体尺度时，不能不考虑酌定量刑情节；法定量刑情节影响量刑有“可以”与“应当”之别。在“可以”的场合，到底是可以还是不可以，酌定情节在其中起着极为重要的作用；并不是所有案件中都有法定量刑情节，而酌定量刑情节存在的范围则广泛得多。在没有法定量刑情节的场合，酌定量刑情节便成为量刑时主要考虑的情节。

实践中还会遇到这种情况，即在同一案件中同时出现数个酌定量刑情节，或既有酌定量刑情节，又有法定量刑情节。在这种场合下，应坚持全面考察、综合分析的原则，不能片面只强调某一点。就影响量刑的程度而言，一般说来，法定情节大于酌定情节。但是，这种情况不是绝对的。在某些情况下，酌定情节对量刑所起的作用可能会超过某些法定情节。如犯罪动机、积极退赃、积极挽回损失等。

最后，在决定酌定量刑情节影响量刑的程度时，还应该注意纵横比较，即酌定量刑情节相互之间的比较，以及酌定量刑情节与法定量刑情节之间的比较。无论是从宽还是从严，在幅度上应坚持严肃、慎重的态度。

总之，在我国刑法中，酌定情节是法定情节的重要补充，对

裁量刑罚起直接的作用。酌定情节与法定情节相互配合，有助于审判人员作出公正、合理的刑罚裁量。

六、几个有争议的问题

(一)社会形势与量刑

何谓形势？简单地说，就是事物发展的状况。这里所说的形势，是指社会形势，即社会发展的状况。详言之，社会形势就是由该社会经济基础决定和制约的社会生活各个领域之间及其自身矛盾斗争而发展变化的状况和态势。由于社会形势会增大和缩小某些作为量刑情节的主客观事实情况的社会危害性和人身危险性程度，从这个意义上讲，社会形势是影响量刑的外在因素之一。

世间万事万物，变是绝对的，不变是相对的，社会形势亦不例外。随着社会的发展变化，社会形势也处在不断的发展变化之中。刑法虽然也是不断发展变化的，但这种发展变化与社会形势的发展变化并不是同步的，因为已经制定了的刑法便具有相对稳定性。不断发展变化的社会形势与相对稳定的刑法之间，势必出现某些不相协调的地方，刑法不可能随时随地准确反映现实社会形势的需要。这就产生了一个问题，在执行刑法，对具体罪犯裁量刑罚时，应否考虑社会形势的需要？这在刑法学界是有争议的。

一些学者认为，形势需要不能作为量刑的根据。这是因为，以形势需要作为量刑的根据，违背罪刑法定原则，同时也缺乏法律依据，刑法第 61 条关于量刑根据的规定中，不包括形势需要。所谓“形势需要”，无非是想用盲目重判的办法来控制某类案件上升，这种办法只能治标不能治本，因此，把形势需要作为量刑的根据，势必影响我国社会主义法制的统一，模糊罪与非罪的界限，使人民群众无所适从，不利于准确地打击敌人，有效地保护人民。我们基本上同意这种观点。但是，量刑时考虑形势的需要与形势的发展变化对量刑有所影响是有区别的，前者的出发点是主观上紧跟形势，后者的出发点是适应客观形势。因为作为量刑依据的表明行为社会危害性和行为人人身危险性的事实情况并不是超时空、一成不变的。随着时间、场所、环境等的变化，这些因素也会随之发展变化，因而社会危害性是一个动态概念。正是在这个意义上，我们说社会形势是影响量刑的外在因素之一。

首先，综观古今中外，刑罚裁量活动无不受形势的影响。早在西周时代，周公旦在《周礼·秋官·大司寇》中就提出了“掌建邦之三典，以佐王刑邦国，诘四方。一曰刑新国用轻典，二曰刑平国用中典，三曰刑乱国用重典”的刑法思想。明太祖朱元璋在向其太孙朱允炆面授统治机宜时曾深刻地指出：“吾治乱世，刑不得不重；汝治平世，刑自当轻。所谓刑罚世轻世重也”。早期的资产阶级刑法学家们曾提出过绝对的罪刑法定主义思想，但是，面对纷繁复杂的大千世界，掌握政权的资产阶级并没有采纳这种思想。事实上，无论是资本主义国家的立法活动，还是司法活动，形势在其中都发挥着重要的作用。至于我国人民民主政权下的刑罚裁量活动与形势有着十分紧密的联系，就更不待言了。不错，历史上或现实中存在的东西，并不能说就是合理的，但是，它们之所以能够得以长期存在，总还是有一定根据的。

其次，在我国刑法规定的犯罪概念中，严重的社会危害性和违法性是犯罪的两大基本特征，其中严重的社会危害性是犯罪的本质特征，同时也是对犯罪人裁量刑罚的主要依据之一。在不同的社会形势下，同一行为的社会危害性状况各不相同。因此，承认形势对量刑有影响，并没有违背罪刑法定的刑法原则，而是有着充分的法律根据的。

再次，发案率的高低，反映了一个社会的治安状况，这是社会形势的重要组成部分。导致发案率升降的原因是各种各样的，但刑罚的轻重是一个不可忽视的重要因素。根据不同的社会形势，及时调整量刑政策，这才真正体现了一个“准”字。如果固执坚持现状，无视发展变化了的社会形势，机械、死板地强调所谓的“准”，恰恰是刻舟求剑，削足适履，实际上是不可能准的。

第四，形势影响量刑，发生在法律执行过程中，表现为对法律的具体理解和掌握，因为社会形势的不同而使得量刑有所不同，并不是对法律的修改，当然也就不可能破坏社会主义法制的统一。

第五，根据发展变化了的社会形势的需要，及时调整量刑政策，不仅不会模糊广大人民群众罪与非罪的界限，恰恰相反，由于它充分体现了刑罚的及时性原则，反而会调动广大群众同犯罪作斗争的积极性，增强其斗争的信心，使人民群众看到法律的无比威力。

(二)民愤与量刑

在我国长期的司法实践中，民愤作为影响量刑的一个重要因素，常常出现在刑事判决、裁定或布告上。但是，何为民愤？民愤作为影响量刑的因素，是否合理、合法？等等，在刑法理论上研究得很少。这是理论研究上的缺陷。我们认为，民愤不能作为影响量刑的因素。

1. 从民愤的概念看其作为影响量刑因素的不合理

何为民愤？从我国现有的法律看，尚未见到这个概念。按照一般的理解，所谓民愤，是指犯罪行为在广大群众中造成的影响、震动，导致广大群众产生要求惩办犯罪分子的呼声。这是一个模糊而抽象的概念。如何衡量民愤大小的程度？是按“民愤者”的人数多少，还是按“民愤者”所占地区面积的大小，或者按“民愤者”表达民愤的不同方式？如果是按人数，那么，“民愤者”要达到多少人以上算“极大”，多少人以下算“不大”或“极小”？如果按面积，那么，在多大面积范围以上地区的民愤算“极大”或“极小”？如果是按民愤表达的方式，那么，用什么样的方式表达算“极大”？是游行、示威？还是写大字报、小字报或人民来信？又用什么样的方式表达才算“不大”或“极小”？另外，谁的呼声才能被认为是民愤？被害人、被害人的家属及被告人的家属能否包括在内？等等，都是无法准确回答的，在司法实践中也是难以准确掌握的。

同一犯罪行为，不同人的反映不一样，不同时间、地点的反映也不一样，缺乏客观的衡量标准。民愤的有无及大小，和“民愤者”自身的利益密切相关。人们各自的职业、性别、民族、宗教信仰、文化程度、社会背景、财产状况等方面存在着很大的差别，往往决定了人们在利益要求上的不一致，这就使得人们在思想感情及认识事物的立场、观点、方法和能力不可能是相同的。因此，对于同一犯罪行为，不同的时间、不同的地点以及不同的群众，其态度是不可能一致的。

法律应该是肯定的、明确的、普遍的规范。用一个模糊，抽象，缺乏具体衡量、掌握的标准和尺度的东西作为影响量刑的因素，只会导致任凭审判机关和审判人员根据自己的认识和理解来决定刑罚的轻重，势必助长司法擅断现象的产生，造成法律适用的不公正。

2. 从现实社会条件看民愤作为影响量刑的因素的不合理

民愤在相当长的时间内作为影响量刑的因素而存在，是有其历史背景的。建国以来，在相当长的时间内，除了《惩治反革命条例》、《妨害国家货币治罪暂行条例》、《惩治贪污条例》等一些单行刑事法规外，没有一部完整的刑法和刑事诉讼法典，这就导致了在很大程度上依靠党的政策精神办事。缺乏完整、系统、科学的法规，这就使得民愤作为影响量刑的因素这种本来并不合理、科学的现象作为一种事实而得以长期存在。此其一。其二，由于没有制定完备的法律，人民的意志没有上升为国家的法律，而民愤却不失为一种表达人民意志的方式。其三，建国初期，政权尚不稳定，需要得到广大人民群众的支持。而人民群众受文化知识、法律意识的局限，短时间内尚不能认识到国家利益和人民利益在根本上是一致的。在这种情况下，出于巩固政权的需要，量刑考虑民愤是必要的。然而，时至今日，我国社会主义建设已经进行了40余年，社会主义民主和法制已经逐步建立和健全，在这样一种形势下再将民愤作为影响量刑的因素，便是不合理的了。

马克思曾经指出："惩罚在罪犯看来应该是他的行为的必然结果，——因而也应该是他本身的行为。"①一个人只有当他实施了某种犯罪行为时，他才进入了受立法者支配的刑事法律领域，成为刑罚适用的对象，也才有接受国家刑罚处罚的义务。犯罪者只应对自己的犯罪行为承担刑事责任；而作为刑罚权主体的国家，只能要求犯罪者对其犯罪行为负担刑事责任，超出这一范围以外的任何刑罚处罚都是不合法的，也是不应该的。以民愤作为影响量刑的因素，实质上是要行为人对自己行为以外的事实负担刑事责任，这是违背马克思主义的刑事责任原则的。

以民愤作为影响量刑的因素，也不利于审判机关依法独立行使审判权。为了达到严惩被告人的目的，一些手中掌握权力的人，可打着民愤的旗号，给司法机关施加压力；一些被害人及其亲属，可动用一切可能动用的力量和条件，人为地制造"民愤极大"的声势；一些群众看到司法机关没有能满足其要求时，会无理纠缠，甚至冲击司法机关，企图给司法机关施加影响和压力。所有这些，都是与我国法律规定的审判机关依法独立行使审判权的原则相违背的。

总之，在我国现实社会条件下，民愤不宜再作为影响量刑的因素。

---

① 《马克思恩格斯全集》第2卷，第141页。

第九章　自首和立功

自首和立功是我国刑罚裁量中的两项从宽处罚制度，也是两个重要的从宽处罚情节，它们是党和国家惩办与宽大相结合的基本刑事政策的具体化、法律化，它对于分化瓦解犯罪分子，打击少数，争取多数，教育改造罪犯，预防犯罪具有重要意义。

第一节　自　　首

一、自首的概念

所谓自首，是指犯罪分子犯罪之后，自动投案，主动如实地交待自己的犯罪事实，接受国家审查和制裁的行为。这是修订的刑法颁布以前我国刑法学界的通说。此外，对自首概念的界定还存在不同观点，归纳起来主要有二类。一为“双要素”说，又复分为二种：1. 强调犯罪人自动投案和向一定机关交待自己的罪行；2. 强调犯罪人向一定机关交待自己罪行和接受国家审判。二为“单要素”说，亦复分为二种：1. 强调犯罪人只要自动投案就应认定为自首；2. 强调犯罪人主动交待自己的罪行就是自首①。根据刑法第 67 条规定，自首是指犯罪以后自动投案，如

① 参见马克昌等主编：《刑法学全书》，上海科学技术文献出版社 1993 年版，第 215 页。

实供述自己罪行的行为。这是我国刑法学界现在的通说。实际上自首概念的演变、确立与其制度沿革、立法模式、自首分类紧密相联。

中华人民共和国成立后，在总结民主革命时期自首制度的立法经验和司法实践的基础上，中央人民政府在1951年颁布的《中华人民共和国惩治反革命条例》和《妨害国家货币治罪暂行条例》等单行刑事法规中，都对自首制度作了明确规定，为构建我国刑事法律中自首制度的框架奠定了坚实的基础。

(一)自首立法模式

自首通常可分为一般自首与特别自首。一般自首规定在总则部分，适用于一般犯罪；特别自首规定在分则部分，适用于某些特定犯罪。纵观各国刑法制度的规定，共有四种立法例：

一是概括式立法模式，即自首制度规定在刑法总则中，适用于刑法分则的一切犯罪。该种立法模式的特点是，突出量刑公正和刑罚个别化原则，不设专条定义，仅概括地规定自首作为量刑时示范性减轻责任情节之一。例如1986年《苏俄刑法典》第38条第9项："真诚悔过或自首"的规定是减轻责任的9种情节之一；1976年《罗马尼亚刑法典》第74条第3项规定，将"犯罪分子向国家机关自首、审判时坦白、帮助发现或捕获共同犯罪人所表现出来的态度"作为可以减轻责任的3种情节之一。类似立法还有保加利亚、阿尔巴尼亚、巴西、奥地利、格陵兰等国刑法。

二是罪条式立法模式，即自首制度规定在刑法分则中，仅适用于某些特定的犯罪。该种立法模式的特点是，严格依照罪刑法定的原则，行为人只有实施了分则条文明确规定自首从宽处罚的罪，法官量刑时才可对犯罪人的自首情节予以考虑。具体哪些罪条有自首规定，各国刑法不一，例如《法国刑法典》第138条、第139条、第226条规定，犯伪造货币罪、伪造国玺罪和加入帮会罪，但能自首并揭发同案犯者，免除刑罚。

三是混合式立法模式，即自首制度在刑法总则和分则中作双重规定。总则中的一般自首适用于一切犯罪(分则条文中特别自首的犯罪规定除外)；分则中特别自首，既不是一般自首制度的简单重复，也不受其制约束缚。该种立法模式的特点是，特别自首从宽的幅度大于一般自首，其宗旨是借此遏制某些特定的犯罪。例如《日本刑法》总则第42条规定了一般自首制度及处罚原则："犯罪未被官方发觉以前自首的，可以减轻刑罚。"同时，分则部分条文作了特别自首规定，如第80条、第93条、第170条规定的犯预备或阴谋内乱罪，帮助内乱或帮助预备或阴谋内乱罪在未达到暴动前自首的，私战的预备或阴谋自首的，犯伪证罪在判决确定前或惩戒或处分前自行坦白的等，免除其刑。

我国刑法中的自首制度在立法司法不断完善过程中，尤其是为适应市场经济条件下与犯罪作斗争的需要，其立法模式由概括式向混合式转变。1979年颁布的刑法中规定的自首制度没有区分一般自首与特别自首，第63条自首从宽的规定适用于一切犯罪。为了完善量刑制度，以适应对各种不同犯罪恰当裁量刑罚的需要，单行刑法作了特别自首的补充规定。例如，1988年人大常委会颁布的《关于惩治贪污罪贿赂罪的补充规定》第2条第3项规定："个人贪污2千元不满5千元，犯罪后自首……的，可以减轻处罚，或者免予刑事处分"，第8条第3款规定："行贿人在被追诉前，主动交代行贿行为的，可以减轻处罚，或者免予刑事处分。"《中华人民共和国国家安全法》第24条规定："犯间谍罪自首……的，可以从轻，减轻或者免除处罚"，第25条规定："在境外受胁迫或者受诱骗参加敌对组织，从事危害中华人民共和国国家安全的活动，及时向中华人民共和国驻外机构如实说明情况的，或者入境后直接或者通过所在组织及时向国家安全机关或者公安机关如实说明情况的，不予追究。"

1997年刑法第67条对原刑法中自首制度作了较大的修改和补充，不仅明确、科学地界定了自首的含义，最大限度地放宽了自首的时间条件，确定了自首的投案对象，而且对自首作了较宽的处罚规定；并且在有关分则条文中吸收了单行刑法的特别自首的规定，确立了特别自首制度。

四是叙明式立法模式，即刑法典中未明确规定自首制度，但其规定的内容实际上与自首无异。例如，1940 年《巴西联邦共和国刑法典》第 48 条规定，犯罪人“自动向当局坦白别人所不知的或应归罪于他人的罪行的”，是“对犯人处刑的从轻情节”。再如《丹麦刑法典》第 84 条第 1 项 9 款规定：“被告自动申告于官署，且为完全之自白者，得减轻其刑。”《奥地利财政刑法》第 29 条规定：“财产犯罪，依及时之自己申告(Selbstanzeige)，且履行赔偿责任者，免除其刑。”①有的国家刑法典虽未规定自首制度，“但往往把犯罪人犯罪时或犯罪后的态度规定为法官裁量刑罚时应斟酌的情状”②，其间无疑包含自首内容。例如 1968 年《意大利刑法典》第 133 条和 1976 年前《联邦德国刑法典》第 46 条规定足可佐证。

(二)自首制度种类

根据不同标准，不同角度对自首所作的划分，直接影响到自首概念的确立和完善。

外国和我国台湾地区刑法中对自首的分类，归纳起来，主要有二种分法：

1. 根据刑法对自首规定情况不同，分为一般自首和特别自首。刑法总则规定的自首为一般自首，这对一切犯罪适用；刑法分则规定的自首为特别自首，它只对特定犯罪适用。

2. 根据自首者主动告知自己罪行的对象不同以及告知所犯罪行的特点，自首可分首服、自首、别首三种。所谓首服，也称认罪和自服，即犯有亲告罪者向有告诉权之人，告知自己的犯罪

---

① 转引自高仰止著：《刑法总则之理论与实用》，台湾五南图书出版公司 1986 年版，第 498 页。

② 周振想著：《自首制度的理论与实践》，人民法院出版社 1988 年版，第 21 页。

事实并听候处分的行为。所谓自首，即指犯罪人在犯罪事实未被官方发觉之前，向该管公务员自动地交待自己的犯罪事实并受裁判的行为，正如台湾学者蔡墩铭指出："自首谓犯人在其犯罪未发觉前向该管公务员自承犯罪而受裁判。"①所谓别首，即指犯罪人虽因某罪而被传讯，采取强制处分，或已被判刑，即又主动交待了尚未发觉或未查明作案人的其它不同种类的罪行的行为②。首服、自首、别首三种行状虽属刑事政策性最强的酌减事由"是既遂犯走向悛悔从善的大门"③。但三者概念各异内容有别。首先，首服与自首的主要区别在于其告知的对象不是侦查、审判和司法监督机关，而是有告诉权的人。关于有告诉权的人，有的认为仅限于被害者，但一般认为这种解释过于狭窄，被害人的亲属、监护人等也应认为是有告诉权的人。关于向告诉权者主动认罪的时间，法无明文规定，一般认为应该是在被害人还未觉察犯罪之前进行，但也有人认为只要官府未觉察之前就可以。其次别首与自首的区别在于犯罪事实已被发觉，受到官方的查询、追问之后，自动交待尚未发觉的自己的其他种类的犯罪事实，因此，别首在承认犯罪事实的主动性上不及自首。

我国刑法理论中对自首分类持三种不同意见。

1. 以行为人实施犯罪行为的阶段为标准，将自首分为4种，(1)预备犯的自首；(2)未遂犯的自首；(3)中止犯的自首；(4)既遂犯的自首。

2. 以司法机关对犯罪者犯罪事实掌握的程度为标准将自首划分为6种：(1)犯罪分子实施犯罪行为后，其他人还未发觉，便主动向司法机关或有关单位投案自首；(2)司法机关已知案件的发生，但还不知道作案人是谁，这时作案者前来自首；(3)犯

① 蔡墩铭著：《刑法总论》，台湾三民书局1977年版，第310页。

② 金凯编著：《比较刑法》，河南人民出版社1985年版，第273页。

③ 甘雨沛、何鹏著：《外国刑法学》，北京大学出版社1984年版，第527页。

罪分子作案后，不仅案件已被发觉，而且知道作案者是谁，但司法机关和其他任何机关还没有来得及查处时，罪犯自动投案自首；(4)犯罪分子作案后逃跑，司法机关已经知道作案者是谁，并已经开始通缉，犯罪分子逃跑途中主动回来投案自首；(5)当行为人因某一罪行被通缉、拘留或逮捕后，在交待此一罪行时，对司法机关没有发觉的另一罪行也主动作了交待；(6)已决犯在判决后主动交待未被发觉的罪行①。

3. 根据我国刑法中自首的规定，结合司法实践中自首的执行情况，将自首分为6种，即亲首、代首、送首、陪首、余首和首服。犯罪人犯罪后亲自向有关机关或个人投案自首的，为亲首；犯罪人犯罪后出于本意而遣人代己向有关机关投案自首的为代首，犯罪人与被遣人"不限亲疏，但遣代首即是"②；未成年人犯罪之后，由其监护人或其他有关人员将其送到有关部门自首的，为送首；犯罪人犯罪后，在他人陪同下投案自首的为陪首；犯罪人因犯罪被查获归案后，又主动如实地交待了自己未被司法机关发觉的其他罪行的，为余首；犯罪人实施了告诉才处理的犯罪之后，向有告诉权人告知自己的犯罪事实，并同意其告知司法机关的，为首服。

二、自首成立条件

自首成立条件是自首概念的具体化。但我国1979年刑法并无关于自首构成条件的规定。刑法理论和司法实践均认为，构成自首，必须具备自动投案、如实交代自己的罪行、自觉接受司法机关审查和裁判三个条件。根据有关司法解释，虽不具备自动投案，但被采取强制措施的犯罪嫌疑人、被告人和正在服刑的罪犯，供述司法机关还未掌握的本人其他罪行的，也以自首论处。

---

① 李新贵：《论自首形式的种类》，载《政法论坛》1986年2期。

② 《唐律疏义》，中华书局1983年版，第102页。

对此，刑法基本予以吸收，在法条上作出了明定。刑法第67条规定："犯罪以后自动投案，如实供述自己的罪行的，是自首"；"被采取强制措施的犯罪嫌疑人、被告人和正在服刑的罪犯，如实供述司法机关还未掌握的本人其他罪行的，以自首论。"但是，根据刑法的规定，犯罪分子必须接受国家司法机关的审查和裁判不再是自首的必备条件。

关于自首成立的条件，法学界存在二种看法。一种意见仍坚持原来司法解释所规定的三要件①；另一种意见则认为，三要件有违立法本意，刑法关于自首定义的法定化，已明确为二要件②。笔者赞同后一观点。

长期以来在司法实践中一直存在对自首的认定及适用难以统一的现象，有的在起诉阶段体现于起诉书中，有的在庭审阶段体现于公诉意见中，但这都无法达到自首成立所要求的第三个条件，即接受审查和裁判。如果将自首界定到整个诉讼活动的结束，显然超出了立法本意和宗旨。因为自首作为量刑的法定从轻情节，通常应在侦查、起诉阶段得以认定，并在庭审过程中得到核实，即通过接受审查和裁判体现自首的意义。如果犯罪嫌疑人投案后又逃避审查的，其行为已抵消自动投案这一前提条件，自首不复存在，也已无从适用。根据1998年4月6日最高人民法院《关于处理自首和立功具体应用法律若干问题的解释》第1条，明确指出自首的成立为二要件。因为只有在审查和裁判前阶段对自首进行认定，才有利于案件的审结。因为犯罪人投案时的供述(特别是其罪行未被掌握的)已被作为重要的证据，连同其他证据形成锁链，肯定其自首，也就是肯定其以前的供述，况且自首作为法定从轻情节是相对的，而非绝对，是否从轻以及从轻幅

---

① 参见张穹主编：《刑法适用手册》(上)，中国人民公安大学出版社1997年版，第295页。

② 参见周道鸾等主编：《刑法的修改与适用》，人民法院出版社1997年版，第176页。

度，控方当庭仍可作出主张。刑法关于自首定义及适用条件的法定化，是我国刑法自首制度的一大飞跃，按照罪刑法定原则，应严格根据刑法规定自首的二要件认定。如果再以三要件认定自首，无法律依据。

根据刑法第67条规定，自首有二种情况，一种是自动投案，如实供述自己罪行的一般自首；另一种是被采取强制措施或服刑后，如实供述司法机关尚未掌握的自己罪行的准自首。两种不同情况的自首，有着各自不同的成立条件。

(一)一般自首成立条件

1. 自动投案

所谓自动投案，是指犯罪事实和犯罪嫌疑人未被司法机关发觉前或者犯罪事实虽被发觉但犯罪嫌疑人尚未受到讯问、传唤或尚未被采取强制措施之时，主动、直接向公安、国家安全机关、检察、审判机关投案；如果就近向所在单位、城乡基层组织或负有安全保卫职责的单位或人员投案，也视为自动投案。自动投案不仅是成立自首的要件之一，而且是自首与坦白相区别的重要标志。

如何把握自动投案这一要件？根据1988年4月6日最高人民法院《关于处理自首和立功具体应用法律若干问题的解释》精神，"自动投案"的自动性与其投案对象、投案时间、投案方式、投案动机的宽泛性有着紧密联系。后者为前者的实现提供了条件，二者并合使犯罪人犯罪心理结构瓦解，趋于良性转化。

(1)投案对象。投案对象是指自动投案的机关，它既可以是负有侦查、起诉、审判职能的公安机关、人民检察院和人民法院及其派出单位，如街道派出所、人民法庭等，也可以是犯罪嫌疑人所在单位、城乡基层组织和其他有关负责人。投案对象的宽泛性为犯罪人自首的实现提供了便利条件，它明显有别于我国古代"犯罪未发觉而自首于官府受审判者"即"投于官府"的狭隘性。台湾学者韩忠谟指出："对于所向自首之人，并未加以限定，就立法之精神观之，自以从宽解释为妥。”[①]因此“原则上自须向检察官、司法警察官或其他具有侦查犯罪职权之公务员或机关为之。但并不以此为限，倘向无侦查犯罪权限之机关自首其罪，经该机关将其自首移送于侦查机关者，仍不失为自首。”[②]

关于向被害人自首是否有自首之效力，理论上存在两种观点。支持者认为，自首在原则上，须向有侦查犯罪权之公务员为之，惟对于不有此权之公务员自首，而经其转移于有权之公务员，又或向犯罪之被害人或告诉权人自首，经其告诉或自诉，而受裁判，亦非无此作用，故仍不失为刑法上之自首，即理论上的准自首[③]。反对者则认为，自首以对于未发觉之罪投案而受裁判为要件，至其方式虽不限于自行投案，即托人代理自首或向非侦查机关请其转送，亦无不可，但须有向该管司法机关自承犯罪而受裁判之事实，始生效力。若于犯罪后仅向被害人或非有侦查犯罪职务之公务员陈述自己犯罪的事实，而无投案受裁判之表示，即与自首之条件不符。因此，向被害人自首不同于向有侦查犯罪权限之公务员自首，前者为准自首，它不具有一般自首的法律意义。一般自首不含准自首。

(2)投案时间。关于自动投案的时限，无论我国刑法还是外国刑法，均作放宽规定，既可以是犯罪事实被发觉以前，也可以是犯罪事实被发觉之后。由于“犯罪之发觉，含有二义，其一为犯罪事实，其二为犯罪嫌疑人。此所谓‘未发觉犯罪’，不仅指犯罪事实未发觉之情形，即犯罪事实虽已发觉而犯罪者为何人尚未发觉之情形，亦包括在内”[④]。故投案时限具体包括三种情形：犯罪事实和犯罪嫌疑人未被发觉以前投案；犯罪事实已被发觉，犯罪嫌疑人尚未被发觉以前投案；犯罪事实和犯罪嫌疑人均已被

---

①③ 韩忠谟著：《刑法原理》，台湾雨利美术印刷有限公司 1981 年版，第 437 页。

②④ 高仰止著：《刑法总则之理论与实用》，台湾五南图书出版公司 1986 年版，第 500、499 页。

发觉，有关机关尚未对犯罪嫌疑人传询或采取强制措施以前投案。西方刑法自首制度中，投案时限同样是首当其冲的要件。"投案必须是在未发现前，未发觉前应包含犯罪事实未被发觉和犯罪者未被发觉。犯罪事实虽已发觉，但犯罪人尚未发觉，自行投案者，亦成立自首。"①"现行犯在投案前虽有他人发觉，仍以自首论。"②根据最高人民法院《关于处理自首和立功具体应用法律若干问题的解释》，罪行尚未被司法机关发觉，仅因形迹可疑，被有关组织或者司法机关盘问、教育后，主动交代自己的罪行的，视为自动投案。显然，投案时限的放宽，有利于犯罪人弃暗投明，作出积极的选择。

犯罪事实和犯罪嫌疑人均已被发觉，犯罪嫌疑人逃跑后被追捕，通缉后自动归案，是否符合自首的投案时限条件？在理论上存在三种观点：一为否定说，认为逃跑后自动归案者不符合自动投案条件，否则无异于纵容逃犯；二为肯定说，认为犯罪后潜逃被通缉而自动归案者，应视为自动投案，成立自首；三为折衷说，主张以公安机关是否采取了强制措施为准，判断自动投案的成立。由于通缉不是强制措施，故对成立自动投案无意义。我们认为由于自首是"可以"从轻、减轻或者免除处罚的多功能情节，而且从宽处罚的程度因具体情况不同而有较大的差别，因此，第二种观点既符合我国一贯的刑事政策也符合刑事立法和最新司法解释的精神，"犯罪后逃跑，在被通缉、追捕过程中，主动投案的，经查实确已准备去投案，或者正在投案途中，被公安机关捕获的，应当视为自动投案③。虽然犯罪人犯罪后投案自首的时间

---

① 甘雨沛、何鹏著：《外国刑法学》，北京大学出版社1984年版，第527页。

② 马克昌等主编：《刑法学全书》，上海科学技术文献出版社1993年版，第677页。

③ 引自1998年4月6日最高人民法院《关于处理自首和立功具体应用法律若干问题的解释》。

跨度大，中间穿插有匿逃情节，但最终归案仍是犯罪人幡然悔悟的自动行为，应当予以鼓励。自首时限放宽，有利于分化瓦解犯罪分子，实现刑罚的目的。相反，第一、第三种观点对自动投案的时限条件过严，不仅不利于犯罪人自动投案，而且会进一步强化犯罪人负隅顽抗的心理。但是“犯罪嫌疑人自动投案后又逃跑的，不能认定为自首。”①

(3)投案方式。自动投案一般应是犯罪嫌疑人本人直接向有关部门自动投案。对于犯罪嫌疑人因为某些客观原因如因病、伤不能亲自投案，或者为了减轻犯罪后果，委托他人先代为投案；犯罪嫌疑人因客观原因不能立即亲身投案，而先以信电投案以及送子女或亲友归案，即犯罪嫌疑人犯罪后由于惧怕心理，请求他人陪同投案；或者并非出于犯罪嫌疑人的主动，而是经家长、亲友规劝，陪同投案的；公安机关通知犯罪嫌疑人的亲友，或者亲友主动报案后，将犯罪嫌疑人送去投案的，也应当视为自动投案。也就是说自首方式，并无限制。但代之投案必须有犯罪人明确的意思表示，并以犯罪嫌疑人不能前往为前提；“其以书面等通讯方式报告者，虽不以使用‘自首’或‘愿受裁判’之字样为必要，但必须载明自己之姓名及住所，以便传唤，且必须已到达于自首机关或公务员，始生自首之效力。至以电话报案虽得以自首论，但须视其于电话报案后，是否随即投案，及报案时警察机关是否先知其犯罪事实而定，并非一经电话报案，当然可以自首论。”②对于被群众扭送归案的，或者被群众、公安人员、武装部队尾追、包围、堵截，走投无路当场束手就擒的，以及经司法机关传讯，采取强制措施后归案的，都不属于自动投案。

(4)投案动机。自动投案作为犯罪嫌疑人犯罪后实施的具有

---

① 引自 1998 年 4 月 6 日最高人民法院《关于处理自首和立功具体应用法律若干问题的解释》。

② 高仰止著：《刑法总则之理论与实用》，台湾五南图书出版公司 1986 年版，第 500 页。

"自动性"的行为，是基于其自由意志选择的结果，其投案动机因人而异：有的出于真心悔改，争取宽大处理；有的慑于法律威力，迫于走投无路等。无论出于何种动机，均不影响自动投案的成立。自动投案是否以悔罪动机为必要，存在两种对立观点：一为肯定说，主张"自首的本质在于悔罪"①；二为否定说，"投案须是自动的，但不要求内心的悔悛"②。目前在理论上"否定说"为通说。

2. 如实供述自己的罪行

所谓如实供述自己的罪行，是指犯罪分子自动投案后，主动如实供述自己的全部犯罪事实。这一必备要件是自首的本质特征，是自动投案行为合乎逻辑的延伸。该要件有其特定的内涵。

首先，投案人所供述的必须是犯罪事实。所谓犯罪事实，是指客观存在的犯罪的一切实际情况的总和，包括犯罪的全部活动及其结果，"但在司法实践中，考虑到犯罪人由于作案时间、地点、环境的特殊或者因生理、心理上的原因，往往难以当即做出全面供述或准确供述时，能供述主要犯罪事实即可"③。即足以证明行为人的行为构成犯罪的基本事实，"足以使侦查人员凭以查明该犯罪之真相为已足，并不以完全与事实相符为必要。"④如果犯罪人只供述自己次要的犯罪事实而回避主要犯罪事实，则不能视为自首。此外，一般违反党纪政纪的行为，以及排除社会危害性的正当防卫、紧急避险行为，因不存在犯罪事实，亦无自首可言。

---

① 转引自周振想著：《自首制度的理论与实践》，人民法院出版社1988年版，第41页。

② 甘雨沛、何鹏著：《外国刑法学》，北京大学出版社1984年版，第527页。

③ 马克昌主编：《中国刑事政策学》，武汉大学出版社1992年出版，第502页。

④ 高仰止著：《刑法总则之理论与实用》，台湾五南图书出版公司1986年版，第200页。

其次，投案人所供述的必须是自己的犯罪事实，即由自己实施，并由自己承担刑事责任的罪行，而不是他人的罪行。若是供述耳闻目睹的他人罪行，应视为检举、揭发，可按立功处理，不属自首。但“共同犯罪案件中的犯罪嫌疑人，除如实供述自己的罪行，还应当供述所知的同案犯，主犯则应当供述所知其他同案犯的共同犯罪事实”①。如果是从犯，从犯中的实行犯自首时既要供述自己的犯罪事实，还要供述和自己直接实施犯罪的主犯以及胁从犯的罪行；从犯中的帮助犯自首时，既要供述自己的帮助行为，还要供述自己知道的所帮助的实行犯的行为。如果是胁从犯，自首时，不仅要供述自己在被胁迫被诱骗情况下实施的犯罪，而且还要供述所知道的胁迫、诱骗自己犯罪的胁迫人、诱骗人所实施的相应罪行。共同犯罪的教唆犯自首时，除供述自己的教唆行为外，必须供述被教唆的具体对象，以及所了解的被教唆人产生犯罪意图后实施犯罪的情况。总之，共同犯罪的性质，决定了每一共同犯罪人的行为是共同犯罪行为整体的一部分，仅供述自己实施的部分行为，不供述其他同案犯，也就难以讲清自己的罪行。

一人犯数罪自首时，如果犯罪嫌疑人只供述了一罪，则只视这一罪具有自首情节。如果数罪中的一部分已被发觉，犯罪人在侦查、起诉、审判过程中或者被判决以后，又将尚未被司法机关发现的余罪主动向司法机关供述的，对其主动供述的部分罪行应视为自首。数罪有同种数罪与异种数罪之分。与之相适应，数罪的自首存在同种数罪的自首和异种数罪的自首。在异种数罪的自首问题上学者们意见趋向一致。但在同种数罪的自首认定上存在二种不同意见：一种观点主张，“犯重罪而自首轻罪，或犯轻罪而自首重罪，如所自首之轻罪与重罪属于同一事实范围者，其自首自有效力，例如所犯为伤害致死，而仅以伤害罪自首是，反之亦然。”②另一种观点则认为，

---

① 引自 1998 年 4 月 6 日最高人民法院《关于处理自首和立功具体应用法律若干问题的解释》。

② 高仰止著：《刑法总则之理论与实用》，台湾五南图书出版公司 1986 年版，第 502 页。

对于一人犯有同种数罪，投案时只供述其中一个或几个罪行，认定为自首，对于其他没有供述，而后被查出的罪行，不能认定为自首[①]。至于结合犯和转化犯属于数行为在刑法上规定为一罪的情况，如果犯罪人自首其一部，其效力自应及于全部。连续犯和牵连犯，本质上均为数罪，而系裁判上之一罪，即连续犯之处罚，以一罪论；牵连犯则从一重处断。如果行为人仅自首其连续数行为中之一行为，或方法与结果行为中之一行为，而未自首其余之行为，其自首效力能否及于未经自首之其余行为，存在二种观点：一种主张从宽原则，认为连续犯和牵连犯在科刑上既然视为一罪，且仅依其中较重之行为或罪刑宣告，根据理论上和司法实践中自首范围从宽原则，连续犯和牵连犯虽仅自首其一部，但其全部行为以自首论。另一种主张从严原则，认为牵连犯与连续犯在本质上为数罪，"此数罪之间，恒有轻重之分，苟认为首其一罪，则他罪均可同获减轻之利益，岂不鼓励狡诈之犯人告知轻罪，以掩盖其重罪，且日后重罪被发觉，亦可同蒙自首之利益，一举两得，此自非立法之初意[②]。就目前刑法理论上，从宽原则占上风。

单位犯罪自首的认定。单位犯罪是指公司、企业、事业单位、机关、团体为本单位谋取非法利益，经单位集体或决策机构研究决定或者由负责人员决定实施犯罪的情况。单位犯罪以后，经单位集体或决策机构研究决定投案，或者由负责人员决定投案，并派有关人员向有关部门投案供述犯罪事实的，即可以认定为自首。

再次，投案人所供述的犯罪必须如实。所谓如实供述犯罪事实，是指犯罪嫌疑人所首事实与其所为事实相一致。如果犯罪嫌疑人避重就轻，只供述自己的次要罪行而故意隐瞒主要罪行，意图减轻罪行；或者有预谋地投案并有意包揽他人罪行，意图包庇

---

① 周振想著：《自首制度的理论与实践》，人民法院出版社 1988 年版，第 119 页。

② 蔡墩铭著：《刑法总论》，台湾三民书局 1977 年版，第 312 页。

同伙，掩护其同案犯或犯罪组织；或者歪曲事实真相，故意颠倒黑白，掩盖真实罪行，推诿嫁祸他人，意图逃避惩罚，上述供述不实的行为属于投案不自首，当然不成立自首。犯罪嫌疑人自动投案并如实供述自己的罪行后又翻供的，不能认定为自首；但在一审判决前又能如实供述的，应当认定为自首。

最后，投案人供述犯罪事实必须主动。所谓主动供述犯罪事实，是指犯罪人出于自愿，积极供述自己的犯罪事实。其主动性体现了犯罪人主观恶性的减弱。

自动投案和主动如实地供述自己的罪行，是成立自首的必不可少的条件。二者相辅相成，密不可分。其中，自动投案是最本质的条件，是自首与坦白的分水岭。

(二)准自首成立条件

所谓准自首，亦称余罪自首，是指刑法第67条第2款的规定，“采取强制措施的犯罪嫌疑人、被告人和正在服刑的罪犯，如实供述司法机关还未掌握的本人其他罪行的，以自首论。”长期以来围绕特殊主体在特殊的时空条件下主动供述司法机关尚未掌握的本人其他罪行，能否视为自首，意见不尽一致。一种观点认为，此种行为虽具主动性(主动供述罪行)，但缺自动性(自动投案)，故不属于自首。另一种观点认为，应按自首处理。其理由是，根据最高人民法院、最高人民检察院、公安部《关于严格依法处理反盗窃斗争中自首案件的通知》第1条规定，“对于犯罪分子因其犯罪行为以外的问题被收容或采取强制措施后，主动供述了自己未被公安、司法机关掌握的犯罪事实，经查证属实的，虽然不属于‘自动投案’，但也可以酌情从轻、减轻或免除处罚。”既然犯罪人主动供述罪行，而且又是司法机关尚未掌握的罪行，正是行为人的主动供述行为，才使司法机关得以破案，法律尊严得以维护，因此应视为自首。

刑法吸收了《通知》内容精神，规定了准自首成立的条件，从而完善了自首制度。最高人民法院《关于适用刑法时间效力规定若干问题的解释》第4条规定：“1997年9月30日以前被采取强制措施的犯罪嫌疑人、被告人或者1997年9月30日以前犯罪，1997年10月1日以后仍在服刑的罪犯，如实供述司法机关还未掌握的本人其他罪行的，适用刑法第67条第2款的规定。”但有学者对此仍持不同观点，认为余罪自首属于坦白的范畴①。而多数学者则主张，余罪自首具有自首的本质特征。准自首规定解决了长期以来在针对被采取强制措施后是否存在自首问题上所产生的理论争议和执行标准无法统一的问题。该款规定实质上是最大限度地放宽了自首的对象、时间条件。已经被采取强制措施、已经是犯罪嫌疑人、被告人，甚至已经是正在服刑的罪犯，仍然有自首的机会。这不仅充分体现了惩办与宽大相结合的刑事政策，而且填补了1979年刑法的缺憾。它有利于侦破积案，挖掘余罪，消除社会不安定因素，最大限度地实现自首制度的社会保护功能。

成立准自首必须具备如下条件：

1. 适用特定对象，即已经被采取强制措施的犯罪嫌疑人、被告人和正在服刑的罪犯，他们虽失去人身自由，但仍存在意志上的自由，是否供述其他罪行，其心理意识上存在选择的自由。刑法对于被采取强制措施的未决犯和已被判刑且刑期未满的已决犯均给予其自首的机会，体现了法律的公正性。

2. 如实供述自己的其他罪行，即如实供述的罪行是犯罪人被采取强制措施或者服刑所依据的犯罪事实以外的其他罪行。所谓其他罪行，是指被遗漏的余罪和隐罪。如何理解“其他罪行”，目前教科书多认为是指不同种罪行。少数学者主张，还应包括同种罪行。其理由是，刑法第67条明文规定“其他罪行”，并非“其他种类罪行”；供述同种类犯罪与他种类犯罪，仅是犯罪性质的不同，而与该罪行的社会危害性无直接关系，其本质上是一致的，都是承认罪错，愿意接受法律制裁的心理体现。如果只以

① 徐林、张琪：“对余罪自首与坦白的探讨”，《广东法学》1997年第6期。

供述其他种类犯罪为适用自首的条件，就会使供述尚未掌握的同种类重大犯罪没有得到从轻处理，还可能使犯罪分子钻法律的空子，对有多宗罪行的，只供述较轻罪行的其他种类犯罪，隐瞒较重罪行的同种类犯罪。因此，把同种类罪行排除在“其他罪行”之外，不但在理论上缩小了自首的适用范围，削弱了自首制度的功能，而且不利于鼓励在押犯彻底交待余罪。对此笔者难以苟同。根据1998年4月6日最高人民法院《关于处理自首和立功具体应用法律若干问题的解释》第2条规定，被采取强制措施的犯罪嫌疑人、被告人和已宣判的罪犯，如实供述司法机关尚未掌握的罪行，与司法机关已掌握的或者判决确定的罪行属不同种罪行的，以自首论。

3. 所供述的必须是司法机关还未掌握的罪行。这是由余罪自首的案犯已因某罪归案待审或正在服刑的特殊情况决定的①。它与一般自首不同。在一般自首中，犯罪人如实供述的罪行可以是司法机关没有掌握的犯罪事实，也可以是司法机关已经掌握的犯罪事实，还可以是司法机关已经捉拿、通缉犯罪人的犯罪事实。但在准自首中，行为人所供述的必须是司法机关尚未掌握的犯罪事实。包括以下两种情形：(1)犯罪事实未被掌握；(2)犯罪事实虽已被掌握，但犯罪嫌疑人未被发觉。也就是说，如果不是犯罪嫌疑人的如实供述，司法机关将不能掌握这一犯罪线索，无证据证明犯罪嫌疑人的犯罪事实。

准自首是一种特殊形式的自首，它与一般自首并无二致，都是案犯主观上认罪、悔罪或者悔改的一种表现，其主要区别在于：(1)投案的方式不同。在形式上，一般自首是自动投案，即在犯罪人尚未归案前，出于本人的意志，主动投案，并以犯罪人具有人身自由为前提；而准自首则是犯罪人已在司法机关控制之

---

① 肖扬主编：《中国新刑法学》，中国人民公安大学出版社1997年版，第253页。

下，出于本人的意志，主动供述司法机关还未掌握的其他罪行，虽不具备“自动投案”的自动性，但其供述的主动性体现了其认罪服法的决心。(2)供述罪行内容方面的要求不同。一般自首供述的罪行可以是司法机关已掌握或未掌握的罪行，不论罪行性质，只要具备自首成立的要件即可认定自首。而准自首必须是供述司法机关未掌握的其他罪行。

三、自首与坦白

自首与坦白是两个不同的刑法范畴。根据我国的刑事政策，自首和坦白都要从宽处罚。但我国现行《刑法》仅有自首从宽的规定，却无坦白从宽的明确规定。1982 年全国人大常委会颁布的《关于严惩严重破坏经济的罪犯的决定》，将是否“如实地坦白承认全部罪行”作为从宽处罚的特殊情节，这是“坦白从宽”的刑事政策法律化的趋向。坦白与自首既有联系又有区别，因为坦白有广狭二义。广义的坦白包括自首，自首是坦白的最高形式。狭义的坦白不包括自首。刑法将余罪自首归入自首后，狭义坦白的定义亦随之发生变化。刑法理论上需要研究的是自首与狭义的坦白的关系和区别。所谓坦白，是指犯罪嫌疑人和被告人在其犯罪行为被司法机关或有关组织发觉后，在被传唤、讯问时，或在被采取强制措施后，或在法庭审理中，如实交待其所犯罪行的行为。坦白具有三个特征，即：(1)犯罪人被动归案。被动归案是相对于犯罪人自动投案而言。实践中，被动归案有三种类型：一是因被司法机关采取强制措施而归案；二是被司法机关传唤到案；三是被群众扭送归案。(2)犯罪人如实交待的是被指控的罪行。这种罪行包括两种，一种是司法机关已经掌握的罪行，另一种是司法机关虽未掌握，但与被指控的罪行性质相同的其他罪行。(3)犯罪人“自己”交待自己的罪行。显然，坦白就其客观表现来看，是在一定条件下被迫交待自己所犯罪行；就其主观表现来看，具有真诚悔罪，愿意承担法律后果之意，因此坦白与自首既有相同之处也有不同之点。相同之处具体表现为：(1)前提条件，二者的存在都以行为人实施了犯罪行为为前提；(2)交待罪行，犯罪人归案后都能如实交待自己的犯罪事实；(3)从宽处罚，犯罪人都可以得到适当从宽处罚的法律后果。

一般自首与坦白的区别在于：(1)形式上，自首是自动投案，坦白是被动归案；(2)交代罪行内容方面，坦白是要如实交代被指控的罪行，即司法机关掌握的罪行或者虽然司法机关未掌握，但与被指控罪行同一性质的罪行。准自首与坦白的区别在于：二者在形式上都是被动归案，但在交代罪行内容方面，余罪自首交代的必须是司法机关未掌握的，并且与被指控罪行不同性质的罪行。即如果犯罪人因盗窃被采取强制措施后，又向司法机关供述自己还有一起抢夺行为的，抢夺行为属自首；但他供述的是另一起盗窃行为的，则属于坦白。

无论是一般自首，还是准自首，从法律后果上看，是可以从轻、减轻或者免除处罚的法定情节；而坦白则是从宽处罚的酌定情节，即根据坦白从宽的政策精神，以及罪犯坦白交待的程度、全案情况，综合酌情从宽处理。

四、自首从宽的根据和处罚原则

投案自首是从宽处罚的基础，从宽处理是投案自首的法律后果。自首从宽不仅是一项世界性的刑罚裁量制度，也是一项适合我国国情的行之有效的刑事政策。

(一)自首从宽的根据

1. 自首从宽是量刑责任原则的需要。所谓责任原则，是指量刑时必须同行为人的罪责相适应。如《奥地利刑法典》第 32 条第 1 款规定："量刑应以行为人之责任为准。"所谓责任，包括两方面内容，即事实方面的责任和人格方面的责任，二者直接影响到刑事责任的大小和刑罚的轻重。犯罪人自首实际上意味着终止了自己的犯罪行为而形成的危害社会的持续状态。"犯罪人已经认识到自己行为的恶劣，谴责这种行为，接受惩罚，把受罚看成是他罪有应得的结果，并准备赎罪。”①犯罪人的行为本身表明了其主观恶性的减弱和对社会危害的减小。社会危害性是犯罪行为的本质特征。犯罪给社会造成的实际危害，是犯罪人承担刑事责任的基础。因此，刑罚应当同实施犯罪的性质和社会危害程度、犯罪人个人情况相适应，应当考虑减轻和加重责任的各种情节。确认自首者可以从宽处罚，并不是也不可能是基于因自首而使犯罪行为造成的社会危害性减小或消除，而是因为犯罪人的自首反映其对犯罪行为有所认识和悔罪的表现，即使是因慑于法律的威力而“洗手不干”，也反映了犯罪人的人身危险性的减弱或消除。因此，犯罪人投案自首属法律上的减轻事由，理应从宽处罚。

2. 自首从宽是实现刑罚目的的需要。我国刑法惩罚犯罪的目的，不是为了惩罚而惩罚，而是为了教育和改造罪犯，预防犯罪。“法律规范作为控制社会现象的一种手段，它与法律规范在社会中的作用、效果都是成正比的。”②因此，对犯罪人量刑时，必须坚持社会公正原则，即必须考虑犯罪人犯罪行为的客观特性与主观特性，采用那种不可避免的、公正的方法使犯罪人担负刑事责任，才能使其真正从内心承服刑罚的公正。这种“承服”的程度越高，刑罚才越有可能达到其预防犯罪的社会效果。投案自首是犯罪人犯罪后有悔罪或悔改之意的开端，表明犯罪人已具备了接受改造、悔过自新的主观基础。因此，对投案自首的犯罪分子从宽处罚实际上是刑罚目的的中介手段。正是这一中介手段将刑罚的一般预防与特殊预防积极的目的转化为积极的刑罚效果。

3. 自首从宽是刑罚价值取向的需要。公正、谦抑和人道是

---

① H·A·别利亚耶亚夫等主编：《苏维埃刑法总论》，群众出版社1987年版，第338页。

② 陈明华著：《当代苏联东欧刑罚》，中国人民公安大学出版社1989年版，第260页。

现代刑法追求的三大价值目标。市场经济的刑罚观的根本内容是追求刑罚的社会效果。刑罚的社会效果是通过刑事法律活动的公正性与功利性的统一达到的社会功能。根据市场经济体制下刑罚价值取向，自首从宽是公正性和功利性相统一的刑罚制度。首先，其公正性表现在，自首从宽使刑罚裁量与罪犯犯罪时、犯罪后的投入基本相适应，通过对罪犯的从宽处罚，自首制度价值得以实现。这一制度运用得越合理，越符合犯罪人的实际情况，其价值实现程度就越高。因为，合理、公正的刑罚运作，必然产生惩罚犯罪、预防犯罪的最佳社会效益。其次，自首从宽的功利性表现在，以最小的刑罚成本支出最大限度地遏制犯罪。刑罚作为对犯罪的惩治手段，需要一定的物质支撑，尤其是侦查、起诉、审判的运行需要投入大量的人力、物力，而自首从宽节省了办案成本的支出，且提高了办案效力和质量。因为，自首从宽对犯罪人不仅是一种未来利益的诱惑，而且也是一种实实在在的利益存在，它极大地鼓励了犯罪分子主动投案，交待自己的犯罪事实，增强了弃旧图新的心理动力和压力，使之以最大的热忱在自首从宽中实现忏悔罪过，洗礼灵魂的目标，从而为公安司法机关顺利进行侦查、起诉、审判工作提供了方便，即以少量的人力投入，少量的物资消耗换取较高的经济效益和社会效益。

(二)自首从宽处罚的原则

对自首的犯罪人各国刑法均无例外地采取从宽处罚的原则。但究竟如何从宽处罚，各国立法例不尽一致。其大致情形有两种：

一是绝对从宽原则，亦称必减主义，即不问所首罪行的性质、轻重、自首的原由、悔悟迟早和悔悟的程度，一律从轻、减轻处罚。立法中通常以“应当”或“必须”表述这种绝对的、硬性的法律规定，审判人员没有自由裁量的余地。例如《格陵兰刑法典》第 88 条规定：“罪犯自首并彻底坦白者，应酌情减轻。”朝鲜、蒙古、巴西、法国、阿尔巴尼亚等国刑法自首规定均采绝对从宽原则。纵观世界各国刑事立法，此原则为绝大多数国家的自首制度所接受。

二是相对从宽原则，亦称得减主义，对自首是否从轻、减轻和如何从轻、减轻，由审判人员依所首罪行的情形、危害轻重，结合自首原因、悔悟迟早等进行具体分析，以确定是否从轻、减轻处罚。立法中通常以“可以”或“得”表述这种相对的、选择性的法律规定。例如《日本刑法》第42条规定：“犯罪未被官方发觉以前自首的，可以减轻处罚。”

此外，有的国家刑法对自首从宽原则的规定，经历了一个从相对从宽原则到绝对从宽原则的转变过程，例如，1958年《苏联各加盟共和国刑事立法基本原则》第33条规定：“真诚坦白或者自首”作为“可据以”从宽处罚的情节，采取的是相对从宽处罚原则；1960年《苏俄刑法典》第38条规定：真诚悔过或自首以及积极帮助揭露犯罪的“是减轻责任的情节”，采取的则是绝对从宽处罚原则；后1978年、1986年刑法屡经修改，但自首制度规定，始终坚持绝对从宽处罚原则未变。

从各国自首立法例来看，不仅自首从宽处罚原则有别，并且从宽处罚的幅度亦不同，有的规定自首从轻，有的规定自首减轻或自首免刑。

五、我国刑法关于自首从宽处罚的规定

(一)刑法总则关于自首从宽的规定

关于对自首犯的处罚，1979年刑法规定：“可以从轻处罚，其中犯罪较轻的，可以减轻或者免除处罚；犯罪较重的，如果有立功表现，也可以减轻或者免除处罚。”为鼓励犯罪分子自首，修订的刑法第67条对自首犯作了更加从宽处罚的规定，即：对所有的自首犯，都可以从轻或者减轻处罚；其中犯罪较轻的可以免除处罚。由此可见我国原刑法对自首的处罚，采取相对从宽原则，修订的刑法对于自首犯仍采取相对从宽原则，但对犯罪以后自首并有重大立功表现的，采取绝对从宽原则。根据刑法第67

条和第 68 条规定，自首的处罚包括三种情况：

1. 犯罪以后自首的，无论罪行轻重，都可以从轻或者减轻处罚。这是我国刑法对自首以后予以从宽处罚所作的原则性规定。该规定较原刑法扩大了一个从宽处罚的幅度。原刑法仅规定犯罪以后自首的一般可以“从轻处罚”。如何理解这一规定，理论上存在二种意见：一是主张凡投案自首者，不论情节如何，应一律从轻；二是自首从轻是相对的，不是绝对的，应依具体案情酌定。大多数学者赞同后一观点，理由是自首仅表明犯罪人的悔罪态度，但无法弥补其行为给社会造成的危害。由于犯罪性质情节千差万别，自首的具体情况也不尽一致，故刑法规定“可以”从宽处罚，即并非对每一自首的犯罪人都一律从轻、减轻处罚，而是既可以从轻、减轻处罚，也可以不予从轻、减轻处罚。具体确定从轻还是减轻处罚，应当根据犯罪轻重，并考虑自首的具体情节。但在特殊情况下，如罪行特别严重或情节特别恶劣的犯罪、预谋利用自首逃避应得惩罚而实施严重罪行的犯罪，即使投案自首，也不能从轻处罚，避免犯罪分子钻法律的空子，同时，也不失刑罚的公正性。

2. 犯罪较轻而自首的，可以减轻或者免除处罚。这是在自首从轻的一般原则规定的基础上，对犯罪较轻而自首的特别规定。犯罪较轻，是可以免除处罚的前提。如何理解“犯罪较轻”，有二种主张：一是主张以法定刑或犯罪性质作为划分较轻之罪与较重之罪的标准；二是主张以犯罪所应判处的刑罚作为划分罪之轻重的标准。大多数学者倾向后一主张，并提出被处 3 年以下有期徒刑的视为较轻之罪，反之属于较重之罪。虽然刑法中无明确规定，但如此认定确有一定依据：首先，刑法第 7 条规定，我国公民在国外犯罪和外国公民在我国领域外对我们国家或者公民实施了犯罪是否适用我国刑法追究刑事责任，都是以 3 年法定刑为限；其次，刑法第 72 条规定，缓刑适用的对象以被判处拘役、3 年以下有期徒刑为限。由此可见，3 年以上有期徒刑的犯罪，其社会危害性已达到相当严重的程度，故属重罪。对于因自首而免除处罚后，又重新犯罪的，可以不再追究其已自首的罪，但对其后罪，应按罪刑相适应的原则来处理。

3. 犯罪后自首又有重大立功表现的，应当减轻或者免除处罚。当一人犯罪后不仅主动自首，且有重大立功表现，予以从宽处罚的幅度明显大于单纯的自首或者立功。因为“犯罪人自首意味着终止了因自己的犯罪行为而造成危害社会的持续状态，自行减少了社会危害性……”①犯罪人重大立功表现意味着积极协助司法，节省了国家的司法资源，保证了诉讼的效益和效率。为此需要对自首又立功者予以法律上的褒奖，并因此而对其他违法犯罪者作出感召。对于自首犯又有重大立功表现的从宽处罚，应注意以下三点：(1)“应当”减轻或者免除处罚。在刑法中“应当”和“可以”的适用是相当严格的，“应当”表明只能无条件地遵照执行，无任何灵活性，“可以”则表明具有自由选择的余地。因此，只要行为人同时具有自首和重大立功表现，不论罪行多重，都必须予以从宽处罚。(2)“减轻或者免除处罚”，究竟是减轻处罚还是免除处罚，应当根据案件的具体情况而定。(3)自首后并具有“重大立功表现”的才应当予以减轻或者免除处罚。如果自首犯仅有一般立功表现，则采取相对从宽的处罚原则，即“可以减轻或者免除处罚”。

(二)刑法分则及有关法规中关于特别自首的规定

我国刑法分则对商业行贿罪和行贿罪分别在第164条第3款和第390条第2款中规定：行贿人在被追诉前，主动交代行贿行为的，可以减轻处罚或者免除处罚。据此，行贿人自首减免刑罚的必须具备两个条件：一是必须主动交待行贿行为，这里的“主动交代”比第67条规定的“如实供述”要求更高，因此“可以减轻

---

① 刘家琛主编：《新刑法条文释义》(上)，人民法院出版社1997年版，第261页。

处罚或者免除处罚”也较一般自首“可以从轻或者减轻处罚”轻。二是交待的时间必须在被追诉前，即被检察机关立案之前，这一时间条件只有与“主动交代”的悔悟条件同时具备才符合特别自首的条件。刑法第 392 条介绍贿赂罪也有类似条款规定。此外《中华人民共和国国家安全法》第 24 条规定：“犯间谍罪自首……的，可以从轻、减轻或者免除处罚”；第 25 条规定：“在境外受胁迫或者受诱骗参加敌对组织，从事危害中华人民共和国国家安全的活动，及时向中华人民共和国驻外机构如实说明情况的，或者入境后直接或者通过所在组织及时向国家安全机关或者公安机关如实说明情况的，不予追究。”

为了配合打击犯罪的专项斗争，有关最高司法机关也发布某些临时性的特别自首政策，以利于分化、瓦解罪犯，集中力量严惩为首及罪大恶极、屡教不改的犯罪分子。例如 1989 年 8 月 15 日，最高人民法院、最高人民检察院《关于贪污、受贿、投机倒把等犯罪分子必须在期限内自首坦白的通告》规定，“凡在限期内投案自首，坦白、立功的，应予以从宽处理。”1991 年 1 月 3 日最高人民法院，《关于严格执行(全国人民代表大会常务委员会关于禁毒的决定)严惩毒品犯罪分子的通知》规定，“对于具有自首或检举、揭发其他毒品犯罪的立功表现情节的，依法可以从轻，减轻或者免除处罚。”1992 年 8 月 3 日最高人民法院《关于严厉打击生产和经销假冒伪劣商品的犯罪活动的通知》规定，审理生产和经销假冒伪劣商品的犯罪案件，“要注意体现政策，对于那些群众反映强烈、危害严重的制售伪劣商品的犯罪分子，要坚决依法重判，对于具有自首、坦白、立功情节的，可依法从宽处理。”1993 年 1 月 16 日最高人民法院《关于严厉打击“车匪路霸”犯罪活动的通知》规定，对于“车匪路霸”犯罪案件中的初犯、偶犯、从犯，以及有自首、检举立功等情节的犯罪分子，仍应依法从轻或者减轻处罚，以利分化瓦解罪犯，集中力量严惩为首及罪大恶极、屡教不改的犯罪分子。1997 年 11 月 4 日最高人民法院

《关于审理盗窃案件具体应用法律若干问题的解释》规定，盗窃公私财物虽已达到“数额较大”的起点，但情节轻微，“主动投案的”，可不作为犯罪处理的情节之一。1994 年 8 月 29 日公安部《关于收缴非法枪支弹药加强枪支弹药管理的通告》规定，在“本通知发布起 30 日内”主动向当地公安机关投案自首，交出枪支弹药，并如实说明情况，具结悔过保证不再重犯的，可视情节依法从轻处理。

第二节 立 功

严格地讲，刑法中的立功制度，也就是立功从宽处罚制度。我国 1979 年刑法没有独立规定立功制度。立功从宽与自首规定在一起，作为重罪自首者减轻或者免除处罚的一种情节。修订的刑法第 68 条规定：“犯罪分子有揭发他人犯罪行为，查证属实的，或者提供重要线索，从而得以侦破其他案件等立功表现的，可以从轻或者减轻处罚；有重大立功表现的，可以减轻或者免除处罚。犯罪后自首又有重大立功表现的，应当减轻或者免除处罚”。

立功赎罪是我国惩办与宽大相结合的刑事政策的内容之一。我国首任公安部长罗瑞卿同志在中共“八大”第一次会议上所作的《我国肃反斗争的主要情况和若干经验》的发言中指出：“惩办与宽大相结合的政策，它的具体内容就是‘首恶必办，胁从不问，坦白从宽，抗拒从严，立功折罪，立大功受奖。’”早在我国新民主主义革命时期所颁布的刑事法律中，就有立功制度的萌芽，例如 1943 年的《晋冀鲁豫边区冀鲁豫行署查禁假鲁钞暂行办法》第 5 条规定：“犯前条之罪自首者，得减轻其刑；因自首而破获制造、贩卖之机关或人犯者，减轻或免除其刑。”这里的“因自首而破获制造、贩卖之机关或人犯”，指的是行为人在自首自己的罪行同时又揭发了他人的罪行，鉴于其立功赎罪，法律规定较自首更宽的处罚。建国之初中央人民政府颁布的一些单行刑事法规对“立功赎罪”问题作了进一步明确规定。如中央人民政府1951年公布的《惩治反革命条例》第14条规定：“……(二)在揭发、检举前或以后真诚悔过立功赎罪者”，“得酌情从轻、减轻或免予处罚”。1952年公布的《惩治贪污条例》第5条，也有类似的规定。

无疑，我国刑事立法史上立功制度的雏形为现行刑事法律中立功制度的确立奠定了基础。我国刑事立法中，已有单纯立功从宽处罚的规定。例如《关于禁毒的决定》第14条规定：“犯本决定规定之罪，有检举、揭发其他毒品犯罪立功表现的，可以从轻、减轻处罚或免除处罚。”又如，《国家安全法》第24条规定：“犯间谍罪有立功表现的，可以从轻、减轻或免除处罚；有重大立功表现的，给予奖励。”这些法律规定不仅是最早的有关立功制度的立法，而且在司法实践中对于有效地打击毒品、间谍等犯罪起到了积极的作用。但由于立功制度沿用至今，始终保持着概括的立法模式。这种模式一方面影响了对立功内容和立功属性的理解；另一方面也影响了司法实践中具体运作，出现同样是立功却处理方法或法律后果不一的情况：犯罪较重的犯罪分子又自首又立功的，适用刑法(指1979年刑法)第63条之规定，作为法定从轻情节处理；而犯罪较轻的犯罪分子又自首又立功及犯罪分子未自首却立功的，却适用刑法(指1979年刑法)第59条之规定，在法定刑以下减轻处罚，或在法律条文的量刑幅度内酌情从轻处罚。因此，立法者在总结立功立法例的基础上，1997年刑法所确立的立功制度，扩大了其适用范围，使立功从宽处罚制度作为一种普遍适用的法律制度。

一、立功的概念

什么是立功？这是研究立功制度首先需要回答的问题。关于立功的定义，目前刑法理论界有不同的看法和表述。

其一，“所谓立功，是指犯罪分子有揭发他人犯罪行为，查证属实的，或者提供重要线索，从而得以侦破其他案件的等情形。”①

其二，“立功，通常是指犯罪分子揭发他人犯罪行为，查证属实，或者提供重要线索，从而得以侦破其他案件的，或者协助司法机关缉捕其他罪犯的行为。”②

其三，“犯罪分子揭发检举他人犯罪行为，查证属实的，或者提供重要线索，从而得以侦破其他刑事案件的，或者协助司法机关缉捕其他罪犯的，或者为社会作出其他重大贡献的，是立功。”③

其四，“立功，是指犯罪分子揭发检举其他犯罪分子的罪行，查证属实的，或者提供重要线索、证据，从而得以侦破其他案件的，或者协助司法机关缉捕其他罪犯的行为。”④

我们赞同第三种表述，即定义涵盖了一般立功和重大立功的内容，但不够全面。其余三种表述虽有所不同，但仅局限于一般立功，不包括重大立功的内容。

我们认为，刑法第 68 条和有关司法解释均把立功划分为一般立功和重大立功两个档次，那么在立功定义中应当包含这两方面的内容。所谓立功，是指犯罪分子检举、揭发他人犯罪行为，查证属实的，或者提供重要线索，从而得以侦破其他案件的，或者阻止他人犯罪活动或重大犯罪活动，或者协助司法机关抓捕其他犯罪嫌疑人或重大犯罪嫌疑人（包括同案犯），或者具有其他有利于国家和社会的突出表现或重大贡献的行为。

---

① 肖扬主编：《中国新刑法学》，中国人民公安大学出版社 1997 年版，第 256 页。

② 刘家琛主编：《新刑法条文释义》，人民法院出版社 1997 年版，第 263 页。

③ 高铭暄主编：《刑法修改建议文集》，中国人民大学出版社 1997 年版，第 395 页。

④ 曹子丹、侯国云主编：《中华人民共和国刑法精解》，中国政法大学出版社 1997 年版，第 56 页。

二、立功成立的条件

犯罪人真诚悔罪的立功表现，必须符合法律规定，才能产生相应的法律后果。根据刑事立法精神和司法实践经验，立功成立条件主要包括以下四个方面：

(一)主体条件。立功的主体必须是犯罪分子，即指实施了危害社会的行为依法承担刑事责任的自然人。凡是构成犯罪的，无论犯了何种性质的罪，被判处何种刑罚，只要真诚悔悟都有可能成为立功赎罪的主体。

(二)时间条件。立功的时间始于犯罪预备终于刑罚执行完毕，但作为刑罚裁量情节的立功，通常在判决或裁定之前。犯罪人从预备犯罪起到刑期届满或者执行死刑前为止，不论司法机关是否对其立案侦查，也不论其是否处于诉讼阶段，均可成立立功行为。但在犯罪预备前的犯罪动机的产生，犯罪意图的萌发，犯罪意志的确定等单纯犯意表示过程，不产生立功问题，因为行为人的内心意思活动，尚未付诸行为，没有也不可能对刑法保护的社会关系造成任何客观外在的威胁和侵害。在刑罚执行完毕之后同样也不发生刑法上的立功问题。

(三)前提条件。立功的内容应当真实、有效。所谓真实是指犯罪人揭发、检举本人罪行以外的其他罪行，为司法机关提供侦破案件的线索，或缉捕罪犯及其他立功的内容必须客观属实。所谓有效，是指犯罪人立功的内容具有实质意义，即有利于及时准确地惩治罪犯，排除社会治安的严重隐患，有效地保护了国家利益。真实性与有效性的统一决定着立功内容的价值。如果犯罪人揭发检举的事实虽是真实的，但无实质意义，则不属于立功行为。

(四)实质条件，即具体判断立功的标准。主要包括下列五种情况：

1. 揭发、检举他人犯罪行为且查证属实。首先，犯罪人检举揭发的对象必须是他人的犯罪行为，如果是坦白自己的罪行，即使是尚未被司法机关掌握的，也不构成立功。其次，揭发检举的内容必须是得到证实的，如果检举揭发的内容经查不实的，则不构成立功。如何把握这一客观标准，存在三种不同意见。一是主张“犯罪人所揭发的其他犯罪分子的罪行的轻重以及数量，直接关系到是否构成立功。如果揭发的是其他犯罪分子的重大罪行，有一件即足以构成立功；但如果揭发的是一般罪行，则必须数量较多，至少在二件以上才构成立功。”①并提出以 10 年有期徒刑作为区分重大罪行与一般罪行的标准。二是主张只要被揭发人的行为已经立案或已经受到其他处分（如行政处分等），检举揭发就可以认定为立功。三是认为检举揭发他人一切犯罪行为都是立功。我们认为，第一种观点失之过窄，而第二种观点又失之过宽，第三种观点是可取的，只要犯罪分子检举揭发他人的行为确已构成犯罪，不论被揭发者是否被判刑、刑罚的轻重、立案或作其他处分，检举揭发行为都应认为立功。检举揭发他人犯罪行为，包括共同犯罪案件中的犯罪分子揭发同案犯共同犯罪以外的其他犯罪属一般立功；检举揭发他人重大犯罪行为的属重大立功。但共同犯罪案件的犯罪分子到案后，揭发同案犯共同犯罪事实的不能视为立功表现。其理由在于：二人以上共同故意犯罪是共同犯罪在主体上的必要条件，共同犯罪人的分工行为是整个犯罪活动中不可缺少的部分，检举揭发共同犯罪人是罪犯的义务，其行为属于自首情节，即彻底交待一切犯罪事实的具体表现。如果检举揭发的是同案犯的过限罪行，则另当别论，视为立功。

2. 提供重要线索，使司法机关得以侦破其他案件。首先，犯罪人必须提供重要线索，即据此足以破获其他案件或重大案件的线索。犯罪分子出于立功赎罪的诚意，为了维护公共利益或他人合法权益主动为司法机关提供侦破案件的线索，使犯罪案件得

---

① 周振想著：《自首制度的理论与实践》，人民法院出版社 1988 年版，第 164 页。

以及时揭露。尤其是处在社会转型期，由于犯罪状况的居高性、犯罪结构的复杂性、犯罪形态的多样性，因而追求破案率的高速高效对于维护社会利益，减少、减轻犯罪危害具有重要意义。因此知情的犯罪分子提供的重要破案线索有助于司法机关信息的及时收集、传递、反馈、掌握社会动态，及早发现重大案件苗头，采取防范措施，或顺藤摸瓜，揭露、严惩犯罪。其次，客观上必须已破获了其他案件或重大案件。如果犯罪分子虽提供了重要线索，但由于犯罪分子在逃，长期破不了案，则无法认定为立功。

3. 阻止他人重大犯罪活动。

4. 协助司法机关抓捕其他犯罪嫌疑人(包括同案犯)或重大犯罪嫌疑人。首先，必须有协助行为，即向司法机关提供其他犯罪人的活动规律、行动路线、隐藏地点等行为。司法实践中，犯罪分子犯罪之后，为了逃避法律制裁，千方百计逃匿，给司法机关侦破工作造成相当的难度，社会隐患的存在，直接威胁着社会利益。如果犯罪分子协助司法机关缉捕罪犯，不仅节省了司法机关的大量人力物力，而且有效保护了社会利益。其次，客观上必须产生将其他犯罪嫌疑人或重大犯罪嫌疑人抓获归案的结果。这里所说的其他犯罪嫌疑人包括共犯及共犯以外的犯罪嫌疑人。因为检举揭发同案犯是罪犯的义务，而缉捕同案犯却并非罪犯之义务，是公安、司法机关的职责。犯罪人主动积极配合缉捕共犯行为是其主观恶性弱化并朝顺向转化的表现，法律应予鼓励。

5. 其他有利于国家和社会的突出表现或重大贡献。如及时报告其他在押罪犯阴谋策划脱逃的；遇有自然灾害、意外事故奋不顾身进行排除，从而避免重大人身伤亡和财产损失的；遇有罪犯企图泄愤破坏看守所而与之作斗争的；在生产中有发明创造或重大技术革新，并取得重大成果的；对国家和社会有其他重大贡献的等等。

上述成立立功的四个要件，与自首一样，均反映了行为人对自己罪行的忏悔，其痛改前非的行为都可以得到肯定性的法律评价，产生积极的法律后果。二者主要区别在于：(1)发生的时间不同。自首行为一般发生在犯罪后被司法机关采取强制措施之前；而立功行为则发生在犯罪后的任何阶段，包括服刑期间。(2)行为的内容不同。自首必须是如实交待自己的罪行；立功所检举、揭发的是他人的犯罪行为。这是二者的根本区别。(3)行为的对象不同。自首既可以向司法机关进行，也可以向其他机关或团体进行；立功只能是向司法机关检举揭发他人罪行或者提供重要线索等。(4)与悔罪表现的关系不同。自首必须是出自真诚地悔罪；而立功则与其悔罪表现关系不大，有立功表现并不意味着犯罪人有悔罪表现，犯罪分子即使不供认自己的罪行或者供认后又翻供，不影响立功的成立。

三、立功从宽处罚的原则

立功表现作为法定的从宽处罚情节，犯罪人可获得从轻、减轻或者免除处罚。刑法第 68 条对立功的法律后果作了三种规定：

1. 有一般立功表现的，可以从轻或者减轻处罚。所谓一般立功是指犯罪分子到案后有检举、揭发他人犯罪行为，包括共同犯罪案件中的犯罪分子揭发同案犯共同犯罪以外的其他犯罪，经查证属实；提供侦破其他案件的重要线索，经查证属实；阻止他人犯罪活动；协助司法机关抓捕其他犯罪嫌疑人(包括同案犯)；具有其他有利于国家和社会的突出表现的行为①。

2. 有重大立功表现的，可以减轻或者免除处罚。所谓重大立功，是指犯罪分子有检举、揭发他人重大犯罪行为，经查证属实；提供侦破其他重大案件的重要线索，经查证属实；阻止他人重大犯罪活动；协助司法机关抓捕其他重大犯罪嫌疑人(包括同案犯)；对国家和社会有其他重大贡献等表现的行为②。此外刑

---

①② 1998 年 4 月 6 日最高人民法院《关于处理自首和立功具体应用法律若干问题的解释》第 5 条、第 7 条。

法第 78 条明确规定了重大立功表现，包括阻止他人重大犯罪活动的；检举监狱内外重大犯罪活动，经查证属实的；有发明创造或者重大技术革新的；在日常生产、生活中舍己救人的；在抗御自然灾害或者排除重大事故中，有突出表现的；对国家和社会有其他重大贡献的。

3. 犯罪后自首又有重大立功表现的，应当减轻或者免除处罚。根据我国刑法规定，犯罪后自首是犯罪人得到从宽处理的一个法定情节。如果犯罪人犯罪后不仅自首了，而且还有重大立功表现，当然就更应得到从宽处理。因此刑法对于自首犯的重大立功表现，采取绝对从宽处罚的原则，以有别于被捕获归案的犯罪嫌疑人的立功。

第十章　累　　犯

累犯是我国刑罚裁量中的从严处罚制度，也是重要的法定从重处罚情节。正确认识累犯的概念及其构成条件，科学地运用刑罚手段同累犯现象进行斗争，对于惩罚罪犯，降低重犯率，增强预防效益，具有重要意义。

一、累犯的概念

所谓累犯，有广义狭义之分，广义累犯指曾被判刑而又再次犯罪的；狭义累犯限定在广义累犯之中又具有法律特别规定的其他条件，并给予加重处刑的。通常，广义累犯被称作实质累犯，狭义累犯被称作形式累犯。

长期以来，由于对累犯概念有多义性理解，以致存在着形式多样的累犯定义。有的主张区分刑事政策上的累犯与刑法上的累犯，并分别加以界定。如日本学者大谷实认为："所谓刑事政策上的累犯，指一次犯罪受逮捕、其他刑事上的处分或裁判的执行后，再犯罪者。刑法上的累犯，有如下限制：(1)被判处惩役的人；(2)自执行完毕或免除执行之日起；(3)5年内；(4)再犯罪；(5)应判处有期惩役时，这种人叫再犯。再犯以上统称累犯。对其应加重刑罚(最高刑期的2倍以下)。"①

南斯拉夫学者维多耶·米拉丁诺维奇主张从不同的学科角度

---

①　[日]大谷实：《刑事政策讲义》，弘文堂1987年版，第403页。

界定累犯概念。刑法学意义上的累犯，是指受过刑事处分的人再次犯罪。犯罪学意义上的累犯，是指重新犯罪的人，即多次实施某种、某类或各种犯罪的人，至于行为人是否曾受过刑事处分在所不问。根据1955年在伦敦召开的第三届国际犯罪学研讨会对累犯问题的研究，累犯分为二类：一类为因实施刑法所禁止的行为而曾受过一定刑罚处罚而又重新犯罪者(严格意义的累犯)；另一类为因实施刑法所禁止的行为而曾受过一定刑罚处罚而处于"危险状态"，有重新违法犯罪的倾向者(泛化意义的累犯)。刑罚学意义上的累犯，是指因犯应判处剥夺自由刑之罪，刑罚执行完毕后再次犯罪而被押送监狱或矫正机构的人①。

我国学者也有的主张除刑法规定的累犯概念之外，应从犯罪学角度加以研究，据此提出，累犯"即重新犯罪的人，是指触犯刑事法律，受到刑罚惩处后再次或多次犯罪的人，如几进几出监狱的所谓'二进宫'、'三进宫'……"②。有的学者甚至提出"重新犯罪与累犯属同义词"③。对此我们难以苟同。重新犯罪与累犯划等号是不妥的，因为前者不是一个严格的法律概念，其认定标准无法律依据，而后者作为一种刑罚制度，各国刑事立法均有规定，所以二者不能混为一谈。本文对累犯的研究，是从我国刑罚裁量中的从严处罚制度的角度进行探索，即是从刑法学意义的累犯概念入手。

由于在不同的历史时期，各国刑事政策以及刑罚适用所依据的理论不同，因而刑法上规定的累犯制度不尽相同，累犯概念的法律界定有别。归纳起来有两种：一是行为中心论的累犯概念；

---

① [南]维多耶·米拉丁诺维奇：《刑法中的累犯制度》，贝尔格莱德1983年版，第13—16页。

② 际显容、李正典著：《犯罪与社会对策》，群众出版社1992年版，第198页。

③ 李均仁主编：《中国重新犯罪研究》，法律出版社1992年版，第24页。

另一是行为人中心论的累犯概念。

1. 行为中心论的累犯概念，突出强调“曾受有罪判决确定，只须已开始执行后，再犯罪者，即成立累犯，至其前犯罪之刑罚执行完毕与否，则非所问”①。即从犯罪的直观形态——犯罪行为入手，从犯罪次数、后罪发生时间、犯罪性质等客观事实作为成立累犯的决定性要素，排除犯罪人的人格、人身危险性等主观方面的特征。例如，被视为19世纪资产阶级刑事立法典范的1810年《法国刑法典》第56条规定：“凡因重罪经判处刑罚，又犯第二次重罪应剥夺公权者，处以枷项之刑”；“如第二次重罪应判处枷项或驱逐出境之刑者，处以轻惩役”；“如第二次重罪应判处轻惩役之刑者，处以有期重惩役及刺字”；“如第二次重罪应判处无期重惩役之刑者，处以死刑。”第57条规定：“凡因犯重罪经判刑罚又犯轻罪应受惩治刑之处罚者，处以法定最高刑，此项刑罚得加重至原判刑之二倍。”第58条规定：“受惩治刑之判决应拘役1年以上之犯人，又犯轻罪者，处以法定最高刑，此项刑罚加重至原判刑之2倍；累犯之犯人，并应判处5年以上10年以下之期间受政府之特别监视。”该法典对当代各国刑事立法影响很大，例如现行澳门刑法典中关于累犯的规定，再现了行为中心论的累犯概念。“……如果前罪和后罪都属未遂或其中一罪属未遂或者行为人在一罪中是正犯而在另一罪中是从犯，仍然以累犯论处。”②

我国刑法规定的累犯制度也属于行为中心论的累犯概念。1979年刑法第61条、第62条分别对普通累犯和特别累犯作了明确规定：“被判处有期徒刑以上刑罚的犯罪分子，刑罚执行完毕或者赦免以后，在3年以内再犯应当判处有期徒刑以上刑罚之罪的，是累犯，应当从重处罚；但是过失犯罪除外。”“刑罚执行

---

① 高仰止著：《刑法总则之理论与实用》，台湾五南图书出版公司1986年版，第369页。

② 米健等著：《澳门法律》，澳门基金会出版，1994年，第161页。

完毕或者赦免以后的反革命分子，在任何时候再犯反革命罪的，都以累犯论处。”修订的刑法除将反革命累犯改为危害国家安全的累犯外，未作其他修改，对于一般累犯则作了较大修改。因为构成一般累犯在时间上前罪之刑罚消灭到后罪发生必须受3年的限制，超过3年的，便不能再以累犯论。如此规定，显然不利于同犯罪分子作斗争。鉴于此，全国人大常委会于1981年6月10日颁行了《关于处理逃跑或者重新犯罪的劳改犯和劳教人员的决定》，确立了再犯制度，即刑满释放后又犯罪的，从重处罚。再犯制度极大地冲击了累犯制度，在适用时又无时间的限制，过于严厉。在修改刑法的研讨中，一些论者提出修改刑法中构成累犯的时间间隔期限，将原来规定的刑罚执行完毕或者赦免之后3年内犯罪改为5年；也有的学者认为应根据前罪的性质、处罚的轻重决定后罪发生的期间，前罪越轻，后罪构成累犯要求的时间越短；前罪越重，后罪构成累犯要求的时间越长。修订的刑法第65条最后采用了第一种方案，即废除特别刑法中的再犯制度，将构成累犯的前后两罪的时间间隔由过去的刑罚执行完毕或赦免之后3年改为5年，在一定程度上加大了对累犯的打击力度。由此可见，我国刑法规定的累犯，是指受过一定的刑罚处罚，在刑罚执行完毕或者赦免以后法定期限内又犯一定之罪的犯罪人。其中犯罪次数、前后犯罪相距的时间、严重程度、主观罪过等与犯罪行为相关的客观要素为累犯的构成条件，而未涉及犯罪人人身危险性这一主观要素。

2. 行为人中心论的累犯概念，强调累犯的构成条件，除了犯罪行为等客观要素外，还必须具备罪犯的人格及人身危险性状况等主观要素。行为人中心论的累犯概念最初见诸于德国的刑事立法之中。德国自1871年《德国刑法典》被制定以来，屡经修改。在法西斯统治时期，虽仍沿用1871年刑法典，但同时颁布了许多单行刑事法律，并提出一系列新的理论。其中“素质说”是法西斯刑法种族主义理论的核心，认为人类的素质是人类行为的原因，犯罪原因要到犯罪人的素质中去寻找；强调以犯罪人为轴心，以其反社会性格的有无及其程度大小作为定罪科刑的依据，刑罚的着眼点不是已然的犯罪行为，而是未然的行为人的反社会性；主张应受处罚的不是行为而是行为人，从行为人的反社会性格和对法律秩序侵害的危险性中寻求处罚的根据，“刑罚应同犯罪人而不是犯罪相适应”①。刑罚的功能在于预防“危险状态的体现者”进行再次犯罪。这种基于社会责任的目的刑主义，导致了20世纪前半叶资产阶级国家刑罚制度的重大修改，例如前联邦德国新刑法典累犯制度的规定，在不排除客观构成要件的同时，更加强调行为人的人身危险性，即行为人再次实施危害社会行为的可能性这一主观要件。该法典第48条第1、2项规定，累犯是指“行为人过去(1)至少两次于本法施行地区内因故意犯罪受刑之科处，且(2)因其中一次或数次犯罪受3月以上自由刑之执行而其现在所为者系法定自由刑之故意犯罪，依其犯罪之种类及情况，堪认为以前科刑对之未收警戒之效者……”“现所犯罪法定自由刑之最高不满一年者，不适用第一项规定。”该法在规定普通累犯的同时，又在第66条规定了性向犯的概念。所谓性向犯，是指因故意犯罪科处2年以上有期自由刑，而就行为人及其行为综合衡量，其人因有为重大犯罪之性向，致被害人之精神或身体蒙受严重损失，或引起重大财产损失，堪认为对于公众发生危险者。总之，无论是累犯概念，还是性向犯概念，其刑事责任的根据均为实施犯罪行为人的“反社会性”、“危险性”。

纵观刑法理论的发展，行为中心论的累犯概念是以古典学派的客观行为为主线，报应刑论为理论基础；而行为人中心论累犯概念则是以刑事实证学派建立的行为人主观要素为基石。因此台湾学者杨建华提出，“累犯之概念，不仅应以‘行为’为中心，并

---

① ［英］海妞曼编：《犯罪学先驱者》，伦敦1972年版，第275页。

应兼顾‘行为人’之危险性格……”①。将累犯的人身危险性状况作为累犯成立的必备要件之一，已成为当代累犯概念的发展趋势。所谓人身危险性，是指具体人所处的特殊社会生活条件对其生理和心理发生不良影响而形成的反社会危险倾向。以人身危险性状况充实完善累犯概念这一发展趋势不仅对世界各国刑事立法产生深刻影响，而且对传统刑法理论产生较大冲击，尤其对“人身危险性”持否定态度的学者更是如此。

我国学者对犯罪人人身危险性的认识有一个从否定到肯定的发展过程。其实，犯罪人的人身危险性特征是客观存在的，它准确地揭示了屡次犯罪人的特性。累犯概念中应当有人身危险性一席之地，始符合累犯制度设立的意义。资产阶级刑法理论明确提出，规定累犯是因为“累犯者，依前犯之裁判科刑，而不知刑法峻严，罪恶可畏者也，此种犯人，多有惯行性，其维持生活，即以犯罪为资本，其被科刑罚，不过被视为营业之租税耳。不惟不感刑罚之威力，且对于国家刑罚权，表有侮蔑之意，国家对此恶徒，若科以通常之刑，恐终无惩戒之效，故规定凡累犯者，加重其刑，或科以特别之刑，像使前科者知所警戒，一有累犯，必问其责，此累犯制(累犯加重)之存在理由也。”②我国当代学者也认为，我国刑法规定累犯制度，是因为“犯罪人在一定的时间以内又犯性质比较严重的罪行，表明其人身危险性较大，应当判处较重的刑罚，才能有效地对他实施惩罚和改造，达到预防犯罪的目的，这就是刑法确立累犯制度的理由所在。”③单纯就行为的客观社会危害性来看，累犯与初犯无显著差别，但是，就行为人的主观恶性、人身危险性来看，罪犯是否认罪服法，弃恶从善，初犯由于未经刑罚执行的检验，尚难判断；而累犯是曾经受过刑罚

① 转引自蔡墩铭著：《刑法总则争论问题研究》，第350页。

② 郗朝俊著：《刑法原理》，第310—311页。

③ 高铭暄主编：《刑法学》，法律出版社1985年版，第261页。

执行，仍不思悔改，继续作恶，所以累犯制度“实质上是对犯罪者的反社会的危险性程度的评定问题，因一犯、再犯，说明犯罪者的人身危险性或反社会性的顽固性，缺乏悔悟性，应论重刑。”①累犯行为的危害性和主观恶性、人身危险性等是对其从严处置的依据。因此，将犯罪人人身危险性状况充实、完善于累犯概念之中与我国刑事立法的总体精神、刑罚目的及设立累犯制度的理论基础是一致的。

二、累犯种类及成立条件

(一) 累犯制度类型

各国刑法关于累犯的规定可归纳为三种立法例。

1. 普通累犯制，即法律不区别犯罪的种类，凡是曾受过刑事处分的人，在一定条件下又再次犯罪的，均构成累犯，应加重其刑罚。“这种累犯，又叫非同种类的累犯”②。例如《日本刑法》第 56 条规定，被判处惩役的人，自执行完毕或免除执行之日起，5 年内再犯应判处有期惩役的罪时，是再犯，即累犯。因犯与应判处惩役的罪的性质相同的罪而被判处死刑的人，自免除执行之日起，如因减刑而被减为惩役，则自执行完毕或免除执行之日起，在前项期间内再犯应判处有期惩役的罪时，亦同。此外，比利时等国的刑法也有类似规定。普通累犯制力求累犯制度与刑罚目的相一致。但是，对所有累犯不加区别，一律同等看待，不利于刑罚个别化的实现，是普通累犯制存在的弊端。

2. 特别累犯制，即刑法总则中不设累犯制度的一般规定，仅规定屡犯同一罪或某种特定不同罪，在分则条文中规定加重处罚。例如：1871 年《德国刑法典》第 224 条规定，累犯盗窃、强

---

① 甘雨沛、何鹏：《外国刑法学》，北京大学出版社 1984 年版，第 467 页。

② 高格编著：《比较刑法学》，长春出版社 1991 年版，第 290 页。

盗或赃物罪，加重其刑；1886年《荷兰刑法典》第421条、第423条规定，累犯盗窃、侵占、诈欺及侵害生命、身体罪，加重其刑；1976年《波兰刑法典》第60条规定，再犯同样之罪或同样目的之罪，是累犯。前苏联、东欧诸国刑法多采此例，“在法律有规定的情况下，特别累犯是一种加重情节的犯罪行为”，它“将导致更为严格的惩罚程序以及更严厉的管束措施”①。法律还专门规定了特别危险的累犯，即指以前因犯有法律所规定的罪行，即使是其中的一种罪行，并被剥夺过自由，现在又实施所规定罪行中的任何一种故意犯罪，并被依法判处一定期限剥夺自由的罪犯。例如，前《苏俄刑法典》(1978年修订)第24条第4款对特别危险的累犯作了具体规定。“特别危险的累犯证明了犯罪人极为顽固的反社会倾向，尽管对他已经采取了最严厉的刑法感化措施，这种倾向仍然表现在他的新的罪行之中。”②认定某人为特别危险的累犯将产生一系列严重的法律后果，因为特别危险的累犯是作为加重犯罪构成的依据，累犯加重仅限于屡犯同样或特定之罪，否则，不足以证明初次适用刑罚的无效。对此有学者持批评态度，认为刑罚的目的在于消灭罪犯的恶性，防止其再犯罪，而不是某种特定之罪。当今各国刑事立法中，虽然仍有兼取特别累犯制的，但影响逐渐减弱。

3. 混合累犯制，兼采普通累犯制与特别累犯制。凡再犯一般不同性质之罪为普通累犯，再犯同一性质之罪或某种特定之罪为特别累犯。采取混合累犯制的国家往往对普通累犯与特别累犯的构成条件和处罚原则规定不同，但都强调对特别累犯的从严处理。比较各国和地区的立法例，其规定有二种：(1)对普通累犯与特别累犯前后犯罪之间的期限规定不同。例如《意大利刑法典》关于累犯的规定，对普通累犯的成立要求有一定期限，超过

---

①② H·A·别利亚耶夫：《苏维埃刑法总论》，群众出版社1980年版，第255、256页。

期限则不构成累犯；对特别累犯的成立则无期限限制。与之相反，澳门地区现行刑法典中关于累犯的规定，分为同罪累犯(reincideência)和累犯(sucessão de crimes)，同罪累犯是指行为人被确定判决有罪后8年内，在追诉时效过后或被免除刑事责任后8年内，又犯同一性质的罪，即同罪累犯的成立以前后犯罪的性质相同和法定期限为必要要件。累犯是指行为人被确定判决宣判有罪后任何时间又犯另一种罪，或者在被确定判决有罪后8年以外的时间又犯同一性质的罪，即异罪累犯的成立却无期限要求①。(2)对普通累犯与特别累犯前后犯罪的期限规定相同，但处罚规定不同。对特别累犯规定特别加重或采取特殊处罚措施。(3)对普通累犯与特别累犯前后犯罪的期限规定及处罚原则均有区别。例如1956年泰国刑法第92条规定："曾受有罪之确定判决执行中或自受判决之日起5年内再行犯罪，而法院应处有期徒刑者，加重其刑三分之一。"这是对普通累犯的规定。第93条规定："曾因犯下列各款之罪受6个月以上之确定判决执行中或自受判决之日起3年内再犯下列各款之罪而应受有期徒刑之宣告者，应加重其刑二分之一。"这是对特别累犯的规定。由于混合累犯制克服了普通累犯制和特别累犯制的弊端，更加便于统治阶级运用刑罚手段有效地同累犯作斗争，因而为当今世界许多国家刑法，尤其是新近制定或修订的刑法所采纳。例如，法国在1891年前的刑法只规定了普通累犯，尔后的两次刑法修改中，提出了创立惩治累犯制度，也采取混合累犯制。

我国是实行混合累犯制的国家。刑法第65条规定的是普通累犯，第66条规定的是特别累犯，即危害国家安全的累犯。

(二)累犯成立条件

累犯成立条件，是指构成累犯的规格和标准，是认定累犯的

---

① 参见米健等著：《澳门法律》，澳门基金会出版，1994年，第160—161页。

基本依据。由于累犯制度类型有普通累犯制、特别累犯制和混合累犯制之分，决定了普通累犯与特别累犯成立条件各异。

1. 普通累犯的构成条件

(1) 主观方面的要件

成立普通累犯的主观方面要件包括罪过形式和人格因素两个内容。

罪过形式。普通累犯所犯的前后罪，都必须是故意犯罪，过失犯罪不构成累犯。例如前联邦德国刑法典第 48 条规定，累犯系"行为人在过去至少两次在本法实施地区内因故意罪而被科处刑罚……而其现在又犯属于法定自由刑的故意犯罪。"我国刑法第 65 条明文规定，构成累犯，前罪和后罪都必须是故意犯罪。如果前罪和后罪都是过失犯罪，或前后罪中有一个是过失犯罪，均不构成累犯。刑法之所以将过失犯罪排除在累犯之外，体现了我国刑法对累犯的范围从严控制的精神，刑法打击的重点是故意犯罪。但在普通累犯罪过形式上，也有持不同观点的。有的主张对普通累犯的主观罪过不加限制，仅以曾经犯过罪受过刑之宣告或刑之执行的事实作为其成立条件。例如，瑞士刑法典第 67 条第 1 款第 1 项规定，前后所犯罪行不论是故意犯罪或过失犯罪，均可成立累犯。西班牙、日本、韩国刑法均有类似规定。还有的主张，同种累犯的构成不要求主观罪过形式条件，无论是故意或过失犯罪，只要前后犯罪性质相同，便成立累犯；而普通累犯前后犯罪必须均为故意犯罪。如果前后犯罪均为过失犯罪，或者前罪是故意犯罪，或所犯重于所知，后罪是过失犯罪，均不成立累犯。

人格因素。即主张构成累犯的主观条件除罪过形式外，还必须具备特定的人格因素，例如前联邦德国刑法典第 48 条第 1 款第 2 项规定，只有"依其犯罪之种类及情况，堪认为以前科刑对之未收警戒之效者"，才能成立累犯。该项规定以行为人科罚后不知悔改，其非难性重作为构成累犯的必备条件。我国现行刑法中的累犯规定，尚没有人身危险性的条件要求，但不可否认，累犯人身危险性严重，是从重处罚的理论依据。

单位能否构成累犯，刑法理论上存在肯定说与否定说两种对立的观点。持肯定说的学者理由有二①：首先，单位能够成为犯罪主体，是单位成为累犯的前提。“既然法人能够成为犯罪主体，那么法人在第一次犯罪之后，就可能再次犯罪，也就是说，法人和自然人一样，在执行原判刑罚之后，还可能再次犯罪……”其次，单位是“具有法律上的人格的社会组织，构成法人累犯的主观条件除罪过形式外，还必须具有特定的人格因素，即法人在科罚后，不知悔改。”即使单位初次犯罪和再次犯罪的直接负责的主管人员和其他直接责任人员不同，也不影响单位累犯的成立，即有前科的单位并不因为它的具体意思表达者和行为实施者的改变而不能构成累犯。持否定说的学者认为：首先根据刑法第65条规定，构成累犯的罪质条件要求前后罪均为有期徒刑以上刑罚之罪，对于单位的刑罚通常采取“双罚制”。就单位犯罪本身而言，只能适用罚金刑，显然不符合累犯的罪质条件。另一方面单位犯罪中的特定自然人，以前未曾犯罪，或因更换，根据罪责自负的原则，单位所犯前后罪的具体意志的表达者和实施者不同，尽管是在同一单位的职务范围内以单位的名义实施的行为，其行为后果都应由同一单位承担，而特定自然人并不构成累犯。其次，依据累犯制度规定，犯罪人屡次故意犯罪，主观恶性深，社会危害性大，是对其从重处罚的依据。单位犯罪是以单位名义实施的，它同自然人犯罪一样，也须有主观上的罪过，但二者有明显的区别。单位罪过是一种集体的意识和意志的体现，而自然人罪过则是个人意识和意志的表现。单位罪过离不开特定自然人的罪过，即经单位决策机构集体研究作出的决定或者是由负责人员作出的决定或授权。这种单位内部特定自然人的意识和意志的集合，实际上成为超个人意识意志能力的一种集体意志。

---

① 参见沙君俊、刘孟骐：《论法人累犯》，《人民检察》1997年4期。

因此"单位罪过相对于自然人罪过，既有独立性，又有依附性，是独立性与依附性的辩证统一。"①故单位犯罪的特点决定了不符合累犯制度的立法意图。笔者赞同否定说。

(2)客观方面的要件

成立普通累犯的客观方面要件包括罪次条件、罪质条件、时间条件三个内容。

罪次条件，即指累犯的成立以行为人屡次犯罪为必要。许多国家刑法规定，累犯以行为人曾经犯罪，受过刑之宣告或刑之执行，又再次实施犯罪为必要要件。德国中世纪卡罗林那法典规定"加重处罚三犯以上之累犯"原则②已成为各国累犯加重的理论依据。台湾学者张灏指出："一人先犯一罪，之后又犯一罪，通常称之为再犯，再犯嗣后又实施犯罪行为者，皆属累犯之范畴。"③因此，法律所规定的累犯乃系指两次以上的犯罪行为。根据我国现行刑法规定，行为人先后实施了两次犯罪，是构成累犯的先决条件。如果行为人只实施了一次犯罪，则不存在累犯问题。如果行为人屡次犯罪且屡受处罚，仍不悔改，刑罚执行完毕或赦免以后又犯新罪，也只能按刑法第 65 条之规定，在新罪量刑幅度内从重处罚，犯罪次数的多寡影响其从重的程度。

罪质条件，即指初犯与再犯之罪均为重罪。如果前后犯罪是轻罪，或者前后罪中有一个是轻罪，均不构成累犯。例如美国刑法规定，累犯的成立以重罪记录为限。轻重罪一般以刑罚的轻重作为衡量的标准，而刑罚的轻重以是否判处徒刑为限，即判处徒刑以上为重罪；韩国刑法第 35 条第 1 款规定："受徒刑以上的刑

---

① 侯国云、白岫云著：《新刑法疑难问题解析与适用》，中国检察出版社 1998 年版，第 180 页。

② 德国中世纪的卡罗林那法典第 162 条规定，三犯以上之盗窃应处以死刑。

③ 张灏：《中国刑法理论及其实用》，台湾三民书局 1980 年版，第 261 页。

罚执行完毕或免除后，在 3 年内再犯徒刑以上罪的，以累犯论。”此外，日本刑法不仅对前后犯罪被判处或应判处的刑罚作了明文规定，即前后两次犯罪必须是被判处惩役或应判处惩役的才构成累犯，而且对后罪的最高法定刑作了严格的限定，即“现所犯罪法定自由刑之最高不满 1 年者，不构成累犯。”实际上是从罪质条件方面严格控制累犯范围。

但是，也有少数国家刑法中累犯规定仅强调前后两次犯罪的次数，而对罪质条件没有要求。无论犯何罪，被判处或应判处何种刑罚，凡再犯者，都是累犯。例如《巴西刑法典》第 46 条规定：“犯人在国内或国外因犯前罪已被判决后又犯新罪，称为累犯。”据此，累犯的范围较为宽泛，《意大利刑法典》也属类似立法例。

根据我国刑法规定，成立累犯的罪质条件是，前罪和后罪都必须是判处有期徒刑以上刑罚之罪。如果前后两罪中有一罪被判处有期徒刑以下刑罚的，如判处管制、拘役刑，则不构成累犯。这里涉及两个问题：其一，刑法第 65 条规定的“再犯应当判处有期徒刑以上刑罚之罪”，是指再犯之罪实际上应该判处有期徒刑以上之刑罚，而不是分则条文中挂有有期徒刑以上刑罚之罪。其二，有期徒刑以上之刑罚，应当包括无期徒刑和死刑。那么前罪被判处无期徒刑或死刑，对成立累犯是否有意义？无期徒刑是剥夺犯罪分子终身自由，并实行强迫劳动改造的刑罚；死刑是剥夺犯罪分子生命的刑罚。从逻辑上讲，这两种刑罚都不发生再次犯罪，构成累犯问题。但是我国刑法从教育改造犯罪人出发，规定了减刑、假释以及“死缓”制度。被判处无期徒刑的犯罪分子，如果在刑罚执行期间确有悔改或立功表现，不致再危害社会，可获得减刑或假释的宽大处理，重新回归社会，避免终身服刑；被判处死刑的犯罪分子，在“死缓”期间，如果没有故意犯罪，2 年期满后可减为无期徒刑；如果确有重大立功表现，2 年期满后，减为 15 年以上 20 年以下有期徒刑；只有故意犯罪查证属实的，才按死刑核准的有关规定执行死刑。司法实践中，被判处“死缓”的犯罪分子，2 年期满后，很少被处决。因此，前罪被判处无期徒刑或死刑，对成立累犯仍有意义。

时间条件，即指法律规定初犯与再犯之间的时间间隔。绝大多数国家刑法对前后犯罪的时间距离有明文规定，作为成立累犯的必要条件之一，仅少数国家刑法例外。如巴西、意大利等国刑法的累犯规定对前后罪的时间间距无限制，即只要有前科事实存在，无论何时再犯罪均构成累犯。关于累犯后罪发生的起始时间，即前罪发生后，从何时开始再次实施犯罪，以累犯论，存在四种观点：一是刑之宣告说，即以罪刑宣告时作为成立累犯后罪发生的起始时间。只要前罪的有罪判决宣告后再犯新罪，便构成累犯。宣告之刑执行与否与累犯构成无关。法国、巴西、土耳其等国立法例持此说。二是刑之执行说，即以刑罚执行之时作为成立累犯后罪发生的起始时间，至于刑罚是否执行完毕在所不问。瑞士等国立法例持此说。三是折衷说，即前罪刑罚之宣告后再犯罪，或者刑罚执行完毕后再犯罪，均构成累犯，但加重刑罚的分量有所区别。例如 1868 年意大利刑法草案持此说。四是刑罚执行完毕或赦免说，即以刑罚执行完毕或赦免之时作为成立累犯后罪的起始时间。如果仅有罪刑之宣告，其刑罚尚未执行，或正在执行中又犯新罪，只能按并合论罪，而不构成累犯，此说为通说，为绝大多数国家刑法所采纳，我国刑法也不例外。综上所述，我们认为“刑之宣告说”和“刑之执行说”与刑法设置累犯制度的目的相悖逆；“折衷说”实际上是“刑之宣告说”的翻版。累犯制度具有双重作用，它既是警戒受过刑罚处罚的人不再犯罪的特别预防措施，又是对罪犯所判刑罚失其功效的补救措施，因此，“刑罚执行完毕或赦免说”符合累犯制度设立的目的。

前后犯罪的时间间距在累犯构成中占有重要地位，如果超过法定时间，不得加重或从重处罚。对此各国刑事立法例有三种模式：一是规定统一的时间间距。具体间距的长短，各国规定不同，例如奥地利、日本、比利时、英国、瑞士等国刑法规定为 5 年；瑞典、丹麦、芬兰、埃及等国刑法规定为 10 年。二是犯罪性质决定前后罪的时间间距。例如法国刑法中犯罪有重罪、轻罪和违警罪之分，因此构成累犯前后罪的时间间距长短不同，受重罪宣告者，无论何时再犯新罪，均以累犯论；犯轻罪者则限于5年之内；违警罪者限于10年之内再犯新罪以累犯论处。土耳其刑法和古巴刑法均规定重罪为10年，轻罪为5年。三是累犯前后罪的时间间距与前科消灭和时效期限统一规定，例如《朝鲜民主主义人民共和国刑法典》规定，累犯是指在前科未消灭前或时效未完成前所犯的3次以上的犯罪行为。上述三种立法模式，多数国家采取第一种模式，包括我国刑法在内。刑法对累犯前后犯罪的时间间距明确规定为，刑罚执行完毕或赦免以后5年以内。所谓"刑罚执行完毕"，是指前罪主刑执行完毕，不包括附加刑在内。这就是说，主刑执行完毕5年内重新犯罪，即使附加刑仍在执行中，也不影响累犯的成立。所谓"赦免"，是指特赦减免。后罪发生在前罪执行完毕或者赦免以后5年之内，是累犯成立的特定时间界限。如果后罪发生在前罪刑罚执行期间，则不能成立累犯。"徒刑之执行中再犯罪者，例如犯脱逃、伤害等罪，与累犯之要件不合，即无适用累犯之余地"①，应实行数罪并罚。如果后罪发生在前罪刑罚执行完毕或赦免5年之后，也不成立累犯。

2. 特别累犯的构成条件

特别累犯，亦称特殊累犯或同种累犯。指曾犯一定之罪后，又犯与此同一之罪或同类之罪的犯罪分子。在绝大多数国家刑事立法中，都规定特别累犯的成立以罪质必须相同为必要要件。例如：澳大利亚1909年刑法第38条规定，依特定犯罪两次以上被处惩役，其最终之刑罚执行后，5年内再犯重罪者，即为特别累犯。《巴西刑法典》第46条规定，两次犯罪系属于同一法律条款

① 高仰止著：《刑法总则之理论与实用》，台湾五南图书出版公司1986年版，第370—371页。

的规定，以后的犯罪尽管不属于同一法律条款的规定，但根据构成犯罪的事实或实施犯罪的动机又带有根本相同的性质，仍是同一性质的犯罪。

(1)根据我国刑法第 66 条规定，所谓特别累犯，是指危害国家安全的犯罪分子，在刑罚执行完毕或者赦免以后，在任何时候再犯危害国家安全罪的犯罪分子。我国 1979 年刑法中的特别累犯仅指反革命累犯，1990 年 12 月 28 日全国人大常委会颁布的《关于禁毒的决定》将特别累犯的范围扩大到毒品犯罪。该《决定》第 11 条规定："因犯走私、贩卖、运输、制造或非法持有毒品罪被判过刑又犯本决定规定之罪的，从重处罚。"

(2)前罪所判刑罚和后罪应判刑罚的轻重不受限制。即使前后两罪或者其中一罪判处低于有期徒刑的刑罚，如管制、拘役甚至单处附加刑的，均不影响特别累犯的构成。

(3)后罪可以发生在前罪刑罚执行完毕或者赦免以后的任何时候，不受两罪相隔时间长短的限制。

上述三个条件的有机结合，体现了我国刑法对危害国家安全罪的特别累犯的构成要件的限制比一般累犯宽得多。这是因为危害国家安全罪是性质最危险的犯罪，必须从严处罚，加强控制打击的力度。

三、对累犯处罚的原则

(一)外国刑法对累犯处罚的原则

刑法中的累犯制度，其宗旨在于充分运用刑罚手段同具有严重社会危害性和人身危险性的特殊犯罪人类型作有效斗争。"对累犯从重处罚的思想，在罗马法、中世纪成文法及中国的唐律中已经显示出来。不过，这一时期上述思想仅散见于各个具体犯罪中。把累犯作为加重刑罚的一般事由，还只是从德国普通法时代开始，直至 19 世纪才得以普遍承认。"①1885 年法国刑法创立了

---

① 参见[日]小野清一郎：《刑法讲义总论》，第 287 页。

惩治累犯的制度。《累犯惩治法》规定，对累犯在具备一定条件下一律宣告流刑[①]。从各国刑法对累犯的处罚规定看，都趋同于重罚原则，且立法理由基本一致。例如日本学者小野清一郎说："一是道义的非难重，二是从保安处分角度看，累犯有特别的危险性。"[②]齐藤金作也说："尽管被判过刑，却又犯罪的人，从规范责任论角度看，非难性增大；从预防犯罪角度看，人身危险性大。"[③]西方各国由于分别受旧派、新派或折衷派刑法理论的影响，刑法规定处罚累犯加重的具体原则不同，归纳起来有六种立法例。

1. 加重本刑。指在原刑基础上加重刑罚，即延长有期徒刑的刑期或增加罚金的数额。具体加重方法有四种：(1)以后罪应判处的刑罚为基础，加重本刑的几分之几。例如《意大利刑法典》第99条规定：犯罪被科刑后，再犯他罪者，加重其刑1/6。具有法定的某些情形者(再犯同种之罪者等)加重其刑1/2，甚至1/2以上。(2)以后罪应判处的刑罚为基础，加重相应法定量刑幅度中最高刑和最低刑差的几分之几。例如澳门地区现行刑法典第100条规定，对第一次累犯(即第二次犯同罪)的处罚，以后罪应判处的刑罚为基础，加上所适用的相应法定量刑幅度中最高刑和最低刑差的1/2。对第二次累犯(即第三次犯同罪)的处罚要重于对第一次累犯的处罚，因此，适用于第二次累犯的加重因素是法定量刑幅度中最高刑和最低刑之差的3/4，高于第一次累犯的加重因素[④]。(3)在后罪法定刑的范围内处以相对较重的刑罚或较长的刑期。例如法国1885年累犯法规定：对危险性较大的多次累犯，除判处主刑外，附加判处无期殖民地流刑。比利时1891年刑法规定，对乞丐和流浪之累犯判处长期苦役刑。英国

---

① 杨春洗等主编：《刑事法学大辞书》，南京大学出版社1990年版，第104页。

② [日]小野清一郎：《刑法讲义总论》，第287页。

③ [日]齐藤金作：《刑法总论》，第267页。

④ 参见米健等著：《澳门法律》，澳门基金会出版，1994年，第161页。

1967年《刑事审判法》第37条第4款规定，对顽固犯(相当于累犯、惯犯)加重监禁。(4)提高后罪法定刑的下限而上限不改变。例如1976年前联邦德国刑法典第48条规定以及瑞典刑法典规定对累犯的处罚原则，确定某一犯罪的法定刑幅度时，已将累犯作为从重情节予以考虑，刑法规定该罪的法定最高刑已足以对累犯之加重处罚。

2. 加倍本刑。指在后罪法定最高刑期的基础上加倍处罚。例如，韩国刑法第35条第2项规定："累犯之处刑，得加重本刑至二倍。"《日本刑法》第57条规定："再犯之刑为就该罪所定惩役之长期之二倍以下。"《法国刑法典》第57条规定："被判处1年以上监禁之重罪者，于执行完毕或行刑权时效完成后5年内再犯监禁之刑重罪或轻罪者，加重法定最高本刑至两倍。"

3. 变更本刑。指将后罪法定刑的刑种提高为更重的刑种。例如1871年德国刑法典规定，初犯之罪被判处有期重惩役，经执行完毕，再犯应处有期重惩役之罪时，得科处以无期重惩役。又如土耳其刑法第88条规定，"从一种刑变为另一种刑是对累犯规定适用的主刑"；第82条第3款规定，"对以前曾被判处终身重监禁的罪犯，如再次犯同样的重罪，并受到同样惩罚的，则对该犯执行死刑"。

4. 并科主义。指刑罚与保安处分并科。由于累犯人身危险性大，仅加重刑罚不足以消除其人身危险性。因此，以适用刑罚对其过去恶性行为予以谴责，以保安处分预防未然犯罪。例如英国1908年《犯罪预防法》规定，累犯在刑罚执行完毕后，还要受5年以上10年以下的保安拘禁。又如1969年修订的前联邦德国刑法典规定，对于性向犯除加重刑罚外，还须于刑罚执行完毕后执行不定期保安监置，何时释放，取决于收容目的是否达到。20世纪以来许多国家刑法采取这一立法例。

5. 代替主义。指以保安处分代替自由刑。有的国家规定对累犯科以定期的保安处分，有的国家则规定科以不定期的保安处分。前者如1948年英国《刑事审判法》第30条规定，对累犯可以按年龄不同处以不同期限的矫治训练或预防拘禁，以代替自由刑的执行。后者如1930年丹麦刑法典、1945年瑞典刑法典等，都规定对累犯可处以不定期的保安处分以代替自由刑的执行。

6. 不定期刑。指对累犯宣告判处刑罚，但不确定其刑期，或者仅确定刑期的上限或下限，由执行机关依犯人在服刑中的悔改表现最终确定执行的刑期。分为绝对不定期刑和相对不定期刑两种形式。例如1921年由菲利起草的意大利刑法草案第29条规定，犯三次轻惩役之罪或二次重惩役之罪的累犯，应用不定期刑。日本的改正刑法假案分则第348条、第399条规定，对常习累犯适用不定期刑。并且，在一定条件下可以加重处罚。

(二)我国刑法对累犯处罚的原则

我国刑法对累犯的处罚经历了一个从“加重处罚”到“从重处罚”的发展变化过程。民主革命时期我国人民民主政权颁行的各单行刑事法规，对累犯均适用“加重处罚”原则。例如，1934年4月8日《中华苏维埃共和国惩治反革命条例》第31条规定：“凡犯本条例第3条至第30条所列各罪之一项或一项以上，经法庭判处监禁，又再犯本条例所举各罪之一项或一项以上者加重处罚。”1942年《晋冀鲁豫边区妨害公务违抗法令治罪暂行条例》第5条规定：“第1条、第3条之累犯加重处罚。”建国之初的一些单行刑事法规对累犯处罚也有类似规定。例如1952年《东北人民政府关于根绝烟毒处理贩毒分子的决定》第5条规定：“凡掩护包庇毒贩运毒……如系一贯累犯，情节严重恶劣，顽固抗拒坦白者，则应加重一级处分。”我国现行刑法明确规定对累犯应当从重处罚。对累犯从重处罚是遏制累犯强有力的手段，司法实践中如何理解和把握，存在不同认识：一种观点主张“中线说”，即对累犯从重处罚是在法定刑的中线以上判刑。另一种观点为“参照说”，即对累犯从重处罚不等于“判满贯”，而是以初犯为参照系对累犯判处较重刑罚①。第三种观点为通说，主张对

① 参见周振想著：《刑罚适用论》，法律出版社1990年版，第293页。

累犯从重处罚，应采用从重情节的具体适用方法，即对犯罪人先不考虑其累犯情节，而是按其所犯罪行的具体情况在法定幅度内大体决定一个与之相适应的刑罚，然后在此基础上，根据累犯情节的具体情况适当增大刑罚的分量①。由于我国刑法中的累犯制度受传统刑罚理论影响较大，累犯的成立倾向以行为为中心，而忽略了行为人的人身危险性状况，尽管刑事立法有普通累犯与特别累犯之分，但这种区分仅限于成立条件，而处罚原则并无差异。刑法对累犯一律规定从重处罚。实践证明，如此笼统规定，不利于严厉惩处那些社会危害性严重、人身危险性恶劣的累犯。然而“一个国家重新犯罪率及累犯在罪犯构成中的水平的高低，被视为衡量这个国家犯罪严重程度和刑事司法制度成功与否的重要标志之一”②。当前对进一步修改完善累犯处罚原则的呼声很高，有的学者提出，特别累犯应有别于普通累犯，即对普通累犯应当从重处罚，对特别累犯应当从重或者加重处罚③。有的学者补充，应“增添加重处罚的理由”，并提出借鉴国外累犯加重处罚的立法例，采取有限制的加重，如在法定最高刑以上一格判处的规定或具体规定加重本刑几分之几。有的学者主张，对累犯的处罚原则应建立在普通累犯和特别累犯的科学分类基础之上，并且把这两种累犯的处罚原则同对再犯处罚原则区别开来，使之形成一个科学的从严处罚层次。所谓从严处罚，包括可以从重处罚，应当从重处罚，应当从重或者加重处罚三个层次。对于普通累犯，应当从重处罚；对特别累犯，应当加重或者从重处罚④。

---

① 参见樊凤林主编：《刑罚通论》，中国政法大学出版社 1994 年版，第 438 页。

② 李均仁主编：《中国重新犯罪研究》，法律出版社 1992 年版，第 112 页。

③ 杨敦先等编：《廉政建设与刑法功能》，法律出版社 1991 年版，第 377 页。

④ 马克昌主编：《中国刑事政策学》，武汉大学出版社 1992 年版，第 375—376 页。

由于刑法把行为人刑满释放后或赦免后再犯罪的时间由3年增至5年，因此涉及到累犯的溯及力问题，即犯罪人刑满释放后的时间在新刑法生效之前已届满3年，但犯罪人在新刑法生效后的2年内又犯了新罪，此时从犯罪人刑满释放到又犯新罪的时间仍在5年之内，犯罪人能否构成累犯？根据有关司法解释，回答是否定的。因为我国刑法坚持从旧兼从轻的溯及力原则。当一人犯罪行为既可适用旧法，又可适用新法时，应适用处罚较轻的法律。新刑法对累犯成立的时间间隔期限，由原来规定的刑罚执行完毕或者赦免之后3年内改为5年，显然修订的刑法对累犯规定的条件较原刑法严格。“实际上体现了刑法对累犯的处罚比原刑法更重。”①

四、累犯量刑中的若干问题

(一)累犯与罪数形态

1. 累犯与连续犯之竞合。我国刑事立法明确规定对连续犯按一罪从重处罚原则。例如刑法第153条第3款第3项规定：“对多次走私未经处理的，按照累计走私货物、物品的偷逃应缴税额处罚。”第383条第4款第2项规定：“对多次贪污未经处理的，按照累计贪污数额处罚。”第347条第7款规定：“对多次走私、贩卖、运输、制造毒品，未经处理的，毒品数量累计计算。”第328条规定：多次盗掘古文化遗址、古墓葬的，按本罪重罪处罚。第201条关于偷税罪的规定：“对多次犯有前两款规定的违法行为未经处罚的，按照累计数额计算。”第318条规定：多次组织他人偷越国(边)境的，按组织他人偷越国(边)境罪的重罪处罚等。连续犯是作为裁判上的从重情节，当这一从重情节与累犯竞合时，能否成立累犯，我国台湾学者高仰止认为，连续

① 侯国云、白岫云著：《新刑法疑难问题解析与适用》，中国检察出版社1998年版，第180页。

犯数行为中，如有一行为之着手在法定期限内时，亦应成立累犯[1]。我们认为，犯罪分子犯有前罪，刑罚执行完毕或赦免后，不满5年开始实施某种犯罪，犯罪行为连续实行，行为终了在5年之后的情形，应将后罪连续行为的全过程视为一个行为整体，不能割裂开来。只要后罪初始的第一次行为发生在前罪刑罚执行完毕或赦免后的5年内，同时又具备累犯条件的，应成立累犯，处罚时应当同时体现连续犯和累犯的处罚原则。

2. 累犯与牵连犯之竞合。根据我国刑法及单行刑法规定，对牵连犯既可“从一重处罚”，也可数罪并罚。前者如刑法第240条规定，犯罪分子在拐卖妇女、儿童的过程中，又奸淫被拐卖的妇女的；(2)诱骗、强迫被拐卖的妇女卖淫或者将被拐卖的妇女卖给他人迫使其卖淫的；(3)以出卖为目的，使用暴力、胁迫或者麻醉方法绑架妇女、儿童的；(4)以出卖为目的，偷盗婴幼儿的；(5)造成被拐卖的妇女、儿童或者其亲属重伤、死亡或者其他严重后果的，处10年以上有期徒刑或者无期徒刑，并处罚金或者没收财产；情节特别严重的，处死刑，并处没收财产。再如刑法第247条规定，司法工作人员对犯罪嫌疑人、被告人实行刑讯逼供或者使用暴力逼取证人证言，致人伤残、死亡的，按照伤害罪、杀人罪从重处罚。后者如刑法第157条第2款规定：“以暴力、威胁方法抗拒缉私的，以走私罪和本法第277条规定的阻碍国家工作人员依法执行职务罪，依照数罪并罚的规定处罚。”再如第198条规定：投保人、被保险人故意造成财产损失的保险事故，骗取保险金的；投保人受益人故意造成被保险人死亡、伤残或者疾病，骗取保险金的，“同时构成其他犯罪的，依照刑法数罪并罚的规定处罚”。牵连犯是数个不同行为触犯数个不同罪名，犯罪分子犯有前罪，刑罚执行完毕或赦免后不满5年内，实施后罪的方法行为，或者原因行为，而犯罪的目的行为，或者结

---

① 高仰止著：《刑法总则之理论与实用》，台湾五南图书出版公司1986年版，第372页。

果行为却在5年后实施，由于两种行为的牵连关系，后罪应视为发生在5年之内。如果此罪为应当判处有期徒刑以上刑罚之罪，应成立累犯。处罚时必须同时体现牵连犯与累犯的处罚原则。

3. 累犯与并罚的数罪之竞合。并罚的数罪，指数个犯罪行为无论在实质上还是在形式上都认为是数个犯罪应当实行并罚的情况。犯罪分子犯有前罪，刑罚执行完毕或赦免后又犯有并罚的数罪，无论是其中的一罪，还是数罪，符合累犯构成条件，成立累犯。但前罪已受外国刑法处罚，能否成立累犯，刑法未予以明确规定。理论上存在二种观点：一是否定说，“外国法院之裁判对于本国并无既判力，不足为累犯加重之基础”①。“外国法院的审判，不认为是成立累犯的前提条件”②。根据我国刑法第10条关于在外国已经受过刑罚处罚，再依我国刑法处理的，可以免除或者减轻处罚的规定，“凡是受刑人在国外实施犯罪行为，经外国法院审判并执行刑罚，其罪依照我国刑法应负刑事责任，进入我国境内又犯罪的，应该不承认外国法院审判效力，国外之前罪与国内之后罪并合审理。”③二是肯定说，认为行为人受外国司法机关审判并执行刑罚为有期徒刑以上之罪，依照我国刑法也应当追究刑事责任的，应承认其已受过刑罚执行，也可依我国刑法再次进行处理。该犯罪人如果在法定时间里在国内再犯应当判处有期徒刑以上刑罚之罪时，可以定其为累犯④。显然肯定说符合刑法对于我国公民在外国犯罪的刑事管辖原则，既有利于维护我国

---

① 高仰止著：《刑法总则之理论与实用》，台湾五南图书出版公司1986年版，第372页。

② 甘雨沛、何鹏著：《外国刑法学》，北京大学出版社1984年版，第468页。

③ 喻伟主编：《刑法学专题研究》，武汉大学出版社1992年版，第359页。

④ 赵廷光主编：《中国刑法原理》，武汉大学出版社1992年版，第590页。

对外的刑事管辖权，又有利于对累犯的打击和控制。

(二)累犯与缓刑制度

累犯与缓刑制度涉及到三个问题：一是缓刑期内又犯罪能否构成累犯？二是缓刑期满后一定期限内又犯罪能否构成累犯？三是累犯能否适用缓刑？

犯罪人在缓刑考验期内又犯罪能否构成累犯？回答是否定的。因为根据我国刑法第 74 条规定，缓刑犯不能成立累犯。缓刑犯在缓刑期内再犯新罪，反映了其主观恶性深，社会危害性大，已从根本上违背了设立缓刑制度的目的。“缓刑期内再犯罪者，乃撤销其缓刑宣告之问题，不能谓为累犯。”①而应对犯新罪的缓刑犯，撤销缓刑，将其前罪和新罪按照数罪并罚的原则处理。

行为人缓刑期届满后一定期限内又犯罪能否构成累犯？刑法修订以前存在三种观点：(1)否定说，认为缓刑是对原判刑罚附条件的不执行，只要行为人没有再犯新罪，缓刑考验期满，原判刑罚就不再执行，既然前罪刑罚没有执行，也就谈不上“刑罚执行完毕”，因而缺少累犯构成条件。(2)肯定说，认为缓刑犯可以构成累犯。其理由在于缓刑虽不是独立的刑种，但必须附于原判刑罚而存在。所谓“刑罚的执行”也可理解为对犯罪人所判处的刑罚的具体运用。因此被判处缓刑的犯罪分子，是受过刑罚执行的，在法定期限内又犯新罪，符合累犯构成条件。(3)折衷说，认为缓刑犯能否成立累犯应视不同缓刑而论。我国刑法中的缓刑制度分为普通缓刑与战时缓刑。前者指刑法第 76 条规定，属于附条件刑罚赦免制，后者指刑法第 449 条规定：“在战时，对被判处 3 年以下有期徒刑没有现实危险宣告缓刑的犯罪军人，允许其戴罪立功，确有立功表现时，可以撤销原判刑罚，不以犯罪论处。”战时缓刑属于附条件有罪判决失效制。普通缓刑犯在

---

① 高仰止著：《刑法总则之理论与实用》，台湾五南图书出版公司 1986 年版，第 371 页。

缓刑考验期间未犯新罪而获“不再执行”的免刑效果，免刑后5年内又犯新罪，符合累犯构成条件者，应成立累犯。战时缓刑犯，由于罪刑失效，前科消灭，再犯罪者，不能以累犯论。由于刑法已取消战时缓刑，显然折衷说不能成立。我们同意否定说。

累犯能否适用缓刑？回答仍是否定的，因为无论外国刑法还是我国刑法均有累犯不得适用缓刑的明确规定。例如《瑞士刑法典》第41条规定：“行为前5年内，如因故意重罪或轻罪而受3个月以上重惩自由刑或轻惩自由刑之执行者，不得缓刑。”1968年修订的《意大利刑法典》以及《西班牙刑法典》均有类似规定。我国刑法第74条规定：“对于累犯，不适用缓刑。”该规定实际上是从另一个侧面强调累犯属从重处罚的情节性质，因缓刑的运用是以犯罪人有悔罪表现，不致再实施犯罪危害社会为条件，而累犯屡教不改，怙恶不悛，具有较大的人身危险性，如对之适用缓刑，违背我国刑罚之目的。

第十一章　各种刑罚的裁量

第一节　生命刑的裁量

生命刑或称死刑的裁量，是指人民法院依法对犯罪人裁处酌量适用死刑的审判活动。死刑是只适用于罪行极其严重的犯罪分子的最严厉的刑罚，关系犯罪人的生死存亡，因此死刑的裁量在人民法院的量刑活动中占有首要的地位。

一、生命刑裁量的原则

生命刑裁量的原则，是指导人民法院死刑裁量活动的基本准则，是我国死刑政策与死刑立法基本精神的体现。人民法院在决定对具体罪犯是否适用死刑的过程中，应始终遵循下列基本准则。

(一)少杀原则

少杀原则是指严格控制死刑适用的原则。死刑是刑法中最严厉的刑罚方法，在惩治犯罪，安定社会方面发挥着重要作用。但是它的作用也是有限的，而且有许多无法避免的副作用，如断绝犯罪人自新之路、错判难纠、助长人的残忍心理等等。所以，从人类法制文明的发展趋势来看，死刑必须而且只能逐步走向废止。毛泽东主席曾经说过，我们“不依靠杀人来统治”。他主张保留死刑，但强调严格控制其适用，“杀人愈少愈好”。因此，少杀是我国死刑政策的重要内容。

我国刑事立法是以少杀原则作为基本立足点的。刑法总则中“死刑只适用于罪行极其严重的犯罪分子”的这一规定就是少杀原则的重要体现，也为刑法分则设定死刑罪名提供了总的衡量标准；刑法分则在规定死刑罪名及其适用死刑的条件时，也都限制得非常严格。

不可忽视少杀原则在死刑裁量中也有着十分重要的指导意义。因为刑法条文的规定无论如何都有一定的概括性、原则性，需要我们正确地理解和适用。根据刑法规定，死刑只适用于罪行极其严重的犯罪分子，如情节严重的故意杀人犯、情节特别严重的强奸犯等。可杀可不杀的，坚决不杀，杀了就是犯错误。司法实践中的关键问题是，如何认定罪行极其严重？怎样解释情节严重、情节特别严重？什么是可杀可不杀的？在这样的具体解释和理解方面，司法人员是否能以少杀原则作为基本的指导，就有着举足轻重的意义，甚至可以说是有着生杀予夺的意义。只有始终以少杀原则作为死刑裁量中最基本的立足点，才可能充分贯彻我国死刑立法的精神，使我国的死刑制度逐步向合理的方向发展。

(二)慎杀原则

慎杀原则，是指在死刑的裁量适用中必须慎之又慎的原则。

慎杀原则是死刑的严厉性与不可逆转性所决定的。毛泽东说过，一颗脑袋落地，历史证明是接不起来的，也不像割韭菜那样，割了一次还可以长起来，割错了，想改正错误也没有办法。一旦发生错判，则不仅制造了一个屈死的无辜者，而且必然引起其亲友的严重不满情绪，造成广大人民群众对我司法机关的不信任。从长远的观点看，在死刑裁量中贯彻慎杀原则，不仅仅是具体的刑罚适用问题，而且关系到人民民主专政政权的稳固发展，千万不可小视。

慎杀原则的具体贯彻，首先要在认定刑法规定的死刑适用条件时予以强调。(1)罪行极其严重的事实必须清楚，证据必须确凿。对于基本犯罪事实清楚，但在某些影响到罪行轻重的环节上事实有疑问的，或缺乏证据时，即使能定罪，也不能适用死刑，尤其不能适用死刑立即执行。这也是实践中总结出的“疑案从轻”原则的要求。(2)犯罪人是否属于法定不能适用死刑的人，必须慎重查清。例如，犯罪人犯罪时是否不满 18 岁，犯罪妇女审判时是否怀孕的事实必须查清；对犯罪人的精神状态的司法鉴定有疑问，或几个司法鉴定结论不同时，都不能适用死刑。(3)当案件承办人员对犯罪是否属于罪行极其严重，是否属于可杀可不杀，是否属于“不是必须立即执行的”等等有不同看法时，原则上不应判处死刑，或不应当适用死刑立即执行。在死刑裁决的问题上，不应当采用简单的少数服从多数的原则。美国有些适用死刑的州，如俄勒冈州和得克萨斯州，要求陪审团的全体陪审员对如下三个问题分别投票表决：其一，被告人是否具有杀人的预谋？其二，被告人的杀人行为是否由被害人或其他人的挑唆引起？其三，被告人是否可能继续实施暴力犯罪，给社会造成持续的威胁？如果陪审团的全体成员全部肯定地回答这三个问题，就可以裁判死刑；如果出现一个否定回答，则只能适用无期徒刑①。这种做法对于我们贯彻慎杀原则具有借鉴意义。

其次，慎杀原则要靠严格遵守刑事诉讼程序来保证贯彻。1983 年“严打”中，某省某市郊区的无辜青年魏××，被错定为强奸、抢劫罪而判处死刑，被执行后，次年查明真正的凶手才使冤情大白。有学者在总结这一冤案发生的原因时指出，这样一起冤案竟然非常顺利地连闯七关——侦查、批捕、起诉、一审、二审、死刑复核、临刑监督，司法机关在各个诉讼程序上的违法乱纪，共同导致了这一冤案：侦查、预审阶段刑讯逼供；批捕、起诉阶段明知案情不实而放弃法律监督的职责；一审、二审、死刑复核程序中不注意审查重要的无罪材料；临刑监斩阶段无视被告

---

① ［美］莎莉·康斯坦里奥、马克·康斯坦里奥：《生死裁判》，载《人类行为与法》，纽约与伦敦 Plenum 出版社英文版 1994 年 4 月号，第 152—153 页。

人的喊冤。同时，这一案件也说明了最高人民法院进行死刑复核的重要性，以及不慎重的死刑授权可能造成的严重后果。魏××被冤杀案，就是根据1983年下半年最高人民法院的一度授权，由基层法院作一审死刑判决，由中级法院作出终审裁定，再由高级法院核准的[①]。现在虽然已不再授权基层法院判处死刑，但严重刑事犯罪的死刑复核权仍在高级人民法院，使二审和死刑复核程序合二为一，死刑复核程序形同虚设。按照慎杀原则的要求，死刑复核程序应当尽早收回到最高人民法院。

（三）必需原则

必需原则，是指死刑只能在预防犯罪或平息民愤所必需的前提下适用。这一原则可以从两个方面来理解：其一，为了预防犯罪或平息民愤所必需，我们现阶段不能废除死刑，要适用死刑；其二，只能在预防犯罪或平息民愤所必需的前提下适用死刑。

预防犯罪包括一般预防和特殊预防两个方面。适用死刑以预防犯罪，首先必须具备特殊预防的必要性，即罪行极其严重、不适用死刑则无法预防该犯罪人继续危害社会，才能同时追求震慑潜在犯罪人的一般预防效果。绝对不能为了追求一般预防的效果，而对罪不当死、不需要以死刑对其进行特殊预防的犯罪人适用死刑。在某一地区、某一时期，为了追求“严打”的声势和威慑效果，而对一些可杀可不杀的犯罪人甚至不可杀的犯罪人适用了死刑，这种做法是违背刑法规定的，对犯罪人也是不公正的。

如果既不存在特殊预防的必需，也不存在一般预防的必需，则不能对其裁量适用死刑。有人认为，只要犯罪人罪行极其严重就可以适用死刑，而不应考虑预防犯罪的必需。这是一种只见树木不见森林的认识。刑法规定适用死刑的根据确实是“罪行极其

① 参见崔敏：《当代中国刑与法》，群众出版社1993年版，第42—55页。

严重”，但关键在于如何理解“罪行极其严重”。不考虑预防犯罪的必需，如何才能正确把握“罪行极其严重”？不考虑刑事立法精神，只会使死刑的裁量陷于纯客观的报应主义的泥潭。

二、生命刑裁量的根据和标准

刑法第48条规定了死刑裁量的根据：“死刑只适用于罪行极其严重的犯罪分子。”裁量死刑，必须对这个根据有较为适当的认识和把握。

我们认为，所谓罪行极其严重，应从主客观两方面去判断，即犯罪行为在客观方面具有极其严重的社会危害性，犯罪人在主观方面具有极其严重的主观恶性。也就是1979年刑法第43条所谓的“罪大恶极”。不仅要客观上“罪大”而且要主观上“恶极”，二者缺一不可。客观上“罪大”，主要考查犯罪行为及其危害后果的严重性；主观上“恶极”，主要考查行为人犯罪时主观罪过的恶劣程度及其人身危险性的严重程度。司法实践中，时有出现犯罪人罪大恶不极，或恶极罪不大的情况，前者如犯罪人长期遭受受害人欺压后突发的恶性杀人案件；后者如犯罪人长期恶霸一方，吃、拿、卡、要，民愤很大，但并未造成重大危害后果的流氓案件。这两种情况都不能裁量适用死刑。

“死刑只适用于罪行极其严重的犯罪分子”这一裁量根据的第一功能，为分则中确定死刑裁量标准，提供了一个总的依据。按照这一总依据，刑法分则和单行刑法确定了一批可以适用死刑的罪名，并对每一个挂有死刑的罪名规定了符合“罪行极其严重”的较为具体的标准。这些标准按照犯罪性质的不同而有不同表述，如在危害国家安全罪，表述为“对国家和人民危害特别严重，情节特别恶劣”；在军职犯罪中，表述为“情节特别严重”、“致使战斗、战役遭受重大损失”，“投降后为敌人效劳”等；在重大刑事犯罪中，表述为“情节特别严重”，“危害特别严重”，“造成后果特别严重”，“致人重伤、死亡”，“致使公私财产遭受重大损失”等。这些标准以犯罪的危害情节、后果的严重程度来说明具体犯罪的“罪行极其严重”，相对来说具体一些；但从司法实践的可操作性来看，它们仍然是模糊的，不易把握的。因此，在立法、司法解释和司法实践中，就有必要对死刑的裁量标准，作出更明确、更具体化的规定和理解。

(一)具体的立法规定，如刑法第236条对可以判处死刑的几种强奸罪行的规定：

1. 强奸妇女、奸淫幼女情节恶劣的；

2. 强奸妇女、奸淫幼女多人的；

3. 在公众场所当众强奸妇女的；

4. 二人以上轮奸的；

5. 致使被害人重伤、死亡或者造成其他严重后果的。

(二)随着新刑法的实施，最高人民法院也需要对分则条文中不够具体的死刑裁量标准，作出尽可能明确的解释。例如第382条贪污罪“个人贪污数额在10万元以上，……情节特别严重的，处死刑”的规定，就需对“情节特别严重”作出解释。

(三)在司法实践中，对于其他适用死刑罪名中“罪行极其严重”的认定，有一些经验性的标准。有的罪行，如谋杀他人并已导致死亡结果的，一般都认为属于“罪行极其严重”，可以适用死刑。这种死刑罪名的死刑裁量标准，既无明确的立法规定，又无具体的司法解释，司法部门只能根据经验来判定。虽然这些经验性的裁量标准不无合理性，但在不同地区、不同时期、不同办案人员掌握下缺乏稳定性、统一性，因此在死刑的裁量上出入也比较大。在所有死刑案件均报请最高人民法院复核的情况下，最高人民法院还可以综合平衡、统一掌握；而把死刑复核权下放给高级人民法院，各省、各地区根据各自实践经验所把握的死刑裁量标准，差别就相当大了，值得引起充分注意。

总的来说，我们主张完善司法解释中的死刑裁量标准，逐步走向完全以立法方式规定死刑裁量标准，使死刑裁量活动趋于更加合法、合理、科学。

需要特别指出，死刑裁量的根据，不仅对确定具体死罪的裁量标准有立法上的指导意义，而且对整个死刑裁量活动有着贯穿始终的指导意义。总则性规定高于分则性规定，法律规定高于司法解释，因此，当分则或司法解释中确定的具体死刑裁量标准，明显不符合总则规定的死刑裁量根据时，则应当依照总的根据裁量刑罚。

三、生命刑立即执行与生命刑缓期执行的裁量

死刑立即执行与死刑缓期执行，都属于死刑这同一刑种，不能把它们理解为两个不同刑种。理论界有人主张把死刑缓期执行作为介乎死刑与无期徒刑之间的一种独立刑种适用，司法实践中也有人把死缓作为一个独立的量刑格子来考虑。实际上这些都是不符合死缓制度的立法原意的。

死刑立即执行和死刑缓期执行的裁量根据，依照刑法都是“罪行极其严重”；二者的具体裁量标准，都是刑事立法与司法解释中对适用死刑规定的那些具体条件。应当指出，有的学者把刑事立法和司法解释中对具体死罪规定的裁量标准，全部理解为“生命刑立即执行裁量的标准”①，并认为“不是必须立即执行的包括‘罪很大，恶未极’，‘恶已极，罪不很大’，都应当适用死缓。”②这些观点是值得商榷的。

我们认为，裁量死刑，不论是死刑立即执行还是死刑缓期执行，都只能适用于罪行极其严重的犯罪分子。刑事立法与司法解释中对适用死刑规定的具体标准，没有一个明确规定是“死刑立即执行”的标准，所以，我们只能把这些具体标准理解为适用死刑立即执行和死刑缓期执行的共同标准与前提。

---

①② 陈兴良主编：《刑种通论》，人民法院出版社 1993 年版，第 105—107 页、第 110 页。。

刑法第48条规定："对于应当判处死刑的犯罪分子，如果不是必须立即执行的，可以判处死刑同时宣告缓期二年执行。"很明显，只有"不是必须立即执行的"，才是裁量死刑缓期执行的唯一标准。也就是说，是否必须立即执行，是死刑缓期执行与死刑立即执行之间的唯一分水岭。

那么，在确认犯罪人罪该处死的前提下，如何认定死刑是否必须立即执行呢？基于我国刑法适用死刑的目的和死刑发挥的现实功能，我们认为，总的说来应当从特殊预防的必需和平息民愤的必需两个方面来衡量。从这两点出发，在司法实践中，可以从如下不同的角度来考察，为裁量死刑立即执行和死刑缓期执行提供一些具体的界限。

(一)犯罪人的人身危险性。对人身危险性特别大的适用死刑立即执行；对人身危险性不是特别大的适用死刑缓期执行。人身危险性特别大的，如一些性情残暴、为小事行凶杀人的犯罪人；黑社会集团的首要分子或骨干等。这些人怙恶不悛，不堪改造，且有重新犯罪的深厚基础，不杀则难以保证特殊预防的效果。人身危险性不是特别大的，如一贯表现良好，因民事纠纷激化而杀人的犯罪人，其犯罪为一时一事所激成，不杀也不必过分担心其再杀人，就可以适用死缓。

(二)受害人及其他人在本案中有无过错。对受害人或其他人完全无过错的案件，适用死刑立即执行；对受害人或其他人有过错的案件适用死刑缓期执行。例如，对无故持刀杀人的，为报复受害人的见义勇为行为而杀人的，拦路强奸情节特别严重的，应当适用死刑立即执行；对受到受害人的欺压、侮辱、虐待、玩弄而杀人的，正当要求经长期反映得不到解决而犯严重罪行的，则应当适用死刑缓期执行。

(三)犯罪人是否在共同犯罪中起最重要作用。共同犯罪案件中只应对最重要的主犯适用死刑立即执行，其他重要的主犯可适用死刑缓期执行。这是为了避免同一案件杀人过多，也有利于分化瓦解犯罪分子。在严重的共同犯罪案件中，往往存在这种情况，按照单个人犯罪的严重程度来看，可能第三、第四名主犯都可以适用死刑立即执行，但作为同一共同犯罪案件的量刑，司法实践一般只对第一主犯或者第一、第二主犯判处死刑立即执行，而对第二或第三、第四主犯判处死刑缓期执行。我们认为，这种作法是正确的。

(四)犯罪人有无自首或者悔改和立功表现。有无自首或者悔改和立功表现，是表明犯罪人人身危险性大小的重要因素。对有自首或者悔改和立功表现的犯罪人，应当适用死刑缓期执行。这是因为：第一，从特殊预防的角度看，犯罪人已有悔改，重新犯罪的可能性减少了，不需要立即处死；第二，从与犯罪作斗争的策略出发，有利于真正发挥“坦白从宽，抗拒从严”的政策威力，分化瓦解犯罪分子，提高司法机关的威信。相反，对于罪大恶极又不自首、悔过或立功，却抵赖罪行，抗拒侦查、审判的犯罪人，则应适用死刑立即执行。

(五)是否“疑罪”。对于事实完全清楚、证据充分确凿的犯罪人，适用死刑立即执行；对于基本事实清楚，基本证据确凿，但仍有个别影响犯罪危害程度的事实未查清或不可能查清的，依照“疑罪从轻”的审判经验，适用死刑缓期执行。例如，重大贩毒案件的基本事实已查清，人证齐全，但毒品已售出，无定性定量分析的情况下，就不能适用死刑立即执行，而应适用死刑缓期执行，以留有余地，防止万一的错杀。

(六)是否有利于国际影响。有的情况下，适用死刑立即执行可以取得好的国际影响，如对造成严重后果的劫持航空器犯罪的惩罚。而在有的情况下，适用死刑缓期执行可以取得好的国际影响，如对国际上称为政治犯罪的惩罚。正确适用法律并能取得好的国际影响，当然是有利于我国的人民民主政权和社会主义事业的。

(七)是否属于值得保存的“活证据”。如果保存该犯罪人有可能为破获其他重大案件，惩治其他犯罪人起到举足轻重的作用，则应当适用死刑缓期执行。例如，有一毒品犯罪分子了解国际贩毒集团的情况，不将他立即处死，就可能有助于破获该国际贩毒集团，则当然应对其适用死刑缓期执行。

(八)是否属于土地、山林、草场、水源等边界纠纷或民族、宗教、宗派斗争导致的犯罪。工地、山林等边界纠纷和民族、宗教、宗派斗争，往往有复杂的历史、地理等原因，双方的是非极难判断。为了有利于化解矛盾，促进和睦，防止新的冲突，对这类案件中的犯罪人一般不宜判处死刑立即执行。如果确有罪大恶极、不杀不足以平民愤的，也只应对个别最重要的主犯判处死刑立即执行，其余的重要主犯可以判处死刑缓期执行。

(九)是否属于少数民族、宗教人士、华侨、归侨和侨眷中的犯罪分子。我国政府在宪法和法律中，对少数民族、宗教人士、华侨、归侨和侨眷的保护和处分，都有一些特殊规定。根据这些特殊规定的精神，对上述人士中的犯罪分子，尽量不判死刑。对于个别罪大恶极非判死刑不可的，可以事先向少数民族、宗教界或华侨界公布案情，广泛讨论，听取他们对案件的处理意见，同时征求有关民族、宗教和华侨等组织部门的意见。如果上述群众和组织两方面都认为非杀不可，或者一方面坚决要求杀掉的，可以判处死刑立即执行；如果两方面都认为可以留点余地，或者一方面坚决要求不杀的，可以判处死刑缓期执行。华侨、归侨和侨眷中有判处死刑立即执行的犯罪分子，要报请最高人民法院核准同意后再执行。

以上列举的，只是裁量死刑立即执行和死刑缓期执行常见的一些酌量要素，并不是应当考虑的各种因素的全部。实践中，只要确实能够证明死刑是否必须立即执行的一切情形，都可以成为酌量死刑立即执行或死刑缓期执行的要素。当然，这些要素应当综合运用，而并非由其中的某一点，就可以决定死刑立即执行或死刑缓期执行的裁量。

1979年刑法中还有一种适用死刑缓期执行的法定情形，即1979年刑法第44条的规定："已满16岁，不满18岁的，如果所犯罪行特别严重，可以判处死刑缓期二年执行。"学者们对这一规定提出了批评。从刑罚人道主义的立场考虑，不满18岁的人是未成年人，不应对未成年人适用死刑。从国外立法例来看，世界上99个保留死刑的国家中，有84个国家规定的适用死刑最低年龄为18岁或18岁以上，其中有三国(保加利亚、古巴、匈牙利)为20岁，希腊为21岁，巴拉圭为22岁①。从立法的科学性来看，法律条文前半部分已经明文规定犯罪的时候不满18岁的人不适用死刑，而死刑包括死刑立即执行和死刑缓期执行，所以该条规定是前后矛盾的。根据上述意见，修订后的刑法取消了对年满16周岁不满18周岁的人适用死刑缓期执行的规定，已改为不满18周岁的人一律不适用死刑。

第二节　自由刑的裁量

我国五种主刑中，自由刑就有四种，死刑适用范围又极其有限，这就决定了自由刑的适用率在目前我国司法实践中占据绝对高的比例。自由刑裁量如何，是直接影响到刑事司法公正性的决定性因素。因此，自由刑的裁量是我国整个刑事审判活动的一个十分重要的环节，审判人员必须高度重视这项工作。我国刑法中的自由刑有四个刑种，各刑种具体适用对象、适用条件都不完全相同，以下分别研究它们各自的裁量问题。

---

① 见赵秉志等译：《现代世界死刑概况》，中国人民大学出版社1992年版，第294—297页。

一、无期徒刑的裁量

无期徒刑轻于死刑，重于有期徒刑的性质，决定了它在死刑与有期徒刑之间起着一种调整法定刑的作用。由于无期徒刑要剥夺犯罪分子终身自由，并且还要依法剥夺政治权利终身，因而其惩罚性相当严厉；并且因其只有一个确定的性质，没有幅度之差，与其上、下相接的死刑和有期徒刑之间的严厉性程度差距又很大，一旦在量刑上稍有疏忽，对该适用无期徒刑的罪犯没有予以适用，其结果不是量刑过重而杀掉了罪不该死的罪犯，就是使罪大恶极的罪犯没有受到应有的制裁，并使之有可能重新返回社会再次作恶，这于国于民都不利。因此在适用无期徒刑时，审判人员必须高度谨慎，准确地把握适用无期徒刑的条件，使之充分地发挥惩罚犯罪，伸张正义，改造罪犯，保护社会的作用。

无期徒刑惩罚的严厉性决定了它只应适用于犯罪危害性严重，需要重处，但还不能判处死刑的罪犯。所谓犯罪的危害性，是犯罪行为的客观危害与犯罪人主观恶性的统一。无期徒刑的适用对象一般有以下三种情况：

1. 犯罪行为的客观危害比较严重，给国家和人民利益已经造成严重危害，但还不是极其严重；犯罪分子的主观恶性比较明显，有很大的人身危险性，但还不是十分恶劣。综合平衡考虑，尚未达到“罪大恶极”，不杀不足以平民愤的严重程度，但是若判处有期徒刑则又明显偏轻的犯罪分子。

2. 犯罪行为在客观方面已给社会造成了非常严重的危害，需要给予严厉制裁才足以与其相适应；但犯罪行为中存在明显的从轻处罚情节，从而表明犯罪分子的主观恶性还不是非常大，人身危险性相对来说也小一些，有较大的教育改造期待，但处以有期徒刑又不足以平衡其客观危害性，有处无期徒刑必要的。

3. 犯罪行为在客观上给社会造成的危害结果虽非十分严重，仅从客观方面观察，处以长期徒刑即可与其危害性相平衡，但罪犯本人具有极其恶劣的主观恶性和极大的人身危险性，改造极为困难，处以有期徒刑不足以平息民愤，也不足以确保其在有限时间内完全改过自新，有长期与社会隔离必要的。

在我国刑法分则各条以及单行刑事法规所规定的法定刑中，无期徒刑所处的位置不完全一样，在不同情况下对无期徒刑的适用方式也不完全相同。归纳起来共有以下几种情况：

1. 无期徒刑与死刑共处在一个法定刑幅度之内，作为某罪最高法定刑幅度时，如传授犯罪方法罪，无期徒刑一般在两种情况下适用：第一，犯罪行为已具备了适用该法定刑幅度的严重情节，但危害程度尚未达到罪该处死的程度；第二，犯罪行为危害性达到了死罪程度，论危害应处死刑，但犯罪分子具有法定的从轻处罚情节，特别是法定“应当”从轻处罚的情节。在这种情况下，无期徒刑具有限制死刑的重要作用，因此审判人员在适用刑罚时，应首先考虑适用无期徒刑，然后再考虑适用死刑。在司法实践中，一些审判人员往往对于处在这个法定刑幅度之内，罪该处死，但又具备法定从轻处罚情节，而且确实需要给予从轻处罚的犯罪分子，以适用“死缓”予以处理，这是不恰当的。因为适用死缓虽也具有从宽处罚的作用，但“死缓”毕竟不是刑种，其适用前提是罪犯被判处了死刑。对本该从轻处罚的罪犯适用了死缓，仍意味着是对其判处了死刑，因而事实上并未予以从轻处罚，这对罪犯来说是不公正的，这种作法应当避免。在具体适用时，还要看无期徒刑与死刑的排列关系。如果无期徒刑放在死刑前面，在量刑时就应首先考虑无期徒刑；如果死刑在前，则应特别注意分析行为的危害性是否达到应处死刑的程度。

2. 在以死刑作为绝对确定法定刑，而无期徒刑与有期徒刑为该罪次一档法定刑幅度的犯罪中，如劫持飞机，致人重伤、死亡或者使航空器遭受严重破坏的犯罪，法定刑只有死刑一种，对罪已符合此法定刑幅度，应当判处死刑的犯罪分子，在具备法定减轻处罚情节，且需要予以减轻处罚的情况下，才可以适用次一档幅度之中的无期徒刑，如具有中止犯情节等。若仅具有从轻处罚情节，一般是不能适用无期徒刑的。如果确实需要适用无期徒刑，也应按刑法第 63 条有关酌定减轻处罚的规定，报最高人民法院核准。

3. 死刑、无期徒刑与长期徒刑共处于一个法定刑幅度内作为某罪法定最高刑时，无期徒刑在死刑与长期徒刑之间起着一种缓冲、调整作用。我国刑法中使用这种幅度的条文比较多，如故意杀人、抢劫、强奸等罪。在对具备适用此法定刑幅度的犯罪分子处刑时，一般在三种情况下可适用无期徒刑：第一，犯罪的危害程度严重，判有期徒刑偏轻，判死刑又嫌重的罪犯；第二，犯罪危害十分严重，罪该处死，但具备法定从轻处罚情节，并需要从轻处罚的罪犯；第三，犯罪危害并非十分严重，论其客观危害程度，处以长期徒刑即可与之相均衡，但存在法定应当从重处罚情节的犯罪分子。

4. 无期徒刑与有期徒刑并存，作为某罪最高法定刑幅度时，如诈骗、抢夺等罪，无期徒刑具有最严厉刑罚的性质，只适用于该罪中危害最重的罪犯，实践中应当尽量少用。一般在两种情况下可以适用无期徒刑：一是犯罪的危害性在本罪中确实达到了非常严重的程度，给国家和人民利益造成了严重的危害后果；犯罪分子主观恶性也比较深。二是犯罪危害性虽达到适用此法定刑幅度的程度，但还不是十分严重，论罪处以有期徒刑即可，但是犯罪分子具备法定或酌定从重处罚情节，需要从重处罚的。

二、有期徒刑的裁量

有期徒刑不但是一个独立的刑种，而且其内部又有一个比较宽的上、下限幅度，其间有 6 个月至 15 年之差。这一幅度在分则各条中，又被分解为多个具体的法定刑幅度，从而在同一刑种内又形成在量上相对有别的轻重不同的多个量刑幅度，这就使有期徒刑的适用带有一定的复杂性。有期徒刑适用主要表现为三个层次：第一，应当不应当适用有期徒刑；第二，适用有期徒刑的哪一个量刑幅度；第三，对具体案件应处怎样的确定刑期。下面就对这三种情况分别进行研究。

(一)判断是否应适用有期徒刑

有期徒刑作为一个严厉性跨度很大的刑种，它的适用对象范围是比较宽的。就其上限而言，作为长期徒刑，它可适用于犯罪危害严重，需要关押改造，但还不需永久与社会隔离的犯罪分子；就其下限而言，作为短期徒刑，它适用于犯罪轻微，但需要关押改造，而且不适宜于判处拘役的犯罪分子。在分则各条中，有期徒刑与其他刑种所处位置关系不一样，因而适用时也有几种不同情况：

1. 在以死刑、无期徒刑作为最高法定刑幅度，长期徒刑处于次一档法定刑幅度内的犯罪中，如前述传授犯罪方法罪，有期徒刑可作为一种减轻刑罚适用于那些罪该处以无期徒刑，但具备法定减轻情节或酌定减轻情节，且需要减轻处罚的罪犯。

2. 当有期徒刑与死刑、无期徒刑共处于一个法定刑幅度内，作为某罪的最高法定刑幅度时，在此幅度内，有期徒刑具有最低刑的性质，因此可在两种情况下加以适用：一是犯罪危害性虽符合此幅度要求，但危害性相对还比较轻微的罪犯；二是犯罪危害严重，本应处无期徒刑，但同时具备法定或酌定从轻处罚情节，且确实需要从轻处罚的罪犯。

3. 当有期徒刑作为某罪的唯一法定刑种加以规定时，如过失致人死亡罪，对已构成此罪，但又不具备法定加重或减轻处罚情节的罪犯，就必须适用有期徒刑。

4. 当有期徒刑与无期徒刑并列，作为某罪法定最低刑加以规定时，有期徒刑往往作为轻刑适用于该罪中危害相对较轻的罪犯。当然，其中的长期徒刑，应适用于此罪中危害较重，但尚未达到判处无期徒刑程度的罪犯。

5. 有期徒刑与拘役，或与拘役、管制处于一个法定刑幅度内时，如果具体犯罪行为的危害程度符合此法定刑幅度的情节要求，一般在以下两种情况下适用有期徒刑：一是犯罪危害程度相对比较严重，论罪该处有期徒刑；二是犯罪危害程度虽不严重，论罪本应处以拘役刑，但具备从重处罚情节，且需要从重处罚的罪犯。

（二）如何确定不同的法定刑幅度

当某一犯罪中有数个法定刑幅度，在对具体犯罪分子决定适用有期徒刑时，就面临着应如何选择合适的法定刑幅度作为量刑依据的问题。确定不同的法定刑幅度直接关系到宣告刑刑期的确定。刑法分则所规定的有期徒刑幅度差别很大，就是在两个以上有期徒刑幅度共存的犯罪中，其幅度也往往很宽，有的幅度之间还存在刑期重叠现象。例如，3 年以上 10 年以下，10 年以上至 15 年；7 年以下至 6 个月，7 年以上至 15 年；5 年以下至 6 个月，5 年以上至 15 年；7 年以下至 6 个月，7 年以上至 15 年；10 年以上至 15 年，5 年以上至 15 年，1 年以上至 7 年以下，2 年以下至 6 个月；3 年以上至 10 年，10 年以上至 15 年；10 年以上至 15 年，7 年以上至 15 年，3 年以上至 10 年，3 年以下至 6 个月，等等。在对不同幅度的法定刑进行选择时，需注意的事项可能有差别，但总的来说，确定法定刑幅度时，应从以下几个方面入手考虑：

1. 具体犯罪行为是否具备分则条文中明确规定的，或者司法解释明确列举的可适用某一特定法定刑幅度的情节。凡具有此情节的，应适用相应法定刑幅度。例如，凡犯抢劫罪而又同时具备刑法第 263 条规定的 8 种情节之一的，应直接按照该条规定，处以 10 年以上有期徒刑、无期徒刑或者死刑。类似这种情况在经济犯罪中表现特别明显，因为我国刑法及司法解释往往将犯罪数额作为对这类犯罪适用法定刑幅度的主要依据加以规定。因此在实践中，凡犯罪行为达到某一数额标准的，就必须要在相应的幅度内处刑，然后根据此幅度内有期徒刑所处的位置，决定是否适用这种刑罚。

2. 在不具备前述明确规定的法定刑适用情节的情况下，应根据同一犯罪中基本构成、减轻构成、加重构成、特别加重构成的关系，首先考虑在基本构成法定刑幅度内适用刑罚，对具备减轻、加重构成或特别加重构成情节要求的，才可适用减轻、加重构成、特别加重构成的法定刑。而我国刑法分则条文对各种犯罪基本构成所规定的法定刑幅度往往放在数个法定刑幅度的最先位置，因此，在实际操作时，司法人员应注意考察同一犯罪中轻重不同的法定刑幅度的排列顺序，处于最先位置的法定刑幅度，往往是立法者认为对这一犯罪应当首先考虑适用的刑罚，而置于后边的法定刑幅度，则是在具有特殊情节时才能适用的法定刑，在不具备法律明文规定的特殊处罚情节的情况下，就应首先考虑适用第一位法定刑幅度。例如，刑法第 263 条对抢劫罪规定的法定刑幅度是"处 3 年以上 10 年以下有期徒刑"。而只有具备 8 种情节之一的，才"处 10 年以上有期徒刑、无期徒刑或者死刑"。因此，对抢劫罪，应首先考虑适用 3 年以上 10 年以下有期徒刑。只有在具备 8 种情节之一时，才考虑适用 10 年以上有期徒刑。

3. 法律对法定刑幅度的划分标准规定过于笼统，如仅用"情节恶劣"、"情节严重"等来划分不同幅度，而对此又无具体的司法解释时，则应具体分析犯罪的社会危害性，联系法律对该罪法定刑规定情况，选择合适的法定刑幅度。

(三)确定具体的宣告刑期

当确定对某一犯罪行为要在某一法定刑幅度内适用有期徒刑时，这个有期徒刑也有一个幅度，应如何在这个幅度内确定合适的宣告刑，也是一项非常严肃的工作。对刑事司法工作者来说，量刑恰当，主要就是指宣告刑与犯罪行为相适应，同时考虑刑罚个别化的需要。从法律上说，审判人员所宣告的刑罚只要没有越过此法定刑幅度，其所处的刑罚都不算违法；但是，这一判决是否真正合理、公正，则又是另一回事。我国刑法中法定刑幅度上下限之间巨大的间隔，给司法人员量刑留下了很大的自由裁量权，如何保证司法人员准确、公正地行使这一权利，使判决结果不仅合法，而且合理，是一项值得研究的课题，它涉及刑事审判活动的方方面面。但我们在此无法全面讨论这一问题，只能就在有期徒刑法定刑幅度内如何判处合适的宣告刑作些探讨。总的来说，宣告有期徒刑时，应在坚持刑法规定的“公民在适用刑法上一律平等原则”和“罪责刑相适应”原则前提下，重点考虑以下几点：

1. 根据该具体犯罪行为的客观危害程度在符合该幅度范围的犯罪中所处的位置，提出参考宣告刑。如果危害相对较轻，就应在该幅度下限附近寻找宣告刑；如果相对较重，就应在上限附近进行寻找。这时要特别注意有关司法解释对一些常见犯罪，特别是经济犯罪所明确确定的数额量刑标准，它们往往是确定宣告刑的重要依据。例如，根据原来有关解释，诈骗2 000元以上，不够3万元的，属于“数额巨大”，依法应适用1979年刑法第152条，处5年以上10年以下有期徒刑①。如果某罪犯诈骗4 000元，当然就只能在5—6年徒刑间考虑宣告刑；而对诈骗2.5万元的罪犯来说，就应在8—9年徒刑间处刑。当然，客观危害并不仅仅表现在危害结果上，在判断时还应结合犯罪的时间、地点、手段等其他客观因素进行综合考虑。

2. 衡量犯罪分子的主观恶性和人身危险性大小，并据以判断其改造的难易程度、需改造的时间长短，然后根据这种判断，对根据犯罪客观危害所提出的参考宣告刑进行修正，形成基础宣告刑。对恶性较小的，基础宣告刑可适当降低一点；对恶性比较大的，基础宣告刑可适当提高一点。

3. 考虑犯罪分子有无法定或酌定从重、从轻处罚量刑情节。如果具有这样的情节，并且需要在量刑时考虑的，就应根据量刑情节的性质和程度，在法律规定的法定刑幅度内，对已经提出的基础宣告刑进一步进行修正，确定最后的宣告刑。对基础宣告刑

---

① 见1996年12月16日最高人民法院《关于审理诈骗案件具体应用法律的若干问题的解释》第1条。

处于法定最低刑位置的犯罪分子，若具有需要减轻处罚情节时，可在法定最低刑以下判处刑罚。对于法定刑幅度间有交叉现象的犯罪而言，在交叉范围内选择宣告刑，不能认为是加重或减轻处罚，而只能认为是从重或从轻处罚。例如，贪污10万元以上的，如果犯罪情节一般，依法应处10年以上有期徒刑或者无期徒刑；而贪污5万元以上，不满10万元的，则处5年以上有期徒刑。这样，两者在10年至15年徒刑的法定刑上就形成了交叉重叠。那么，对贪污9万元的罪犯若判处11年徒刑，就不能认为是加重处罚，而只能认为是从重处罚。减轻处罚时，对有期徒刑来说，宣告刑不能低于6个月法定最低限度。

三、拘役刑的裁量

拘役刑是一种仅重于管制的最轻的剥夺自由刑，因此，它适用于危害较轻，但又有必要关押的罪犯。也就是说，其适用条件有三个：一是犯罪客观危害性不严重，不需要长期关押，短期关押即足以平衡其社会危害性。二是犯罪分子主观恶性仍然存在，有关押改造的必要，但这种主观恶性尚未形成较强的反社会性。因为不超过6个月的拘役刑期，决定了拘役不可能解决对较强反社会性性格的矫正问题。正如日本刑法学界所认为的那样："短期间的收容，企望对受刑者人格施以全面的教育和改变是不可能的，因此其适用对象只能是那些缺乏规范意识，不注意遵守规则的训练等在人格上不具有犯罪性的偶然的或过失的犯罪者，对于那些具有犯罪性人格的行为者，不宜适用拘留刑。"①因此司法机关在适用拘役刑时，一定要特别注意这两个条件同时具备。三是我国刑法分则相应条文中规定可以对该罪适用拘役刑，也就是说，在分则条文所规定的法定刑中挂有拘役刑种。对于刑法分则

---

① 引自何鹏主编：《现代日本刑法专题研究》，吉林大学出版社1994年版，第209页。

中没有规定拘役刑的犯罪来说，一般情况下是不能判处拘役的。只有在依法减轻处罚的情况下，才能考虑适用此刑种。由于拘役刑期短，我国刑法分则各条对拘役刑没有再具体区分为多个不同的幅度，总则规定的1个月以上6个月以下的刑期对任何分则条文中的拘役刑都有效。因此，拘役刑的适用一般可分为两个步骤：一是决定是否适用拘役；二是宣告判处多长期限的刑期。

(一)是否适用拘役刑

在决定是否对某一罪犯适用拘役刑时，一定要严格按照上面三个条件。具体来说，拘役的适用又分以下几种情况：

1. 当拘役与有期徒刑共处一个法定刑幅度，作为法定最低刑时，拘役可作为最轻刑罚，直接适用于危害最为轻微，并不需要减轻处罚的犯罪分子，也可对于罪该处有期徒刑，但具有从轻处罚情节的罪犯作为从轻处罚的刑种予以适用。

2. 当拘役与管制共处一个法定刑幅度之内，作为法定最低刑时，拘役可直接适用于犯罪较轻，但又不适宜于处以管制的罪犯，或作为从重量刑结果适用于罪该处管制，但有从重处罚情节，作为从重量刑结果的刑种予以适用。

3. 当拘役与有期徒刑、管制同处于一个法定刑幅度内，并且管制是该种罪法定最低刑时，拘役即可直接适用于犯罪已符合这个幅度要求，但危害居中，处有期徒刑偏重，处管制嫌轻的犯罪分子，也可作为从重或从轻量刑结果适用于论罪本该处管制或有期徒刑，但同时具有从重处罚或从轻处罚情节的犯罪分子。

4. 当有期徒刑作为法定最低刑时，拘役可作为减轻处罚结果，适用于该罪中危害最为轻微，并具有减轻处罚情节，需要减轻处罚的罪犯。

鉴于拘役作为短期自由刑本身存在种种弊端，参考国外的立法、司法经验，审判人员在适用拘役时，除了要考虑以上几点外，还应具有这样的意识，即拘役刑应是适用于较轻犯罪的一种迫不得已的“最后手段”。不是在不得已的情况下，能用其他更轻刑种或更缓和的刑罚制度来代替的，就不应适用拘役，应大大降低拘役的关押率。具体可通过两种方式进行限制：一是能处管制、罚金、剥夺政治权利的，就不用判处拘役。在我国刑法分则条文中，有些规定有拘役刑种的法定刑幅度中，同时规定可以单处罚金、剥夺政治权利等附加刑，此时，所规定的附加刑也是法定刑种，对符合此幅度，并且危害轻微的罪犯，就可依法直接单独判处附加刑。二是必须判处拘役的，应首先考虑能否给予缓刑。只有在确实不能适用缓刑时，才能交付关押。

(二)拘役刑期的确定

拘役刑期的确定原理和方法与有期徒刑大同小异。首先要根据犯罪行为的客观危害大小确定参考宣告刑，作为进一步量刑的基础；其次，根据犯罪分子的主观恶性和人身危险性、可改造的难易程度，对提出的参考宣告刑进行修正，作为基础宣告刑；最后，综合考虑各种量刑情节的意义，对基础宣告刑作进一步的调整，再确定正式判决的宣告刑。

四、管制的裁量

管制作为唯一的限制自由刑，是我国主刑中最轻的刑罚方法。根据我国法律规定，审判机关对具体犯罪分子裁量是否适用管制刑，必须遵守以下三个条件：

1. 具体犯罪所触犯的刑法分则条文中规定有管制刑。由于目前我国刑法分则只有 75 个条文中规定有管制，所以，司法机关在适用管制时，应特别注意相关法律条文中有无规定管制刑种。对于没有规定此刑种的犯罪，只有在具备减轻处罚情节的情况下，才能考虑是否对罪犯判处管制刑。对不能减轻处罚的案件，绝对不能直接适用管制刑。

2. 犯罪行为的社会危害性比较轻微，尚未达到判处拘役的程度，但还不具备免除处罚的条件，有判处刑罚的必要，又不适宜于单独判处附加刑。

3. 犯罪分子人身危险性比较小，即使放在社会上，在一定的外部监督、管束下，也不足以对社会再次构成威胁，故不必剥夺自由。如果罪犯虽然犯罪危害不大，但人身危险性依然存在，置于社会中给予一般的管束、监督并不足以避免其再次违法犯罪的，就不能适用管制。这是适用管制的核心条件，也是在对犯罪分子决定判处管制或拘役刑时的一个重要标准。

除以上三个条件外，在目前情况下，司法机关适用管制时还要考虑对犯罪分子适用管制后具体付诸执行的实际条件是否具备。如果确实客观上明显不具备有效地执行管制的条件，公安机关、人民群众不能正常地对被告实行管束与监督的，一般也不宜判处管制。

根据我国刑法分则对管制的规定情况，管制一般在以下几种情况下予以适用：

1. 当可以单独判处的附加刑作为法定最低刑时，附加刑总是与拘役、管制处于同一法定刑幅度内。此时，管制属于该幅度内的中等刑罚，通常适用于符合此幅度要求，危害程度居中，且不需要关押的犯罪分子。当然，它也可作为从重处罚、从轻处罚的量刑结果适用于那些论罪该单处附加刑或拘役，但同时具有必须予以考虑的从重或从轻处罚情节的罪犯。

2. 当管制作为法定最低刑，并与拘役同处一个法定刑幅度之内时，管制可直接适用于那些危害不大，不需要关押的犯罪分子，也可作为从轻量刑结果适用于危害不是很轻微，论罪应处拘役，但具有从轻处罚情节，且又需从轻处罚的犯罪分子。

3. 当拘役作为法定最低刑时，管制应作为减轻量刑结果，适用于行为已构成犯罪，并且论罪该处拘役，但同时又具备必须考虑予以减轻处罚的情节的罪犯。

宣告刑中管制刑期的确定，其基本原理与上述有期徒刑的原理相同，故在此不予赘述。

五、缓刑的裁量

缓刑，指对判处拘役、3 年以下有期徒刑的犯罪分子，根据其犯罪情节和悔罪表现，认为暂不执行原判刑罚确实不致再危害社会的，规定一定的考验期，如果在考验期间没有违反法律规定的条件，原判刑罚就不再执行的刑罚制度。在我国刑法中，缓刑并不是一个刑种，而是调整短期自由刑的执行方式、执行时间的一种刑罚制度，也是弥补短期自由刑弊端的一种有效手段。尽管缓刑不是刑种，但审判机关在对犯罪分子裁量决定自由刑的量刑结果时，也同样会面临是否需要裁量适用缓刑制度的问题。因此，缓刑的裁量事实上已成为刑罚裁量的一项内容。所以，我们在研究自由刑的裁量时，也必须研究缓刑的裁量适用问题。根据我国刑法第 72—74 条关于缓刑的规定，我国司法实践中对缓刑裁量的内容主要包括两个方面：一是对具体案件是否需要适用缓刑；二是对犯罪分子应决定多长时间的考验期，即考验期长短的裁量。下面分别进行研究。

(一) 裁量是否需要适用缓刑

法官在决定对某一罪犯是否适用缓刑时，关键是要正确理解和把握刑法中所规定的适用缓刑的三个条件。

1. 缓刑只能适用于被判处拘役、3 年以下有期徒刑的犯罪分子。对于被判处超过 3 年徒刑以上刑罚的罪犯，不能适用缓刑。这一方面是因为在缓刑情况下，犯罪分子很有可能最终没有受到刑罚的实际处罚，如果允许对危害严重的罪犯有条件地不执行刑罚，就会明显背离有罪必罚、罪责刑相适应的刑事责任原则和正义报应的社会要求，并有损于法律的严肃性；更为重要的，还在于缓刑考验期间，罪犯要基本上不受约束地生活在社会上，具备比较多的再次危害社会的机会。为使缓刑不至于使罪犯对社会再构成威胁，只能适用于确实没有社会危险性的罪犯。被判处超过 3 年徒刑的犯罪分子，其犯罪行为的危害性一般都比较严重，其主观恶性和人身危险性通常也较大，将这样的犯罪分子基本不加约束地放在社会上，难以确保其不致再危害社会，从而会对周围的社会成员在心理上形成一种无形的压力；此外，使罪行严重的犯罪分子不受实际惩罚，也会使其产生侥幸心理，不利于对其进行改造、教育；对那些可能犯罪者，也不利于发挥刑罚的痛苦性所能产生的威慑力。因此，对危害严重的犯罪分子，不能适用缓刑，而应当予以关押，剥夺其人身自由，将之与社会隔离，在强制劳动下对罪犯进行改造、教育。在掌握这一条件时，需要特别注意两个问题：第一，只要是被判处拘役、3 年以下有期徒刑的罪犯，原则上都可以适用缓刑，至于犯罪性质如何，法律上没有给予过多限制；第二，所谓被判处拘役、3 年以下有期徒刑，应该是按照犯罪分子犯罪危害性情况和综合衡量各种量刑情节，根据罪刑相适应原则的要求，系确实需要判处这样的刑罚。在实践中要防止一种不好的倾向，即一些审判人员基于各种原因考虑，为了达到对某罪犯适用缓刑的目的，故意地违背罪刑相适应原则的要求，将本该处以超过 3 年徒刑的罪犯，不恰当地降格判刑，处以 3 年以下有期徒刑，尽管表面上看具备了适用缓刑的条件，但实际上这种缓刑判决是错误的，对社会是不负责的。

2. 根据犯罪分子的犯罪情节和悔罪表现，认为暂不执行原判刑罚确实不致于再危害社会。这是适用缓刑的实质要件，也是能将被判刑的犯罪分子置于社会之中的关键因素。既然犯罪分子已丧失了人身危险性，关不关押对社会的效果均相同，那么为了减少短期自由刑因关押可能产生的种种消极影响，对罪犯适用缓刑，对社会，对犯罪分子本人及其家庭都是有益而无害的。司法机关在适用缓刑时，关键就是要通过对犯罪案件的具体考察，判断其是否不致再危害社会。只要能得出这一结论，就可考虑适用缓刑；如果得不出这一结论，哪怕尚有一点疑问，就不宜适用缓刑。我们认为，在对个别罪犯实行宽容和对社会安全负责两者进行比较时，后者应占据主导地位。

判断罪犯是否确实不致再危害社会的根据，就是犯罪分子的犯罪情节和悔罪表现两个方面。所谓犯罪情节，主要指犯罪行为本身所具有的情节，如犯罪起因、犯罪动机、犯罪目的、违法程度、犯罪手段、危害后果、罪犯责任能力情况等。犯罪情节往往是反映犯罪分子主观恶性的重要因素，犯罪情节恶劣的，其主观恶性往往就比较大，人身危险性也往往比较大，对这样的罪犯就不应适用缓刑。只有对犯罪情节不恶劣的罪犯，才可考虑是否适用缓刑问题。当然，还要结合悔罪态度进行考察。所谓悔罪态度，指犯罪分子犯罪以后是否承认自己的犯罪事实，是否已认识到自己犯罪行为的不正当性和无价值性，并有真诚悔罪、重新作人的积极态度和表现，如中止犯罪、帮助挽救犯罪损失、减轻犯罪后果、积极自首、坦白、检举揭发、立功等。只有对自己的犯罪行为有所认识，并有真诚悔罪表现的罪犯，才能表明其可能再次危害社会的人身危险性已经消失，因而才具备适用缓刑的实质根据。如果犯罪危害虽然不重，情节也不甚恶劣，但罪后悔罪态度差，拒不认罪，狡猾抵赖，避重就轻，逃避罪责，甚至编造谎言，制造伪证，嫁祸他人，或在羁押期间故意违反监规，不服监管的，表明其人身危险性仍然存在，就不能对其适用缓刑。总之，缓刑只能适用于犯罪情节不恶劣，并有真诚悔罪表现，人身危险性确实已经消失的犯罪分子。除此以外，不能把其他因素作为缓刑的条件。实践中，有些司法人员不是考虑这些法定条件，而把其他非法律因素作为适用缓刑的标准。如把罪犯家中生活困难，需要罪犯回家照顾作为缓刑的条件，将缓刑作为实行人道主义的照顾性措施予以适用；有的对曾经担任过高级职务，或对社会作出过较大贡献，现在犯了罪的人，将缓刑作为以功补罪的宽恕方法加以使用，特别是对所谓的“犯罪能人”，以让其能继续为社会作出较大贡献为由，对其适用缓刑。这些做法都是没有法律依据的，也是不正确的。

3. 犯罪分子不是累犯。刑法第 74 条规定：“对于累犯，不适用缓刑。”这是由累犯顽固的人身危险性决定的。1979年刑法中还规定对“反革命分子”也不适用缓刑。现行刑法虽将“反革命罪”更名为“危害国家安全罪”，但却没有再规定对“危害国家安全的犯罪分子”不适用缓刑，而只规定了累犯。对于累犯，即使他们犯罪情节不恶劣，也有真诚的悔罪态度，也不能对其适用缓刑。在判断犯罪分子是否属于累犯时，要注意一个问题，即要正确评价犯罪分子所犯新罪的危害程度和实际应处的刑罚。由于我国刑法分则对各罪所规定的最低幅度的法定刑中均有有期徒刑，因而看上去所有的犯罪均可适用有期徒刑；加上司法人员在对有前科者的再次犯罪进行评价时，无形中会不自觉地往重的方面考虑。因此，导致审判人员在审理曾因故意犯罪被判有期徒刑以上刑罚的人，在刑罚执行完毕或赦免之后5年以内再次犯故意罪的案件时，往往一律认定为累犯，而不再具体分析衡量新罪的危害性是否真正达到需要判处有期徒刑以上刑罚的程度，这实际上等于变相改变了刑法对于累犯的条件规定，因而是不恰当的。所以，在实际认定累犯，从而确定能否适用缓刑时，还是应根据新罪的实际危害程度，具体衡量是否确实需要判处有期徒刑以上的刑罚，然后再确定犯罪分子是否真正构成累犯。如果其危害程度不足以判处有期徒刑，只需处以拘役或管制时，即使所犯之罪是故意犯罪，也不能认定为累犯。当然，按照现行立法，这种情况属于再犯，犯罪分子的人身危险性一般也比较大，在决定对其能否适用缓刑时，仍应十分慎重。

在司法实践中，对犯罪分子适用缓刑除了严格遵守上述法定条件外，还应重点考虑如下一些因素：(1)犯罪性质。如是故意还是过失犯罪、是财产犯罪还是渎职犯罪等。虽然犯罪性质一般不是决定缓刑的法定条件，但它却是判断罪犯人身危险性大小的重要因素。一般说来，故意犯罪者较过失犯罪者具有更大的人身危险性，财产犯罪者较渎职犯罪者具有更大的人身危险性。因此，在司法实践中，过失犯罪、渎职犯罪适用缓刑的比例通常高于故意犯罪和财产犯罪，这是正常现象。(2)犯罪分子一贯表现如何，是否有前科、劣迹。一个人的一贯表现是判断其人身危险性的重要依据，对于一贯表现不好，前科、劣迹较多的犯罪者，一般不要轻易地适用缓刑。(3)民愤大小。对那些民愤比较大，不判实刑就可能引起社会严重不满情绪的，一般也不宜适用缓刑。关于未成年罪犯适用缓刑问题，1995 年 5 月 2 日最高人民法院《关于办理未成年人刑事案件适用法律的若干问题的解释》中规定："对于被判处拘役、3 年以下有期徒刑的未成年罪犯，犯罪后有悔罪表现，家庭有监护条件或者社会帮教措施能够落实，认为适用缓刑确实不致再危害社会的，应当适用缓刑。有下列情形之一的，一般不宜适用缓刑：惯犯、有前科或者被劳动教养二次以上的；共同犯罪中情节严重的主犯；犯罪后拒不认罪的。"这是司法实践对未成年罪犯适用缓刑的依据，在没有新的司法解释下发前，这一解释的精神仍然值得参考。当然累犯的条件应按现行刑法规定掌握。

缓刑与管制性质不一样，一个是刑罚制度，一个是刑种，但它们也有相同之处：客观上都对犯罪分子不予关押，而是将之置于社会中，犯罪分子都享有比较充分的人身自由；它们都具有替代短期自由刑的功能，适用对象都是犯罪轻微，不需要关押的罪犯；都是法院在判决时决定的。那么法院对具体犯罪轻微，不需关押的犯罪分子，在既可适用管制，又可适用缓刑的罪犯，在什么情况下适用缓刑，在什么情况下适用管制，就是一个比较复杂的问题。我们认为，在目前我国刑法所规定管制的惩罚性内容与缓刑考验内容大量重叠的情况下，要完全将两者的适用对象清楚地加以区别是十分困难的。这一问题的真正解决，还在于对刑法中的管制内容进行修改补充。在未修改立法之前，鉴于缓刑毕竟还能使罪犯在考验期间因惧怕执行原判刑罚而在心理上产生一定的压力，从而可促使其好好自我改造，又加上在目前社会条件下执行管制困难重重，所以，在司法实践中，还是少判管制，多用缓刑为宜。对既可处以管制，又可适用缓刑的罪犯，一般应决定适用缓刑。

(二)缓刑考验期的确定

考验期长短，是影响缓刑效果的重要因素之一。考验期过长或过短，都会产生不利后果。根据我国立法的基本原则，缓刑考验期长短是与犯罪的危害性程度相适应的。司法机关在对具体案件决定缓刑考验期时，也应遵守这一原则，即原则上重罪的考验期要长些，轻罪的考验期要短些。具体来说，应注意以下几个方面：

1. 严格遵照刑法对缓刑考验期规定的幅度界限，不能突破。即有期徒刑的缓刑考验期为原判刑期以上，5 年以下，但是不能低于 1 年；拘役的考验期为原判刑期以上 1 年以下，但不能低于 2 个月。缓刑考验期从判决确定之日起计算。

2. 应以犯罪行为的危害程度作为确定缓刑考验期的主要标准，同时参照犯罪分子人身危险性消失的程度，以及社会对犯罪行为的反应等因素。具体来说，首先以根据犯罪的社会危害性所宣告的刑期作为缓刑的最低考验期(但有期徒刑不得少于 1 年，拘役不得少于 2 个月)，然后根据犯罪分子的人身危险性情况和民愤大小，对最低考验期进行修正，以决定宣告的考验期。对危害性已经消失，民愤不大，甚至社会对犯罪分子有同情感，要求从宽处理的，可以此最低考验期作为宣告的考验期。如果人身危险性虽已消失，但难以确定其稳定程度，或者民愤虽不很大，但群众对犯罪行为仍有不能谅解之情绪的，可在法定限度内，适当提高其考验期限，但不能距最低考验期相差太大。

缓刑的裁量除是否决定适用缓刑和考验期长短之外，在国外还有考验内容，即罪犯在考验期间应遵守条件的确定。这些条件对帮助、促使犯罪分子老实自我改造、真正重新作人往往起着重要作用。但我国刑法中无此规定，只要罪犯不再犯新罪，即认为遵守了考验内容。所以，在我国缓刑的裁量中，不存在确定缓刑内容的裁量问题。

第三节　财产刑的裁量

一、罚金刑的裁量

(一)罚金刑裁量原则

罚金刑裁量原则，即罚金的适用原则，是指法院判处罚金时，决定罚金数额的总根据。对此各国刑法的规定不同，主要有以下三种形式：

1. 以犯罪情节为根据。即刑法中明确规定，根据犯罪情节决定罚金数额。我国刑法规定了这一原则(刑法第 52 条)。所谓“犯罪情节”，是指定罪情节以外的或犯罪构成要件下一层次的事实情况，比如，“犯罪行为的后果是否严重，违法所得的多寡，犯罪手段是否特别恶劣，犯罪是个人实施还是结伙实施，在结伙实施犯罪时，犯罪分子在犯罪实施中所起作用大小以及犯罪分子犯罪的动机、目的和是初犯还是累犯等情况。判处罚金，应当综合考虑上述犯罪情节，据以决定罚金的具体数额。大致说来，情节一般的判处罚金的数额应小一些；情节严重的判处罚金的数额应多一些。”①

2. 以犯罪人的支付能力为根据。即刑法中明确规定根据犯罪人的支付能力(经济状况)确定罚金数额。如《蒙古刑法典》第 41 条第 2 款规定：“罚金的数额，应当由法院依照被判刑人的财产状况决定。”《瑞士刑法典》第 48 条第 2 项中也规定：“法官决定罚金数额时，应主要考虑行为人的收入、资产、家庭状况、家

---

① 马克昌：《略论罚金刑》，载《西南政法学院学报》1981 年第 3 期，第 38—39 页。

庭义务、职业及收益、年龄及健康状况等情况。"

3. 以犯罪情节为主，同时考虑犯罪人的支付能力。这是上述两原则的折衷，许多国家的刑法都规定根据这一原则来决定罚金的数额。如前《苏俄刑法典》第30条第2款规定："罚金的数额，应当根据所犯罪行的轻重程度，并考虑犯罪人的财产状况，在50卢布以上、300卢布以下的范围内判处。对于贪利的犯罪，应在1 000卢布以下的范围内判处，在苏联法律规定的特殊情况下，对于某些犯罪可以判处更高的罚金数额。"

上述第一种方式，过分地从形式上强调了"法律面前人人平等"及"罪刑相适应"原则。的确，根据犯罪情节确定罚金的数额，可使人在表面上感觉到犯罪情节严重，罚金数额大，反之亦然。然而，这种方式，未能看到罚金刑与生命刑和自由刑的不同点在于，犯罪人所拥有的财产多寡不等甚至悬殊很大时，这种表面上的平等，实际上仍会不平等。"科处同等数额的罚金时，贫者痛苦入骨，而富者无关痛痒。"①同时，按这种方式裁量的罚金刑，有时可能因无法执行而落空。第二种方式，过分强调了犯罪人的支付能力，而将犯罪人的刑事责任搁置一边，这首先就难以实现刑罚的一般预防犯罪的功能。受刑人也容易产生敌对情绪，从而特别预防效果也难以产生。可取的方式是第三种。这一方式从便于执行的目的出发，考虑罪犯的支付能力，使罪犯的实际感受(痛苦感)与罪行轻重相适应，在新的高度实现罪行相适应原则，又符合刑罚个别化的要求。"这不一定是以改善犯人为目的的个别化，而是使'痛苦'平等化的个别化。"②这也正是大多数国家采用此原则的原因之所在。我国刑法起草过程中，也曾经有

---

① 谢瑞智著：《中外刑事政策之比较研究》，台湾文物发行社1987年版，第236页。

② [日]平野龙一著：《犯罪者处遇法的诸问题》，有斐阁1982年版，第145页。

过采用此原则的草案，如1957年的《中华人民共和国刑法(草案)》第22稿第52条规定："判处罚金，应当根据犯罪情节和犯罪分子的财产状况，决定罚金数额。"我国刑法在今后进一步修改完善时，可恢复这一原则。

(二)罚金刑的具体裁量

罚金刑的具体裁量，是指法院在罚金刑裁量原则指导下，依法决定是否适用罚金刑以及如何适用罚金刑的问题。

1. 是否适用罚金刑。分以下几种情况：(1)对法人犯罪，刑法只规定了单科罚金制，所以只要法人的支付能力允许，就应该科处与犯罪情节相适应的罚金刑；(2)对自然人犯罪，如果是触犯了单行刑法中存在"必并科"罚金刑的条文的，应依法科处罚金刑。如果是触犯刑法(含单行刑法)中其他选科或"得并科"条文的，应根据犯罪情节(如是否贪财图利，是否造成较大经济损失及主观恶性等)及支付能力决定是否科处罚金刑。

2. 如何适用罚金刑。应考虑如下三个问题，即确定罚金数额、罚金交纳方式及罚金刑的并罚。(1)确定罚金数额主要考虑犯罪情节，其次是考虑犯罪人支付能力。在犯罪情节中，重点考察犯罪手段、犯罪后果、犯罪对象、犯罪目的、动机及犯罪者的认罪态度。如果手段卑劣、有贪利动机又损失较大，可认为情节严重，数额应多一些，反之应少一些。(2)确定罚金交纳方式时主要考虑犯罪人的支付能力。我国刑法分则第53条规定：罚金在判决指定的期限内一次或分期缴纳。到底是一次缴纳还是分期缴纳，主要由犯罪人的支付能力决定。支付能力强的一次缴纳，反之可分期交纳，以免株连犯罪人的家属。(3)罚金刑的并罚，是指一人犯数罪，在相应的刑罚方法中有一个或数个罚金刑，将罚金刑与其他刑罚方法或者两个以上罚金刑之间的合并适用。其一，罚金刑与主刑的并罚，即罚金刑与死刑、自由刑(无期徒刑、有期徒刑及拘役、管制)的并罚。在国外有规定罚金不能与死刑并罚的，如日本刑法第46条第1款规定："并合罪中就其一罪应处死刑时不科他刑，但没收不在此限。"也有相反规定，如我国刑法第 69 条第 2 款规定："如果数罪中有判处附加刑的，附加刑仍须执行。"所以在我国无论是判处什么主刑(包括死刑)，另外判处罚金刑时都必须执行。其二，罚金刑与附加刑的并罚，包括罚金与剥夺政治权利、没收财产的并罚及罚金与罚金的并罚。罚金与剥夺政治权利的并罚是不存在问题的，罚金与没收财产的并罚留待后述。这里主要谈罚金与罚金的并罚，即一人犯数罪，其中两个以上罪被判处罚金刑或者并处罚金刑时，罚金刑与罚金刑的并罚。对此我国刑法没有规定，理论上有三种观点：第一种观点是"吸收说"，即认为在行为人犯数罪被分别判处罚金刑时，选择其中最重的罚金刑宣告执行，其余较轻的罚金刑不执行。法国刑法采用此原则。我国 1950 年的《中华人民共和国刑法大纲(草案)》也曾采用此原则。该《草案》第 25 条规定："一人犯数罪，或一行为而构成犯数罪者，各别宣告其处罚。宣告多数死刑、徒刑、劳役或罚金者，择其中最重的执行之。"第二种观点是"并科论"，即认为"当犯罪分子被判处数个罚金刑时，数个罚金刑的总额应为执行罚金的数额。"①第三种观点是"限制加重说"，认为在所犯数罪分别判处两个以上罚金刑时，应在其中最重的罚金刑数额以上，数个罚金刑的数额总和以下决定执行的罚金数额。日本刑法即采此说。《日本刑法》第 48 条第 2 款规定："两个以上的罚金，应当在各罪所定罚金的总和额以下判处。"我们认为"限制加重说"是合理的。因为该说符合罪行相适应原则，同时又考虑了罚金刑与犯罪人支付能力有关的特殊性，使法院在判处两个以上罚金刑后，还进一步考虑执行的可能性，在最重罚金以上，两个罚金之和以下考虑一个合适的总金额。同时该说与我国刑法第 69 条的立法精神也不矛盾。至于对两个以上罚金刑并罚后的总额要不要有所限制还有待进一步研究。

---

①② 陈兴良主编：《刑种通论》，人民法院出版社 1993 年版，第 431、433 页。

二、没收财产刑的裁量

（一）没收财产刑的裁量原则

没收财产刑的裁量原则与罚金刑的裁量原则是大致相同的，即裁量没收财产刑时，一方面要考虑犯罪情节，另一方面也应该考虑犯罪人的财产状况及家庭负担等因素。犯罪情节，包括犯罪性质、犯罪手段、犯罪后果、犯罪动机与目的、犯罪后的认罪态度及犯罪前的一贯表现等因素。犯罪情节是裁量没收财产刑的主要根据，这是罪刑相适应原则的基本要求。但是，我们不同意"犯罪情节是决定对犯罪分子适用没收财产刑的唯一根据"②的提法。因为现代刑法思想已不再像贝卡利亚时代过分强调罪刑均衡原则了，而更多地强调在感化、教育与改善罪犯基础上使罪犯重新社会化。我国有学者专论"罪刑相适应原则所面临的困惑"①，其原因也正如此。既然要强调感化、教育罪犯，那么，对于犯罪人家庭经济状况不佳，负担较重的，如果因为其犯罪情节严重而判处过重的没收财产，则势必造成其家庭成员生活陷入更大的困难，影响罪犯在狱内的改造效果。也给将来罪犯出狱后重新社会化带来困难。因此，我们在裁量没收财产刑时，应该遵循以犯罪情节为主要根据，同时又考虑犯罪人财产状况和家庭负担的原则。

（二）没收财产刑的具体裁量

没收财产刑的具体裁量，是指法院在没收财产的裁量原则指导下，依法决定是否适用没收财产刑及如何适用没收财产刑的问题。

1. 是否适用没收财产刑。对于刑法规定必并科没收财产刑的，当然无需考虑是否并科此刑。对于得并科或者选科没收财产刑时，司法人员就应该在综合考虑犯罪情节和犯罪人经济状况的

---

① 王晨：《罪刑相适应原则所面临的困惑》，载《法律学习与研究》1992 年第 4 期。

基础上决定。犯罪情节恶劣(如社会危害性大、主观恶性深、贪利性强等)，同时家庭经济状况又好的，应该科处没收财产刑，反之可考虑不适用没收财产刑。

2. 如何适用没收财产刑。应主要考虑如下三个问题，即没收财产的范围、数量以及没收财产的并罚。(1)没收财产的范围。根据我国刑法第59条的规定，没收财产是没收犯罪分子个人所有的财产，在判处没收财产的时候，不得没收属于犯罪分子家属所有或者应有的财产。犯罪分子个人所有的财产包括两部分：一部分是所有权已明确归属犯罪人的财产，如犯罪人结婚前领的保险金；另一部分是犯罪人家庭成员共同财产中属于犯罪人应有的财产。犯罪分子家属所有的财产如犯罪人配偶婚前接受他人的馈赠等；犯罪分子家属应有的财产是指犯罪分子家庭成员共同财产中除掉了犯罪人应有的份额所剩部分。(2)没收财产的数量，即对犯罪人所有的财产是部分没收还是全部没收。对此问题我国刑法分则没有作具体规定，需要由审判人员根据具体的犯罪情节，结合犯罪分子的财产状况及家庭负担酌情判处。(3)没收财产的并罚，这里主要讨论没收财产与罚金的并罚问题。例如赵某犯强迫他人卖淫罪被判处14年有期徒刑，并处没收部分财产；又因犯投机倒把罪被单处罚金。除执行14年有期徒刑外，对没收财产和罚金刑如何执行是值得研究的。我们认为，对数罪中有判处罚金和没收部分财产的，可适用前面论述的罚金与罚金的并罚原则(限制加量原则)；但是，对于数罪中有判处罚金，又有判处没收全部财产的如何并罚？有学者认为“罚金刑与没收全部财产就不太适宜于并科，因为两者同属财产刑，既然被全部没收了财产，就难以付清罚金，所以，人民法院可以进行综合考虑，只判处其中一个附加刑。”①我们认为，由于罚金被没收全部财产所包容，所以，此时采取吸收原则，即只执行一个没收财产是正

---

① 顾肖荣著：《刑法中的罪与数罪》，学林出版社1986年版，第129页。

确的，但仍需在判决书中明确写明所判处的罚金数额及判处没收全部财产的情况，以示罚刑分明而非“估堆”。

第四节　资格刑的裁量

一、是否适用资格刑的裁量

(一)总的原则

我国法律对资格刑的适用有两种规定：一是应当适用资格刑，如刑法规定，对于危害国家安全的犯罪分子、被判处死刑或无期徒刑的犯罪分子，应当剥夺政治权利；二是可以适用资格刑，如刑法第 56 条规定：“对于故意杀人、强奸、放火、爆炸、投毒、抢劫等严重破坏社会秩序的犯罪分子，可以附加剥夺政治权利。”刑法第 35 条规定：“对于犯罪的外国人，可以独立适用或者附加适用驱逐出境。”在法律规定应该适用资格刑的场合，法官无自由裁量的权利，应该严格依法办事，对犯罪人适用资格刑。如果法律规定可以适用资格刑，则法官有自由裁量的余地，这时是否适用资格刑，就成为应予研究的问题。我们认为，在确定是否适用资格刑时，应重点考虑以下几点：

1. 在单独适用资格刑时，应看犯罪是否与滥用某种资格有关。我国刑法分则规定可以单独适用剥夺政治权利的犯罪，大多是行为人有可能滥用政治权利而实施的。对滥用政治权利而实施犯罪的人适用剥夺政治权利，既是对其犯罪的一种惩罚，也是预防其利用政治权利再犯罪的一种重要措施。因此，在确定对某一犯罪人是否适用剥夺政治权利刑时，除了看其是否属于犯罪较轻不需要适用主刑的情形之外，还得看其犯罪行为是不是滥用政治权利而实施的。凡是滥用政治权利而实施的，就可以考虑适用剥夺政治权利。

2. 在附加适用资格刑时，应看犯罪的性质及危害社会的程度。我国法律大多规定，附加适用资格刑，以行为人所犯之罪的性质或者社会危害性程度严重为条件。例如，刑法第56条规定，对于严重破坏社会秩序的犯罪分子，可以附加剥夺政治权利。这就意味着对轻微犯罪，一般不得附加适用资格刑。

3. 要看犯罪人是否可能利用其资格继续犯罪。刑罚的目的在于预防犯罪，资格刑也不例外。因此，在确定对犯罪人是否适用资格刑时，不论是附加适用，还是单独适用，都应当考虑犯罪人是否可能利用某种资格继续从事犯罪活动。凡是犯罪人有可能利用某种资格再犯的，就应当考虑适用相应的资格刑；反之，则没有必要适用此类资格刑。在国外，有的刑法对此有明确规定。例如，《波兰刑法典》第42条第1项规定："如继续担任该职务或继续从事该职业会威胁到社会利益，则法院可以判处禁止担任特定职务或从事特定职业。"这种法律规定，值得我们借鉴。

（二）疑难问题的处理

1. 对于犯罪的外国人是否适用剥夺政治权利

外国人在我国领域内犯罪，或者在国外犯罪，而由我国法院审判，如果所犯的罪是危害国家安全罪（如间谍罪），或者被判处了死刑、无期徒刑，对其是否应当适用剥夺政治权利？关于这一问题，在刑法理论上，存在肯定说与否定说的对立。其中，否定说是通说，并且司法实践中也采否定说①。

否定说的理由是："只有具有的东西，才可以剥夺。不是中国公民的外国人，不享有中国公民享有的法定的政治权利，因而即使在我国犯了……罪，也不必剥夺他不具有的政治权利。"②我们认为，这种观点值得商榷。因为，我国的剥夺政治权利刑所应剥夺的政治权利，外国人并非完全不可能享有。例如，改革开放以来，外国人受聘担任我国全民、集体所有制企业单位厂长、经理等领导职务的事屡见不鲜；外国人受聘担任国家机关、人民团

①② 陈兴良主编：《刑种通论》，人民法院出版社1993年版，第493页。

体顾问者，也不乏其例。由此可见，外国人在我国虽然没有选举权和被选举权，但却有受聘担任国有公司、企业、事业单位和人民团体领导职务，以及国家机关职务的权利，这种权利当然在剥夺政治权利刑所应剥夺的范围内。又如，全国人大常委会于1989年10月通过的《中华人民共和国集会游行示威法》第34条规定："外国人在中国境内举行集会、游行、示威，适用本法规定。"这就表明，外国人在我国也有集会、游行、示威的权利，而这种权利也在剥夺政治权利刑所应剥夺的范围之内。再说，对犯罪的外国人剥夺政治权利，也并不是毫无实际意义。犯罪的外国人在死刑被赦免、无期徒刑被假释，或者犯危害国家安全罪而刑满释放后，还可能取得中国国籍，如果不剥夺其政治权利，那么，他在成为我国公民后就享有政治权利。此外，否定说也没有法律根据，我国刑法明文规定："对于危害国家安全的犯罪分子应当附加剥夺政治权利"，"对于被判处死刑、无期徒刑的犯罪分子，应当剥夺政治权利终身。"并未规定犯罪的外国人可以例外。因此，不论是外国人还是中国人，都应一视同仁，同等对待。

2. 对未成年罪犯是否适用剥夺政治权利

对未成年罪犯，尤其是犯危害国家安全罪或者被处无期徒刑的未成年罪犯，是否适用剥夺政治权利，在刑法理论上也颇有争议。第一种观点认为，对未成年罪犯也应与成年罪犯一样剥夺政治权利，"这是因为，犯罪的未成年人，尽管在判决时未满18岁，不享有宪法规定的大部分政治权利，但大多数被判处有期徒刑以上，尤其是被判处10年以上刑罚的，在服刑期内已达成年，如不予剥夺，既不利于同他们的斗争，也不利于对他们的改造。"①第二种观点认为，对未成年犯罪分子不应适用剥夺政治权利，因为剥夺未成年犯人的政治权利不符合我国刑罚的目的。况

---

① 魏厚成、罗明举：《对未成年犯罪分子附加剥夺政治权利的初步意见》，载《法学评论》1985年第5期，第41页。

且，剥夺政治权利是以罪犯实际上享有政治权利为前提的，而未成年罪犯实际上尚未享有宪法规定的政治权利，剥夺其本来就不享有的权利，不成其为剥夺，也无实际意义①。

1995 年 5 月 2 日最高人民法院《关于办理未成年人刑事案件适用法律的若干问题的解释》第 3 条，明确规定了对未成年罪犯的剥夺政治权利刑的适用：即“对犯严重破坏社会秩序罪的未成年罪犯，除依法判处无期徒刑……的以外，一般不附加判处剥夺政治权利刑。对于未成年罪犯，不应单独适用剥夺政治权利刑。”这为司法实践处理未成年刑事案件如何适用剥夺政治权利刑提供了依据。但《解释》对犯危害国家安全罪的未成年罪犯是否适用附加剥夺政治权利刑未作说明。我们认为，这意味着当然适用刑法第 56 条的规定，即对犯危害国家安全罪的未成年罪犯，应当附加适用剥夺政治权利。

至于对未成年罪犯剥夺政治权利是否合适，法律之中是否应增加对未成年罪犯不适用剥夺政治权利的特殊规定，则是理论上可以讨论的问题。我们主张，应在法律之中增加对未成年罪犯不适用剥夺政治权利的特殊规定。主要理由是，未成年人由于生理、心理都尚未发育成熟，可塑性大，容易受人教唆、引诱或者受不良社会环境的影响而走上犯罪道路，同时，未成年罪犯又具有容易教育改造的特点。正因为如此，我们党和国家对未成年罪犯一贯采取教育、挽救的政策。全国人大常委会于 1991 年 9 月通过的《未成年人保护法》第 38 条明确规定：“对违法犯罪的未成年人，实行教育、感化、挽救的方针，坚持教育为主、惩罚为辅的原则。”而剥夺政治权利刑具有严重的社会非难性，有不利于罪犯回归社会的副作用，对未成年罪犯适用这种刑罚，与我们党和国家对未成年人实行特殊保护的政策不吻合，与《未成年人保护法》第 38 条的立法精神相矛盾，也不利于对罪犯的教育改

---

① 参见王志军：《关于剥夺政治权利的几个问题》，载《法学评论》1986 年第 3 期，第 71 页。

造。所以，我们建议，在刑法或者未成年人保护法中，增加有关对未成年罪犯不适用剥夺政治权利的规定。

但是，我们不赞成这样一种说法：未成年人不具有政治权利，“剥夺本来就不享有的权利，就不成为剥夺，没有任何实际意义。”①因为，未成年罪犯虽然暂时没有选举权、被选举权、担任国家机关职务和企业事业单位领导职务的权利，但宪法第35条规定的言论、出版、集会、结社、游行、示威的自由权利，并非只有年满18岁的成年公民才享有(未成年人也享有)，而这种权利也是剥夺政治权利刑所应剥夺的内容。由此可见，未成年人并非完全没有可被剥夺的政治权利，只是因为未成年而不能完全行使政治权利。此外，剥夺未成年罪犯的政治权利，将使其政治生活的范围大大缩小，更重要的是附加剥夺政治权利的刑期，是从徒刑、拘役执行完毕之日或者从假释之日起计算，而被处长期徒刑的未成年犯人，在刑满释放或假释时，一般都已成年，如果不剥夺其政治权利，那他在刑满释放时，就享有各项政治权利。如果判决时附加剥夺了政治权利，则不仅在服刑期间而且在出狱之后的一定时期内仍不具有被剥夺了的政治权利。既然如此，也就不能说对未成年罪犯适用剥夺政治权利刑“没有任何实际意义”。

3. 对于被宣告缓刑的罪犯是否可以适用剥夺政治权利

如前所述，剥夺政治权利既可以单独适用也可以附加适用。单独适用剥夺政治权利，肯定不可能宣告缓刑。因为我国刑法明文规定，只有被判处拘役、3年以下有期徒刑的犯罪分子，才有可能适用缓刑。被附加剥夺政治权利的人，是否可能适用缓刑？这在刑法理论上有两种对立的观点。一种观点认为：“凡是以剥夺政治权利作为附加刑的，都是属于严重破坏社会秩序的犯罪行为，即使是判处拘役、3年以下有期徒刑的犯罪行为也都不能适

---

① 王志军：《关于剥夺政治权利的几个问题》，载《法学评论》1986年第3期，第71页。

用缓刑。”①另一种观点认为：“缓刑只是对主刑的附条件不执行，附加的剥夺政治权利仍须执行，这也是与罪犯所犯罪行相适应的惩罚。所以，对被判处附加剥夺政治权利的犯罪分子，只要具备法定的适用缓刑的条件，就可以适用缓刑。”②我们认为，按1979年刑法的规定，前一种观点是正确的，但按1997年刑法的规定，则后一种观点是正确的。在我国，缓刑确实只是对主刑的附条件不执行，至于是否被判处附加刑、以及被判处的是何种附加刑，对是否适用缓刑不起决定作用，从1997年刑法第72条第2款规定，“被宣告缓刑的犯罪分子，如果被判处附加刑，附加刑仍须执行”中，就足以看出这一点。但是，如果我们仔细研究一下我国1979年刑法关于附加适用剥夺政治权利的规定，就不难发现，被附加剥夺政治权利而宣告缓刑，实际上是不可能的。因为，被判处死刑或无期徒刑而附加剥夺政治权利的人，不具备适用缓刑的前提条件，不可能适用缓刑。犯反革命罪而被附加剥夺政治权利的罪犯，其刑期虽然有可能在3年以下，但是，1979年刑法第69条明文规定：“对于反革命犯和累犯，不适用缓刑。”另外，对于严重破坏社会秩序的犯罪分子，刑法规定在必要的时候也可以附加剥夺政治权利，可是，这类犯罪分子根本不可能仅仅处3年以下有期徒刑而被适用缓刑。因为被处3年以下有期徒刑而适用缓刑的人是轻罪犯，严重破坏社会秩序的犯罪分子是重罪犯，是刑法打击的重点。然而，1997年刑法只是规定对累犯不适用缓刑，对危害国家安全的罪犯则可以适用缓刑。因此，对处3年以下徒刑或拘役而被附加剥夺政治权利的危害国家安全的罪犯，就有适用缓刑的余地。

---

① 李光灿主编：《中华人民共和国刑法论》(上)，吉林人民出版社1984年版，第645页。

② 王志军：《关于剥夺政治权利的几个问题》，载《法学评论》1986年第3期，第71页。

二、如何适用资格刑的裁量

在确定对犯罪人应该适用资格刑的情况下，还要进一步弄清如何适用的问题。由于我国刑法规定的驱逐出境等资格刑没有刑期的限制，往往是一经剥夺或驱逐，某种资格即终身不再享有，所以，不发生进一步考察如何适用资格刑的问题。唯有剥夺政治权利才会出现这类问题，也才有研究如何适用这种资格刑的必要。

(一)剥夺政治权利刑期的确定

剥夺政治权利终身不存在期限问题，只要一经确定适用，即为终身剥夺。但是，如果被判处有期徒刑或管制而附加剥夺政治权利，或者单独适用剥夺政治权利，则需要进一步确定剥夺政治权利的刑期。一般来说，在附加剥夺政治权利的情况下，剥夺政治权利刑期的长短是由主刑的期限所决定的，应与主刑刑期的长短相适应。通常是主刑刑期长的，附加刑刑期就长，反之亦然。如果主刑是管制，那么，按照刑法第 55 条第 2 款的规定，“剥夺政治权利的期限与管制的期限相等”。当然，在确定剥夺政治权利刑期的长短时，除了要看犯罪的轻重即主刑刑期的长短外，还要适当考虑犯罪人将来继续利用政治权利进行犯罪的可能性的大小。同样道理，在单独适用剥夺政治权利的场合，剥夺政治权利的期限，也应与其所犯罪行的轻重相适应，并适当考虑犯罪人的主观恶性和再犯可能性的大小。

应该特别注意的是，刑法第 55 条第 1 款规定，无论是单独适用还是附加适用剥夺政治权利，除被剥夺政治权利终身或者由死缓、无期徒刑减为有期徒刑的以外，剥夺政治权利的期限为 1 年以上 5 年以下。对这一期限限制，不得有所突破，即使是被判处管制附加剥夺政治权利的，也是如此。不得因为刑法规定“剥夺政治权利的期限与管制的期限相等”，而管制的期限为 3 个月以上 2 年以下，就认为被判处管制而附加剥夺政治权利的，其刑期可以在 1 年以下。实际上，被判处管制而附加剥夺政治权利的，其刑期既要受剥夺政治权利又要受管制期限的限制，即只可能是1年以上2年以下(数罪并罚时为1年以上3年以下)。

(二)剥夺政治权利的并罚问题

关于数罪并罚，我国刑法只对被判处的主刑如何并罚作了明确规定。那么，在犯罪人因犯数罪而被判处了几个附加剥夺政治权利刑时，刑期如何确定？就成了一个棘手的问题。对此，我国刑法学界有两种不同观点。第一种观点认为，应当采用并科原则，即原则上对被判处的几个剥夺政治权利的刑期，应当绝对相加；但绝对相加后的刑期，不能超过法定最高刑(5年)[①]。第二种观点认为，应当采用限制加重原则，即对被判处数个附加剥夺一定期限的政治权利，在确定应执行的刑期时，应该参照刑法第69条对有期徒刑、拘役、管制的并罚规定，在数个剥夺政治权利的总和刑以下，数刑中的最高刑期以上，决定执行的刑期，但最高不得超过5年[②]。我们认为，对因犯数罪而被判处的数个剥夺政治权利，完全采用并科原则是行不通的。例如，在被判处的数个剥夺政治权利中，如果有一个是剥夺政治权利终身，那么，其他的剥夺政治权利刑就没办法并科了(采用限制加重原则也会遇到同样的问题)。另外，对数个剥夺一定期限政治权利的，虽然可以在总和刑期以下，数刑中的最高刑期以上，即按限制加重原则处理，但是，这在法律上并无根据。因为刑法第69条规定的限制加重原则，仅仅只适用于有期徒刑、拘役和管制三种主刑，并未规定对剥夺政治权利等附加刑也适用。再说，限制加重的一大特点是决定执行的刑期在总和刑期以下，最高不得超过一定的期限，而这一最高期限是在各种刑罚的法定期限之上，法律对此有明文规定。如果说剥夺政治权利也要采用限制加重原则，

---

① 参见丁众：《略论附加刑在数罪并罚中的适用》，载《法制建设》1985年第4期，第35页。

② 参见王志军：《关于剥夺政治权利的几个问题》，载《法学评论》1986年第3期，第70页。

那么，限制加重的最高期限是多少？主张采用限制加重原则的论者认为是 5 年。但 5 年是剥夺政治权利刑的最高期限，而非数罪并罚时限制加重的最高期限。因此，在数罪并罚时，对被判处的几个剥夺政治权利实行限制加重，是不符合现行刑法规定的。至于有的论者提出，今后修改刑法时，应在有关数罪并罚的条文中，增加对剥夺政治权利刑采用限制加重原则的规定。这种建议虽然有一定的合理性，但是，在刑法未作这种规定的情况下，还得严格依法办事。

在我们看来，我国刑法第 69 条第 2 款的规定，是在数罪并罚时，确定剥夺政治权利刑期的重要法律依据。按照该条款的规定，“如果数罪中有判处附加刑的，附加刑仍须执行。”这不仅是指对数罪实行并罚，在决定执行主刑的同时，附加刑仍须执行，而且意味着在判处几个附加刑的情况下，对几个附加刑均须执行。就剥夺政治权利而言，如果数罪判处了几个剥夺政治权利，原则上这几个剥夺政治权利应合并执行。不过，在决定执行的刑期时，要受刑法有关规定的制约，这包括以下几种情形：

1. 在几个剥夺政治权利刑中，如果有一个是剥夺政治权利终身，则其他的剥夺政治权利无法再执行，所以，只执行一个剥夺政治权利终身。

2. 在判处两个以上管制而又附加剥夺政治权利的场合，由于刑法第 69 条规定，数罪并罚时管制的最高期限是 3 年，而刑法第 55 条第 2 款又规定，“判处管制附加剥夺政治权利的，剥夺政治权利的期限与管制的期限相等”，这就决定了对判处两个以上管制而附加剥夺政治权利的，其决定执行剥夺政治权利的刑期不得超过 3 年。

3. 在判处有期徒刑、拘役而附加剥夺政治权利，或者单处剥夺政治权利的情况下，几个剥夺政治权利刑都应执行，但合并执行的最高期限不能超过法定的剥夺政治权利的最高期限（5年）。如果判决宣告以后，剥夺政治权利刑还没有执行完毕以前，被剥夺政治权利的犯罪分子又犯罪，且所犯新罪又被判处一定期限的剥夺政治权利的，依照我国刑法第 71 条的规定，应把前罪没有执行的剥夺政治权利与后罪所判处的剥夺政治权利合并执行，决定执行的剥夺政治权利的期限也不得超过 5 年。但是，其实际执行的剥夺政治权利的期限，则有可能在 5 年以上。

第十二章　数 罪 并 罚

第一节　数罪并罚概述

一、数罪并罚的概念及特征

我国刑法中的数罪并罚制度，是指人民法院对一人所犯的数罪，分别定罪量刑，然后按照刑法规定的原则决定应执行的刑罚。这一制度具有以下三个主要的特征：1. 数罪特征，即一人犯有数罪。这是适用数罪并罚的前提。因此，正确适用数罪并罚，首先应当注意正确区别一罪与数罪。行为人以两个或两个以上的犯罪故意或过失，实施两个或两个以上的行为，具备两个或两个以上犯罪构成的，就是数罪。只有对实施了数罪的人，才能进行并罚。2. 时间特征，即数罪必须是在法定期限以内发生的。根据我国刑法的规定，刑罚执行完毕以前发现行为人犯有数罪的，实行数罪并罚。具体讲，以下情形应当适用数罪并罚：(1)判决宣告以前一人犯异种数罪的；(2)判决宣告以后刑罚还没有执行完毕以前或在缓刑、假释考验期限内发现漏判之罪的；(3)在刑罚执行过程中或在缓刑、假释考验期限内又犯新罪的。3. 原则特征，即对一人所犯的数罪合并处罚，在对各罪分别定罪量刑的基础上，按照法定的原则决定应执行的刑罚。对数罪所采取的并罚方法，在刑法颁布之前及颁布之初，司法实践中较为普遍的采取“估堆”的方法，即只对各罪分别定罪，并不对数罪分别量刑，只将数罪作为一个整体笼统地量刑。1951年2月15日最高人民法院在《关于一人犯数罪如何量刑问题的批复》中曾指出："法院审判一被告犯数罪时应如何判处罪刑的问题……原则上仍应先就各个犯罪分别宣告其所处之刑罚，再宣告其执行之刑罚。"但是，这一《批复》也为“估堆”方法提供了权威性的依据。该《批复》第二项认为："现在有某些法院的判决，在事实项下虽认定数个犯罪，在主文内只宣告一个刑罚，亦可认为系简略形式，可以允许。"事实证明，数罪并罚中的“估堆”量刑方法既不能保证准确地适用法律，也不能保证办案质量，判决不当难以被发现，即使发现了也不便于纠正，因而是不可取的。在审判实践中，即使数罪中有一罪或数罪应判处无期徒刑或者死刑(包括死缓)，也同样应该对各罪分别量刑，然后按照刑法规定的原则决定执行其中最高的刑罚。1987年6月26日最高人民法院在《关于对数罪中有判处无期徒刑以上刑罚的案件如何实行数罪并罚的通知》中明确指出："对于数罪中有一罪或者数罪应当判处无期徒刑或者死刑(含死刑缓期2年执行，下同)的案件……如果不分别量刑，就看不出对每一个罪是如何量刑的，既可能影响被告人行使上诉权，也会给上级法院审查原判量刑是否适当造成困难……今后对被告人犯数罪，其中有一罪或者数罪应当判处无期徒刑或者死刑的，对各罪应当分别量刑，然后决定执行其中最高的刑罚。"

二、数罪并罚的意义

一人犯数罪，古已有之。对于犯数罪的如何处罚，历代法律也多有规定。新中国成立以后，由于长期没有颁布系统的、法典性的刑事法律，解决数罪并罚问题只能靠一些单行的法规和司法解释。由于立法不明确，诸多问题缺乏法律规定，导致司法实践中实际操作困难重重，随意性很大，不少问题的解决方法既不统一，也不科学。1979年《中华人民共和国刑法》颁布以后，对数罪并罚的原则和不同情况的数罪具体并罚的方法，作了较为全面、系统的规定，从而为人民法院正确解决数罪的并罚问题提供了法律依据和保障。具体讲，对数罪实行并罚，具有以下几个方面的意义：

(一)罪刑相适应原则的必然要求。量刑的依据是犯罪行为的社会危害性和犯罪人的人身危险性。一人犯一罪与一人犯数罪相比，无论在行为的社会危害性方面，还是在行为人的人身危险性方面，都要大得多。因而犯数罪的人理所当然应该受到更为严厉的社会谴责。正如日本学者西原春夫所说："犯人犯数个犯罪，同时被交付裁判的场合，因为从规范上看应受的非难大，从政策上看犯罪反复的危险性大，所以并合其中具备一定条件的，加重刑罚。"①对犯数罪的人实行并罚，体现了从重的精神。即使在数罪中最高刑为死刑或无期徒刑时只执行死刑或无期徒刑，分别定罪量刑也表明了社会对犯数罪谴责的严厉程度大于犯一罪的。

(二)是有罪必罚、一罪一罚原则的必然要求。马克思指出："惩罚在罪犯看来应该是他的行为的必然结果。"②犯了罪而受不到应有的惩罚，或者犯了数罪与犯了一罪在惩罚上没有区别，就不可能遏制犯罪现象的发生，一个良好的社会秩序也就不可能建立。因此，有罪必罚、一罪一罚作为一项刑法原则被广泛承认。遵循这一原则，就必须数罪并罚。

(三)是实现刑罚目的的必然要求。犯罪是对正常社会秩序的否定，刑罚则是对犯罪的否定之否定，通过这种否定之否定的过程，表达社会正义观念，恢复社会正常秩序。对犯一罪的人与对犯数罪的人在处罚上不作区别，既不能实现遏制犯罪的目的，

---

① [日]西原春夫著：《刑法总论》改订准备版(下卷)，成文堂1995年版，第431页。

② 《马克思恩格斯全集》第1卷，第141页。

导致犯罪行为给社会造成的危害与犯罪人因犯罪所受的惩罚明显失衡，也不能实现刑罚预防犯罪的目的，从某种意义上说是“鼓励”已经实施了犯罪行为的人继续危害社会，对其他公民也起不到震慑、教育作用。即使对一人犯数罪的实行并罚，如果没有法律明确的规定、先进的原则和科学的方法指导，也势必导致定罪不准，量刑失轻失重，同样不能实现适用刑罚的目的。

第二节　数罪并罚的原则

一、外国刑法中数罪并罚的原则

数罪并罚原则是指对一人所犯数罪进行合并处罚所依据的原则。各国刑事立法例中所采取的数罪并罚原则主要有四种：

(一)吸收原则。即对数罪采取重刑吸收轻刑的处罚原则，在对各罪分别宣告的刑罚中，选择最重的一种刑罚作为应执行的刑罚，其余较轻的刑罚被最重的刑罚所吸收，不予执行。采用这一原则，对某些刑种，如死刑、无期徒刑是适宜的。但是，普遍适用这一原则则存在明显的缺陷：其一，犯数罪与犯一罪，处罚的结果可能是相同的，不能充分体现罪刑相适应原则，显失公平；其二，犯数罪与犯一罪处罚的结果相同，客观上轻纵甚至鼓励已犯重罪之人多犯罪，尤其是多犯轻罪，不利于有效地惩罚罪犯和预防犯罪。因此，当今各国刑事立法极少单纯采用这一原则。

(二)并科原则。又称合并原则或相加原则，指对数罪分别宣告刑罚，然后数刑绝对相加，各罪刑罚相加的总和即为应执行的刑罚。这一原则来源于“一罪一罚”、“数罪数罚”、“每罪必罚”的思想。与吸收原则一样，并科原则对某些刑种，如主刑与附加刑以及不同种类附加刑之间的并罚是适用的，但也不具有适用的普遍性。首先，有期自由刑之间虽然可以绝对相加，但绝对相加的结果往往表现为过分苛严，特别是在对有期自由刑上限不作限制的国家，甚至因为绝对相加而使得刑期远远超过人的正常寿限而变得没有实际意义；其次，绝对相加原则对有些刑种，如死刑、无期徒刑无法适用。

(三)限制加重原则。又称限制相加原则，指对数罪分别定罪量刑，然后以其中最重的刑罚为基础，再加重一定程度的刑罚，作为应执行的刑罚。或者是在数刑中最高刑期以上，数刑相加的总和刑期以下酌情决定执行的刑罚，法律同时规定决定执行的刑罚最高不得超过的限度。这一原则在坚持"有罪必罚"和"一罪一罚"原则的基础上，采用了较为灵活的计算方法，审判人员可以根据案件情况在一定幅度内恰当地确定应执行的刑罚。但是，单纯适用这一原则同样也存在局限性，因为它不能适用于死刑、无期徒刑等刑种的并罚。

(四)折衷原则。又称综合原则或混合原则，指对数罪不是单一地采取吸收原则、并科原则或限制加重原则，而是根据不同的情况兼采上述原则。由于这一原则取长补短，针对性强，适用面广，灵活性大，因而成为当今各国刑事立法采用较为普遍的一种原则。日本刑法中的并合罪即数罪并罚就是采取这一原则分别加以规定的。中山研一教授指出："并合罪的处断方法，虽有吸收主义、加重主义、并科主义三种，但我国刑法在有期惩役、监禁相互间及罚金均采'加重主义'，但一罪应处死刑或无期徒刑时采'吸收主义'，并且罚金和拘留、科料(按即小额罚金)及没收，与一定的其他刑种之间采'并科主义'加以规定。"①

二、我国刑法中数罪并罚的原则

我国建国初期的一些刑事立法，对数罪并罚采取的是吸收和限制加重原则。例如，1951年公布的《中华人民共和国惩治反革

① [日]中山研一：《刑法总论》，成文堂1989年版，第542页。

命条例》第15条规定："凡犯多种罪者，除判处死刑和无期徒刑者外，应在总和刑以下，多种刑中的最高刑以上酌情定刑。"我国现行刑法采取的是以限制加重原则为主，以吸收原则和并科原则为补充的原则。刑法第69条规定："判决宣告以前一人犯数罪的，除判处死刑和无期徒刑的以外，应在总和刑期以下、数刑中最高刑期以上，酌情决定执行的刑期；但是管制最高不能超过3年，拘役最高不能超过一年，有期徒刑最高不能超过20年。""如果数罪中有判处附加刑的，附加刑仍须执行。"根据这一规定，对判决宣告以前犯数罪的，根据不同情况，采取以下不同的原则并罚：

（一）数罪中有一罪被判处死刑或者无期徒刑的，采取吸收原则。即数罪中有一罪或几个罪被判处死刑的，不论其他罪被判处何种较轻的主刑，只执行死刑，不再执行其他较轻的主刑；数罪中有一罪或几个罪被判处无期徒刑的，也不论其他罪被判处何种较轻的主刑，只执行无期徒刑，不再执行其他较轻的主刑。这是因为，死刑是以剥夺受刑人的生命为内容的刑罚，生命既不存在，其他以剥夺或限制自由为内容的较轻的主刑就失去了继续执行的可能。无期徒刑是以剥夺受刑人的终身自由为内容的刑罚，不能先执行较轻的主刑，如有期徒刑、拘役、管制，然后再来执行无期徒刑。就我国刑事司法实践的实际情况看，被判处无期徒刑的犯罪分子，真正在监狱服刑终身的只是极少数。绝大多数无期徒刑犯均能通过减刑等途径而获得提前释放。即使在这种情况下，也不能在无期徒刑执行以后，再执行数罪中其他罪被判处的无期徒刑或较轻的主刑。但是，法院在决定对无期徒刑犯是否减刑以及减刑的幅度大小时，罪犯是否被数罪并罚以及被无期徒刑所吸收的主刑情况，是一个重要的考虑因素。数罪中判处了两个或两个以上的无期徒刑，能否"升格"决定执行死刑？对此，学术界存在不同看法。肯定说认为，在一人所犯的数罪中判了两个或两个以上的无期徒刑时，尽管每一种罪独立地看，都不够判处死刑，但判几个无期徒刑本身就说明该罪犯的社会危害性很大，因此，可以将他所犯的数个无期徒刑合并执行一个死刑，只有这样，才能体现罪刑相适应①。折衷说认为，一般说来，在这种情况下不能升格执行死刑。但是，如果一人所犯的两罪中，其中之一的法定最高刑是死刑。倘若他只犯这一罪，属于可杀可不杀的情况，而事实上他又犯了另一罪，并且分别看来都应当判处无期徒刑，那么，审判人员便可以根据整个案件的情况，对其中一个挂死刑的罪判处死刑，然后采用吸收原则，决定执行死刑②。否定说认为，死刑与无期徒刑之间虽然只相差一格，但存在死与生本质上的区别。同时，上述主张不适当地扩大了死刑适用的范围，与我国坚持少杀的死刑政策相违背。有的学者明确指出："由于各种刑罚的性质不同，执行的方法不同，因此，适用同种数刑并罚时……不能把数个无期徒刑合并后升格为死刑，而只能执行一个无期徒刑。"③我们认为，否定者的意见是正确的，并且已经为我国刑事司法实践所接受和采纳。折衷说形似折衷，实为肯定。因为在任何情况下，法定刑中没有挂死刑而判了死刑，都是绝对错误的。此其一；其二，数罪并罚的基础应是数罪分别被判处的刑罚，而不是数罪各自的法定刑；其三，在这种观点的具体阐述中，"可杀可不杀"与"应当判处无期徒刑"是含混不清、自相矛盾的。

（二）数罪分别被判处有期徒刑、拘役、管制的，采取限制加重原则。所谓"限制"，主要表现在两个方面：其一是只能在数罪的总和刑期以下，数刑中最高刑期以上，酌情决定执行的刑期；其二是酌情决定执行的刑罚受数罪并罚法定最高限度的限制，即管制最高不能超过 3 年，拘役最高不能超过 1 年，有期徒

① 见高铭暄主编：《新中国刑法学研究综述》，河南人民出版社 1986 年版，第 495 页。

② 见周振想著：《刑罚适用论》，法律出版社 1990 年版，第 325 页。

③ 高铭暄主编：《中国刑法学》，中国人民大学出版社 1989 年版，第 294 页。

刑最高不能超过20年。所谓“加重”，也表现在两个方面：一是在数刑中最高刑期的基础上加重处罚，决定执行的刑期不能低于数刑中的最高刑，而必须在数刑中的最高刑期以上；二是数罪并罚决定执行的刑罚，其最高限度可以超过某种刑罚正常的法定最高限度。例如，根据刑法第45条的规定，在犯一罪的情况下，有期徒刑的最高期限为15年，而在数罪并罚情况下，其最高期限则为20年。

适用限制加重原则时，酌情决定执行的刑罚，具体“酌定”的依据是什么？我们认为，应包括量刑情节、犯罪的社会危害性和犯罪人的人身危险性以及最高刑以外的其他罪的处刑情况等因素。数罪并罚时，具有从宽或从严情节的，一般认为，应在对数罪的定罪量刑中分别体现。但在决定执行的刑罚时应否有所体现，理论上则存在意见分歧。有一种意见认为，只能在分别定罪量刑时予以体现，而不应在数刑的总和刑之上加重、在数刑中最高刑之下减轻处罚或者在决定执行的刑期上予以加重、减轻①。我们认为，不能在数刑的总和刑之上加重或在数刑中最高刑之下减轻是正确的，但不能在酌情决定执行的刑罚时予以考虑则有所不妥。限制加重原则允许法官在决定执行的刑罚时，可以在一定的范围内根据案件的具体情况酌情决定，而“案件的具体情况”中理所当然应当包括案件中的从宽或从严情节，否则，酌情决定便无所依据，成为擅断的借口。

（三）如果数罪中有判处附加刑的，采取并科原则，即附加刑仍须执行。附加刑具体执行的时间，因附加刑的性质不同而不同：被处罚金或没收财产的，可以在主刑执行之前或执行过程中执行；被判处剥夺政治权利，主刑为死刑、无期徒刑或管制的，与主刑同时执行；主刑为有期徒刑或拘役的，剥夺政治权利应在

① 见马克昌等主编：《刑法学全书》，上海科学技术文献出版社1993年版，第220页。姜伟著：《犯罪形态通论》，法律出版社1994年版，第501—502页。

有期徒刑或拘役执行完毕以后执行。对于主刑已经执行完毕，在执行剥夺政治权利期间又犯罪的，如果所犯新罪无须判附加剥夺政治权利的，应在新罪所判处的刑罚执行完毕以后，继续执行前罪没有执行完毕的附加剥夺政治权利。

第三节　适用数罪并罚的几种情况

根据犯罪人实施数罪或司法机关发现数罪时间的不同，数罪可以分为若干不同的情况。对于不同情况的数罪，并罚的方法也有所不同。依照我国刑法第 69 条、第 70 条、第 71 条、第 77 条和第 86 条的规定，对于不同情况的数罪，应分别采取以下方法并罚：

一、判决宣告以前一人犯数罪并均已被发现的并罚

判决宣告以前一人犯数罪，并均已被发现的，这是数罪并罚的基本形式。其基本特征是：(1)一人犯有数罪；(2)所犯数罪是在判决宣告以前实施并且已被发现的；(3)在对各罪分别定罪量刑的基础上，依照刑法第 69 条的规定，即我们上节所述的原则，决定犯罪人应执行的刑罚。

二、判决宣告以后刑罚执行完毕以前发现漏判之罪的并罚

“漏罪”是指判决宣告以前一人犯有数罪，在对其他罪作出判决时未被发现的罪。根据刑法第 70 条的规定，判决宣告以后刑罚还没有执行完毕以前，发现被判刑的犯罪人在判决宣告以前还犯有其他罪没有判决的，应当对新发现的罪(包括同种罪)作出判决，把前罪判决所判处的刑罚与新发现之罪所判处的刑罚，按照刑法第 69 条的规定，决定执行的刑罚。已经执行的刑期，应当计算在新判决决定执行的刑期以内。这种情形的数罪并罚具有以下几个特征：(1)判决宣告以前行为人犯有数罪；(2)宣告

判决时只发现了数罪中的部分犯罪；(3)在判决宣告以后刑罚执行完毕以前发现漏判之罪。“刑罚执行完毕以前”具体包括三种情形，即刑罚实际执行期间、缓刑考验期间、假释考验期间；(4)把前罪所判处的刑罚与新发现的罪所判处的刑罚进行并罚，然后再减去前罪已执行的刑期，以剩余的刑期作为继续执行的刑期，即按照“先并后减法”的方法决定应执行的刑罚。

判决宣告以后，刑罚还没有执行完毕以前发现漏判之罪的，具体并罚时常常会遇到两个问题：

一是对数罪并罚后刑罚执行过程中又发现漏罪的应当如何并罚？即漏判之罪的刑罚是与原判数罪的刑罚并罚，还是与原判决定执行的刑罚并罚？我们认为，应与原判决定执行的刑罚并罚。因为，根据刑法第 70 条的规定，是“把前后两个判决所判处的刑罚”，依照刑法第 69 条的规定决定执行的刑罚。这一规定表明是将两个判决所判处的刑罚进行并罚。原判所作的数罪并罚的决定，是已发生法律效力的判决，发现漏判之罪不是撤销或改判原判决的法定理由。将漏判之罪所判处的刑罚与原判决中数罪被判处的刑罚并罚，实际上等于说原判决定执行的刑罚无效，明显违背了法律的有关规定精神。

二是对刑罚执行过程中发现数个漏罪的应如何并罚？有的认为，应当先对新发现的数个漏罪分别定罪量刑合并处罚后，再把对前罪所判处的刑罚与对新发现的数个漏罪并罚后的刑罚，依照刑法第 69 条的规定决定执行的刑罚。但多数人认为，应当对新发现的数个漏罪分别定罪量刑，然后将各自判处的刑罚与前罪所判处的刑罚，依照刑法第 69 条的规定决定执行的刑罚①。因为刑法第 69 条规定，应当在总和刑期以下、数刑中最高刑期以上，酌情决定执行的刑期。如果按照第一种观点，就不是在数刑中的最高刑期以上，而是在数个漏罪并罚后决定执行的刑期或原判刑

---

① 见高铭暄主编：《刑法学》，中央广播电视大学出版社 1993 年版，第 378 页。

期以上、总和刑期以下，酌情决定应执行的刑期，这与法律的规定不符。

三、判决宣告以后刑罚执行完毕以前又犯新罪的并罚

服刑犯在服刑期间，不思悔改，继续实施危害社会的犯罪行为，表明其主观恶性深、人身危险性大。我国现行刑法虽然没有规定对新犯之罪从重处罚，但在数罪并罚的方法上与判决宣告以前犯数罪的有着明显的区别。根据刑法第71条的规定，判决宣告以后，刑罚还没有执行完毕以前，被判刑的犯罪人又犯罪的，应当对新犯的罪(包括同种罪)作出判决，把前罪没有执行的刑罚和后罪所判处的刑罚，依照刑法第69条的规定，决定执行的刑罚。但是已经执行的刑期不计算在新判决决定的刑期以内。这种先减去已执行的刑罚，然后将尚未执行的刑期和新判的刑期并罚，从而确定应继续执行的刑罚的方法，简称为"先减后并"的方法。这种方法与前述"先并后减法"表现出明显的从严精神。因为按此方法，服刑人实际执行刑罚的最低期限可能比"先并后减"实际执行刑罚的最低期限高，或者至少相等。而且按此方法，服刑人实际执行的刑罚，有期徒刑、拘役、管制的刑期可能分别超过数罪并罚的法定最高刑期。

关于对余刑应从何时开始计算的问题，现行刑法没有明确规定。我们认为，由于犯罪时间距判决宣告时间有一段距离，结合刑法关于时效、责任年龄的规定，将余刑开始计算的时间理解为罪犯实施新罪的时间是科学、合理的。

对刑罚执行期间既发现漏罪又犯有新罪的应如何并罚？现行刑法未予明确规定，刑法学界存在着较大的意见分歧。有的认为应先对发现的漏罪作出判决，与原判刑罚按照刑法第69条规定的原则，确定应执行的刑罚，然后对新犯之罪作出判决，再与前两个判决所决定的刑罚中尚未执行的刑罚并罚，决定应执行的刑罚。有的则认为应先对漏罪和新犯之罪分别定罪量刑，将两罪所判处的刑罚，按照刑法第69条规定的原则，酌情决定执行的刑

罚，然后以此判决作为一个新判决，与原判所判处的刑罚并罚，酌情决定应执行的刑罚，再减去已执行的刑罚，从而确定应继续执行的刑罚。还有的认为应先对漏罪和新犯之罪分别判刑，然后把原判刑罚和漏罪所判处的刑罚以及新犯之罪所判处的刑罚，按照刑法第 69 条规定的原则，酌情决定执行的刑罚，再减去原判刑罚中已执行的刑罚，即为应继续执行的刑罚。也有的认为，应先对漏罪和新罪分别判刑，然后将新罪所判处的刑罚与原判刑罚，按照“先减后并”的方法并罚，酌情决定执行的刑罚，再将此刑罚作为一个新判决，与漏罪所判处的刑罚，按照刑法第 69 条规定的原则，酌情决定执行的刑罚即为应继续执行的刑罚①。我们认为，第一种意见是正确的。因为漏罪属于犯罪人判决宣告前实施的犯罪，本应与原判决的犯罪一并处理，只是由于当时未能发现才未作处理。一旦发现，理应首先与原判刑罚并罚，再考虑新罪并罚的问题。

对刑罚执行完毕以后又犯新罪，发现被告人在前罪判决前，或者在前罪刑罚执行期间，犯有其他罪没有处理的，应如何处理？有的认为应按前罪的刑罚尚未执行完毕以前的情况处理，实行并罚；有的认为将新罪与发现的漏罪进行并罚即可。对此，最高人民法院在 1985 年 8 月 21 日《关于人民法院审判严重刑事犯罪案件中具体应用法律的若干问题的答复(三)》中指出：“在处理被告人刑满释放后又犯罪的案件时，发现他在前罪判决宣告以前，或者在前罪判处的刑罚执行期间，犯有其他罪行，未经过处理，并且依照刑法的规定应当追诉的，如果漏罪与新罪分属于不同种的罪，即应对漏罪与刑满释放后又犯的新罪分别定罪量刑，并依照刑法第 64 条(注：1979 年刑法)的规定，实行数罪并罚；如果漏罪与新罪属于同一种罪，可以判处一罪从重处罚，不必实行数罪并罚。”我们认为，这一解释简便、合理，现在仍值得

---

① 见高铭暄主编：《新中国刑法学研究综述》，河南人民出版社 1986 年版，第 498—499 页。

参考。

刑法第 77 条规定："被宣告缓刑的犯罪分子，在缓刑考验期限内犯新罪或者发现判决宣告以前还有其他罪没有判决的，应当撤销缓刑，对新犯的罪或者新发现的罪作出判决，把前罪和后罪所判处的刑罚，依照本法第 69 条的规定，决定执行的刑罚。"刑法第 86 条规定，"被假释的犯罪分子，在假释考验期限内犯新罪，应当撤销假释，依照本法第 71 条的规定实行数罪并罚。在假释考验期限内，发现被假释的犯罪分子在判决宣告以前还有其他罪没有判决的，应当撤销假释，依照本法第 70 条的规定实行数罪并罚。"

第四节　数罪并罚制度的立法完善

在刑罚的具体运用中，数罪并罚是一项重要的制度。这既是一个重要的理论问题，也是一个复杂的实践问题。1979 年的《中华人民共和国刑法》是新中国第一部系统、全面规定这一制度的法典，它为一人犯数罪时的合并处罚提供了法律依据。但是，历经十余年的实际施行，立法规定中一些不完善的地方越来越明显地暴露出来，并直接影响到司法实践的实际运用。令人遗憾的是，1997 年修订的刑法中，除删除 1979 年刑法中个别多余字句外，数罪并罚制度并未得到实质性的完善。

一、判决宣告以前一人犯数罪的罪质

并罚的前提条件是一人犯有数罪。在现实中，一人所犯数罪既有同种数罪，也有异种数罪。区别同种数罪与异种数罪的标准是行为人实施的数个独立的犯罪行为的罪质是否相同。相同的为同种数罪，反之是异种数罪。1979 年刑法对数罪并罚中判决宣告以前一人所犯数罪的种类未作限制，由此引发出理论界关于判

决宣告以前一人犯同种数罪应否按照1979年刑法第64条的规定进行并罚的讨论。经过长时期的激烈争论，现已趋于达成一致意见，即判决宣告前一人犯同种数罪的不必并罚，只作为一罪从重处罚。这是因为：(1)从以往的刑事立法看，1951年《中华人民共和国惩治反革命条例》第15条规定："凡犯多种罪者，除判处死刑和无期徒刑者外，应在总和刑以下，多种刑中的最高刑以上酌情定刑。"1952年《中华人民共和国惩治贪污条例》第4条第1款规定：犯贪污罪"屡犯不改者"，"得从重或加重处刑"。同条第2款规定："因贪污而兼犯他种罪者，合并处刑。"(2)从现行刑事立法看，现行刑法对各种犯罪规定了较为宽广的法定刑幅度，这为对犯同种数罪按一罪从重处罚提供了可能。有的同志提出，对于刑法只规定一个法定刑幅度的同种数罪应当采用并罚，否则便会轻纵罪犯。这种主张难以成立。在实际生活中，一人数次实施一种危害行为，如果合并处理可能构成犯罪，分别处理则可能不构成犯罪的情形并不鲜见。同时，根据法定刑来反推定罪也违反了先定罪后量刑的刑法原则。(3)从罪刑相当的原则看，刑法规定法定最高刑的标准是某一犯罪可能造成的最大的危害社会程度，同时酌情考虑了行为人的人身危险性状况。在实际生活中，一人数次犯一罪的严重程度并非绝对大于一人一次犯一罪的严重程度，更不会超过该罪法定最高刑允许的范围，而且即使超过了，也只是修改法定刑的问题。(4)从司法实践看，最高人民法院、最高人民检察院、公安部在1984年4月26日作出的《关于当前办理强奸案件中具体应用法律的若干问题的解答》第4条第2项中指出，"强奸妇女、奸淫幼女多人或者多次的"，属于强奸罪中"情节特别严重"的情况，无须实行并罚。最高人民法院在1985年8月21日《关于人民法院审理严重刑事犯罪案件中具体应用法律的若干问题的答复(三)》中更明确指出："在处理被告人刑满释放后又犯罪的案件时，发现他在前罪判决宣告以前，或者在前罪判处的刑罚执行期间，犯有其他罪行，未经过处理，并且依照刑法的规定应当追诉的，如果漏罪与新罪分属于不同种的罪，即应对漏罪与刑满释放后又犯的新罪分别定罪量刑，并依照刑法第64条(1979年刑法)的规定，实行数罪并罚；如果漏罪与新罪属于同一种罪，可以判处一罪从重处罚，不必实行数罪并罚。”问题虽然在理论上和实践中已经得到解决，但是，立法上存在的问题却不容忽视。1997年修订后的刑法在对数罪并罚制度的规定中，依然如故，没有区分异种数罪与同种数罪，这就意味着法律要求对数罪不论其属于异种数罪或同种数罪，均应作并罚处理。司法解释的内容不应超出立法的范围，其与现行刑法发生冲突，只能适用现行刑法。由此看来，彻底解决这一问题的出路应在于立法上明确规定判决宣告以前一人所犯数罪限于不同种类的数罪，同时规定对判决宣告以前一人犯同种数罪的量刑方法。

二、不同种类自由刑的并罚

数罪中既有判处有期徒刑的，又有判处拘役或管制的，即不同种类的有期自由刑之间应当如何并罚？对此，刑法没有明文规定。为了解决这一司法实践中经常遇到的问题，最高人民法院在1981年7月27日《关于管制犯在管制期间又犯新罪被判处拘役或有期徒刑应如何执行的问题的批复》中指出：“由于管制和拘役、有期徒刑不属于同一刑种，执行的方法也不同，如何按数罪并罚的原则决定执行的刑罚，在刑法中尚无具体规定，因此，仍可按照本院1957年2月16日法研字第3540号复函的意见办理。即：‘在对新罪所判处的有期徒刑或者拘役执行完毕后，再执行前罪所没有执行完的管制。’对于管制犯在管制期间因发现判决时没有发现的罪行而被判处拘役或者有期徒刑应如何执行的问题，也可以按照上述意见。”另外，最高人民法院1958年4月7日《关于管制期间可否折抵徒刑刑期问题的复函》也指出：“徒刑的刑罚较管制的刑罚为重，徒刑和管制的执行方法也不同，徒刑是在劳动改造机关监管执行，而管制并不这样执行。因此，管制的刑期不宜折抵徒刑。”由此可见，目前司法实践中解决这一问题，采取的是逐一执行的方法。

关于这一问题，认识上存在三种不同的主张：(1)逐一执行说。主张当数罪被判处了不同种类的自由刑时，应该按照从重到轻的顺序逐一执行，即先执行有期徒刑，后执行拘役，再执行管制。这一主张的根据首先是最高法院的司法解释，其次是认为如果把管制、拘役折算为有期徒刑，就等于把管制、拘役升格为有期徒刑，混淆了不同刑种的界限，实质上是加重了被告人的刑罚，这与罪刑相适应的原则相违背。此外，刑法第 41 条、第 44 条和第 47 条的规定，是针对现行羁押已既成事实的情况而作的刑期折抵的规定，不能作为管制或拘役折算有期徒刑的法律依据。(2)吸收说。主张当数罪分别被判处不同种类的自由刑时，按重刑吸收执行轻刑的方法，决定只执行数刑中最重的刑罚，较轻的刑罚不予执行。其主要理由是，这种方法既体现了法律的严肃性，又符合并罚的原则，且简便易行。(3)换算说。主张当数罪分别被判处有期徒刑、拘役、管制时，应当把拘役、管制折算成有期徒刑，或把管制折算成拘役，然后按照限制加重的原则决定执行的刑罚。折算的方法是，拘役 1 日折算有期徒刑 1 日，管制 2 日折算有期徒刑、拘役 1 日。这是目前刑法学界比较流行的通说。

我们认为，换算说是合理、科学、可行的。因为逐一执行说采取的是并科原则，照此执行，在执行了较重的有期自由刑以后，再执行较轻的自由刑，所体现的只是对犯罪人的惩罚，与我国对犯罪人适用刑罚的改造目的不相符合，不利于对罪犯的教育改造。就罪犯改造的实际情况看，在执行徒刑，尤其是刑期较长的徒刑以后，再执行拘役或管制，并无太大的实际必要。同时，采取并科原则，对犯罪人也过于苛严，与数罪并罚的基本原则不相适应，因而此说是不可取的。吸收说主张仅仅决定执行数刑中的最高刑，违背了有罪必罚的刑罚原则，势必会轻纵罪犯，体现不出数罪从重处罚的原则，一定意义上是变相“鼓励”罪犯在实施了较重之罪以后，继续实施较轻之罪，达不到预防犯罪的目的。相比较而言，换算说虽然自身也有不足之处，有期徒刑、拘役和管制三种自由刑之间在诸多方面确实存在差别，也正因为存在差别，它们才分别成为自己。但是，权衡利弊，利明显大于弊。这是因为，限制加重是我国刑法规定的有期自由刑并罚的基本原则。采取换算的方法解决不同种类有期自由刑之间的并罚，是适用限制加重原则的必然要求：其一，按限制加重原则决定执行的刑罚，其必要前提是对各有关刑罚进行折抵换算，否则既不能确定数刑中的“最高刑期”，也不能计算出“总和刑期”，“酌情决定执行的刑期”也就无从谈起；其二，只有对数罪所判处的不同种类的自由刑进行折抵换算，才能做到既符合“对同一犯罪人只能决定执行一种主刑”的一般原则，又体现了对数罪的从重处罚。同时，采取换算的方法解决不同种类自由刑之间的并罚问题，也具有操作的可行性。首先，现行刑法不仅允许管制、拘役和有期徒刑三者之间相互折抵，而且为这种折抵规定了明确的折抵标准。我国刑法第 41 条规定判决以前先行羁押的，羁押 1 日折抵管制刑期 2 日；第 44、47 条规定羁押 1 日折抵拘役刑期 1 日、有期徒刑刑期 1 日，实际上就是关于管制、拘役和有期徒刑三者之间折抵换算的规定，因而可视为“换算说”的法律依据。其次，管制、拘役和有期徒刑三者之间的差异只是量的不同，即犯罪人人身自由权利丧失程度的不同和刑期长短、轻重程度的不同，但其本质则是相同的，都属于以罪犯的人身自由为内容的刑罚方法，并且都是有期限的，因而它们之间是可以相互折抵换算的。当然，从根本上解决这一问题，还是有待于将来立法上的明确规定。在规定的具体内容上，现行《联邦德国刑法典》的有关规定颇具借鉴价值。该法第 54 条第 1 项规定：“并合刑由所科最高刑提高而构成之，各刑之种类不同者，就最重刑构成之。定并合刑时，应就犯罪人本身及各个犯罪综合审酌之。”

三、附加刑的并罚

（一）不同种类附加刑的并罚

我国刑法中规定的附加刑包括剥夺政治权利、罚金、没收财产三种。其中，剥夺政治权利属于资格刑，罚金、没收财产属于财产刑。数罪中既有判处资格刑的，也有判处财产刑的，应当采取并科原则，一并执行。对此，尽管刑法没有明文规定，但认识上不会发生分歧，执行起来也不困难。但是，在财产刑内部，没收财产刑与罚金刑应当如何并罚，则容易引起争议。我们认为，解决这一问题的出发点应该是我国刑法规定的数罪并罚的基本原则，即以限制加重原则为主，以并科原则和吸收原则为补充。根据这一原则，数罪中被判处的附加刑为数个没收部分财产刑或数个罚金刑的，应采取限制加重原则；在判处没收全部财产的情况下，同时判处的罚金刑应否执行？这个问题在1979年刑法中没有作出具体规定。1997年刑法对罚金的执行方法作了进一步的明确，即"人民法院在任何时候发现被执行人有可以执行的财产，应当随时追缴。"据此，即使在宣告判决时被判刑人的全部财产被没收了，但不排除他日后会有财产。所以，同时判处的罚金刑，不能因为被判处没收全部财产而被吸收。

（二）同种附加刑的并罚

剥夺政治权利与剥夺政治权利、罚金与罚金、没收财产与没收财产应当如何并罚，是采取限制加重原则，还是采取吸收原则或并科原则，这是司法实践中经常遇到，立法上应当而且也能够予以明确的问题。但是，无论是1979年刑法还是1997年刑法，均未作出明确规定。我们认为，根据我国刑法规定的数罪并罚的基本原则，数罪中有被判处剥夺政治权利终身的，应采取吸收原则，只执行剥夺政治权利终身；数罪中被判处的剥夺政治权利均为有期限的，应采取限制加重的原则。那么，剥夺政治权利与剥夺政治权利并罚的最高期限有无限制？刑法对此也未作明确规定。理论上有人认为，刑法第 55 条第 1 款规定剥夺政治权利的最高期限除剥夺政治权利终身以外，为 1 年以上 5 年以下，所以数罪并罚时剥夺政治权利的最高期限不能超过 5 年。另一种意见认为，数罪并罚时剥夺政治权利的最高期限应允许超过 5 年，这样才能体现数罪从重的原则，但最高期限不能超过 10 年，因为刑法第 57 条第 2 款规定，死缓、无期徒刑减为有期徒刑，应把剥夺政治权利的期限改为 3 年以上 10 年以下。我们认为，两种意见均有一定道理。就现行立法而言，第一种意见是正确的。现行刑法对剥夺政治权利的最高期限作了明确规定，不能任意作扩张解释。根据现行刑法的规定，在数罪并罚时，有期徒刑、拘役和管制附加剥夺政治权利的，剥夺政治权利的最高期限不能超过 5 年。但是，照此执行，便无法体现出数罪从重处罚的精神。

罚金与罚金，应当采取限制加重的原则进行并罚。但是，罚金与罚金并罚有无最高数额限制，刑法未作规定。我们理解，根据现行刑法关于罚金规定的立法精神，应该没有最高数额限制，但缺乏法律根据。

没收财产与没收财产的并罚，应区别情况，即没收全部财产吸收其他没收全部财产或没收部分财产；没收部分财产与没收部分财产之间，则应采取限制加重原则确定应没收财产的数额。没收财产与没收财产并罚的最高限额应当是被判刑人个人所有的全部财产。

四、几个立法技术问题

(一)数罪并罚中“以上”、“以下”的规定

刑法第 99 条规定：“本法所称以上、以下、以内，包括本数。”根据这一规定，在适用限制加重原则决定执行的刑期时，无论是决定以数刑的最高刑还是以数刑的总和刑作为执行的刑期，都是法律允许的。但是，如此决定，明显违背了立法的本意，使得限制加重无异于吸收原则或并科原则。因此，“总和刑

期以下，数刑中最高刑期以上”的规定不宜包括其本数在内，决定执行的刑期不能与总和刑期或数刑中最高刑期相同。

(二)宣告判决还是生效裁判

我国刑法关于数罪并罚的规定，均以宣告判决作为区分并罚方法的基准点。然而，判决宣告以后并不等于所有判决会立即生效。在一审判决宣告以后的一段时间内，当事人可以提出上诉，检察机关可以提出抗诉。在判决宣告以后至裁判发生法律效力之前，被告人再次犯罪是客观存在的。同时，以宣告判决的时间作为基准点，也无法区别性质本来不同的生效裁判与未生效裁判。因此，现行刑法规定的判决“宣告”以前以后不妥，应修改为裁判“确定”以前以后。

(三)数罪的定罪量刑方法

关于数罪的定罪量刑方法，在我国司法实践中曾长期采用“估堆”的方法。对此，最高法院曾通过司法解释予以纠正，明确要求对数罪应分别定罪量刑，然后决定应执行的刑罚，司法实践中也照此执行了，但是，由于法无明文规定，因而仍不免给人以一种缺乏法律根据的感觉。

(四)死刑、无期徒刑的并罚

众所周知，在数罪中宣告多个死刑者，只执行其一；宣告多个无期徒刑者，也只执行其一。数罪中宣告的最重刑为死刑者，除附加刑外，不执行其他主刑。数罪中宣告最重刑为无期徒刑者，除附加刑外，也不执行其他主刑。这就是数罪并罚中的吸收原则，我国长期的司法实践也是照此执行的。但是，这一原则无论是在1979年刑法中，还是在1997年刑法中，均未作规定。上述两部刑法均规定：“判决宣告以前一人犯数罪的，除判处死刑和无期徒刑的以外……”死刑和无期徒刑被排除在外。至于对死刑、无期徒刑如何并罚，没有交代，反映了立法上的疏漏。

综合上述问题，不难看出，现行刑法关于数罪并罚制度的立法疏漏，大致可以分为以下三类情形：一类是司法实践中认识一致，但立法未作明文规定；二类是司法实践中认识不一，需要立法予以明确而未予明确；三类是立法规定明确，但内容欠妥。

第 三 编

刑罚执行

第十三章　刑罚执行的原则

第一节　教育性原则

刑罚执行的教育性原则，是指从教育改造罪犯出发，采用潜移默化或者善意劝导的方式，而不是单纯以强制压迫的方法，使犯人的思想和行为逐渐良性化。教育，是一个过程，是培养人从事社会生活的过程。刑罚执行的教育性原则，也可以说是培养罪犯重新回归社会从事正常社会生活这一过程所必须遵循的原则。教育性原则是建立在“人是可以改造的”之基础上的。根据辩证唯物主义和历史唯物主义观点，罪犯并非天生犯罪人，只是由于外界不良因素的影响而走上犯罪道路的，因此，绝大多数罪犯都是可以通过教育感化得到改造的。

一、刑罚执行的教育性原则的发展

汤因比曾说：“教育应该是一种探索，使人理解人生的意义和目的，找到正确的生活方式。”①在刑罚执行过程中贯彻教育性原则，实际上也是帮助罪犯重新找到正确的人生观以及生活方

① ［英］阿·汤因比、［日］池田大作著，荀春生等译：《展望二十一世纪》，国际文化出版公司1985年版，第60页。

式。教育性原则被纳入刑罚执行的视野中，是一个漫长的历史发展过程。从西方国家的刑罚理论和实践来看，强调刑罚执行的教育性与教育刑论的兴起有着一定联系。教育刑论是伴随着19世纪欧洲城市化进程中的贫穷和失业的普遍化而导致的犯罪激增现象，在目的刑论的基础上发展起来的一种理论。它认为犯罪是不良社会环境的产物，国家应当用刑罚来教育改善他们，使其尽快地复归社会，刑罚的目的就在于矫正、教育、改造犯罪人，以保卫社会。教育刑论强调对罪犯进行教育，这对20世纪上半叶西方的刑罚实践产生了巨大的影响。许多教育刑论者认为，“在行刑教育中，把坏人改造教育成为改恶从善的新人是最高的人道主义，是好中最好的社会政策，是一种有效的、彻底的保卫社会方法。”①可以说，教育性融于西方的刑罚执行的实践中，其所追求的价值目标就是将教育观念提高到挽救罪犯的高度，旨在扩大刑法的促进机能。

我国刑罚执行的教育性原则与西方的教育刑论有着显著的差别。教育性原则在我国刑罚执行中很早就被提出并加以运用。早在革命根据地时期的陕甘宁边区、晋察冀边区、太行区等边区监狱中，罪犯的教育改造工作就得到了相当的重视，并取得了一定的成绩。例如《晋察冀边区行政委员会工作报告》指出：“边区抗日民主政府下的监所，真正是感化教育使人向善的学校。”②《陕甘宁边区高等法院对各县司法工作的指示》指出：“教育犯人是争取犯人的先决条件，没有教育便不能争取，故对于犯人的教育是非常重要的。”《太行区司法工作概况》强调“监狱的主要任务，也在于进行思想教育，使自新人在认识自己犯罪思想后，进一步改造其思想，次要任务才是褫夺自由的惩罚作用。”尽管是在战

---

① 甘雨沛等主编：《犯罪与刑罚新论》，北京大学出版社1991年版，第700页。

② 转引自余叔通主编：《劳动改造法学》，法律出版社1987年版，第26页。

争年代，但对罪犯的教育工作已基本上形成了一定的体系。在教育的目的上，“不是为教育而教育，也不是为了获得材料而教育，而是为了治病救人，改造为新人的思想而进行教育的”。在教育的内容上，强调现实教育、劳动教育、社会教育、时事教育和文化教育相结合，重点突出思想教育。在教育方法上，采取循序渐进的方法，按照入监教育——情绪初步稳定后教育——思想开始反省后教育——思想觉悟到一定程度教育的步骤进行。上述教育罪犯的经验，对于建国以后，我们成功地教育改造大批战犯、反革命罪犯、刑事罪犯起了重要的作用。

中华人民共和国成立以后，从 1952 年开始的第一次劳改工作会议至今，每一次会议都强调要对罪犯进行教育改造。1960 年和 1965 年毛泽东同志在接待外宾时曾明确指出，我们的监狱其实是学校，对犯了罪的人，要采取教育的政策。改革开放以来，随着社会形势的变化，我国的罪犯改造工作也发生了很大的变化，但是对罪犯的教育工作一刻也没有放松。1994 年 12 月颁布的《监狱法》也明文规定对罪犯进行教育改造。这一切不仅表明了我们党和政府是一贯重视对罪犯的教育改造，同时也极大地促进了我国罪犯教育事业的发展。

二、我国刑罚执行的教育性原则的内容

根据我国监狱法规定，刑罚执行的教育性原则可以概括为：因人施教、分类教育、以理服人，也就是根据罪犯认罪态度的好坏、思想改造的难易、改造进度的快慢、反复次数的多少、进步幅度的大小等不同情况，分门别类、因人而异、对症下药、晓之以理，促使罪犯从思想认识上真正做到认罪服法、接受改造。对罪犯教育的内容，主要包括思想教育、文化教育和技术教育。具体而言：

1. 思想教育。主要是对罪犯进行法制、道德、形势、政策、前途等方面的教育。通过思想教育，使他们转变好逸恶劳、不劳而获的腐朽寄生的思想，树立正确的人生观、世界观，提高道德

修养，增强法制意识，严格组织纪律性。认识到社会主义制度的优越性，了解我国实行改革开放政策的紧迫性和重要性以及社会主义现代化建设所取得的伟大成就，认识到我们党和政府一贯重视改造罪犯成为新人的工作，认识到尽管他们犯了罪，但社会并没有抛弃他们，只要他们认真改造，重新做人，社会仍然是欢迎他们的、理解他们的，他们的前途仍然是光明的等等。总之，思想教育是关键，只有通过思想教育，转变罪犯的思想，才能使罪犯走上新的人生道路。

2. 文化教育。主要是对罪犯进行扫盲教育、初等教育以及初级中等教育。由于大多数在押犯人，文化知识贫乏，愚昧无知，因此，对他们进行文化教育，一方面可以提高他们的文化素质，帮助他们摆脱愚昧，培养文明，陶冶情操，增强明辨是非的能力；另一方面可以使他们学到更多的科学文化知识，增强适应社会的能力。通过文化教育，使罪犯亲身体验到我们的政府不是单纯惩罚他们，而是真心挽救他们，从而自觉调动改造的积极性。对罪犯的文化教育，主要是以扫盲教育和普及初等教育为主，同时根据监狱及罪犯的具体情况，还可以进行初级中等教育。除监狱内的文化教育以外，监狱还鼓励有条件的犯人参加社会上开办的业大、刊大、电大等各种形式的社会性文化教育，而且根据我国有关法律规定，罪犯参加各种文化教育，经考试合格的，教育部门应该发给相应的学业证书。

3. 技术教育。主要是根据监狱生产和罪犯释放后就业的需要，对罪犯进行的职业技术教育。技术教育一般是进行一些实用性强、周期短、见效快的项目培训，如家电维修、裁缝烹饪、理发、家禽养殖、果树栽培、汽车修理、木工家具等。这对于罪犯刑满释放后安置就业起到了良好的作用。通过技术教育，不仅使罪犯学有所成，学有所用，成为自食其力者，而且使监狱成为为社会输送合格劳动者的一条特殊渠道。根据法律规定，罪犯参加职业培训，经考试合格的，有关劳动部门应发给相应的技术等级证书。

对罪犯的教育是一项艰苦细致的工作，各种教育形式和教育内容应当合理安排，相互促进。在对罪犯进行教育的同时，应当大力鼓励罪犯自学成才，切实使罪犯自觉接受教育，在受教育中净化成为新人。

三、刑罚执行中的教育方法

根据我国监狱法的规定，对罪犯的教育采取集体教育与个别教育相结合，狱内教育与社会教育相结合的方法。所谓集体教育，主要是指采取上大课，举行报告会，开展集体辅导以及分组讨论等形式进行。所谓个别教育，主要是针对不同罪犯的不同情况进行单独逐个的教育。所谓狱内教育，主要是在监狱内进行的各种形式的教育。所谓社会教育，主要是指采取走出去的方法组织罪犯进行参观、听报告会等形式的教育。

由于对罪犯的教育带有强制性和反复性的特点，因此，在教育的过程中，一方面要把灌输、批评、转化、矫正四个环节紧密地结合起来，以保证教育的效果。对罪犯进行各种正确观念的灌输是非常必要的，但要注意避免造成各种对抗心理。在对罪犯灌输各种正确观念、思想的基础上，要帮助罪犯开展批评和自我批评，辨别优劣，分清真伪，区分善恶，转化犯罪人的思想，矫正其犯罪行为。另一方面，在对罪犯进行教育时，要注意教育手段的技术化、科学化以及现代化。运用一切现代科学手段对罪犯进行教育，不仅能提高教育的效率，而且能保证教育的效果。

第二节　经济性原则

刑罚执行的经济性原则，是指在刑罚执行过程中，力求以最小的投入来获得有效地预防和控制犯罪的最大社会效益，以不执行、减少执行以及不实际执行刑罚来达到执行刑罚的效果，寻求刑罚执行的多效益。刑罚执行的经济性原则滥觞于资产阶级的启蒙理论，它是行刑从蒙昧和野蛮走向科学和文明的最重要体现，从其被提出之日起就受到了广泛的关注，特别是本世纪以来兴起的监狱改革可以说是一场不同程度和不同形式的行刑经济性实践，它展示着刑罚的执行趋向于轻缓化和注重效益的发展方向。

一、我国刑罚执行的经济性原则的根据

刑罚执行的经济性原则一直贯彻于我国的刑罚执行实践中。早在民主革命时期，晋察冀边区行政委员会《关于处理监押犯之决定》就规定："为了减少监所监押犯人，节省开支，借社会群众力量促进犯人向上之心发挥犯人力量增加生产计，兹决定：判处徒刑之人犯，除案情轻微且系纯由贫困所迫而初次行窃之窃盗犯得于判决后，即时回村执行，以劳役代替徒刑外，其余一律在监执行……但在执行期间，表现良好，以及无重复其犯罪行为之虞者，无论执行日期之长短，均准由村公所或其亲属保回耕作，保回期限每次以3个月为限。"《关于改进司法制度的决定》规定："游击区之案犯判处徒刑者，得视具体情况，因地制宜，作如下之处理：1. 送巩固区县份监所或本会感化机关执行。2. 易科罚金，并限定其住所，予以监外执行。3. 回村执行，指定专人负责管教。"上述关于刑罚的易科、监外执行、保回耕作等规定，实际上都是刑罚执行的经济性原则的充分体现，也是我国刑罚执行的经济性原则的历史根据。

另一方面，执行刑罚就是具体落实刑事判决，而为了保证刑罚的顺利执行，国家必须进行执行投入，这主要包括：(1)狱政设施投入；(2)人民警察经费投入；(3)罪犯改造经费投入；(4)罪犯生活费用投入；(5)罪犯劳动必需的生产设施和生产经费投入；(6)其他专项投入。这些投入是巨大的。"目前美国每年仅用于缓刑考验、假释和教化方面的开支就多达10亿美元"①。据调查，在我国一个判处3年有期徒刑的罪犯，刑期执行完毕，国家要在其身上投入至少5万元的费用②。国家进行如此巨额的刑罚执行投入，其根本目的是为了教育改造罪犯，促其早日重返社会，成为对社会的有用之材。如果巨额的执行投入没有获得改造好罪犯的效果，那么说明我们的刑罚执行是不经济的，没有效益；如果能用较少的执行投入就能获得改造好罪犯的效果，那么就说明我们的刑罚执行是经济的。因此，刑罚的执行(刑罚资源的配置)应当考虑供(施刑)求(受刑)关系，我们没有必要对可以不执行刑罚或者已经改造好了的犯罪人继续进行无意义的消耗性刑罚，而应当根据刑罚损益兼备的特点，全面衡量，以保证刑罚执行的多产出。投入巨大而收效甚微的刑罚执行，除了导致人力和物力无谓消耗外，还导致刑罚本身的疲软与无能，从而损害法律的尊严与权威。因此，刑罚执行本身也是讲求经济性的。

刑罚执行的经济性原则本是社会发展的产物，在我国目前的市场经济进程中，讲求效益更是一切行为所必须遵循的准则之一，刑罚的执行也不例外。社会的发展，从宏观总体上要求国家对国民经济生活中的每一项投入都有效益，否则就会影响社会的整体发展水平。如果刑罚执行的投入没有效益或者不经济，那么势必会影响国家对国民经济生活中其他方面的投入，延缓社会整体发展的速度。同时，任何犯罪都可以说是对现存社会关系的破坏，而执行刑罚在某种程度上来说，是对被破坏的社会关系的修复和补偿，而这种修复和补偿是以国家进行刑罚执行投入为前提的，倘若这种修复和补偿所需的代价越小，速度越快，那么社会

---

① [美]加里·S·贝克尔著：《人类行为的经济分析》，上海三联书店1993年版，第68页。

② 参见孙林著：《法律经济学》，中国政法大学出版社1993年版，第153页。

关系的稳定性就越强，社会的快速发展就越有保证。从一定意义上来说，国家对刑罚执行的投入是被迫的，因为它不投入，那么社会就有可能成为盗匪横行的社会，危及国家的生存。如果国家对刑罚执行投入越小，那么国家就能充分调动足够的人力、物力和财力来发展经济，提高人民的生活水平，推动社会的全面发展。由此可见，社会的发展要求刑罚执行讲究经济和效益。

二、我国刑罚执行的经济性原则的内容

刑罚执行的经济性原则的核心，要求在物质上少消耗，在人力上少投入的同时，获得行刑的多效益，简言之，就是要使刑罚执行的成本最小化，而效益最大化。这正如罗伯特·考特和托马斯·尤伦在谈到监禁的执行时所说的那样："在刑法中，我们的宗旨是使犯罪的直接和间接成本以及刑事审判制度的运转成本最小化。"①从我国刑罚本身及其目的来看，刑罚执行的经济性原则主要包括以下内容：

（一）尽量避免和减少刑罚的执行，以获得尽可能大的执行效果

所谓尽量避免刑罚的执行以获得尽可能大的执行效果，是指在保证法律的权威性和处罚整体效果的前提下，应当尽量避免执行刑罚而代之以其他替代措施，除非是在十分必要或者迫不得已的情况下，一般不执行刑罚。这主要表现为以各种非刑罚处理方法来代替刑罚的执行。例如根据我国刑法第 32 条的规定，对于犯罪情节轻微不需要判处刑罚的，可以免予刑事处分。这样就避免了执行刑罚。但是根据法律规定，可以根据案件的不同情况给予训诫、责令具结悔过、赔礼道歉、赔偿损失或者由主管部门予以行政处分等非刑罚处理方法。再如根据我国刑法第 192 条的规

---

① ［美］罗伯特·考特、托马斯·尤伦著：《法和经济学》，上海三联书店和上海人民出版社 1994 年版，第 755 页。

定，国家工作人员犯渎职罪，情节轻微的，可以由主管部门酌情予以行政处分。这样予以行政处分就避免了执行刑罚，但所获得的效益是较大的。

所谓以减少刑罚的执行来获得尽可能大的执行效果，主要包括以下情况：如果执行较少的刑罚就能获得执行的效果，就不应该执行较多的刑罚；如果执行较轻的刑罚就能获得执行的效果，就不应该执行较重的刑罚；如果在执行一定期限的刑罚以后就能获得执行的效果，那么就没有必要继续执行剩余的刑期。易言之，刑罚的执行应当根据执行的效果而适当地调整刑期甚至变更刑种，以调动罪犯改造的积极性，从而获得刑罚执行的最大效益。

根据我国法律规定，以减少刑罚的执行来获得执行的效果，主要体现为减刑制度、假释制度、特赦制度。

减刑制度是指对服刑罪犯，由于在刑罚执行期间具备悔罪等法定情节，而适当减轻或缩短其刑罚的一种刑罚执行制度。根据监狱法规定，被判处无期徒刑、有期徒刑的罪犯，在服刑期间确有悔改或者立功表现的，根据监狱考核的结果，可以减刑，有重大立功表现的，应当减刑。被判处死缓的罪犯，在死刑缓期执行期间，符合法律规定的，应减为无期徒刑或者有期徒刑。减刑作为一种经济行刑制度，早在我国 1954 年的《劳动改造条例》中就以法定形式被规定下来。

假释制度是指对被判处无期徒刑、有期徒刑的犯罪分子，在刑罚执行一定时间后，如果确有悔改表现，不致再危害社会，司法机关可以将其附条件地提前予以释放出狱的一种刑罚执行制度。由于假释是有条件地予以释放，因而假释兼具减少刑罚执行和不实际执行刑罚的缓刑功能，是一种极为经济的行刑制度。

特赦制度是由我国宪法规定的，由中华人民共和国主席以发布特赦令的方式，对已受罪刑宣告的特定犯罪人，免除其全部或部分刑罚的制度。我国 1954 年的宪法曾经规定过特赦与大赦制度，但现行宪法只规定了特赦。我国的特赦由于每次是对较多的服刑犯人免除刑罚的执行，因而较之减刑和假释，更为经济，所获得的行刑效益是巨大的。

(二)以不实际执行刑罚代替执行刑罚，从而达到执行刑罚的目的和效果

寻求以不实际执行刑罚替代刑罚的执行而获得执行的目的和效果，在我国的刑罚执行实践中，主要是通过暂缓执行以及监外执行来实现的。

暂缓执行制度包括缓刑制度和死刑缓期执行制度。缓刑是指对于被判处拘役、3 年以下有期徒刑的犯罪分子，根据犯罪分子的犯罪情节和悔罪表现，认为暂不执行原判刑罚不致再危害社会时，规定一个考验期限，在考验期内没有再犯新罪，则原判刑罚就不再执行的一项制度。由于缓刑是暂不执行原判刑罚，而且其执行场所是在监狱外，因而缓刑的执行能够极大地调动社会参与改造罪犯的积极性，从而为国家节省大量的人力和物力，有利于国家集中精力来对其他罪犯进行教育改造，把大量的资金运用到急需的地方，使之产生更大的经济效益。同时由于缓刑是有条件地不执行原判刑罚，一方面缓解了罪犯因入监服刑所产生的心理压力，另一方面对罪犯本身仍有相当的威慑力量，因而能促进罪犯进行自我改造，加快改造的步伐。死刑缓期 2 年执行制度是我国的独创，是死刑的一种变通执行方式。根据我国刑法第 43 条的规定，它是对于应当判处死刑的犯罪分子，如果不是必须立即执行的，可以判处死刑同时宣告缓期 2 年执行，实行劳动改造，以观后效。死缓制度一方面起到了限制死刑的作用，既为国家保存了劳动力，又避免了国家花费在罪犯身上的费用的白白流失，同时也避免了刑罚的过剩；另一方面死缓制度有利于促进罪犯积极改造，走上自新之路。可以说死缓制度是刑罚执行的经济性及人道性的统一。

监外执行制度是在一定条件下将罪犯放到监狱外执行刑罚的

制度。根据我国法律规定，对于有严重疾病需要保外就医的或者怀孕或正在哺乳自己婴儿的妇女，可以暂予监外执行。监外执行缓解了监内执行的设施、经费的紧张压力，调动了罪犯的家属、单位参与改造罪犯的潜力，有利于发挥社会的合力优势，为国家分担一份责任。此外，作为我国首创的管制刑是一种在监外执行刑罚的刑种。

除监外执行作为变更执行场地的一种经济执行方式外，还有如我国监狱法第15条规定的“罪犯在被交付执行刑罚前、剩余刑期在一年以下的，由看守所代为执行”以及拘役刑的执行场所的灵活性规定，都体现了一种经济行刑的精神。另外我们倡导的“改造第一、生产第二”的改造方针，也可以说是一种内含刑罚执行的经济性的方针政策。

总而言之，刑罚执行的经济性原则是以上述两方面为核心的，同时追求多效益，即经济效益以外的政治效益、社会效益、文化效益等综合效益。

三、贯彻刑罚执行的经济性原则应注意的问题

必须树立正确的刑罚执行观念。我们强调刑罚执行的经济性，是为了使刑罚的执行更加人道，减少刑罚的弊端，减少监狱的人口，减少监狱的财政开支，在有限的条件下尽快地把罪犯改造成为有益于社会的新人。如果纯粹为了经济利益而牺牲执行刑罚的公正性，当效益与公正发生冲突时，让公正暂让位于效益，则是不可取的，它破坏了经济性原则的积极意义，对此，我们应该持批评态度。因此，必须从宏观上来把握经济性原则的精义，树立正确的刑罚执行观念。经济性原则的核心在于讲究效益和适度，它立足于实现刑罚目的的基础上，正是基于此，刑罚执行的经济性原则才受到广泛的关注。在我国目前大力发展市场经济的过程中，刑罚执行机关应该避免过份追求物质利益而忽视改造教育的现象，本着改造第一的思想，通过各种经济性的刑罚执行方

法，教育改造罪犯，为社会做出贡献。

必须强化执行刑罚手段的科学性与技术性，执行的经济性原则就是要求少投入、多产出，提高效率，而效率产生于方法，要寻求行刑的经济性，必须从行刑手段入手，科学地执行刑罚，以弥补刑罚本身的缺陷，提高行刑效率。为此，我们要在强化我国现有执法手段的科学性、执法工具的先进性的基础上，拓宽视野，借鉴国外有益的经验，探索适合于我国国情的经济行刑方法和手段，推进我国刑罚执行的现代化进程。

第三节 人道性原则

刑罚执行的人道性原则，是指在刑罚执行过程中，要把罪犯当作人看待，尊重罪犯人格尊严，不体罚虐待罪犯，保证罪犯所享有的各种法定权利，切实关心罪犯的生活并给予相应的物质保证。

一、人道性原则的演进

人道性原则作为刑罚执行的原则之一，它是伴随着人道主义思想的兴起而出现的。人道主义产生于欧洲文艺复兴时期，是资产阶级思想体系的组成部分。早期资产阶级思想家们为了反对封建压迫和宗教统治，提倡关怀人、尊重人，建立以人为中心的世界观，竭力主张保护个人的权利和人格。作为资产阶级上升时期的理论主张，人道主义思想体系具有重大的历史进步意义。与整个人道主义思想体系一样，资产阶级所倡导的刑罚的人道性，同欧洲中世纪蔑视人的尊严，野蛮刑罚，滥施刑罚，否定人的价值的君本主义思想相比较，也具有时代的进步性。贝卡利亚就曾经对封建时代的不人道酷刑作过猛烈的抨击，他指出："刑罚最残酷的国家和年代，往往就是行为最血腥、最不人道的国家和年代。因为支配立法者双手的残暴精神，恰恰也支配了杀人者和刺客们的双手。”①随着时代的发展，刑罚的人道性已经成为历史发展的必然趋势。国际社会先后通过的许多国际公约，例如《囚犯待遇最低限度标准规则》，《关于保护面对死刑的人的权利的保障措施》，《禁止酷刑和其他残忍、不人道或有辱人格的待遇或处罚公约》，《联合国少年司法最低限度标准规则》等都充分体现了刑罚的人道性。

在我国，对罪犯的教育改造，实行社会主义的人道性原则。社会主义的人道性原则是在揭露、批判资产阶级人道性的糟粕的基础上，赋予人道性以新的内容，从而形成的具有革命性的人道主义。对罪犯进行人道性的教育改造，不仅是社会发展和人类文明进步的要求，也是我国社会主义建设事业的一个重要组成部分。我国党和政府一直就强调在刑罚执行的过程中贯彻人道性原则。早在建国前的民主政体下的革命监所里，人道性原则就是必须遵循的基本原则。例如 1941 年太行区就提出监狱管理民主化的号召，对罪犯的称呼改为自新人，宣布禁止虐待、打骂、剥削自新人等违法行为。中华人民共和国成立以后，对罪犯的改造，更是一再强调贯彻落实人道主义。毛泽东主席曾提出：对劳改犯我们要阶级斗争与人道主义相结合。刘少奇同志曾在党的第八次全国代表大会上指出：对罪犯“应当在他们服徒刑的期间给以完全人道主义的待遇”②。罗瑞卿同志于 1956 年 7 月 13 日《在全国省、市检察长、法院院长、公安厅(局)长联席会议上的发言》对当时某些劳改部门对服刑犯人不人道的做法提出了尖锐的批评，指出：“这样办不仅不可能把反革命改造过来，而且还会制造坚决的反革命。”1981 年 9 月 9 日《第八次全国劳改工作会议纪要》总结认为，30 年来劳改工作的基本经验之一是：“实行革命人道

① ［意］贝卡利亚著、黄风译：《论犯罪与刑罚》，中国大百科全书出版社 1993 年版，第 43 页。

② 《刘少奇选集》下卷，人民出版社 1985 年，第 254 页。

主义，把犯人当人看待。要改善生活卫生条件，让犯人吃饱饭，睡好觉，有病及时治疗。严禁打骂、体罚、虐待等封建、法西斯式的管理方法。”1994 年 12 月 29 日通过、公布的我国监狱法也明文规定：“罪犯的人格不受侮辱，其人身安全、合法财产和辩护、申诉、控告、检举以及其他未被依法剥夺或者限制的权利不受侵犯。”由此可见，人道性原则是我国改造罪犯的一贯原则。但是，我国改造罪犯的人道性原则是社会主义的人道性原则，它决不能超越法律政策的范围，无原则地满足罪犯的非分要求。因此，只有坚持刑罚执行的人道性原则，同时不超越法律的范围才能充分发挥刑罚的教育改造作用。

二、我国人道性原则的内容

根据我国改造罪犯的政策以及我国监狱法的规定，我国刑罚执行的人道性原则包括以下内容：

1. 把罪犯当人看待，尊重罪犯的人格尊严，严禁体罚虐待罪犯。我国刑罚的目的是改造罪犯成为新人，尽管罪犯身陷囹圄，但他们仍然是人，是社会的一分子，仍然拥有作为人的权利，因此，尊重罪犯的人格尊严，培养他们做人的自尊心和自信心，对于转变他们成为新人，具有十分重要的意义，这也是我国社会主义人道性的最根本体现。我国监狱法第 7 条明文规定：罪犯的人格不受侮辱。另一方面，我国宪法、刑法、监狱法都明确规定，严格禁止打骂、体罚、虐待罪犯。对于违反规定，刑讯逼供、打骂体罚虐待罪犯的司法工作人员，均须根据具体情节分别给予警告、记过、记大过、降级、降职、撤职、开除留用察看、开除等纪律处分；构成犯罪的，依法追究刑事责任。即使罪犯违反监狱管理规定，对罪犯适用的行政处罚也充分体现人道性原则。例如行政处罚中最严厉的禁闭，我国法律对适用禁闭的申报、审批、期限，以及禁闭室的规格标准、被禁闭犯人的生活待遇等，都作了严格规定。按照规定，每间禁闭室的使用面积不得少于 3 平方米，室内高度不得低于 3 米，窗子不得少于 0.8 平方米，门窗、电灯都应装置防护设备，室内要防潮保暖，通风透光。适用禁闭，要填写《申请关押禁闭审批表》，报监狱长批准。禁闭期间的罪犯，由监狱指定专人负责对其进行思想教育。

2. 保障罪犯享有必要的物质生活和医疗保健待遇。要想促使罪犯早日改造成为新人，就必须保证罪犯吃饱、穿暖，有病得到及时治疗，这是罪犯进行劳动、接受改造的前提条件。在我国，罪犯的生活费、医疗费和被服费等都由国家供给，罪犯所需的粮油、副食品，按同类国有企业同工种标准供给，并享受同等的劳动保护和保健待遇。我国监狱法明文规定，罪犯居住的监舍应当坚固、通风、透光、清洁、保暖。监狱应当设立医疗机构和生活、卫生设施，建立罪犯生活、卫生制度。罪犯的医疗保健列入监狱所在地区的卫生、防疫计划。此外，罪犯还拥有法律规定范围内的通信自由权利和会见亲属的权利。

3. 合理安排劳动时间，保证罪犯劳动负荷的合理化，不搞超体力劳动。劳动时间的合理安排，劳动负荷的恰当适宜，不仅符合劳动力消耗与恢复的规律，有利于罪犯的身心健康，而且可以激发犯罪分子的劳动热情，调动积极性，增强责任心，提高劳动效率。我国法律规定，罪犯每天的劳动时间不超过 8 小时，在季节性生产等特殊情况下，可以调整劳动时间，监狱部门在组织罪犯进行生产劳动时，尽可能缩短劳动时间，增加罪犯学习文化、技术的时间，并保证罪犯在每天劳动、学习之后能够得到必要的睡眠和休息时间。此外，罪犯还有在法定节日和休息日休息的权利。

4. 根据罪犯的不同情况，合理安排相应的劳动，进行不同的劳动管理。根据我国法律规定，罪犯从事的劳动基本上有两大类：一是工业生产劳动，二是农业生产劳动。此外，还有部分罪犯从事杂务、炊食、教学等非生产性劳动。监狱部门根据罪犯的年龄、职业、体力、技能以及将刑满释放后的就业等情况，安排相应的劳动，充分调动罪犯的劳动积极性。对于女性罪犯、年老体弱的罪犯以及未成年罪犯，根据他们的生理、心理特点以及体能状况，安排力所能及的轻劳动，同时，对于未成年罪犯，以学习文化和生产技能为主，轻微适当的体力劳动为辅。对于经医生确定不能参加劳动的患病罪犯，及时准予休息和治疗。此外，我国监狱对参加劳动的罪犯，根据国家有关劳动保护的规定给予报酬。对于在劳动中致伤、致残或者死亡的罪犯，按照国家劳动保险的有关规定进行处理。

5. 保障罪犯能正当行使其法定权利，包括申诉权、控告权、建议权以及个人财产不受侵犯的权利等。我国的宪法及其他法律法规，不仅明确保障罪犯的各种法定权利，而且还对侵犯罪犯的法定权利的行为的责任作了规定，从程序和实体上来维护和保障罪犯有效地行使其正当的法定权利。

总而言之，罪犯在强制手段和纪律约束下，在教育改造过程中，逐渐改正犯罪恶习，树立正确的人生观、道德观、法制观、劳动观，并学习文化知识和生产技能，最后成为对社会的有用之材，是罪犯所得到的社会主义人道主义待遇的最完整体现。

第四节　个别化原则

刑罚执行的个别化原则，是指在刑罚执行过程中应当根据犯罪人的人身危险性即再犯可能性的大小以及社会生活需要而给予个别处遇的制度。即刑罚的执行，必须依据犯罪人的年龄、性别性格特征、生理状况、犯罪性质、犯罪严重程度、人身危险性等给予不同的处遇改造方式。

刑罚执行的个别化原则是由资产阶级新派刑法学者提出来的。新派的代表人物、目的刑论大师李斯特“基于行为者的分类主张处遇的个别化”①，由此拉开了个别化原则步入刑罚执行历史舞台的序幕。“特别是 1893 年在瑞士的刑法草案(司特士案)

① 引自[日]中山研一著：《刑法总论》，成文堂 1989 年版，第 26 页。

里最先引进了保安处分制度”①，使得刑罚执行的个别化原则对20世纪以来的世界刑事立法和司法都产生了广泛的影响。刑罚执行的个别化原则因其能达到“因材施教”和对症下药教育改造罪犯的目的，而成为近代资产阶级刑法理论和实践上的一个重要趋向，并被奉为其刑事政策的重要内容之一。随着社会的发展，许多社会主义国家也开始在刑事立法和司法实践中接纳刑罚执行的个别化原则。

一、我国刑罚执行的个别化原则的根据

刑罚执行的个别化原则一直贯穿于我国的刑罚执行实践中，可以说是我国对罪犯进行教育改造的一项基本原则，只不过我们在文字表述上不用“个别化原则”而代之以“区别对待的原则”。例如我国1954年的《劳动改造条例》第3条规定，犯人的劳动改造，对已判决的犯人应当按照犯罪性质和罪刑轻重，分设监狱，劳动改造管教队给以不同的监管。这种讳言刑罚个别化的情况，究其原因，关键在于认识上有误区。“长期以来，我国刑法学界有些人对刑罚个别化原则一直持否定态度。……认为刑罚个别化是资产阶级主张的适用刑罚原则，我国的社会主义刑法不能采用”②。事实上这种理解是没有根据的。

1. 刑罚执行的个别化原则与我国的社会主义刑罚观是并行不悖的。持否定态度的观点认为，我国的刑罚执行是以马列主义毛泽东思想为指导的，是马克思主义的刑罚执行观的体现。马克思主义认为，行为是行为人负刑事责任的客观基础；而刑罚执行的个别化原则是建立在主观主义基础之上的以“人身危险性”为

① 引自[日]木村龟二主编：《刑法学词典》，上海翻译出版公司1991年版，第417页。

② 引自周振想著：《刑罚适用论》，法律出版社1990年版，第188页。

理论依据的刑罚原则，这与马克思主义的刑罚观念是相违背的，这种观点是偏颇的。我们知道，犯罪是犯罪行为人主客观的统一，它不仅表明了犯罪行为人给社会所造成的客观实际的危害，同时也集中体现了犯罪人的人身危险性。犯罪行为都是犯罪人相对自由意志的外在表现，是其主观意志和主观心理态度的反映，同时也是我们认定犯罪人主观恶性大小及其有无的客观依据。犯罪行为性质严重，情节恶劣，说明犯罪行为人的主观恶性大，反之说明犯罪行为人的主观恶性小。可见，犯罪人的主观恶性是包含于犯罪行为之中的。因此，对犯罪行为予以惩罚，本身就意味着对具有社会危险性的人进行惩罚。这与我国的社会主义刑罚执行观是相吻合的。

2. 刑罚执行的个别化原则与马克思主义哲学的基本要求是一致的。刑罚执行的个别化原则要求根据犯罪人的个人情况，对其实施相应的教育改造方法，针对犯罪人的不同情况，区别对待，以保证最大限度地发挥刑罚的特殊预防功能。因为罪犯的情况千差万别，错综复杂，即使是同一类型的犯罪，犯罪人的年龄、性格、体质、反社会心理、犯罪前后的表现、个人生活经历等也是有差异的，从而导致的教育改造难易程度也是不同的，所要求的教育改造的方法和手段也是有差别的。这就必须坚持一切从实际出发，具体问题具体分析，区别对待。而马克思主义哲学的精髓和活的灵魂，就是具体问题具体分析。可见，刑罚执行的个别化原则是与马克思主义的基本要求相一致的。

3. 刑罚执行的个别化原则尽管是资产阶级提出来的，但这并不等于说是资产阶级的东西，我们就一概拒之门外。对于资产阶级所提出的腐朽错误的东西，我们应该否定；对于资产阶级提出的有益的东西，我们应该借鉴并加以利用。在当今的改革开放背景下，我们应该树立敢于借鉴理论和实践的勇气。因此，借口资产阶级的东西就一概拒绝的观点是应该摒弃的。

二、我国刑罚执行的个别化原则的内容

根据我国法律规定，我国刑罚执行的个别化原则主要体现在以下几个方面：

1. 管理个别化，主要是指根据罪犯的犯罪类型、刑罚种类、刑期、性别、年龄、改造表现等情况，对罪犯实行分别关押，采取不同方式管理。根据我国有关法律规定以及改造罪犯的实践经验，我国主要采取下列方式分管分押：(1)对于反革命罪犯、被判处死刑缓期2年执行的罪犯、被判处无期徒刑的罪犯、被判处10年以上有期徒刑的其他刑事犯以及外籍犯、知密犯等关押于监狱中进行改造，实行从严监管。(2)对于被判处10年以下、1年或者2年以上有期徒刑的罪犯在普通监管的劳动改造管教队执行刑罚。(3)对于女性罪犯，单独设立女监或在监狱里单独编队，由女性人民警察直接管理。(4)对于被判处有期徒刑、无期徒刑和死刑缓期2年执行的年满14岁不满18周岁的未成年犯人，在未成年犯管教所执行刑罚。在执行期间，如果年满18周岁、余刑仍在2年以上的，转送从严管理的监狱或者普通监管的劳动改造管教队执行刑罚。(5)为了尊重少数民族的风俗习惯，对少数民族犯人单独加以编队，实行单独监管，并配备相应的民族管教干警。(6)对于外籍罪犯实行单独关押或者集中编队，指派能力较强、通晓外文的管教干警进行管理教育，并适当照顾其生活习惯。(7)对于知密犯实行个别管理，指派专人负责，以免泄漏国家机密。(8)对于惯犯、累犯、公开抗拒改造、屡教不改的罪犯，严重破坏监规、人身危险性大的罪犯，为防止其传授犯罪方法、破坏执行刑罚的秩序，劳动改造机关应根据需要建立严管队，实行最严厉的监管。(9)对于同案犯、有直系亲属关系的犯人以及与所在劳动改造场所工作人员有亲属关系的犯人，实行隔离监管，转送其他劳改场所执行。

2. 教育个别化，主要是根据罪犯的不同情况，采取因人施

教、分类教育，把集体教育与个别教育，狱内教育与社会教育结合起来。教育的个别化表现为：(1)对反革命罪犯的教育，应重在揭露其犯罪本质，批判其反动观点和立场，消除对立情绪，瓦解其反动思想体系，引导其树立正确的信念。(2)对暴力犯罪人的教育应多做疏导和耐心细致的说服工作，切忌简单粗暴的态度，防止矛盾激化。(3)对财产犯罪人的教育应帮助其树立劳动的观念，使之摒弃不劳而获的思想，养成勤俭的良好习惯。(4)对性犯罪人的教育应重在道德教育，帮助其树立高尚、健康的情操，培养其意志力。(5)对渎职罪犯的教育应重在培养其清正廉洁、克己奉公、忠于职守的观念。(6)对初犯和偶犯的教育应以认罪服法教育为重点，防止其沾染恶习。(7)对惯犯和累犯的教育，应当加强教育的力度，防止相互感染，选择重点，各个击破，把奖惩结合起来。(8)对女犯的教育，应当重在自尊、自爱、自重、自强的教育。(9)对少数民族罪犯的教育，应当重视文化教育，坚持民族平等原则，尊重他们的宗教信仰和风俗习惯，消除其民族自卑感和狭隘的民族主义意识，使他们了解国家的民族政策和宗教政策。(10)对表现较好的罪犯的教育，应当适时加强教育的力度，不断给予表扬、鼓励和指导，促使他们走向更好。(11)对表现较差的罪犯教育，应当给予适当批评，反复进行认罪守法遵纪教育。(12)对顽固危险分子的教育，应该重在严格监管、及时打击惩罚，教育其他犯人，引以为戒。(13)对未成年犯的教育，应当以接受义务教育、学习生产技能为主。(14)对罪犯的思想教育，应当根据不同的情况，分别实施法制教育、道德教育、形势教育、政策教育以及前途教育等。(15)对罪犯的文化教育，应当根据不同情况，分别实施扫盲教育、初等教育、初级中等教育。(16)对罪犯的技术教育，应当根据监狱的需要以及罪犯释放后就业的需要分门别类地进行。

3. 劳动个别化，主要是指根据罪犯的性别、年龄、身体条件、生理特点、刑期长短、劳动技能以及社会就业需要，分配适当的工作，合理组织劳动，确定恰当的劳动定额。劳动个别化表现为：(1)对于女犯，根据她们的生理特点、心理特点，确定适宜的劳动工种、劳动强度及劳动制度。(2)对于未成年犯，根据他们的身心特点，劳动主要以学习文化和生产技能为主，实行半天劳动半天学习的制度，安排较轻的劳动工种。(3)对于年老体弱和身体患病的罪犯，根据他们的身体状况，安排劳动或者不安排劳动，或者减少其劳动时间、减轻其劳动强度，注重考察劳动的态度和思想改造情况。(4)对于具有较高技术知识的罪犯，安排劳动时，应尽量发挥其技术特长，并给予适当照顾。(5)对于新入监的罪犯、没有劳动习惯的罪犯以及病后有待康复的罪犯，不能马上安排劳动，要给他们一定的时间，让他们逐渐适应或康复，然后根据情况，逐步地分别安排劳动。

4. 奖惩个别化，主要是根据罪犯教育改造表现的好坏不同而依法实行不同的奖励和惩罚，奖优罚劣、赏罚分明。奖惩个别化表现为：(1)罪犯具有如下情形之一的，给予表扬、物质奖励或者记功：遵守监规纪律，努力学习，积极劳动，有认罪服法表现的；阻止违法犯罪活动的；超额完成生产任务的；节约原材料或者爱护公物有成绩的；进行技术革新或者传授生产技术有一定成效的；在防止或者消除灾害事故中作出一定贡献的；对国家和社会有其他贡献的。(2)被判处有期徒刑的罪犯，执行原判刑期二分之一以上，在服刑期间一贯表现好，并且受过表扬、物质奖励或记功的，离开监狱不致再危害社会的，根据其情况，可以准其离监探亲。(3)对于罪犯聚众哄闹监狱、扰乱正常秩序的；辱骂或者殴打人民警察的；欺压其他罪犯的；偷窃、赌博、打架斗殴、寻衅滋事的；有劳动能力拒不参加劳动或者消极怠工经教育不改的；以自伤自残手段逃避劳动的；在生产中故意违反操作规程或有意破坏生产工具的；有违反监规纪律的其他行为的，给予警告、记过或者禁闭。(4)对于被判处无期徒刑、有期徒刑的罪犯，在服刑期间确有悔改或者立功表现的，根据考核结果，可以减刑，有重大立功表现的，应当减刑。(5)对于被判处死刑缓期2年执行的罪犯，2年期满，根据考核结果，分别减为无期徒刑或者有期徒刑。(6)对于被判处无期徒刑、有期徒刑的罪犯，根据考核结果和法律规定，可以给予假释。(7)对于被判处刑罚的罪犯，根据我国宪法规定，由全国人大常委会审议决定，还可以特赦。(8)对于罪犯在服刑期间故意犯罪的，依法从重处罚。上述前三种情况是行政奖惩个别化；后四种情况是刑事奖惩个别化。

此外，我国刑罚执行的个别化原则还体现在缓刑的执行上。对于罪犯在缓刑期间表现较好，没有再犯新罪的，缓刑期满，原判刑罚就不再执行；否则，就撤销缓刑，实行数罪并罚。根据我国监狱法规定，对于被判处无期徒刑、有期徒刑在监内服刑的罪犯，如果有严重疾病需保外就医，或者怀孕或哺乳自己婴儿的妇女，可以暂予监外执行。这也是刑罚执行个别化的一种表现。只有在实践中贯彻刑罚执行的个别化原则，我们才能达到教育改造罪犯成为新人的目的。

第五节　社会化原则

刑罚执行的社会化原则，是指在刑罚执行的过程中，要调动监狱外的一切社会积极因素，合力救助改造犯罪分子并保证和巩固刑罚执行的效果，确保行刑目的的实现。简而言之，在刑罚的执行过程中，一方面要依靠社会力量对犯罪人进行防范，另一方面使受刑人易于复归社会或者说再社会化。依照现行理论研究成果，社会化原则是建立在这样的基础之上：即犯罪主观构成是罪犯在社会多种因素的交合作用下而生成的独特的社会实践产物，因此，救助、矫正和改造罪犯的主观构成，必须使其置身于由多种社会关系所构成的特定社会环境之中，从事多方面社会实践的体验；同时，监狱所置身的社会是一个运动变化着的动态系统，行刑效果的取得直接制约于社会发展的宏观态势①。从某种意义上来说，刑罚执行的社会化原则，就是社会宏观调控系统和监狱微观管理手段的结合，是罪犯改造手段的社会化。它有助于动用社会力量对罪犯予以防治。从社会化原则的观点出发，监狱不仅是国家机关，而且是社会事业的一部分。因此，对犯罪的防治，应该是社会整体对犯罪的防治，整个社会与犯罪人的教育改造都有联系，应该利用各种社会手段来改造罪犯。既然社会和罪犯的改造有联系，那么罪犯的复归社会或再社会化的责任，整个社会理当承担，一方面使步出监狱的被释放者缩短与社会的距离，尽快地适应社会；另一方面让社会在尽可能短的时间内接受被释放者，以巩固刑罚执行的效果。

一、西方国家社会化原则的结构及其相关理论

社会化原则的结构，依其建立之基础，可以分为两部分，一是社会整体对罪犯的影响和制约；二是罪犯改造的社会化。社会整体对罪犯的影响和制约，是一个非常宽泛的概念，但其核心意义则是犯罪人在受刑的过程中，社会要参与对受刑人的改造，不但监狱机关负有改造罪犯的责任，而且还要集中社会上各方面的积极因素加入改造罪犯的行列，以便选择对罪犯进行适当的处遇措施。人从生物性角度而言，是一个生物个体，从社会的角度而言，其在本质上是一切社会关系的总和。罪犯也不例外，尽管被囚禁于监狱之中，但其仍然具有社会属性，仍然逃脱不了社会对他的影响，而且最终他还要返回社会（被处极刑者例外），因此，社会为了防卫犯罪以及罪犯出狱后的再犯可能，必须参与改造罪犯的活动，帮助罪犯重返社会使之成为守法公民，以保证社会的

---

① 参见邱兴隆、许章润著：《刑罚学》，群众出版社1988年版，第344页。

安全。西方许多国家广设各种社会团体组织诸如累进处遇委员会、缓刑支援小组、监督委员会等来协助监狱行刑，就是社会化原则的具体体现。另一方面，社会对受刑人的影响，还表现在社会对刑满释放者的扶助、帮教。犯罪人获得释放，走出监狱之后，由于对社会某种程度上的生疏以及社会的某种偏见和歧视，使他们特别需要帮助。因此，许多国家，特别是西方国家，对释放出狱者，须由监狱机关对其进行一段时间的保护观察。在实践当中，这种保护观察工作大部分由社会协助监狱机关来做，这样有助于增加犯罪人与社会的融合程度。

罪犯改造的社会化，主要表现为行刑制度的社会化过程。由于监狱是与社会隔绝的场所，因此，需要提高犯罪人的社会适应性，以保证和提高罪犯的改造效果。为此，行刑制度的社会化过程是必不可少的。为了达到此目的，西方国家大量推行多种行刑制度，诸如受刑人分类制度、中间监狱制度、受刑人自治制度、累进处遇制度、开放式处遇制度、监外作业(即劳动)等。有的国家甚至还推出重返社会方案，认为让犯罪人逐步接触社会比让其突然返回社会更为有益，有些矫正机构为犯人开设正规的释前训练方案、工作释放方案、学习释放探亲休假方案、重返社会训练所、以社会为基础的帮助方案等。在行刑制度的社会化过程中，观护制度(Provation System)和再社会化制度(Resocialization System)是最具特色的。

观护制度是法院根据犯罪人的状况将其置于法律和法官确定的自由环境中来代替在监狱中受刑。它主要适用于经过甄别并认为在监狱外更易接受教训的人①。观护制度被认为是运用个别化、科学化及社会化的原理、法则与技术，对犯罪人所施用的一种非监狱制度。旨在依循人之本性，循循善诱，并在尊重人格前提下，对可期

① Fred E. Infau: Criminal Law Cases and Comments, 4th edition, The Foundation Press Inc. 1987, P10.

悔改的犯人，利用缓审理、缓宣告、缓执行的缓刑期间，在收容机构外附加条件，由具有专门知识的人予以合理的指导和监督。目的在于使犯罪人复归于社会正常的生活，重新做人①。

再社会化制度，又可以称为重返社会制度。从某种意义上来说，它是复归理论的延伸和深化，但决非复归理论的翻版。19世纪下半期和20世纪上半期是复归理论占统治地位的时期。复归理论以其内含的教育刑思想所体现出来的积极、进步、人道特性，为人们勾勒出了一幅矫正罪犯的美好图景。然而，这幅美好的图景却被复归理论的狂热者浓墨重笔地推到了完美无缺的极端境地：所有罪犯都是可复归的，所有罪犯都能被复归。监狱是一个富有建设性的地方，可以提供矫正罪犯的有效处遇，而且处遇越多，效果越好，这样，监狱就不是一个惩罚罪犯、剥夺犯罪能力的场所，而是一个复归罪犯的好地方②。因此，监狱设施建设、监狱管理费用、监狱处遇代价等等，都只是一种临时性的投资，这种投资可以获得一本万利的结果。然而狂热者们的这种美好愿望被严酷的现实撕得粉碎：并不是所有的罪犯都能够被复归，经过复归处遇的犯人被释放后，也并没有像复归理论者所宣称的那样全部改邪归正。复归理论陷入了一种进退维谷的二难境地。为了寻求复归理论完善化的途径，复归论者从不同角度来加以探讨。有学者如英国法官巴巴拉·伍顿(Barbara Wootton)把复归理论陷入困境的原因归咎于不适当地使用了刑罚，认为教育和改造是必要的，使罪犯复归仍是刑事处分的目的，但是刑罚不是好的教育和改造手段，应该用矫正疗法去代替刑罚。并且进一步断言，一个人作出犯罪行为，这表明他处于一种反常状态。因此，适当的改造方法是纠正他的毛病，或至少使他免受别人的感

---

① 转引自房传珏著：《现代观护制度之理论与实践》，台湾帝成打字印刷行1977年版，第1页。

② 参见李贵方著：《自由刑比较研究》，吉林人民出版社1992年版，第354页。

染，应该多建立教养院、精神治疗所之类的教育机构，去取代一部分监狱①。但是这种主张很快就受到了尖锐的批评，因为它忽视了道德罪恶作为正当刑罚的必要条件，不能保持法律制度的价值。另一方面，有学者从复归理论的本体着手，反思和检讨复归理论及其在实践中运作的效果，认为“将一个人数年之久关押在高度警戒监狱里，告诉他每天睡觉、起床的时间和每日每分钟应做的事，然后再将其抛向街头并指望他成为一名模范公民，这是不可思议的！”②由此，“矫正的任务包括在犯人和社区之间建立或重新建立牢固的联系，使罪犯归入或重归社会生活中去，恢复家庭关系，获得职业和教育。就广泛的意义而言，即在于为犯人在社会正常生活中获得一席之地提供帮助。这不仅要求必须努力改变每一名罪犯——这一点曾经是复归模式的唯一目标，而且还需要发动和改造社会及其各类机构。”③根据再社会化制度，罪犯是可以再社会化的，再社会化是一种强制的教化过程，它包括释前训练过程、劳动释放过程、教育释放过程、归假过程、在中途之家的生活过程以及社区扶助过程。监禁罪犯等于给国家一个机会，去帮助罪犯改变原有的价值观、生活方式和行为方式，克服反常的道德性格和反社会的心理定势。

由于监狱模式的发展经历了反反复复的不同阶段，因此刑罚执行的社会化原则伴随着监狱模式的演进，接纳吸收了不同时期不同理论的合理内容以及实际运作中的合理因素而逐步形成了当今的兼收并蓄的风格。安基尔曾经说过：“我们的一切努力不应当朝着把犯罪驱逐出社会的方面，而应当朝着使罪犯重返社会的

---

① 参见张文显著：《当代西方法哲学》，吉林大学出版社 1987 年版，第 179 页。

②③ 参见克莱门斯·巴特勒斯：《矫正导论》，中国人民公安大学出版社 1991 年版，第 130、22 页。

方向……"①这对于我们贯彻社会化原则是具有启发意义的。

二、我国刑罚执行中的社会化原则

我国刑罚执行的专门机关是劳动改造机关，直接担负着把罪犯改造成为新人的任务，但是这个任务仅仅依靠劳改机关是无法完成的，必须依靠社会各方面的力量相互配合共同工作，才能取得满意的效果。因此，我国监狱法第 61 条规定，对罪犯的教育改造采取狱内教育与社会教育相结合的方法。第 68 条规定："国家机关、社会团体、部队、企业事业单位和社会各界人士以及罪犯的亲属，应当协助监狱做好对罪犯的教育改造工作。"可以说，我国监狱法所规定的依靠社会力量改造罪犯的原则，就是社会化原则的具体体现。它是在党和政府的领导下，以政法机关为骨干，动员社会各种组织、各界力量和广大群众对被判处刑罚的犯罪分子实施各种形式改造、教育、挽救工作，使犯罪分子弃旧图新，成为有益于社会的人，化消极因素为积极因素。实践证明，我们依靠社会力量改造罪犯所取得的成就是巨大的。

刑罚执行的社会化的核心在于刑罚的执行必须借助于社会合力优势以实现刑罚的目的。就我国目前刑罚执行的社会化实践来看，可以分为两个方面：一是监狱内执行的社会化实践；二是监狱外执行的社会化实践。

(一)监内执行的社会化

勿庸置疑，监狱把罪犯与社会隔离开，对罪犯本人以及他们的家庭都会产生一些不利的影响。但是，监狱与社会二者之间又存在着千丝万缕的联系，因此，监狱部门要千方百计地利用这些联系，使罪犯能更多地接触社会，多了解一些社会情况，增强关注社会的意识以及社会责任感，从而将各种消极因素的影响减少

---

① 转引自肖剑鸣、皮艺军主编：《犯罪学引论》，警官教育出版社 1992 年版，第 72 页。

到最低限度，为重返社会做准备。根据我国监狱法以及相关法律的规定，我国监狱部门监内执行的社会化实践主要表现在以下几方面：

1. 及时与罪犯家属联系。根据我国监狱法规定，罪犯收监之后，监狱部门应当在收监之日起5日内向罪犯家属发出通知书，使罪犯家属能及时了解罪犯的去向，并与监狱部门沟通，建立联系，协助监狱改造罪犯。

2. 保障罪犯的通信权利。根据我国法律，罪犯在服刑期间可以与他人通信，通信内容只要不影响罪犯改造，不泄露国家机密都是允许的，对通信次数一般不予限制。有时监狱部门还要号召罪犯与家庭、原工作单位写信汇报情况，以保持他们与家庭、与社会之间必要的联系。对于少数民族的罪犯，还允许他们写信时可以使用本民族的语言文字。

3. 建立会见制度。根据法律规定，罪犯在服刑期间，可以按照规定会见亲属、监护人，每月一次或两次，每次一般不超过一小时。同时为了使罪犯家属对监狱有更多的了解，监狱工作人员还经常向罪犯家属、监护人讲解监狱的有关规定，介绍罪犯服刑改造的表现，罪犯改造的关键是什么，并请他们协助监狱部门做好罪犯的思想转化工作。许多监狱还根据实际情况，组织罪犯家属参观罪犯生活、学习、劳动的场所，或者召开罪犯家属座谈会，征询他们对监狱工作的意见。对于有些罪犯与家属发生矛盾而不愿通信和会见的，监狱部门还负责疏通、协调，尽量维持家庭关系。对于那些较少有人或者无人探视的罪犯，监狱部门还与社会上有关部门联系，邀请社会帮教人士，罪犯原工作单位的领导、同事来探视，使每一个罪犯都能感到社会的温暖，感到自己并不是孤独的囚犯，也是社会的一员，社会并没有忘记、抛弃他，从而增强改造的信心。

4. 建立准假制度。根据我国监狱法的规定，罪犯改造表现突出，离开监狱不致再危害社会的，监狱可以根据情况准其离监探亲。另外，监狱部门对于家有急事确需本人回去处理的罪犯，在不影响改造的情况下，一般都准其回家去看望和处理。对于即将刑满释放的罪犯，在刑满前如需回家联系工作等事宜的，监狱部门会积极创造条件，协助罪犯与家属和社会安置部门联系。

5. 组织部分罪犯走出监狱到社会上进行参观，了解社会主义建设的伟大成就，从而加深对国家政策制度的理解，增强改造信心，培养为国家作贡献的观念和意识。同时还组织部分罪犯进行现身说法，表示自己的悔罪之意，汇报现实的改造表现，让社会了解罪犯，让罪犯了解社会，增强两者的联系。在罪犯刑满释放前，请有关工商、劳动、税务、公安、教育等地方政府部门到监狱作报告，介绍社会政治和经济形势，为刑满释放人员回归社会指明方向。

6. 监狱还要与地方政府部门、社会有关部门或罪犯原工作单位等签订帮教协议，规定双方的职责。监狱部门负责正确执行国家的法律政策，努力把罪犯改造成为新人；地方政府部门和社会有关部门负责动员社会各方面的力量，来关心、教育罪犯，帮助他们解决家庭困难，刑满后适时安置就业，搞好接茬帮教工作。

总之，监狱内执行刑罚的社会化实践，主要是通过建立监狱内与社会之间的联系来达到改造罪犯成为新人的目的。

(二)监狱外执行刑罚的社会化实践

可以说，监狱外执行刑罚是刑罚执行的社会化原则最明显和最集中的体现。监狱外执行刑罚是在一定条件下将罪犯放到监狱之外执行刑罚的制度。根据我国法律规定，监狱外执行刑罚主要表现为以下几种情况：

1. 暂予监外执行。根据我国监狱法以及刑事诉讼法的规定，对于被判处无期徒刑、有期徒刑或者拘役的罪犯，如果有严重疾病需要保外就医的，以及怀孕或者正在哺乳自己婴儿的妇女，可以暂予监外执行。

2. 对于被判处拘役、3 年以下有期徒刑的犯罪分子，根据犯罪分子的犯罪情节和悔罪表现，认为适用缓刑确实不致再危害社会的，可以宣告缓刑。被宣告缓刑的犯罪分子，在缓刑考验期内，由公安机关交所在单位或者基层组织予以考察。

3. 被判处管制的犯罪分子，根据法律规定，不予关押，在公安机关管束和群众监督下进行改造。管制作为一种独立的刑种，是我国的独创，它可以说是将刑罚的执行置于社会之中的典范，是社会化原则的生动体现。

对于在监狱外执行刑罚的犯罪分子，依照有关法律的规定，一般依靠国家政权的力量、群众团体的力量、人民群众的力量进行督促、监督，一方面促使其认罪悔过，遵纪守法，另一方面，防止其传播不良思想，进行犯罪感染。同时根据我国政府号召全社会参与对罪犯的帮助教育活动的要求，在全社会范围内，开展广泛的社会帮教活动，表示国家对罪犯的关怀和期望，勉励罪犯积极改造。总而言之，改造罪犯的实践经验告诉我们，改造罪犯离不开社会的支持和帮助，更需要社会的理解。随着实践的发展，社会化原则将会有更多的形式体现，会有越来越多的人投身于改造罪犯这一宏伟的事业当中，为预防和减少犯罪，实现社会的安宁和稳定作出贡献。

第十四章　各种刑罚的执行

第一节　生命刑的执行

生命刑的执行，包括生命刑的立即执行和生命刑的缓期执行。

一、生命刑的立即执行

（一）生命刑立即执行的原则

死刑作为剥夺犯罪人生命的刑罚，具有它的严厉性和不可逆转性。死刑立即执行，正是实现死刑的严厉性和不可逆转性的关键环节。为了保障死刑立即执行的正确适用，防止错案，以追求死刑适用的最佳法律效果和社会效果，在死刑立即执行的阶段，应当遵循如下原则：

1. 慎重执行原则

即死刑的适用，在执行阶段应当进行最后审查，慎重执行。这是我国少杀慎杀政策的体现，也是死刑裁量阶段慎杀原则的继续。

我国有关立法关于死刑执行的规定，充分体现了慎重执行的原则：

其一，签发执行死刑的命令。在核准死刑立即执行的判决以后，必须由最高人民法院院长签发执行死刑的命令，才能执行死刑。

其二，刑前审查。根据刑事诉讼法第211条及其他法律的规定，下级人民法院在接到最高人民法院执行死刑的命令后，应当在7日内交付执行。但是发现下列情形之一的，应当停止执行，并且立即报告最高人民法院，由最高人民法院作出裁定：(1)在执行前发现判决可能有错误的；(2)在执行前罪犯揭发重大犯罪事实或者有其他重大立功表现，可能需要改判的；(3)罪犯正在怀孕。经审查，停止执行的理由属实时，应当报请核准死刑的最高人民法院予以改判；前款第一项、第二项停止执行的原因消失后，则必须报请最高人民法院再签发执行死刑的命令才能执行。

其三，临刑审查。在死刑执行现场，指挥执行的审判人员和临场监督的检察人员，有职责对死刑的适用进行最后审查。特别是当罪犯临刑喊冤叫屈时，必须予以充分重视，暂停执行死刑，并由负责执行的审判机关迅速进行审查。经审查，确认判决无不当的，应当继续执行死刑；但如果发现判决可能有错误，适用死刑可能不适当的，则应当停止执行死刑，报请最高人民法院作出裁定。

2. 秘密执行原则

即死刑的执行过程应当秘密进行，不能公开示众。

在历史上，各个国家都曾经公开执行死刑。如19世纪的法国，断头台处刑曾一度成为盛大的集会，围观者人山人海。1889年巴黎万国博览会时有一件处刑，结果断头台比新建的埃菲尔铁塔还吸引人①。中国古代的刑事审判是不公开的，但死刑的执行却是公开的，即所谓的示戮制度——公开杀人，陈尸于市，以期达到威慑儆戒的效果。但是，随着人类法制文明的发展，这种公开杀人的行刑制度遭到了唾弃。人们认识到："在任何体制下，用任何执行方法，执行死刑都是无法掩饰的残暴行为。要用暴力夺

---

① 参见[德]布鲁诺·赖德尔：《死刑的文化史》，生活·读书·新知三联书店1992年版，第125页。

取一个人的生命，非残暴手段是达不成的。”①公开执行死刑，不仅不能达到预想的威慑效果，反会助长人们的残忍心理和轻视生命的风气，以及对于法律的怀疑和不尊重。因此，现代世界各国执行死刑，大多规定在秘密的场所，由必要的执行人员秘密进行。如英美法系国家一般都在监狱内执行死刑，现场只有执行吏、狱医和数名官员。日本刑法第 11 条规定，死刑在监狱内执行。

我国刑事诉讼法第 212 条第 5 款规定：“执行死刑应当公布，不应示众。”所谓执行死刑应当公布，指的是公开宣判死刑以及张贴布告、发布消息等方式的公开告知；所谓不应示众，指的是执行死刑的过程应当秘密进行，而不应当让公众观看。有学者根据“执行死刑应当公布”的规定，认为“我国死刑也是公开执行而不是秘密执行的”②。我们认为这种理解不太准确，而且容易引出歧义。死刑执行是否公开，当然是指执行过程是否示众，而不是指死刑执行的消息是否告知公众。正是在这个意义上，我们认为我国法律对死刑执行采取的是秘密执行制度。

3. 不增加受刑人痛苦的原则

即在依法剥夺受刑人生命的过程中，不给予受刑人以任何不必要的痛苦。这是正确发挥刑罚功能的要求，也是我国一贯倡导的刑罚人道主义的要求。

“刑罚的存在不是为了使犯罪人受到痛苦，而是为了以对刑罚的惧怕来预防犯罪。”③死刑所追求的“惧怕”，不是针对即将受死的犯罪人，因为他将永远失去犯罪的可能。因此，对于死刑犯，在执行过程中所施加的任何不必要的痛苦，都是毫无积极意义的，也是没有法律根据的。1984 年，联合国通过了《关于面临

---

① ［德］布鲁诺·赖德尔：《死刑的文化史》，第 126 页。

② 陈兴良主编：《刑种通论》，人民法院出版社 1993 年版，第 122 页。

③ ［法］罗伯斯比尔著、赵涵舆译：《革命法制和审判》，商务印书馆 1986 年版，第 71 页。

死刑的人的权利保障规则》，提出“死刑的执行，要害是必须给予受刑人最小限度的痛苦”。所谓给予受刑人最小限度的痛苦，不仅指在执行时要尽量减轻受刑人在肉体上的痛苦，还包括禁止给予受刑人精神上的不人道或有辱人格的待遇。我国刑法规定死刑以枪决的方式执行，而废止了我国历史上长期适用的绞、斩等执行方式，正是基于枪决方式能够迅速、有效地结束受刑人的生命，减少受刑人痛苦的考虑。

我国刑事诉讼法第 211 条及有关法律规定，下级人民法院在接到执行死刑的命令后，应当在 7 日以内交付执行。这一执行时间的限制，除了防止受刑人自杀、逃跑等意外事件外，主要也是为了避免受刑人长时间坐以待毙对其造成巨大的精神痛苦，以减少死刑的不人道因素。可见，我国法律对死刑执行的规定是符合国际社会的要求的。

(二)生命刑立即执行的程序

根据我国刑事诉讼法的规定，死刑的立即执行应依照如下程序进行：

1. 签发执行死刑的命令。最高人民法院判处和核准的死刑立即执行的判决，应当由最高人民法院院长签发执行死刑的命令。

2. 准备执行死刑。最高人民法院签发的执行死刑命令，均由高级人民法院交付中级人民法院执行。中级人民法院接到死刑执行令后，应迅速作好如下准备：(1)确定执行的具体日期和刑场；(2)确定执行的指挥人员、参与人员和具体执行人员；(3)通知同级人民检察院派员临场监督；(4)通知公安机关派员进行刑场警戒；(5)起草、印刷执行死刑的布告。

3. 验明正身，讯问有无遗言、信札。验明正身，是指对即将交付执行死刑的罪犯进行查验，确认该罪犯就是死刑判决中被判处死刑的罪犯。验明正身包括核对受刑人的姓名、年龄、性别等个人资料，及其犯罪与受审判的情况。目的在于慎重执行，防止错杀。讯问有无遗言、信札，是出于刑罚人道主义，为罪犯提供留下临终遗嘱或其他信札的机会。

4. 押赴刑场，执行枪决。对罪犯验明正身后，在审判人员的指挥下，由执行人员将罪犯押赴刑场执行枪决。押赴刑场的过程不应当成为游街示众。刑场上除了指挥和参予执行的审判人员、临场监督的检察人员、法医、警戒人员和具体执行人员外，不应有任何公众参观。具体执行人员应为人民法院的法警；如果人民法院没有法警能够执行，可以交付武装警察执行。

5. 制作笔录，上报死刑执行情况。执行枪决后，应当由指挥执行的审判人员和临场监督的检察人员验尸，有法医的可由法医协助验尸。在场书记员应当制作笔录记明：死刑案由；被执行人情况；执行死刑的时间、地点；指挥执行死刑的审判人员、临场监督的检察人员、具体执行人员的姓名、职务；验尸结果，包括几弹毙命、枪弹出入口的位置、方向等等。上述参与执行人员及书记员应在笔录上签名。执行过程要拍摄必要的照片，但应严格管理，严禁外传。执行结束后，执行死刑的人民法院应当就死刑执行情况写出报告，并附以照片，上报核准死刑的最高人民法院或高级人民法院。

6. 做好执行死刑后的善后工作。执行死刑的人民法院，应当在执行后做好如下两方面的善后工作：其一，通知罪犯亲属，在限期内领取罪犯尸体或骨灰。执行死刑后，有的地区法院通知罪犯亲属领取尸体，有的地区法院在会同民政部门火化罪犯尸体后通知罪犯亲属领取骨灰，这两种办法都符合刑事诉讼法的规定。如果通知后罪犯亲属不在期限内领取尸体或骨灰，可以通知有关部门对罪犯尸体或骨灰进行处理，处理情况应当记录附卷。其二，对死刑犯的遗书、遗言、遗物等及时进行清查、处理。根据1984年1月11日最高人民法院、最高人民检察院、公安部、司法部《关于正确处理死刑罪犯遗书、遗物等问题的通知》，对于死刑罪犯的遗书、遗言，应由交付执行的人民法院及时进行审查，分别作出处理：(1)涉及财产继承、债务清偿、家事嘱托等一般内容的，交给其家属，同时复制备卷存查。(2)属于诽谤性和反动言词的部分，不交给其家属。(3)有喊冤叫屈内容的，应迅速查明事实，依法处理，喊冤叫屈部分不转交其家属。(4)凡涉及案件线索、证言性质和有关方面的工作问题的，应抄送有关机关，这一部分不交给其家属。遗书、遗言中第(2)(3)(4)项所列情况外的部分，仍应抄给其家属，原件存卷备查。对于死刑罪犯身边的遗物、遗款，应由羁押罪犯的看守所或监狱清点后，交由家属领取，将收条移送交付执行的人民法院存卷。如果死刑罪犯尚有在诉讼中确定应交付的款项，按照人民法院的通知，由看守所或监狱协助预先从遗款中扣除。

(三)生命刑立即执行中的问题及其改进

按照死刑执行的原则和我国法律规定的死刑执行程序来衡量，现阶段某些地区在司法实践中存在一些令人忧虑的问题。突出表现在：

第一，集中宣判、集中执行。众所周知，“五·一劳动节”、“十·一国庆节”、农历春节的前夕，已成为中国宣判和执行死刑的“旺季”。当逢其时，几日之内，同时同地被宣判、执行死刑的人数少则数人、多则10人以上。执法者意在追求执行死刑的浩大场面和威慑声势，普通民众则已习以为常，有称之为“庆祝节日”的。

第二，屡禁不止的游街示众。许多地方在召开公判大会的前后，以成队的大卡车拉着死刑犯，在其胸前挂上姓名被划上黑叉或红叉的牌子，车队穿行于主要交通干线，警笛响彻街头巷尾。甚至个别地方还拉着其他人犯陪同死刑犯游街示众，使人想起中国古代所谓“陪杀场”的做法。这种场面为中国民众所熟悉，也曾被一些外国人摄影录像，成为某些国际组织指责中国“人权状况”的口实。1984年11月21日，中共中央宣传部、最高人民法院、最高人民检察院、公安部、司法部联合发出《关于严防反动报刊利用我处决人犯进行造谣诬蔑的通知》，指出：“执行死刑不准游街示众。”1986年7月24日，最高人民法院、最高人民检察院、公安部再次发出《关于坚决制止将已决犯、未决犯游街示众的通知》再次重申：对死刑犯、其他已决犯、未决犯以及一切违法的人一律不准游街示众，“如再出现这类现象，必须坚决纠正并要追究有关领导人员的责任”。

第三，个别地区事实上的公开行刑。由于行刑时间与行刑现场选择的不当，往往导致死刑执行的公开化。我国的死刑执行现场大都选择在城郊，各大中城市都有相对固定的死刑执行场所，为不少群众所熟知。且死刑都是在公判大会后即前往刑场执行，不同于有些国家在监狱内秘密执行的方法。这样，个别地区召开宣判大会时早有大批看热闹的群众到达刑场等候观看执行，亦有人紧随行刑车队追到刑场，致使行刑时四周有许多人围观，警戒人员所能做到的，无非将他们隔离在一定距离之外而已，但他们仍能清楚地目击整个行刑过程，围观者指点评说，现场的气氛和效果，背离了刑法规定死刑的初衷。

第四，实施效果不理想的枪决。我国刑事诉讼法规定以枪决或注射等方法执行死刑。但由于历史的原因，实践中除少有的几个案例外，基本上仍然以枪决的方式执行。枪决是国际上较多国家采用的死刑执行方法，比之苏丹和伊朗的石击，缅甸的棒击，中东有些国家如叙利亚、沙特阿拉伯及伊拉克的斩首，都要先进一些。但是枪决在具体实施中也存在一些问题。曾经有段时期，枪决时采用射击心脏部位的方法。但心脏的位置不易把握，时而出现数弹不能毙命的情况。后采用射击脑后部的方法。这种方法的优点是致命点清楚，一般可以一弹毙命，但行刑后死刑犯往往面目全非，有的被打飞颅骨，有的炸去半个脑袋，给行刑者、旁观者及犯人亲属心理上留下极其沉重的阴影。

合法有效的行刑，是保证刑罚目的的实现的关键环节，而上述死刑执行中的不当或不足之处，必然产生诸方面的副效应：

1. 无谓地增加受刑人的痛苦。集中宣判、集中执行、游街示众、公开行刑的做法，每一环节都会增加死刑犯的痛苦。集中宣判，必然要求集中复核，而集中复核，不可避免地延长了有些死刑犯坐以待毙的期限，徒增精神痛苦。对毫无生存希望的死刑犯迟延执行，有人称之为“精神已经被消灭，仅有肉体尚存的残酷世界。”①集中执行，刑场气氛必然更加恐怖，使受刑人对死亡的恐惧更甚。游街示众，这种毫无法律根据的“隆重”程序，更是在受刑人对死亡的恐惧之上，又增加一层精神上的羞辱，无异于在死刑之外又附加实施了丑辱刑，这是不合法的，也是不公正的。事实上的公开行刑，使受刑人在众目睽睽下引颈受死，成为人们满足好奇心和残忍心理的对象，如果再加上枪决方式的不尽如人意，受刑人在临死前遭受的肉体和精神的双重痛苦，恐怕是我们旁观者所无法想象的。

2. 过分地刺激受刑人亲友的感情。判处罪犯死刑，其亲友可能明智地将此理解为罪犯罪有应得。但在绝大多数情况下，出于人的本能的难解亲情，其亲友在感情上的痛苦往往是难以言状的，而且远非以对犯罪人恨铁不成钢的怨恨可以消除。如果说死刑犯亲友的丧亲之痛无法避免，那么行刑前后的游街示众，事实上的公开行刑，这些做法对死刑犯亲友感情的强刺激则是完全不必要的。这种刺激引发出的愤怒和抵触情绪的可能性，比秘密行刑要成倍计算。尤其在节日前夕集中执行死刑的惯例，使受刑人亲友的心情与周围的欢乐气氛形成强烈反差，除当时对其心理造成巨大创伤外，在以后的长时期内都格外忌讳过年过节，痛苦的心情难以平复。我国的人民政权是依靠最广泛的人民支持建立起来的，同样需要依靠最广泛的人民支持来巩固和发展。如果每枪决一人而引起数人以至数十人的生活不安定、精神不平衡，从而影响到整个社会的安宁，这个代价不是太大了吗？

3. 激发普通民众的残忍心理或对受刑人的怜悯心理。死刑的集中执行、游街示众、公开行刑，会给旁观者造成我们始料不

① ［日］迁本义男译：《联合国犯罪预防与犯罪控制委员会关于“世界上的死刑”的报告书》(1989. 7)，成文堂 1990 年版，第 67 页。

及的负面影响。一方面，它无形中淡化了人们的人权和人的价值的观念，使之漠视人的生命和存在，激发其残忍心理：原来消灭如此众多的生命就这么容易？就是这么一瞬间的事情？另一方面，它又会激发人们是非不分的怜悯心，产生正好与行刑目的相反的社会效果，“犯罪行为所激起的愤恨常常被极端严厉的刑罚所引起的同情所抵消”①。由于人们同情弱者的天性，加之作为观众的普通民众一般与犯罪人所实施的犯罪行为无直接利害关系，他们会把受刑人看作是“弱者”，而对其产生怜悯。这种是非不分的怜悯感，有时会压倒他们对犯罪行为的义愤，进而对作为“强者”的国家产生愤怒的心情。这就可能远远湮灭了死刑的一般预防效果。

4. 导致社会心理对于死刑的麻木不仁和对法律的不尊重。死刑是最严厉的刑罚手段，而集中执行、游街示众、公开行刑，将死刑的威慑力发挥到了极限。当人们面对如此声势浩大、场面壮观的死刑执行都习以为常、麻木不仁时，还能有什么有效的预防犯罪手段呢？人的感觉和感官是有限的，当刑种运用到极限、行刑方法也运用到极限的时候，还有什么方法能震慑人们麻木的心灵呢？

鉴于死刑执行中的种种不适当做法，可能导致上述严重弊端，我们期望这些问题都能得到解决：

首先，期望司法机关的司法活动摆脱过去运动式的“战役”，纳入正常的依法运作状态。犯罪并非集中发生，司法本是日常工作，死刑完全可以按照法定程序随时裁判、随时复核、随时执行，没有必要，也不应该将集中宣判、集中执行的做法惯常化、制度化。

其次，期望最高司法机关真正树立自己的权威，采取得力措

① ［法］罗伯斯比尔著、赵涵舆译：《革命法制和审判》，商务印书馆1986年版，第73页。

施追究几起目无法纪的游街示众案件；同时也期望地方司法机关以国家的法制建设事业和民族的未来为重，严格依法办事、自觉纠正工作中的不适当的做法。

再次，期望国家立法机关和最高司法机关认真酌量公开行刑的利与弊，改变示众性的死刑执行方式，真正贯彻“执行死刑，应当公布，不应示众”的法律规定。借鉴外国的经验，以布告等方式公布死刑判决，在监狱内或其他特定场所秘密执行死刑，或许是一种较好的方式。

最后，建议司法机关根据刑事诉讼法中关于死刑以枪决或注射等方式执行的规定，选择更能减少受刑人痛苦的死刑执行手段。美国奥可拉马州在1977年最早采用注射药物处死的方法后，其他有17个州也相继采用了这种方法，其中有的州，受刑人可以自己选择处刑的方法。一般认为，采用药物注射的方法执行死刑，给予受刑人的痛苦要比其他处刑方法少一些。这种执行方式具有进一步研究和借鉴的价值。这里需要说明，我们提出执行枪决中存在的问题，并未否认枪决行刑的合法性。这一问题与游街示众、公开行刑等存在着基本性质上的区别。

“法律的效力是以它所能引起的爱戴和尊重为转移的；而这种爱戴和尊重，是以内心感到法律的公正和合理为转移的。”①如果我们的假设是正确的，死刑对于震慑罪犯、预防犯罪是有积极意义的，那么，死刑的运用也必须以正确的裁量和合法的执行相结合，才可能产生其预定的效力。

二、生命刑的缓期执行

所谓生命刑的缓期执行，实际上是指死刑缓期执行的执行，或称死缓的执行，核心内容是死缓考察的执行。它的基本内容

① ［法］罗伯斯比尔著、赵涵舆译：《革命法制和审判》，商务印书馆1986年版，第73页。

是："对于应当判处死刑的犯罪分子，如果不是必须立即执行的，可以判处死刑同时宣告缓期 2 年执行。"

对于判处死刑缓期 2 年执行的罪犯，由看守所送往劳改部门指定的劳动改造场所执行。死缓执行的方法是劳动改造，即强迫死缓罪犯参加生产劳动，在劳动过程中反省罪行，改造思想，通过 2 年的考察以决定死缓执行的变更。

死缓执行的变更是死缓执行中较为复杂的环节，特别是死缓执行变更为死刑执行的条件，司法实践与理论界存在各种不同的理解和认识，需要予以重视。

(一)死缓执行的变更

死缓执行的变更，是指死缓罪犯经过 2 年的劳改考察以后，依照法律的有关规定分别予以处理。根据我国刑法第 50 条的规定，死缓执行的变更可以分为以下三种情况：

1. 在死刑缓期执行期间，如果没有故意犯罪，2 年期满以后，减为无期徒刑。

这一规定，是由 1979 年刑法的"如果确有悔改表现"修改而来的。这样修改的实质，是提高了死缓变更为立即执行死刑的条件，体现了严格控制死刑执行的精神。

2. 在死刑缓期执行期间，如果确有重大立功表现，2 年期满以后，减为 15 年以上 20 年以下有期徒刑。

因为死缓犯本是"罪该处死的"，在缓刑 2 年后直接减为有期徒刑，减刑幅度相当大，所以，这种刑罚变更的条件比较严格，要"确有重大立功表现"。这里突出的条件是要有"重大立功表现"。根据有关司法解释，立功表现是指犯罪人在服刑期间，具有下列表现之一：揭发检举监内外犯罪分子的犯罪活动经查证属实；制止其他犯人的逃跑、行凶、破坏等犯罪活动；在生产、科研中有重大发明创造、技术革新；在日常生产、生活中舍己救人；在抢险救灾中有突出表现；有其他有利于国家和人民利益的突出事迹；被劳改单位评为省级劳改积极分子。重大立功表现应是上述立功表现中之更重大者。

上述两种死缓执行的变更，都要在 2 年缓刑期满后才能进行。

3. 在死刑缓期执行期间，如果故意犯罪，查证属实，应当由最高人民法院核准，执行死刑。

死缓变更为执行死刑，条件更为严格，只有在当事人构成犯罪且在主观方面为故意时，才能变更为执行死刑。这体现了我国少杀慎杀的死刑政策和死刑执行中的慎重原则。

与死缓变更为无期徒刑或有期徒刑不同，死缓变更为执行死刑，不需要等到 2 年期满以后，而是在死刑缓期执行期间内。这主要是考虑到，死缓罪犯本来就罪该处死，如果他在死缓期间还故意犯罪，则足以表明他不堪改造的人身危险性，理应在查证其抗拒改造的恶劣情节后即执行死刑，没有必要再等到 2 年期满。

死缓执行变更的基本程序是：

死缓犯符合减刑条件的，2 年期满以后，执行机关应当及时提出减刑的书面意见，报经省、市、自治区劳改局审核后，提请当地高级人民法院裁定减刑。当地高级人民法院作出减刑裁定后，除将裁定通知执行机关执行外，还应抄送原判法院备查。

死缓犯具备执行死刑条件的，执行机关应当及时提出书面意见，报经省、市、自治区劳改局审核后，由最高人民法院核准。核准死刑的人民法院院长签发执行死刑命令后，才能执行死刑。

第二节　自由刑的执行

人民法院将已生效的无期徒刑、有期徒刑、拘役、管制判决，交由有关机关执行判决内容，就是自由刑的执行。自由刑判决在实践中占审判机关整个判决数量的 80% 以上，因此，自由刑的执行效果对评价我国整个刑事判决执行效果具有举足轻重的作用。国家历来十分重视自由刑的执行问题，自建国初期，就在各地设立了相应的自由刑执行机关，并逐步制定了有关法律、法规和具体执行制度，使自由刑执行逐步朝着正规化、科学化、文明化的方向发展。在建国以来几十年的时间中，规范我国自由刑执行的主要法律就是《劳动改造条例》，其中规定了我国对犯罪分子进行劳动改造的方针、原则、机构、内容、方法、程序、奖惩、罪犯权利、义务等内容。1994 年 12 月 29 日，第八届全国人民代表大会常务委员会第八次会议又正式通过《中华人民共和国监狱法》，再次明确、具体地规定了我国自由刑执行中的各种法律规范。下面以监狱法为主要依据，结合刑法、刑事诉讼法中的有关规定和几十年来有关机关就自由刑的执行所作出的有权解释和实践中的一些经验，参照我国一些立法规定和比较科学的执行方法，对我国自由刑的执行问题作些研究，其中重点放在最常见的自由刑种——徒刑的执行上面。

一、徒刑的执行

徒刑的执行包括有期徒刑和无期徒刑的执行。尽管这是两个不同的刑种，执行中也各有一些特点，但它们都是将罪犯羁押于一定场所，强制进行劳动改造的刑罚方法，除了在刑期上存在有期与无期之别外，其主要内容是一致的，因而放在一起研究可以避免不必要的重复。

(一)执行机关和场所

在国外，监禁刑执行机关、场所主要是监狱。在我国，徒刑的执行场所通常被称为劳动改造机关，其中包括监狱(狭义)、劳动改造管教队、未成年犯管教所等机构。《中华人民共和国劳动改造条例》第 2 条规定：“中华人民共和国的劳动改造机关，是人民民主专政的工具之一，是对一切反革命犯①和其他刑事犯

① 反革命罪现已修改成危害国家安全罪。

实施惩罚和改造的机关。"最高人民法院、公安部 1980 年 2 月 23 日《关于判处死刑、死缓、无期徒刑、有期徒刑、拘役的罪犯交付执行问题的通知》第 2 条也规定："对于判处无期徒刑、有期徒刑的罪犯，由交付执行的人民法院将执行通知书、判决书送达看守所，由看守所及时将罪犯送往公安机关劳改部门指定的劳动改造场所执行。"现在，这些专门的劳改机构由司法行政部门进行管理，在中央一级由司法部设立劳改工作管理局，统一领导、协调全国的劳改工作；在省、自治区、直辖市的司法厅、局设有劳改管理局，负责领导和管理本辖区范围的劳改工作。

新颁布的监狱法中所称的监狱，也应是广义上的一切徒刑执行场所，其范围与以前所讲的劳动改造机关基本一致。根据监狱法第 2 条规定："被判处死刑缓期 2 年执行、无期徒刑、有期徒刑的罪犯，在监狱内执行刑罚。"第 74 条规定："未成年犯应在未成年犯管教所执行。"第 77 条又规定："对未成年犯的管理和教育改造，本章未作规定的，适用本法的规定。"由此也可以看出，监狱法中所指的监狱，是广义上的一切徒刑执行场所。因此，监狱法所规定的一切规范，在这些场所均有效力。

从我国现在的机构设置情况来看，徒刑执行场所主要有以下几个地方：

1. 狭义上的监狱。监狱有广义和狭义之分。广义上的监狱泛指羁押罪犯的一切场所，如我国刑法中所规定的组织越狱和聚众劫狱罪中所称的"狱"，就是广义上的监狱。狭义上的监狱，则是习惯上与劳动改造管教队、未成年犯管教所相并列的特定的关押场所。与后两者相比，它是实行最严格监管的国家刑罚执行机关，它具有高度戒严的羁押场所，严密的警戒措施，较为现代化的监控手段，在武警部队的武装警戒下，对在押犯实行严格的封闭式管理教育和劳动改造。根据《劳动改造条例》的规定，狭义上的监狱主要关押那些被判处死缓、无期徒刑和 10 年以上有期徒刑的罪犯。因为这些人犯罪性质严重，人身危险性比较大，极有可能再次危害社会；而且刑期长，罪犯思想负担重，改造难度大，甚至有可能实施脱逃、越狱、自杀等异常行为，因而需要严加看管，不适宜于从事监外的劳动生产，故有严格监管的必要。此外，对一些年老体弱、患病或因其他原因不适于在监外劳动改造的，也在监狱中进行关押。鉴于女犯人数较少，且有独特的生理、心理特点，也不宜于在监外执行，故在我国对女犯一律集中于监狱进行劳动改造。

2. 劳动改造管教队。这是我国对徒刑犯进行劳动改造的主要场所。其监管的严格程度次于监狱，在押犯可以在劳改队所在地从事劳动改造，也可在劳改机关有组织的安排下，到监外从事工、农业生产劳动。《劳动改造条例》第 18 条规定："劳动改造管教队应当组织犯人有计划地从事农业、工业、建筑工程等生产，并结合劳动生产进行政治和文化技术教育。"劳教队一般主要关押判处 10 年以下有期徒刑，并适宜于从事监外生产，且余刑在 1 年以上的犯罪分子。

3. 未成年犯管教所（即以前所称的"少年犯管教所"）。指关押教育改造未成年犯的场所。根据我国刑法第 17 条规定，所谓未成年犯，指被判处徒刑或者拘役的已满 14 周岁未满 18 周岁的未成年犯罪分子。鉴于这些未成年犯属于失足青少年，其思想、性格和行为模式均未定型，可塑性较大，应以教育为主，所以我国根据未成年犯的特点和教育、改造的需要，根据分类关押罪犯的原则，设立了未成年犯管教所。以前称为少年犯管教所，现在的监狱法正式将之称为"未成年犯管教所"。在第 6 章专门规定了"对未成年犯的教育改造"规范，其中第 74 条规定："对未成年犯应当在未成年犯管教所执行刑罚。"第 76 条规定："未成年犯年满 18 岁时，剩余刑期不超过 2 年的，仍可以留在未成年犯管教所执行剩余刑期。"

以上是徒刑主要执行机关和场所。此外，监狱法第 15 条第 2 款规定："罪犯在被交付执行刑罚前，剩余刑期在 1 年以下的，由看守所代为执行。"由于剩余刑期为 1 年以下的罪犯，需要继续执行的时间太短，不便再履行复杂的移交手续，因而规定由看守所代为执行剩余刑期是妥当的。由此可见，由公安机关管理的看守所在一定程度上也具有执行徒刑的职能。需要指出，《劳动改造条例》规定可由看守所执行徒刑的对象是被判处 2 年以下徒刑，不便送往劳动改造管教队执行的罪犯。与此规定相比，监狱法有了一定修改，主要表现在两个方面：第一，适用对象由被判处 2 年以下徒刑的罪犯改为交付执行前剩余刑期不满 1 年的罪犯；第二，凡剩余刑期不满 1 年徒刑的罪犯，必须由看守所代为执行刑罚，而不是可以。这样规定有助于在交付执行上出现扯皮现象。但对于被判处 2 年以下有期徒刑，在交付执行前剩余刑期超过 1 年的罪犯，可否由看守所代为执行剩余刑期，监狱法对此没有规定。我们认为，既然法律没有对此作出专门规定，就应理解为应当交付专门执行机关予以执行，今后有关机关对此若有新的权威解释，应按新的解释执行。

(二)执行的程序和时间

根据我国有关法律的规定，徒刑的执行程序主要包括以下几方面内容：

1. 我国刑事诉讼法第 208 条规定，自由刑判决只有在发生效力之后才能执行。1984 年 3 月 16 日司法部、最高人民法院、最高人民检察院、公安部联合下发的《关于将罪犯交付执行刑罚时必须严格依法办事的通知》第 2 条规定："劳改机关发现法律文书不完备或判决尚未发生效力的，有权依法拒绝收押。"可见，我国自由刑交付执行的时间是在判决生效之后。

2. 人民法院对被判无期徒刑(包括死缓)、有期徒刑的罪犯，应将执行通知书、判决书送达羁押该罪犯的公安机关，并同时将检察院起诉书副本、法院判决书、执行通知书、结案登记表送达监狱。

3. 公安机关在自接到法院送达的执行通知书、判决书起一个月内将该罪犯送交监狱执行刑罚。

4. 监狱在接到法院送达的上述文件后，才能将公安机关送交执行的罪犯予以收监执行。如果没有接到法院送达的有关文件，不得收监；如果上述文件不齐全或者记载有误的，应由原判法院及时补充齐全或作出更正；对其中可能导致错误收监的，不予收监。监狱在收监时，要对罪犯进行体格检查，发现有需保外就医情况的，由交付执行的法院作出暂时监外执行的决定。

5. 监狱应在办理收监手续之日起 5 日内发文通知罪犯的亲属，告知罪犯被关押的地点、刑期以及亲属探监的有关规定。

无期徒刑不存在确定的执行期间。有期徒刑的刑期从判决执行之日起计算。所谓判决执行也指判决生效，即一审判决经过上诉、抗诉期限，未被提出上诉或抗诉的；二审判决或裁定一经作出的；最高人民法院的一审判决一经作出的。根据刑法第 47 条规定，判决前对犯罪分子已先行羁押的，羁押 1 日折抵有期徒刑刑期 1 日。所谓先行羁押，一般指因犯罪而被司法机关批准逮捕或拘留，从而被剥夺了人身自由。如果没有被剥夺人身自由，而仅是限制人身自由的，如取保候审、监视居住等，均不能折抵刑期。但根据有关司法解释，如果罪犯被判处刑罚的犯罪行为和被劳动教养的行为系同一行为，或者判刑前因同一犯罪行为被行政拘留的，其先行被劳动教养、行政拘留的时间也应按上述方法折抵刑期①。被判决构成走私罪的犯罪分子，如果在判决前曾被海关扣留的，扣留 1 日也应折抵 1 日刑期②。在司法实践中，如果罪犯屡次被拘留屡次逃跑，并继续犯罪，最后被逮捕判刑时，只

① 参见最高人民法院 1981 年 7 月 6 日《关于劳动教养日期可否折抵刑期问题的批复》和 1981 年 9 月 17 日《关于罪犯在判刑前被公安机关收容审查、行政拘留的日期仍应折抵刑期的复函》。

② 参见最高人民法院 1988 年 2 月 9 日《关于海关扣留走私罪嫌疑人的时间可否折抵刑期的批复》。

以其最后一次拘留的时间折抵刑期①；犯人在判决前被多次收审，也应以最后一次被收审，即与被逮捕、起诉相衔接的那次收审时间折抵刑期②。

鉴于我国现行刑法没有行刑时效的规定，如果在判决后、刑罚执行前因罪犯逃跑等原因使刑罚没有执行的，司法机关对所判刑罚永远保留随时执行的权力。

（三）执行的原则和目标

徒刑执行直接关系到能否有效维护法律严肃性，能否将罪犯改造、教育成为新人，从而达到刑罚预防犯罪目的这一重要问题，因此，执行机关在执行徒刑时，除了遵守我国刑罚执行的基本原则外，还应特别注意遵守我国法律、政策给自由刑执行确定的原则和方针。我国监狱法第 3 条规定："监狱对罪犯实行惩罚和改造相结合、教育和劳动相结合的原则，将罪犯改造成为守法公民。"由此可知，在我国，徒刑的执行原则就是惩罚和改造相结合、教育和劳动相结合；徒刑执行的基本目标，是将罪犯改造成为守法公民。

1. 徒刑执行原则

（1）惩罚和改造相结合。徒刑的执行首先要体现其惩罚犯罪的功能，这是维护社会秩序、申张社会公平正义、威慑可能犯罪者的必然要求。没有惩罚就没有刑罚的执行。在徒刑执行期间，执行机关就是要通过严格的监管，剥夺犯罪分子的人身自由，将之与家庭、社会相隔离，限制其一些个人权利的运用，维持比较低的生活水平，强制其进行劳动改造，给罪犯的肉体、精神造成比较大的痛苦，给其经济带来较大的损失；对有的罪犯来说，徒

---

① 参见最高人民法院 1964 年 12 月 17 日《关于流窜盗窃犯屡犯屡逃其屡次拘留的时间是否可以折抵刑期问题的批复》。

② 参见最高人民法院 1979 年 1 月 19 日《关于罪犯在公安机关收容审查期间折抵刑期两个具体问题的批复》。

刑的执行还意味着丧失已有的工作和优厚的待遇。这都体现了自由刑执行的惩罚性。尽管这不是我们所追求的目标，但却是徒刑的执行所不可缺少的内容。如果让罪犯在服刑期间感觉不到刑罚的痛苦性，甚至像一些国家那样，坐牢比不坐牢日子还好过，那么自由刑也就失去了原有的意义。在这方面，西方一些国家过分强调罪犯的个人权利保障，直至到了一定荒唐的地步，这是不恰当的。但是，惩罚并不是我们执行自由刑的最终目的，我们是要借助这种惩罚带来的痛苦，一方面维护社会正义，更重要的还是要促使罪犯从这种痛苦中感觉到自己犯罪行为的无价值性和非功利性，从而进一步作深刻的自我反省，为今后接受改造奠定心理基础。改造罪犯成为新人，才是我们执行自由刑的主要目的。所以，我们不能仅强调改造，而忽略刑罚的惩罚作用。另一方面也不能只强调惩罚，而忘记了改造这一根本目标。惩罚是手段，改造是目的，两者必须同时兼顾，而不能偏废一方面。离开惩罚，改造就失去前提和基础；离开改造，惩罚也就成了单纯的报复，从而使刑罚执行失去了积极的社会意义。

2. 教育和劳动相结合。改造罪犯，就是要针对在罪犯身上存在的不良思想意识、反社会习惯和性格，作耐心细致的说服、教育工作，帮助其认识犯罪，消除不良意识，矫正其反社会的习惯和性格，从而实现其再社会化过程。在对罪犯进行改造的时候，执行机关当然要进行大量的教育工作，包括思想教育、文化教育、技能教育。要像医生针对病人的疾病下药一样，根据各个罪犯不同的思想状态而采取多样的教育手段和方法，帮助其重新做人。但实践证明，对罪犯仅实行一般的说服教育是不够的，更重要的还是要强制罪犯进行劳动生产，在劳动中改造自己。通过劳动，罪犯可以培养起相应的劳动光荣的意识和自食其力、劳动谋生的观念；通过体验劳动的辛苦，使罪犯切身感觉劳动果实得之不易，并由此感觉到自己所具有的不劳而获、非法占有他人劳动果实思想的不正当性，借以帮助消除在大多数犯罪分子身上所具有的厌恶劳动、不劳而获的不良意识；通过劳动，可培养罪犯劳动谋生的技能和独立进行正常社会生活的能力，这有助于罪犯出狱后尽快适应社会正常生活；经常的劳动也可使罪犯在狱中身体得到锻炼，避免长期的关押而可能给健康带来的不利影响。同时，劳动还具有较好的经济功能：一方面可给国家创造财富，在一定程度上弥补关押罪犯所需要付出的开支；另一方面，犯罪分子也可在劳动中取得一定的报酬，为出狱后进行正常生活奠定必要的物质基础。我国建国后几十年来的劳改实践证明，劳动改造是帮助罪犯重新作人的良好手段。我们正是利用这种手段，成功地将诸如溥义、沈醉那样一大批具有顽固反共意识的犯罪分子改造成为新人。在现在形势下，我们仍然不能放弃劳动改造这一有效手段。

教育与劳动，都是改造罪犯的有效方法、手段，两者相辅相成，共同服务于改造罪犯的目的。从某种意义上讲，劳动也是教育罪犯的一种方法，因此，行刑机关在执行徒刑时，对两者必须都要重视，而不能忽视任何一方，也不能把两者割裂开来。在现在情况下，要特别注意防止一种倾向，即行刑机关只注意让犯罪分子从事劳动生产，只重视罪犯劳动给行刑单位创造的经济效益，而忽略了对罪犯的正常教育，因而严重影响了罪犯的改造质量，导致累犯、再犯率居高不下，有的甚至使所谓的“能人”罪犯在服刑期间长期失控，给其再次犯罪创造了条件。这显然违背了监狱法所规定的徒刑执行原则。

刑罚执行的基本目标，就是要通过惩罚与改造相结合、教育和劳动相结合，将罪犯改造成为守法公民。要达到这一目标，主要作好以下几方面的工作：第一，要清除犯罪分子思想上的不良意识和违法犯罪观念，矫正其反社会性格，使之具备辨别是非、善恶、合法非法的能力，养成守法的观念和习惯，培养起正常的世界观、人生观、道德观、法律观等思想观念。第二，要提高犯罪分子的文化水平和文化修养，使之提高自我约束、自我控制能力和进行社会交往的能力。第三，培养罪犯掌握一定的工作技能，借以增强其回归社会后参与社会竞争，过上正常的劳动谋生生活的能力。

(四)执行的方式和方法

徒刑的执行方式、方法必须围绕着刑罚的内容、执行原则和执行目标来确定。根据我国法律有关规定，我国徒刑的执行方式、方法主要包括以下几方面：

就执行方式而言，徒刑分为监内执行与监外执行两种方式。

1. 监内执行。就是将犯罪分子羁押于专门的执行场所，剥夺其人身自由，强制其进行劳动改造。这是徒刑最常用的执行方式。要使监内执行达到良好的效果，就要注意运用正确的执行方法。

(1)严格监管。一方面，要通过封闭戒严的执行环境，将罪犯人身活动控制在十分有限的空间内，与社会实行隔离；另一方面，在监狱之内，执行严格的狱规狱纪，规范罪犯的衣、食、住、行，约束其活动自由，将其个人活动都纳入井然有序的集体安排中去。通过各种手段，包括使用技术手段，严密监视罪犯的一举一动，使之不能逾越狱规狱纪的严格要求；对违反监规的罪犯，行刑机关要给予相应的严厉处罚。这样严格的监管是实现徒刑惩罚功能的前提条件，同时也是改造罪犯的需要，这可以强制培养罪犯遵纪守法的规范意识和习惯，有助于矫正其原有不良行为方式，并在一定程度上防止罪犯间不良意识的相互交叉感染，还可及时掌握罪犯的活动情况，并对事故苗头及时进行控制，避免在狱中形成帮派势力，防止牢头狱霸的产生。

(2)科学管理。刑罚执行机关面对的对象均是具有一定的不良思想意识，甚至反社会性格的社会异常者。怎样做才能使他们既不危害社会，又能逐渐地改造成为社会新人，这确是一项十分艰巨复杂的任务。为了完成这一任务，建立起一套科学的管理制度就显得相当重要。根据我国法律规定和长期司法实践的经验，科学管理除了严加监管之外，还要实行分押分管，即根据犯罪分子身心特点和犯罪情况，对罪犯按照一定标准进行分类，对不同种类的罪犯分别关押。这样做有助于执行机关针对同类罪犯的共性情况进行重点研究，通过集体教育来消除他们的共性问题，以提高教育的针对性和效果；同时，也可解决因将不同种类罪犯混杂关押而可能引起的不同犯罪意识、习惯之间的交叉感染问题。分类制是国外采用的一种比较好的徒刑执行方法，它符合罪犯改造规律，有较大的科学性，因而为多数国家执行机关所采纳。

我国监狱法第39条明确规定："监狱对成年男犯、女犯和未成年犯实行分开关押和管理，对未成年犯和女犯的改造，应当照顾其生理、心理特点。"第2款规定："监狱根据罪犯的犯罪类型、刑罚种类、刑期、改造表现等情况，对罪犯实行分别关押，采取不同方式管理。"根据这条规定，可以看出，我国徒刑执行中的分押分管分为两个层次。

第一个层次，是先根据年龄、性别，将罪犯分为男犯、女犯和未成年犯，将之分别关押。对女犯全部监押于女子监狱或分监所，由女性人民警察直接管理，根据女性的生理、心理特点对其进行劳动改造；对未成年犯则统一放在未成年犯管教所执行。未成年犯的执行是以"教育改造为主"，即主要是对其进行正常的思想品质和文化教育，劳动改造处于次要的地位。执行机关也可让未成年犯从事一定的劳动，但这种劳动必须符合未成年人的身心特点，要在他们力所能及的范围内进行安排，并且这种劳动有助于促使其学习文化和生产技能，而不是为了经济效益。对成年男犯，则可根据情况，分别关押于监狱或劳改队，进行劳动改造。

分管分押的第二个层次，是在上述分类关押基础上，再在同一类罪犯中，根据犯罪性质、刑期、刑种、改造表现等情况，分押分管，采取不同方式进行管理。这种分类可以按多个标准进行，但总的原则是分类要有助于对同一类罪犯进行更好的教育和改造。一般来说，就犯罪性质而论，危害国家安全犯应和一般刑事犯分别关押，对前者应以监狱关押为主，并与其他罪犯分开监禁，以免危害国家安全的犯罪分子将其反动思想观念传播给其他普通刑事犯；故意犯应与过失犯分别关押，因为过失犯的恶性通常较小，改造重点是培养其遵守规章制度，自觉约束自己行为的意识，而故意犯的改造重点是矫正其具有的反社会意识和性格，两者改造重点不同，故不宜关押在一起。若将两种罪犯关押在一起，有可能使过失犯受故意犯犯罪思想意识的感染，从而增大行为人的社会危险性。累犯应与初犯分别关押，这样作一方面可以避免前者较深的主观恶性对后者产生消极影响，另一方面将累犯集中关押在一起，也便于对这类人身危险性突出的罪犯集中进行更加严密的监视和管理，并有针对性地矫正他们身上具有的较强的反社会性格。在条件可能的情况下，对经济罪犯、渎职罪犯、暴力罪犯等有其突出特点的不同种类的犯罪分子，也应实行分别关押。就刑罚种类而言，应将被处无期徒刑与被处有期徒刑的罪犯分别关押。因为前者往往罪孽深重，主观恶性深，加上没有出狱的企盼，往往因前途渺茫而情绪消极、悲观失望，反社会性通常比较大，因而分别单独关押不但可以避免其较强的反社会性影响其他罪犯，而且也便于对这类罪犯进行严密的监视，以免发生意外，并有针对性地对其采取教育改造措施，帮助其安全渡过入狱后的情绪消极期。就刑期而论，应将长期徒刑犯与短期徒刑犯分别关押，对前者的监视程度要严于后者。就改造情况而论，应将有良好改造表现罪犯与没有悔改表现的，甚至抗拒改造的罪犯分别关押，并在处遇对待上有所差别。对改造好的，应给予相对比较宽松的活动环境和较多的接触社会的机会和较好的生活待遇；对改造不好的，则加大惩罚力度，必要时可采取处罚措施，以维护狱规狱纪的严肃性。通过这种差别，体现鼓励改造好的，处罚改造坏的精神。

(3)文明管理。尽管罪犯是危害了社会的人，但毕竟还是社会的一个成员，还是社会的公民，我们刑罚执行的目标，最终还是要把他们改造成为正常人，使其能重新返回社会，因此，除了依法对其执行刑罚内容之外，不应再给其造成其他过多的痛苦。

监狱对罪犯的管理也应体现文明原则，要在符合改造罪犯需要的前提下，创造一个文明良好的居住生活环境和文化环境，这样可以在文明环境中使罪犯仍保持人格尊严，培养良好的情操和生活习惯。我国监狱法对罪犯的生活卫生、医疗保健、照顾少数民族习惯、图书资料设施、文化娱乐活动、劳动保护、劳动报酬和劳动保险等等都作出了具体的规定，这都充分体现了文明管理的要求，各执行机关必须严格遵照执行。

(4)强制劳动改造。劳动改造是徒刑执行主要方法，也是改造罪犯的有效手段。根据我国刑法规定，被处以徒刑的罪犯，在服刑期间，凡有劳动能力的，都必须进行劳动改造。这里的劳动对服刑罪犯来说具有以下特点：第一，强制性。即劳动在此是一种义务，是改造的一种方法，也是行刑的一项内容，因此它是以国家强制力为后盾强制罪犯进行的。只要有能力劳动的罪犯，在服刑期间就必须参加劳动，罪犯只有服从监狱的劳动安排，不能在劳动与不劳动以及从事何种劳动之间进行选择。如果罪犯故意逃避或抗拒劳动改造的，执行机关就可依法给以一定的处理甚至惩罚。当然，执行机关在安排罪犯劳动时，也要尽量照顾到各个罪犯的生理、心理特点，对女犯，应安排一些适合于室内操作的劳动；对年老体弱者，应安排轻微的劳动；对有一定技术或一技之长者，安排其劳动时应尽量注意发挥其长处。对确因生理或生病等原因而不能劳动者，从人道主义出发，也不应强制其参加劳动。第二，劳动的目的性。罪犯劳动的目的首先是培养其劳动观念和劳动习惯，矫正其不劳而食的不良意识和习惯。其次是培养罪犯的劳动技能，使其学会自食其力，为出狱后进行正常的社会生活创造有利条件。监狱法第 70 条明确规定：“监狱根据罪犯的个人情况，合理组织劳动，使其矫正恶习养成劳动习惯，学会生产技能，并为释放后就业创造条件。”因此，执行机关在安排罪犯进行劳动时，一定不能偏离这一目的的要求。目前，要防止将劳动仅作为为执行机关创收手段使用的不良倾向。第三，劳动的少酬性。为体现劳动是徒刑的行刑内容之一，罪犯在服刑期间，参加劳动生产的，报酬要比正常劳动低得多。以前，这种劳动几乎是无酬的，执行机关只给少量的零化钱。现在，国家有关政策在这方面有所调整，允许对参加劳动的罪犯发放一定的报酬。监狱法第72条作了明确规定："监狱对参加劳动的罪犯，应当按有关规定给予报酬。"但这种报酬当然要低于正常的劳动收入。

根据监狱法，执行机关除有权强制罪犯进行劳动改造外，还必须遵照执行国家有关劳动保护、劳动保险、劳动休息方面的法律规定。

(5)强制教育。即执行机关根据改造罪犯的需要，根据社会主义精神、物质文明建设的要求，针对罪犯不良的思想意识、生活作风、行为习惯和反社会性格，进行有组织、有计划、有目的的经常性、系统性、强制性教育，帮助其树立正确的思想意识和观念，培养其适应正常社会生活的能力。教育也是徒刑执行的重要内容。这种强制性教育，从其内容来说主要分为思想品德教育、文化知识教育和劳动技能教育。

第一，思想品德教育。监狱法第62条规定："监狱应当对罪犯进行法制、道德、形势、政策、前途等内容的思想教育。"思想教育内容非常丰富，其中主要包括以政治常识教育、正确人生观、世界观、劳动观教育和时事政治教育为内容的政治教育；以讲解法律法规的规定、守法意义、违法后果为主要内容的法制教育；以帮助罪犯掌握正确的判断事物是非善恶、应为不应为的标准和社会生活规则、道德规范为主要内容的道德教育等。通过这些教育，使犯罪者逐步认识到自己犯罪行为的不正当性、违法性和无价值性，认识到国家对自己惩罚的公正性、合理性，从内心深处对自己的犯罪行为进行深刻的反思和价值否定，并借这种反思和否定来重新认识人生的意义，掌握社会所公认的、提倡的道德观念、善恶标准、行为准则，树立正确的人生观、世界观、道德观、法制观，陶冶高尚的情操，矫正其不良的思想意识和反社会性格，培养起良好的人格，了解国家法律规定，养成自觉守法的意识和习惯，并具有自觉抵制不良因素刺激、诱惑的能力。总之，通过思想教育，从思想原因和人格上根除其违法犯罪的主观基础。

第二，文化知识教育。人的行为方式、思想品德与人的文化修养、知识水平往往有很大关系。在犯罪分子中，知识水平的低下往往是个普遍现象，这说明文化知识同犯罪之间确实存在一定的关系。缺乏文化知识，就会影响人对社会规范和行为意义的正确认识，思想容易单纯，看问题片面、偏激，自制能力差，易受不良因素的刺激和暗示，从而偏向于实施反社会行为。在目前日新月异、飞速发展的社会中，知识往往成为人们谋取正常生存的一种必备手段，缺乏较高的文化水平，就可能给其正常的生存带来困难。当一个人生存面临威胁时，要让其在法律约束面前洁身自好就相当困难，特别是对于那些文化修养本来就比较差的人来说更是如此。因此，对罪犯进行文化知识教育，一方面有助于提高他们的文化修养和辨别是非的能力，另一方面也有助于他们在未来重新进入社会后能较顺利地为社会所接受，从而能够谋到较为稳定的职业，使正常的经济来源有所保障，为过上正常人的生活奠定基础。文化知识教育也是刑罚执行的一项重要内容。监狱法第 63 条规定："监狱应当根据不同情况，对罪犯进行扫盲教育、初等教育和初级中等教育，经考试合格的，由教育部门发相应的学业证书。"可见，法律已将对罪犯进行 9 年制义务教育规定为监狱的职责。这样，监狱对没有达到 9 年制义务教育水平的罪犯，都有义务给其创造必要的接受教育的条件。当然，接受这种教育，对罪犯而言，也是一种义务，即必须接受监狱所作的学习安排。对于已达到初中水平的罪犯，执行机关仍可给其创造必要的条件，使其能继续接受更高层次的教育，如高中、业大、电大、自考、函授等高等教育，鼓励罪犯自学成才。实践中，不少刑罚执行机关在这方面已有很好的尝试。当然，组织进行这样的教育对执行机关来说不是一种法定职责，对罪犯来说，也不是一种必尽的义务，而是在罪犯本人自愿，且在条件允许的情况下，由执行机关协助组织安排。

第三，职业技术教育。即由劳动改造机关根据狱内劳动生产的需要以及罪犯出狱后进行正常社会生活的需要，结合罪犯的个人兴趣、爱好、能力等特点，对罪犯进行一门专业技术的岗位培训，如种植、饲养、加工、缝纫、烹调、裁剪以及工业生产各工种方面的技术等，使之掌握一技之长，能够为狱内的劳改生产作出贡献，并且在释放后有必要的谋生手段，这有助于巩固犯罪分子的改造效果。监狱法第 64 条规定："监狱应当根据生产和罪犯释放后就业的需要，对罪犯进行职业技术教育，经考核合格的，由劳动部门发给相应的技术等级证书。"可见，组织技术教育也是执行机关的一项职责。

为保障监狱的文化技术教育能得到贯彻落实，监狱法第 66 条还规定："罪犯的文化和职业技术教育，应当列入所在地区教育规划。监狱应当设立教室、图书阅览室等必要的教育设施。"

监狱教育虽然也是对人的智育过程，但由于被教育者特殊的心理素质，决定了这种教育具有一定特殊性。首先，监狱教育表现为一定的强制性，它是法律所规定的自由刑执行的内容之一，执行机关要以相应的强制手段作后盾，保证这种教育的正常进行，因而对罪犯，特别是刚入狱的罪犯来说，这种教育带有明显的被迫性。这在某种程度上，可能会影响到教育的效果，因为如果没有被教育者积极主动地配合，教育就很难取得成效。但是监狱教育则必须在强制方式下进行。这里的被教育者或多或少都有过偏离社会轨道的经历，思想上都已形成了程度不同的不良意识和心理，甚至是反社会性格。这种反常的心理、性格对正面教育一开始往往具有抵制能力，在外界良性因素与其主观心理之间起到一定的绝缘作用。监狱教育只有强制进行，才可能在长时间潜移默化的教育过程中，打破这种绝缘层，用正确的教育去矫正罪犯，用文化知识去武装罪犯。当然，随着监狱教育的逐步进行，罪犯会逐渐形成学习的需要和追求，这样，强制教育就与自觉学习融合在一个过程中。其次，监狱教育具有明显的重塑性，即主要目标是将违法犯罪者变成遵纪守法的公民。其过程包括两个阶段：第一，着重消除罪犯已有的反社会意识和性格；第二，帮助其建立新的正确的思想观念、价值体系，重构正常的人格。这决定了监狱教育比普通教育具有更大的难度。

监狱要使所进行的教育发生效果，应注意做到以下几点：第一，要特别注意加强思想品德教育，因为这是重塑罪犯人格的关键。一旦思想教育不成功，也就意味着整个徒刑执行过程的失败。第二，监狱教育要特别注意个别化。因为每个人犯罪原因不同，反社会意识强弱程度不一样，那么在对其进行教育时，采用的方式、方法和教育内容也必须“对症下药”，才能事半功倍。因此，个别教育在监狱教育，特别是思想品德教育中是个非常重要的方法。第三，监狱教育必须不间断地进行。通过持续性的正面刺激，在罪犯的思想意识、人格体系中打上深刻的烙印，将法律、纪律、道德等社会所公认的外在规范，逐渐内化到罪犯的主观人格之中，将客观社会的需要变成罪犯的主观追求，这样才能在罪犯自身建立起一套由良好的规范意识构成的完善的行为内部遏制系统，即自我约束机制，而这正是我们整个刑罚执行所追求的最终目标。

对罪犯进行教育的方法也是多种多样的，其中，根据教育的主体，分为监内教育和社会教育。监内教育，指刑罚执行机关根据各类、各个犯罪分子改造的实际需要所进行的教育。这种教育可以是对所有罪犯，或某一类罪犯共同进行的，也可能是对某个罪犯个别进行的。社会教育，即利用监狱以外的组织、人员对罪犯进行教育，如请专家、学者、劳动模范、上级领导等对罪犯进行教育。犯罪是社会各种消极因素综合作用下的产物，因此社会对罪犯的改造也负有不可推卸的责任。《监狱法》第 68 条规定：“国家机关、社会团体、部队、企业事业单位和社会各界人士以及罪犯的家属，应当协助监狱做好对罪犯的教育改造工作。”这里，法律把社会教育规定为社会各界应尽的法律义务是完全正确的。社会教育可以集中进行，如组织演讲团到监狱对罪犯进行宣传，也可以是个别教育，如利用罪犯家属对罪犯进行个别教育等。根据教育内容有无系统性和教育时间的长短，教育可分为系统性教育和专题教育；根据教育所用的手段，可分为直接教育和间接教育，后者主要指利用各种宣传媒介对犯人进行教育。执行机关要善于根据罪犯改造的不同情况，灵活地运用上述各种方法教育罪犯。

(6)感化矫正。即徒刑执行机关在行刑目标的指引下，通过主动接近罪犯，了解他们的思想状态和身体、生活等方面的困难、问题，并尽可能地给予帮助；及时表扬鼓励他们积极改造的行为，运用情感手段与罪犯建立友好、健康的情感联系，使罪犯在这种感情交流中，看到自己作人的价值，并在内心对行刑机关产生信任感和依赖感，重新鼓起过新生活的信心和勇气。罪犯在从犯罪被发现，开始追究责任，到被判刑的过程中，往往面临周围社会的斥责、嘲弄或鄙视，这会使其人格和自尊心受到很大伤害，从而产生自卑感；人们长期对刑满释放人员所抱的不信任感和难容的态度，更会加深罪犯的这种自卑感。人身关押又往往会给罪犯的家庭带来相当大的经济损失，造成生活上的种种困难，从而影响到罪犯的家庭关系，甚至家庭的稳定，进而又会给罪犯造成更大精神痛苦和压力。这种痛苦和压力最终可能导致罪犯陷入绝望状态，丧失生活的信心和勇气，轻则消极接受改造，不求进取；重则自甘堕落，继续下滑，拒绝改造，与国家作对到底。对这样的罪犯，仅靠一般说教解决不了问题，必须通过积极主动地接触罪犯，摸清其思想病因，对症下药，有针对性地做好工作，切实帮助其解决一些实际困难，以实际工作感化罪犯，才能收到良好的改造效果。现实生活中，有的监管机关主动到罪犯所在地与当地的有关部门联系，帮助解决因关押罪犯而给罪犯家庭带来的诸如子女上学、老人抚养、生活用度等具体困难，帮助做好罪犯配偶的工作，维持罪犯家庭的稳定。其结果是使罪犯打消了后顾之忧，安心服刑，并由此对监管机关产生尊敬、信任心理，从而能积极主动地配合监管机关进行的教育、改造工作，取得了良好的社会效果。这些经验值得推广。

2. 暂时监外执行。这是徒刑的另一种执行方式。根据刑事诉讼法第 157 条的规定，对于被判处无期徒刑、有期徒刑、拘役的罪犯，由于某种原因而不适宜于在监内执行徒刑的犯罪分子，经有关机关批准，可以改由暂予监外执行。暂予监外执行是自由刑一种变通执行方式。我国监外执行制度主要内容如下：

(1)适用对象。根据我国刑事诉讼法和监狱法的规定，只有对以下两种人才能适用监外执行：第一，有严重疾病需保外就医的；第二，怀孕或正在哺乳的妇女。

(2)适用机关和程序。监外执行可在两种情况下分别由不同的机关决定适用：第一，在交付执行前，发现罪犯有符合监外执行条件的，应由交付执行的人民法院直接决定。第二，在刑罚执行过程中发现罪犯需要暂予监外执行的，由监狱提出书面意见，报省、自治区、直辖市监狱管理机关批准。批准机关应将批准决定通知公安机关和原判法院，并抄送人民检察院。检察院若认为适用监外执行不当的，应自接到通知之日起 1 个月内将书面意见送交批准暂予监外执行的机关，批准暂予监外执行的机关接到人民检察院的书面意见后，应当立即对该决定进行重新核查。根据有关解释，凡有严重疾病的罪犯或怀孕的妇女，需暂予监外执行的，必须经县级以上医院出具证明；正在哺乳自己婴儿的女犯，应由乡、镇派出所证明①。

(3)监外执行的监督。根据监狱法的规定，凡暂予监外执行的罪犯，均由罪犯原居住地的公安机关负责对罪犯执行刑罚。原关押监狱应同时将罪犯在监内改造情况通报负责执行机关。罪犯居住地所在的基层组织或罪犯原所在单位，应协助公安机关进行监督。

---

① 见最高人民法院、最高人民检察院、公安部、司法部 1987 年 2 月 22 日《关于罪犯在看守所执行刑罚以及监外执行的有关问题的通知》。

暂予监外执行是刑罚执行场所和方式的改变，不涉及改变刑种或刑期，因此，监外执行的时间应计入所服刑期之内。公安机关应当对监外执行的罪犯加强监督，促使罪犯在监外执行期间老实改造自己，监狱或劳改机关也要经常与公安机关联系，定期了解执行情况。监外执行本是从人道主义角度考虑，照顾到罪犯某些不适宜于监内执行的特殊情形而规定的自由刑变通执行方式。但在实践中，有些司法机关执法不严，对监外执行的罪犯监督不力，致使被暂予监外执行的罪犯随意地外出经商，因而事实上处于失控状态。有鉴于此，1988 年 7 月 9 日，最高人民检察院、公安部、司法部联合发出《关于不允许暂予监外执行的罪犯外出经商问题的通知》，对此问题作了比较明确的规定：第一，对于暂予监外执行的罪犯，不允许其离开所在住地外出经商。被准许暂予监外执行的罪犯，因生活困难和谋生需要，在不影响对其实行监督考察的情况下，经执行机关批准，可以在居住地自谋生计，家在农村的，可以就地从事一些农副业和小商品生产。第二，暂予监外执行的罪犯确因医治疾病或接受护理需要而离开居住地到本县、市以外地方的，由监督单位批准。经过批准外出的暂予监外执行的罪犯，其外出期间应计入服刑期；对于未经批准，擅自离开居住地的，不能计入服刑期，情节严重的，要严肃处理。第三，对在押的罪犯需要准许暂予监外执行的，应当严格审查，依法办事。对暂予监外执行的罪犯，在其暂予监外执行条件消失时，应当及时收监执行。

(4)暂予监外执行的终止。根据监狱法第 17 条和第 28 条的规定，一旦发现暂予监外执行的情形消失，对刑期未满的罪犯，公安机关应当送交监狱收监执行或及时通知监狱收监执行；对暂予监外执行，但发现具有社会危险性的罪犯，也应当收监执行。监外执行过程中，刑期届满的，由原关押监狱办理释放手续。罪犯在暂予监外执行期间死亡的，公安机关应及时通知原关押监狱。

司法机关应严格掌握暂予监外执行的条件。

司法工作人员如果徇私舞弊，对不符合暂予监外执行条件的罪犯，予以暂予监外执行的，应依照刑法第401条的规定负刑事责任。

（五）执行对象的权利和义务

被交付执行徒刑的犯罪分子在法律上具有双重身份。一方面，他是罪犯，曾给国家和人民利益造成一定的、甚至十分严重的危害。他以这种身份来到监狱，就是要承担犯罪后的刑事责任，接受国家的惩罚，因此应当履行比较多的法律义务；另一方面，他又是一个需要被教育改造的公民。作为一个公民，他在服刑期间仍应享有未被依法剥夺的那部分公民权利，这些权利也是法律应予保障的。以前，受对敌专政思想的影响，人们习惯于将犯罪分子等同于专政对象，而作为专政对象，罪犯只有接受改造的义务，谈不上任何自己的权利，从而在实践中，打骂、虐待犯罪人的现象不时发生，这一观念必须予以澄清。执行机关的职责就是要依法强制罪犯履行他依法必须履行的改造义务，同时，也要尊重并保障罪犯依法应当行使的权利。

根据监狱法的规定，被执行徒刑的罪犯在服刑期间必须履行以下接受改造的义务：

1. 严格遵守国家法律、法规；

2. 严格遵守监狱的规章制度和各项纪律，服从管理；

3. 接受教育；

4. 参加劳动改造。

罪犯在服刑期间仍享有的权利主要包括两个方面：

1. 作为一个公民所应享有的公民权。主要有：人身安全权；人格名誉权；合法财产权；依法辩护权；申诉、控告、检举权；其他未被依法剥夺或限制的权利，如财产继承权；公民的政治自由权；少数民族风俗习惯权；医疗保健权；劳动保护权、保险权；劳动报酬权和休息权；接受教育权等等。

2. 作为一个服刑罪犯所享有的特殊权利。主要有：有限通信权，即在经过监狱检查前提下，可以与他人进行通信的权利；

从宽处理权，包括得到减刑、假释处理；会见亲属权；接受分类管理权，如对女犯、未成年犯分押分管等。由于罪犯处在服刑期间，人身自由被剥夺，并且要被强制劳动改造，所以，有些权利虽未被剥夺，但由于受上述两点制约，因而事实上无法行使或受到了限制，例如公民政治权利中的集会、结社、游行、示威等权利就根本无法行使，出版权也要受到很大的限制。有的权利同时具有义务的性质，如罪犯有权获得教育，同时接受教育也是他必须履行的义务。这都表明，罪犯在服刑期间所享有的权利往往带有一定的不完整性和局限性。对罪犯能够行使的权利，行刑机关还是要给以法律保障。对损害罪犯合法权利的行为，应当坚决制止，并依法处理。监狱法对监狱警察侵犯罪犯权利的部分行为已经作了禁止性规定，如禁止索要、收受、侵占罪犯及其亲属的财物；严禁刑讯逼供或体罚、虐待罪犯；不得侮辱罪犯的人格；不得殴打或纵容他人殴打罪犯；不得为谋取私利，利用罪犯提供劳务等，目的就是要保障罪犯应有的权利。这既是文明管理的需要，同时也有助于促使罪犯消除敌对情绪，提高接受改造的自觉性，从而有利于改善改造效果。

(六)奖惩措施

为了维护法律的严肃性，保障监管机关正常监管秩序，同时，也是为了更加有效地鼓励犯罪分子自觉地遵纪守法，接受改造，就需要制定一定的奖惩措施，对认真改造，确有悔改，甚至有立功表现的，就要给予奖励，以调动改造积极性；对敢于违法乱纪者，则必须给予相应的处理或制裁，以使其从中接受教训。奖惩结合运用，就能较好地达到鼓舞正气，压倒邪气的效果。为此，我国监狱法、劳动改造条例和有关规定针对徒刑执行期间罪犯的劳动改造情况，规定了一系列的奖励和惩罚措施。主要内容如下：

1. 奖励措施。我国立法对罪犯的奖励大致分为两个方面：即行政奖励和刑事奖励。行政奖励分为表扬和记功，其中包括发给奖品和奖金，在一定条件下还可给予离监探亲奖励。刑事奖励包括减刑和假释。有关减刑和假释的内容，本书后面将分专章研究，本节只重点论述有关行政奖励方面的内容。

根据监狱法第57条之规定，罪犯有下列情节之一的，监狱可以给予表扬、物质奖励或者记功。其中被判处有期徒刑的罪犯，已执行原判刑罚1/2以上的，在服刑期间一贯表现好，离开监狱不致再危害社会的，监狱还可以根据情况准其离监探亲：(1)遵守监规纪律，努力学习，积极劳动，有认罪服法表现的；(2)阻止违法犯罪活动的；(3)超额完成生产任务的；(4)节约原材料或者爱护公物，有成绩的；(5)进行技术革新或者传授生产技术，有一定成效的；(6)在防止或者消除灾害事故中作出一定贡献的；(7)对国家和社会有其他贡献的。

实践中，行刑机关往往将多种奖励方法结合起来运用，在经常性的定性、定量考核基础上，实行累进奖励制，即将罪犯劳动改造、思想悔罪等各方面改造情况，按照一定标准换算成具体分数，以100分为满分，在100分之内划分出不同的基准线，凡达到一定的基准线的，给予相应程序的奖励，故此奖励制度又称为"百分制"。这个制度等于给罪犯改造树立了一个可不断努力向上攀登的阶梯，将争取自由的主动权交给罪犯自己，因而是比较科学、有效的作法。

2. 惩罚措施。监狱法对违反法律、监规的行为也规定了比较严厉的处罚措施，这些措施包括行政和刑事两方面。行政处罚主要有：警告、记过、处7—15天的禁闭。刑事处罚就是对构成犯罪的，定罪判刑。

根据监狱法第58条规定，罪犯有下列破坏监管秩序情形之一的，监狱可以给予警告、记过或者禁闭。(1)聚众哄闹监狱，扰乱正常秩序的；(2)辱骂或者殴打人民警察的；(3)欺压其他罪犯的；(4)偷窃、赌博、打架斗殴、寻衅滋事的；(5)有劳动能力拒不参加劳动或者消极怠工经教育不改的；(6)以自伤、自残手段逃避劳动的；(7)在生产劳动中故意违反操作规程，或者有意损坏生产工具的；(8)有违反监规纪律的其他行为的。对上述行为有构成犯罪的，要依法追究刑事责任。现行刑法第315条专门规定了破坏监管秩序罪，规定："依法被关押的罪犯，有下列破坏监管秩序行为之一，情节严重的，处3年以下有期徒刑：(一)殴打监管人员的；(二)组织其他被监管人破坏监管秩序的；(三)聚众闹事，扰乱正常监管秩序的；(四)殴打、体罚或者指使他人殴打、体罚其他被监管人的。"

实践证明，奖惩措施要发生好的效果，还有赖于适用机关的正确运用。如果运用不好，该奖的不奖，该罚的不罚，都无法使奖惩措施达到应有的效果，相反可能产生负作用。因此，执行机关应当特别注意尽量正确地运用奖惩措施为改造罪犯服务。奖惩要正确，必须遵守正确的适用原则。这些原则主要有：第一，公正。无论决定是奖还是惩，都必须客观公正，实事求是，人人平等，应完全根据罪犯的表现，对照已有的奖惩标准，决定采用何种奖惩措施，除此之外，其他因素，如罪犯的身份、社会关系等均不能作为适用因素予以考虑。第二，准确。即在确定奖惩的方法、程度时，必须与罪犯改造的好坏程度相适应，该重的就重，该轻的就轻。赏罚严明、奖惩得当。第三，及时。奖惩时间应尽量与应奖应惩行为发生的时间紧密相接，这样可以使人们在头脑中对某种行为和特定的法律后果之间形成比较明确、具体、深刻的因果联系，以最大限度地发挥奖惩措施扬善贬恶的作用。

(七)执行的结束

徒刑执行结束的方式有两种：一是因服刑者死亡而结束。这对无期徒刑和有期徒刑来说都存在；另一种是释放，其中又包括刑满释放和假释两种情况。刑满释放只在有期徒刑的执行中才存在。无期徒刑在执行期间只有被假释的机会，没有刑满释放问题，如果在服刑期间被减为有期徒刑，被减刑后的有期徒刑才存在刑满释放。因后面将要对假释进行专门研究，所以，本节在此只对刑满释放作些分析。根据我国法律的有关解释，罪犯在服刑期满时，监狱应当按期释放并发给释放证明书。1990年9月27日最高人民法院《关于如何确定刑满释放日期的批复》规定，被判处有期徒刑、拘役的犯罪分子的刑满释放日期，应为判决书确定的刑期的终止之日。例如，被判处有期徒刑1年，判决书确定的刑期自1990年1月1日起至1990年12月31日止，其刑满释放日期应为1990年12月31日。如果被减刑，应在减刑以后的刑期期满之日予以释放。公安机关依《释放证明书》办理户籍登记手续。刑满释放人员依法享有与其他公民平等的权利，任何单位、个人都不得歧视。对刑满释放人员有两种安置方式：一是返回原籍，由当地人民政府帮助安置生活。如果刑满释放人员已丧失劳动能力又无法定赡养人、扶养人和基本生活来源的，由当地人民政府予以救济。二是强制留场就业。关于强制留场就业的有关内容，本书后面将有论述，在此不予赘述。

(八)完善徒刑执行的建议

自由刑确实有不少弊端，但社会现在又不能放弃这种手段，为走出这种困境，人们长期以来都在不断地探索改革自由刑的方法和途径。为消除监禁可能造成的交叉感染，人们发明了独居制和沉默制执行方法。前者将犯人昼夜隔离独居，不让其与他人接触，后者允许罪犯昼间共同劳动，但严禁相互间任何形式的语言交流，罪犯必须保持沉默，晚间则仍实行独居。为了提高矫正改造的针对性，人们发明了分类制，即根据罪犯的犯罪性质、人身恶性等标准，对罪犯进行分类，然后针对各种罪犯的特点采用不同的矫正方法。为了鼓励罪犯积极进行自我改造，激发罪犯奋发向上的热情，人们发明了点数制、自治制和累进处遇制。点数制是将劳动作为执行自由刑的主要内容，并对劳动好坏通过一定的分数来测定和表示，以累计点数的高低作为对罪犯进行奖惩的依据，达到一定点数，罪犯就可得到较好的待遇，并可能获假释；自治制则允许罪犯在遵守法律、狱规前提下，自行组织类似于社会中的各种管理体制，在罪犯中实行一定程度的自我管理；累进制是对罪犯监禁刑的执行分为渐进发展的几个阶段，各阶段监督的严厉程度、生活待遇、执行方法都有所差别，其基本趋势是由严到宽，由紧到松，逐渐缓和。决定罪犯进入何种服刑阶段的标准就是罪犯的改造表现。为了减少关押使罪犯长期与社会隔离可能带来的社会不适应性，人们发明了中间监狱制，即对临近释放的罪犯，给以较多的人身自由，尽量给其提供接触社会的机会，使之在与常人的经常交往、共同生活中增加社会适应性。以上的尝试虽然内容不同，效果也不一样，但确实给自由刑执行的改革提供了不少可供参考的经验。

为了提高我国徒刑的执行效果，监狱或其他劳动改造机关也进行了种种努力和尝试。目前在各地普遍实行点数累计奖励制和处罚制就是一种较好的经验。但是总的来说，现在我国的徒刑执行情况还存在不少问题，突出的表现就是再犯、累犯现象还比较严重，因此，仍有继续改革、完善的必要。我们认为，我国徒刑执行应当采用以分类管理为基础，以点数测量为手段，吸收中间监狱制优点为补充的累进制执行模式。具体说来，可以将徒刑执行分为数个阶段，各阶段之间在待遇上应有明显的差别。对第一阶段，要实行严格管理，而且对人身危险性十分明显的罪犯，可以采用独居或沉默方式进行管理；罪犯参加劳动，基本上应无酬；在生活上保持最低水平；对与亲属的会见及与其他社会成员的交往应实行严格的控制。总之，在第一阶段要比较明显地体现出徒刑的惩罚性特点，让罪犯真正体验到刑罚的痛苦性和严厉性。第二个阶段，在管理上较第一阶段有所放松，并且在待遇上应有所提高。罪犯实行杂居，允许参加集体生活和狱内正常的交往活动；参加劳动的，发给一定数量的报酬，并允许罪犯和家属及其他社会成员进行定期的会见和联系，还可组织罪犯参加一些社会活动。在生活待遇的标准上也要有所提高。第三个阶段则吸取国外中间式的管理方式，将监狱办成半开放式的社会。罪犯除必须在监内居住，并遵守监规、监纪，参加狱内正常的劳动和生活安排外，可以有一定的时间到社会上从事交往，使监内劳动、生活与社会保持比较经常的联系；罪犯的劳动报酬应高于第二阶段，但应稍低于社会上同等劳动者正常的报酬水平；罪犯可享有一定的探亲假待遇，基本上采用现行留场就业的方式进行管理。如果罪犯能顺利地度过第三个阶段，而刑期尚未满时，就可以考虑对其适用假释。这三个阶段中，第一阶段刑罚的执行以惩罚为主，第二阶段是惩罚和矫正改造相结合，第三阶段则以矫正和再社会化为主要内容。

所有罪犯进入监狱后，必须经过第一阶段的服刑，才能进入后面的阶段。至于在此阶段停留的时间长短，则主要根据两方面因素综合考虑决定：第一，犯罪行为的性质和危害程度以及罪犯人身危险性大小。具体可以法院所判刑期为衡量标准，刑期长的，应多呆一些时间，刑期短的，可适当少呆些时间。为了体现公正原则，可根据罪犯所判刑期的长短，确定一个在第一阶段必须服满的最低服刑期限。第二，罪犯在第一阶段中的悔罪表现情况。对表现好的，在服满最低刑期后，就可转入第二阶段；如果表现不好，就应继续延长第一阶段的期限，直至有悔罪表现为止。在决定罪犯由第二阶段向第三阶段过渡时，主要是看罪犯在第二阶段的改造情况。为了使这种执行模式取得比较好的效果，必须制定一套科学的衡量方法。可在总结现行的点数制的基础上，将罪犯的改造表现划分为多个具体情节指标，对每个情节规定不同的分数值，并规定罪犯达到何种数值，可以得到怎样的奖励，达到多少数值，可以进入下一个服刑阶段。这样，表现改造好的，不但可能提前减刑，而且在狱中也可以争得比较好的处遇。这有助于鼓励罪犯更加积极地进行改造。对于违反监规的，也要分为不同的情节，以点数决定处罚的方式，对于达到一定数值的罪犯，可以将其重新转入前一阶段执行刑罚；对刑期届满仍然明显没有改造好的，可强制其留场就业。无论是奖励还是惩罚，都要尽量规定出比较具体的量化标准，以限制行刑机关的随意裁量权力。

上述执行体制，既体现了徒刑的惩罚功能，又发挥了徒刑改造罪犯的功能；既能充分调动罪犯自我改造的积极性，又可减少罪犯因长期与社会隔离，在刑满释放后可能带来的社会不适应性。为了提高徒刑执行效果，就必须保证执行机关确实能把改造罪犯放在执行工作的第一位置。这就要求国家给予监狱和其他劳改机关以更多的人力、物力、财力投入，改善监狱设施和生活、工作条件，使监狱和其他劳改机关从目前沉重的经济创收负担下解脱出来。

二、拘役的执行

拘役是一种比较轻的剥夺自由刑，因而其执行方面与徒刑的执行有相同之处，但也有自己的一些特点。相同之处主要表现在对罪犯进行关押，并强制进行劳动改造方面，因而上述徒刑执行的原则、方式、方法和刑满释放等有关内容均适用于拘役的执行。为了避免重复，对这些内容在此就不再重述。这里只重点研究拘役刑执行方面的一些特殊内容。

(一)执行机关和地点

我国刑法第 43 条规定："被判处拘役的犯罪分子，由公安机关就近执行。"由此可知，拘役刑的执行机关是公安机关，而非专门的刑罚执行机关。这是由于拘役刑期太短，没有必要送到专门的劳改机关所决定的。所谓就近执行，就是在犯罪分子原工作、居住、生活地域附近进行关押改造。1979 年 12 月 28 日，公安部《关于管制、拘役、缓刑、假释、监外执行、监视居住的具体执行办法的通知》(本节以下简称《通知》)第 1 条规定："公安机关对人民法院判处拘役的罪犯，有条件建立拘役所的放在拘役所执行；没有条件的可放在就近的监狱或劳改队执行，远离监狱和劳改队的公安机关，可放在看守所内执行。"可见，拘役的执行场所主要是拘役所，在特殊情况下，也可在监狱、其他劳改机关或看守所执行。不过，由于监狱、劳改队通常是较长时间剥夺自由刑的行刑场所，关押的罪犯恶性相对都比较大，而且法律对拘役犯规定的待遇也与徒刑犯不同，所以，此时应当注意将拘役犯与徒刑犯分押与分管，分别对他们进行有针对性的劳动改造和教育，以免交叉感染。此外，看守所的主要职能是看押未决犯，而不是对罪犯进行教育与改造，而未决犯的情况比较复杂，被关押者的心态与已决犯也不同，所以，如果将拘役犯与未决犯混关在一起，交叉感染的可能性较大，加上看守所看管未决犯的任务繁重，一般无暇顾及已决犯的教育与改造，因而可能导致拘役犯在看守所服刑内容变成单纯的劳动，这会影响拘役的改造质量。因此，我们主张对拘役犯还是以放入专门成立的以教育、改造拘役犯为主要任务的拘役所执行刑罚比较合适，尽量不要将罪犯放入看守所。必须放在此处的，看守所也要真正担负起对拘役犯的教育、改造职责，不能放任自流。

(二)执行的时间和方法

根据刑法第44条规定，拘役刑期从判决执行之日起计算。判决执行前先行羁押的，羁押1日折抵刑期1日。其起算时间和折抵方法均与有期徒刑相同。拘役刑的交付执行的手续，应根据最高人民法院、公安部1980年2月23日《关于判处死刑、死缓、无期徒刑、有期徒刑、拘役的罪犯交付执行问题的通知》规定，对于判处拘役的罪犯，由交付执行的人民法院将执行通知书、判决书送达公安机关，由公安机关按照公安部1979年12月28日《通知》执行。

拘役执行方法主要也是监管、劳动改造和教育。根据我国刑法规定，拘役犯在服刑期间，凡有劳动能力的必须参加劳动改造，并酌量发给报酬。对此，公安部1979年12月28日的《通知》作了如下规定："对放在监狱或劳改队执行拘役的罪犯，都要组织他们参加生产劳动，并从劳动收入中'酌量发给报酬'。对放在看守所的拘役犯，原则上应当分管、分押，并积极创造条件，使他们能够在看守所院内参加一些手工业、副业等生产劳动；也可以与看守所驻地附近的生产劳动单位(例如：清洁队、砖瓦场、建筑工程队……等)联系，吸收他们参加生产劳动，并委托生产劳动单位对他们进行监督。采用这种方式参加劳动的拘役犯，仍在看守所住宿，早出晚归。”根据刑法规定，拘役犯服刑期间每个月还可回家 1 至 2 天。罪犯可以根据自己的具体情况，分开使用探亲假期，路途较远的，也可集中使用假期。

除了监管、劳动改造之外，执行机关也要负责对罪犯进行教育、矫正。不过由于拘役刑期太短，正规的文化教育和职业技术教育无法系统展开，因此，对拘役犯的教育主要是思想政治教育，即帮助犯罪分子认罪服法，消除犯罪的主观原因。被判拘役的人，通常都是由于缺乏遵守法律、社会或职业规范意识，缺乏公民应有的社会责任感而触犯法律的轻微犯罪者。他们没有太深的主观恶性，所以，对他们教育的重点应放在培养遵纪守法意识和树立较强的社会责任感，端正为人处世和对待工作的态度上面，以此来达到使其能够时刻根据社会规范严格约束自己的行为，从而避免再次危害社会的目的。对拘役犯进行劳动改造，也不应以获取经济利益为主要目的，重点也应放在培养罪犯的劳动观念，训练应有的遵守劳动纪律的意识和习惯上。

拘役犯服刑期满，应由执行机关按照法定程序发给释放证明，予以释放。

拘役刑作为短期自由刑，确实存在许多弊端，本书已在前面对应如何完善我国刑法中的拘役刑进行了探讨。如果能按我们的设想，将拘役刑的适用率降低到最低限度，适用于那些必须关押的罪犯，那么，对拘役刑的执行还是应以严格监禁为当，因为这是作为最后手段使用时，其应有的威慑力所必然要求具备的特征。但在目前情况下，我们尚未确立拘役刑“最后手段”地位，那么在具体执行中，就应考虑根据罪犯的情况，采用不同的方式来降低拘役刑弊端的影响。具体来说，就是要多注意拘役刑执行方式的社会化和开放化。

三、管制的执行

管制属于限制自由刑，因而其执行的内容与徒刑、拘役有比较大的差别。

（一）执行机关。我国刑法第38条规定：管制“由公安机关执行”。因此，公安机关是我国管制刑的唯一执行机关，除此以外的其他任何政府机关、人民团体、单位或个人均无执行管制的权力。人民群众当然要对管制犯进行监督，但这种监督只是配合、协助公安机关更好地执行管制，而不能代替公安机关执行主体的地位。公安部1979年12月28日《通知》对管制的执行办法作了规定：“管制应按照刑法第3章第2节和刑事诉讼法（按：指原刑法和刑事诉讼法）第159条的规定执行。执行机关应是县（市）公安局、公安分局以及相当于县级的公安机关。在实际工作中可以组织所属公安派出所、公安特派员或者有关单位的保卫组织，依靠治安保卫委员会具体执行。”

（二）执行的时间和方法

根据刑法规定，管制刑期自判决执行之日起计算，判决执行前先行羁押的，羁押1日折抵刑期2日，其折抵方式与徒刑相同。

虽然管制执行机关是公安机关，但因其性质属限制自由刑，罪犯不被关押，除遵守法律规定的限制自由的条件外，罪犯其他活动仍是自由的，因此，被管制的罪犯的执行地点往往是其工作单位或居住地的政府基层组织。管制的执行内容，就是刑法第39条规定的五项内容，即：（1）遵守法律、法规，服从监督；（2）未经执行机关批准，不得行使言论、出版、集会、结社、游行、示威自由的权利；（3）按照执行机关的规定报告自己的活动情况；（4）遵守执行机关关于会客的规定；（5）离开所居住的市、县或者迁居应当报经执行机关批准。管制犯必须严格按照这五项条件约束自己，老老实实接受改造。除了这五项外，不应再对罪犯人身自由作过多的其他限制。罪犯参加劳动的，应当实行同工同酬，其劳动时间应计入工龄。没有被剥夺政治权利的，仍享有政治权利。

公安机关在开始执行管制时，应向执行管制所在的单位或基层组织的群众讲明被管制者的犯罪事实、管制刑期、起止时间、应遵守的条件以及有无政治权利等内容，由群众协助执行机关对罪犯的改造进行监督。为了使管制的执行内容具体化，公安部的上述通知对管制的改造内容作了比较详细的规定。其主要精神是：为了实现群众的监督，对于每一个被判处管制的犯罪分子，应组成 3 至 5 人的群众监督改造小组，在治安保卫委员会的领导下，负责监督被管制的犯罪分子遵守管制规定，促使其认罪悔罪，成为守法的公民。并且还要对被判处管制的犯罪分子进行认罪服法教育，定期组织群众评议。被判处管制的犯罪分子，在管制期间，外出或者迁居时，必须报经执行机关批准。外出 2 日内的可以向执行机关委托的治安保卫委员会请假；外出 3 日至 10 日以内的，应当经过执行机关所属的有关公安派出所、公安特派员或者所在单位的保卫组织批准；迁居的，须报经执行机关批准。这些解释，在不与现行刑法规定相冲突的情况下，仍应有效。如果今后有新的解释，应以新解释为准。

被管制的罪犯能否外出生产、经商问题，最高人民法院、最高人民检察院、公安部、劳动人事部曾于 1986 年 11 月 8 日联合发出《关于被判处管制、剥夺政治权利和宣告缓刑、假释的犯罪分子能否外出经商等问题的通知》，其中规定被管制的罪犯不能外出经商。若原单位确有特殊情况不能安排其工作的，在不影响对其监督考察的情况下，经工商管理部门批准，可以在常住户口所在地自谋生计；家在农村的，亦可就地从事或承包一些农副业生产。这一规定虽在一定程度上起到了限制被管制者人身自由，保证其接受执行机关监督的作用，但因所允许罪犯从事的自谋生计等活动带有很大的流动性，执行机关难以真正对其活动实行有效的控制和监督，所以实际上仍难达到管制的效果。可见，在新的形势下，如何充分发挥管制这一限制自由刑的作用是一个非常值得研究的课题。我们在本书前面已对此提出了一些粗浅的建议，期望能对此问题的解决有所帮助。

(三)管制的解除

管制执行期满，负责执行的公安机关应立即通知本人解除管制，发给《解除管制通知书》，并向有关群众公开宣布。对于被附加剥夺政治权利的，还应同时宣布恢复政治权利。

第三节　财产刑的执行

一、罚金刑的执行

(一)罚金刑的执行方式

罚金刑的执行方式，是指具体剥夺犯罪人一定数额金钱的措施。这是罚金刑机制中的最后一个环节，也是最关键的一个环节。纵观世界各国刑事立法，罚金刑的执行方式有一次缴纳、由自由劳动偿付、罚金刑的缓刑制、酌情减免及罚金刑的易科等等。下面结合我国刑法规定分别论述。

1. 一次缴纳或者分期缴纳。根据犯罪人的支付能力，法院在判处罚金时可以分别决定采取一次缴纳或者分期缴纳。一次缴纳，即在判决指定的期限内一次缴完全部罚金，这只能对支付能力强的犯罪人采用。一次缴纳的极端做法是立即缴纳，如 1921 年旧中国暂行新刑律第 45 条规定：“罚金于审判确定后，令一日以内完纳”。这种规定过于急迫，虽在防止犯罪人转移财产方面有一定的积极意义，但一般情况下难以执行。分期缴纳，即在判决指定的期限内分多次缴纳。这一方法为瑞士、德国、前苏联、格陵兰及美国等国所承认和实行。有的国家还大致规定允许分期缴纳的次数，如1935年法国刑法草案规定可以一次缴纳1/6的罚金，即可分6次缴纳①。我国刑法第53条规定："罚金在判决指定的期限内一次或分期缴纳。"这一规定允许法官根据犯罪人支付能力选择一次缴纳或分期缴纳，并且还给予"一定的期限"，时间上有一定的伸缩余地，使经济情况较差的被判刑人也有可能缴纳，因而它是一种便于执行的好方法。

2. 延期缴纳。指被判刑人在规定的期间内不能缴纳罚金时，允许其延续一定的时间缴纳。这种方法为许多国家如英国、奥地利、巴西、瑞士、瑞典、比利时等所采用。批准延期缴纳的机关，大多数国家是法院，但瑞士、瑞典和比利时等国是由执行机关批准。《巴西刑法典》第36条规定："罚金应在判决后10天内缴纳。但根据犯罪人请求和他的情况，法官可以把期限延长至3个月。附款：罚金如超过500克鲁塞罗，法官可准许按月缴纳，但应在一年内缴清；只要罚金已缴纳一半或者犯人提出缴纳保证，法官可准许再延长6个月。"罚金延期缴纳的缺陷是增加司法实践的工作量，但其优点是可以作为解决罚金执行难的一个方法。日本学者福田平也说："用罚金刑的延期缴纳、分期缴纳方法使罚金易科自由刑的数量减少，同时也增加执行事务量，但两相比较，显然不存在否定罚金的延期缴纳、分期缴纳的理由。"②

3. 强制缴纳。即在法院规定缴纳罚金的期限届满，被判刑人具有缴纳罚金的能力而拒不缴纳时，采取强制措施使之缴纳。如《瑞士刑法典》第53条第2款规定："受罚人在指定完缴期间不缴纳罚金，又不以劳动抵充时，如主管官署认为有些必要并可能有结果时，得命令强制征收。"我国刑法第53条规定"……期

---

① 参见[日]平野龙一：《犯罪者处遇法的诸问题》，有斐阁1982年版，第152页。

② [日]庄子邦雄等编：《刑罚的理论与现实》，岩波书店1972年版，第201页。

满不缴纳的，强制缴纳。”这里所谓“不缴纳”，是指被判刑人有缴纳罚金的经济能力而故意不缴纳。强制缴纳的方法有查封、变卖被判刑人的财产或通过被判刑人所在单位扣发工资等。强制交纳是保证审制的严肃性及罚金刑的有效执行的一种必要方法。

4. 由自由劳动偿付。即被判刑人不能缴纳罚金时，允许其从事一定的不剥夺自由的劳动，以其劳动的工资来抵偿罚金。这一制度规定于德国 1909 年刑法典草案第 58 条。1918 年瑞士刑法典草案与 1922 年奥地利刑法典草案也作了同样规定，并且在德国、瑞士及挪威等国将此制度法制化了。如《瑞士刑法典》第 49 条第 1 款第 2 项规定：“主管官署得允许受罚人分期缴纳罚金，并依受罚人之情况决定分期缴纳之期间及数额。主管官署亦得允许受罚人对国家或地方社区提供自由劳动以抵充罚金，并得同时延长上列之期间。”由自由劳动偿付罚金制度确实有其优点，它既避免因无支付能力而使罚金刑落空，又在开放的劳动环境下使罪犯得到教育与改造。但其致命缺点是不现实。在失业现象都没消除的社会下，由什么单位负责罪犯的劳动并付工资以及如何计算劳动报酬等问题难以解决。就在主张该制度的日本学者木村龟二博士也不得不承认，在社会及产业组成现状下，用自由劳动偿付罚金的制度仅处于理想状态，不可能变成现实①。事实上，在世界范围内这种制度几乎没有实行过，如挪威自采用这项制度以来，没有一个案件适用这一方式。瑞士从 1945 年到 1972 年有 4 个案件适用了这一方式，但有 3 件仍靠支付罚金而结案②。

5. 罚金刑的缓刑。是指法院基于一定条件，对宣告判处罚金的犯罪分子，在一定期间内暂缓其刑的执行，缓刑期内没有发生撤销缓刑的情况时，其罚金的宣告失去效力的一种制度。罚金刑缓刑起源于 1891 年法国《关于减轻和加重刑罚的法律》，至今有日本、意大利、瑞士、奥地利、土耳其、阿根廷及罗马尼亚等

---

①② 参见[日]庄子邦雄等编：《刑罚的理论与现实》，岩波书店 1972 年版，第 197、198 页。

国采用该制度。《阿根廷刑法典》第26条规定："在为期不超过三年监禁、拘役或罚金的初犯判决的情况下，法院可由同一法官宣告缓期执行判决。这一决定应以罪犯的道德特点，犯罪的性质与限于可用以评价罪犯之特点的犯罪情节为根据。在数罪俱发的情况下，如果所实际适用的刑罚刑期不超过2年或为罚金，可适当缓刑。"在理论上，对罚金刑是否有必要设立缓刑制存在争议。肯定说的理由是缓刑可以鼓励罪犯自新，自由刑尚可以缓刑，那么轻于自由刑的罚金刑也应当允许适用缓刑；为了顾及贫困的受刑人及其家属的生活，也应设立罚金缓刑；对过失犯或初犯，如无法缴纳罚金而易科自由刑则有违设立罚金刑的旨趣①。持否定说的学者认为没有必要设立罚金缓刑制。理由是缓刑是为了避免罪行较轻的犯罪人进入监狱、感染恶习而设的，而罚金刑并不剥夺犯罪人的自由，故无适用缓刑的必要；对罚金一时不能缴纳者的缓期执行与缓刑的性质不同，它不能因犯罪人的行状善良而免除罚金刑的执行，而只能因其经济状况的限制而暂缓执行或免除执行，不应将两者混淆②。巴西、朝鲜、蒙古、前苏联的刑法典同《美国模范刑法典》没有规定罚金缓刑制。日本在司法实践中对罚金适用缓刑的比率也极低，1967—1968年两年中，日本罚金缓刑人数分别只为罚金判决人数的0.01%③。我国刑法的缓刑不适用于罚金，我们认为这一规定是正确的。

6. 罚金的减免。即基于客观原因，被判刑人难于或无力缴纳罚金时，对判处的罚金予以减少或免除。同样是不能缴纳罚金，但应区分是基于主观原因还是客观原因，如果基于主观原因

---

① 参见谢瑞智：《中外刑事政策之比较研究》，台湾文物供应社1987年版，第239页。

② 参见马克昌等主编：《刑法学全书》，上海科学技术文献出版社1993年版，第679页。

③ 参见[日]庄子邦雄等编：《刑罚的理论与现实》，岩波书店1972年版，第198页。

有缴纳能力而拒不缴纳，则采取强制缴纳的方法合情合理，也为绝大多数国家刑法典所采用。如果基于客观原因，即犯罪人主观意志以外的原因而难于或无力缴纳罚金时，有些西方国家刑法往往采取易科劳役、易科自由刑等方法，这一做法显然既不人道，又同罚金刑的目的相矛盾。因此，我国刑法第 53 条规定："……如果由于遭遇不能抗拒的灾祸缴纳确有困难的，可以酌情减少或免除"。这一规定有两个条件：第一，遭遇不能抗拒的灾祸，这是前提条件。不能抗拒的灾祸是指火灾、水灾、地震、车祸、疾病等犯罪人无法避免的天灾人祸。第二，由于灾祸而致缴纳有困难，这是本质条件。

7. 罚金刑的易科。是指以其他刑罚代替所宣告的罚金刑。根据外国和旧中国刑事立法，罚金刑的易科主要有三种：易科自由刑、易种劳役及易科训诫。

(1)罚金刑易科自由刑。即被判刑人不能缴纳罚金时，易科徒刑(监禁)以代替罚金刑。世界上许多国家如意大利、希腊、波兰、芬兰、土耳其、挪威、新西兰、澳大利亚、泰国、阿根廷以及英美等许多国家刑法中采取罚金易科自由刑制度。例如，《意大利刑法典》第 136 条规定："科以罚金与罚缓之受刑人，无支付能力而无从强制执行者，易服 3 年以下监禁或 2 年以下拘留。第 23 条及第 25 条所定自由刑之最低期限亦适用之。受刑人扣除已执行自由刑期后，将其余罚金或罚缓全部缴清者，应即停止易服自由刑执行。"罚金易科自由刑的做法是否可取？在中外刑法理论上一直存在争论。持否定论的学者认为，判处罚金后又易科自由刑"不仅与罚金刑的本来趣旨相矛盾，而且因不能完纳罚金者主要是穷人，因而会产生有钱人支付罚金后不进刑务所，无钱人交不起罚金而进刑务所的不合理现象。"①持肯定说的学者认为："……如果我们拓展视野，就可以看到，世界上各种缺乏

① [日]庄子邦雄等编：《刑罚的理论与现实》，岩波书店 1972 年版，第 192 页。

有效执行方式的刑罚，如保护观察、社会服务令、矫正劳动、限制自由等，都最终依赖于剥夺自由刑。这不是公平性问题，而是有效性问题。"①"实际上，现代一些国家里，各种刑罚方法之间按一定规则相互转换是常见的现象。"②我们赞同肯定论，主张在我国实行罚金易科自由刑制度，主要理由是：第一，在罚金刑执行难的今天，不能缴纳罚金的原因各种各样，不能一律减免缴纳罚金。对其中确实遭遇灾祸等客观原因造成贫困的犯罪人可以酌情减免，但对于其中另一些为了不缴纳罚金而抽逃资金、转移财产或将财产挥霍一空的人应当易科自由刑或者以易科自由刑作为压力刑，迫使其交出抽逃资金和转移资金、财产。第二，罚金易科自由刑与"以钱赎罪"不同。罚金与自由刑两者都是刑罚，具有同质性，且罚金易科自由刑仅仅是为了保证刑罚的执行而不是简单的交换。事实上世界上许多实行罚金易科自由刑的国家，最终易科自由刑的比率都很低。例如日本 1968 年判罚金的人数是 250 多万，而其中易科自由刑的人数只有 5 005 人③。然而"以钱赎罪"即将自由刑易科为某种形式的金钱(如罚款)，则在绝大多数国家都是反对的，如美国拳击运动员泰森强奸案，不因泰森支付巨额赔偿而能逃避自由刑的惩罚。

(2)罚金易科劳役。罚金易科劳役是指对不能缴纳罚金的人易服"不剥夺自由的劳动改造"。有些反对罚金易科自由刑的国家，往往规定罚金易科劳役。1950 年朝鲜刑法第 36 条规定："对逃避交纳罚金的人，得以劳动改造来代替执行，计算的方法是以一个月的劳动改造折抵罚金 500 元，但是在任何情况下，代替劳动改造的期间，都不能超过一年。"罚金易科劳役中存在的

---

①② 李贵方：《罚金易科自由刑比较研究》，载《中国法学》1993 年第 3 期。

③ [日]庄子邦雄等编：《刑罚的理论与现实》，岩波书店 1972 年版，第 192 页。

问题与前述“以自由劳动偿付罚金制”中的问题相似，即理论上可取，实际上不现实。值得一提的是，日本刑法中的“将不能完纳罚金者留置劳役场”的规定与这里的罚金易科劳役是有所不同的，因为日本对劳役场中的劳役者准用有关服自由刑的规定（日本监狱法第6条）①，即日本的这种有关服自由刑制度实质上是“罚金易科自由刑”②。

(3)罚金易科训诫。即以训诫代替罚金的执行。这在1935年旧中国刑法第43条上有此规定，在世界上极为罕见，故从略。

8. 罚金的追缴制。是指不能全部缴纳罚金的，法院在任何时候发现被执行人有可以执行的财产时，应当随时追缴，即不承认罚金有行刑时效。我国刑法第53条作了这样的规定。

(二)罚金刑的执行程序

1. 执行机关

我国刑事诉讼法第219条规定：“……被判处罚金的罪犯，期满不缴纳的，人民法院应当强制缴纳；如果由于遭遇不能抗拒的灾祸缴纳确实有困难的，可以裁定减少或者免除。”据此，我国罚金刑由法院执行。这一规定与国际上大多数国家如西班牙、前苏联、美国的做法一致，但也有少数国家的罚金刑是“依据检察官命令执行”(参见日本刑事诉讼法第490条)。

2. 执行的阶段

(1)执行的开始。我国刑事诉讼法第151条规定：“判决和裁定在发生法律效力后执行。”罚金刑的执行当然也不例外。我国司法实践中有“先交钱后判决”的做法，这对保证罚金的执行有一定的实际意义，但不合刑事诉讼法的要求，因而是错误的。

---

① 参见[日]大塚仁等编：《大注释刑法》第1卷，青林书社1991年版，第300页。

② [日]庄子邦雄等编：《刑罚的理论与现实》，岩波书店1972年版，第192页。

(2)执行过程。执行过程在时间上的长短取决于采取何种执行方式。如采取一次性立即缴纳，则整个执行过程基本上没有延续过程，分期缴纳则延续到最后期限或将所判罚金全部缴清为止，在限定缴纳期限届满后，才可能开始强制执行。罚金减免的执行开始于犯罪遭遇不能抗拒的灾祸发生的任何时间。在具体程序上，一次或者分期缴纳的程序较为简单，由刑事审判庭将制作的移送执行通知单连同有关罚金的判决书副本，移送执行庭即可执行。强制缴纳时，先由执行庭根据刑事判决书和执行通知书，再制作强制缴纳决定书，于确定缴纳期限届满后3日内送达被执行人，在决定书所通知的时间依法采取必要的强制执行措施。出现减免缴纳事由时，犯罪人应向法院提出申请，说明理由，请求减免。法院经调查核实，根据灾祸的轻重，作出减少或者免除缴纳的裁定。

二、没收财产刑的执行

没收财产的执行是一个较为复杂的问题，主要是对犯罪分子的个人财产要认清与分割。划清犯罪分子个人财产与其他家庭成员的财产的原则前已论述，分割这一部分财产时，往往要采取强制手段。执行机关一般是人民法院执行庭。必要时也可请求公安机关协助。

还有一个问题，即犯罪分子的正当债务清偿。我国刑法第60条规定："查封财产以前犯罪分子所负的正当债务，需要以没收的财产偿还的，经债权人请求，由人民法院裁定。"适用此原则应注意四点：第一，必须是正当债务。所谓正当债务，是指犯罪分子确实因家庭经济困难、婚丧病残事故或遭遇自然灾害等原因向债权人合法借贷所负的债务。如果不是正当债务，如犯罪分子所欠的赌债就不在清偿之列。第二，正当债务必须是犯罪人在其财产被查封以前所负的。如果犯罪分子的债务发生在查封财产以后，并且没有经过查封机关的同意，则不能从查封的财产中偿还。第三，必须有债权人请求。第四，必须是在没收财产的范围内按照一定的顺序偿还。超出没收财产范围的，不予偿还。如果债权人不止一个，应当按照一定的顺序偿还。前《苏俄刑法典》规定，偿付请求的顺序应当依照苏俄民事诉讼法典的规定办理。我国刑法对清偿顺序没有规定。依有关法律规定，可依以下顺序清偿：(1)工资(生活费)；(2)国家税收；(3)国家银行和信用合作社贷款；(4)其他债务。

第四节　资格刑的执行

一、剥夺政治权利刑的执行

(一)剥夺政治权利刑的执行机关、方法

我国刑事诉讼法第218条明文规定，对于被判处剥夺政治权利的罪犯，由公安机关执行。之所以如此，是因为公安机关是维护社会治安的行政机关，与人民群众具有密切联系。而被判处剥夺政治权利的罪犯，要放在社会上执行，因而由公安机关执行较为合适。

公安机关在执行剥夺政治权利刑时，应该向当地群众宣布罪犯的犯罪事实以及剥夺政治权利的内容与期限，并根据刑法第54条所规定的剥夺政治权利的不同内容，采取相应的措施，以保证剥夺政治权利刑得到正确执行。

1. 剥夺选举权和被选举权

剥夺选举权和被选举权，是指剥夺宪法第34条规定的年满18岁的公民享有的选举权和被选举权。凡被剥夺政治权利的人，均无权参加全国人民代表大会和地方各级人民代表大会代表的选举，更不得作为候选人竞选。因此，在选民登记的时候，不能把被剥夺政治权利的人列入选民名单或候选人名单，一旦发现列入，应立即撤出。另外，在选举期间，公安机关还应加强对被判处剥夺政治权利的人的监督，以防止其私下从事影响选举的非法活动。

2. 剥夺宪法规定的政治自由权利

剥夺宪法规定的政治自由权利，是指剥夺宪法第 35 条规定的言论、出版、集会、结社、游行、示威的自由权利。如前所述，言论自由，是指公民通过口头或书面表达自己对国家大事的政治意见的自由，而不是指一般意义上的说话自由。出版自由，是指发表、出版各种政治性文章、著作的自由。剥夺言论、出版自由，就是禁止犯罪人对国家大事发表政治性意见、出版政治性著作。集会自由，是指公民有在一定场所，举行政治性集会，商讨政治问题或表达一定政治意愿的自由。结社自由，是指公民有为实现一定政治目标而组成某种社会组织的自由。剥夺集会、结社自由，就是禁止犯罪分子参加或组织某种政治性集会、社团。游行自由，是指公民有在公共场所采取列队行进的方式表达意愿的自由。示威自由，是指公民通过集会或游行来表示强烈意愿的自由。剥夺游行、示威的自由，就是禁止犯罪分子发起或参加游行、示威活动。公安机关一旦发现被剥夺政治权利的人非法进行上述活动，应当立即予以制止。在必要时还可以采取一定的强制措施，或者给予行政处罚。

3. 剥夺担任国家机关职务的权利

剥夺担任国家机关职务的权利，就是禁止被剥夺政治权利的人担任国家机关的职务。不仅要禁止这种人作为国家机关的正式工作人员履行职务，而且也不允许委托这种人从事公务活动。另外，我国人民法院组织法对法院审判人员的任职条件有更高的要求，该法第 34 条规定，被剥夺过政治权利的人不得被选举为人民法院院长，或者被任命为副院长、庭长、副庭长、审判员和助理审判员。正在剥夺政治权利刑执行期间的人，当然更不得担任上述职务。

4. 剥夺担任国有公司、企业、事业单位和人民团体领导职

务的权利

剥夺担任国有公司、企业、事业单位和人民团体领导职务的权利，就是禁止被剥夺政治权利的人担任国有企事业单位及人民团体的领导职务。在选举上述领导时，应该首先进行资格审查，不把剥夺政治权利的人列入候选人名单。如果不列候选人而直接选举，则应告知选举人不得选举被剥夺政治权利的人。一旦出现被剥夺政治权利的人"当选"的结果，组织选举者应依法宣布此种选举无效。

应当指出，公安机关在执行剥夺政治权利刑时，既要保证这种资格刑切实得到执行，又不能超越于法律规定的执行范围，剥夺犯罪人不该被剥夺的权利。例如，宪法第41条规定，公民对国家机关和国家工作人员有提出批评和建议的权利，对国家机关和工作人员的违法失职行为，有提出申诉、控告或检举的权利，这些权利并不在剥夺政治权利刑的剥夺范围之内，因此，不得禁止、干涉被剥夺政治权利的人行使这类权利，更不得以拘禁、管制等方式剥夺或限制被剥夺政治权利人的人身自由。

(二)剥夺政治权利刑执行的起始时间

按照我国刑法的规定，单处剥夺政治权利的，从判决确定之日起执行；判处管制附加剥夺政治权利的，与主刑同时执行，同时结束；判处拘役、有期徒刑附加剥夺政治权利的，从主刑执行完毕或者假释之日起执行。但是，刑法第58条规定："剥夺政治权利的效力当然施用于主刑执行期间。"即在主刑执行期间，犯罪人也不享有政治权利，只不过这段时间不是剥夺政治权利的执行期间，不计入剥夺政治权利的刑期。如果被判处管制、拘役、有期徒刑而未附加剥夺政治权利的，犯罪人在服刑期间仍然享有政治权利。根据全国人大常委会《关于县级以下人民代表大会直接选举的若干规定》，这类罪犯在关押期间可以行使选举权。

(三)剥夺政治权利的变更

在我国刑法中，对剥夺政治权利有两种法定变更的规定。一种是刑法第 57 条第 2 款规定："在死刑缓期执行减为有期徒刑或者无期徒刑减为有期徒刑的时候，应当把附加剥夺政治权利的期限改为 3 年以上 10 年以下。"这与由法官自由裁量的减刑不同。刑法第 78 条只是规定对管制、拘役、有期徒刑、无期徒刑四种主刑可以减刑，而并未规定对剥夺政治权利等附加刑也可以减刑。另一种是被判处管制而附加剥夺政治权利的罪犯，在服刑期间如果确有悔改或立功表现，当作为主刑的管制因适用减刑期限减少，其剥夺政治权利的期限也随之减少，因为法律规定剥夺政治权利的期限应与管制的期限相等。实际上是管制减刑，而不是剥夺政治权利减刑。前述两种变更都与减刑无关。有的论者提出："对被处有期徒刑、拘役、管制附加剥夺政治权利或者单独适用剥夺政治权利的，只要犯罪分子在服刑期间确有悔改或者立功表现，就可以适用减刑。……经过几次减刑后，实际执行的剥夺政治权利的期限，不得少于原判刑期的 1/2。"①我们认为，如果这是一种立法建议，当然是可取的。但在目前情况下，要司法机关照这样去做，则无法律根据。

二、驱逐出境的执行

驱逐出境由担负外国人出入境管理职责的公安机关执行。在执行时，责令犯罪的外国人在一定期限内离开我国国(边)境。到期不离境的，可以采取适当的强制措施强制离境。

应该注意的是，单独适用驱逐出境与附加适用驱逐出境，在执行的时间上有所不同，前者是从判决确定之日起执行；后者是从主刑执行完毕后开始执行。

---

① 王志军：《关于剥夺政治权利的几个问题》，载《法学评论》1986 年第 3 期，第 70 页。

第十五章　缓刑的执行

第一节　缓刑考验期

一、缓刑考验期的立法例

缓刑考验期又称为缓刑期间，它是对受缓刑人进行考验所需要的时间，表明缓刑的开始和结束。只有当这个期限届满而受缓刑人又未再犯新罪或违反其他应遵守的条件时，才宣告缓刑结束并发生刑罚消灭的效果。从一定意义上来讲，缓刑考验期是对被宣告缓刑人的一种保护，因为若无此规定，被告就处于无期限的考验之中，时时刻刻受到原判刑罚的威慑，这对受缓刑人来说，是不公平的，有悖于缓刑的旨意。

从总体上来看，世界各国关于缓刑考验期的规定，大致有三种立法例：(1)法定主义，即缓刑期间以法律明文规定为准，法官没有自由裁量的权力。例如罗马尼亚刑法典第 82 条规定，缓刑考验期为原判刑期加上 2 年，刑罚为罚金的，缓刑考验期为 1 年。意大利刑法典第 163 条规定，对犯罪者宣告缓刑期间为 5 年，犯违警罪者为 2 年。法国刑法典和丹麦刑法典均规定缓刑考验期为 5 年。瑞典和挪威的刑法典则规定为 3 年。(2)裁定主义，即法律不明文规定缓刑的期限，而由法官自由裁量决定。例如1887年的英国以及现在美国的一些州都采用此种立法方式。(3)折衷主义，即法律规定一定幅度的期限，再由法官在此期限内决定缓刑的期限。这种立法例又分为两种情况：一种是刑法只规定期限的上限，对下限不作规定。例如比利时刑法规定缓刑期限为5年以下，英国1907年的社会防卫法规定为3年以下。另一种情况是同时规定期间的上限和下限，例如日本刑法规定缓刑的期限为1年以上5年以下，葡萄牙和瑞士的刑法均规定为2年以上5年以下。

法定主义的立法例，明确、具体，易于司法操作，但过于机械、呆板，不能适应日新月异的社会现实，不利于充分发挥缓刑的作用，同时，对所有受缓刑人都宣告同一考验期，无法体现出罪与刑的相称性，有失公允。裁定主义虽然避免了法定主义的僵化、硬性，但是毫无限制的自由裁定，难免产生因法官素质差而考验期过长或过短的不公平现象，给受缓刑人一种不稳定感和威慑感。折衷主义对缓刑考验期既不限制过死，又不放任自流，既有一定的原则性，又避免了过分的灵活性，能够较为合理地发挥缓刑的效益。

我国刑法第73条规定："拘役的缓刑考验期限为原判刑期以上1年以下，但不能少于2个月。有期徒刑的缓刑考验期限为原判刑期以上5年以下，但不能少于1年。"这一规定，带有明显的折衷主义色彩，它以原判刑罚的轻重为基础，以等于或略高于原判刑期为原则，既体现了罪刑相适应的原则，又符合区别对待刑事政策的要求。根据我国刑法规定，拘役的期限为1个月以上6个月以下，其缓刑考验期确定为2个月以上1年以下，高低限期适度。这样既防止把考验期定得过轻，无法实现有效的改造，又防止定得过重，与拘役刑的特征不符，而且这样规定也与刑法第69条数罪并罚刑期确定原则相一致。我国刑法规定，有期徒刑的法定下限是6个月，其缓刑考验期为1年以上5年以下，两者较为协调，而且这种规定使法官在进行缓刑适用时，可以针对不同的情况进行选择裁量，使所确定的考验期间的长短更好地符合缓刑的目的。

上述三种立法例只是对缓刑考验期的粗线条描述，事实上，从微观的角度来考察，世界各国刑法关于缓刑考验期的规定，是相当繁杂的，可以归纳为如下情形：(1)根据不同的罪行，确定不同的缓刑考验期。例如荷兰刑法典规定较轻罪的缓刑考验期为2年，严重犯罪的为3年。土耳其刑法典规定，轻罪考验期为1年，重罪考验期为5年。美国的模范刑法典规定，轻罪考验期为2年，重罪考验期为5年。(2)根据不同的刑种，规定不同的缓刑考验期。例如罗马尼亚刑法典规定，罚金的缓刑考验期为1年，监禁的缓刑考验期为原判刑期加2年。我国刑法规定，拘役的缓刑考验期为2个月至1年，有期徒刑的缓刑考验期为1年至5年。(3)根据不同的犯罪人，确定不同的缓刑考验期。例如波兰刑法典规定，一般罪犯的缓刑考验期为2至5年，年青罪犯的考验期为3至5年。意大利刑法规定，一般罪犯的考验期为5年，18岁以下的考验期为3年。(4)根据不同的刑期，确定不同的缓刑考验期。例如匈牙利刑法典规定，对处1年以下剥夺自由者，考验期是3年以下；对处1年以上剥夺自由者，考验期是5年以下。(5)根据不同的缓刑类型，确定不同的缓刑考验期。例如韩国刑法规定，暂缓执行的考验期为1至5年，暂缓宣告的考验期为2年。(6)根据不同的需要，确定不同的考验期。例如瑞典刑法典规定，一般情况下考验期为2年，如果存在特殊情节，可到3年。

在世界各国的刑事立法中，缓刑考验期幅度的上限一般是立法者重新规定的，而下限则与原判刑期相关联。在通常情况下，缓刑考验期只能长于或者等于原判刑期，而不能少于原判刑期。有些国家刑法规定的最高原判刑期与最大考验期两者的差距较小，例如芬兰刑法典规定，最高原判刑期为2年，最大缓刑考验期为3年，两者相差1年。有些国家规定的则较大，例如索马里刑法规定，最高原判刑期为6个月，最大缓刑考验期为5年，两者相差4年又6个月。这种差异现象是各国刑事政策着眼点不同所致。一般地，过长或过短的缓刑考验期都是不可取的，考验期过短，不能取得有效的考验效果；考验期过长，既增加社会负担，也影响被缓刑人的情绪，使之长时间地处于缓刑考验之中，有碍于使其尽快复归社会。

关于缓刑考验期的起算，通常情况下，从判决确定之日起计算，审判前及审判中的羁押不折抵考验期，也不折抵原判刑期，即当受缓刑人被撤销缓刑而执行原判刑罚时，不因审前羁押而减少。这是因为缓刑的设置，本身是对罪犯的宽大，考验期仅为考验而设，不是刑期本身，当然不能因为审判前羁押而减少；同时，由于缓刑而使罪犯的原判刑期实际上未执行，根本谈不上减少的问题。如果罪犯因某种事由撤销缓刑而执行原判刑罚时，这只能表明罪犯主观恶性太深，难以改造，是罪犯本身咎由自取的结果，因此不能以审判前羁押期进行折抵。

我国刑法第 73 条第 3 款规定："缓刑考验期限，从判决确定之日起算。"但在实践当中，如何理解"确定之日"有不同的看法。有人认为，所谓"确定之日"即宣判之日；还有人认为，所谓"确定之日"亦即执行之日。从词义上来考察，确定乃"明确地定下"[①]之意。所谓判决确定之日，也就是判决明确地定下，没有任何异议之日，亦即不存在上诉限期等问题。因此，应该把"确定之日"理解为"生效之日"，这样既合乎确定词义本身，又符合缓刑性质，于情于理于法都讲得通。当然，在立法上明确解释"确定之日"即"生效之日"，就不致于发生理解上的分歧了。

二、缓刑人应遵守的事项和履行的义务

缓刑考验期并不是简单的数字和空洞的线条，它附有许多缓刑人必须遵守的事项，构成缓刑考验期的具体内容。各国缓刑立法的共同原则是：审判机关在宣告缓刑的同时，必须于判决书中

---

① 《现代汉语词典》(修订本)，商务印书馆 1997 年版，第 1053 页。

载明犯罪人在考验期间内应当遵守的有关事项和履行的义务，并向罪犯指明，如果不履行义务或者违反有关事项，就可能导致缓刑的撤销或者考验期的延长。

1. 应遵守的事项。从各国法律规定来看，除禁止重新犯罪是各国对缓刑者的共同要求外，其他应遵守的事项可归纳为以下几种：(1)必须遵守所在国家或地方当局有关住所、迁徙和休假等法令，未经允许，不得擅自离开住所地，因某种原因而改变住所地时，应及时通知有关当局。(2)尽量避免或者不得与某些可能导致犯罪的人联系，不雇佣、训练或庇护他们，也不拥有、传递可能导致犯罪的物品。(3)不得光顾某些特定的场所，如酒馆、赌场、红灯区、黄色影剧院、黑社会组织出没之地或者国家军事基地以及某些重要科研机构。(4)不得私藏、携带或者使用某些特定物品，诸如枪枝、弹药、化学药品、毒品等危险品和违禁品。(5)不得从事某种职业或者必须从事某种与其相当的职业。(6)服从考验官善意的、正确的指导和监督。(7)定期或不定期地向指定机关汇报自己的生活状况及改造情况，等等。

2. 必须履行的义务。缓刑犯必须履行的义务，一般是有针对性的，大致包括以下几方面的义务：(1)财产方面。被告人必须向被害人赔偿损失，支付法院费用，按时缴纳罚金，并履行一定的劳动义务，或者向慈善机关捐款，或者无偿参加某种公共服务，同时因其犯罪行为向被害人赔礼道歉。(2)处遇方面。被告人必须接受指定的文化教育、职业训练，戒酒或戒毒治疗、精神矫正等。(3)工作生活方面。被告人必须努力地寻找工作，认真参加工作，积极承担起供养家庭、抚养子女、扶养配偶、赡养老人的职责。

缓刑犯应遵守的事项和必须履行的义务，一般是由法院根据国家法律规定和受缓刑人自身的特殊情况来设定的，其根本出发点是为了更好地规范罪犯的行为，促其改过自新。我国 1979 年刑法对于缓刑犯应遵守的事项和必须履行的义务没有明文的规定。1987 年公安部关于印发《公安机关办理刑事案件程序规定》

的通知中简略地提及到了受缓刑人在缓刑期间必须遵守的三点义务：(1)遵守国家法律；(2)定期向执行机关报告自己的活动情况；(3)迁居或者外出要向所在单位或者执行机关报告。我国1997年刑法第75条明确规定了被宣告缓刑的犯罪分子，应当遵守下列规定：(1)遵守法律、行政法规、服从监督；(2)按照考察机关的规定报告自己的活动情况；(3)遵守考察机关关于会客的规定；(4)离开所居住的市、县或者迁居，应当报经考察机关批准。

此外，关于缓刑犯在缓刑期间的权利问题，世界各国法律都没有明文的规定。一般来说，受缓刑的人在缓刑考验期间，其应有的权利是不受侵犯的，但是，由于缓刑犯毕竟与一般守法公民不同，因此，缓刑犯并不完全享有守法公民同等的权利。概而言之，缓刑犯的权利内容涉及以下方面：(1)公权。对于缓刑犯附加剥夺公权的，则其在被剥夺期间不享有任何公权；对于缓刑犯未附加剥夺公权的，可以享有某些公权，比如享有选举权，但不能享有被选举权，可以享有著作权、出版权等。(2)从业权。如果缓刑犯未被指定禁止从事某种职业或者必须从事某种职业，则缓刑犯有从业的权利。(3)福利待遇权。缓刑犯在缓刑考验期间，若仍留原单位的，可以享有同工同酬的权利，但工资待遇应有所降低。同时还可以享有退休福利待遇等。(4)民事权利。如果法院的判决没有禁止或限制缓刑犯的某些民事权利，则缓刑犯享有法律规定的各种民事权利。在西方国家的缓刑实践中，对于缓刑犯的权利，还涉及到这样一个问题：缓刑犯是否有权利知道缓刑官提交给法院的有关缓刑犯生活的各方面情况的报告，并对报告的内容提出质疑或者补充意见。美国的最高法院曾在威廉斯诉纽约州一案的判决中对此作了否定回答。但是，美国近年来的司法实践越来越倾向于肯定意见，有些州法律甚至立法支持肯定意见，如美国弗吉尼亚州法典规定："缓刑官应在被告到场的情况下，向法庭出示其报告，被告应被告知，其有权对缓刑官报告提出质疑并对内容提出补充意见，该报告将作为案卷的一部分归档。”①缓刑犯的权利问题，是一个急待立法明确化的问题，那种只载明义务内容而不提权利内容的缓刑制度立法例，既不利于司法操作，也容易招致各种对缓刑制度的责难。

三、缓刑考验期间的管理

缓刑考验期间的管理，其内容包括管理的主体即缓刑官和缓刑考验机关以及管理的载体即缓刑考验的地点。

缓刑官，又称为考验辅佐人，是指由法院指定并经本人同意，协助法院对被判处缓刑的犯罪人，在考验期间负责对其进行监督教育的公民。缓刑官可以是专职，也可以是名誉性的。其任务是：配合法院对缓刑犯进行监督教育，督促其履行义务和严格遵守有关事项，教育缓刑犯努力改过自新，尽早复归社会。同时，缓刑官也有义务尽力帮助缓刑犯解决工作、生活上的困难，为缓刑犯进行有效地改造提供良好的环境和条件。缓刑官应当定期向法院汇报缓刑犯的改造情况，对于改造好的犯人，可以建议法院减免其缓刑考验期；对于严重违反应注意事项或拒不履行义务的犯人，缓刑官有权要求法院延长其考验期或撤销缓刑。

随着缓刑制度的日益发展，为了强化缓刑的效果，晚近以来，世界各国普遍设置专门的缓刑机构和各种民间组织，负责缓刑考验事务。例如在西欧和东方的日本，缓刑犯由保护观察司负责考察。在前苏联，青少年缓刑犯由未成年人事务委员会和内务机关共同负责。在巴西，对缓刑犯的考察则由专门成立的改造犯人委员会负责。一般来说，缓刑考验机关的职责是：采取一切积极措施，对缓刑犯进行教育感化，鼓励其改过自新，重新做人。

由于缓刑考验机关的设置和运作涉及到社会生活的很多方面，因此，关于缓刑考验期间的管理工作到底是由司法机关负责

---

① ［美］克莱门斯·巴特勒斯著：《矫正导论》，中国人民公安大学出版社1991年版，第117页。

还是由地方政府负责，曾在西方的一些国家引起过争议。主张由地方政府管理的理由是：第一，社区公民和社区机构更易于支持他们可以参加的和符合社会需要并能解决问题的缓刑制度；第二，小规模的管理工作更具有灵活性、能依势而变，而且少受各种官僚主义框框的约束。主张由司法机关负责的理由是：第一，由司法机关统一负责的缓刑考验制度可以制定出统一的标准，从而保证各种程序、政策和工作的统一性；第二，大规模的管理可以更有效地发挥资金和人力的作用。事实上，缓刑考验期间的管理早已超出了司法机关和地方政府，各种民间机构的出现给这种争议划上了句号。在美国，一些缓刑效果显著的缓刑考验机构都是由地方政府管理的，而在其他有些国家，则刚好相反①。

根据我国刑法第 76 条的规定，被宣告缓刑的犯罪分子，在缓刑考验期限内，由公安机关考察，所在单位或者基层组织予以配合。这种立法规定一改 1979 年刑法关于缓刑考验机关的笼统规定，明确了公安机关作为缓刑考验机关，有利于发挥缓刑制度的应有作用。从目前的实践来看，犯罪人所在单位或者基层组织由原来的缓刑考察机关变成配合公安机关进行缓刑考察，有利于避免在我国社会主义市场经济发展过程中出现的犯罪人所在单位或者基层组织一味追求经济效益或者存在其他片面做法而导致的对缓刑犯考而不验、放任自流的现象。一般地，犯罪人所在单位或者基层组织，主要是指犯罪人所在的机关、团体、企事业单位或者乡镇、村、组以及城市街道居委会。这些单位或基层组织由于熟悉缓刑犯的情况，能够及时地向公安机关反映缓刑犯改造的表现，有利于协助公安机关将缓刑犯改造成为社会的新人。此外，承办案件的司法机关通过对本辖区内被判处缓刑的犯罪分子进行定期或不定期的回访考察，协助公安机关做好缓刑犯的考察工作。

---

① 见[美]克莱门斯·巴特勒斯著：《矫正导论》，中国人民公安大学出版社 1991 年版，第 112—122 页。

四、缓刑考验期与保护观察

被宣告缓刑的犯罪分子，在缓刑考验期间，应该遵守若干事项，并接受有关机构或人员的监督指导，以利于罪犯的改过自新，这就是所谓保护观察制度。保护观察制度是与缓刑制度相伴产生的，其最早的法律渊源见诸于1907年英国的《犯人保护观察法》，随后，日本、美国、瑞士等许多国家相继采用。在当今的西方国家，保护观察已成为普遍实行的一种保安措施，同时也是缓刑的一种执行方法。凡是被判处缓刑的人，大多要被送到保护观察机关进行观察、考验。保护观察人应当对缓刑人给予事实上的指导、帮助，并应尽一切可能为其提供膳宿，谋求职业，帮助他们重返正常的社会生活。第二次世界大战以后，由于缓刑犯人数的大量增加，保护观察制度也随之得到广泛的推行，并被认为是最有效的罪犯改造措施。

由于各国刑事政策及罪犯改造措施的着眼点不同，对缓刑犯进行保护观察在美国是由法院任命的观护人担任，在日本则设有专门的保护观察所。罪犯在保护观察期间，必须遵守一定的事项，这些事项的内容大体可分为：(1)使保护观察易于进行的事项，如须居住于一定场所，定期向观护机构报告情况等。(2)防止罪犯再犯的事项，如不得与不良素行者联系，须接受医疗，保持善行等。(3)进行法律裁判所需要的事项，如交纳诉讼费用等。长期以来所实行的保护观察制度，尽管在对缓刑犯的考验方面取得了一定的成效，但其作用仍然是有限的。因此如何充分地发挥缓刑制度在改造罪犯和预防再犯中的作用，寻求一种更为有效的考验方法，在第二次世界大战之后的各国缓刑立法和实践中引起了广泛的关注，更生保护制度便是为了适应这种需要应运而生的。其主要内容是：对犯罪人或有不良行为的人加以保护指导，矫正其性格，教育其积极向上，协助其解决生活上的困难，使他们重新做人，以适应正常的社会生活。就其性质而言，它是司法保护制度的补充或扩大。其适用对象，除了被缓刑的人以外，还包括被假释的人、受刑法上保护管束处分的人、受少年法保护观察宣告的人、被免予追究刑事责任的人和刑满释放者等。

作为缓刑的执行方法，更生保护与保护观察究竟有何区别？对此，有学者认为，保护观察的主要目的在于防止被保护观察人重蹈覆辙，其精神是消极的；而更生保护则是以对不幸失足者(包括缓刑犯)的同情爱护为基础，以浓厚的人情味，唤起他们内心的共鸣，使他们能改弦更张，自力更生，重新做人，其精神是积极的①。还有学者认为，保护观察是着眼于促进缓刑犯回归社会的教养援助；而更生保护则是以防止对象再犯为主要目的的指导监督②。不论学者如何表达两者之间的不同点，但是这两者在推动缓刑制度走向完美、发挥更大效益的过程中，功不可没，因此，这两种缓刑的执行方式已广为世界各国的立法和司法实践所接纳。

第二节　缓刑考验期后的处理

一、不再执行原判刑罚

缓刑考验期是缓刑运作的时间界限，当缓刑犯在缓刑考验期内没有再犯新罪，也没有违反应当遵守的条件以及为其他可能影响缓刑的行为，缓刑考验期届满缓刑即告结束。缓刑结束即意味着缓刑考验期后的处理的开始。

我国刑法第76条规定："被宣告缓刑的犯罪分子，在缓刑考验期内……如果没有本法第77条规定的情形，缓刑考验期满，

---

① 转引自喻伟主编：《刑法学专题研究》，武汉大学出版社1992年版，第401页。

② 见[日]木村龟二主编：《刑法学词典》，上海翻译出版公司1991年版，第455页。

原判的刑罚就不再执行，并公开予以宣告。”如何来理解“原判的刑罚就不再执行”呢？“原判的刑罚就不再执行”到底在法律上属于何种性质？

从世界各国缓刑立法和司法实践来看，缓刑结束的效力一般及于两方面：一是附条件有罪判决制，即缓刑考验期届满，刑之宣告失其效力，罪刑同时消灭。例如意大利刑法典第 167 条规定：“受刑人于缓刑期间内不再犯同一性质之罪或违警罪，并履行应负担之义务者，其罪即消灭。”瑞士刑法典第 41 条规定：“受刑人在考验期间内维持良好行状而罚金及其他不附条件之从刑均已执行时，主管官署应令注销刑罚登记簿上登记之判决。”朝鲜刑法第 55 条规定：“受缓刑宣告的人，在缓刑期间内，未犯新罪的，则判决即丧失效力，不认为是受到有罪判决。”有人反对这种立法例，认为罪刑同时消灭，特别是不算犯罪记录，不利于树立刑法的特别威慑作用①。二是附条件的刑罚执行制，即缓刑考验期届满，免除原判刑罚的执行，但并不因此而消灭定罪，仍然算做犯罪记录。如前联邦德国刑法典第 56 条 G“刑之免除”规定：“缓刑未经法院撤销者，于考验期间经过后，免除其刑”，但定罪和判处刑罚仍须登记在被告人的刑事档案上。由此可见，缓刑结束的效力，一种既及于罪质也及于罪责，导致罪与刑的同时消灭；另一种仅仅及于罪责而不涉及罪质，引起刑的免除。

在我国刑法理论界，关于缓刑考验期届满，刑罚就不再执行的问题也存在着争论。肯定者认为，不再执行原判刑罚，也就是执行完毕，是一种特殊形式的执行。缓刑只不过是刑罚执行方式的变更，即对缓刑犯不采取收监执行的方式，而是采取不予关押、由公安机关予以考察的方式执行刑罚，因此，缓刑考验期满不是原判刑罚的免予执行，而应该为原判刑罚的执行完毕。否定

---

① 见李贵方著：《自由刑比较研究》，吉林人民出版社 1992 年版，第 296 页。

者认为，不再执行，就等于没有执行，更不存在执行完结的问题[①]。肯定者与否定者的论述各有千秋，但是两者的争论都沉湎于对词义的分解与组合所传达出来的含义，而忽视了我国刑法第76条所规定的缓刑制度的本体以及有关的司法解释精神。我国的缓刑制度是采取的执行犹豫主义，这与世界上大多数国家的缓刑立法是一致的，因此，根据我国刑法的规定以及相关的司法解释，我国的缓刑制度中的“不再执行原判刑罚”可作如下理解：(1)在缓刑考验期内是有条件地不执行原判刑罚，即原判处的主刑暂缓执行，没有剥夺犯罪分子的自由。缓刑不是刑罚执行方式及场所的变更，它既不是由监内执行改为监外执行，也不是以较轻刑种替代较重刑种。缓刑考验是刑罚犹豫执行时期，不是免除刑罚，在考验期内仍然保持着执行原判刑罚的可能性，一旦撤销缓刑，缓刑期间不能折抵刑期。(2)缓刑考验期内如果没有再犯新罪或者发现判决宣告以前还有其他罪没有判决的，缓刑期届满后的法律性质是原判刑罚不再执行，即免除原判刑罚的执行，但定罪与判刑的客观事实依然存在，因此，原判的刑罚就不再执行，仅意味着刑罚执行权的消灭，它是我国现行刑事立法当中着眼于一般预防的重要表现。

二、缓刑的撤销

霍默·福克斯曾描述到：缓刑为人们提供了一种崭新的矫正形式，它没有高墙，也很少有高压管制，缓刑一直被认为是社会拥有的代替监禁刑的最好方法[②]。但是，基于一定的原因，缓刑可以被撤销，这是世界所有国家缓刑立法的共同规定。那么基于什么样的原因，缓刑才可以被撤销呢？根据世界各国的刑事立法

---

① 转引自喻伟主编：《刑法学专题研究》，武汉大学出版社1992年版，第398页。

② 转引自[美]克莱门斯·巴特勒斯著：《矫正导论》，中国人民公安大学出版社1991年版，第114页。

规定，大致可以作如下分类：

(一)因犯新罪而被撤销

因犯新罪而被撤销缓刑，这是不同国家刑事立法的共同规定。一般来说，由于各国文化、历史、社会政策的背景不同，因新罪而被撤销缓刑的具体规定也不一致。

1. 新罪必须发生在缓刑考验期内，这是大多数国家的要求，但也有少数国家例外。如芬兰刑法典规定，在缓刑考验期满后1年内再犯罪的，仍可作为撤销缓刑的条件；波兰刑法典规定，缓刑考验期满后6个月内再犯罪的，视为撤销缓刑的有效条件。

2. 对于新罪内容的要求，主要有以下几点：其一，只要缓刑者再犯新罪，无论新罪是故意罪还是过失罪，是同种罪还是异种罪，都一律撤销缓刑，执行原判刑罚。我国刑法即是此种规定。其二，如果新罪是重罪，则一定撤销缓刑；若是轻微犯罪，则不一定撤销。例如英国和希腊规定，新罪必须是可处监禁之罪，否则不予撤销。在英国的判例中，还有如果新罪被处绝对或相对免责等，不撤销缓刑；即使新罪为可处监禁之罪，但已被治安法院通过简易审判定罪，也不撤销缓刑的先例。再如韩国刑法规定，只有新罪是被再处监禁时，才撤销缓刑。其三，新罪必须是同种罪，才撤销缓刑；非同种之新罪，由法院裁量撤销缓刑。例如意大利刑法典第168条的规定即如此。其四，新罪只有是故意犯罪才必须撤销缓刑，过失犯罪不撤销缓刑。如德国、瑞士、保加利亚等国的规定。美国的一些州规定，只有故意犯罪才撤销缓刑，过失犯罪不撤销；另一些州则规定较严，只要被告受到控告，即使未起诉和定罪，也可撤销缓刑；还有一些州规定必须定罪后才可撤销缓刑。其五，新罪仅仅是可以撤销缓刑的条件，并非必要条件，须由法官裁量。比如挪威和瑞典规定，在缓刑期内再犯新罪时，撤销缓刑不是必须的，由法官进行裁量。其六，有些国家刑法规定，在缓刑考验期内又发现漏罪的，也撤销缓刑，例如罗马尼亚的刑法和我国刑法第77条的规定即如此。但也有些国家认为，漏罪不应该成为撤销缓刑的条件，因为它是在缓刑适用前犯下的罪，英国判例就是如此。

(二)因违反应遵守事项和应履行义务而撤销

缓刑犯在缓刑考验期内应履行一定的义务和必须遵守一些事项，这是大多数国家的规定，因此，对于缓刑犯在考验期内违反应遵守事项和应履行义务，则可能导致缓刑的撤销。一般来说，这种撤销都是裁量撤销，不是必须撤销，取决于违反事项的内容或不履行义务的内容、违反的程度、被告人的主观心理态度等。总的来说，只有违反的程度十分严重或不履行的义务十分重要时，诸如违反法院命令，不缴纳罚金，不赔偿被害人损失等，才撤销缓刑。大多数国家的立法对裁量撤销缓刑都采取概括式立法方法，以便于法官能根据案件的实际情况做出尽可能客观、公正的裁决。但也有一些国家对裁量撤销的条件采取列举式的立法方法。例如日本刑法第 26 条第 2 项和第 3 项规定，裁量性撤销的要件包括：(1)缓刑期间内又犯罪而被判处罚金；(2)被付诸保护观察而不遵守应遵守的事项，其情节严重时；(3)发觉在宣告缓刑前曾因其他罪被判处监禁以上之刑，并经宣告缓刑时；(4)两种以上缓期执行纠合在一起时，如果涉及其中之一的缓期执行的宣告被取消，则其他缓期执行的宣告也被撤销①。我国刑法第 77 条第 2 款规定："被宣告缓刑的犯罪分子，在缓刑考验期限内，违反法律、行政法规或者国务院公安部门有关缓刑的监督管理规定，情节严重的，应当撤销缓刑，执行原判刑罚。"

从一般思维逻辑上讲，当缓刑被撤销以后，就要执行原判刑罚，这是缓刑犯在考验期内再犯新罪或违反遵守条件时的处理方式。但这并非唯一的处理方式，在世界各国的缓刑实践中，还存在着许多其他方式：其一，不撤销缓刑，但延长考验期，再给罪犯一次宽大与改过的机会。这种处理方式一般适用于轻罪或轻刑。例如英国的判例确定，允许延长罪犯考验期，从改变之日起

---

① 见[日]木村龟二主编：《刑法学词典》，上海翻译出版公司 1991 年版，第 452 页。

计算，但不能超过原判刑期2年以上。其二，对新罪再处缓刑，同原缓刑连续计算，包括把两个监禁刑期和缓刑考验期分别相加。其三，重新制定或修改应遵守事项，针对罪犯的特性，规范其行为，促其改过自新，这种处理方式一般适用于违反遵守事项或轻微犯罪的情况。其四，维持原判缓刑，这主要是基于新罪十分轻微或者可以适用某种公共服务命令等就可处理时，维持原缓刑。这种处理方式主要见于英美等国的缓刑判例。此外，如果缓刑犯在考验期内已经履行了一些其他义务，可酌情在刑期中扣除，这是挪威刑法的规定。

因犯新罪而被撤销缓刑，就需要对新罪做出判决。根据我国刑法规定，被宣告缓刑的犯罪分子，在缓刑考验期内再犯新罪，就应当撤销缓刑，把前罪和后罪所判处的刑罚，依照刑法第69条的规定，决定执行的刑罚。即使是在缓刑考验期满后，才被发现该罪犯在缓刑考验期限内所犯的新罪，如未超过追诉时效期限的，也应当按照刑法第77条的有关规定执行。缓刑犯因再犯新罪撤销缓刑的应由审判新罪的人民法院在审判新罪时，对前罪宣告的缓刑予以撤销。如果原来是上级法院宣告缓刑的，审判新罪的下级法院也可以撤销原判宣告的缓刑，并将前罪和后罪所判处的刑罚，依照刑法第69条的规定，决定执行的刑罚；但是，不能改变原判刑罚，也不能撤销原判决①。在缓刑考验期内，发现被宣告缓刑的犯罪分子，在缓刑宣告以前还有其他罪没有判决的，应当参照我国刑法第77条的规定，并依照刑法第70条的规定，对漏罪定罪判刑，再对前罪与漏罪实行数罪并罚，决定执行的刑罚。如果必须判处实刑，则应撤销对前罪所宣告的缓刑，已经执行的缓刑考验期，不予折抵刑期，但是，判决执行以前先行羁押的日期应当予以折抵刑期；如果仍然符合缓刑条件，仍然可以宣告缓刑，已经执行的缓刑考验期，应当计算在新决定的缓刑

① 见《中华人民共和国最高人民法院公报》，1985年第3号第24页。

考验期内。此外，缓刑的撤销，不影响附加刑，即缓刑的效力不及于附加刑，被宣告缓刑的犯罪分子，如果被判处附加刑的，附加刑仍须执行。

三、完善立法之建议

可以说，缓刑是目前世界上最受欢迎的刑事制度之一，不仅体现了新的刑法思想诸如刑罚人道化、缓和化、合理化的要求，而且在实际上减少了短期自由刑的监禁率，降低了狱内交叉感染的副效应，使更多的被处监禁者保持正常的工作及家庭联系，避免了重返社会的困难，产生了巨大的实际效益。然而，缓刑本身并非尽善尽美，完美无缺，加之本世纪兴起的刑法改革潮流所带来的各种观念上的冲击，缓刑也遭到了各种责难。事实上，犯罪率是一个涉及到整个社会方方面面的问题，仅靠缓刑也是无力解决的。正因为如此，缓刑并不奢望凭其解决所有犯罪的矫正问题，而是在各种批评与责难之中一步一步地走向完善。具体到我国的缓刑制度，总体上来说，是比较成功的，但是仍然存在着许多有待完善的地方。

(一)缓刑考察机构

关于缓刑考察机构，根据我国刑法第76条规定，主要是由公安机关负责考察，犯罪人所在的单位或基层组织予以配合。具体而言，如果被缓刑人是国家职工，由其所在的机关、团体、企事业单位配合公安机关进行考察；如果是散居在农村的社员，由乡(镇)配合公安机关进行考察，如果是散居在城市的，则其由所在的街道、居委会组织配合公安机关进行考察。实践证明，由犯罪人所在的单位或基层组织配合公安机关进行缓刑考察，便于对缓刑犯进行经常性的教育和有效的检查考核，是较为成功的办法。对缓刑犯的考察是一项费时费力的艰巨工作，仅靠公安机关进行考察是难以获得应有的效果的。特别是由于农村经济的发展，农村各种改革措施的逐步实施，以家庭为单位参与各种农村活动成为目前农村社员活动的主要形式，各个家庭具有相对的独立性，在生产、经营上相互之间很少发生联系。同时农村的各级组织也由于农村改革而处于一种较为松散的状态，因此，对于被判缓刑的农民来说，由于公安机关本身所承担的社会职能较多，在有些情况下，对其考察基本上处于名存实亡的状态。再者，由于大量的农村人口拥入城市，以及城市人口之间的大量流动，流动人员的管理还没有走上规范化道路，流动人口的犯罪已成为城市发展过程中的一个较为突出的问题，对于被判处缓刑的流动人口的考察工作，交由其暂住地所在辖区的公安机关来进行考察，无疑是勉为其难。因此，应该成立专门缓刑机构。其具体构成可以考虑由公安机关牵头，包括缓刑人单位、缓刑人家庭以及社会志愿者在内的模式，前者人员是固定在编的，后三者则是不固定的，这样能收到较好的效果。

(二)缓刑考察人

缓刑考察人的产生应当采取国家指派或者社会自愿者要求相结合的原则。缓刑考察人的职责包括：(1)负责自己承接的缓刑工作和其他一些行政管理工作；(2)监督缓刑犯；(3)向法院报告工作情况等。同时缓刑考察人应享有一定的权利，包括：(1)劳动报酬权。对缓刑犯进行考察是一项艰苦细致的工作，因此，缓刑考察人应当获得报酬，这不仅能增强缓刑考察人的责任感，而且能使他们有时间和精力投身于对缓刑犯的教育挽救工作。在国外，缓刑官的薪金都是立法规定的，而且相当高。本世纪 60 年代至 70 年代以来，西方国家开始的缓刑改革的措施之一，就是给缓刑官以缓刑津贴。1979 年，美国伊利诺斯州还颁布了缓刑津贴法，该法规定了缓刑官培训和缓刑工作的最低标准，参加津贴方案的各县可按每个缓刑官每月 400 美元的标准，得到津贴。因此，我们应该消除各种陈观旧念，建立缓刑考察人报酬制度。(2)建议权。缓刑考察人对在考察期间努力改造，确有悔改或者立功表现的缓刑犯，有权提请人民法院予以减刑，人民法院对考察人的意见，应当予以考虑；对在考察期间不服管教，继续进行违纪违法犯罪活动的缓刑犯，考察人有权建议法院追究其责任，直至撤销缓刑交付执行原判刑罚。(3)教育权。缓刑考察人有权采取适当的方法和措施，对缓刑犯进行必要的教育。

(三)考察的内容

我国刑法第75条规定了对缓刑犯进行考察的内容，但规定得比较简单和原则，因此，必须立法明确缓刑考察的内容。根据我国的实际情况，缓刑考察的内容应包括缓刑犯应当履行的义务和必须遵守的事项两部分：(1)必须切实履行缓刑判决中附带民事诉讼部分所确定的损害赔偿义务；(2)必须缴纳法院判决中所确定的罚金数额；(3)必须服从缓刑考察机关和缓刑考察人员的教育和指导；(4)不准对检举人进行打击报复；(5)严格遵守请假、迁居制度；(6)不得与可能导致犯罪的人联系接近；(7)禁止参加各种影响改造的活动和进入某些场所；(8)必须定期或者不定期地向缓刑考察人及人民法院报告自己的生活状况及改造情况。此外，人民法院还可以针对犯罪分子的个人情况，指定不同的遵守事项或义务，例如对酗酒犯罪者，责令其戒掉酗酒恶习；对交通肇事的，可要求其严守交通规则，或提请交通部门，吊销其驾驶执照等。

缓刑考察毕竟不同于自由刑的执行，它既不能限制其人身自由，更不能剥夺其人身自由。因此，在强调严格要求的同时，必须保证缓刑犯依法享有的各项权利。就我国目前的实际情况来看，缓刑犯依法享有的权利，主要涉及两类：一是缓刑犯的职务及工作待遇问题；二是能否享有某些民事权利。关于缓刑犯的职务及工作待遇问题，包括以下情况：(1)共产党员犯罪被判处缓刑的，如不附加剥夺政治权利，有关党组织根据其犯罪情节和一贯表现，可以开除党籍，也可以不开除党籍，但必须给予一定的党纪处分。(2)国家机关工作人员被判处缓刑的，如果原先担任领导职务，其职务自然撤销；一般国家工作人员被判处缓刑的，是否给予行政处分，由单位根据具体情况而定。(3)国家机关工作人员被判处缓刑的，如果不能留机关工作的，缓刑期间一般不分配工作；仍留机关工作的，应适当分配工作，并根据实际情况，其所在单位可以降低原工资待遇，不定工资级别。缓刑期满后，对表现好的，可由其直属的上级机关或主管机关批准，正式分配工作，重新调定工资级别；对表现较差的，可不继续留用，也不必办理开除处分手续。(4)企事业职工被判处缓刑的，如果没有被剥夺政治权利，仍留原单位工作的，可降低其工资待遇，也可不降低；如果参加劳动的，应该享受"同工同酬"的待遇，对于表现好的，可以与其他职工一样享有各种奖励和福利待遇，甚至也可以被选举为先进工作者、劳动模范、获得荣誉称号等。同时在休假、劳动保护、离退休方面，也应该与一般职工一视同仁。(5)根据最高人民法院及国家劳动总局1978年6月6日《关于判处有期徒刑缓刑仍留原单位工作的被告人在缓刑期间是否计算工龄问题的批复》的规定，被判处缓刑的职工，在缓刑期间，可以享受连续计算工龄的权利。关于缓刑犯的民事权利问题，包括两点：(1)缓刑犯在缓刑期间享有婚姻自由权；(2)当缓刑犯的合法权益受到不法侵犯时有权向人民法院提起民事诉讼。此外，缓刑犯还应当享有控告权、检举揭发权和申诉权。

第三节　对犯罪军人战时缓刑的执行

对犯罪军人的战时缓刑，又称为特殊缓刑制度，始见于我国的《惩治军人违反职责罪暂行条例》第22条，已被我国1997年刑法第449条所采纳，从而正式成为我国的一项刑法制度。由于它适用于特殊主体和特定时间，所以被称为一种特殊缓刑制度。

一、战时缓刑的考察

由于战时缓刑制度本身的特殊性，所以战时缓刑的考察也具有特殊性，这种特殊性是相对于我国刑法中的缓刑考察而言的。战时缓刑制度的核心，在于对被判处缓刑的犯罪军人允许其戴罪立功；如果被判刑的犯罪军人确有立功表现时，可以撤销原判刑罚，不以犯罪论处，即罪刑全部消灭。因此，战时缓刑的考察必须围绕其核心来进行。由于我国刑法第 449 条没有规定考察的内容、方法以及被考察者在考验期间的待遇等问题，所以根据普通法和特别法的关系，对此应适用我国刑法的有关规定及我军的司法惯例。

一般地，被宣告缓刑的犯罪军人，是犯有应当判处 3 年以下有期徒刑的罪人。在缓刑考验期内不能放任自流，也不能使其完全失去自由，为了有效地促使战时宣告缓刑的犯罪军人，在缓刑考验期内接受改造教育，悔过自新，军事司法机关可以将被宣告缓刑的犯罪军人交原单位或者基层连队予以考验，并且应当将被宣告缓刑的犯罪军人的犯罪事实以及宣告缓刑的考验期限向基层单位介绍，由原单位或者基层连队的思想工作骨干对其进行监督改造。同时，原单位或者基层连队应积极组织帮教活动，为犯罪军人创造和提供必要的立功机会，因势利导促进其将功赎罪，化消极因素为积极因素，为战争服务，实现战时缓刑的旨意。

根据有关法律规定和军队司法实践，被宣告缓刑的犯罪军人在缓刑考验期内应遵守下列事项：(1)遵守国家法律法规以及军队的司法机关的决定和军队的纪律；(2)接受军队基层单位帮教小组的监督教育；(3)认真学习马列主义、毛泽东思想，提高思想觉悟；(4)认真学习军事、政治、科学、文化、技术知识；(5)积极参加战时救灾抢险、支援地方建设和拥政爱民活动；(6)团结互助，尊敬上级，爱护士兵；(7)爱护武器装备和军队战时公共财产；(8)保守国家和军事机密；(9)勇于同坏人坏事作斗争；(10)作战勇敢，敢于冲锋陷阵，不怕牺牲；(11)定期或不定期地向考察机关或上级领导汇报自己的思想改造状况和个人生活情况，等等。

由于战时缓刑的考察工作是处于战时状态，部队担负着重要的军事任务，随时都可能有军事行动，因此，担负考察工作的基层单位的任务是相当艰巨和重要的，必须认真进行考察，防止缓刑犯重新犯罪，从而影响军事行动的进行和军事任务的完成，给部队带来损失。但是，另一方面，被宣告缓刑的犯罪军人毕竟不是被执行各种监禁刑，因此，必须保证其依法享有的正当权益，比如依法享受部队津贴的权利等，一般应由有权任免的行政首长根据具体情况，决定是否降低其职务、级别(军衔)，并分配适当的工作，依其新确定的职级(衔)领取薪金。因其享有军籍，应佩戴新确定的肩章符号(军衔)，便于战时履行任务。

二、战时缓刑考验期后的处理

战时缓刑只是暂缓执行原判刑罚的临时性措施，对战时缓刑犯应依其在战时考验期内的表现，决定对其的最终处理。也就是说，被宣告缓刑的犯罪军人在考验期限内是确有立功表现，还是表现一般，抑或是再犯新罪，其所导致的法律后果是不一样的。

1. 如果被宣告缓刑的犯罪军人在战时缓刑考验期内，确有立功表现时，则原判刑罚被撤销，不以犯罪论处。战时缓刑犯的立功表现应该是经过部队官兵评议属实的。首先应该由部队团或相当团以上单位根据战时所担负的任务严格掌握，查清事实，报有关军事法院裁决。为了鼓舞士气，对确有立功表现者，不论部队处在什么样的状态下，军事法院都应当根据所申报的材料，认真审核，对符合条件的，裁决撤销原判刑罚。原判刑罚一旦被撤销，则消灭罪和刑之事实，意味着该军人没有犯罪前科，没有受过刑事处分，和没有判刑的军人一样。如何来认定“确有立功表现”呢？一般来说，立功表现是指战时缓刑犯在考验期内具有的足以立功受奖的行为。它既不是指缓刑犯立功的主观愿望，也不是指缓刑犯立了几等功，而是指其主观上立功愿望的客观表现。根据人民解放军的有关规定，战时立功表现包括：第一，执行党的路线、方针、政策表现突出的；第二，执行和维护国家的宪法、法律、法令和军队纪律成绩显著的；第三，在作战中坚决执行命令，英勇顽强，机智灵活，主动协同，积极歼敌，以较小的代价获得较大的胜利，完成各项战斗任务成绩显著的；第四，保卫边防、海防、领空，完成教育训练、科研、施工、生产等任务成绩显著的；第五，学习马列主义、毛泽东思想，学习军事、政治、科学、文化、业务和技术成绩优异的；第六，抢险救灾，支援地方建设，拥政爱民成绩显著的；第七，团结互助，尊干爱民成绩显著的；第八，爱护武器装备和公共财产，厉行节约成绩显著的；第九，预防和避免事故成绩显著；第十，保守国家和军事机密成绩显著的；第十一，发明创造、技术革新和提出合理化建议，对国家和军队建设有贡献的；第十二，同坏人坏事做斗争表现突出的；第十三，其他方面有显著成绩的，等等。

2. 如果被宣告缓刑的犯罪军人在战时缓刑考验期内又犯新罪时，则撤销原判缓刑，把新罪和旧罪进行数罪并罚，并且按照“战时从严”的原则，从重处罚。

3. 如果被宣告缓刑的犯罪军人在战时缓刑考验期内既无立功表现，又未重新犯罪，战时缓刑考验期届满时，应当根据缓刑考验期满和战时状态结束的时间区别处理。如战时状态结束前，缓刑考验期满的，应根据刑法第 76 条的规定，不再执行原判刑罚。如果缓刑考验期满前，战时状态结束的，应当继续考验至缓刑考验期满。

由于军队是执行政治任务的武装集团，机动快，流动大，在特殊情况下，为了便于及时对有立功表现的战时缓刑犯撤销原判刑罚，对重新犯罪的战时缓刑犯撤销原判缓刑，当部队建制序列变动时，应由新的有关军事法院办理，或者就近由非同一建制序列但与原审军事法院级别相当的军事法院负责办理。我们知道，对犯罪军人宣告缓刑的判决裁定是由军事法院依法作出的，那么对战时确有立功表现的犯罪军人，撤销原判刑罚也只能由军事法院依法审查作出。鉴于战争这种特殊环境，从目前我军的建制来看，军队司法机关是不可能随同作战部队一起前进的，因此，对那些被宣告缓刑且有立功表现的犯罪军人，原判刑罚的撤销，既要考虑到能及时地鼓励罪犯杀敌立功，又要符合法律的要求。对此，可由执行缓刑考验的单位(团以上单位)及时将有关确有立功表现的材料报战区军事法院或有管辖权的军事法院审查。军事法院在接到这些材料以后，要立即审查，对符合撤销原判刑罚的，应即时依法作出裁决，并通知犯罪军人所在的单位。

三、战时缓刑执行中的几个问题

一是对在和平时期违反军人职责被判处宣告缓刑的犯罪军人，在缓刑考验期内发生了战争，该犯罪军人在缓刑考验期限届满前，确有立功表现的，能否适用战时缓刑？从我国战时缓刑的立法精神来看，回答应该是肯定的。因为战时缓刑制度的一个重要特征就是适用于特定时间(战时)。根据刑法第449条规定的文字来理解，应该包括在和平时期因违反军人职责被判缓刑的犯罪军人，在缓刑考验期内发生了战争，也包括战时构成违反军人职责罪被判宣告缓刑的犯罪军人。

二是对被判处拘役宣告缓刑的犯罪军人，能否按战时缓刑制度来执行？我国刑法第十章军人违反职责罪共有12个条文规定了拘役，但在只有战时才构成犯罪的条款中，仅仅个别条款规定拘役。由此可见，拘役只适用于平时构成的较轻罪行的军职罪犯。另一方面，从军队审判实践来看，由于在军内执行拘役这一刑种不便之处甚多，所以被判处拘役的犯罪军人实际上只是极个别的，因此，立法是符合我国司法工作实际的。

三是对被判战时宣告缓刑的犯罪军人在缓刑考验期内是否需剥夺其军衔？根据1955年2月8日全国人大常委会第6次会议通过的《中国人民解放军军官服役条例》第22条规定："军衔是

军官终身的光荣称号，非因犯罪经法院判决，不得剥夺。”1957年拟定的《中华人民共和国军事刑法》(草案)第5条规定：“军人犯罪，除适用刑法规定的刑罚外，还可以适用开除军籍和剥夺军衔作为附加刑。”显然，剥夺军衔在我军历史上曾被军事法院判案时作为附加刑加以使用过。例如当时军事法院对军人犯叛国罪和反革命罪的，犯一般刑事罪依法应该判处死刑、无期徒刑和3年以上有期徒刑的，开除军籍的，在对犯罪分子判刑的同时，判决剥夺其军衔。而军人犯一般刑事罪，经军事法院判决刑罚较轻宣告缓刑而未被剥夺政治权利的，均不剥夺其军衔。根据七届人大常委会第2次会议通过的《中国人民解放军军官军衔条例》第27条第1款规定：“军官犯罪，被依法判处剥夺政治权利或者3年以上有期徒刑的，由法院判决剥夺其军衔。”至此，我们知道，对被判处战时宣告缓刑的犯罪军人不适用剥夺其军衔，这不仅符合我国军队司法的惯例，也有利于对犯罪军人的教育和改造。

第十六章 减　　刑

第一节 减刑概述

一、减刑的概念

刑罚执行过程中，司法机关可以依法对服刑人通过变更原判刑罚，减轻其刑。在现行刑法和司法解释中，关系到这个问题的有下列规定：

"死缓"刑的变更。"判处死刑缓期执行的，在死刑缓期执行期间，如果没有故意犯罪，2 年期满以后，减为无期徒刑；如果确有重大立功表现，2 年期满以后，减为 15 年以上 20 年以下有期徒刑"(《刑法》第 50 条)。

四种主刑的变更(不含"死缓")。根据刑法第 78 条第 1 款的规定，被判处管制、拘役、有期徒刑、无期徒刑的犯罪分子，在执行期间，如果认真遵守监规，接受教育改造，确有悔改表现的，或者有立功表现的，可以减刑；有重大立功表现的，应当减刑。"①

---

① 见 1997 年 10 月 29 日最高人民法院《关于办理减刑、假释案件具体应用法律若干问题的规定》第 1 条规定。

主刑减刑时附加刑的变更。(1)“在死刑缓期执行减为有期徒刑或者无期徒刑减为有期徒刑的时候，应当把附加剥夺政治权利的期限改为3年以上10年以下”(刑法第57条第2款)。(2)有期徒刑减刑时，附加剥夺政治权利可以酌减[①]。(3)判处管制附加剥夺政治权利的，剥夺政治权利的期限与管制的期限相等，同时执行”(刑法第55条第2款)。

特赦减、免(刑法第61、62条提到的赦免)。

上列各类刑罚执行的变更，从法律效果上看，都是减轻原判刑罚(含特赦减、免)。而且，除四种主刑是法定制度化的减刑外，其他各减轻原判刑罚的情形，在司法解释规范性文献里，在刑事法的理论阐释上，在司法实际工作中，都被视为减刑或者使用减、免用语，例如，最高人民法院1962年11月3日在《关于“改判”与“减刑”含义的复函》解释称，对死缓罪犯根据政策“减轻处罚为无期徒刑，或有期徒刑，应理解为减刑”；又如最高人民法院、最高人民检察院、公安部《关于死缓罪犯减刑问题的联合批复》也称减刑。在刑法学界和司法实务上，也都一致认为死缓犯的减刑，是一种法定的“特殊形式的减刑”。1994年12月9日颁行的《中华人民共和国监狱法》，死缓犯的减刑和四种主刑的减刑，都明确在第三章第四节“减刑”中予以规定。关于特赦，特赦令是对经过一定时期关押改造并确已改恶从善的犯罪分子规定的减刑或者实行释放，免除余刑的执行，这种减免以特殊形式且一般适用于特定时期和特定罪犯，但实质上也还是减轻原判刑罚。因此，可以说，刑罚执行过程中，凡依法变更原判刑罚，予以减轻的，都具有减刑的性质。

据上述，我们认为，减刑的概念，应当在定义上区分为广义与狭义：广义而言，减刑是指受刑人在刑罚执行期间，因符合法

---

① 见1997年10月29日最高人民法院《关于办理减刑、假释案件具体应用法律若干问题的规定》第4条。

定事由，而将原判刑罚予以减轻或者免除的制度。狭义而言，减刑是指对被判处管制、拘役、有期徒刑或者无期徒刑的受刑人，在刑罚执行期间，依法减轻其原判刑罚的制度。

广义的减刑概念，不但包括狭义的减刑，还涵盖了“死缓犯”的减刑、主刑减刑变更时的附加刑的减刑以及特赦减、免。广义减刑概念具有下列几个一般性特征：

1. 人民法院是实施减刑的主体。在我国刑法中，对刑罚执行期间的受刑人减轻或者免除原判刑罚，经一定程序，由人民法院审理作出，即使是特赦令的减、免，法定的执行主体是最高人民法院或者高级人民法院。也就是说，在我国，减刑的实施，是一项审判上的司法行为，它与西方国家相似赦免性质的善时制度不同，后者是由总统依行政权减、免执行中的刑罚，是司法上的行政行为。

2. 受刑人在行刑期间具有了法定事由、法律事实，才能获得减轻或者免除原判刑罚的结果。换言之，受刑人在具有了法定条件时，才能被依法减、免。前列各种刑罚变更的减、免条件由法律明定。在各项减、免条件中，受刑人的服刑表现如悔改、遵守监规、立功、改恶从善等，是最为重要的实质性的条件。

3. 刑罚的减、免，发生在有罪判决确定后的刑罚执行期间。刑罚的减、免是刑罚执行中的制度，自应发生在刑罚执行期间，因此，(1)尚未确定判决或者尚未投入执行的罪犯，不发生执行期间问题，也就不可能发生刑罚减、免问题；(2)刑罚减、免之刑是原判确定执行的宣告刑，但具体说是刑罚执行期间的服刑人未服之刑，已服之刑，已无从减、免，刑罚执行完毕，更无刑的减、免问题；(3)减、免的刑为人民法院原已确定判决之刑，所谓减、免，仅仅只是变更执行期间的原判刑罚，而不是变更原判罪与刑的效力。也就是说，一方面原判决的法律效力，不因执行刑的减、免而产生影响；另一方面，原判效力不排斥减免裁决的效力，已减免的，减去的部分，不能执行。

狭义的减刑概念，除具有上述一般性特征外，在减刑要件的含义上又有其特定性，法律明确规定：(1)服刑人确有“悔改”或“立功”表现的，方能适用减刑，又以“悔改”、“立功”、“悔改并有立功”、“重大立功”不同的表现层次作为减刑奖励程度的根据。(2)以原判刑罚是管制、拘役、有期徒刑、无期徒刑等自由刑为适用范围，其中，无期徒刑可以减为有期徒刑，有期徒刑不能减为拘役或管制，拘役不能减为管制。(3)各刑种的减轻，限定有一定的幅度。有关司法解释还具体规定了减刑的起始和间隔时间。未成年罪犯的减刑，司法解释根据从宽的政策精神，对“悔改、立功表现”、减刑的幅度、起始和间隔时间等，规定得更为具体。这些减刑要件十分明了，适用条件比较确定。

狭义的减刑，以它的法的明定性，内容的全面性，适用上的特定性和宽泛性，以及司法效力上的普遍性为特色。这种减刑是我国在总结长期以来实行减刑措施经验的基础上，建制起来的一项能行之经常，可运用有节，为新中国刑法所特有的自由刑执行的刑罚制度。本章主要对一般减刑制度展开阐述。关于死缓刑的特殊减刑已在前述生命刑的执行中进行了讨论；关于特赦减免，将在刑罚的消灭一章中予以研究。

二、我国减刑制度的初创与发展

新民主主义时期各革命根据地的人民政权，十分重视改造罪犯的工作，对监所犯人实行教育感化和奖励改恶迁善的行刑政策，制定了一系列狱政管理的法规和条例，有的法规条例明确规定了减刑措施。例如，1942 年晋察冀边区行政委员会作了监犯减刑的决定，规定凡是 1942 年 1 月 15 日以前判决确定的监犯都减轻其刑 1/2，执行徒刑剩余期限不满 1 年的一律免刑释放。1944 年又发出《司法工作应围绕大生产运动进行》的通知，通知中规定，对生产好的积极的不但可以得到物质、精神奖励，同时还可适当缩短原判刑期或提前释放。1949 年华北人民政府发布《为清理已决及未决案犯的训令》，训令中对减刑作了如下规定：对判刑无误之案犯，刑期执行满 1/3 者，得由监所呈报原判司法机关减刑，转呈行署核准执行；减刑不得超过宣告刑1/3，不得少于宣告刑1/10;减刑后，符合假释条件的，应予假释；轻微案件减刑后，有余刑期不满1年，认为无继续执行之必要者，得教育释放之。训令对能获得此项减刑的改造表现作了规定，一般内容为遵守纪律，积极劳动，努力学习，坦白认罪等。这一时期减刑措施的主要特点是：(1)实施减刑的主体是原判决法院；(2)以原判决确定的宣告刑为基准决定减刑的幅度；(3)减刑后可并用假释，或者可并用免刑性质的释放措施；(4)减刑是奖励的一种方式或手段，服刑人须具备良好的改造表现，才能受到减刑的奖励。尽管各根据地的立法在减刑的具体内容上有所差异，但一般说来这一时期的监管立法关于减刑的规定，比较充分地体现了惩罚与教育相结合、惩办与宽大相结合的政策，在司法效果上是极其良好的，而且，无论在立法还是司法上，摸索和积累了经验，它为新中国的劳动改造立法和创立减刑制度提供了前期的经过实践检验了的基础素材。

中华人民共和国成立初期，减刑已成为狱政管理的一项重要措施。但在当时还没有公布全国的规范性减刑办法，全国各地的减刑工作，分别由各大行政区加强领导和提出政策性的指导意见①。这类指导意见一方面借鉴和认可了建国前的各根据地的经验，同时，还根据服刑人的情况和针对减刑实际工作中存在的问题强调指出：(1)必须是监犯在刑罚执行期间，确有改造成绩或者立了功，才可获得减刑，要考核服刑人各种表现的真实与否；(2)审定是否减刑，要注意犯罪的性质，对反革命犯不得减刑；(3)监所无权迳予减刑，减刑材料和意见由监所报原判法院核转各该上级法院批准后执行。

在这一阶段，减刑也就成为全国有减刑权的各地人民法院审

① 参见1950年12月中南军政委员会《对本区部分监狱关于犯人减刑与假释报告的初步意见》。

判上的日常工作之一，人民法院按照中央有关指示精神和各大行政区制定的行刑政策，办理了大量的减刑案件，并且取得了极其重大的成效。

建国初期减刑的司法实际，在理论与立法实践上具有重要的现实意义和参考价值，它为草拟劳动改造条例中有关奖惩的规定和制度奠定了坚实的基础。1954 年《中华人民共和国劳动改造条例》正式公布，条例第 68 条将减刑、假释作为实施奖励制度的最高形式予以明确规定，从而，在中华人民共和国的法律中，完成了创立减刑制度的历史使命。

《劳动改造条例》颁行后，人民法院与劳改机关在工作中认真贯彻执行，对符合条例规定条件的罪犯，适时予以减刑。但是，“十年动乱”期间，法制受到破坏，对罪犯的减刑，未能正常进行，造成了应当减刑而未予减刑的问题大量存在，这不仅违反了党的政策和国家法律，而且严重影响了罪犯接受改造的积极性。为落实劳改政策，严格执行法律，1979 年 10 月 10 日最高人民法院、最高人民检察院、公安部下发了《关于死缓犯和无期徒刑犯减刑问题的联合通知》。关于无期徒刑犯，通知规定：“凡遵守法律、监规，老实劳动改造，确有悔改或者立功表现的，服刑满 2 年以后，均应酌情予以减刑。对已服刑 2 年以上不满 5 年的，可减为 13 年以上 18 年以下有期徒刑；已服刑 5 年以上不满 10 年的，可减为 10 年以上 13 年以下有期徒刑；已服刑 15 年以上，不满 20 年的，可减为 3 年以下有期徒刑；已服完 20 年以上的，可减为 1 年以下有期徒刑或释放。”对死缓刑减刑问题通知中也有相似规定。显然，这是为清理和解决历史遗留问题所作的周详规定，是具有特殊性的。一个具备条件应予减刑的罪犯，如在《联合通知》中所明示出的，有那么长的时间得不到减刑奖励，造成罪犯无所企盼，其不良后果，是不言而喻的，它势必会发生不利于罪犯改造的结果，并且会在全局上影响我们的劳改工作，教训极其深刻。《联合通知》维护了政策的一贯性和执法的严肃性，不问累积的问题有多少，也不论时间跨度的长短，对如何处置应予减刑的历史遗留问题，特殊地作出详尽规定，这充分体现了党和国家制定的改造人教育人的基本政策是坚定不移，一如既往的。在全国范围内，人民法院依照上述规定积极开展减刑工作，使一大批罪犯获得减刑，从而，大大地调动了罪犯接受教育改造的积极性，消除了这一时期减刑工作处于停滞局面所带来的负面效应。

进入 80 年代，国家的法制建设进入新的发展历史时期。1980 年 1 月 1 日生效的《刑法》、《刑事诉讼法》专门就减刑制度作了规定。至此，减刑由初始的不是十分成熟的一种奖励措施，经过数十年正反经验教训的总结和提炼，终于发展至以国家重要的基本法律形式予以定型化，终于在我国刑事法典上实现了实体和程序并重的建制任务。

1994 年《中华人民共和国监狱法》和 1997 年修订的刑法，又具体规定了应当减刑的“重大立功表现”情节，并且对审理减刑案件的程序、期限作了明确规定，从而更进一步在实体和程序上补充和完善了减刑制度。

中华人民共和国成立以来，人民法院办理了大量的减刑案件，成效卓著，但是各个历史时期法制建设的进程是逐步的，有阶段性的，立法机关不可能在一朝一夕制定出一个完善无缺的减刑的法律制度来，即使立法机关依据一定时期的实践和立法意图出台几条概括性的规定，也不能一劳永逸，而且，劳动改造工作和司法工作的实际，由于形势的发展和情况的变迁，随时都会遇到一些新的问题，发生一些适用上的操作差异。为了准确理解立法精神，正确实施法律，适时处理实际问题，及时促成执法上的协调和一致，最高人民法院、最高人民检察院和中央主管劳动改造工作的有关机关根据实践中提供的经验，积累的素材，经过研究、整理，用各种形式发布了具有全局的政策性指导意见和执法约束力的司法解释达 40 余件，它们对于正确适用减刑制度，提高减刑的办案质量，具有重要意义。

这些文献都是司法机关和有关主管机关进行调查研究，考察实际经验，通过认真审定而形成的权威性的规范性文献。由于来自实践，反映了一定阶段或期间的新情况、新问题，针对性和应用性很强，它们不仅在减刑的实际工作方面起了直接指导的重要作用，而且为不断完善减刑制度的立法和司法奠定了可行性的实践基础。其中，有些规定一直是行之有效的，是正确适用现行法建制的减刑制度的重要内容。

这些文献也为我们深入开展理论研究提供了坚实的素材。鉴于它们是在一定阶段中逐步形成的，我们在运用和研究时，有两个方面要注意到：一是文献之间进行比较，前后内容不一致时，一般应认为后期文献的效力优于前期，立法或司法解释的效力优于行政主管机关；二是不论文献何时形成，若与现施行的法律有冲突或抵触，则不论文献自何机关发布，应认为失去效力。

三、减刑的适用原则

减刑制度在现行刑事法上的规定，具有很强的概括性，而具体的各种各样的减刑案件，又有相当的复杂性，于是，适用减刑时，如何理解法条精神，如何解决好实际问题，需要依据一定的准则，这种准则就是减刑的适用原则。正确适用减刑，应当遵循下述主要原则：

(一)惩罚与教育改造相结合

我国刑罚理论认为，刑罚不仅是惩罚犯罪的武器，而且是教育改造罪犯的手段，是惩罚与教育两者的有机结合。惩罚本身意味着使犯罪分子遭受一定的痛苦和损失，让其感受到法不可违，罪不可犯，从而改恶从善，弃旧图新。没有一定的惩罚，就不能剥夺犯罪分子继续犯罪的条件。教育改造犯罪分子是无产阶级改造世界，解放全人类的伟大历史使命的一个组成部分，没有教育，就不能改造罪犯的思想，改变其好逸恶劳的恶习，而且也不可能使他们学会生产劳动技能，成为自食其力的新人。无论是刑罚的适用阶段，还是行刑过程，坚持惩罚与教育改造的有机结合，才能实现刑法的任务，达到刑罚的目的。减刑，是刑法中自由刑执行的一项奖励制度，在惩罚与教育改造的两方面，减刑的功能明显是体现教育改造面的，它能够鼓励罪犯在改造中接受教育，可以激发犯罪分子自觉改造的积极性。这就要求适用减刑，在充分发挥其教育改造效能的同时，要慎重地对待惩罚的那一面。减刑必须维护原判刑罚的稳定性和严肃性，适用减刑不能与原判刑罚相脱节。

(二)变更原判确定刑适度性原则

人民法院以事实为根据，以法律为准绳，对犯罪分子的罪行进行审判，以判决形式宣告罪犯有罪，处以刑罚，判决生效交付执行的刑，就是原判确定刑①。原判确定刑具有国家法律的权威性和稳定性，而减刑所要变更的正是原判确定刑，减刑适用不当，势必有损于国家法律的权威和稳定。应该认识到对罪犯实行减刑，是一项严肃的工作。

人民法院以裁定形式决定变更原判确定刑，裁定的法律效力与原判相同，而且，裁定不冲抵原判效力，原判不排斥裁定效力。为了使减刑裁定和确定刑的原判二者协调一致互有所补，就应当在实行减刑时，使确定刑的变更适度，即在减刑量上要有一定的限度，这就是适度性原则。

依照法律和有关司法解释的规定，可以从两个方面把握量限：一是使确定刑的实际执行量符合法定限制；一是从减刑的次数上既要注意一次的减刑量，也要限制对一个罪犯多次减刑时，每次间的间隔时间。此外，把握量限，还可以在操作上，因不同

① 确定刑，又称执行刑，与宣告刑有联系但有区别，有时宣告刑就是执行刑，数罪并罚时，要并合数罪的宣告刑，决定执行刑。故在这里称确定刑。

的犯罪，不同的罪犯，不同的改造表现而有所区别。适度变更，不仅维护了原判确定刑的权威和稳定，而且也保证了减刑制度的正确实施。

适用减刑的刑种为自由刑，有适度的可操作性。有期徒刑、拘役、管制，可以直接把握量限，无期徒刑减为有期徒刑，法律规定有最低执刑量，也是可操作的。当然，减刑后又予以假释的，在监的执刑量有可能例外地低于最低执刑量。

适度原则体现了惩办与宽大相结合的政策精神。惩办是必要的，依据原判确定刑，罪犯必须服一定期间的刑罚；但刑罚的目的在于教育改造罪犯，当罪犯以自己的良好表现接受教育，就应当在一定限度内，通过减刑裁定变更原判确定刑给以奖励，予以宽大。坚持适度，正确处理减刑的案件，有利于促进罪犯的改造。

(三)未成年犯的减刑政策从宽

未成年犯，又称少年犯，是指年满14周岁不满18周岁的人实施了法律规定的犯罪行为。在我国，70年代末期以来，由于复杂的社会因素，导致青少年犯罪越来越严重，其中未成年犯罪逐年增加，已成为严重的社会问题。未成年犯罪，有其自身的特殊性，对他们进行有效的教育改造，牵涉到犯罪少年今后几十年的发展和成长，关系到整个社会精神、物质文明的建设。党和国家一贯重视和关注未成年犯的问题，对未成年犯实行特殊的区别于成年犯的社会政策和刑事政策，并在立法、司法上和行刑过程形成了积极预防和保护，专门审理和处罚从宽，特别看管和特殊行刑方针，各项具体措施和原则等多层面的完整的法律和制度体系。

对经人民法院判决服刑的未成年犯，党和国家实行“教育、感化和挽救”的方针，对未成年犯适用减刑(含假释)的政策从宽，是实施这一方针的必然要求。政策从宽的含义是，“对未成年犯的减刑在掌握标准上可比照成年犯依法适度放宽。”①最高人民法院于1995年5月2日发布的《关于办理未成年人刑事案件适用法律的若干问题的解释》中关于未成年罪犯减刑(含假释)的解释，充分体现了从宽政策，具体有区别于成年犯的特别规定，其主要内容如下：

(1)确有悔改或者立功表现的，应当及时予以减刑；

(2)被处无期徒刑的，可以减为15年以上18年以下有期徒刑，并有立功表现的，可以减为10年以上15年以下有期徒刑；

(3)被处有期徒刑的，一般一次可减1年6个月以下有期徒刑，并有立功表现的为2年6个月以下，并有重大立功表现的，可不受上述限制；

(4)适度放宽减刑起始时间、间隔时间；

(5)关于服刑期已成年，依法留在少管所继续服刑的，仍以未成年犯执行减刑的从宽标准。

上列着重符号是笔者为表示不同于成年犯的从宽标准而附加的。

上述“从宽”原则，是在贯彻实施1979年刑法，适用减刑制度的长期审判实际摸索出的成熟经验，已上升为司法解释，具有一般适用的效力，是我们在处理未成年犯减刑案件时应当遵行的准则。其详细内容，放在后一节“减刑的条件”中比照成年犯予以具体论述。

第二节　减刑的条件

减刑的条件是指服刑罪犯在刑罚执行期间，减轻其原判刑罚

---

① 1991年10月10日和1997年10月29日的最高人民法院《关于办理减刑、假释案件具体应用法律若干问题的规定》，两次司法解释的规定相同。

须具备的法定要件。我国1979年《刑法》第71条规定："被判处管制、拘役、有期徒刑、无期徒刑的犯罪分子，在执行期间，如果确有悔改或者立功表现，可以减刑。但是经过一次或者几次减刑以后实际执行的刑期，判处管制、拘役、有期徒刑的，不能少于原判刑期的1/2；判处无期徒刑的，不能少于10年。"1997年刑法对执行期间的表现和减刑修订为"确有悔改表现的，或者有立功表现的，可以减刑"；有重大立功表现的，"应当减刑"。据此，减刑的法定要件有三：被减刑的罪犯被判处的刑罚必须是管制、拘役、有期徒刑、无期徒刑，这是前提条件；罪犯在刑罚执行过程中，确有悔改或者立功表现，或者重大立功表现，这项条件对于罪犯能否获得减刑和减刑幅度的大小具有决定性作用，称实质条件；减刑须有一定的限度。现就前两项条件及其相关问题在本节内分述。关于减刑限度在下一节减刑的具体运用中详加讨论。

一、前提条件

适用减刑的对象应当是被判处管制、拘役、有期徒刑、无期徒刑的犯罪分子。就是说，适用减刑只有刑罚种类的限制，没有犯罪性质、罪过形式和刑期长短的限制。对判处管制、拘役、有期徒刑、无期徒刑的犯罪分子，一般刑事犯可以适用减刑，危害国家安全犯也可以适用减刑；过失犯可以适用减刑，故意犯也可以适用减刑；重刑犯可以适用减刑，轻刑犯也可以适用减刑。关于适用减刑的前提条件，理论上或实践中还有如下问题比较特殊：

(一)关于死缓犯的减刑问题

判处死刑缓期执行的，在死刑缓期执行期间，如果确有悔改或立功表现，2年期满后可减为无期徒刑或者15年以上20年以下有期徒刑。有人认为这种死缓的减刑也是我国减刑制度的一部分，"把死缓的减刑排除在我国刑法减刑制度之外，实际上是把比较完整的减刑制度不妥当地割裂开来”①。另外有人则认为“死缓减刑不属于减刑的适用范围，不能把死缓减刑同减刑制度混为一谈。”②如前所述，在我国刑法上应区分狭义的减刑与广义的减刑，前者限指刑法第 78 条规定的减刑，后者则还包括死缓的减刑在内。我们认为，一方面，在本质上，死缓减刑也是一种减刑，这是没有疑义的。死缓的减刑与刑法第 78 条所规定的减刑是有着共同的基础与精神的，1997 年 10 月 29 日最高人民法院《关于办理减刑、假释具体应用法律若干问题的规定》第 9 条将死缓的减刑也作了明确规定。另一方面，死缓的减刑是一种特殊的减刑制度，它是在缓期执行期满后，或者被依法减刑，或者被依法执行死刑所必须进行的司法活动，是依照法律的特别规定按期进行的，在适用对象、适用条件、适用期限上与刑法第 78 条所规定的减刑制度有很大的差别，的确不能相提并论。正是这个原因，我们在死缓的执行中研究死缓的减刑。

（二）关于附加刑的减刑问题

我国刑法只规定对四种主刑可以减刑，而对附加刑是否也可以减刑，则未予规定。1979 年刑法颁布以来，理论界一致认为，减刑制度不适用于附加刑，但是近年来有人在这方面提出了异议。有关司法解释有新的发展，这里区分不同的情况予以探讨。

1. 罚金刑的减刑问题。罚金是人民法院判处犯罪分子向国家缴纳一定数额金钱的刑罚方法。“罚金在判决指定的期限内一次或者分期缴纳。期满不缴纳的，强制缴纳。”“如果由于遭遇不能抗拒的灾祸缴纳确实有困难的，可以酌情减少或者免除。”③对罚金刑可否减刑？有人认为，只有当犯罪人被附加判处罚金刑的情况下，才可以对所判处的罚金刑适用减刑。其理由是罚金刑属

① 见《略论减刑制度及减刑与假释的并用》，载《西北政法学院学报》1986 年第 4 期。

② 周振想著：《刑罚适用论》，法律出版社 1990 年版，第 368 页。

③ 1979 年刑法第 49 条与现行刑法第 53 条都有此规定。

于财产刑的范畴，被单独判处罚金的人，其人身并不受任何机关或个人的约束与监督，对其是否悔罪无从考察，所以犯罪人被单独判处罚金的，除在缴纳前遭遇不能抗拒的灾祸，缴纳确实有困难的，可以酌情减少或者免除以外，谈不到适用减刑制度。而附加判处罚金刑的，对其在主刑执行期间有无悔改或立功表现可以进行考察，司法机关决定对主刑适用减刑时，也可以在变更主刑的同时适当减少其罚金数额。这种观点有诸多地方值得探讨。我们认为，在罚金刑的减刑问题上，应当将由于遭遇不能抗拒的灾祸，缴纳确有困难而酌情减少或者免除罚金的情况与减刑区分开来，这是不同性质的问题。其次，决定对单独判处的罚金刑不适用减刑仅以犯罪人的悔罪表现无从考察为理由，也欠充实，如果犯罪人确有悔罪表现，并通过所在单位或基层组织得到证明了，能否适用减刑呢？我们认为，对某一刑罚能否适用减刑，前提条件是该刑罚是否存在一个持续、接连不断的过程与状态。有这么一个持续、接连不断行刑的过程与状态，为了促进犯罪人在该刑罚执行过程中的改造，才考虑适用减刑。依据目前我国罚金刑的立法规定及精神，罚金本身不存在一个持续、接连不断的行刑过程；即使附加判处罚金的，主刑有一个持续、接连不断的行刑过程，罚金刑也没有。所以在目前情况下，不存在对罚金刑适用减刑的前提条件。如果以后实行像国外某些国家那样的日付罚金制，是可以考虑根据犯罪人在行刑过程中的改造表现来决定是否适用减刑的。所以我们主张，对罚金刑，无论是单独判处还是附加判处，目前都不能适用减刑。

2. 没收财产的减刑问题。没收财产是比罚金更重的财产刑。刑法第 59 条规定："没收财产是没收犯罪分子个人所有财产的一部或者全部。""在判处没收财产的时候，不得没收属于犯罪分子家属所有或者应有的财产。"由于对犯罪人适用没收财产刑时，无论是单独判处还是附加判处，也不管是没收其财产的一部还是全部，都由人民法院（在必要时也可以会同公安机关）立即执行，不存在一个持续、接连不断的行刑过程，没有适用减刑的前提条件，所以不存在对没收财产适用减刑的问题。

3. 剥夺政治权利刑的减刑问题。刑法公布施行前，审判实践对服刑的罪犯附加剥夺政治权利刑的减刑问题，一直持肯定立场。1991 年 10 月 29 日最高人民法院《关于办理减刑、假释案件具体应用法律若干问题的规定》第 4 条规定，“在有期徒刑罪犯减刑时，对附加剥夺政治权利的刑期可以酌减，酌减后剥夺政治权利的期限，最短不得少于 1 年”，对未成年犯，“不得少于 6 个月”[①]；我国刑法第 57 条第 2 款规定：“在死刑缓期执行减为有期徒刑或者无期徒刑减为有期徒刑的时候，应当把附加剥夺政治权利的期限改为 3 年以上 10 年以下”，管制减刑时附加剥夺政治权利按刑法第 55 条第 2 款的规定处理[②]。可见剥夺政治权利作为附加刑适用时，对之是可以适用减刑的。那么当剥夺政治权利刑独立适用时，可否适用减刑？目前适用起来尚无明确的依据。我们主张在立法上或司法解释上再加以完善，规定凡剥夺政治权利都可以减刑。因为在剥夺政治权利期间，罪犯将被持续、接连不断地剥夺选举权、被选举权等各项权利。

（三）关于缓刑犯的减刑问题

对于被判处拘役或者 3 年以下有期徒刑、同时宣告缓刑的犯罪分子，在缓刑考验期间是否也可以适用减刑呢？刑法制定之前，有关的司法解释对此持否定态度：“缓刑本身不是一种刑罚，而是对被判刑人的一种考验期限；如果被判刑人在缓刑期限内，未再犯罪，缓刑期满，原判的徒刑就不再执行，所以对缓刑不发生减刑或免刑的问题。”[③]1979 年刑法制定过程中，有人提

---

① 见 1995 年 5 月 2 日最高人民法院《关于办理未成年人刑事案件适用法律的若干问题的解释》。

② 参见 1989 年 2 月 14 日最高人民法院《关于全国法院减刑、假释工作座谈会纪要》。

③ 见 1956 年 12 月 10 日司法部《关于有期徒刑缓刑是否可以减刑等问题的复函》。

出："对缓刑犯，在考验期内表现很好的，可适当缩短考验期。"但多数人认为，缓刑只不过是考察被宣告缓刑的犯罪分子犯不犯新罪，考验期未满，是否表现很好，还不能最后下结论，因此这个必要的考验期限不能缩短。最后刑法采纳了多数人的意见，未规定缓刑犯的减刑问题①。因此，在1979年刑法颁布施行后的相当一段时间里，无论在理论上还是实践中，缓刑犯都被排除在适用减刑的范围之外。随着适用减刑制度经验的积累，愈来愈多的理论工作者和司法实务人员感到，为了充分发挥减刑制度鼓励犯罪人加速改造的作用，同时也使缓刑考验期限体现出一定的层次性，将减刑适用范围扩大到缓刑犯是必要的。在此情况下，最高人民法院1985年5月9日作出的《关于缓刑考验期内表现好的罪犯可否缩减其缓刑考验期限的批复》指出："被判处拘役或者3年以下有期徒刑、宣告缓刑的犯罪分子，如果在缓刑考验期间确有突出的悔改表现或者立功表现，可以参照刑法第71条的规定，对原判刑罚予以减刑，同时相应地缩减其缓刑考验期限。"（批复中行文所指刑法为1979年刑法。）至此，减刑的适用范围扩大到了缓刑犯。1995年的一项司法解释规定，对于未成年犯的缓刑，减刑条件放宽为"认罪悔罪，并有真诚悔罪的实际行动"②。司法实践表明将减刑适用到缓刑犯，对于促进缓刑犯在考验期内遵纪守法、积极改造具有很大作用。

在适用减刑的对象问题上，中华人民共和国成立初期，有关的司法解释曾有过对反革命犯和短期徒刑犯限制适用减刑的规定③。

---

① 高铭暄著：《中华人民共和国刑法的孕育与诞生》，法律出版社1981年版，第110页。

② 见1995年5月2日最高人民法院《关于办理未成年人刑事案件适用法律的若干问题的解释》。

③ 1951年5月司法部《关于反革命犯减刑、假释、复权和上诉问题的答复》；1957年12月27日最高人民法院《关于判处短期徒刑罪犯不宜适用减刑、假释问题的批复》。

后来有关的司法解释又变更了前述规定，不再对反革命犯和短期徒刑犯限制适用减刑①。1979年刑法采纳后一意见，没有规定对反革命犯和短期徒刑犯限制适用减刑。我们认为，在当时，限制对反革命犯和短期徒刑犯适用减刑，有其合理的一面：反革命犯主观恶性较深，提前释放恐难以完成改造任务，放回社会可能存在一定的危险性；短期徒刑犯本身接受改造的日期不长，再予减刑，更无足够的时间对之进行教育改造。所以，虽然1979年刑法不限制反革命犯和短期徒刑犯适用减刑，但在决定是否适用减刑时，是严肃审慎的。现行刑法对"反革命"已修订或更名，"反革命犯"不复存在，短期徒刑犯适用减刑的问题，在刑法修订后，在近期的司法解释②中明文规定："对判处拘役或者3年以下有期徒刑，宣告缓刑的犯罪分子，一般不适用减刑，如果在缓刑考验期间有重大立功表现的，可以参照刑法第78条的规定，予以减刑，同时相应地缩减其缓刑考验期限。"②这一规定明确地体现了限制和慎用精神。

二、实质条件

犯罪分子在刑罚执行期间必须具备确有悔改或者立功表现的条件。如果犯罪分子只是符合减刑的前提条件，而在刑罚执行中没有悔改或者立功表现，仍然不能对之适用减刑，否则就违背了减刑制度的规定和适用减刑的宗旨。

1979年刑法第71条的规定，悔改或者立功表现，犯罪分子只要具备其中一项，就可以减刑。但何为悔改或者立功？未予规定。以往的司法实践中，各地执行法律宽严不一，作法也就各异，具体有如下几种做法：

1. 按照《中华人民共和国劳动改造条例》第68条规定的条件

---

① 1956年12月12日司法部《关于减刑问题的复函》。

② 1997年10月29日最高人民法院《关于办理减刑、假释案件具体应用法律若干问题的规定》第5条。

执行。第68条规定："犯人有下列情况之一，可以根据不同表现给予表扬、物质奖励、记功、减刑或者假释：(1)一贯遵守纪律、努力学习，对所犯罪过确有悔改表现的；(2)劝阻其他犯人的不法行为或者检举监内、外反革命组织活动，经查证属实的；(3)积极劳动，能完成或者超额完成任务的；(4)节约原料，爱护公共财物有特殊成绩的；(5)精研技术，有发明创造或者把自己的技术教会别人有特殊表现的；(6)消灭灾害或者重大事故避免损失的；(7)其他有利于国家人民的行为的。"由于上述规定的内容，有的属于犯罪人的悔改表现，有的则属于立功表现，实践中有时分不清悔改和立功的界限，把悔改当立功或把立功当悔改，甚至把行政奖励中的记功当立功的情况都不同程度地存在。

2. 劳动改造机关根据刑法规定，结合实际，制定了一些减刑标准。如认罪服法、服从管理；劳动态度端正，完成或超额完成任务；遵守监规，无重大违规行为；参加各项学习，成绩良好，等等。有的还规定减刑的标准为：两次被评为劳改积极分子，或3年连续被评为文明个人，或4年连续改造态度端正，无违规行为，受到全监大会表扬。

3. 对罪犯的改造实行百分考核制度。这项狱政管理措施是1985年以来由劳改单位普遍实行。1990年8月31日司法部颁发了《关于计分考核奖惩罪犯的规定》，明确规定了考核的原则和内容、组织和方法、标准和奖惩。其中与减刑有关的基本内容是，悔改与否用数据表示，"以分计奖，以分折刑"。

我们认为，前述第一、二种做法都有一定的根据，不违背减刑制度的实质及精神，但在具体应用时，什么是悔改？何为立功？界限不清楚，有待进一步完善。唯第三种做法值得具体研讨。在我们看来，减刑与百分考核，二者有联系，也有区别。百分考核所记载的数据、材料，通常是罪犯平时劳改表现的事实，如确能反映罪犯的"悔改与立功表现"，经劳改部门呈报，应成为人民法院裁定减刑的依据。但是，百分考核制只是狱政管理过程中的一种行政措施，"以分计奖"所得到的行政表扬、记功，是否达到了减刑适用中的实质性条件，需要通过审判活动重新评价。至于“以分折刑”，颇多疑义，未经审判，所折之“刑”的减刑结果已出，超越了行刑权的范畴；通过百分考核，直接“以分折刑”，它实质上是将我国的减刑制度降低为像西方国家的善时制度那样一种纯粹的狱政管理制度了，由此必然会导致重生产劳动分、轻思想改造分现象的出现。

90年代初，根据适用减刑制度的司法实践，最高审判机关总结经验与教训，对“悔改表现”和“立功表现”作出了司法解释。1991年10月10日最高人民法院《关于办理减刑、假释案件具体应用法律若干问题的规定》(下简称《规定》)规定：“同时具备下列四个方面情形的，应该认为是确有悔改表现，即：认罪服法；一贯遵守罪犯改造行为规范；积极参加政治、文化、技术学习；积极参加劳动，爱护公物，完成各项任务。”“有下列情形之一的，应当认为是确有立功表现，即：揭发、检举监内、外犯罪分子的犯罪活动，经查证属实的；制止他犯逃跑、行凶、破坏活动的；在生产、科研中有重大发明创造、技术革新的；在日常生活、生产中舍己救人的；在抢险救灾中有突出表现的；有其他有利于国家和人民利益的突出事迹的。对被劳改单位评为省级劳改积极分子的罪犯，可视为立功表现。”根据上述规定悔改表现的根本特征应当是罪犯对自己所犯罪行的深刻认识与积极改造，故是否确有悔改表现，必须同时符合前述四个方面的要求；四个方面的要求，是反映罪犯是否确已认罪和对自己进行改造的具体指标，缺乏其中任何一项都不能认为确有悔改表现。立功表现的根本特征在于具有有利于国家和人民利益的突出事迹，所以前述6个方面的内容，只要符合其中一项，即认定确有立功表现。《规定》新提出了“悔改表现突出”“重大立功”的标准，1994年12月9日颁行的《监狱法》，进一步对“重大立功表现”作了规定：“阻止他人重大犯罪活动的；检举监内外重大犯罪活动，经查证属实的；有发明创造或者重大技术革新的；在日常生产、生活中舍己救人的；在抗御自然灾害或者排除重大事故中有突出表现的；对国家和社会有其他重大贡献的。”这是列举式的，只需具备其一，即为重大立功。1997 年刑法规定的“重大立功表现”与监狱法完全相同。

监狱法与刑法规定的“重大立功表现”与《规定》中的“立功表现”内容有重复，如重大发明创造、技术革新，在日常生产、生活中舍己救人的……等。凡在监狱法、刑法中作重复规定的，已表明由司法解释的“立功表现”上升为法律规定的“重大立功表现”，也就是说有如此重复规定的，应以监狱法、刑法为根据，定为“重大立功表现”。

要注意到，未成年罪犯只要是“认罪服判，遵守教育改造规范，积极学习文化和生产技能，可以视为‘确有悔改表现’。”① 这是对未成年犯所作的特殊规定，与《规定》有很大的差别，体现了对未成年犯从宽适用减刑的政策。

监狱法、刑法和《规定》规定的减刑条件体现出两个显著的特点：一是将悔改和立功表现的内容予以规范化，具有明示性和具体性，这就为解决长期以来人民法院和劳改机关对悔改和立功、表扬与记功在认识上的不一致提供了法律依据；二是除明确解释了悔改、立功外，又提出了高于一般悔改和立功的“悔改表现突出”、“重大立功表现”。这一新的发展，为贯彻前述“适度性”原则，提供了多层的准则，它对于有针对性地确定改造表现的档次，从而适应不同的情况和要求，规范减刑的具体适用，对于直接把握减刑的幅度、间隔的期间，以及未成年犯减刑从宽等界限有重要的意义和作用。

1979 年的刑法将减刑的条件高度概括为“确有悔改和立功表现”，随着立法与司法实践的发展，继后的法律和司法解释还进一步明确规定了下列的多种层次：

---

① 见 1995 年 5 月 2 日最高人民法院《关于办理未成年人刑事案件适用法律的若干问题的解释》。

（1）确有悔改表现或者有立功表现；

（2）确有悔改并有立功表现；

（3）确有悔改并有重大立功表现；

（4）悔改表现突出或者有立功表现；

（5）悔改表现突出并有立功表现；

（6）立功表现；

（7）重大立功表现；

（8）认罪悔罪并有认罪悔罪的实际行动①。

以上一般是规定“可以”适用，监狱法、刑法上的“重大立功表现”，规定了“应当”，对未成年犯具备“确有悔改或立功表现”规定了“应当”，实际共10个层次。

上列层次应该说不仅是完备的，而且层次间的界限也可以界定；但是，在减刑制度的适用中，起决定作用的是悔改与立功两大基础要件，在实际工作中，行刑与审判机关对“悔改”“立功”的内涵在认识上常有不一致的理解，何谓“突出”，什么是“重大”，更是容易发生歧义的问题。

为了补救这个不足，最高人民法院根据监狱法和刑法第78条规定的精神，于1997年10月29日发布的新的司法解释②明确规定：（1）“确有悔改表现”是指同时具备以下四个方面的情形：认罪服法；认真遵守监规，接受教育改造；积极参加政治、文化、技术学习；积极参加劳动，完成生产任务。未成年罪犯能认罪服法，遵守监规，积极参加学习、劳动的，即可视为“确有悔改表现”。（2）“立功表现”是指具有下列情形之一的：检举、揭发监内外犯罪活动，或者提供重要的破案线索，经查证属实

① 见1995年5月2日最高人民法院《关于办理未成年人刑事案件适用法律的若干问题的解释》。

② 最高人民法院《关于办理减刑、假释案件具体应用法律若干问题的规定》。

的；阻止他人犯罪活动的；在生产、科研中进行技术革新，成绩突出的；在抢险救灾或者排除重大事故中表现积极的；有其他有利于国家和社会的突出事迹的。(3)“重大立功表现”是指具有下列情形之一的：阻止他人重大犯罪活动的；检举监狱内外重大犯罪活动，经查证属实的；有发明创造或者重大技术革新的；在日常生产、生活中舍已救人的；在抗御自然灾害或者排除重大事故中，有突出表现的；对国家和社会有其他重大贡献的。至此，减刑的实质条件的涵义和延伸的层次更臻缜密和确定，从而，促进了我国刑法所特有的减刑制度的完善进程。

上列新的司法解释是在新刑法颁布后制定的，在此之前的有关减刑条件的原有司法解释，不再具有法律效力，此后，在适用减刑制度时，应依新的规定办理。

这里还要探讨以下几个问题：

(1)对不断提出申诉的犯人是否适用减刑？服刑中的犯人，有的由于感到人民法院对自己罪与刑的判决公平合理，实属罪有应得，因而能积极改造，不提出申诉；有的则认为人民法院对自己的罪与刑判决有失公正，因而在刑罚执行过程中不断提出申诉，也有称之为缠诉。对坚持申诉的这些劳改犯是否可以适用减刑？理论上和实践中有否定论与肯定论之争。否定论认为，提出申诉是不认罪服法的表现，因此，凡申诉的罪犯，不管其表现如何，一律不予减刑。肯定论认为，对服刑中的罪犯是否适用减刑，关键在于罪犯有无悔改或者立功表现。坚持申诉的罪犯积极改造，具有悔改或者立功表现，照样可以适用减刑①。我们赞同肯定论的观点。对于罪犯在刑罚执行期间提出申诉或坚持申诉的，要具体情况具体分析，不能一概认为不认罪服法，从而限制对其适用减刑。除了对那种无理缠诉，并且拒不接受改造的犯人，由于其不符合悔改或者立功表现的条件，不能适用减刑外，

---

① 见康润森：《论减刑》，载《政法论坛》1987年第5期。

对于那些能接受改造，亦具有悔改或者立功表现的罪犯，不论其申诉的时间多长、申诉的次数多少，都可以适用减刑。对于申诉的罪犯来说，其申诉的原因是多种多样的，有的是由于认为自己根本无罪而申诉，有的是由于认为人民法院对自己判刑过重而申诉，还有的是由于其他原因而申诉。申诉并不意味着犯罪人不认罪服法。否定论认为坚持申诉的罪犯不适用减刑，实际上是在刑法规定的适用减刑条件之外，又人为地增加了一个“未提出申诉”的条件，这显然是与刑法、监狱法规定相违背的。同时，申诉也是宪法赋予每个公民的正当权利，即使是服刑中的罪犯，法律也应当保障他们依法申诉的权利。如果剥夺了服刑中罪犯的申诉权，不仅不利于罪犯的劳动改造，更不利于司法机关及时发现冤假错案，改进审判工作，提高审判质量。因此，实践中，司法工作人员一定要避免那种对犯人申诉一概反感的情绪，杜绝那种根据犯人是否申诉决定可否适用减刑的作法，严格依法适用减刑。

(2)对平常表现一般，而在特殊情况下表现突出，有立功表现的犯人能否减刑？一般说来，具有立功表现的犯罪人，在服刑过程中都是认罪悔罪、遵纪守法的。悔罪是立功表现的思想基础，而立功则是在悔罪思想支配下所产生的突出表现。然而，犯罪分子的情况是复杂的，有些并非就是如上所说，而是平常表现很一般，并无多少悔罪表现，学习、生产一般，甚至还有违反监规的行为，只是在某些特殊的情况下，才实施了立功的行为，具有了立功表现，有时甚至有重大立功表现，例如某劳改犯陈某，平常学习、生产不努力，与同监犯人常闹矛盾，曾为此受到过劳改工作人员的批评、教育。但在一次他犯行凶逃跑事件中，他表现非常勇敢，置生死于不顾，赤手空拳与手持凶器的劳改犯搏斗，最后配合干警制服了凶犯。对于这样的犯人应否予以减刑？我们认为，回答应当是肯定的。这样的犯人虽然平常表现一般，但在关键时候能够置生死于度外，勇敢地与监内他犯的犯罪行为作斗争，成功地避免了他犯行凶逃跑，显然属于立功表现，理应予以奖励。从刑事政策上讲，对于这样的犯罪人予以奖励，适用减刑，不但可以调动罪犯本人加速改造的积极性，而且还可以起到教育、鼓励其他犯罪人积极改造、争取立功的积极作用。

(3)对保外就医的犯罪分子能否适用减刑？根据1982年2月18日公安部《监狱、劳改队管教工作细则》第18条规定，有下列情形之一，亲属又有抚养扶助条件的，可以准许保外就医或监外执行：一是身患严重疾病，短期内有死亡危险的；二是患严重慢性疾病，长期医疗无效的；三是年龄在60岁以上，身体有病，已失去危害社会可能的；四是身体残废，失去劳动能力的。对于保外就医的犯罪分子能否适用减刑？理论界有否定说与肯定说之争。否定说认为，罪犯在"保外就医过程中，不能考察有无悔改或者立功表现，不能适用减刑。"肯定说认为，否定说的看法是不妥的，理由是：保外就医，是对某些犯罪人执行刑罚的一种特殊方式，保外就医的犯罪人，仍属服刑中的罪犯，其在保外就医期间是否具有悔改或者立功表现，是可以进行考察的。我们赞同肯定说所持观点。上述公安部《细则》第20条明确规定："保外就医和监外执行的犯人，由犯人所在地公安派出所负责监督考察。"同时根据有关立法解释，保外就医的期间，也是计入刑期的。保外就医的犯罪人，也是服刑中的罪犯，所以对在保外就医期间确有悔改或者立功表现的犯罪人不适用减刑，于法于理都是没有根据的。

第三节　减刑的具体运用

一、减刑的起始、幅度和间隔时间

在刑罚执行期间，确有悔改或者立功表现的，可以或应当减刑。但对服刑犯何时开始减刑、保持多大的减刑幅度、前后两次减刑要否有一个间隔时间、最终罪犯实际服刑的限度应为多少？这些都是审判实践中应予解决的重要问题。以下根据 1997 年 10 月 29 日最高人民法院《关于办理减刑、假释案件具体应用法律若干问题的规定》和《关于办理未成年人刑事案件适用法律的若干问题的解释》分别加以述明。

(一)减刑的起始时间

被判处刑罚的犯罪分子，在执行期间，具备减刑条件的，从何时减刑，刑法没有规定。从理论上说，为了考察犯罪人是否确有悔罪思想、悔改表现或立功表现，必须经过一定服刑期限的考验、观察；犯罪人悔改、悔罪，也需要一个转变过程，而且，罪行越严重，主观恶性越深，这个考察期限和转变过程就越长。那种一投入监狱或劳改队即马上适用减刑的作法是不可想象的。另一方面，如果刑罚执行一段时期以后，尽管犯罪人在服刑期间始终表现较好，有悔改或者立功表现，但却以观察、考验为由，对犯罪人长久拖延，不适用减刑，也会影响犯罪人改造的积极性，不利于巩固已取得的改造成果和开辟未来的改造进程。因此，确定一个恰当的对犯罪人适用减刑的起始时间，是有重要意义的。对不同刑种或刑期的犯罪人适用减刑，应掌握不同的起始时间：

1. 对于被判处无期徒刑的罪犯，如果确有悔改或者立功表现的，服刑 2 年以后，可以减刑。对于未成年犯，一般执行 1 年 6 个月以上方可减刑。无期徒刑犯在执行期间重新犯罪，被判处有期徒刑以下刑罚的，自新罪判决确定之日起一般在 2 年内不予减刑。对新罪判处无期徒刑的，减刑的起始时间要适当延长。从以往执行的情况看，服刑 2 年未满即对无期徒刑犯减刑的极少，服刑 2 年后拖延减刑的做法是存在的，有的地方对无期徒刑犯劳动改造四五年，即使有立功表现的也不予以减刑，这种做法是背离减刑制度宗旨，违反司法解释规定的，以后当照上述司法解释办理。

2. 关于有期徒刑罪犯的起始时间。被判处 5 年以上有期徒刑的罪犯，一般在执行1年半以上方可减刑；被判处不满5年有期徒刑的，可以比照上述规定的时间适当缩短。确有重大立功表现的，可以不受上述时间的限制。对未成年犯，一般执行1年以上方可减刑。从以往执行的情况来看，有的投入劳改当年即减刑，有的服刑1年以后减刑，有的要2年甚至3年或更长，做法很不统一，以后当统一起来。

3. 关于管制、拘役犯的减刑起始时间，司法解释没有规定，具体适用时可参照上述5年以下有期徒刑犯的标准适当缩减，原则上不宜低于刑法规定的本刑种的最低刑期，即拘役犯减刑，应当服刑1个月以后才考虑，管制犯减刑，应当在服刑3个月以后才考虑。因为低于这个期限，各该刑种无法发挥作用。

(二)减刑的幅度

是指对可以减刑的犯人一次减多长期限的刑罚，这是减刑制度中的又一重要问题，它直接反映减刑的公正与否。根据上述司法解释的规定，对不同的罪犯减刑幅度不一：

1. 对无期徒刑犯的减刑，如果确有悔改或者立功表现，一般可以减为18年以上20年以下有期徒刑；确有重大立功表现的，可以减为13年以上18年以下有期徒刑。这样规定，是为了使无期徒刑犯的减刑与死缓犯、有期徒刑犯的减刑相照应。对“被判处无期徒刑的未成年罪犯，在服刑期间确有悔改或者立功表现的，可以减为15年以上18年以下有期徒刑；对确有悔改并有立功表现的，可以减为10年以上15年以下有期徒刑。”

2. 对有期徒刑犯，如果确有悔改或者立功表现，一次减刑不超过1年以下有期徒刑；如果确有悔改并有立功表现，或者有重大立功表现，一次减刑不超过2年以下有期徒刑；被判10年以上有期徒刑的罪犯，如果悔改表现突出或者有立功表现，一次减刑不得超过2年有期徒刑，如果悔改表现突出并有立功表现，或者有重大立功表现，一次减刑不得超过3年有期徒刑。对“被判处有期徒刑的未成年罪犯，在服刑期间确有悔改或者立功表现的，一般一次可以减1年6个月以下有期徒刑；如果确有悔改并有立功表现，一般一次可以减2年6个月以下有期徒刑。对确有悔改并有重大立功表现的，可以不受上述减刑期限的限制。”

从以往的执行情况看，实践中是存在不足之处的。这种不足之处主要表现在不同刑种之间，有期徒刑犯的减刑幅度不如无期徒刑犯，无期徒刑犯的减刑幅度不如死缓犯。原因是对死缓犯、无期徒刑犯，可以考虑减刑的幅度大得多，适用减刑的回旋余地宽得多；而对有期徒刑犯，可以考虑的减刑幅度小得多，适用减刑的回旋余地窄得多。这样使得有些地方执行结果出现不正常现象，在同等级悔改或立功表现的情况下，死缓犯、无期徒刑犯不仅能及时地从较重刑种减为较轻刑种，并且下降的幅度也较有期徒刑犯大，这与罪刑相适应的原则及减刑制度的宗旨是背道而驰的。现在上述司法解释作了统一规定，在一定程度上为避免前述弊端的发生提供了可能。为了更好地贯彻司法解释的有关规定，使减刑期限趋于合理，达到设立减刑制度的目的，审判机关应当深刻领会影响减刑期限、幅度的因素。从原理上讲，影响减刑期限长短、减刑幅度大小的因素是多方面的，但起决定作用的应当是罪犯被处刑种以及罪犯在服刑过程中的悔改、立功表现。罪犯被处刑种，表明犯罪人需要改造的时间，悔改立功表现，反映了罪犯得到改造的程度，这两方面的因素在根本上决定了减刑的期限与幅度。此外，减刑的时间间隔、减刑后的实际服刑期限也对减刑期限、幅度有影响。

（三）减刑的间隔时间

犯罪人如果在服刑期间积极接受改造，确有悔改或立功表现，有可能在一次减刑后再次获得减刑。像这样对一名罪犯减刑两次以上的，前后减刑之间是否要有一定的时间间隔？从充分发挥减刑制度促进罪犯加速改造的作用出发，一般说来，同一罪犯前后两次减刑之间应当有一定的时间间隔，以便考察犯罪人在第一次减刑后是否又有悔改或立功表现，是否还可以受到减刑的奖励。如果短期内罪犯的刑期下降过快，甚至减至最低法定期限，就有可能使罪犯出现不再积极改造、混余刑甚至反改造的现象。这既不利于再促进罪犯的改造，也会使司法机关陷入被动局面。那么，两次以上减刑的时间间隔以多久为宜呢？根据上述司法解释的规定，被判处5年以上有期徒刑的罪犯，两次减刑之间一般应当间隔1年以上；被判处10年以上有期徒刑的罪犯，一次减2年至3年有期徒刑之后，再减刑时，其间隔时间一般不得少于2年，被判处不满5年有期徒刑的罪犯，可以比照上述规定的时间适当缩短。对有重大立功表现的，可以不受上述规定时间的限制。对未成年罪犯间隔时间相应缩短，减刑后，符合假释条件的，可予以假释。

在减刑时间间隔问题上，理论上曾有不同的看法，有人认为不宜对同一罪犯前后两次减刑之间规定一个硬性的间隔时间，只要一般掌握就可以了。理由是罪犯改造的情况复杂多样，虽然一般说来劳动改造中的罪犯在一次减刑之后需要一段时间考察才能看出其是否具有悔改或立功表现，但也并不尽然，有些罪犯在一次受到减刑奖励之后，因感谢司法机关的宽待，立刻会再次出现悔改或者立功表现①。另外有同志则主张应当规定一个统一的减刑间隔时间，5年以上有期徒刑者，间隔1年以上为宜；5年以上不满10年有期徒刑者，间隔1至2年为宜；10年以上有期徒刑者，间隔1至3年为宜；5年以下有期徒刑者，间隔1年或6个月；短期刑犯只减刑一次②。此外，还有同志主张，长期徒刑犯减刑的最低间隔时间以2年以上为宜，短期刑犯减刑的最低间隔时间以1年以上为宜。同时为了保证改造质量，可考虑建立减刑后的考核制度，以巩固改造效果。对投机钻营、伪装积极改造，获减刑后即故态复萌，屡犯监规，不再积极改造者，可延长再次减刑的间隔期限。对弄虚作假、伪造事实骗取减刑的，可撤销减刑，恢复原判刑期。对3年以下有期徒刑犯、拘役犯、管制犯，可考虑在执

---

① 参见周振想著：《刑罚适用论》，法律出版社1990年版，第372页。

② 参见《试论我国对罪犯的减刑制度》，载《法学研究》1989年第5期。

行原判刑期一半后，对确有悔改、立功表现的采取一次性提前释放①。这些理论上探讨，对于后来司法解释的完善以及问题实质的理解都是十分有益的，尤其是有关减刑后考核制度的设想，虽然司法解释没有采纳，但其探讨的方向是正确的，目前只能按司法解释办理，以后等时机成熟可以再考虑增补这些内容。

(四)减刑的最后限度

减刑是出于鼓励犯罪分子加速改造的需要而对原判刑罚予以减轻的一种制度。减得过少，不利于鼓励犯罪分子的改造；减得过多，又会妨碍原判决的严肃性与稳定性，难以做到罪刑相适应。因此，减刑除了把握适当幅度外，还必须有一个最后限度。刑法第 78 条后段规定：“减刑以后实际执行的刑期，判处管制、拘役、有期徒刑的，不能少于原判刑期的 1/2；判处无期徒刑的不能少于 10 年。”如何理解“实际执行的刑期”？理论上或实践中存在不同看法。有的认为仅指在监狱、劳改队服刑的时间；有的则认为还应当包括判决前的羁押日期②。我们倾向后一种观点，即所谓实际执行的刑期，是指判决交付执行后犯罪分子实际服刑改造的时间。如果原判是拘役或者有期徒刑，判决交付执行以前已被羁押的，则被羁押的时间应包括在实际服刑的时间内。但是，根据刑法关于无期徒刑犯实际执行的刑期不能少于 10 年的规定，应当自无期徒刑判决确定之日起计算。

为了确保减刑制度的效果，防范某些犯人减刑提前释放后仍对社会存在威胁性，有同志提出立法机关应考虑完善减刑与假释，建议提高某些罪行严重、主观恶性大的犯罪分子的最低服刑期限，即经过一次或者几次减刑以后实际执行的刑期，犯罪性质特别严重的犯罪分子、犯罪集团的首犯、主犯、累犯，判处有期徒刑的，不能少于原判刑期的 2/3；判处无期徒刑的，不能少于

① 见《对我国减刑制度的思考》，载《政治与法律》1990 年第 6 期。

② 转引自《试论我国对罪犯的减刑制度》，载《法学研究》1989 年第 5 期。

15年[1]。我们认为，这些意见的方向是正确的，值得立法机关重视。实际上，目前上述司法解释也肯定了这一精神，明确要求对罪行严重的犯罪集团的首要分子、主犯、累犯的减刑，在主要根据他们的改造表现的同时，还要考虑原判的情况，应当特别慎重，严格掌握。

二、适用减刑应注意的其他问题

为了更加准确地适用减刑制度，实践中还应注意以下几个问题：

一是关于劳改犯减刑后又改判的应如何确定执行刑期的问题。司法实际部门曾提出这样的问题：罪犯在服刑期间表现好，被裁定减刑；随后原审法院又发现原判决有错误，予以改判。这种情况下，如何确定执行刑期？根据有关司法解释[2]，原判无期徒刑的罪犯，因劳改表现好，被裁定减刑后，原审法院发现原判事实有出入，改判为有期徒刑的，应按原审法院改判刑期执行，原减刑裁定不管宣布与否，应当作废。如果认为原来劳改表现好，还需要减刑，应重新办理法律手续。对原判有期徒刑的罪犯，因劳改表现好，裁定宣布减刑后，原审法院发现原判决有错误，需要将原判较长的有期徒刑改为较短的有期徒刑时，可将本来打算改判的刑期减去已裁定宣布减刑的刑期，再确定应执行的刑期，但这种情况今后应由原审法院与劳改单位加强联系，力求避免。

以上所述劳改犯减刑后又改判的，都是属于经再审改判为较轻刑罚的情况，如果经再审改为较重刑罚，又当如何确定执行刑期呢？我们认为，仍应区别而论：如果原审法院经再审，将原判有期徒刑或无期徒刑改判为死刑（包括死缓），原减刑裁定应予

---

① 见《对我国减刑制度的思考》，载《政治与法律》1990年第6期。

② 1989年1月3日最高人民法院《关于对无期徒刑犯减刑后原审法院发现原判决确有错误予以改判原减刑裁定应否撤销问题的批复》。

作废，也不再存在执行刑期计算的问题；如果原审法院经再审，将原判有期徒刑改判为无期徒刑，原减刑裁定也应予作废，认为原劳改表现好，还需要减刑的，可以重新办理法律手续；如果原审法院经再审，将原判较轻有期徒刑改为较重有期徒刑，原减刑裁定只要依法确定，仍应当有效，所减刑期，应从改判的刑期中扣除。

二是关于对假释后的罪犯能否减刑的问题。假释是对被判处有期徒刑的犯罪分子，在执行一定刑期后附有条件地提前释放，因此，除有特殊情况，经假释的罪犯一般不得减刑，其假释考验期也不能缩短。

三是关于死缓犯减为无期徒刑后再减刑问题。死缓减为无期徒刑，其无期徒刑执行过程，仍可能再减刑，但在执行无期徒刑期间再减刑时应从严控制，在减刑幅度上适当缩短，间隔时间也应适当延长。对死缓犯经过一次或几次减刑后，实际执行的刑期不得少于 12 年(不含死刑缓期执行的 2 年)。死缓犯实际执行的刑期自死缓 2 年期满第 2 日起计算①。

四是关于未成年犯的界定问题。在司法实际工作中，什么是未成年犯，有两个问题存在着不同的理解：(1)未成年的年龄界定。有人认为未成年犯就是通常在犯罪学中提出的青少年犯中未满 16 岁的相对刑事责任年龄的少年，已满 16 周岁，完全负刑事责任，应认为是成年犯。(2)未成年是指判刑时，还是服刑时？有人认为是指判刑时，理由是，判刑时，对未成年的从宽处罚，法律有明文规定；有人认为应指服刑时，理由是，减刑体现的是行刑政策，服刑时是未成年的，才能在执行上区别于成年人，审判时为未成年，应当在裁量刑罚上获得从宽，但如果进入刑的执行已是成年人时，就不能另享有减刑上的从宽。关于前一问题的意见，以刑事责任的相对与完全与否作为界定标准，有失偏颇。

---

① 见 1997 年 10 月 29 日最高人民法院《关于办理减刑、假释案件具体应用法律若干问题的规定》。

根据刑法规定，即使完全负刑事责任，未满18周岁仍然应是从宽的年龄。关于后一问题，我们同意指的是服刑过程为未成年人这一见解，因为，判刑时是未成年，经过一定时间服刑，早已过渡为成年，对早已是成年的服刑人，放宽条件减刑，既无法律依据，也不利于其他罪犯的改造，而且已是成年，又如何再去比照成年犯进行区别呢？其实，未成年犯的界定有个过程阶段，即犯罪行为时、审判时、行刑时三阶段，犯罪时是未成年，审判时已成年，仍应按未成年犯进行审判，因为审判的犯罪是未成年时所实施的。犯罪时，审判时是未成年，行刑时已成年，就无从适用减刑上的从宽了，因为，能获得减刑的罪犯事实上已不再是未成年。

《中华人民共和国未成年人保护法》第2条明确规定已满14周岁未满18周岁为未成年人。第42条关于未成年罪犯的规定也同。根据最近的司法解释①关于“未成年人犯罪，是指已满14周岁不满18周岁的人实施了法律规定的犯罪行为。实施犯罪时的年龄，一律按照公历的年、月、日计算。从第二天起，为已满××周岁。审理未成年人刑事案件，应当把被告人犯罪时的年龄作为重要事实予以查清”的规定，明确了未成年是指犯罪行为时的年龄，也是审判时的刑事责任年龄。又根据关于“被判处有期徒刑以上的刑罚的未成年犯罪，在服刑期间已成年，但依照《中华人民共和国监狱法》第76条的规定，因余刑不满2年继续留在未成年犯管教所执行刑罚的，对其减刑、假释，仍然可以适用对未成年罪犯的从宽标准”的规定中，明示了服刑期间的从宽对象仍是未成年犯，服刑期已成年的，只有因余刑不满2年且在少管所继续服刑，才例外规定可以适用未成年的从宽标准。至此，以法律和司法解释为准，上述两个问题在法理和实践上，已经得到了解决。

五是关于适用减刑制度的法定程序问题。在以往实际的减刑

---

① 见1995年5月2日最高人民法院《关于办理未成年人刑事案件适用法律的若干问题的解释》。

工作中，对行刑中的罪犯的减刑，由谁提出，由哪一级司法机关审理，在执行中，由于某种原因，出现有不统一执法的非正常情况。为了解决这类问题，修订的刑法第79条专条规定："对于犯罪分子的减刑，由执行机关向中级以上人民法院提出减刑建议书。人民法院应当组成合议庭进行审理，对确有悔改或者立功事实的，裁定予以减刑。非经法定程序，不得减刑。"本条规定明确了：(1)减刑必须依法定的审判程序办理；(2)减刑权归属中级以上人民法院。这是完善减刑制度刑事立法的一项重大举措。

第十七章　假　　释

第一节　假释概述

一、假释的意义

减刑制度为我国刑法所特有，而在世界上，极少有国家不实行假释制度。对服刑罪犯假释放，各国规定的方法、条件、内容等不尽一致，但从其相同点来看，假释是对被判处徒刑的服刑罪犯，在执行一定时期的刑罚之后，确有悔改表现，或称有悛改实据，予以附条件提前释放出狱的一种刑罚制度。

假释又称假出狱，日本刑法还有称“假释放”和“假出场”；欧陆称“附条件之自由”或“附条件之出狱者”；英国称假释票(Ticket of Leave)之发给；学说上称“附条件释免”或“附条件之释放”；我国自《大清新刑律》(1910 年颁布)起以后的刑法典上，皆规定为假释。各国称呼不一，制度的内容也不尽相同。但现今世界各国莫不认为它是现代优良刑事政策的体现，是现代刑法的一项很重要的制度。国际刑法及监狱会议历来关注假释制度的价值和运用方法。1950 年的海牙会议，对假释制度的价值评估极高，与会者认为，假释是正常而不是例外的制度，在会议决议中明确指出假释“是刑罚执行的一部分”[①]。

假释制度的创制和发展，是刑法理论发达变迁带来的积极果实。在刑法学上，有报应主义和目的主义之争，前者主张对犯人科以刑罚，是“种恶因者使得恶果”的当然报应；后者则认为科刑本身，是达到预防犯罪的手段。如依报应论，恶因恶报，则不允许有行刑中途中断报应的释放；而依目的主义的观念，在受刑人已有悛改又不致再危害社会，目的实现，继续监禁已无必要，不妨暂予释放。在刑法理论上还有客观主义和主观主义之争，前者主张对犯人科刑的轻重，应以犯罪事实的轻重为标准；后者则认为应以犯人恶性之大小为标准。由是，假释制度在世界范围广泛实行，显然要归功于目的主义、主观主义的影响，在“报应”与“目的”、“客观”与“主观”之间持调和立场的折衷主义，也是确认这一刑罚制度的，甚至今日仍有坚持客观主义者，亦不反对假释制度。应当认为，从整体的理论看，假释制度的出现和广泛实行，确实是刑法现代化、刑法刑事政策化进化进程中的重要象征。

二、假释制度的沿革

(一)假释制度的缘起

假释发端于何时？源于何地？发起于何人？现有研究假释问题的中外刑法资料考证不一，计有以下几种说法：

1. “1820 年，英殖民地奥地利，把流亡岛上的囚徒，附条件地提前释放，乃系假释制度的滥觞”[②]。

2. “1840 年，亚历山大·麦克诺基被任命为澳大利亚诺福克监禁地区行政长官。为了改变监禁地的恶劣情况……实行……假释，允许犯人在他所愿意的任何地方生活，但他必须遵守一定的

---

① 林纪东：《刑事政策学》，台湾正中书局 1969 年版，第 248、249 页。

② 甘雨沛、何鹏：《外国刑法学》(上)，北京大学出版社 1980 年版，第 562 页。

条件"①。麦氏被人们称为"假释之父"。

3."假释制度……1829年，首行于英国流刑地之澳洲殖民地"②。

4."假释制在1790年，有菲利浦者，任澳洲新南威尔士州州长，……英国授以假释之权。……流犯……行状善良，则假释之。……此假释之发源也。"③我国台湾学者张甘妹采此说，他称"附条件赦免(Conditional pardon)"1790年始于澳洲 Naw south-wales 州长菲利浦(Conmondare Phillip)推行④。

5."最初采用假释制度的地方，要算法国的 Petite Roquette 监狱……而同时英国学者马康奴志(Maconochie)在离澳洲大陆八百海里外的劳萍岛……创立《释放票》……这便是英国释放票制的来源，也就是英国释放制度的开始时期"。"英国在1814年首先对一般囚犯实行假释制"⑤。

据上列资料，发端于1790年者，为最先之时，所称 Maconochie，按英语译名规则，应译为麦克诺基，《牛津法律大辞典》有载，全称麦克诺基·亚力山大，生于1787年，卒于1860年，他著有《对罪犯管理的思考》和《诺福克岛》(Norfolk，译为劳萍也不符译名规则)。"刑期取决于一定数量工作的完成，而不是时间；通过良好品行，可获得减刑和释放的评分"是他的主要观点，他据以推行一项人道制度，即对工作和良好品行的记分制。可以认为，他是假释的积极主张和积极实行者。但牛津辞典未记述首创

---

① [美]克莱门斯·巴特勒斯著、龙学群译：《罪犯矫正概述》，群众出版社1987年版，第132页。

② 张灏编著：《中国刑法理论及实用》，台湾三民书局1980年版，第404页。

③ 蔡墩铭：《刑法总则论文选辑》(下)，台湾五南图书出版公司1984年版，第925页。

④ 张甘妹：《刑事政策》，台湾三民书局1979年版，第179页。

⑤ 许鹏飞：《比较刑法纲要》，第224、225页。

“假释”之事实，所谓“假释之父”，显无史料可考。1790年麦氏时年3岁，与菲利浦推行假释的时间，不可能偶合。另所谓法国的Roquete最早一说，按论者笼统推为与麦氏同时，也与1790年相距甚远。1790年，菲氏依据英政府授权，于澳洲（当时为英殖民地）首推假释，系学者丁道源于《监狱学》专著和“假释制度之比较研究”专论中详考，资料新颖翔实，学者张甘妹所考也同，故应对此一说的可信度持肯定态度。

（二）假释制度的发展

1. 爱尔兰假释制度的兴起与普及。“假释”以“假释票”之雏形自英国开始，到19世纪中，由英国著名的狱制改革家、爱尔兰监狱总监委员会主席克罗夫顿①（Crofton）将“释放票”制度，大加修改，形成了一个很完备的爱尔兰假释制度。1855年，克氏实行行刑阶段制，到最后阶段，即行假释。此制以刑政实验为基础而创设，又加以在18、19世纪之间，“赏之效大于罚之效”的观念盛行，故各国先后仿行，推广之速，几乎与缓刑相等，现已弘扬普及于世界范围。大体在19世纪中、后时期，世界多数国家以单行法形式（假释法）或在刑法典中，实现了近代假释制度的建制。1928年伦敦的万国监狱会议后，假释制度便成为各国无不采用的行刑制度。

2. 西方国家假释制度的异同。假释是一种附条件的提前释放；是执行刑罚的一种方法；是引导犯人逐步回归社会正常生活的途径和措施。这几个方面是西方各国假释制度所具有的共同点。然而，鉴于各国的国情、传统法律制度和监狱组织的不同，互异的地方也不少，现分别简述其主要点：

（1）假释权归属。假释的申请，一般由管理受刑人的行刑机关提出，但由谁来核定或批准，各个国家和地区规定不同，有的规定是国家元首的职权，如英国、瑞典、芬兰等；有的归司法部

① ［英］戴维·M·沃克《牛津法律大辞典》，光明日报出版社1988年版，第229页。

核定，如德国、荷兰、意大利、我国台湾地区现行刑法；有的属内务部或行政机关的批准，如法国、日本；在英格兰和苏格兰，由以法律、行政、社会工作人员组成的假释委员会审查决定；有的经法院裁决，如我国。归纳起来，假释权归属，因法制不同，分别有国家元首或行政机关主义、特别委员主义及法院参加或依法裁定主义。

(2)假释的种类。按各国规定，假释有法定假释与裁量假释之分。法定假释，又称必要的假释，即对于已执行一定期限刑罚的罪犯应当或得交付，不需要考虑他在行刑中的表现情况而径予假释。如瑞典1943年的保护法规定：经过刑期5/6时当然交付假释；经过刑期2/3时，得交付假释。法定解释之目的，在于将假释作为一种对每个犯人都适用的定期的经常的行刑制度。裁量假释，也称任意假释或假释的个别主义，即在执行原判刑期的一定期限之后，斟酌情节而决定的附条件提前释放。

(3)假释的对象。假释制度，本来专为自由刑而设，又以补救长期自由刑的弊害为其功用，那么无期徒刑和短期自由刑是否适用？而所谓长、短期，又无明确界限，关于这些问题，各国立法上的规定，颇不一致。有的侧重刑罚方面，规定只适用于特种自由刑，如英国限于惩役刑；有的侧重犯罪方面，明确特种之犯罪不得适用假释，如意大利之渎职罪、杀伤罪；又有以受刑人为准，少年犯得适用假释，无期徒刑犯不许适用假释，如法国1885年刑法第14条规定，本法不适用无期自由刑，但英、日刑法的规定得适用之。规定不适用于短期自由刑的国家很多，少数国家也有适用的，如日本有期惩役和监禁，经过1/3的执刑期，可以假释。至于生命刑、财产刑和名誉刑，则无适用的余地。

此外，关于执行期的期间、悛改表现以及假释的撤销等项，各国也有不同的规定，这类问题可以在“我国刑法中的假释制度”节内比较阐述。

三、假释的功能

在19世纪的刑法发展上，两项刑罚制度——缓刑与假释的运用是卓有成效的，两者被誉为是近代刑法的宠儿。它们在教育、改造罪犯、预防犯罪方面发挥着积极的作用。

缓刑为补救短期自由刑而设，假释为补救长期自由刑而设，但二者均以行刑合理化及合目的化为其宗旨。而假释制度的运用，使不合目的的行刑，成为合目的行刑，蕴含着多方面的功能和作用。假释的主要功能表现在：

1. 鼓励受刑人自新。受刑人经法院确定判决后入监执行，在失去自由的服刑状态，自然会寄希望于早日获得假释。假释对于长期或无期自由刑的受刑人的激励，尤其重要。较长期徒刑的受刑人，如果自感久年无出狱的企盼，或无期徒刑的受刑人，自感终生已无出狱的期待，如此心态，极易陷于自暴自弃，丧失改过迁善、复归社会正常生活的信心，甚至在监内又发生新的犯罪。因此，如果以假释制度刺激犯人的责任心，为犯人展示出狱的前途，就能鼓励犯人走自新之路。

2. 救济长期自由刑量刑之不当。犯罪现象千姿百态，导致犯罪的主、客观因素复杂多变，可以说，素质再高的法官，不能认为他对任何案犯裁量的刑罚，从不会发生失当的问题。因此，在定期刑制度之下，利用假释制度以救济法官量刑不当，确有较大的意义，对于长期徒刑犯、无期徒刑犯更有其必要。“不当”而无救济，就很难促进受不当之刑的受刑人改过自新。

3. 作为复归社会的中介或桥梁。以假释制提前释放受刑人的最终目的是要使受刑人适应社会生活。然而受刑人因长期在监内服刑，与社会隔绝，在刑期届满时，突然放归社会，其初势必有种种不适和各项困难，如使受刑人适应，应有一个过渡措施，假释无疑具有此项功能。因为是假的释放，虽经出狱，应受假释制设定的监督措施，受到管束或考验，不再犯罪，余刑才视同执行。

假释制度的功能、作用是多层面的，其他尚有较多的内容，如假释是行刑社会化、个别化的具体体现，也是行刑教育性和经济性原则的具体反映。而能够减少有悛改行为的受刑人的刑期，使之获得实际的自由，接受考验和监督，从而逐渐得以适应社会生活，最终复归社会，是其最具优越的功能。

第二节 假释的概念及具体运用

一、假释的概念

我国刑法中的假释制度是在批判、借鉴国外假释制度规定的基础上制定的，既有世界刑法史中假释制度的共性，又具有自己的特色。我国刑法中的假释是指被判处有期徒刑或无期徒刑的犯罪分子，在刑罚执行一定时间后，如果确有悔改表现，不致再危害社会，司法机关附条件地将其提前释放的制度。我国刑法中的假释制度集中体现了我国“惩罚与教育相结合”、“惩办与宽大相结合”的刑事政策。被判有期徒刑、无期徒刑的犯罪分子，只要认罪服法，认真改造，真诚悔罪，仍然是有希望的。在改造好了，释放出狱确实不致再危害社会的基础上，司法机关可将其提前释放。在假释考验期内如果没有再犯新罪，就认为原判刑罚已经执行完毕；但如果提前释放后不思悔改，或故态萌发，在假释考验期内再犯新罪，则要撤销假释，把前罪没有执行的刑罚和后罪所判处的刑罚，依照数罪并罚的原则，进行处罚。假释制度对于鼓励犯人积极改造、争取早日出狱无疑具有十分重要的作用。实践证明正确适用假释，把那些经过一定服刑期间，确有悔改表现，没有必要继续关押改造的罪犯置于社会改造，确实有利于化消极因素为积极因素，促进犯罪人的教育与改造。

我国刑法中的假释权归属于人民法院，服刑中的罪犯是否可以获得假释，通过司法程序个别地进行审理裁决。但“附条件释放”仍然是“刑罚执行的一部分”，是既关系实体又涉及程序的行刑制度范畴。因此，讨论我国刑法中的假释制度，应当将假释和有关的制度或概念加以区别：

1. 假释与免除刑事处罚的开释。“开释”是诉讼上执行的一项特殊程序。人民法院审判刑事案件，判决对被告人有罪又宣告免除刑事处罚的，如果被告人在押，不受上诉或抗诉期间的限制，即在尚未发生法律效力时，宣判后应当当庭开释或者立即通知羁押机关马上释放，以便及时恢复其人身自由。假释与“开释”，都是释放罪犯，也都经过人民法院审理，但二者主要区别是：(1)前者针对正在服刑的受刑人，后者是审理中的有罪被告人；(2)前者附有条件，为假释放，后者不附加任何条件，是真释放。

2. 假释与刑满释放、提前释放。刑满释放是被判处有期徒刑的刑罚的罪犯，在执行期满后，依法恢复其人身自由的一项制度。在我国，被判处拘役和有期徒刑的罪犯，执行期满，必须按期予以释放。提前释放是司法实践中各地在清理监所和复查案件中遇到一些老弱残疾和原判过重的罪犯，在刑期未执行完毕之前，予以提前释放的措施。假释与刑满释放都是释放出狱，两者主要区别是：(1)前者是刑期未届满的释放，仅享有附条件的自由，后者刑已执行完毕，自释放之日，完全恢复人身自由；(2)前者须经法官裁定，后者由劳改机关发放释放证明直接释放。假释与提前释放都有提前释放的共同点，它们的主要区别是：(1)前者是法定的一项制度，后者是有针对性的临时措施；(2)前者如在考验期再犯罪，适用数罪并罚，后者出现又犯罪时，老弱犯刑期未过的，应并罚，如因原来判刑较重，或因立功表现提前释放的，应认为刑期执行期满①，又犯罪的，不发生并罚问题。

3. 假释与减刑。两者都是刑罚的执行制度，在适用条件上

---

① 见1963年12月6日最高人民法院《关于被假释或提前释放的罪犯又犯新罪如何处理的批复》。

也颇相似。主要区别是：(1)前者只适用于被处有期徒刑和无期徒刑的罪犯，后者适用面还扩展到拘役和管制犯；(2)前者执行一个判决只能适用一次假释，后者不受次数的限制；(3)前者有考验期和撤销假释的规定，后者无此限制，已减去的刑罚，不再执行。

4. 假释与缓刑。两者都是有条件的不执行原判刑罚。主要区别是：(1)前者适用于被处有期徒刑和无期徒刑的罪犯，后者适用于被处拘役和3年以下有期徒刑的罪犯；(2)前者在判决执行过程中适用，后者在判处刑罚时宣告；(3)前者是有条件不执行剩余刑期，后者是有条件不执行全部原判刑罚；(4)前者既经释放，不发生减刑，后者既可减轻原判刑罚，同时还可相应缩短考验期。

5. 假释与监外执行。两者都是有条件地不在监内执行刑罚。主要区别是：(1)前者适用于服刑期间确有悔改表现的有期徒刑和无期徒刑犯，后者适用于某些有特殊情况不宜在监内执行的罪犯；(2)前者考验期内没有再犯新罪，就认为原判刑罚已执行完毕，后者妨碍监内执行的因素消失，就应收监，执行尚未执行完毕的刑期；(3)前者假释被撤销，假释期间不折抵刑期，后者监外期间应计入原判刑期。

6. 假释与“善时制度”。“善时制度”(Good Time System)是西方国家推行的对在监行状良好的受刑人，予以缩短刑期的制度，又称善行制度。在西方国家，由实验证明其效果甚佳，世界各国相继实行。制度的种类繁杂，基本内容是按月缩短刑期，月积年累，对受刑人的鼓励极其现实，更能促进受刑人的自新过程。所以，从功能和效果上看，假释与善行制度相一致。主要区别是：(1)前者为司法裁决(在我国)行为，后者为狱政上的奖励措施；(2)在与假释有重合时，前者如发生假释撤销，假释期间不计入服刑期，后者遇有假释之撤销，因善行已缩短的刑期，不再回复执行。

二、假释的条件

对服刑的罪犯适用假释，即意味着对其解除关押、放归社会，这是对原判刑罚执行的改变，当然必须是有条件的。如果服刑的罪犯提前释放后仍危害社会，则不仅不利于鼓励罪犯加速改造，还有轻纵罪犯、破坏法制的危险，所以对哪些罪犯适用假释，怎样适用假释，法律应有明确的规定。我国刑法第81条规定："被判处有期徒刑的犯罪分子，执行原判刑期1/2以上，被判处无期徒刑的犯罪分子，实际执行10年以上，如果认真遵守监规，接受教育改造，确有悔改表现，假释后不致再危害社会的，可以假释。如果有特殊情况，经最高人民法院核准，可以不受上述执行刑期的限制。"据此，适用假释应当具备下列条件：

(一)适用对象

适用假释的对象只能是被判处有期徒刑或无期徒刑(包括由"死缓"减为无期徒刑或有期徒刑)的犯罪分子。假释由于其自身的特性，决定了它必然只能适用于被剥夺人身自由的罪犯。因为没有被剥夺自由，也就无所谓提前释放的问题。我国刑种中，管制本身并未对犯罪人予以关押，因此，被判处管制的犯罪分子缺乏适用假释的前提条件。拘役虽然也剥夺犯罪人的人身自由，但刑期较短，一般最高为6个月，数罪并罚时也不超过1年。如果犯罪人在服刑期间有悔改或者立功表现，可以适用减刑，没有必要适用假释。判处死刑立即执行的罪犯，由刑罚执行的特殊性所决定，谈不到假释的适用。判处死刑缓期2年执行的罪犯，因死缓仍属于生命刑的范畴，也不能适用假释。唯死缓犯在2年考验期满后，依法减为无期徒刑或者有期徒刑时，可按照无期徒刑或者有期徒刑适用假释的条件适用假释。此外，对判处有期徒刑、无期徒刑而保外就医或者因其他原因监外执行的犯罪分子，以及判处有期徒刑宣告缓刑的犯罪分子，由于其都未被关押，不存在放归社会的问题，都不适用假释。对被单处剥夺政治权利、罚金、没收财产等附加刑的罪犯，自无适用假释的可能。

短期徒刑犯是否适用假释？我们认为，对短期徒刑犯如符合法定条件原则上不排斥假释的适用，但鉴于我国刑法上有减刑的适用，如符合减刑的法定条件，适用减刑，合乎行刑目的，就没有适用假释的必要。

刑法第 81 条第 2 款规定："对累犯以及因杀人、爆炸、抢劫、强奸、绑架等暴力性犯罪被判处 10 年以上有期徒刑、无期徒刑的犯罪分子，不得假释。"1997 年 10 月 29 日最高人民法院在《关于办理减刑、假释案件具体应用法律若干问题的规定》中明确解释，本条所述暴力性犯罪中的一罪，被处 10 年以上有期徒刑，或者无期徒刑的犯罪分子，不得假释，据此规定，如果犯上列数罪，数罪并罚，被合并判处 10 年以上有期徒刑，而无个罪宣判为 10 年以上有期徒刑时，可以适用假释。1997 年 9 月 30 日以前犯罪，1997 年 10 月 1 日以后仍在服刑的累犯以及因杀人、爆炸、抢劫、强奸、绑架等暴力性犯罪被判处 10 年以上有期徒刑、无期徒刑的犯罪分子，适用修订前的刑法第 73 条的规定，可以假释。

（二）被判处有期徒刑或者无期徒刑包括由"死缓"减为无期徒刑或有期徒刑的犯罪分子必须在已经对之执行一部分刑罚后才能适用假释

犯罪分子经判决投入劳动改造后，其思想转变一般要有一个过程；检验、考察罪犯是否已经有改恶从善的表现，是否不致再危害社会，也需要一定期限；同时也只有服够一定的刑期，才能保持人民法院判决的严肃性和稳定性。所以，为了正确适用假释制度，规定一个对犯罪人实际执行刑罚的期限是必要的。

关于犯罪人要执行原判刑罚多长时间以后才能适用假释，各国规定不尽一致，归纳起来，可分为"酌定制"与"法定制"两种。酌定制，即指犯罪人经执行原判刑罚多长时间后才能假释，刑法不予明确规定，而由有关机关根据具体情况自由裁定。如日本刑法第 30 条规定：被判处拘留者和因无力缴纳罚金和罚款而被拘留在劳役场者，在任何时候均可以视情节由行政机关以决定的形式，允许其假释。酌定制仅为个别国家所采用，大多数国家所采用的是法定制，即刑法明确规定被判处各种刑罚的罪犯，须分别执行一定的期限始得适用假释。法定制中，对原判刑罚必须执行的一定期限，有的规定为具体的年限，如巴西、丹麦刑法规定，处7年以上惩役刑的必须执行6年才能假释；处8年惩役刑的，必须执行6年8个月才能假释；处10年惩役刑的，必须执行8年才能适用假释；处12年惩役刑的，必须执行9年才能假释；处16年惩役刑的，必须执行10年8个月才能适用假释。有的不是规定具体的年限，而是规定必须执行原判刑罚的几分之几后才能假释，如墨西哥刑法规定，监禁及感化院的犯人必须执行刑期1/2以后才能适用假释；日本刑法规定，被处惩役或监禁的犯人，必须执行刑期1/3后才能适用假释；葡萄牙刑法规定，必须执行原判刑期1/3后才能适用假释。此外，还有的是采取规定具体年限与规定一定的比例相结合的体制，如《德国刑法典》规定，被判处长期重惩役或者轻惩役的犯人，必须执行刑期的3/4并至少已满1年后，方能适用假释。

我国在借鉴国外立法例的基础上，根据多年来劳动改造工作的经验，对关于罪犯要执行原判刑罚多长期限后才能适用假释的问题，作出了具有我国特色的规定。根据我国刑法第81条之规定，一般情况下，被判处有期徒刑的犯罪分子，必须执行原判刑期的1/2以上才能适用假释；被判处无期徒刑的犯罪分子，必须实际执行10年以上才可以适用假释。关于死缓犯减为无期徒刑或者有期徒刑犯的假释，新的司法解释规定：对死缓犯经过减刑后假释的，其实际执行的刑期不得少于12年①；关于无期徒刑

---

① 见1997年10月29日最高人民法院《关于办理减刑、假释案件具体应用法律若干问题的规定》第15条。

减为有期徒刑的罪犯的假释，仍应以无期徒刑为准计算实际执行期①。刑法关于无期徒刑犯的实际执行的刑期不能少于10年的规定，应当自无期徒刑判决确定之日起计算；死缓犯实际执行的刑期自死缓2年期满第2日起计算。

根据刑法第81条规定的“如果有特殊情况”，对犯罪分子适用假释可以不受上述执行期限的限制。何为“特殊情况”刑法未予明确规定，1995年10月8日的司法解释指出，“特殊情节”，“一般是指原工作单位因重要生产、重大科研的特殊需要，请求保释的；或者有其他特殊情况的。”而1997年10月29日的司法解释第11条规定，“是指有国家政治、国防、外交等方面特殊需要的情况”，据此，今后认定“特殊情况”，应以新的规定为准。

在关于被判处有期徒刑或者无期徒刑的犯罪分子，必须已对之执行一部分刑罚后才能适用假释的问题上，有同志在理论上进行了新的探讨。这些同志认为，我国刑法关于被判处有期徒刑的犯罪分子，必须实际执行原判刑期1/2以上，被判无期徒刑的犯罪分子必须实际执行10年以上后才能适用假释的规定过于牵强、简单、机械。它只是单纯就罪犯的刑期上考察罪犯，而没有考虑到罪犯的个人情况，考虑到惯犯、累犯的人身危险性大于偶犯、初犯，其改造相对困难，一般未成年犯和青年犯人身危险性较小，其改造相对较易，我国刑法对于假释必须执行刑罚的期限规定应多样化，以兼顾不同罪犯的实际情况。这些同志建议：对于判处有期徒刑的罪犯，除了对一般罪犯规定实际执行原判刑罚的1/2外，对未成年犯和青年犯可考虑只须执行原判刑罚的1/3便可适用假释，而对累犯、惯犯可考虑应实际执行原判刑罚的2/3才可适用假释；对被判处无期徒刑的未成年犯和青年犯可考虑只实际执行7年就可适用假释，而对被判处无期徒刑的惯犯、累犯

① 见1979年11月23日最高人民法院、最高人民检察院、公安部《关于无期徒刑减为有期徒刑的罪犯假释问题的批复》。

应实际执行13年以上方可适用假释①。我们认为，这种意见的方向、精神是正确的，当然具体的期限，还可进行探讨，以求进一步合理化、科学化。此外，上述同志还对1979年刑法第73条“如果有特殊情节，可以不受上述执行期限的限制”的规定提出了异议，认为一方面，“特殊情节”内容不明确，极有可能造成行刑过程中的司法擅断；另一方面，在假释一般适用条件以外规定特殊情况作为例外，有违“法律面前人人平等”的宪法原则，不能起到鼓励犯罪人积极改造的效果，因而主张取消这种特殊假释②。我们认为，将一般原则与特殊情况相结合的规定，在立法上是屡见不鲜的，且“特殊”也是有条件、有限度的。1995年5月2日最高人民法院《关于办理未成年人刑事案件适用法律的若干问题的解释》对未成年罪犯假释条件具体规定为：“未成年罪犯在服刑期间确有悔改表现，不致再危害社会，接受教育改造表现突出的，可以适用刑法第73条关于‘特殊情节’的规定予以假释。但对犯罪集团的首要分子、主犯、惯犯、累犯和罪行特别严重的未成年罪犯假释，应当从严掌握。”这一规定体现了宽严相济，从实际出发，“特殊情节”从宽，也强调了对特殊对象的从严，我们认为这是可取的。

刑法第81条对“特殊情况”适用假释的，进一步限定必须“经最高人民法院核准”，从而，从程序上保障特殊假释制度的正确适用。

(三)被判处有期徒刑或者无期徒刑的犯罪分子在经过一定的服刑期限之后，确有悔改表现，假释后不致再危害社会，这是适用假释的关键条件

被判处有期徒刑的执行1/2刑期以后，被判处无期徒刑的实际执行10年以后的犯罪分子“可以”适用假释，但并非一定要适用假释。是否适用假释，必须看犯罪人是否确有悔改表现，附条

①② 《试论假释制度的立法完善》，载《法律与科学》1992年第2期。

件地提前释放后是否会再危害社会。犯罪分子确已悔罪，不致再危害社会，才可以适用假释。如果罪犯拒不认罪，假释后还有可能继续犯罪，即使服够了一定的刑期，也不能予以假释。可见，“确有悔改表现”、“不致再危害社会”对于是否适用假释有决定性的作用和实质性意义。“确有悔改表现”的成立条件依刑法规定减刑的条件进行考察。未成年罪犯的假释，在掌握标准上可比照成年罪犯依法适度放宽，只要他们能认罪服法，遵守监规，积极参加学习劳动，可视为确有悔改表现①。如何考察罪犯在经过一定期限改造后“不致再危害社会”？主要有两个指标：一是罪犯在劳改期间一贯表现好，确已有悔改，足以判断对其假释后不致重新犯罪的；一是罪犯属老弱病残(不含自伤致残)，并丧失作案能力的。这项标准十分明了，便于掌握。不敢确保犯罪分子放回社会后百分之百地不再犯罪而犹豫适用假释，或者因适用假释的犯罪分子重新犯罪而怀疑甚至否定原来适用假释的正确性，都是不必要的。

三、假释的考验与撤销

假释不同于减刑，适用减刑者，所减之刑即予免去不再执行；而对犯罪分子适用假释，在一定期限内仍然保持继续执行尚未执行的刑罚的可能性，因此，必须有一个恰当的假释考验期限，以保证对罪犯的继续监督改造。假释的考验期，根据刑法第83条的规定，有期徒刑的假释考验期限，为没有执行完毕的刑期；无期徒刑的假释考验期限为10年。假释的考验期限，从假释之日计算。

被假释的犯罪分子，在假释考验期内怎样对之进行监督、考察，1979年刑法第75条作了规定，但不甚明确，难于操作。鉴

---

① 见1997年10月29日最高人民法院《关于办理减刑、假释案件具体应用法律若干问题的规定》第13条。

于对假释犯的考察、监督也往往流于形式，难于落到实处的现状，有同志倡议应当制定一部《假释监督(考察)条例》。这种建议是有道理的，也是立法机关关注的重要问题。1997 年刑法第 84 条专条规定了被宣告假释的犯罪分子，应当遵守下列规定："(一)遵守法律、行政法规，服从监督；(二)按照监督机关的规定报告自己活动的情况；(三)遵守监督机关关于会客的规定；(四)离开所居住的市、县或者迁居，应当报经监督机关批准。"

法律规定，在假释考验期内的犯罪分子由公安机关予以监督，假释犯的情况各不相同，有的在农村，有的居于城市；有的已安排工作，有的却尚未就业。因此，公安机关对假释犯的监督、考察应根据具体情况区别对待。假释犯居于农村的，公安机关可以交其所在的村委会具体进行监督、考察；假释犯已就业的，公安机关可以交其所在单位进行监督、考察；假释犯尚无工作的，公安机关可以交其所在的居委会进行监督、考察。应当指出，公安机关交有关单位对假释犯进行监督、考察，决不意味着公安机关就可以放手不管了。公安机关应对各有关单位的监督、考察工作进行指导，并定期了解假释犯继续接受改造的情况，以便全面、准确地把握假释犯在假释考验期间的表现。交由有关单位进行监督考察的，假释犯在考验期内应当遵纪守法，自觉接受所在单位和人民群众的监督，定期向所在单位汇报自己的改造情况。如果被假释的犯罪分子在假释考验期内没有再犯新罪，就认为原判刑罚已经执行完毕。如果在假释考验期内再犯新罪(不论新罪的罪过形式如何，也不论应判处何种刑罚)，或者在假释考验期内，发现被假释的犯罪分子在判决宣告前，还有其他罪没有判决的，都要撤销假释，将前罪没有执行的刑罚和后罪所判处的刑罚，或者对漏罪判决的刑罚与已判决的罪没有执行的刑罚依照刑法第 70 条、第 71 条关于数罪并罚制度的规定，决定执行的刑罚。被假释的犯罪分子，在假释考验期限内，有违反法律、行政法规或者国务院公安部门有关假释的监督管理规定的行为，尚未构成新的犯罪的，应当依照法定程序撤销假释，收监执行未执行完毕的刑罚。由于假释已被撤销，所以，被假释出狱的日数，不得折抵刑期。

四、适用假释应当注意的几个问题

为求准确适用假释，充分发挥假释制度的作用，实践中还应注意以下问题：

1. 关于撤销假释的机关和程序，根据最高人民法院、最高人民检察院、司法部、公安部 1980 年 12 月 26 日《关于罪犯减刑、假释和又犯罪等案件的管辖和处理程序问题的通知》规定，对无期徒刑犯的假释，应当由犯人所在的监狱、劳改队提出意见，由当地高级人民法院依法裁定；对有期徒刑犯人包括原判死缓、无期徒刑已减为有期徒刑的犯人的假释，由犯人所在的监狱、劳改队提出意见，由当地中级人民法院依法裁定。人民法院接到提请假释的意见书后，应当按照立案审查、合议裁定、宣告送达的程序进行。

2. 在假释考验期满后，发现被假释的犯罪分子在假释考验期内犯有新罪的，只要所犯新罪未超过追诉时效，仍应当撤销假释，将前罪没有执行的刑罚和新罪所判处的刑罚按照刑法第 70 条之规定，决定执行的刑罚①。

3. 在假释考验期内，发现被假释的犯罪分子在假释前还有其他罪没有判决的，如果“漏罪”性质一般，处罚特别轻，前罪与“漏罪”并罚后决定执行的刑罚没有超过前罪所判刑罚，而且仍然符合假释条件的，一般也可以考虑继续假释，不收监执行。已经执行的假释考验期限应当计算在新决定的假释考验期内。

4. 关于曾被撤销过假释的犯罪人可否再次适用假释的问题，我国刑法未予规定，司法解释也没有这方面的说明。从国外有关规定来看，对于曾撤销过假释的犯罪人，一般不再适用假释，例

---

① 参见《中华人民共和国最高人民法院公报》，1985 年第 3 号，第 24 页。

如荷兰、墨西哥等国家的刑法就有这类规定。目前我国理论界有同志在这方面进行了探讨，认为曾被适用假释，尔后因在假释考验期间又犯新罪而被撤销假释的犯罪人，如果在撤销假释后的服刑期内，又确有悔改表现，并据此可以判定解除关押后不致再危害社会，而且也符合适用假释的其他条件的，应当可以再次适用假释①。我们基本上赞同这种观点，但对曾被撤销过假释的罪犯再次适用假释时，在条件上应当从严把握。

5. 关于假释、减刑可否连续交相适用的问题。(1)被假释的罪犯，除有特殊情形，一般不得在假释后又连续适用减刑；对被假释的罪犯，也不能缩短其考验期。(2)罪犯减刑后，可以适用假释，但实际执行刑罚的期限，不得违反刑法的规定；减刑后又假释的间隔时间，一般为 1 年，对一次减 2 年或 3 年有期徒刑后，又适用假释的，其间隔时间不得少于 2 年②。

6. 关于适用假释的法定程序。与适用减刑相同，刑法专条作了规定：(1)对犯罪分子适用假释，由执行机关向中级以上人民法院提出假释意见书；(2)假释必须依法定程序审理宣告；(3)假释权归属中级以上人民法院。

---

① 参见周振想著：《刑罚适用论》，法律出版社 1990 年版，第 384、385 页。

② 参见 1997 年 10 月 29 日最高人民法院《关于办理减刑、假释案件具体应用法律若干问题的规定》第 13、16、17 条。

第 四 编

刑罚消灭

第四編

天人關係

第十八章　刑罚消灭概说

第一节　刑罚消灭的概念和特征

一、刑罚消灭的概念

刑罚消灭这一概念，有些国家的刑法上有明载，如《日本刑法》总则第六章的章目即为“刑罚的时效及刑罚的消灭”。有些国家的刑法上虽然没有明确使用“刑罚消灭”这一概念，但有类似的用语，如《意大利刑法典》总则第六章的章目为“罪及刑之消灭”；《西班牙刑法典》总则第五集的标题为“责任及其效果之消灭”。我国刑法中既没有“刑罚消灭”这一概念的明载，也没有类似“刑罚消灭”的用语，但是，基于法定的或事实的原因而引起刑罚消灭的情况则是存在的，因此，在理论上不能不对刑罚消灭的问题进行研究。

何谓刑罚消灭？我国台湾学者张灏对此所下的定义是：“刑罚之消灭者，乃谓基于法令上或事实上之原因，对于犯罪者之刑罚权归于消灭也。”①学者田文昌则将“刑罚消灭”界定为“是指由

① 张灏编著：《中国刑法理论及实用》，台湾三民书局1980年版，第412页。

于某种法定的或事实的原因，对于特定犯罪人的刑罚权归于消灭”①。这两个定义大同小异，所异之处是前一定义中的“犯罪人”是泛称，而后一定义在“犯罪人”前面加上了“特定”二字，这样，就变成了特称。

我们认为，上述关于刑罚消灭的定义所揭示的内涵基本上是正确的，但如果从精益求精的角度讲，似可作进一步的完善：第一，应在定义中明确交待刑罚权的主体，这样可以使定义揭示的内容更加清晰、全面。第二，从语法上讲，表示因果关系的复句中的两个分句，应该有相应的关联词加以联接，而上述两个定义中表示结果的分句前均未有必要的关联词，因此，整个定义的表述给人不甚通畅的感觉。所以，有必要在定义的后一分句前加上适当的关联词，以使定义在表述上更加圆通。

另外，关于刑罚消灭的定义，是否应在“犯罪人”的前面加上“特定”二字，我们认为，实践中所发生的刑罚消灭的具体情形，当然是对于特定的犯罪人而言的，但是，作为刑罚消灭的一般定义中所涉及的犯罪人，应该是全称的犯罪人，而不应有所限制，这是定义的逻辑要求。其道理正如我们将“犯罪”界定为“具有一定的社会危害性、刑事违法性并应当受刑罚处罚的行为”②，而不是定义为“具有一定的社会危害性、刑事违法性并应当受刑罚处罚的特定行为”一样。

综上所述，我们认为，应该对刑罚消灭的定义作如下表述：所谓刑罚消灭，是指由于法定的或事实的原因，致使国家对犯罪人的刑罚权归于消灭。

---

① 转引自赵秉杰、吴振兴主编：《刑法学通论》，高等教育出版社1993年版，第467页。

② 高铭暄主编：《中国刑法学》，中国人民大学出版社1989年版，第72页。

二、刑罚消灭的特征

根据上述关于刑罚消灭的定义，刑罚消灭具有以下特征：

(一)刑罚消灭以行为人的行为构成犯罪为前提

这是因为，刑罚消灭必以应当适用刑罚或者已经适用刑罚为前提条件，如果不存在着应当适用刑罚或者已经适用刑罚的情况，刑罚消灭就无从谈起。而无论是应当适用刑罚还是已经适用刑罚，都是以犯罪存在为前提，所以，行为人的行为构成犯罪乃是刑罚消灭的必要前提。正如日本学者正田满三郎所说："刑罚消灭，指基于具体的犯罪成立而发生的具体的刑罚权由于某些事由而消灭。"①

(二)刑罚消灭归结为国家对犯罪人刑罚权的消灭

对于刑罚消灭归结为国家对犯罪人刑罚权的消灭这一命题，在刑法理论上似不存争议，但是，关于此一命题中所说的"刑罚权消灭"的范围，学说上则存在广义和狭义两种不同的解释。广义的解释认为，刑罚权消灭既包括刑罚请求权消灭，也包括刑罚执行权消灭；狭义的解释则认为，刑罚权消灭仅指刑罚执行权消灭，而不包括刑罚请求权消灭②。

我们认为，上述两种解释均值得商榷。

从国家刑罚权的含义来讲，它是指国家对犯罪人适用刑罚，借以惩罚犯罪人的权力。如第一章第二节所述，实体刑罚权由以下内容组成：(1)刑罚创制权，(2)刑罚裁量权，(3)刑罚执行权。此外，在诉讼程序上还有刑罚请求权。刑罚请求权，即国家请求对犯罪人予以刑罚惩罚的权力。其具体实现方式有两种：一

---

① [日]正田满三郎：《刑法体系总论》，良书普及会 1979 年版，第 416 页。

② 参见高仰止著：《刑罚总则之理论与实用》，台湾五南图书出版公司 1986 年版，第 565 页。

种是国家将刑罚请求权授予检察机关行使，表现为公诉形式；另一种是国家将刑罚请求权授予被害人个人行使，表现为自诉形式。前一种是刑罚请求权实现的主要方式，后一种方式只在极少数犯罪的情况下采用。上述组成国家刑罚权的具体权力，除了刑罚创制权不可能消灭外，刑罚请求权、刑罚裁量权以及刑罚执行权，都可能基于一定的原因而消灭，并且其中任何一项权力的消灭，都必然导致刑罚的不存在，亦即刑罚的消灭。所不同的是，各自所导致刑罚消灭的途径不同。刑罚执行权的消灭是直接使已经存在的刑罚归于消失，而刑罚请求权和裁量权的消灭则是使可能产生的刑罚不产生，从而使刑罚不存在。它们对刑罚的消灭具有间接性。不管引起刑罚消灭的途径是直接的还是间接的，最终的结果都是使刑罚消灭。由此，作为刑罚消灭归结的刑罚权消灭，应该既包括刑罚执行权的消灭，也包括刑罚请求权的消灭，还包括刑罚裁量权的消灭。由此而观，上述仅将刑罚权消灭限制在刑罚执行权的消灭的狭义解释，显然是偏颇的。而上述关于刑罚权消灭的广义解释，虽然将刑罚请求权纳入其中，但并未包括刑罚裁量权，所以，其义虽较之狭义的解释为广，但仍未能广到应然的程度，因此，也是不够完善的。

(三)刑罚消灭是由于法定的或事实的原因引起的

刑罚消灭是一种结果，这种结果必然由一定的原因(亦称事由)所引起，无原因的结果是不存在的。引起刑罚消灭的原因(事由)，有的是由法律明确规定的，称为法定原因，如时效期满、因犯罪情节轻微而不起诉、免除刑罚处罚、赦免、减刑等即是。有的是客观发生的使刑罚自然不存在的事实，称为事实上的原因，如犯罪人死亡，刑罚执行完毕等即是。

第二节　刑罚消灭事由的种类

关于刑罚消灭事由的种类，理论上有三种不同的观点：一种观点认为，刑罚消灭的事由只有一类即刑罚执行权消灭事由[1]。另一种观点认为，刑罚消灭事由可分为以下两类：(1)刑罚请求权消灭事由；(2)刑罚执行权消灭事由[2]。第三种观点也主张将刑罚消灭事由分为两类，但在第一类刑罚消灭事由所包括的具体内容上，与上述第二种观点有所不同。这种观点所分的刑罚消灭的两类事由是：(1)求刑权(即刑罚请求权)与量刑权(即刑罚裁量权)消灭的事由；(2)行刑权(即刑罚执行权)消灭的事由[3]。

上述三种不同的观点是由于各自的主张者对刑罚权消灭的不同的理解所引起的。第一种观点基于刑罚权消灭仅指刑罚执行权的消灭的狭义理解，就相应地认为刑罚消灭事由仅有刑罚执行权消灭事由一类。第二种观点显然基于刑罚权消灭既包括刑罚执行权的消灭，也包括刑罚请求权的消灭的见解，因而将刑罚消灭事由分为刑罚请求权消灭事由和刑罚执行权消灭事由两类。第三种观点是将刑罚权消灭从既包括刑罚执行权消灭也包括刑罚请求权消灭扩大到还包括刑罚裁量权的消灭。从这三种观点建立的基础来看，其中第一、二两种观点关于刑罚消灭事由种类的主张显然是不妥的，因为它们都是建立在对刑罚权消灭的不正确理解之上的。关于刑罚权消灭究竟应该包括哪些内容，本章前节已作论述，在此，勿庸赘言。第三种观点建立在对刑罚权消灭的正确理解之上，但是，如从逻辑上仔细推敲，也可发现其不足之处。从逻辑上讲，刑罚请求权消灭、刑罚裁量权消灭、刑罚执行权消灭，与刑罚权消灭之间的关系均是种属关系，而它们相互之间的关系则是一种并列关系，这种并列关系决定了刑罚请求权消灭事

---

① 参见张灏编著：《中国刑法理论及实用》，台湾三民书局，1980年2月版，第412页。

② 参见高仰止著：《刑法总则之理论与实用》，台湾五南图书出版公司1986年8月三版，第565页。

③ 参见赵秉杰、吴振兴主编：《刑法学通论》，高等教育出版社1993年6月版，第468页。

由、刑罚裁量权消灭事由、刑罚执行权消灭事由三者之间，也是相互并列的。然而，上述第三种观点却将前两者合二为一，与刑罚执行权消灭事由相并列，这就造成了逻辑上的不平衡。

此外，日本刑法学者植松正于其著作中，在“刑罚权的消灭”之后，还专门论述了“刑之后遗效果的消灭(刑之消灭)”。他说：“即使刑罚权由于执行终了或者执行免除及其他一定理由而消灭，但刑罚的后遗效果仍然存在，亦即仍有以前受过一定刑罚处罚的事实。在该人就公务员或其他一定职业的场合(例如律师、医生等)，被论及公职选举的选举权与被选举权的场合，以其他一定资格为必要的场合，它往往成为欠缺资格事由。到什么时候都认这一事实，不利于促进受过刑罚处罚的人的社会复归。因此，在适当时期使这种后遗效果消灭，以便回复完全的资格是必要的。基于这一旨趣，刑法法典在‘刑之消灭’这一标题下，设了关于这一问题的规定。不能说这一标题充分表现了它的实际情况，然而实质上是规定了上述刑罚后遗效果的消灭。”①中山研一教授于其著作中，在“刑罚的消灭”一章，重点讲了“刑之时效”和“刑之消灭”，将“刑之消灭”视为“刑罚的消灭”的重要内容②。所谓“刑之消灭”，即植松正教授所说的“刑罚后遗效果的消灭”。因此在论述刑罚消灭的事由时，不应忽视刑罚后遗效果的消灭。

据此，我们认为，刑罚消灭的事由应分为以下四类：(1)刑罚请求权消灭事由；(2)刑罚裁量权消灭事由；(3)刑罚执行权消灭事由；(4)刑罚后遗效果消灭事由。

一、刑罚请求权消灭事由

刑罚请求权消灭事由有以下诸项：

---

① ［日］植松正著：《刑法概论Ⅰ总论》，劲草书房1974年版，第454—455页。

② 见［日］中山研一著：《刑法总论》，成文堂1989年版，第583—586页。

1. 犯罪人死亡。犯罪人在起诉前死亡，使起诉的对象不复存在，因而刑罚请求权自然归于消灭。

2. 追诉时效完成。犯罪发生后，司法机关超过法律规定的追诉时效而未追诉，从而使刑罚请求权因追诉期满而归于消灭，不得再进行追诉。

3. 告诉乃论之罪，有权告诉的人不予告诉的。对于依照刑法规定告诉才处理的犯罪，如果有权告诉的人不予告诉，即使尚未超过追诉时效，刑罚请求权亦告消灭。

4. 犯罪后，起诉前，法律已废止其刑的。如果某种行为依照行为时的法律构成犯罪，但在起诉前依照新的法律规定该种行为不再作为犯罪处理，那么，对该种行为的刑罚请求权自告消灭。

5. 大赦。当犯罪人未被追诉时即被大赦的，司法机关对其不得再进行追诉，刑罚请求权归于消灭。

二、刑罚裁量权消灭事由

刑罚裁量权消灭事由有以下诸项：

1. 犯罪人死亡。当犯罪人在被起诉后而在判决确定前死亡时，刑罚裁量的对象已经消失，再裁量刑罚已无任何意义，刑罚裁量权自然消灭。

2. 告诉乃论之罪，其告诉者撤回告诉的。对于告诉乃论之罪，如果告诉者基于一定的原因又撤回告诉，审判机关则不再审理该案件，刑罚裁量权亦随之消灭。

3. 因犯罪情节轻微而不起诉。在因犯罪情节轻微而不起诉的情况下，被告人被检察机关确认有罪，但不予交付审判。由于不将犯罪人交付审判机关审判，审判机关也就不能行使对犯罪人的刑罚裁量权，刑罚裁量权即予消灭。

4. 犯罪后，判决确定之前，法律已废止其刑的。某种行为依照行为时的法律构成犯罪，且正在审判的过程中，但判决尚未确定，在这种情况下，如果新的法律确定对该种行为不再按犯罪处理，那么，审判机关就不得对行为人予以量刑，刑罚裁量权即告消灭。

5. 大赦。当犯罪人已被起诉而判决尚未确定时被大赦的，审判机关不得再对犯罪人裁量刑罚。

6. 前科消灭。前科对刑罚的裁量具有一定的意义。当犯罪人具有前科时，在刑法上往往成为以重处罚的情节(如累犯、再犯)或者适用某种资格刑的条件，因此，审判机关对有前科的犯罪人就有依法裁量更重刑罚或者适用某种资格刑的权力，而当前科消灭后，审判机关的这种权力也随之消灭。由此可见，前科消灭所引起的刑罚裁量权消灭，不是刑罚裁量权的全部消灭，而只是属于从重处罚或者适用某种资格刑的那部分权力的消灭。这是前科消灭作为刑罚裁量权消灭事由与其他刑罚裁量权消灭事由的不同所在。

三、刑罚执行权消灭事由

刑罚执行权消灭事由有以下 12 项：

1. 大赦。当犯罪分子受罪刑宣告以后被大赦时，其罪与刑的宣告均归于无效，无论对于尚未服刑的犯罪人，还是对于正在服刑的犯罪人，刑罚执行权均随之消灭，其原判刑罚或者残余刑期不再执行。

2. 特赦。犯罪分子受罪刑宣告以后经特赦的，无论是罪与刑均赦，还是只赦其刑，不赦其罪，刑罚执行权均归于消灭，其原判刑罚或者残余刑期不再执行。

3. 在犯罪人被判处刑罚的判决确定后，刑罚尚未执行或未执行完毕前，法律已废止其刑。某种刑罚在法律上一经废止，无论受刑人被执行与否，该种刑罚的执行权自然随之消灭，不得再执行。

4. 免除刑罚。审判机关经过审理后，判决犯罪人有罪但免除刑罚处罚，在这种情况下，由于无刑罚可执行，因而刑罚执行权归于消灭。

5. 行刑时效完成。刑罚宣告后，超过法定执行时效而未执行的，刑罚执行权归于消灭，原判刑罚不再执行。

6. 缓刑期满。被宣告缓刑的犯罪人，在缓刑考验期内未犯新罪的，缓刑考验期满后，即原判刑罚不再执行，刑罚执行权即告消灭。

7. 减刑。被宣告减刑的犯罪人，被减除的那部分刑罚便不再执行，该部分刑罚的执行权归于消灭。

8. 假释期满。被宣告假释的犯罪人，在假释考验期内未犯新罪的，假释考验期满后，即视为刑罚执行完毕，刑罚执行权即行消灭。

9. 刑罚执行完毕。刑罚执行完毕后，刑罚执行权自然消灭。

10. 犯罪人死亡。在判处刑罚的判决确定后，犯罪人服刑前或服刑中死亡的，因服刑主体不复存在，因此，其全部或未执行部分刑罚的执行权自然归于消灭。

11. 减、免刑罚执行。在我国刑法中，这种事由仅适用于罚金刑。根据我国刑法第 53 条的规定，如果由于遭遇不能抗拒的灾祸缴纳罚金确实有困难的，可以酌情减少或者免除。当罚金被依法减少缴纳或免除缴纳时，部分或者全部的罚金刑的执行权即告消灭。

12. 复权。被判处剥夺权利或资格的犯罪人，在刑罚尚未执行完毕时即恢复其权利或资格，就使得权利刑或资格刑的执行权归于消灭。

四、刑罚后遗效果的消灭事由

刑罚后遗效果的消灭事由有以下 4 项：

1. 大赦。当行为人的犯罪和刑罚均被大赦的，罪刑宣告即为无效，刑罚的后遗效果因而不致发生。

2. 前科消灭。经过法定时期符合法定条件消灭前科的，刑罚的后遗效果归于消灭。

3. 复权。根据日本《恩赦法》规定，复权使受刑之执行终了或免除者，按照法律规定丧失或停止的一定资格得以回复，亦即刑罚的后遗效果消灭。

4. 战时犯罪军人宣告缓刑后确有立功表现。具备《惩治军人违反职责罪暂行条例》第22条规定的条件，“可以撤销原判刑罚，不以犯罪论处”。这就是犯罪宣告对将来丧失效力，不再认为是犯罪，从而也就不存在刑罚的后遗效果问题。

上述四类刑罚消灭的事由，从罪刑关系上讲，可以概括为以下几种表现形式：(1)因罪灭而刑灭，如在起诉前或者判决前法律废止其刑的。(2)罪刑同灭，如罪刑宣告后，经大赦既赦其刑又赦其罪的。(3)刑灭而罪不灭，如时效完成；犯罪人在刑罚宣告后刑罚执行前或执行过程中死亡的。(4)罪刑对应关系的终结，如刑罚执行完毕、缓刑考验期满以及假释考验期满后，罪与刑的对应关系自然终结，刑罚权随之消灭。

以上刑罚消灭事由，下面几种在我国法律中尚未规定，也不是当然引起刑罚消灭的事由：(1)因大赦而导致的刑罚请求权的消灭；(2)因大赦而导致的刑罚裁量权的消灭；(3)前科消灭；(4)因大赦而导致的刑罚执行权消灭；(5)行刑时效完成；(6)复权。其余各项事由，除因犯罪人在刑罚执行中死亡、刑罚执行完毕、判决确定后法律已废止其刑而导致刑罚执行权消灭三项事由属于当然引起刑罚消灭的事由外，其余各项事由在我国法律中均有明文规定。

上述种种刑罚消灭事由，有的已在前面有关编章中给予了详细论述，如缓刑期满，减刑、假释期满，在“刑罚执行编”中有详论；减、免刑罚执行，则可见于“刑罚种类编”的“财产刑”一章；免除处罚可见于“刑罚裁量编”。有的属于刑事诉讼法学研究的内容，如不起诉。有的内容简单明了，勿需繁述，如告诉乃论之罪，有权告诉人不予告诉，或者告诉后又撤回告诉；刑罚执行完毕；犯罪人被起诉前，法律已废止其刑；犯罪人被起诉后判决确定之前，法律已废止其刑；犯罪人被判处刑罚的判决确定后刑罚尚未执行或未执行完毕前，法律废止其刑等事由，内容就非常明了，没有进一步论述之必要。基于此，本编将分章对前面编章中尚未论述的且属于本书研讨范围而需要作进一步讨论的有关刑罚消灭事由，作详细的论述。

第十九章　时　　效

第一节　时效概述

一、时效的概念和种类

（一）时效的概念

刑法上的时效，是指刑事法律规定的国家对犯罪人行使刑罚请求权或刑罚执行权的有效期限。超过时效而不行使刑罚请求权或刑罚执行权的，刑罚请求权或刑罚执行权即归于消灭。

时效制度起源于古罗马。早在公元前1世纪，古罗马的《儒里亚法》对奸非罪等犯罪就有追诉时效的规定。法国古代刑法沿袭罗马法的追诉时效制度，规定重罪追诉时效为28年，轻罪为5年，违警罪为1年，并创立了一种普遍适用的行刑时效制度，即任何犯罪经判决后30年内未执行刑罚的，刑罚不再执行。法国古代刑法所确立的时效制度后为一些国家所仿效，并被逐渐推广。在当代各国刑事法律中，均有关于时效的规定。

关于时效是由刑事实体法还是由刑事程序法规定的问题，目前世界各国有三种不同的做法：(1)刑事实体法规定之。德国、意大利、挪威、芬兰、墨西哥等国采此做法。(2)刑事程序法规定之。土耳其、埃及等国奉行此做法。(3)由刑事实体法和刑事程序法共同规定之。即由刑事程序法规定追诉时效，由刑事实体法规定行刑时效。法国、日本、比利时等国采此做法。我国采用了上述第一种做法，在刑法中对追诉时效作了规定。

（二）时效的种类

时效分为两种：追诉时效和行刑时效。

追诉时效，是指刑事法律所规定的，对犯罪人追究刑事责任的有效期限。在追诉时效内，国家司法机关或有告诉权的人，有权追究或者请求追究犯罪人的刑事责任。超过时效，司法机关或有告诉权的人追究或请求追究犯罪人刑事责任的权力归于消灭。追诉时效完成，是刑罚请求权消灭的重要事由之一。

行刑时效，是指刑事法律所规定的，对被判处刑罚的犯罪人执行刑罚的有效期限。只有在行刑时效期内，刑罚执行机关才有权对犯罪人执行所被判处的刑罚，行刑时效一俟超过，刑罚执行机关执行刑罚的权力即告消灭，不得再执行犯罪人所被判处的刑罚。行刑时效完成，是刑罚执行权消灭的一项重要事由。

其他国家的刑事法律一般对上述两种时效均有规定。我国现行刑法总则规定的时效，仅是追诉时效，而不包括行刑时效。

二、时效的立法根据

刑事法律为什么要规定时效，即时效确立的根据如何，刑法理论上有诸种不同的学说：(1)怠于行使说。该说认为，既然国家怠于对犯罪人的追诉或对犯罪人所判刑罚的执行，那么，刑罚权则应予消灭。(2)证据湮灭说。该说认为，犯罪之证据因为时间的流逝而散失，因而难以达到正确处理案件的目的。(3)改善推测说。该说认为，犯罪后既经长久时间，可预想犯罪人的恶性业已改善，无再加处罚之必要。(4)社会遗忘说。此说认为，犯罪事实因经过长久时间而为社会所遗忘，社会秩序也随之恢复，此情之下，如再对犯罪人追诉处罚，反而会扰乱社会秩序。(5)刑罚同一说。此说认为，犯罪人犯罪后，经过长时间的逃避，时时提心吊胆，惧怕被发觉，这种无形痛苦，实际上与执行刑罚所遭受的痛苦无异。(6)法律与事实调和说。此说认为，法律之目的在于恢复因犯罪所扰乱社会秩序之事实，时效制度则意在谋取法律与事实的调和①。

上述诸说，其中“怠于行使说”和“刑罚同一说”似难成立。因为，对犯罪人不予追诉或者对犯罪人所判刑罚不予执行的事实，并非国家的疏忽所造成，而是由于种种不能克服的原因如战争、自然灾害、不能破案等导致的，所以，将时效制度的立法根据说成是国家怠于对犯罪人的追诉或刑罚的执行，是不符合客观实际的。犯罪人为逃避刑事追诉或刑罚执行确实遭受了一定的痛苦，但是，这种痛苦与执行刑罚所遭受的痛苦是不能同日而语的，国家并非基于犯罪人为逃避所受痛苦与执行刑罚所受痛苦相同的考虑而规定时效的。其余四说均有一定道理，但各执一词，难免片面之弊，因此，有必要对它们进行综合、整理，以使时效制度确立的根据得以全面的阐述。这样，时效制度确立的根据就可以概括为以下几个方面：

1. 基于犯罪人的根据。一个人犯罪后，经过一定的期间虽然未被追诉或执行刑罚，但没有实施新的犯罪，据此可以推断其已经具有悔改的表现，不致再危害社会。对于这样的犯罪人再去追诉或执行刑罚，已经没有什么意义了。

2. 基于刑罚效果的根据。犯罪人在经过一定期间后未犯新罪的情况下，如果不对其进行追诉或执行刑罚，则可能感念国家的政策，彻底地去恶从善，成为一个真正的守法公民。如果相反，对他仍然予以追诉或执行刑罚，那么，就会引起他对国家的敌视，拒不接受审判或改造，这样，就收不到适用刑罚的应有效果，而是适得其反。

---

① 参见高仰止著：《刑法总则之理论与实用》，台湾五南图书出版公司1986年版，第570页。

3. 基于司法审判的根据。一个犯罪案件发生后，由于经过一定的期限没有追诉、审理，证据的收集会困难重重，侦查、起诉和审判工作就不可能顺利进行，从而使案件难以得到正确处理。在这种情况下，与其增加司法程序上的麻烦，使案件的处理存有疑虑，不如设立时效制度，让刑罚权归于消灭。

4. 基于社会秩序的根据。罪案发生经过一定时期后，因犯罪而遭破坏的某一方面的社会秩序以及因犯罪而引起的人们心理的失衡状态已经得到恢复，在这种情况下，如果重新追究旧案，往往会使积怨重提，容易引起新的不安定因素，不利于社会秩序的稳定。

第二节　我国刑法中的追诉时效

我国刑法中的追诉时效，是指我国刑法规定的对犯罪分子追究刑事责任的有效期限。超过法定追诉期限的，不得再对犯罪人进行追诉，已经追诉的，应撤销案件，或不予起诉，或终止审判。

一、追诉时效期限

各国刑事法律关于追诉时效的规定，大多根据犯罪的法定刑的轻重不同划分为时间长短有异的几个档次。主要有以下几种划分法：

1. 三分法。即将追诉时效期限划分为三个不同的档次。如《瑞士刑法典》第 70 条规定的追诉时效期限为以下三个档次：(1)犯终身重惩自由刑之犯罪，20 年；(2)其他重惩自由刑之犯罪，10 年；(3)其他刑罚之犯罪，5 年。

2. 四分法。即将追诉时效期限划分为四个不同的档次。如《蒙古刑法典》第 36 条确定的追诉时效期限的四个档次是：(1)

依法可以判处较剥夺自由为轻的刑罚的犯罪，2年；(2)依法可以判处不满2年剥夺自由的犯罪，3年；(3)依法可以判处2年以上不满5年剥夺自由刑的犯罪，5年；(4)依法可以判处5年以上剥夺自由的犯罪，8年。

3. 五分法。即将追诉时效期限划分为五个不同的档次。如《德国刑法典》第78条规定的追诉时效期限是：(1)终身自由刑之罪，30年；(2)最高度逾10年自由刑之罪，20年；(3)最高度逾5年至10年自由刑之罪，10年；(4)最高度逾1年至5年自由刑之罪，5年；(5)其他之罪，3年。

4. 六分法。即将追诉时效期限划分为六个不同的档次。如《意大利刑法典》第156条规定了以下六个不同的追诉时效期限档次：(1)法定刑为24年以上徒刑者，20年；(2)法定刑为10年以上徒刑者，15年；(3)法定刑为5年以上徒刑者，10年；(4)法定刑为5年以下徒刑或罚金者，5年；(5)法定刑为拘役之违警罪，3年；(6)法定刑为罚缓之违警罪，18个月。

也有的国家根据犯罪的轻重分类划分追诉时效期限的不同档次。如《法国刑事诉讼法典》第7条、第8条和第9条对重罪、轻罪和违警罪分别规定了不同的追诉时效期限：重罪，10年；轻罪，3年；违警罪，1年。

还有的国家采用的是以罪和刑的混合标准来确定追诉时效期限不同档次的，即有的档次的追诉时效期限是以犯罪的种类为根据予以确定的，有的则是以处刑的轻重为根据而划分的。如前《苏俄刑法典》第48条规定："自犯罪人犯罪之日起过了下列期限，对犯罪人不再追究刑事责任：(1)犯有本法典第112条第2款、第131条、第143条、第158条第1款、第165条、第182条、第192条、第197条、第198条、第199条、第200条所规定的罪行的，自犯罪之日起已经过了1年；(2)所犯罪行，依照本法典各条规定，可以判处剥夺自由2年以下，或者除(1)所指出的条文规定的各罪外，可以判处与剥夺自由无关的刑罚的，自犯罪之日起已经过了3年；(3)所犯罪行，依照本法典各条规定，可以判处剥夺自由5年以下的，自犯罪之日起经过了5年；(4)所犯罪行，依照本法典各条规定，可以判处剥夺自由5年以上的，自犯罪之日起已经过了10年；……”其追诉时效的第一个档次即是以犯罪为标准划分出来的，其他几个档次则是以处刑为标准划分的结果。

虽然各国刑事法律确定追诉时效期限的标准在形式上不尽相同，但是在实质上则是相同的，即都是以犯罪的社会危害程度为根据来确定追诉时效的。犯罪的社会危害程度越严重，追诉时效期限则越长，反之，则短。

我国刑法第87条本着追诉时效期限的长短与犯罪的社会危害性程度相一致的精神，以犯罪的法定最高刑为标准，确定了以下四个不同档次的追诉时效期限：

1. 法定最高刑为不满5年有期徒刑的，5年；

2. 法定最高刑为5年以上不满10年有期徒刑的，10年；

3. 法定最高刑为10年以上有期徒刑的，15年；

4. 法定最高刑为无期徒刑、死刑的，20年。如果20年以后认为必须追诉的，须报请最高人民检察院核准。

上述追诉时效期限的第四个档次，体现了原则性与灵活性相结合的原则。原则性表现在：在一般情况下，如果犯罪人所犯罪行的法定最高刑为无期徒刑、死刑，经过20年以后不再追诉。灵活性体现在：在上述情况下，即使经过20年以后，如果认为必须追诉的，在报请最高人民检察院核准后，仍可追诉。这种原则性与灵活性相结合的规定，保留了我国司法机关无限期追究某些犯罪人刑事责任的权力，可以避免那些罪行特别严重的犯罪人钻时效制度的空子，保证对那些罪恶重大、不惩罚不足以平民愤的犯罪分子给予应有的惩罚，以便时效制度确实收到积极的效果，所以，这种规定是值得肯定的。其他国家的刑事法律中有的明确规定特定的犯罪不受追诉时效的限制，如前《联邦德国刑法典》第78条第2项规定：第220条a之重罪(残害人群)不罹于时效；《罗马尼亚刑法典》第121条第2款规定：对人类与和平的犯罪，不受追诉时效的影响。有的对应处死刑的犯罪不规定确定的追诉期限，而是规定其时效问题由法院决定，如前苏联刑法、蒙古刑法等即是。我国刑法第87条第4项关于追诉时效期限的灵活性规定，与其他一些国家刑事立法关于追诉时效期限的特别规定，其基本出发点是一致的，即都是为了不让罪行特别严重的犯罪人钻时效制度的空子，所以，我国刑法的规定是符合刑事立法关于追诉时效期限规定的世界通行做法的。

关于我国刑法第87条的规定，有两个问题需要明确：

第一，如何理解条文中所说的“法定最高刑”的含义。

对于这一问题，刑法理论上有两种不同的观点：一种观点认为，刑法第87条所说的“法定最高刑”，是指刑法分则相应条文的最高刑，而不是同条中某款某项的最高刑。其理由是：某款某项的法定刑是适应某种犯罪的不同情节而规定的，只有经过实际审理才能确定其适用，如果以此作为追诉时效期限的衡量根据，就会使案件的追诉时效问题长期处于不稳定的状态，对于侦查机关和司法机关的工作不利①。另一种观点认为，刑法第87条中的“法定最高刑”，是指刑法分则相应条款规定的最高刑②。最高人民法院1985年8月21日《关于人民法院审判严重刑事犯罪案件中具体应用法律的若干问题的解答》对这一问题的解答，与上述第二种观点是一致的。该《解答》指出：“刑法第76条(指1979年刑法)按照罪与刑相适应的原则，将追诉期限分别规定为长短不同的四档，因此，根据所犯罪行的轻重，应当分别适用刑法规定的不同条款或相应的量刑幅度，按其法定最高刑来计算追诉期

---

① 参见梁世伟编著：《刑法学教程》，南京大学出版社1987年版，第372页。

② 参见高铭暄主编：《刑法学》，法律出版社1982年版，第302页。

限。如果所犯罪行的刑罚，分别规定有几条或几款时，即按其罪行应当适用的条或款的法定最高刑计算；如果是同一条文中，有几个量刑幅度时，即按其罪行应当适用的量刑幅度的法定最高刑计算；如果只有单一的量刑幅度时，即按此条的法定最高刑计算。"①

我们认为，上述第二种观点以及最高人民法院的司法解释是正确的。其理由是：(1)将"法定最高刑"理解为犯罪相应条款或相应的量刑幅度的最高刑符合我国刑法关于追诉时效期限的立法精神。我国刑法第87条本着追诉时效期限与犯罪的社会危害程度相一致的精神，以犯罪的法定刑为标准，规定了追诉时效期限的不同档次。在现实生活中，有的犯罪的社会危害程度上下浮动的幅度不大，法律只规定了一个量刑幅度；有的犯罪的社会危害程度上下浮动的幅度大甚至很大，法律就根据其具体情况的不同，用同一条款或者几条或者几款规定了不同的量刑幅度。在后一种情况下，如果不分具体情况，笼统地根据某种罪的法定最高刑来确定追诉时效期限，就意味着即使犯罪的社会危害程度有较大甚至很大的差别，其追诉时效期限也是相同的，这就明显地违背了追诉时效期限的长短与犯罪社会危害程度大小相一致的立法精神。只有区别具体案件中犯罪的不同情况，按照其相应条款或相应幅度的法定最高刑确定追诉时效期限，才能使上述立法精神得以贯彻于司法实践。(2)将"法定最高刑"理解为犯罪相应条款或相应幅度的最高刑，能使我国追诉时效制度收到积极的效果。如果按照第一种观点，凡实施同一种犯罪，不管具体情况如何，社会危害性程度大小怎样，都适用相同的追诉时效期限，那么，那些犯罪情节轻微、社会危害性小的犯罪人就会心存不满，对他的追诉就会收不到任何积极的效果，而是适得其反。如果根据犯罪具体情况不同区别对待，犯罪情节轻微、社会危害性小的犯罪

---

① 《最高人民法院公报》1985年第3号，第25页。

人就会感受到国家法律的公正，在时效期限完成不受追诉的情况下，就会真正地弃恶从善，这样，就收到了时效制度的积极效果。(3)按照“法定最高刑”是犯罪相应条款或相应量刑幅度的最高刑的观点处理案件，并不会使案件的追诉时效问题处于不稳定的状态，不存在着对司法工作不利的问题。任何一个案件，只要被司法机关提到了是否超过追诉时效的议程上，就表明司法机关已经对该案件进行了相当的调查，对案件的主要事实和犯罪人的基本情况都已掌握，在这种情况下，司法机关完全能够判断犯罪应适用的法律条款或量刑幅度，从而确定其追诉时效期限。总之，我国刑法第 87 条中所说的“法定最高刑”，是指犯罪相应条款或量刑幅度的最高刑。

根据最高人民法院的司法解释，追诉时效期限的确定有以下三种情况：

一是所犯之罪的刑罚，分别由几条或几款规定时，按照罪行应当适用的条或款所规定的最高刑确定追诉时效期限。例如，逃离部队罪的刑罚分别由刑法第 435 条第 1 款和第 2 款规定。刑法第 435 条第 1 款规定：犯逃离部队罪的，处 3 年以下有期徒刑或者拘役。第 2 款规定：战时犯逃离部队罪的，处 3 年以上 7 年以下有期徒刑。如果具体案件中犯罪的情况属于平时逃离部队，则按刑法第 435 条第 1 款法定最高刑 3 年确定其追诉时效期限，即追诉期为 5 年；如果具体案件的犯罪情况属于战时逃离部队，则按刑法第 435 条第 2 款法定最高刑 7 年确定其追诉时效期限，即追诉期为 10 年。

二是所犯之罪由同一条文规定了几个量刑幅度时，按照罪行应当适用的量刑幅度的最高刑确定追诉时效期限。例如刑法第 232 条为故意杀人罪规定了两个量刑幅度，即不属于情节较轻的，处死刑、无期徒刑或者 10 年以上有期徒刑；情节较轻的，处 3 年以上 10 年以下有期徒刑。如所犯故意杀人罪不是情节较轻的，则按第一个量刑幅度的最高刑死刑确定追诉时效期限；如所犯故意杀人罪情节较轻，则按第二个量刑幅度的最高刑 10 年确定追诉时效期限。

三是所犯之罪的刑罚只有一个量刑幅度时，按该量刑幅度的最高刑确定追诉时效期限。例如，刑法第244条规定的强迫职工劳动罪的刑罚只有一个量刑幅度，即3年以下有期徒刑、拘役并处或者单处罚金。凡犯强迫职工劳动罪的，均按上述量刑幅度的最高刑3年确定追诉时效期限。

第二，法定最高刑为无期徒刑或者死刑的犯罪，有哪些情况属于经过20年以后必须追诉的。

我们认为，解决这一问题一般应从犯罪人所犯罪行的严重程度，犯罪人在20年以内没有再犯罪的原因，以及犯罪人20年以后是否再犯罪等方面的情况予以考虑。具体来讲，以下几类法定最高刑为无期徒刑或者死刑的犯罪案件，属于经过20年以后必须追诉的案件：(1)所犯罪行特别严重的。例如，故意杀害多人；放火、投毒、决水造成严重后果的等犯罪，20年以后就必须追诉。这类犯罪案件如果20年以后不予追诉，就得不到广大人民群众的理解与支持，同时也不利于威慑社会上一些具有作大案危险性的危险分子，从而使时效制度引起消极的社会效果。(2)潜伏在社会上伺机再犯罪的。犯罪人在犯罪以后20年内没有再犯罪，并不是真正放弃了再犯罪的念头，而是因为时机不成熟，在等待有利时机后再行犯罪，对于这种犯罪人，20年以后也要予以追诉。因为时效制度确立的根据之一就是认为犯罪人已弃恶从善。当有事实表明犯罪人潜伏社会伺机作案时，就说明犯罪人并没有弃恶从善，所以，20年以后仍要予以追诉，否则，就违背了追诉时效制度确立的根据。(3)20年以后又犯罪的。犯罪人在实施了法定最高刑为无期徒刑或者死刑的犯罪后20年内没有再犯罪，但20年以后又犯罪，这说明犯罪人的恶念还没有放弃，具有很大的人身危险性，所以，应该予以追诉。

二、追诉期限的计算

根据我国刑法第78条的规定，追诉期限的计算分为两种情况：一是即成犯的追诉期限计算；一是连续犯和继续犯追诉期限的计算。

(一)即成犯追诉期限的计算

关于即成犯追诉期限的起算从何时开始，各国所采用的标准主要有以下几种：(1)从实行犯罪之日起计算。《瑞士刑法典》第71条第2款的规定即是如此。(2)从行为终了或结果发生时开始计算。例如，《联邦德国刑法典》第78条a规定："时效自可罚之行为终了时开始进行。属于犯罪构成事实之结果嗣后始发生者，自其发生时开始进行。"(3)从犯罪之日起计算。例如，《西班牙刑法典》第114条第1款规定："追诉权时效之日期自犯罪之日起计算。"(4)从构成犯罪之日起计算。《巴西刑法典》第111条第1款的规定即是如此。

我国刑法第89条所规定的即成犯追诉期限的计算标准是"从犯罪之日起计算"。

何谓"犯罪之日"？目前刑法学界对此有以下几种不同的解释：(1)认为"犯罪之日"就是犯罪行为实施之日①。(2)将"犯罪之日"解释为犯罪行为发生之日②。(3)认为"犯罪之日"是指犯罪成立之日③。(4)将"犯罪之日"释明为犯罪行为完成之日④。(5)将"犯罪之日"界定为犯罪行为停止之日⑤。

我们同意上述第三种意见。因为其他几种见解都将解释"犯

---

① 参见高格主编：《刑法教程》，吉林大学出版社1987年第2版，第228页。

② 参见林准主编：《中国刑法教程》，人民法院出版社1989年版，第269页。

③ 参见高铭暄主编：《中国刑法学》，中国人民大学出版社1989年版，第322页。

④ 参见唐大森主编：《现代刑法学》，安徽人民出版社1990年版，第317页。

⑤ 参见周柏森主编：《中国刑法学教程》，兰州大学出版社1988年版，第287页。

罪之日"的落脚点放在犯罪行为上，这就使得他们难以运用于解决以下两类案件的追诉期限计算问题：(1)犯罪行为发生在我国领域外，犯罪结果发生在我国领域内的案件。我国刑法第6条第3款规定：犯罪的行为或者结果有一项发生在中华人民共和国领域内的，就认为是在中华人民共和国领域内犯罪，适用我国刑法。当犯罪行为发生在我国领域外而犯罪结果发生在我国领域内时，要搞清楚犯罪行为的实施、发生、完成、停止之日，是十分困难甚至是不可能的(在他国不提供协助的情况下)，所以，无论是以犯罪行为实施之日，还是以犯罪行为发生之日，抑或以犯罪行为完成或停止之日为标准，都会使这类案件的追诉期限的起算问题陷入困境。(2)结果犯案件。结果犯以某种危害结果的发生为法定必备要件，危害结果不存在，犯罪就不能构成。换言之，在结果犯的情况下，离开了危害结果，行为本身还不能说是犯罪行为。如交通肇事罪，如果离开了他人重伤、死亡或者公私财产的重大损失的危害结果，违反交通运输规章制度的行为，就不能说是犯罪行为。但是，如果以上述种种落脚于犯罪行为的对"犯罪之日"的解释来解决交通肇事犯罪案件的追诉期限起算问题，就只能从违反交通运输规章制度行为的或实施或发生或完成或停止之日起计算，这样，实际上把追诉期限前溯到了非犯罪之日，显然不妥当。由上可见，上述(1)(2)(4)(5)种见解不能适用于解决犯罪行为发生在我国境外而犯罪结果发生在我国境内的案件和结果犯案件的追诉期限起算问题。那么，上述第三种意见是否能很好地解决上述两类案件的追诉期限计算问题呢？回答是肯定的。因为无论是犯罪结果发生在我国境内之日，还是结果犯的危害结果发生之日，都可以涵盖在"犯罪成立之日"的表述之下。

由于法律对不同类型和不同形态的犯罪所规定的构成要件不同，因而其犯罪成立之日的认定标准相应不同：(1)结果犯和犯罪行为发生在我国境外而犯罪结果发生在我国境内的犯罪，其成立之日为犯罪结果发生之日。(2)行为犯以及以某种危害结果的发生为既遂构成所必需的犯罪，其成立之日为犯罪行为实施之日。(3)危险犯的犯罪成立之日为所实施的危害行为已引起了法定的危险状态之日。(4)预备犯的犯罪成立之日为预备犯罪行为被迫停止之日。(5)中止犯的犯罪成立之日，应分别情况予以确定：如果在预备阶段中止犯罪，则犯罪中止成立之日为犯罪成立之日；如果是在着手实行犯罪以后中止犯罪，则不能以犯罪中止成立之日作为犯罪成立之日，而应以犯罪行为施行之日作为其犯罪成立之日，因为在这种情况下，如果将犯罪成立之日确定在犯罪中止成立之日，就会造成中止犯的追诉期限的起算之日比没有中止犯罪的追诉期限的起算之日晚，即意味着前者的追诉期限长于后者的追诉期限。这是显然不合理的，所以，不能笼统地将犯罪中止成立之日作为中止犯追诉期限的起算之日。(6)共同犯罪的犯罪成立之日为整体的共同犯罪行为得以实施之日。例如，甲、乙二人合谋盗窃，甲负责提供作案工具，乙负责潜入现场施窃，在这一案件中，对甲、乙二人的追诉期限起算之日为乙到现场实施盗窃之日，而不是甲的追诉期限起算之日为其提供作案工具之日，乙的追诉期限起算之日为其实施盗窃行为之日。因为在共同犯罪的情况下，各个共同犯罪人的行为构成一个整体的犯罪行为，所有的共同犯罪人都对共同犯罪所造成的危害结果负刑事责任，所以，他们的追诉期限的起算之日应是同一日。(7)结果加重犯的犯罪成立之日为严重危害结果发生之日。

(二)连续犯和继续犯追诉期限的计算

由于连续犯和继续犯具有与即成犯不同的特征，因此，各国立法例一般对连续犯和继续犯的追诉期限的计算标准作出与即成犯追诉期限计算标准不同的规定。例如，《罗马尼亚刑法典》第121条第2款规定的即成犯追诉期限的起算日期为实施犯罪之日；继续犯追诉期限的起算日期为作为与不作为行为停止之日；连续犯追诉期限的起算日期为最后的作为与不作为行为实施之日。又如《瑞士刑法典》第71条规定：即成犯的追诉期限自实行犯罪之日起计算；犯罪行为分多日实行的，追诉期限自最后实行之日起计算；犯罪行为继续的，追诉期限自该一行为终止之日起计算。

我国刑法第87条第1款也是在规定了即成犯的追诉期限的起算标准后，对连续犯和继续犯的追诉期限的起算标准作了专门规定。其具体规定是："犯罪行为有连续或者继续状态的，从犯罪行为终了之日起计算。"这一规定表明，我国刑法为连续犯和继续犯所确定的追诉期限起算标准与上述罗马尼亚和瑞士刑法的规定不同。罗马尼亚刑法和瑞士刑法都是为连续犯和继续犯确定了不同的起算标准：罗马尼亚刑法规定的连续犯的追诉期限的起算标准为最后的作为与不作为的行为实施之日，继续犯的则是作为与不作为行为停止之日；瑞士刑法规定的连续犯与继续犯追诉期限的起算标准分别是：最后实行之日和行为终止之日。我国刑法则为连续犯和继续犯确定了同一的追诉期限起算标准：犯罪行为终了之日。

由于连续犯和继续犯的具体特征不同，因而各自的"犯罪行为终了之日"不同。连续犯是连续实施数个行为且每一个行为都可以单独构成犯罪，因此，在连续犯的情况下，所谓"犯罪行为终了之日"，就是指最后一个犯罪行为成立犯罪之日。例如，某甲基于连续的杀人故意于1994年8月5日、6日、7日分别杀害了乙、丙、丁三人，对某甲的追诉期限应从1994年8月7日开始计算。继续犯是一个犯罪行为处于持续状态，因此，其"犯罪行为终了之日"就是持续状态结束之日。例如，某人自1994年8月13日起将他人非法拘禁至1994年8月16日，1994年8月16日即为其追诉期限起算之日。

三、追诉时效的中断和延长

(一)追诉时效中断

追诉时效中断，是指在追诉时效进行期间，因发生法律规定的事由，使已经经过的时效期间归于失效，追诉期限从法律规定事由发生之日起重新开始计算的制度。

追诉时效中断与追诉时效停止不同。追诉时效停止，是指在追诉时效进行期间，因发生法律规定事由，使时效的进行暂时停止，当法律规定的事由消除后，追诉时效继续进行的制度。追诉时效中断与追诉时效停止的不同表现在：前者是法律规定的事由发生时，已经经过的时效期限归于无效，时效期限重新计算；后者则是法律规定的事由发生时，已经经过的时效期限仍然有效，只是在法律规定事由发生和进行期间，时效停止进行，当法律规定事由结束后，时效期限接着已经进行的时效期限计算。对于犯罪人而言，时效停止较之时效中断更有利于犯罪人。

从各国和地区立法关于追诉时效的规定来看，有的国家刑法同时对追诉时效的中断和停止作了规定，如德国刑法、意大利刑法、瑞士刑法等即是；有的国家刑法只规定了时效的中断，如阿根廷刑法、朝鲜刑法等。我国台湾的刑法则只规定了追诉时效的停止。我国刑法第 89 条第 2 款规定了追诉时效中断，而没有规定追诉时效停止。

关于追诉时效中断的事由或者称条件，各国刑法的规定不尽相同。有的国家刑法对追诉时效的中断规定了比较严格的条件，其中有以追诉时效进行期间犯可以判处一定刑罚以上之新罪为中断之条件的，如前《苏俄刑法典》第 48 条第 2 款规定：“如果在时效期间，犯罪人又犯有依照本法典规定可以判处剥夺自由 2 年以上的新罪的，时效即行中断。”有以追诉时效进行期间犯同类的罪或更重的罪为时效中断的条件的，朝鲜刑法即是如此。有的国家对追诉时效中断条件放得较宽，其中有的国家刑法规定只要在时效进行期间犯了新罪，时效即予中断，如《西班牙刑法典》第 116 条第 2 款规定：“如果犯罪人在完成追诉时效前重新犯罪，则原有时效为之中断。”有的国家刑法甚至规定追诉时效可以因任何刑事侦查机构之行动或法院之行动而中断，《瑞士刑法典》第 72 条第 2 项的规定即是。

我国刑法第 89 条第 2 款规定：“在追诉期限以内又犯罪的，前罪追诉期限从犯后罪之日起计算。”这一规定表明，在我国，追诉时效的中断以犯罪人在追诉期限进行期间又犯罪为条件，至于又犯之罪为何种犯罪，应受何种刑罚处罚，则在所不问。根据上述规定，追诉时效中断后的时效起算的时间为“犯后罪之日”。所谓犯后罪之日，就是后罪成立之日。需要注意的是，后罪作为前罪时效中断的条件，一方面影响前罪时效的计算，另一方面后罪本身也有一个时效计算的问题，其时效起算之日为犯罪成立之日。在追诉时效中断的情况下，不能忽略后罪的时效问题。

（二）追诉时效延长

追诉时效延长，是指由于发生了法律规定的事由，致使追诉期限无限伸延的制度。

我国刑法第88条第1款规定：“在人民检察院、公安机关、国家安全机关立案侦查或者在人民法院受理案件以后，逃避侦查或者审判的，不受追诉期限的限制。”该条第2款规定：“被害人在追诉期限内提出控告，人民法院、人民检察院、公安机关应当立案而不予立案的，不受追诉期限的限制。”这表明，在我国，追诉时效的延长分两种情况。下面分别阐述这两种不同情况追诉时效延长的适用条件。

刑法第88条第1款规定的追诉时效的延长，必须具备下列两个条件：(1)追诉时效延长的事由发生在检察机关、公安机关、国家安全机关立案侦查或者人民法院受理案件之后。在刑事诉讼中，立案是指司法机关对接受的报案、控告、举报或者自首等材料进行审查，初步判明具有犯罪事实和应当追究刑事责任后，作出立为刑事案件的一项活动。侦查是指立案后依照法律进行专门调查工作和采取有关强制性措施。受理案件包括两种情形：一是人民法院受理告诉才处理的犯罪案件或者其他自诉刑事案件；二是人民法院受理检察机关移送起诉的刑事案件。只要追诉时效的延长事由发生在检察机关、公安机关、国家安全机关立案侦查或者人民法院受理案件以后，就可延长追诉时效。至于立案侦查或者受理案件后，上述机关是否对犯罪人采取了强制措施，则不影响追诉时效的延长。关于条文中的“立案侦查”应如何理解，目前刑法理论上有两种观点。一种观点认为，“立案侦查”是指立案并侦查，如果只是立案但还没有开始侦查的，就不存在时效延长问题①。另一种观点认为，刑法第 88 条第 1 款中的“立案侦查”应理解为立案。其理由是：第一，案件从司法机关立案后，行为人就可能逃避侦查或审判，并不是要待侦查后，才能逃避侦查或审判。第二，由于立案后就开始侦查，故“立案侦查”有时就是立案决定侦查的意思，或者说就是立案的意思②。我们认为，上述第二种观点的结论是正确的，其中第一点理由也是成立的，而第二点理由将“立案侦查”直接地解释为就是立案的意思，未免显得有点牵强。从字面上讲，“立案侦查”与“立案”是有明显区别的，前者包括立案和侦查两个方面的内容，而后者则单指立案这一刑事诉讼活动，所以，二者不能同一而语。在我们看来，将刑法第 88 条第 1 款中的“立案侦查”解释为“立案并侦查”是一种文理解释，而这种文理解释与立法精神是相违背的。从立法精神上讲，立法者之所以将 1979 年刑法第 77 条中的“采取强制措施以后”修改为现行刑法第 88 条第 1 款中的“立案侦查”或者“受理案件”以后，是为了使追诉犯罪的法网更加严密。即凡是在进入刑事诉讼程序以后，犯罪人有逃避侦查或者审判行为的，都应该延长追诉时效。而在人民检察院、公安机关、国家安全机关立案后但尚未开始侦查时，犯罪人就可能实施逃避侦查的行为，对立案后但尚未开始侦查时犯罪人有逃避侦查行为的，如果不适用追诉时效延长，很显然与刑法立法精神不符。因此，就立法精神而言，应该将刑法第 88 条第 1 款中的“立案侦查”解释为“立案”。这种解释属论理解释。当文理解释与论理解

① 参见陈兴良著：《刑法疏义》，中国人民公安大学出版社 1997 年版，第 194 页。

② 参见张明楷著：《刑法学》(上)，法律出版社 1997 年版，第 505 页。

释相冲突时，应采用论理解释，所以，我们同意上述第二种观点的结论。(2)追诉时效延长事由的内容是犯罪人有逃避侦查或者审判的行为。何谓逃避侦查或者审判的行为？我们认为确定此类行为，应该以犯罪人的行为是否使人民检察院、公安机关、国家安全机关的侦查活动或者人民法院的审判活动无法进行为标准。凡犯罪人的行为使上述机关的侦查活动或者审判活动无法进行时，即认为是逃避侦查或者审判的行为。据此，下列行为属于逃避侦查或者审判的行为：在被立案侦查或者受理案件后逃跑的；在被立案侦查或者案件受理后，使用虚假证明，证明患有精神病而致使案件被撤销的。那些在侦查、审判过程中，作虚假陈述；抵赖否认罪行；栽罪于他人等行为，不能认为是逃避侦查或者审判的行为。此外，逃避侦查或者审判的行为也是主客观相统一的，即犯罪人的行为在客观上逃避了侦查或者审判，同时犯罪人在主观上具有逃避侦查或者审判的故意和目的。有些情况下，犯罪人的行为虽然在客观上导致了对侦查或者审判的逃避，但犯罪人主观上并没有逃避侦查或者审判的故意和目的，这就不能认为犯罪人有逃避侦查或者审判的行为。例如，犯罪人实施了犯罪行为，并已被有关司法机关立案或者由于被害人的告诉而由人民法院受理案件，但有关司法机关立案后或者人民法院受理案件后并没有通知犯罪人，而犯罪人出于正当的经商目的远走他乡。这种情形下，犯罪人的行为客观上导致了对侦查或者审判的逃避，但其主观上并没有逃避侦查或者审判的目的，因此，不能认为犯罪人有逃避侦查或者审判的行为而对其适用追诉时效的延长。

刑法第 88 条第 2 款规定的追诉时效的延长，必须具备以下条件：(1)被害人在追诉期限内提出控告。具体包括三点内容：其一，被害人提出了控告。所谓被害人，在理论上有广义和狭义之分。狭义的被害人，是指直接受到犯罪行为损害的人。广义的被害人，是指直接受到犯罪行为损害的人及其家属。这里所讲的被害人是广义的被害人。也就是说，提出控告者，可以是直接受到犯罪行为损害的人，也可以是其家属。其二，被害人应当向人民法院、人民检察院、公安机关提出控告。被害人向其他机关提出控告的，不能导致对犯罪人追诉时效的延长。对此，虽然刑法第88条第2款的前半段没有明确指出，但结合该条款后半段的规定，应作此解释。其三，被害人必须在追诉期限内提出控告。如果被害人在过了追诉期限后提出控告，则不能延长犯罪人的追诉期限。(2)人民法院、人民检察院、公安机关应当立案而不予立案。“应当立案”是指符合刑事诉讼法第86条规定的“有犯罪事实需要追究刑事责任”的立案条件，应当立案侦查的。“不予立案”是指人民法院、人民检察院、公安机关在接到被害人的控告后本应决定立案但却决定不立案。“应当立案”与“不予立案”相辅相成，只有二者同时具备，才能适用追诉时效的延长。“不予立案”是一种结果，容易认定，而是否应当立案，则需要判断。这种判断既不能由提出控告的被害人作出，也不能由原来审查被害人控告的有关司法机关的工作人员作出，而是应由有关机关重新指定工作人员进行审查认定。否则，就会“公说公有理，婆说婆有理”，得不出正确的结论。

四、追诉时效的立法完善

我国现行刑法关于追诉时效的规定，基本上是值得肯定的，但仍存在着需要完善之处。为此，我们提出以下两个方面的立法建议。

(一)增加关于单位犯罪追诉时效期限的规定

由于刑法第87条所确定的追诉时效期限是以表现为自由刑和生命刑的法定最高刑为标准的，显然只能适用于自然人犯罪，而不能适用于单位犯罪。但我国刑法分则规定了一百几十种单位犯罪，分布于刑法分则各章。这就要求对单位犯罪的追诉时效问题作出相应的规定，否则，对犯罪单位的追诉时效期限就无法确定。

也许有人认为，在单位犯罪的情况下，对单位的追诉时效期限应适用其直接责任人员的追诉时效期限，即单位犯罪中直接责任人员的追诉时效期限依法是多少年，对单位的追诉时效期限就是多少年。我们认为，这种主张可以作为权宜之计，但从严格科学的角度讲，则是不可取的。这是因为：第一，在单位犯罪的情况下，虽然单位与直接责任人员之间有着紧密的联系，但是，二者毕竟是两种性质不同的犯罪主体，因此，法律规定的直接责任人员的追诉时效期限，就不能适用于单位。第二，在单位犯罪的情况下，单位的刑事责任的大小并不总是与直接责任人员的刑事责任的大小相一致的。有的情况下，单位犯罪的直接责任人员应负的刑事责任大，而单位应负的刑事责任小；有的情况下则反之。如果笼统地将单位犯罪中直接责任人员应适用的追诉时效期限适用于单位，那就势必造成追诉期限的长短与刑事责任大小脱节的现象。第三，我国刑法第 87 条是以法定最高刑为不同期限的自由刑和生命刑的根据来确定追诉时效期限的，而单位犯罪的法定刑都是罚金，因此，将刑法第 87 条关于追诉时效期限的规定适用于犯罪单位，未免太牵强附会。总之，在单位犯罪的情况下，从严格的角度讲，犯罪单位的追诉时效期限不能适用直接责任人员的追诉时效期限，其追诉时效期限问题应该通过立法途径求得真正的解决。

为了使关于犯罪单位的追诉时效期限的立法规定科学、具体，我国目前刑事立法对犯罪单位的处罚规定得过于抽象的现状必须改变。目前我国刑事立法对犯罪单位的处罚均抽象地规定判处罚金，在这种情况下，如果要规定犯罪单位的追诉时效期限，就只能为所有的犯罪单位确定一个统一的追诉期限，这样就体现不出追诉期限与犯罪社会危害程度相一致的精神。因此，为了使追诉时效期限与犯罪的社会危害程度相一致的精神贯彻于犯罪单位追诉时效期限的立法规定之中，首先要使犯罪单位的法定刑具体化。也就是说，在立法上要根据单位所犯罪行的性质以及同种犯罪的不同情况，确定数额幅度不同的罚金，在此基础上，再根据法定的罚金最高数额，确定犯罪单位不同档次的追诉时效期限。

(二)废除时效延长规定，确立时效停止制度

我国现行刑法第 88 条对追诉时效延长进行了规定，这一规定为避免某些犯罪分子钻追诉时效的空子提供了法律保障，但又存在着一个无法解决的问题，即在追诉时效延长原因消除以后，时效期限如何计算的问题。例如，某甲犯了法定最高刑为不满 5 年有期徒刑的罪，追诉时效为 5 年。甲是在实施犯罪 1 年以后被公安机关立案侦查，随即逃跑，3 年后向公安机关自首。在这一案件中，甲逃跑期间的 3 年，当然不能计算在追诉期限内，但是，在其自首后，就有一个追诉期限计算的问题。因为在甲自首后公安机关有可能因故不行使追诉权，超过 5 年的，就不能再追诉甲。在这种情况下，甲在被抓获以前经过的 1 年时间是否计算在法定的追诉期限内，以及甲自首后的追诉时效从何日开始进行，刑法第 88 条都没有明确规定，这表现了追诉时效延长制度的不足。用追诉时效停止制度取代追诉时效延长制度，上述问题就不复存在。而且，追诉时效停止制度同样具有防止那些被采取强制措施后逃避侦查、审判的犯罪分子钻追诉时效空子的功效。所以，我们主张以追诉时效停止制度取代追诉时效延长制度。关于追诉时效停止制度的具体内涵和特点见本节第三部分。

在追诉时效停止制度取代追诉时效延长制度后，应为追诉时效停止规定较追诉时效延长更加广泛的事由。除了在立案侦查或者受理案件后有逃避侦查或者审判的行为，被害人在追诉期限内提出控告，应当立案而不予立案这两种情况可引起追诉时效停止外，诸如自然灾害、战乱等不能使追诉活动开始或继续的情况，也应纳入追诉时效停止事由的范围。

第三节　建立我国行刑时效制度的探讨

一、建立行刑时效制度的意义

行刑时效制度的基本内容是：由法律规定对判处刑罚的犯罪人执行刑罚的有效期限，超过有效期限，刑罚不再执行。在我国，建立行刑时效制度具有以下几个方面的意义：

1. 与我国刑罚执行的目的相一致。在我国，对被判处刑罚的犯罪分子执行刑罚，其目的就是通过对犯罪人的惩罚与改造，使其不再犯罪，成为一个守法的公民。当犯罪分子被判处刑罚以后，由于一定的原因没有执行，且超过了一定期限而没有重新犯罪，这表明，在没有执行刑罚的情况下，刑罚执行的特殊预防效果已经达到，因此，完全没有必要再去执行刑罚。所以，行刑时效与我国行刑目的是相吻合的。

2. 有利于将人力、物力和财力集中用于关押和改造正在执行刑罚的犯罪人。我国是一个发展中的国家，经济还不发达，用于执行刑罚的人力、物力和财力都十分有限。与其将有限的人力、物力和财力用于那些已时过境迁不需要再执行刑罚的犯罪人身上，还不如将它们集中用于关押和改造正在执行刑罚的犯罪人，以使改造罪犯工作收到更好的效果。

3. 有利于我国关于时效的规定与国际接轨。从各国的刑事立法来看，大多规定了行刑时效制度。我国是一个对外开放的国家，正在积极地谋求各方面与国际社会的交流，谋求与国际社会的通行做法接轨。既然世界各国的刑事立法大多对行刑时效进行了规定，这说明行刑时效制度是国际社会的一种通行刑法制度。我国刑法增设这一制度，可以使我国的做法与各国的通行做法接轨，有助于我们与国际社会的刑法交流，从而使我国刑法在国际社会发挥影响。

我国刑法学界有人曾经在论述1979年刑法没有规定行刑时效的理由时指出，判处刑罚而未予执行的主要原因有战争或重大的自然灾害；审判机关或刑罚执行机关的疏漏；罪犯脱逃三种。在这三种情况中，前两种在中华人民共和国成立以来的司法实践中尚未出现过。第三种情况可能发生，但如果因脱逃超过一定期限就不再执行已经判处的刑罚，就可能对被判刑后的犯罪分子的脱逃，起到变相的鼓励作用①。

我们认为，上述理由缺乏足够的说服力。首先，虽然中华人民共和国成立以来尚未出现过因战争或重大的自然灾害，因审判机关或刑罚执行机关的疏漏而没有执行刑罚的情况，但以前未出现过不等于以后就不会出现。刑事立法固然要建立在社会现实生活经验之上，但有时却要超越社会现实生活经验，即要具有前瞻性。如果一切都要等到社会生活中已经发生了才立法化，那么，我们的刑事司法实践就会经常处于被动的境地。所以，以前没有出现过因战争或重大自然灾害以及审判机关或刑罚执行机关的疏漏而不执行刑罚的情况，不能成为刑法不规定行刑时效的根据。其次，对于被判处刑罚后脱逃而经过一定期限没有重新犯罪的犯罪分子不再执行原判刑罚，也许在某种程度上对被判处刑罚后的犯罪分子脱逃起到鼓励作用，但是，减少和杜绝这类犯罪分子脱逃，应该在加强有关的防卫工作上多花力气，而不能因为犯罪分子脱逃就永远地保留执行其刑罚的权力，这样对犯罪分子未免不公平。何况对这类脱逃的犯罪分子不再执行原判刑罚，既可节省人力、物力、财力，又已达到了执行刑罚的目的，总的来讲，是利多弊少。所以，变相鼓励犯罪分子被判处刑罚后脱逃的消极因素，也不足以阻止我国刑法增补行刑时效的规定。

---

① 参见高格主编：《刑法教程》，吉林大学出版社1987年版，第226页。

总之，在刑事立法上确立我国行刑时效制度是必要的。

二、我国行刑时效制度的具体立法内容

世界各国刑事立法大多对行刑时效作了规定，这为建立我国行刑时效制度提供了可资借鉴的立法经验。参照各国刑事法律关于行刑时效的规定，我们认为，我国刑法关于行刑时效的规定应该包括以下几个方面的内容：

1. 行刑时效期限及其起算。行刑时效期限，是对被判处刑罚的犯罪分子执行刑罚的有效期限。行刑时效期限及其从何日开始计算，是行刑时效制度的首要内容。

关于行刑时效期限确定标准，各国立法例有两种不同的做法：(1)以罪为标准，按照犯罪的种类、轻重确定行刑时效期限。例如，《法国刑事诉讼法典》第763条、第764条和第765条分别规定：重罪案件判决所判处的刑罚，行刑时效期限为20年；轻罪案件判决所判处的刑罚，行刑时效期限为5年；违警罪判决所判处的刑罚，行刑时效期限为2年。采此做法的还有比利时、葡萄牙、埃及等国刑法。(2)以刑为标准，按宣告刑的轻重确定行刑时效期限。此种做法为大多数国家刑法所采用。例如，《瑞士刑法典》第73条所确定的行刑时效期限为：终身重惩自由刑，30年；10年以上重惩自由刑，25年；5年以上10年以下重惩自由刑，20年；5年以下重惩自由刑，15年；其他之刑，5年。我国刑法没有重罪、轻罪、违警罪的划分，因此，行刑时效期限的确定只能以刑为标准，按照宣告刑的轻重划分为不同的档次。至于具体划分几个档以及每档的时限是多少，需要立法者在认真调查研究和听取各方意见的基础上予以决定。

关于行刑时效的起算，有的国家刑事法律规定自判决确定之日起算，如《德国刑法典》和《法国刑事诉讼法典》的规定即是如此。有的国家刑法规定，行刑时效自终局判决之日或逃脱之日起算，如《奥地利刑法典》即是。有的国家刑法对行刑时效的起算

规定得比较详细、具体，即区分不同情况确定不同的起算之日。例如，《意大利刑法典》第 172 条第 4 款和第 5 款规定：刑之消灭期间自处刑确定之日或受刑人逃避刑之执行日起算；刑之执行附有条件或期限者，消灭期间自期限届满或条件发生日起算。

我们认为，我国刑法在规定行刑时效的起算标准时，应仿效上述《意大利刑法典》的做法，但在具体的内容上有所不同。其规定的具体内容如下：(1)行刑时效期限自判决确定之日或被判刑人逃避刑罚执行之日起计算；(2)判处缓刑被裁定撤销的，行刑时效期限自撤销缓刑，新的判决确定之日起计算。这样的规定，既将由于逃避刑罚执行而引起的时效起算标准与由于其他原因而引起的行刑时效起算标准区别开来，又明确了因撤销缓刑裁定执行刑罚而引起的行刑时效起算标准，因而是全面、具体的。

2. 行刑时效中断。行刑时效中断，是指在行刑时效进行过程中，因为发生法律规定的事由而使行刑时效的进行中断，行刑时效从法律规定的事由结束之日起重新计算的制度。

各国立法关于行刑时效中断的条件规定得不尽一致。有的国家刑法规定：在完成行刑时效前重新犯罪的，则中断行刑时效。《西班牙刑法典》的规定即是如此。有的国家刑法分别对生命刑和自由刑、财产刑的行刑时效中断条件进行了规定。例如，《日本刑法》第 34 条规定："(一)时效期间在因执行刑罚而逮捕犯人时中断。(二)罚金、罚款和没收的时效期间，因采取执行行为而中断。"上述第一种规定否认被判处财产刑的犯罪人虽未在行刑时效期间重新犯罪也有时效中断的问题，这是不妥的。因为在实践中，确有刑罚执行机关已经对被判处的财产刑采取了执行行为(如下达执行令)而刑罚仍久拖不能执行，且被判刑人也没有重新犯罪的情况，如果行刑时效中断的条件中不包括对财产刑采取了执行行为而犯罪人没有重新犯罪的情况，那么，就会使一些犯罪分子钻行刑时效的空子，逃避刑罚的惩罚。上述第二种做法没有将被判刑人重新犯罪作为行刑时效中断的条件，也是不合理的。因为在现实生活中，有的被判刑的犯罪分子既没有因执行刑罚而被逮捕，又没有在被判处财产刑后被有关机关采取执行行为，但在行刑时效期间犯了新罪。这类犯罪分子主观恶性深，社会危险性大，如果不因其重新犯罪而中断前罪所判刑罚的行刑时效，对于惩治犯罪、预防犯罪都是不利的。鉴于上面所述，我们认为，我国刑法在规定行刑时效中断时，应该溶合上述两种做法，对行刑时效中断的条件作出全面规定。其条文可作以下具体表述：行刑时效因被判刑人重新犯罪而中断；罚金、没收财产的行刑时效还因采取执行行为而中断。

3. 行刑时效停止。行刑时效停止，是指在行刑时效进行过程中，因发生法律规定的事由而使时效停止进行，于法律规定的事由结束时时效继续进行的制度。

关于行刑时效停止的条件，各国立法一般限制在依照法律规定不能开始执行其刑罚或继续执行其刑罚的范围内。例如，《日本刑法》第 33 条规定："时效期间在依照法令缓期执行或者停止执行刑罚期间内停止进行。"《阿根廷刑法典》第 33 条作了与上相同的规定。我们认为，我国刑法可以参照上述立法例的规定，确定我国行刑时效停止的条件。

第二十章　赦　　免

第一节　赦免概述

一、赦免的概念

赦免又称恩赦，是指国家免除或减轻犯罪人之罪责或刑罚的制度。

赦免制度，渊远流长。在我国现有资料中，最古的是《周礼·司刺》的三赦："一赦曰幼弱，再赦曰老旄，三赦曰惷(音童)愚。从制度成熟的程度看，决非创始于周代，而是承自商代甚至夏代的。"①另在《尚书·舜典》、《尚书·吕刑》中，分别有"眚灾肆赦"和"五刑之疑有赦"之说。秦虽以严刑峻法著称，特别是秦始皇"乐以刑杀为威"、"刚毅戾深，事皆决于法"，因而史书有"久而不赦"之记载，但在秦始皇之前的昭襄王、孝文王、庄襄王都曾大赦天下，秦二世胡亥在秦始皇死后不久就发布过大赦令。汉代更有赦除减等之制，唐律则有赦降之例，宋、明、清律因袭唐制，亦有赦免之律。总之，中国古代自夏商以后几千年

① 参见蔡枢衡著:《中国刑法史》，广西人民出版社 1983 年版，第 185 页。

都有赦免之制。历代帝王凡遇“受帝位”、“改年号”、“获奇物”等重大喜庆之事，往往都要赦免罪犯。欧洲国家也是如此。早在中世纪以前，欧洲国家就有赦免制度，如古代雅典刑法有受害者“赦免”加害者的规定。在整个封建制时期，欧洲国王都享有赦免特权。法国资产阶级革命胜利后，虽然废除了国王的赦免特权，但却保留了立宪会议的赦免权，而且拿破仑时代又恢复了国家元首的赦免特权，并被欧洲各国沿袭至今。目前世界各国的法律，大都规定有赦免制度，只不过现代的赦免制度与古代的赦免制度有很大的差别。

现代各国的赦免制度一般由宪法或行政法(如恩赦法)所规定，而不在刑法中规定。只是由于赦免的对象是犯罪人，赦免的结果总是追诉权或行刑权的丧失，从而导致罪或刑的消灭，而且赦免命令往往要由司法机关具体执行，因而各国都把赦免制度纳入刑法学中来研究。另外，赦免一般是由国家元首或政府首脑根据其行政权而命令实施。如美国宪法规定，总统和州长有特赦权；旧中国宪法规定，总统有依法行使大赦、特赦、减刑及复权之权；日本法律规定，内阁有赦免特权(但须经天皇认证)。正因为赦免在许多国家是一种行政特权，通常以行政命令的形式施行，所以，有些学者认为，赦免是一种行政处分①。由此可见，赦免作为一种刑罚消灭的制度，与其他刑罚消灭制度的显著差别在于，赦免一般是由于行政命令使刑罚消灭，而假释、缓刑、超过时效期限致使刑罚消灭，则是由于刑法的明文规定或司法机关的裁判。对何种犯罪及哪些犯罪人赦免其罪或刑，赦免之前一般无明文规定；但对超过时效期限、假释和缓刑考验期限届满者，免予追诉或免除其刑的执行，则事先在刑法中有明文揭示。

---

① 参见高仰止著：《刑法总则之理论与实用》，台湾五南图书出版公司1986年版，第583页。

二、赦免的意义

关于赦免制度之利弊及有无设置必要的问题，国外学者间早有争议。反对设立此制者认为，赦免之制有诸多弊害：(1)赦免是从恩赐观点出发，会助长受刑者的侥幸心理，对教育改造罪犯不利；(2)赦免是对犯罪人无原则的宽大，会降低国家的威信，破坏法律的尊严，于建立法制国家不利；(3)犯罪分子被赦免之后，会在社会上产生不良的效应：被害人由于没有得到慰藉而求助于私人报复，一些不稳定分子也会产生攀比之心，从而导致犯罪率上升①。赞成设赦免制度者认为，赦免制度对社会、政治、经济情况和国事的气候起调节作用，对用重刑可起缓和作用，因而，应设立赦免制度。还有人认为，赦免对罪刑法定主义虽不起破坏或削弱作用，但对法的稳定性(改变原判)起一定削弱作用，所以，不能轻易适用，而应采取极为慎重的态度，少适用或不适用②。

主张设立赦免制度的论者，大都强调其积极作用。除上述认为赦免制度对国家政治、经济形势以及刑罚本身起调节作用的观点之外，在日本还有不少学者认为，赦免具有补充法律不足的作用(或者说是补充法律不足的一种重要手段)。例如，有的学者指出："法律就其性质而言则属于统一的和不变的，在各种特殊情况或事后情况发生变化时，往往会产生不恰当的后果。作为补充它的手段就是赦免。"大赦"是在政治和社会条件发生变化后，不宜再原样适用犯罪时或审理时的刑罚法规时适用。"特赦"主要是为了对那些个别不妥的事例结果进行补救。"③我国近来有学

---

① 参见马克昌等主编：《刑法学全书》，上海科学技术文献出版社 1993 年版，第 239 页。

② 参见甘雨沛等编：《外国刑法学》，北京大学出版社 1984 年版，第 569 页。

③ 参见[日]福田平、大塚仁编：《日本刑法总则讲义》，辽宁人民出版社 1986 年版，第 250—251 页。

者提出："认为赦免可以起调节作用或补充法律不足的看法，……都没有揭示赦免制度的实质。""从本质上看，赦免制度的主要功能是统治阶级用来调节、平衡各种关系的手段之一，它的实质是从政治需要出发，以更有利于维护统治秩序为归宿。"①我们认为，这种观点很有见地，从揭示赦免制度的本质而言，确实无可厚非。但是，应该看到，任何一种政治制度和法律制度，都无外乎是统治阶级从自己的利益或政治需要出发而设立，并用来调整一定的社会关系和维护统治秩序的，因此，仅仅只说赦免制度具有调节、平衡各种社会关系和维护统治秩序的功能(或作用)，尚不足以反映赦免制度的特殊性。实际上，赦免制度同其他法律制度相比，只是其政治色彩更浓厚一些。特别是在剥削阶级统治的国家里，赦免的实施往往是剥削阶级为平息被剥削阶级对其军事、政治镇压的不满情绪，缓和阶级矛盾；或为笼络人心，粉饰太平，借庆典之际以显示"皇恩浩荡"；或为缓解统治阶级内部的矛盾，作为开脱某些内部人物罪责的手段；或为谋求政敌的谅解，为表示对某一国家、民族的友好等而实施。

纵观古今中外各国的赦免制度，虽然同其他政治法律制度一样，归根到底都具有调整社会关系，满足政治需要，维护统治秩序的作用，但是，其最突出或直接的作用，还是补充法律之不足。因为法律(特别是刑法)具有相对的稳定性，其适用条件比较严格。如刑法之中的假释、缓刑、减刑等减轻刑罚的制度，同赦免所产生的客观效果相似。可是，这些制度对罪犯所判刑罚的轻重、服刑期限的长短、服刑中的表现等有严格规定，往往不能适应特殊形势下减免犯罪人罪责与刑罚的需要。而赦免制度在适用上比较灵活，正好可以作为补充手段以满足统治阶级的政治需要。从现代各国赦免的实施情况就可以清楚地看出这一点。例如，本世纪50年代，美国因朝鲜战争和越南战争而遭到全世界

① 参见高铭暄主编：《刑法学原理》，中国人民大学出版社1994年版，第674页。

人民(包括美国人民)的反对，70 年代越南战争结束后，美国对战争期间的逃兵和逃避服兵役的犯人实行了大赦。本来战争期间的逃兵和逃避服兵役者，按照美国乃至世界各国的法律，都应该负刑事责任，但是，对于逃避一场被证明是错误的战争的人，仍让其受刑罚处罚，显然不合适，为了解决这一问题，就采用大赦的办法予以补救。再如，前苏联反法西斯的卫国战争结束后，苏德之间战争状态停止，国际形势发生了很大变化，对在卫国战争期间由于胆怯或不觉悟而被引诱与占领者合作的苏联公民(除因杀害和残酷折磨苏联公民而被判刑的宪警特务人员外)，已无长期监禁和以犯罪人对待的必要，而采用假释、减刑等刑法措施又不能很好地解决这一问题，于是，苏联最高苏维埃主席团于 1955 年发布命令，大赦了这些罪犯。正因为赦免是一种比较灵活的消灭刑罚的制度，它可以补充刑法规定的假释等刑罚制度之不足，以满足统治阶级的政治需要，所以，各国大都设有赦免制度。

三、赦免的种类

在刑法理论上，采用不同的标准，可以对赦免作不同的分类。根据赦免方法的不同，可以把赦免分为政令赦免与个别赦免两类。其中，政令赦免是指国家元首或政府首脑颁布政令，对各种罪犯或某些类型的罪犯一律赦免，大赦即属政令赦免。个别赦免则是指对特定的罪犯实行个别的赦免，特赦、刑的执行的免除即为个别赦免。减刑、复权在大赦令中附带实行时，属政令赦免的范畴，在其他场合实行则为个别赦免。根据赦免是否受一定时间的限制，可以分为常时赦免与特别赦免。常时赦免是指只要经过一定的机关或个人提出，即可随时实行的赦免，特赦一般属于常时赦免。特别赦免是指以一定的时期作为标准而实行的赦免①。另外，根据赦免的具体表现形式的不同，可以分为大赦、

① 参见[日]小川太郎著:《刑事政策论讲义》第 3 分册，法政大学出版社 1981 年版，第 224 页。

特赦、减刑、刑罚执行的免除、复权等等。这是一种最常见的分类方法，也是许多国家和地区法律有明文规定的，只不过各国和地区法律规定的赦免的具体表现形式有所不同，有的规定得多一些，有的规定得少一些。如日本恩赦法规定的赦免包括前述5种，而我国台湾地区的赦免法则只有大赦、特赦、减刑、复权等4种形式。下面我们对赦免的几种常见表现形式，分别作些阐述。

(一)大赦

大赦通常是对某一时期内犯有一定罪行的不特定的犯罪人免予追诉或免除其刑罚执行的制度。

大赦的对象既可能是整个国家某一时期的各种罪犯；也可能是某一地区的全体罪犯；还可能是某一事件的全体罪犯。这最后一类罪犯通常是政治犯、军事犯或宗教犯。

大赦的程序通常是由政府首脑或内阁决定，并向议会提出大赦案，经议会通过，尔后由国家元首或政府首脑公布施行。但在某些国家大赦毋需经过议会。如日本恩赦法规定，大赦由内阁决定，经天皇认证，即可实行。

大赦的效力有二：(1)已受罪刑宣告的，其宣告为无效；(2)未受罪刑宣告的，其追诉权消灭。具体地说，如果犯罪未经起诉，其刑罚请求权(或追诉权)当然消灭；如果犯罪已经起诉且判决已确定，其刑罚裁量权归于消灭；如果犯罪在侦查、起诉中，应作不予起诉或撤销案件的处理；如果判决已经宣告罪犯正在受刑罚执行的，应取消其执行；如果在假释或缓刑考验期内，则应使其裁判归于无效。另外，大赦令一经颁布，受赦免者不仅其刑罚予以消灭，而且其犯罪行为在法律上也完全消失，原所犯之罪不能作为累犯成立的条件，也不能再视为前科(仅就实行前科制度的国家而言)。

(二)特赦

特赦通常是指对受罪刑宣告的特定犯罪人免除其罪或刑的制

度。

关于特赦的效力，各国的规定不一，大体上有两种类型：一是特赦的效力及于罪和刑。它既可以使罪犯所受的有罪宣告归于无效，又可以使其刑罚消灭。如果特赦后再犯罪，被赦免之罪不能成为累犯的条件。日本的特赦即属此种类型。二是特赦的效力仅仅只及于刑，而不及于罪。也就是特赦只是对所宣告的尚未开始执行或尚未执行完毕的刑罚免除执行，而不能使原来所宣告的罪消失，如果受特赦后再犯罪，被特赦之罪可以成为累犯的条件。我国的特赦就属于这种类型。此外，还有的国家或地区是根据具体情况兼采两种不同效力的特赦制度，即在通常情况下，经特赦者只是免除其刑罚的执行；但在特殊情况下，特赦也可使罪刑之宣告同时失效。前者被称之为普通特赦，后者被视为特别特赦①。

关于特赦与大赦的区别，学者们一般认为主要有以下几点：

(1)大赦对于一般的犯罪或特定的犯罪，均可普遍实行；特赦只能对特定人的特定犯罪实施。

(2)大赦有消灭罪刑宣告的效力；特赦在多数国家的大多数情况下都只能免除刑的执行，而不能使宣告之罪归于消灭。

(3)大赦对于其所赦免的犯罪，无论在判决前或判决确定后均发生效力；而特赦之效力，仅及于判决确定后的犯罪，对判决确定前的犯罪，不能实行特赦。

(4)大赦是以全国，或某一地区、某一事件的全体犯罪人为对象，因而通常包括很多人，并且不需要注明被赦者的姓名；而特赦是以特定犯罪人为对象，既可能是多人，也可能只是一人，一般需要说明被赦者的姓名。

(5)大赦通常要经过立法程序，制定成法律；而特赦一般不

---

① 参见张灏编著：《中国刑法理论及实用》，台湾三民书局1980年版，第432页。

须经过此程序，往往是经一定的机关、团体或个人提出申请，由有特赦权的国家元首、最高行政机关或政府首脑决定即可实行。

(6)大赦之罪不可能成为累犯的基础；而特赦之罪通常有可能成为累犯的基础(也有少数国家例外)。

此外，大赦涉及面广，社会影响大，适用程度又较为复杂，因而许多国家都很少适用，有的国家甚至完全不用。相比之下，特赦只是对特定犯罪人施行，涉及面小，实行起来比较灵活方便，所以，成为赦免罪犯的常用手段。

(三)刑罚执行的免除

刑罚执行的免除，是指对受刑罚宣告的特定的犯罪人，免除其刑罚之执行的制度。

刑罚执行免除的对象，是已受刑罚宣告的特定的犯罪人。判决尚未确定，或者判决已确定，但并未受刑罚宣告的人(如受缓刑宣告而缓刑考验期又尚未届满的人)，或者刑罚已执行完毕的，均不能适用刑罚执行的免除。刑罚执行免除的效力是使刑罚执行权消灭，即犯罪人不须执行被判处的刑罚。凡是被判处自由刑且已受关押的应予释放；被判处财产刑的，则不再交纳金钱或实物。但如果已经交纳了一部分的，也不能退还给犯罪人，这是由赦免的效力不具有溯及力的原则所决定的。另外，刑罚执行的免除，并不能使有罪宣告无效，甚至还不能使刑的宣告无效，而只是对已宣告的刑罚免予执行，使刑罚的执行权消灭。因此，获刑罚执行免除的人，如果再犯罪时，以前所犯被免除刑罚执行之罪，可以成为累犯的条件。

刑罚执行的免除不同于刑的免除(我国称之为免予刑事处分)。刑的免除是由法官依据刑法的规定，不对犯罪人宣告刑罚；而刑罚执行的免除是在法官对犯罪人宣告刑罚之后，通过赦免程序，使犯罪人不执行所宣告的刑罚。正因为如此，受刑的免除的人再犯罪时，以前所犯之罪不能成为累犯的条件；而受刑罚执行免除的人再犯罪时，前罪当然可以成为累犯的条件。

应当指出，刑罚执行的免除仅在规定特赦的效力及于罪和刑的国家才有(如日本)，而在规定特赦的效力只及于刑的国家则没有(如我国)。这是因为，特赦的效力如果仅仅只及于刑(不及于罪)，那就意味着特赦只能免除被告人的刑罚，而不能免除其罪，这同刑罚执行的免除的效果是一样的，所以，毋庸在特赦之外另规定刑罚执行的免除。但在规定特赦的效力及于罪和刑的国家，特赦不仅使对犯罪人所宣告的刑罚消灭，而且使其所犯之罪消失，这与刑罚执行的免除有很大差别：前者影响累犯的成立，而后者不影响累犯的成立；在有前科规定的国家，前者意味着前科消灭，后者则不能消灭前科。正是为了体现这种差别，这些国家才在特赦之外，另设了刑罚执行的免除的制度。

(四)减刑

减刑是指对受罪刑宣告的人，减轻其刑罚的制度。

赦免中的减刑有一般减刑和特别减刑之分。一般减刑，又称全国性减刑或普遍性减刑，是指对一般犯罪或特定种类或判处特定刑罚的犯罪全部实施的情形。一般减刑与大赦性质相同，应按大赦程序办理。与大赦不同的是，大赦将使科刑判决之效力全部丧失，而一般减刑仅仅只是改变科刑判决之内容，并不足以使科刑判决的效力丧失。另外，大赦不仅赦免罪犯之刑，而且还赦免其罪；而一般减刑只减轻罪犯之刑，并不赦免其罪。如果以后再犯，经大赦者，所赦之罪不能成为累犯的条件；而经减刑者，被减刑之罪可以成为累犯的条件。由此不难看出，大赦有过分宽待罪犯之嫌，减刑则无此弊端。因此，一般认为，如有赦免之必要，通常不宜采取大赦的方式，而应实行一般减刑。即使确有大赦之必要，也要与一般减刑同时施行，而非单独实行大赦。

特别减刑，又称个别减刑或特定减刑，是指对犯某罪的特定犯罪人实施的减刑。特定减刑与特赦的程序相同，它既可以对特定的某一个罪犯施行，也可以对特定的多数罪犯实行。特定减刑还可以分为刑的减轻和刑的执行的减轻两种情形。前者是指对刑罚本身(即宣告刑)予以减轻，后者是指对刑罚的执行，即执行刑予以减轻。对于缓刑而言，由于在缓刑考验期内，刑罚并未执行，只存在执行的可能性，所以，对判缓刑者减刑，只能是对刑罚本身(或宣告刑)予以减轻，而不是减轻执行刑。对缓刑减刑之后，缓刑考验期还可以缩短①。

无论是一般减刑还是特别减刑，都可以在刑罚执行之前，或者在刑罚执行过程中实行。甚至对已经假释，而又尚在考验期内的罪犯，也可以减刑，其假释考验期随之缩短。但是，如果刑罚已经执行完毕，而遇全国性减刑，则由于对其减刑已无实益，故不予减刑。减刑的方法，可以是变更刑种，如死刑减为无期徒刑或者有期徒刑，无期徒刑减为有期徒刑；也可以是降低刑度，如有期徒刑、拘役之期限缩短，罚金之数额减少，等等。

特别值得一提的是，赦免中的减刑与刑法中的减刑，虽然立足点都在于减轻被判刑人的原判刑罚，其后果也都是使刑罚执行权部分消灭，但两者又有明显的不同：

(1)性质不同。赦免中的减刑是国家赦免制度之一，它通常由宪法和有关行政法(如赦免法)所规定，属于行政制度的范畴。刑法中的减刑是刑法执行制度之一，它由刑法和刑事诉讼法所规定，属于司法制度的范畴。

(2)适用的机关和程序不同。赦免中的减刑，是按赦免程序，由国家元首、政府首脑、国家最高立法机关或国家最高行政机关决定，并且一般是以政令公布实施。刑法中的减刑，则是由司法机关按刑事诉讼程序作出裁定。

(3)适用的对象不完全相同。赦免中的减刑，可以对一般犯罪或特定种类犯罪的全部犯罪人实施(也可以只对个别特定犯罪人实施)。刑法中的减刑，则只能对特定的犯罪人实施，不能对

---

① 参见[日]木村龟二主编、顾肖荣等译：《刑法学词典》，上海翻译出版公司1991年版，第461页。

一般犯罪或特定种类犯罪的全部罪犯都实施。另外，赦免中的减刑，可以适用于被处缓刑和被假释的罪犯，而刑法中的减刑，一般不适用于这类罪犯。

(4)适用的条件不同。刑法中的减刑，只能在罪犯已开始服刑后才能适用。而赦免中的减刑，可以在刑罚执行前适用，即可以对宣告刑予以减轻；刑法中的减刑，只能适用于服刑中有悔改表现的罪犯，而赦免中的减刑，并无此限制条件，对无悔改表现的罪犯也同样适用；刑法中的减刑，在减轻的刑度上有限制，即经过减刑后罪犯实际服刑的刑期不能低于一定的限度，而赦免中的减刑，没有固定的最低限度。

(五)复权

复权是国家对因犯罪而丧失或被停止某种权利(或资格)的人使其重新享有该种权利(或资格)的一种制度。对此制度，我们将在后面有关章节作专门研究，在此不赘述。

第二节　我国的特赦制度

一、我国的特赦制度及其实行概况

我国1954年宪法曾规定有大赦和特赦制度，并将大赦的决定权赋予全国人民代表大会，特赦的决定权赋予全国人大常委会，大赦令和特赦令则由国家主席发布。1975年、1978年和现行宪法都只有特赦的规定，这表明我国已取消了大赦制度，因此，我国现行刑法中所指的赦免(如刑法第65条、第66条)实际上只限于特赦。根据我国现行宪法第67条和第80条的规定，特赦经全国人大常委会决定，由国家主席发布特赦令。

中华人民共和国成立以来，我国只实行过特赦而从未实行过大赦。迄今为止，共实行过七次特赦。第一次是在中华人民共和国成立10周年庆典前夕(1959年9月17日)，对在押的确已改恶从善的蒋介石集团和伪满洲国的战争罪犯、反革命罪犯和普通刑事犯实行的特赦。此次特赦令规定：(1)蒋介石集团和伪满洲国的战争罪犯，关押已满10年，确实改恶从善的，予以释放。(2)反革命罪犯，判处徒刑5年以下(包括判处徒刑5年)、服刑时间已经达到刑期1/2以上，确实改恶从善的；判处徒刑5年以上，服刑时间已经达到刑期2/3以上，确实改恶从善的，予以释放。(3)普通刑事罪犯，判处徒刑5年以下(包括判处徒刑5年)，服刑时间已经达到刑期1/3以上，确实改恶从善的；判处徒刑5年以上，服刑时间已经达到刑期1/2以上，确实改恶从善的，予以释放。(4)判处死刑缓期2年执行的罪犯，缓刑时间已满1年，确实有改恶从善表现的，可以减为无期徒刑或者15年以上有期徒刑。(5)判处无期徒刑的罪犯，服刑时间已满7年，确实有改恶从善表现的，可以减为10年以上有期徒刑。第二次、第三次特赦分别于1960年11月19日和1961年12月16日实施。这两次特赦的对象和内容完全一致，即对蒋介石集团和伪满洲国的战争罪犯，关押已满10年，确实改恶从善的，予以释放；对判处死刑、缓期2年执行的蒋介石集团和伪满洲国的战争罪犯，缓刑时间已满1年，确实已改恶从善的，可以减为无期徒刑或15年以上有期徒刑；对判处无期徒刑的蒋介石集团和伪满洲国的战争罪犯，服刑时间已满7年，确实有改恶从善表现的，可以减为10年以上有期徒刑。第四次、第五次、第六次特赦分别于1963年3月30日、1964年12月12日和1966年3月29日实施。这三次特赦与第二次、第三次特赦相比，只是在特赦对象上增加了伪蒙疆自治政府的战争罪犯，其他内容完全相同。第七次特赦于1975年3月17日实施，此次特赦令规定，对全部在押战争罪犯，实行特赦释放，并予以公民权。此次共释放战争罪犯293名，其中国民党军官219名，党政人员21名，特务50名，伪满战争罪犯2名，伪蒙疆战争罪犯1名。

二、我国特赦制度的特点

我国已实行的七次特赦中，第一次特赦赦免的对象除了战争罪犯外，还包括反革命罪犯和普通刑事罪犯，其中既有判处死缓的重罪犯，也有判处5年以下徒刑的轻罪犯，其对象范围较为广泛。最后一次特赦释放了全部在押战争罪犯，而不论其原判刑罚是轻还是重，也不问其服刑时间是长还是短，甚至不管其是否已改恶从善，因此，可以说此次特赦的条件最为宽松，形式最为简单，这是其特殊性之所在。中间几次特赦在赦免的对象及其应具备的条件上较为一致，从中可以看出我国的特赦制度具有以下几个共同特点：

第一，特赦的对象通常只限于战争罪犯。除第一次包括反革命罪犯和普通刑事罪犯外，其余历次所特赦的都是战争罪犯。这是因为，我国的战争罪犯的形成有着极其复杂的政治因素，为了扩大爱国统一战线，早日实现祖国的统一大业，需要争取国内外各方面的合作与帮助，采用特殊手段解决战犯问题，就成为政治上的迫切要求。而对普通刑事罪犯，我们一般不采取特赦的方式消灭或减轻其刑罚，只是根据其改造表现，采用减刑、假释等刑法手段调整其刑罚，这样有利于维护法院判决的严肃性和稳定性，保持执法的统一性。

第二，特赦的范围包括全国各地犯某类罪、判某种刑的罪犯中的一部分人。特赦既不是仅限于对某个地区或某个事件的罪犯实施，也不是仅对某个特定罪犯实行，更不是对全国的所有罪犯或者是某类罪犯都一律实行。

第三，特赦的前提是罪犯的服刑表现证明其确实已改恶从善。对尚未宣告刑罚或者刑罚虽已宣告但尚未开始执行的罪犯，我国一律不予特赦。不仅如此，我国的特赦(除最后一次特赦外)，还把罪犯在服刑中的表现作为认定其确已改恶从善的根据，并以此作为特赦的前提条件。这充分说明我国的特赦仍然是以教育改造罪犯为宗旨的。

第四，特赦的效力只及于刑不及于罪，并且只是使刑罚的执行权部分消灭，而不是使之全部消灭，更不是使宣告刑无效。至于罪犯所犯之罪，当然也不因特赦而消失。因此，特赦后如果再犯新罪，则特赦之罪可以成为累犯的条件。这样既有利于维护法院判决的稳定性和严肃性，也有利于鼓励受赦免者继续努力改造自己，促使其不再重新犯罪。

第五，特赦的程序是由党中央或国务院提出建议，经全国人大常委会审议决定，由国家主席发布命令，并授权最高人民法院和高级人民法院施行。在我国，特赦不能因犯罪人及其亲属或社会团体的请求而实施，特赦不是国家元首或政府首脑的行政特权，特赦的决定权在立法机关，特赦令实质上是国家的法律。由此可见，我国对特赦的态度是极其严肃认真的，我国的特赦程序可以保证特赦的正确施行，避免滥用特赦的现象发生。

从我国特赦制度的以上特点可以看出，我国的特赦不同于大多数国家的特赦。如前所述，特赦在多数国家都是以受罪刑宣告的特定犯罪人为对象，特赦一般要注明被赦免者的姓名。但我国的特赦是对全国各地犯某类罪，判某种刑的罪犯中确已改恶从善的那一部分人实行，特赦令并不注明被赦免者的姓名，而是由人民法院依照特赦令规定的赦免条件，来确定具体的赦免对象。另外，我国的特赦也不同于许多国家的大赦。大赦在许多国家都是对全国范围或者某一地区的所有罪犯，或者某一类罪、某一事件的全体罪犯普遍实行；而我国的特赦虽然大多是对全国各地犯某类罪的罪犯实行，但一般只是对其中确已改恶从善者，而不是对所有罪犯普遍实行。再说，大赦通常是既赦罪犯所受之刑，又赦其所犯之罪；而我国的特赦只赦罪犯所受之刑，并不赦其所犯之罪。由此可见，我国的特赦虽然同时具有一些国家的大赦和特赦的某些特点，但又不同于多数国家的大赦或特赦，因此，可以说是一种具有中国特色的较为特殊的特赦制度。

还应该指出，我国的特赦大多与减刑同时实行。由于减刑是在特赦令中规定，并且是按特赦程序办理的，所以，属于前述赦免减刑中的特别减刑的范畴。这种减刑只适用于犯某类罪，判某种刑，服刑已达一定期限，并确有改恶从善表现者。另外，由于我国的特赦令规定，在对罪犯特赦释放时，都“予以公民权”，也即恢复了他们的政治权利，这也就是“赦免复权”，只不过它是与特赦一起实施，而不是单独实行复权。综上可见，我国的特赦制度是与减刑和复权制度同时并存的。

第二十一章 其他刑罚消灭事由

第一节 前科消灭

一、前科的含义

一些国家的法律对前科问题有明确的规定，因此，理论上对前科的含义有统一的界定。在前苏联的刑法教科书中，前科被界定为“被法院认定犯有罪行并被判处某种具体刑罚方法的人的一种特殊法律状态”①。在西方国家，如德国、英国、日本，前科是指曾受确定判决有罪宣告的事实，是否被科刑或刑罚执行与否不影响前科的成立②。

我国法律中也有关于前科的规定，如《中华人民共和国法官法》第10条、《中华人民共和国检察官法》第11条、《中华人民共和国人民警察法》第26条均规定：“曾因犯罪受过刑事处罚的”，“不得担任法官”，“不得担任检察官”，“不得担任人民警

① 参见H·A·别利亚耶夫、M·И·科瓦廖夫主编：《苏维埃刑法总论》，群众出版社1987年中文版，第391页。

② 参见张甘妹著：《刑事政策》，台湾三民书局1979年版，第128页。

察”。《中华人民共和国教师法》第14条规定：“受到剥夺政治权利或者故意犯罪受到有期徒刑以上处罚的，不能取得教师资格；已经取得教师资格的，丧失教师资格。”上述资格的禁止或丧失，都是刑罚的后遗效果，只是法律上未用“前科”一词，立法解释和司法解释机关也没有对此作过解释。因此，目前无论是在理论上还是在实践中，对前科的理解均尚未统一。综观理论上和实践中关于前科的解释，主要有以下四种观点：(1)认为前科是指历史上因违反法纪而受过各种处分的事实。(2)认为前科是指因犯罪而受到刑罚处罚并足以构成累犯的事实。(3)认为前科是指曾因犯罪被判处有期徒刑以上的刑罚且已执行完毕的事实。(4)将前科界定为“曾因违法犯罪而受过劳动教养或刑罚处罚的事实”①。

我们认为，对前科的界定，必须着眼于前科的刑法意义，也就是说，前科作为刑法上的概念，其定义之外延既不能将曾受过非刑法处分的情形包括其中，也不能将曾受过刑法处分的情形排除在外，即定义的外延既不能扩大，也不能缩小。据此，上述四种观点均欠妥当。根据上述第一种观点，前科不仅包括因犯罪触犯刑律而受过有罪宣告或刑罚处罚的情形，而且包括因一般违法行为受过行政处分或行政处罚以及因违反党的纪律受过党纪处分的情形，明显地扩大了前科的外延。上述第二、三种观点分别将前科的范围限制在曾因犯罪受到刑罚处罚并足以构成累犯的事实和曾因犯罪被判处有期徒刑以上的刑罚且已执行完毕的事实之内，又人为地缩小了前科的外延。因为刑法处分的具体表现形式多种多样，除了因犯反革命罪和普通的刑事犯罪受到刑罚处罚并足以构成累犯和因犯罪被判处有期徒刑以上的刑罚且已执行完毕的情况外，诸如被宣告有罪但免予刑事处分；被检察机关确定有

---

① 参见喻伟主编：《刑法学专题研究》，武汉大学出版社1992年12月版，第367—368页。

罪但决定不起诉；被判处拘役或3年以下有期徒刑宣告缓刑；被判处刑罚但被赦免全部刑罚或部分刑罚的执行等，都属于刑法处分的范围，不能将这些情况排除在前科的外延之外。所以说，第二、三种观点框定的前科的外延过于窄小。上述第四种观点既有扩大前科外延的一面，又有缩小前科外延的一面。扩大前科外延的一面表现在将不属于刑法处分情形的受过劳动教养的情况纳入了前科的范围，缩小前科外延的一面表现在将受过刑罚处罚之外的刑法处分的情形排除于前科的范围之外。总之，上述四种关于前科的见解都是不够妥当的。

据上所述，我们认为，前科是指曾经被宣告犯有罪行或者被判处刑罚的事实。被宣告犯有罪行可以是人民法院进行的，也可以是人民检察院进行的。至于被宣告犯有何种罪行或者被判处何种刑罚以及刑罚是否执行，均不影响前科的成立。

二、前科的法律后果

在有的国家，前科会引起两种不同类型的法律后果：一种是民法或行政法上的后果；另一种是刑法上的后果。例如，根据前苏联的法律规定，有侵用、盗窃和其他出于贪利动机犯罪前科的人，不能被录用从事与物质财富有关的工作；有任何犯罪前科的人，不能被接受参加律师协会；在某些情况下，有前科的人在选择居住地点时受限制①。根据前苏联刑法的规定，在犯新罪的情况下，前科可能引起刑法上的后果，具体包括：(1)在立法专门规定的情况下，前科是适用严重犯罪的法律或认定特别危险累犯的根据。(2)前科被作为新罪量刑的一个加重情节。(3)如果犯罪人过去服过剥夺自由刑，那么，在对其判处剥夺自由刑时，前科将影响到对他采用何种管束的劳改营种类。(4)在将犯罪人假

---

① 参见[苏]H·A·别利亚耶夫、M·И·科瓦廖夫主编：《苏维埃刑法总论》，群众出版社1987年中文版，第391页。

释或易科较轻刑罚时，前科可能引起特别加强的要求。前科可能成为该法律原则对犯罪人不适用的根据，并影响到行政监督的确定。(5)前科排除对犯罪人适用“剥夺自由、宣告缓刑、强制劳动”的制度。(6)由于有前科，就不可能对犯罪人免除刑事责任而将案件移送同志审判会或交付担保，也不能适用“从剥夺自由场所有条件释放强制劳动”①。

在我国，前科的民法或行政法后果在本节第一部分已有论及，此处不赘。前科的刑法后果有以下几点：(1)前科在一定的范围内是构成累犯的必要条件，而累犯则是从重处罚的法定情节，又是依法不能宣告缓刑的情况。根据我国刑法第 65 条的规定，累犯分为一般累犯和危害国家安全累犯两种。曾因故意犯罪被判处有期徒刑以上刑罚的犯罪分子刑罚执行完毕或者赦免以后，在 5 年以内再犯应当判处有期徒刑以上刑罚之故意犯罪的，为一般累犯。曾因犯危害国家安全罪被判处刑罚，在刑罚执行完毕或者赦免以后任何时候再犯危害国家安全罪的，是危害国家安全累犯。无论一般累犯还是危害国家安全累犯，依法都应当从重处罚，且不能适用缓刑。(2)前科作为构成法定从重处罚情节再犯的必要条件，引起对犯罪人从重量刑的后果。在我国，法律并没有规定对所有的再犯都予以从重处罚，而是规定对某些再犯予以从重处罚。例如，刑法第 356 条规定：“因走私、贩卖、运输、制造、非法持有毒品罪被判过刑，又犯本决定规定之罪的，从重处罚。”这就是因前科而构成毒品犯罪再犯从重处罚的情况。

三、前科消灭的概念和法律后果

前科是一个人犯罪的历史记录，因为有犯罪的记录而使其丧失一定的民事或行政上的权利或资格，对于预防其再次犯罪具有积极的作用。在有前科而再次犯罪的情况下，对于犯罪人给予从

---

① 参见陈明华著：《当代苏联东欧刑罚》，中国人民公安大学出版社 1989 年版，第 193 页。

重处罚，也是基于其主观恶性较深，改造较难，其目的是为了更好地改造罪犯，使其不再犯罪，因此，保留前科有其合理的一面。但是，前科毕竟是一个人极不光彩的记录，有这种记录的人，不仅可能丧失某种权利或资格，而且还会受到他人的岐视，造成学习、生活、工作诸方面的困难。如果永久地保留前科，会使一些人产生“污点洗刷不净”的想法，从而破罐子破摔，再次实施犯罪。所以，保留前科有不利于有犯罪记录的人回归社会的一面。另外，当一个有前科的人再次犯罪时，会想到因为有前科将受更重的处罚而一不做二不休，选择更严重的犯罪，对社会造成更大的危害，这也是保留前科的一个弊端。

为了更好地发挥保留前科的积极作用，抑制保留前科的消极因素，当今世界各国已广泛地采用前科消灭制度。

综观各国的立法规定，前科消灭是指当曾受过有罪宣告或者被判处刑罚的人具备法定条件时，注销其有罪宣告或者罪及刑记录的制度。

前科消灭的法律后果就是消除前科所引起的法律后果。例如，我们在前文叙述了前苏联法律所规定的前科可能引起的民法或行政法上的后果和刑法上的后果的具体内容，那么，在前苏联，前科的消灭就意味着那些因前科引起的法律后果的具体情形不复存在。

四、前科消灭的条件和程序

从各国的立法来看，普遍将以下两个方面的条件作为前科消灭的条件：

1. 时间条件。即前科的消灭必须是在有罪宣告或者服刑完毕或被赦免后经过一定时间才能进行。各国立法均是根据原判刑罚的轻重将必须经过的时间划分为长短不同的档次，但在具体规定上有所不同。例如，前苏联刑法规定，经过下列期限的，可以消灭前科：(1) 对于被判处公开训诫、责令赔偿所造成的损害、撤职、罚金、剥夺担任一定职务或从事某种活动的权利或者被判处劳动改造的人，经过1年；(2)对于被判处剥夺自由3年以下、流放或放逐的人，经过3年；(3)对于被判处剥夺自由3年以上、6年以下的人，经过5年；(4)对于被判处剥夺自由6年以上、10年以下的人，经过8年。《捷克斯洛伐克刑法典》第67条则规定，消灭前科的时间分别是：判处超过1年有期剥夺自由的案件，经过10年；判处超过3个月有期剥夺自由的案件，经过5年；判处未逾3个月剥夺自由的案件，经过3年。

2. 个人表现方面的条件。即前科消灭只有在法定的期限具备法律所规定的个人表现才能进行。对前科消灭所必须具备的个人表现，各国法律规定的不尽一致。有的国家刑法规定，只要在法定的期限内未犯新罪，即可消灭前科。《苏俄刑法典》第57条第(4)至(8)项的规定即是如此。有的国家刑法规定，仅仅在法定期限内未再犯罪还不够，尚需具备下列表现方能消灭前科：(1)能够积极履行法院所指定的义务，如尽力赔偿因自己的犯罪行为对国家和公民个人所造成的经济损失，积极缴纳罚金等。(2)能够以诚实的劳动所获得的合法收入维持生活，并赡养和扶养家庭成员；(3)能模范遵守法律，以实际行动证明自己确已得到改造等等①。

以上两个方面的条件，是各国前科消灭一般所要具备的条件，但有些国家对前科消灭作了某种特殊的规定。有的国家刑法规定，对于犯有国事罪和严重的刑事犯罪的人，必须永远保留其前科。如《匈牙利刑法典》第70条第2款规定："凡因违反管理秩序的犯罪(国事罪)，以及军职犯罪和侵犯劳动人民利益的犯罪而被判刑的人"，法院不得消灭其前科。有的国家法律规定，前科消灭只适用曾被判处轻刑的人，对于曾被判处重刑的人则不适用。如英国《前科消灭法》规定，对曾被处以终身监禁和超过

---

① 参见喻伟主编：《刑法学专题研究》，武汉大学出版社1992年版，第371页。

30个月监禁的人，其前科不得消灭。还有的国家刑法规定，在有些情况下，前科的消灭无需在刑罚执行完毕一定期限以后才能进行，而是在判决执行以后立即消灭前科。例如，前苏联刑法规定，下列人员在判决执行以后便立刻成为没有前科的人：在军纪营服刑期满或从军纪营提前释放的人；军人以禁闭形式代替劳动改造服刑期满的人；被判处缓刑在考验期间未犯新罪的人。前苏联法律还规定，如果被判处剥夺自由的人在服满刑罚以后，以模范的行为和诚实的劳动态度证明自己业已得到改造，那么，经社会团体的请求，法院可以提前撤销前科。

关于前科消灭的程序，各国法律一般规定，由具有前科的人或者其所在的社会团体向原审法院提出申请，原审法院接到申请后，根据具有前科者在法定期限内的表现，作出是否撤销前科的决定。

五、建立我国前科消灭制度的立法建议

前科消灭制度是当今世界各国普遍采用的一项刑法制度，实践表明，这项制度有着重要的积极意义。但目前我国尚未建立这一制度，这不能不说是我国刑事立法的一个不足。我们认为，应该在借鉴其他国家立法经验的基础上，尽快建立符合我国实际情况的前科消灭制度。

(一)建立我国前科消灭制度的理由

1. 前科消灭制度符合人道主义的要求。前科是一个人不光彩的历史记录，一个人会因此丧失某种资格和社会信誉。永久地保留前科意味着一个人因“一失足”甚至是事出有因的失足而永远地承受实际上的惩罚和心灵上痛苦的煎熬，这对于有前科的人来说是不够人道的。前科消灭制度保证有前科的人在具备法定条件的情况下撤销其前科，使其不致于永远承受实际上的惩罚和巨大的精神负担，这是一种合乎人道主义的做法，是值得采用的。

2. 前科消灭制度有利于预防有前科的人再次犯罪，使其真

正地回归社会。前科消灭制度一方面为有前科的人提供了一种激励机制，即它可以激励有前科者在学习、工作和社会生活中有良好的表现，以争取撤销前科，这样，就不致于再次犯罪。另一方面，前科消灭制度为消除社会对有前科者的歧视提供了法律保障，使其不会因在回归社会的过程中遇到种种困难而重新走向犯罪道路。在我国，虽然政策上坚决反对歧视曾经犯过罪的人，并强调各级组织要给曾经犯有罪行的人提供学习、工作和生活上的方便和条件。但在社会的实际生活中，那种嫌弃、歧视曾经犯过罪的人的习惯势力还是很大的，一些曾经犯有罪行者因为遇到这种习惯势力而不能顺利回归社会，终致重新犯罪。前科消灭制度使那些具有前科者在具备法定条件时被撤销前科，前科一经消灭，就意味着从法律上宣布当事人与社会上的守法公民一样，享受各种权利和机会。这就从法律制度上保证有前科者不受社会的歧视和不公正待遇，使有前科者不再实施犯罪，而是顺利回归社会。

3. 建立前科消灭制度合乎世界刑事立法的潮流。前文已述，当今世界各国已广泛地采用前科消灭制度，这表明确立前科消灭制度已成为世界刑事立法的潮流和趋势，我国刑法增设这一制度，乃是对世界潮流和趋势的顺应，有利于我国刑法走向世界。

(二)我国前科消灭制度的具体立法设想

我国前科消灭制度的立法应规定以下几个方面的具体内容：

1. 前科消灭的条件。具体包括：(1)时间条件。对于前科消灭的时间条件，我们认为，可以分别情况作不同的规定：一是对受有罪宣告但未被判处刑罚的前科的消灭规定一个所需经过的时间；二是对被判缓刑的前科的消灭规定适当的所需经过时间；三是对被单独判处附加刑的前科的消灭规定适当的所需经过时间；四是对被判处刑罚且执行完毕或被赦免的前科的消灭规定适当的所需经过时间，具体应根据原判刑罚的轻重确定几个不同档次的所需经过时间。另外，还应规定表现突出的可不受前科消灭时间的限制，以便更好地发挥前科消灭制度对有前科者的激励作用。

(2)表现条件。前科消灭应将有前科者在法定期间未有再犯罪以及实施其他比较严重的违法行为作为其表现方面的要求。这一要求既不过严也不过宽，使前科消灭的适用保持在适当的范围，可以尽量地发挥前科消灭制度的作用。

除上述条件外，我国的前科消灭条件不应再附加所犯罪行性质和所判刑罚轻重方面的限制，即是说，一个人曾经犯过哪一种罪，被适用过何种刑罚方法，均不影响前科的消灭。这样，可以给有任何形式前科的人提供消灭前科的机会，最大限度地发挥前科消灭制度的积极作用。

2. 前科消灭所需经过时间的起算。立法上应作出以下明确规定：(1)被判处有期徒刑、拘役、管制以及单处资格刑的，从刑罚执行完毕之日起算；(2)被判处无期徒刑、死刑缓期2年执行的，从被赦免或者被减为有期徒刑执行完毕之日起算；(3)被判处死刑立即执行的，从被赦免之日起算；(4)被判处拘役、3年以下有期徒刑宣告缓期执行的，从缓刑考验期满之日起算；(5)被判处罚金、没收财产的，从罚金、没收财产已经执行之日起算；(6)被人民检察院免予起诉、被人民法院判决免予刑事处分的，从免予起诉书作出之日或判决确定之日起算。

3. 前科消灭的程序。(1)申请。提出申请者可以是有前科者本人，也可以是所在单位或居住地街道居民委员会、农村村民委员会。申请者应就有前科者的实际表现作出说明。(2)申请提交机关。申请应呈交作出最终判决的人民法院。(3)申请的审理。人民法院在接到前科撤销申请后，应在一定的期限内进行审理，并作出是否撤销前科的决定。

4. 前科消灭的效力。立法上应明确规定：(1)前科消灭即是罪、刑记录一并注销。(2)前科被消灭的人，依法享受各项权利，包括因前科被剥夺和限制的权利。(3)任何企事业单位、机关、团体、社会组织或个人不得歧视前科被消灭的人或给予其不公正的待遇。(4)因前科而引起的刑法上的不利因素归于消灭。

第二节 复　　权

一、复权的概念和特点

复权，是指对被宣告资格刑的犯罪人，当其具备法律规定的条件时，审判机关提前恢复其被剥夺的权利或资格的制度①。复权具有以下特点：

复权的适用对象是因受资格刑宣告而丧失一定权利或资格的犯罪分子。如果犯罪人只受有罪宣告而没有被判处刑罚，或者虽被判处刑罚但没有受资格刑的宣告而丧失一定权利或资格，则不发生复权问题。

复权适用的时间为犯罪分子因受资格刑的宣告而丧失权利或资格的期限尚未届满时。当犯罪人剥夺权利或资格的期限已经届满时，也不存在着复权的问题。

复权的效果是使犯罪分子因受资格刑宣告而丧失的权利或资格提前得以恢复，犯罪人复权后又犯罪的，不能因复权而阻却累犯的构成。

二、复权与前科消灭的区别

复权与前科消灭适用的对象都是曾经犯有罪行的人，在法律效果上都表现为使曾经犯罪的人因犯罪而丧失的权利得到恢复，二者有相似之处。但是，二者又有严格的区别。二者之间的区别表现在：

1. 适用的对象的范围不同。复权只适用于因受资格刑宣告

---

① 日本恩赦法中的复权，是对由于法令的规定受有罪宣告而丧失或停止资格者以政令规定要件实行的恢复资格的制度。

而丧失一定权利或资格的犯罪人；而前科消灭可适用于任何曾受过有罪宣告或者被判处刑罚的犯罪人。后者的范围大于前者的范围。

2. 法律后果不完全相同。虽然复权和前科消灭都是使犯罪人因犯罪而被剥夺的一定权利、资格得以恢复，但复权的法律后果仅限于恢复犯罪人丧失的权利或资格，犯罪人受罪刑宣告的记录并不予以注销，犯罪人再犯罪的，可以构成累犯或者其他从重处罚情节。而前科消灭不仅恢复犯罪人因犯罪宣告或被判刑而丧失的权利或资格，而且犯罪人的犯罪记录也被注销，犯罪人再犯罪时，一些因为前科而生的不利影响(如构成累犯、从重处罚)均不再施予犯罪人。

三、复权的条件和程序

根据一些国家刑事立法的规定，复权的适用须具备以下两个方面的条件：

1. 时间条件。即适用复权，必须是犯罪人因受资格刑的宣告而被剥夺的权利或资格经过了一定的时间。关于复权的时间条件，各国的立法例大致可以分为两种具体的做法：(1)比例制。即刑法规定，犯罪人恢复权利，必须是其实际丧失权利、资格的期限达到应当丧失的期限的一定比例。从我们已知的采用这种做法的国家的刑法规定来看，其比例均是1/2。如德国1976年刑法第45条b规定的复权的时间期限为“资格或权利丧失期间已经过一半”。韩国1975年修正刑法第82条规定的复权的时间期限是：经过停止资格期间的1/2。(2)定期制。即刑法规定，犯罪人恢复权利，必须是其实际丧失权利、资格的时间达到了一个确定的期限。如1971年《瑞士刑法典》第77条至79条规定的复权的时间条件是：行为人受褫夺公权之宣告，经过2年以上执行；行为人受褫夺亲权行使、丧失监护人或财产管理人之资格，受执行已2年以上；犯人经法官判决禁止执行职业、营业、或商业行为，已逾2年。

2. 表现条件。对犯罪人适用复权，还需其具备一定的表现。各国刑法对适用复权的表现条件有不同的规定。如前《联邦德国刑法典》的规定是："可望受审判人将来不再故意犯罪"。韩国刑法规定为"未再受停止资格以上之刑罚"。《瑞士刑法典》则对不同情况下的复权规定了不同的表现条件：受褫夺公权之宣告者的表现条件是：行为良好，足以认定其具有资格回复担任公职，而且其已将经裁判或和解所确定之损害予以赔偿；受褫夺亲权行使、丧失监护人或财产管理人资格之宣告者的表现条件是：其行为足以认为应回复此项资格，而对经裁判或和解所确定之损害，在可预期之范围内已加以赔偿；经法官判决禁止执行职业、营业，或商业行为者的表现条件为：无再行滥用之虞，且如经裁判或和解确定之损害在可能范围之内加以赔偿。

关于复权的程序，各国的规定也不尽相同。有的国家规定，复权必须首先由受刑人提出申请，然后由法院裁决。如《瑞士刑法典》、韩国刑法的有关规定即是如此。有的国家没有明确规定复权须经受刑人申请，如前《联邦德国刑法典》第45条b规定，在受审判人具备复权的条件时，法院即可恢复其丧失的有关权利。

四、建立我国复权制度构想

(一)建立我国复权制度的理由

我国现行刑法没有关于复权的规定，我们认为，这是立法不完善的表现，因此，应该加以改进，增设复权制度。我们提出我国刑法应增设复权制度的理由有以下几点：

1. 有利于激励被适用资格刑的犯罪分子加速改造。复权是对资格刑犯有条件地提前恢复其被剥夺的权利或资格，这种提前恢复权利或资格的制度，必然给资格刑犯的改造注入极大的动力，使他们为了提前复得丧失的权利或资格而加强自己的改造，争取良好的表现。没有复权制度，资格刑犯表现好坏在待遇上没有差别，这就会使资格刑犯不积极改造自己，不求良好的表现，反正到时间权利或资格就可以恢复，在剥夺权利或资格期间表现再好也没有用。可见，刑法中不规定复权制度，会带来消极不利的影响，而有了复权制度，则会对资格刑犯产生巨大的激励作用。特别是在实行社会主义市场经济体制的形势下，权利和资格将越来越受到我国公民的重视，资格刑也将越来越受到立法者和司法者的重视，我国现有的资格刑的内容将被扩大，被适用资格刑的犯罪分子必然增多，在这种情况下，从刑事立法上增设复权制度，应该说是势在必行的。

2. 建立复权制度符合我国刑罚的目的。我国刑罚的目的是特殊预防和一般预防，其中特殊预防是主要的一面。对于被判处资格刑的犯罪分子，在刑罚执行一定期限后，没有再犯新罪，同时又具备其他的相应的表现时，说明犯罪人的思想已得到了良好的改造，刑罚特殊预防的目的已经实现。在这种情况下，提前恢复犯罪人被剥夺的权利或资格，与我国刑罚的目的是相符的。

3. 建立复权制度是借鉴国外刑事立法中先进经验的需要。目前世界上有不少国家的刑事立法中规定了复权制度，而且事实证明这一制度具有合理性，对这种合理的做法，我们应该加以借鉴，以使我国的刑事立法与世界刑事立法发展的潮流相一致。

(二)我国复权制度的立法设想

确立我国的复权制度，在立法上应该解决以下几个方面的问题：

1. 正确确定复权的时间条件

从以上我们介绍的国外的情况来看，对复权的时间条件的规定有比例制和定期制两种做法。相比之下，比例制较为合理，值得我们借鉴。因为定期制无论被适用资格刑的犯罪人的资格或权利被剥夺期限的长短，统一适用一个复权的时间标准，没有体现区别对待的精神，有不公正之弊，这种弊端必然影响复权的效果。试想一个被剥夺某种资格或权利 5 年的犯罪人和一个被剥夺某种资格或权利 10 年的犯罪人，都可以在经过 2 年以后获得复权，其效果会好吗？比例制按资格刑犯被剥夺资格或权利的时间的一定比例作为复权的时间标准，体现了区别对待的精神，是一种公正的做法。此外，我们之所以对资格刑犯要提前恢复其被剥夺的权利或资格，是因为犯罪人已得到了良好的改造，刑罚的特殊预防目的已经实现。而一般来讲，犯罪人刑期的长短与改造的难易程度是相适应的。资格刑刑期长的犯罪人，只有经过较长时间以后，才可说明他已得到了有效的改造；资格刑期短的犯罪人，用以证明其得到有效改造的时间就相应地要短一些。定期制没有体现出这一点，而比例制对此有恰当的体现，从这个方面来讲，比例制也是可取的。

在确定了我国刑法关于复权的时间条件的规定应采比例制的做法之后，接下来要解决的是采取何种比例的问题。我们认为，德国和韩国刑法所确定的 1/2 的比例是值得借鉴的，即我国刑法可规定：犯罪分子实际经过的被剥夺权利或资格的时间已过判决宣告的资格刑刑期 1/2 的，可适用复权。我们之所以认为 1/2 这个比例可取，是因为在我们看来，对资格刑犯提前恢复其被剥夺的权利或资格，其提前的时间既不能过多，也不能过少。提前的时间过多，尚不能说明犯罪人已得到了有效的改造；提前的时间太少，对资格刑犯的激励作用不大，从而削弱了复权制度的意义。1/2这个比例，既可以保证复权制度应有的严肃性，又可充分发挥复权制度的积极作用，因而是可取的。

2. 正确规定复权的表现条件

关于复权的表现条件，我们认为，应该坚持两条原则：一是从严把握。即复权的表现条件要规定得严一些，以体现复权的严肃性，只让那些真正得到改善的资格刑犯能够享受复权待遇，避免那些没有得到良好改善的犯罪人获得复权，从而重新犯罪。二是明确、具体。即关于复权的表现条件的规定不能使用模糊、具有歧义的用语，而应该使用含义清楚、操作性强的表述。

根据上述两条原则，目前其他国家的刑事立法似乎都没有为我们提供直接可用的范例。德国刑法将复权的表现条件限制在“可望受审判人将来不再故意犯罪”，这一条件既宽泛又模糊，实不可取。韩国刑法将复权的表现条件规定为“未再受停止资格以上之刑罚”，虽然明确、具体，但这一条件仍未免过宽，没有将再犯罪而受非刑罚处罚的犯罪人排除在适用复权的范围之外，也不可取。瑞士刑法的有关规定也具有模糊、抽象的弊端，也不足为鉴。

从上述两条原则出发，我们认为，我国刑法对复权的表现条件应规定为：未再实施犯罪或比较严重的一般违法行为，且履行法院判决或当事人和解所确定的赔偿义务。

3. 正确确定复权的程序

从前面介绍的国外的刑事立法情况来看，复权的程序有的是不需要受刑人申请，由法院主动过问，如德国。有的是先由受刑人申请，然后由法院裁决，如瑞士。我们认为，我国刑法应采取后一种做法。因为在我们这样一个审判力量相对不足的国家，要让法院主动过问被处资格刑的犯罪人是否具备复权的条件，应否予以复权，这是不现实的。另外，适用资格刑所剥夺的资格或权利，是犯罪人个人的资格或权利，犯罪人可以要求提前恢复资格或权利，也可放弃这种要求，法院不应当干预。所以，我国刑法应规定：复权须经受刑人向作出最终判决的人民法院提出申请，由作出最终判决的人民法院审理裁决。

另外，在确立复权制度的同时，刑法还应相应地作出撤销复权的规定，即规定，犯罪人复权以后，如发现复权前犯有罪行或者复权后原判资格刑期尚未完毕时又犯新罪，复权撤销。这样，可以保证不适当的复权能够得到纠正，并可有效地防止那些并没有真正改造好的资格刑犯钻复权制度的空子。

第三节　犯罪人死亡

根据我国现行刑事立法的规定，犯罪人可分为犯罪自然人和犯罪法人两种，因此，犯罪人死亡也就相应地包括犯罪自然人死亡和犯罪法人死亡两种情况。下面分别就这两种情况予以论述。

一、犯罪自然人死亡

犯罪自然人死亡，是指实施了犯罪的自然人的生命已经结束。

这里，有一个自然人生命结束的标准即死亡的标准问题。关于这一问题，医学史上经历了从传统的“心肺功能停止说”到现代的“脑机能停止说”的发展。

“心肺功能停止说”认为，人的死亡以其心跳和呼吸停止为判断标准，这一标准从古代社会一直延续到20世纪。在西方，50年代再版的《布莱克法律词典》仍然承认这一标准①。而我国则直到1987年6月国务院公布的《医疗事故处理办法》，仍以心肺功能停止来判断死亡。但是，自20世纪60年代始，“心肺功能停止说”所确立的判断死亡的标准，开始受到来自医疗科学技术发展的挑战。首先，现代临床医学表明，死亡是分层次进行的复杂过程，心跳、呼吸停止并不代表大脑、肾脏、细胞等的死亡，即心肺死亡作为死亡层次之一并不绝对预示和标志着整个人体的死亡。其次，医疗技术的高度发达可以使心肺功能停止者在人工方法下“死”而复“生”，即随着心脏起搏器、人工呼吸机、人工血液循环系统等先进医学抢救装置的运用，心跳和呼吸的停止在绝大多数的情况下不能作为死亡的判断标准②。再次，20世纪60年代以来医学界在心脏术方面的突破性进展，如心脏移植的成功和人工心脏的问世，也使传统的死亡标准受到有力的一击。这些情况表明，心肺功能停止作为死亡的标准已显得不合时宜，人们必须探讨新的死亡标准。由于现代医学虽然可以人工恢复心

---

① 参见王镭主编：《中国卫生法学》，中国人民大学出版社1988年版，第396页。

② 参见吕国强著：《生与死：法律探索》，上海社会科学院出版社1991年版，第221页。

肺功能，但却无法人工恢复脑功能，因此，适应现代医学发展的需要，一种被医学界认为更加科学的死亡标准——脑机能停止标准应运而生。脑死亡标准自20世纪60年代末被美国哈佛大学医学院提出来后，在许多国家引起了强烈的反响。美国、加拿大、阿根廷、奥地利、澳大利亚、捷克斯洛伐克、芬兰、法国、英国、挪威、希腊、波多黎各、西班牙、意大利等国家，先后于70年代通过正式的死亡立法确认了脑死亡标准。另外一些国家如比利时、德国、印度、荷兰、新西兰、瑞士、泰国等，虽然没有通过正式立法确认脑死亡标准，但临床上已普遍使用这一标准①。

如前所述，我国直到1987年6月国务院公布的《医疗事故处理办法》所确定的死亡标准是心肺功能停止，以后也未见有法律、法规确定以脑死亡标准代替传统的死亡标准。据此，可以认为，我国目前采取的死亡标准仍是传统的死亡标准。但是，在刑法理论上，脑死亡标准已被学者们广泛接受。如有的刑法教科书明确指出："人的生命，自胎儿从母体分离出来能够独立进行呼吸开始，至大脑功能停止活动时结束。"②有的教科书更加言简意赅地申明："人死亡的标志，是大脑的功能停止活动。"③

我们认为，从目前我国医学技术的水平来看，已经完全具备了更新死亡标准即确认脑死亡标准的条件。因为我国自1978年上海第二医科大学附属瑞金医院成功地实施第一例心脏移植术以来，又成功地实施了多例心脏移植手术④。这表明，心脏死不等于人体死亡在我国已经成为不可否认的事实，在这一事实面前，应当尽快地采用和实行脑死亡标准。但是，由于脑死亡是一个科

---

①④ 参见冯建妹著：《现代医学与法律研究》，南京大学出版社1994年版，第15—16、19页。

② 参见林准主编：《中国刑法教程》，人民法院出版社1989年版，第429—430页。

③ 参见赵秉志主编：《刑法学通论》，高等教育出版社1993年版，第605页。

学的概念，一些采用脑死亡标准的国家对脑死亡往往通过立法加以明确地界定，以便一体遵行，避免造成死亡认定上的混乱。我国目前还没有通过新的立法规定以脑死亡标准代替心肺功能停止的死亡标准，也没有认定脑死亡的具体标准，在这种情况下主张将脑死亡作为判断死亡的标准，似乎显得没有法律根据，并且会造成认定上的不统一。所以，我们认为，在新的确认脑死亡标准的法律出台之前，仍应以传统的心肺功能停止作为我国判断死亡的标准。同时，我们建议有关部门尽快起草制定确认脑死亡标准的法律，以使死亡标准与我国的医学技术水平相协调。

在死亡标准确定之后，犯罪自然人的死亡在司法实践中就不难认定。

犯罪自然人死亡以后，作为刑事法律关系主体的一方已不存在，刑罚自然归于消灭。犯罪自然人在不同时间死亡，引起刑罚权的不同方面的权力消灭。当犯罪自然人在起诉之前死亡时，刑罚请求权归于消灭，对其不再追诉。如果犯罪自然人在被起诉以后判决确定前死亡，刑罚裁量权消灭，不再审判。对于上述两种情况，我国刑事诉讼法第 15 条作了明确规定。如果犯罪自然人在科处刑罚的判决已经确定后，尚未服刑或者正在服刑时死亡的，其全部或未执行部分的刑罚的行刑权归于消灭。这里有一问题值得研究，即犯罪自然人在判决确定后死亡，其判决确定的且尚未执行的财产刑是否归于消灭？对此，我国台湾地区的“刑事诉讼法”有明确规定。根据台湾“刑事诉讼法”第 470 条第 3 项的规定，被判处罚金、没收及追征的犯罪人虽死亡，仍得就其遗产予以执行。我国刑事法律对此没有规定，理论上有人对此给予了否定的回答。如有学者指出：“在科处刑罚的判决确定后，犯罪人服刑前或服刑中死亡的，其全部或未执行部分刑罚的行刑权自然归于消灭。但有些财产刑如没收财产等仍可执行。”①我们认

---

① 参见赵秉志、吴振兴主编：《刑法学通论》，高等教育出版社 1993 年版，第 469 页。

为，犯罪自然人死亡应该引起财产刑的消灭，即犯罪人在判决确定后死亡，其判决确定的尚未执行的罚金、没收财产的刑罚不应再执行。其理由是：第一，“刑止一身”是刑罚执行的原则之一，犯罪人死亡后仍执行其刑罚，违背了这一原则。第二，我们对犯罪人适用财产刑的目的主要是为了从经济上剥夺其再犯罪的条件，从而实现特殊预防。犯罪人已经死亡，已不可能再犯罪，在此种情况下，仍然执行判决所确定的财产刑，没有任何意义。第三，罚金刑本有累及无辜之弊，罚金刑的适用是因为它具有剥夺犯罪人再次犯罪的经济条件和减少关押的优点，其利大于弊。在被判处罚金的犯罪自然人死亡后，罚金之利已无可言。既然利已没有，再让其弊继续存在，就显得不合情理了。鉴于以上理由，我们认为，判决确定的尚未执行的罚金、没收财产，在犯罪人死亡后，不应再执行。关于这一问题，我们建议刑事立法作出明确规定。

三、犯罪单位死亡

犯罪单位是相对于犯罪自然人而言的。单位既包括具备法人资格的企业事业单位、机关、团体，也包括不具备法人资格的企业事业单位、机关、团体。

单位与自然人不同，自然人是生命有机体，单位是社会有机体，因而，单位死亡与自然人死亡的表现形式也不同。自然人死亡表现为生命机能的停止，其形式是唯一的；单位死亡则表现为法人作为社会有机体的消亡，其社会机能不复存在。单位死亡的表现形式是多样的，具体有破产、依法被撤销和解散三种。单位在犯罪以后，无论表现为哪一种形式的死亡，国家对它的刑罚权归于消灭。下面对引起犯罪法人刑罚消灭的死亡的三种形式略加论述。

1. 破产

破产是债务人不能清偿到期债务时，由人民法院主持，将其全部财产公平清偿给全体债权人的一种法律制度①。根据我国企业破产法的规定，破产只适用于全民所有制企业，而不适用于集体所有制企业和私营企业，并且破产有其特有的适用条件和适用程序。破产的适用条件有二：(1)不能清偿到期债务，即企业毫无办法全部清偿其到期的债务。(2)不能清偿到期债务是由企业本身经营管理不善造成的。适用破产的必经程序是：(1)提出破产申请。债务人和债权人都可以向人民法院提出破产申请。(2)受理破产申请，即有管辖权的人民法院在接到当事人提出的破产申请后，应当认真审查，依法决定是否受理案件。(3)组成债权人会议。(4)破产宣告，即指人民法院依据当事人的申请和法定职权依法裁定宣告达到破产界限的企业破产。

实施了犯罪的全民所有制企业在犯罪以后，符合上述破产条件，经过上述必经程序，被人民法院依法宣告破产的，司法机关不应再追诉，已经追诉的，应撤销案件。

顺便提一下，目前我国立法机关正在拟定新的企业破产法，新的企业破产法将不再把破产企业限制在全民所有制企业的范围内，集体所有制乃至私营企业都可以依法宣告破产。当新的企业破产法正式出台后，犯了罪的集体所有制企业和私营企业，也可因破产而引起刑罚的消灭。

2. 依法被撤销

依法被撤销，是指企业事业单位、机关、团体被有权机关依照法律撤销的情况。如企业有下述情况之一的，国家行政主管机关可以撤销企业：(1)企业产品长期无销路或者产品质量低劣，达不到国家规定标准；(2)企业经营管理不善，连续亏损2年以上，或者工艺技术落后，经济效益差，没有发展前途；(3)原材料、能源消耗不符合国家规定标准，或者原材料、能源来源断绝；(4)违反国家环境保护法规，严重污染环境，无法治理、治

---

① 参见郑立、王益英主编：《企业法通论》，中国人民大学出版社1993年版，第268页。

理无效或拒不治理；(5)劳动安全和卫生条件不符合国家规定，人身安全、国家财产得不到保障。又如，根据《中华人民共和国企业法人登记管理条例》第30条的规定：企业法人有下列情形之一的，工商行政管理机关可以据情吊销《企业法人营业执照》：(1)登记中隐瞒真实情况、弄虚作假或者未经核准登记注册擅自开业的；(2)擅自改变主要登记事项或者超出核准登记的经营范围从事经营活动的；(3)不按规定办理注销登记或者不按规定报送年检报告书，办理年检的；(4)伪造、涂改、出租、出借、转让、出卖或者擅自复印《企业法人营业执照》、《企业法人营业执照》副本的；(5)抽逃、转移资金，隐匿财产逃避债务的；(6)从事非法经营活动的。

企业可以被依法撤销，事业、机关、团体等也可以被依法撤销，如机关可能因体制的改革被撤销。

犯罪单位一经被依法撤销，刑罚即归于消灭。

3. 解散

解散，主要适用于企业。企业的解散分为自动解散和决议解散两类。

自动解散，是指企业已达到设立目的或者企业章程中规定的活动期限届满时，不需要任何法律条件，企业自行消灭。如完成某一任务而成立的企业，在完成任务后即自动解散。又如，中外合资经营企业和中外合作经营企业经营期限已满，如不办理延长手续，企业即予解散。

决议解散，是指由成员共同意志决定设立的企业，其权力机关通过决议，并报请国家行政主管机关批准而导致的企业解散。决议解散主要适用于涉外企业、联合企业以及一些集体企业。如根据《中外合资经营企业法实施条例》第36条的规定，出席董事会议的董事一致通过，即可作出合营企业解散的决议①。

---

① 参见郑立、王益英主编：《企业法通论》，中国人民大学出版社1993年版，第267—268页。

企业无论通过哪种形式解散，其结果都是企业不复存在，因此，犯罪企业在解散以后，刑罚亦归于消灭。

犯罪单位死亡后，自然引起其刑罚的消灭，这是没有疑问的。但是，在单位犯罪的情况下，单位的死亡是否能导致单位犯罪中的直接负责的主管人员和其他直接责任人员的刑罚消灭呢，这是一个值得研究的问题。我们认为，犯罪单位的死亡，不能导致法人犯罪中的直接负责的主管人员和其他直接责任人员的刑罚消灭。这是因为，在单位犯罪的情况下，犯罪单位和单位犯罪中的直接负责的主管人员和其他直接责任人员，是分别承担刑事责任的不同主体，二者不能互相代替。犯罪单位死亡后，作为承担单位刑事责任的主体不存在了，其刑罚当然归于消灭。但是，作为为单位犯罪承担连带刑事责任的自然人即直接负责的主管人员和其他直接责任人，并不因为单位的死亡而不存在，他们的刑事责任也就不能因为犯罪单位的刑罚消灭而消灭。因此，只要法定的追诉期不过，司法机关仍应对单位犯罪中的直接负责的主管人员和其他直接责任人员予以追诉。

附　　编

非刑措施

第二十二章　非刑罚处理方法

第一节　非刑罚处理方法概说

非刑罚处理方法，是指人民法院根据案件的不同情况，对于犯罪分子直接适用或者建议主管部门适用的刑罚以外的其他处理方法的总称。根据我国刑法第 37 条的规定，非刑罚处理方法包括训诫、责令具结悔过、赔礼道歉、赔偿损失、行政处罚或行政处分。

一、非刑罚处理方法的性质

(一) 非刑罚处理方法是实现刑事责任的一种方式

所谓刑事责任的实现方式，是指强制犯罪分子实际承担其刑事责任的具体表现方式。非刑罚处理方法是否刑事责任的一种实现方式，刑法学界有肯定说、否定说两种不同的观点。我们认为，一种法律措施或方法能够作为刑事责任的实现形式，必须具备一定的条件：一是能够体现和反映刑事责任的内容，强制犯罪分子承担实体性刑事义务；二是原则上应由刑事实体法明文规定和由人民法院直接适用或建议适用。根据上述标准，我们认为非刑罚处理方法是刑事责任的一种实现方式。对犯罪分子适用非刑罚的处理方法，表明了国家对犯罪行为的一种否定评价。我国刑法第 36 条规定的“由于犯罪行为而使被害人遭受经济损失的”，以及第 37 条规定的“对于犯罪情节轻微不需要判处刑罚的”适用非刑罚处理方法的条件中，已经包含了行为人“已经构成犯罪”这一定罪结论。同时，非刑罚处理方法是犯罪或轻微犯罪在刑法上的直接法律后果，是人民法院依照刑法的明文规定，解决犯罪实体问题的一种方法。虽然这些措施不是刑罚，但仍是因犯罪而直接产生的一种刑事实体义务，是刑事责任的一种实现方式。

（二）非刑罚处理方法具有非刑罚性

非刑罚处理方法是实现刑事责任的一种方式，其与刑罚又是什么关系？这是理解非刑罚处理方法性质的关键。考察其他国家的立法例，有两种不同的规定：一种是将这些方法作为刑罚的一种，如前《苏俄刑法典》第 29 条、第 31 条、第 32 条、第 33 条将“剥夺担任一定职务或从事某种活动的权利”、“撤职”、“责令赔偿所造成的损害”、“公开训诫”都规定为刑罚种类的一种。二是将这些方法作为其他刑罚处置措施。如 1978 年《匈牙利刑法典》将所有实施犯罪的刑事法律后果分为两类：刑罚和其他刑法处置措施。该法典第 70 条将训诫、规定考验期、严厉监视下的羁押、家庭保健监督等作为在适用上可以代替刑罚或与刑罚并列的措施。

我们认为，确定非刑罚处理方法的性质，不能脱离各国刑法的具体规定。在前苏联，既然刑法已将“公开训诫”等措施规定为一种刑罚，它自然就是刑罚的有机组成部分。但我国，根据刑法第 36、37 条的规定，非刑罚处理方法只能对“给予刑事处罚外”和“免予刑事处罚”的犯罪分子适用。很明显，刑法第 36、37 条的规定在立法上就表明了我国刑法中的非刑罚处理方法不是刑罚，因此，不能把它们作为刑种来看待。实际上，非刑罚方法虽与刑罚有一定联系，但也有原则区别。

两者的相同点：（1）都是犯罪在刑法上产生的直接法律后果，是实现刑事责任的一种方式；（2）都是由刑法明文规定的，并在刑法裁量过程中解决的犯罪实体问题；（3）具有相同的目的，即都具有教育、改造、惩罚犯罪分子的功能，其目的都是保护社会不受犯罪的危害。两者的区别：(1)有权适用的机关不完全相同。在我国，有权判处犯罪分子刑罚的只能是人民法院，而非刑罚处理方法中的有些处理方法如行政处分，人民法院就不能直接判决，只能建议主管部门适用。(2)严厉程度不同。刑罚是最严厉的一种强制方法，不仅可以剥夺受刑人的财产、政治权利，还可以剥夺受刑人的人身自由甚至生命；而非刑罚处理方法则具有行政、民事制裁的某些属性，或者只是对犯罪分子进行强制教育。(3)法律后果不同。适用刑罚即表明犯罪分子已受到刑事处分，产生前科，被判处有期徒刑的人，在刑罚执行完毕以后再犯罪，如果符合累犯和再犯的条件，应当从重处罚；但适用非刑罚处理方法的前提就是“不需要判处刑罚的，可以免予刑事处罚”，因此，没有前科，无上述法律后果。

通过上述分析我们可以得出结论：我国刑法上的非刑罚处理方法不是刑种，不具有刑罚的性质，而是刑罚的必要补充或者替代措施，是实现刑事责任的一种辅助方式。

(三)非刑罚处理方法与其他处分的区别

1. 与保安处分的区别

在西方各国刑法中，保安处分是针对犯罪人或有犯罪危险倾向的人所采用的社会防范措施，包括代替犯罪人刑罚的适用或作为刑罚补充适用的教育改善措施。前苏联、东欧国家的刑法典中也规定了对精神病患者、嗜酒成性者的强制性治疗措施及其他保安措施。其共同特点为，都不是实施犯罪的后果，也不取决于所实行犯罪的严重性，它仅仅是依据某人所谓的“反社会性”或者病人的个人情况，对其采取的治疗或者强制教育等防范措施，目的在于消除他所处的有害于社会的状况，以及预防他实施新的危害社会的行为。从各国刑法规定来看，保安处分主要有监护隔离、禁戒矫正、强制劳作、强制医疗、保护观察等。我国刑法没有规定保安处分制度，但理论上一般将劳动教养、工读学校、社会帮教、强制治疗、收容教养、收容遣送等称为保安处分或保安措施。由此可见，我国刑法上的非刑罚处理方法与保安处分也有区别：(1)从适用对象上看，非刑罚处理方法只能适用于那些已经实施了犯罪行为，但犯罪情节轻微可以免予刑事处罚的人。任何公民，只要没有触犯刑律，即使有某种犯罪的强烈意识，或者因为无责任状态实施了危害行为，都不能对他作有罪宣告，适用非刑罚处理方法，但可适用保安处分。(2)从性质上看，非刑罚处理方法是实现刑事责任的一种方式，也是对犯罪分子的一种制裁和惩罚，但保安处分主要是对已实施危害社会行为的人或者有明显危害社会可能性的人预防其再行危害社会的一种防卫措施。(3)从适用的依据上来看，适用非刑罚处理方法主要是根据行为人的犯罪事实，而犯罪危险性的大小和有无，则是适用保安处分的决定性要件。因此，两者是刑法上性质不同的非刑处置措施，不可混为一谈。

2. 与单纯民事、行政处分的区别

非刑罚处理方法，作为对犯罪的一种处理方法，由刑法明文规定，是刑罚体系的必要补充，具有惩罚、教育、改造犯罪分子的功能；而单纯的民事、行政处分只是对民事、行政违法行为的处理方法，因此，两者不能混同。

二、关于非刑罚处理方法的存废

非刑罚处理方法不是一种刑罚方法，它是否需要在刑法中予以规定？有的同志认为，刑法的特点不仅在于规定犯罪，而且还在于它是用刑罚方法处罚犯罪，将非刑罚处理方法纳入刑法体系中，有损于刑法的相对独立性和完整性，也影响对犯罪的打击，因而主张在刑法中不规定非刑罚处理方法。我们认为这种观点是值得商榷的。为了有效地同犯罪作斗争，刑法不仅应当建立一套完整的、科学的刑罚体系，也有必要规定完备的非刑罚处理方法体系。其理由是：

1. 符合马克思主义关于犯罪与刑罚的一般原理。在社会主义条件下，如何建立起一套科学、新型的与犯罪作斗争的刑罚体系，早在苏维埃政权诞生初期，列宁就曾用下列方式给予描述：

(1)扩大缓刑的百分比；

(2)扩大公开训诫的百分比；

(3)以监外强制劳动替代剥夺自由；

(4)以教育设施替代监狱；

(5)建立同志审判会(在军队和工人中也要建立某些类型的同志审判会)①。

显然，这里提到的"公开训诫"、"教育性质的方法"等，都是我国刑法中的非刑罚处理方法的含义。因此，我国刑法规定非刑罚处理方法，与列宁提出的广泛适用"教育性质的方法"、"公开训诫"的思想是一致的。

2. 非刑罚处理方法在我国司法实践中长期行之有效。据有关专著介绍，"训诫在解放区就有，全国解放以后的司法实践中运用也较多，行之有效"，"除了训诫外，像具结悔过、取保、赔礼道歉、赔偿损失这些方法，实践中也是行之有效的。"②因此，刑法规定非刑罚处理方法，正是总结了我国长期以来的司法实践经验，符合中国国情。

3. 符合我国刑法的目的。社会主义刑法的最终目的是为了改造，教育罪犯，预防新的犯罪。实践证明，对那些偶犯、轻微犯罪人判处短期自由刑予以关押，不仅容易造成犯人之间的交叉感染，使他们染上更多的不良习气，掌握新的犯罪手段，而且也给犯罪人的家庭生活带来程度不同的影响，直接影响对犯罪人的改造质量。因此，对于比较轻微的犯罪人，用非刑罚的处理方法

---

① 见《列宁文稿》第3卷，人民出版社1978年版，第141页。

② 高铭暄编著：《中华人民共和国刑法的孕育和诞生》，法律出版社1981年版，第65页。

代替短期自由刑，不但可以避免不良影响，促使犯罪人自觉改造，而且可以切实保护被害人的合法权益，平息民愤，防止矛盾进一步激化。

4. 与世界刑法“非刑罚化”的发展趋势一致。非刑罚化（Depenalization），是指对某些犯罪不用刑罚的方法而用刑罚以外的方法来感化改造罪犯。19 世纪末 20 世纪初，刑事社会学派兴起，他们提倡教育刑论，主张刑罚要立足于改造犯罪分子，以达到预防犯罪的目的，因而单纯的刑罚制度被认为难以胜任这一重担，其他方法便应运而生。至本世纪 60 年代的刑法改革中，非刑罚化逐渐成为世界刑法发展的趋势，非刑罚处理方法作为非刑罚化的一种途径，也逐渐被世界各国所重视，其方法也不断更新。我国刑法明文规定非刑罚方法，正是适应了世界刑法这一最新发展趋势。

5. 有利于刑法与其他法律相互衔接，更好地发挥作用。刑法虽然是以犯罪和刑罚为对象，但同时又不能独立于一国的法律体系之外而存在，借鉴民事、行政法律中的制裁方法同犯罪作斗争，有利于刑法更加有效地发挥作用。同时，非刑罚处理方法虽然不属于刑罚，但作为刑罚的一种补充或者替代措施，也是人民法院了结刑事案件的一种方式，与普通的民事、行政制裁措施有原则区别，因此，在刑法中规定是合适的。

理解刑法规定非刑罚处理方法的必要性，对于提高司法人员对非刑罚处理方法的认识，适当扩大非刑罚处理方法的适用范围，具有十分重要的作用。

第二节　训诫、责令具结悔过、赔礼道歉

训诫、责令具结悔过、赔礼道歉这三种非刑罚处理方法，都是人民法院对犯罪情节轻微、免予刑事处分的犯罪分子采取的刑

事教育措施，同那些对个人及其权利、利益造成一定损害的其他非刑罚处理方法，存在重大区别：刑事损害赔偿必然造成犯罪人的财产损失，行政处分如撤职、降级等，也会造成犯罪人权利和利益的损失；而训诫、责令具结悔过、赔礼道歉等，则主要是通过上述措施，表明国家对犯罪人行为的否定评价，使其认识到自己行为的严重社会危害性，促使犯罪人的思想转化，因此，是带有道德谴责性质的处理方法。

一、训诫

训诫，是指人民法院对犯罪分子当庭予以批评或者谴责，责令其改正，并儆戒犯罪分子不再犯罪。训诫在前苏联、保加利亚、蒙古、前南斯拉夫、巴西、土耳其、法国等国的刑法典中都有明文规定，有的称之为“公开训诫”；有的则称之为“司法训告”；有的被规定为刑罚中主刑的一种；有的则作为保安处分。在我国，训诫是非刑罚处理方法中的一种，主要是通过有罪判决，宣布训诫，向犯罪人表明国家对其犯罪行为持否定态度，目的在于督促他认识到自己犯罪行为的社会危害性，并保证今后不再重犯。

1. 训诫的方式。最高人民法院 1964 年 1 月 18 日《关于训诫问题的批复》指出：“人民法院对于情节轻微的犯罪分子，认为不需要判处刑罚，而应予以制裁的，应当用口头的方式进行训诫。在口头训诫时，应当根据案件的具体情况，一方面严肃地指出犯罪人的违法犯罪行为，分析其危害性，并责令他努力改正，今后不再重犯；另一方面也要讲明被告人的犯罪行为尚属轻微，可不给予刑事处分。”我们认为，上述《批复》关于训诫内容的规定是可取的，但是其将训诫的方式仅限于口头，则有一定的局限性。在我们看来，训诫仅用当庭口头宣布方式难以收到应有效果，因此，为了保证训诫产生应有的教育预防作用，以利于犯罪分子加强自我约束以及使广大人民群众积极参加对犯罪分子的教育、帮助工作，训诫除口头宣告外，应以书面的方式记载，并在适当范围内公布，以收到一般预防和化解矛盾的效果。

2. 关于训诫的存废。在将公开训诫作为刑罚的国家中，公开训诫是所有不剥夺自由刑中最轻的措施，其过程仅限于在有罪判决时进行宣读，实际适用也很少，因此，有的学者建议取消。在我国，也有人提出："训诫，主要内容就是教育，这对任何犯罪都少不了，专门作为一种非刑罚措施，意义不大"①，因此，也建议取消。我们认为，上述观点是值得商榷的。训诫作为非刑罚处理方法的一种，主要是对情节比较轻微犯罪的制裁方法。一方面，固然需要加强训诫的惩罚、教育、预防犯罪的能力以及公众对罪犯的教育作用；另一方面，有些行为的确比较轻微，适用公开训诫就足以感化、教育犯罪人，如婚姻家庭犯罪中，犯罪情节轻微，犯罪人又认识到了自己行为的危害性，用训诫就足以达到预防犯罪的目的，为什么一定要废除呢？因此，关键是刑法修改时，规定训诫的方式，以保证训诫发挥应有的作用。

二、具结悔过

具结悔过，是指人民法院责令犯罪分子用书面方式保证悔改，不再犯罪。它是通过犯罪分子书面保证的方式，来促使其认识自己行为的社会危害性，督促其痛改前非，从而达到预防犯罪的目的。实践证明，具结悔过作为我国刑法中的一项独创性规定，对那些轻微的犯罪分子有较好的教育、预防作用。

具结悔过的适用方式，目前法律和司法解释均无明确规定。根据司法实践，人民法院对犯罪分子适用具结悔过时，应当要求犯罪分子写出悔罪书，检讨其犯罪原因，认识其犯罪行为的社会危害性，表示坚决悔改，不再犯罪。还可要求犯罪分子事先将悔罪书写好，在宣读免刑判决后，由犯罪分子当庭宣读并递交审判

---

① 滕炜：《关于完善刑法中非刑罚处置制度的建议》，载《法律学习与研究》1989年第2期，第28页。

人员；也可将悔罪书印成多份，交给有关单位或张贴在公共场所，晓喻群众，以示悔罪。

三、赔礼道歉

赔礼道歉，是指人民法院责令犯罪分子公开向被害人当面承认错误，表示歉意。它作为刑事责任的一种实现方式，与一般意义上的赔礼道歉不同，它是在国家强制力的威胁下实施的，虽然不能给犯罪分子造成什么物质利益的损失，但反映了国家对犯罪行为的谴责；同时，由于它作为一种处理方法，应当作成笔录，记录在档，以便查证。由于赔礼道歉是采取向被害人认错的方式进行，因此，它既能促使犯罪分子悔过自新，又能平息愤怒，消除矛盾，对于解决问题，促进双方的和解和团结，有重要作用。

我国刑法对赔礼道歉的方式及适用范围未作明文规定，但根据我国司法实践及立法精神，赔礼道歉的适用应抓住如下两点：(1)为保证赔礼道歉起到应有的教育、改造、警戒犯罪分子的作用，其方式应该是公开的。公开的方式可以多种多样，如在宣判时公开道歉，或者召开专门大会公开道歉，其具体方式由法院确定。(2)赔礼道歉不具有物质损害赔偿的意义，因此，既可对未造成物质损失的轻微犯罪(如侮辱、诽谤罪)单独判处，也可对造成了物质损失的轻微犯罪，和赔偿损失同时判处。如伤害罪情节轻微，不需要判处刑罚，则在免予刑事处分时，可以同时责令犯罪分子赔礼道歉和赔偿损失。

第三节　刑法上的赔偿损失

一、赔偿损失的概念和特征

根据我国刑法第 36 条和第 37 条的规定，刑法上的赔偿损失是指人民法院根据犯罪行为对被害人(公民、法人和其他组织)

造成的经济损失情况，判处或者责令犯罪分子给予一定的经济赔偿。它包括判处赔偿经济损失和责令赔偿损失两种类型，前者是指刑法第36条规定的情况，对依法被判处刑罚的人适用，既罚又赔；后者主要指刑法第37条规定的情况，适用于依法被免予刑事处罚的人，不罚只赔。其特征是：

1. 赔偿的范围仅限于犯罪行为给被害人造成的经济损失。根据有关法律规定和司法实践经验，犯罪行为给被害人造成的经济损失是指由犯罪行为引起的，被害人已经受到的经济损失和必然受到的经济损失。具体说来，犯罪行为侵犯财产所有权的，犯罪分子应当全部赔偿被害人因犯罪行为所遭受的直接经济损失；犯罪行为侵害公民的身体造成伤害的，应当赔偿医疗费、护理费、因误工减少的收入、残废者生产补助费等费用；造成死亡的，应当支付丧葬费、依靠死者生前抚养人必要的生活费以及其他必要的费用等。丧葬费只赔偿合理、必要的部分，医疗费、误工补助费、护理费、生产补助费的赔偿方法和标准，可以参照最高人民法院《关于贯彻执行〈中华人民共和国民法通则〉若干问题的意见(试行)》的有关规定执行。根据现行刑法规定，精神损害不适用刑事损害赔偿。

2. 刑事损害赔偿是根据刑法产生的民事赔偿。即立法者虽然将赔偿损失规定在刑法中，但其性质属于民事赔偿，不是一种刑罚方法。刑事损害赔偿从诉讼的角度看，是在侵害行为已经构成犯罪的条件下形成的一种民事法律关系，只是为了及时审结案件和保障被害人的合法权益，将两个性质不同的诉讼合并，不应当因合并审理而改变其民事诉讼的性质。因此，人民法院在决定赔偿损失时，不仅要依据刑法的有关规定，也要遵守《中华人民共和国民法通则》的有关规定。

根据以上特征，必须将刑法上的赔偿损失与下列概念相区别：

1. 赔偿损失与罚金的区别。赔偿损失与罚金虽然都是因为犯罪行为而犯罪人不得不支付一定的金钱，但前者属于民事赔偿性质，是非刑罚处理方法的一种，后者则是刑罚方法，两者有本质区别：

(1)支付的对象不同。罚金是将金钱交给国家，上交国库；而赔偿损失则是将金钱支付给被害人。(2)适用的范围不同。根据我国现行法律规定，罚金作为一种附加刑，主要适用于贪利动机的经济犯罪及轻微的刑事犯罪；而赔偿损失则适用于给被害人造成了经济损失的所有犯罪，不仅轻罪可以，重罪也可以并科，不仅经济犯罪可以，其他造成了被害人经济损失的犯罪，如杀人罪、伤害罪等，也能适用。(3)适用的根据不同。罚金作为刑罚的一种，“应当根据犯罪情节决定罚金数额”，因此，不可忽视犯罪分子主观恶性大小；而赔偿损失作为民事责任的一种，注重客观造成的损害。因此，犯罪分子可能因罪有可原而负较轻的刑事责任，但鉴于损失重大而不能不负较大的民事责任，所以，对同一侵害事实，犯罪者所负的民事责任与刑事责任不一定相同。一般说来，独立适用罚金时，多属轻微犯罪，只缴纳一定数额的罚金就可以了；但不管其所负刑事责任如何，犯罪分子如果另需赔偿由于犯罪所造成的损失时，并不受罚金所科数额的约束，仍须考察被害人实际遭受的损失，确定赔偿数额。

2. 赔偿损失与追赃、责令退赔的区别。赃款赃物是指犯罪分子用盗窃、抢劫、诈骗等非法手段获得的财物。我国《刑法》第64条规定：“犯罪分子违法所得的一切财物，应当予以追缴或者责令退赔。”最高人民法院、最高人民检察院、公安部、财政部也颁发了《关于没收和处理赃款赃物若干问题的暂行规定》。根据上述规定，追赃和责令退赔与赔偿损失有如下区别：(1)产生的原因不同。一般说来，不论被害人是否申请，追还赃款赃物都是司法机关应当主动采取的诉讼行为；而刑事损害赔偿，其性质属于刑事诉讼中的民事强制处分，其产生以被害人和人民检察院提起附带民事诉讼为条件。(2)内容不同。赔偿损失是指犯罪分子以自己的资财赔偿被害人因犯罪而遭受的经济损失；而追赃是司法机关对犯罪违法所得的一切财物依法予以追缴；责令退赔是指司法机关责令犯罪分子退回因违法所得的一切财物。(3)适用范围不同。追赃和责令退赔一般发生在具有非法占有和营利目的的经济犯罪中；而赔偿损失则不仅在经济犯罪中可以适用，在非经济犯罪中，如伤害罪、杀人罪等造成被害人经济损失的情况下，也可以适用，后者较前者的适用范围广泛。

3. 赔偿损失与没收财产的区别。二者的主要区别是：(1)没收财产是一种严重的财产刑，而赔偿损失是非刑罚处理方法。(2)没收财产适用于反革命罪、严重经济犯罪和严重财产犯罪，不以造成物质上的损失为条件；而赔偿损失的先决条件，必须是因犯罪行为而造成了被害人的经济损失，而且其赔偿损失的数额多少，主要取决于被害人经济损失的大小。

二、刑法上赔偿损失的意义

刑事损害赔偿发生的原因是实施刑法上犯罪的侵害行为，但与此同时，在民法上也产生民事法律关系，造成了公民、集体及国家的物质损失，又构成民法上的侵权行为。在这种情况下，适用刑法以处罚侵害人之际，兼顾民法上的民事责任，对被害人、犯罪分子、国家都是必要的。

1. 从被害人方面来看。所谓被害人是指刑事犯罪中的直接被侵害者，既包括公民个人，也包括国家、集体单位。刑法规定赔偿损失，对被害人具有如下作用：(1)便于及时、有效地保障其合法权益。对被害人来说，由于刑事诉讼中必须查清犯罪事实以及由犯罪行为所造成的危害结果，便于合理地计算其损失，而且刑事诉讼一般都有时限规定，被害人可以即刻获得赔偿。(2)可以避免提起两次诉讼，节省人力物力。(3)对于情节轻微、不需要判处刑罚的犯罪，赔偿损失有利于平息忿恨，消除矛盾，对被害人有安抚作用。

2. 从国家方面来看。刑事损害赔偿对国家的作用，主要分为预防犯罪与诉讼经济两方面。首先，有利于减少犯罪。在我国，占犯罪绝大多数的是财产犯罪。例如诈骗罪，犯罪分子在获取他人财物之后，一旦被发觉，不仅要返还所骗之物，而且还须赔偿被害人的经济损失，于是想犯罪的人，在斟酌利害之后，必觉害大于利，而且被捕之后，仍不免其刑事责任，因此，为避免受民事处罚与刑罚的双重惩罚，可能放弃犯罪，导致犯罪减少。其次，有利于法院的审判工作。如果不按刑事损害赔偿的规定而另行规定赔偿，被害人则需要另行提起民事诉讼以确定赔偿金额，因此，如果刑法上规定赔偿损失，就可以把二次诉讼活动简化为一次进行，既节省办案时间和人力，又利于准确、及时处理案件。

3. 从犯人方面来看。在现实生活中，大量的轻微财产犯罪(如故意毁坏财物罪)或其他自诉案件(如轻伤害罪)，被害人之所以提出控告或自诉，除少数例外，大都想以刑事诉讼为威吓，借以获取民事赔偿，如要求不能满足，则诉诸刑法，以泄其恨。在这种情况下，只要犯罪人知罪悔过，责令犯罪人赔偿损失，无需一定予以定罪判刑，否则，难免徒增公民之间怨恨。因此，刑法关于赔偿损失的规定，如适用于轻微犯罪，犯罪分子在赔偿被害人的损失后，可免予刑罚处罚，即使仍须受刑罚制裁，但如果赔偿了损害，也可作为减轻刑罚的事由，这对犯人也会产生积极作用。

三、赔偿损失与刑事责任

如前所述，赔偿损失本为民事责任的一种，但由于它由犯罪行为引起，各国和地区的刑法大多将其规定在刑法之中。那么，犯罪分子在赔偿了被害人损失之后，对刑事责任究竟有无影响，如何影响？纵观其他国家和地区的刑事立法，主要有以下几种立法例：

1. 可获不起诉处分。如有的地区《刑事诉讼法》规定："检察官为前项不起诉处分前，并得斟酌情形，经告诉人同意后，命被告为左列各款事项：一、向被害人道歉。二、立悔过书。向被害人支付相当数额之抚慰金。前项情形应附记于不起诉处分书内。”由于其刑事诉讼法对轻罪是否起诉持便宜主义，因此，实际上该条规定，即检察官视案件决定不起诉时，如果认为被害人遭受的有形或无形损害有加以补偿的必要，得命令其支付相当数额的抚慰金。此外还规定：支付抚慰金“并得为民事强制执行名义”。

2. 可获减轻处罚。如《意大利刑法典》第 62 条列举的“一般减轻条款”第 6 款：“在审判前已赔偿全部之损害，恢复原状，或在审判前，除第 56 条最后一项规定之情形外，自行以有效之方法减轻其犯罪之侵害或危险之结果者”，视为减轻原因。《瑞士刑法典》第 64 条也有类似规定。

3. 可获缓刑的宣告。如《意大利刑法典》第 165 条规定“缓刑受刑人之义务”：“缓刑之判决得附带宣告回复原状、损害赔偿、公布判决结果等作为损害之补偿。”第 168 条第 1 款又将不履行此项义务者，作为缓刑撤销的原因。可见，赔偿损失为缓刑宣告的条件。《瑞士刑法典》第 41 条也规定有类似的内容。

4. 可获请求假释之准许。即将赔偿损失作为假释的条件之一，这在《瑞士刑法典》第 38 条、《意大利刑法典》第 176 条都有明确的规定。

5. 申请复权之许可。如《瑞士刑法典》第 78 条规定：“行为人受褫夺亲权行使、丧失监护人或财产管理人资格之宣告，受执行已 2 年以上，其行为足以认为应回复此项资格，而对经裁判或和解所确定之损害，在可预期之范围内已加以赔偿，法官得应其请求……回复其各项资格”。《意大利刑法典》第 179 条则将“不履行刑事附带民事义务，且无法证明无履行能力者”，作为不得复权的原因之一。

我国现行刑法无赔偿损失影响刑事责任的明确规定，但是，犯罪分子在犯罪后积极赔偿他人所受损失，足以表明其对犯罪行为已有悔改之意，即使其犯罪前或犯罪中具有恶性，但此时其社会危害性大为减弱，因此，不能说刑法未明文规定，而不能作上述处分的考虑。相反，我国刑法给予人民法院较大自主权，法院在决定从轻、减轻、缓刑、免予处罚时，对于犯罪分子赔偿损失的情况，应当予以充分考虑，这不仅符合我国刑法理论，也与立法精神一致。鉴于我国当前经济犯罪猖獗，它往往给国家、集体、公民个人造成严重经济损失，许多经济犯罪分子抱着“痛苦一阵子，舒服一辈子”的幻想，宁愿受到严惩，拒不赔偿损失，导致经济损失无法挽回，因此，建议刑法修改时，将赔偿损失作为犯罪分子从轻、减轻、缓刑、免予处罚的法定量刑情节，以鼓励犯罪分子积极赔偿犯罪所造成的损害，减少被害人的经济损失。

四、赔偿损失立法和司法应注意的几个问题

（一）赔偿损失的范围

我国刑法第36条规定：“由于犯罪行为而使被害人遭受经济损失的，……应根据情况判处赔偿经济损失。”刑事诉讼法也有类似的规定。根据上述规定，刑法上赔偿损失的范围仅限于经济方面。我们认为，上述规定已不符合我国当前损害赔偿的理论、立法和司法实践。首先，我国公民的生命、健康、人格、名誉等不是商品，其损害无法用金钱、物质进行衡量，但并不意味着完全不能用金钱来补偿。补偿不同于赔偿，并不一定以等价交换为基础，正如国家对英雄人物给予一定的金钱奖励并不是等价交换一样，对精神损害进行补偿也不是把人格、名誉当作商品出卖。其次，我国1987年1月1日正式施行的民法通则第120条规定：“公民的姓名权、肖像权、名誉权、荣誉权受到侵害的，有权要求停止侵害，恢复名誉，消除影响，赔礼道歉，并可以要求赔偿损失。法人的名称权、名誉权、荣誉权受到侵害的，适用前款规定。”这里的所谓“要求赔偿损失”即是对精神损害赔偿的肯定。在侮辱、诽谤等犯罪造成他人人格、名誉等精神损害时，

既然其具有民法上精神损害相同的性质，为什么刑法上不可以规定补偿呢？其三，从司法实践看，随着公民权利意识增强，刑事被害人要求赔偿因犯罪行为造成的精神损害的情况越来越多。有的法院根据民法通则的有关规定，在依法追究犯罪人刑事责任的同时，也对其给被害人造成的精神损害判处赔偿。实践证明，这种做法能有效地抚慰受害人，达到缓和、消除被害人精神痛苦的目的，也有利于教育罪犯，预防犯罪，效果是好的。因此，建议刑法修改时，对被害人因犯罪遭受精神损害时，法院可以判处或责令犯罪人进行补偿。也就是说，“赔偿损失”包括赔偿物质损失和补偿精神损害。当然，我们说刑法上的赔偿损失包括补偿精神损害，并不是对每一种犯罪都可适用。根据民法通则第 120 条规定的原则精神和我国的实际情况，我们认为，对犯罪被害人进行精神损害赔偿仅限于因强奸、奸淫幼女、流氓(侮辱妇女)、侮辱、诽谤、诬告陷害这几种直接严重损害被害人人格名誉的犯罪。其赔偿数额可根据犯罪行为的具体情节、后果和影响等确定。

(二)赔偿损失的原则

根据法律的有关规定和司法实践，人民法院在决定赔偿损失时，应遵循以下原则：

1. 被害人对造成损害结果没有过错的，被告人对被害人遭受的损失，应根据有关法律的规定全部赔偿。被害人有过错的，应视具体情况酌情减轻被告人的赔偿责任。因防卫过当、避险过当使被害人遭受物质损失的，应当根据具体情况，减轻或者免除被告人的赔偿责任。

2. 共同致害人为二人以上的，应当根据各致害人在共同侵害中所起的作用、其行为给被害人造成损害的情况等，分别确定各被告人应当赔偿的数额。如果其中有的致害人没有赔偿能力，其他有赔偿能力的致害人负连带责任。司法实践表明，致害人对赔偿损失负连带责任，不仅对确保被害人获得赔偿，减少其经济损失具有重要意义，而且也有利于遏制共同犯罪。

3. 在确定被告人赔偿数额时，既要坚持全部赔偿原则，又要考虑被告人的实际赔偿能力。被告人没有赔偿能力或者其财产不能满足赔偿要求时，应当根据被告人的赔偿能力实事求是地作出判决，防止判决后无法执行。被告人的赔偿能力应当根据诉讼时的财产和经济收入确定，赔偿一般只能以诉讼时的财产为限，但被告人被判处缓刑时，可视具体情况判决其在缓刑考验期限内赔偿。

4. 成年刑事被告人，应当以自己的财产独自承担赔偿责任，但其亲属自愿承担的，应当予以准许；未成年刑事被告人的赔偿责任，由他们的监护人承担，监护人尽了监护义务的，可适当减轻其赔偿责任；依法被判处死刑的被告人，应当以其继承人用被继承的遗产承担赔偿责任。

5. 对被害人的民事赔偿优先原则。刑法第 36 条第 2 款规定："承担民事赔偿责任的犯罪分子，同时被判处罚金，其财产不足以全部支付的，或者被判处没收财产的，应当先承担对被害人的民事赔偿责任。"

(三)赔偿损失的法律适用

刑法上的赔偿损失，从诉讼意义上讲即刑事附带民事诉讼。人民法院审理这类案件，既要依据刑事诉讼法的有关规定，又要执行民事诉讼法的有关规定，民事诉讼法的有关规定与刑事诉讼法不一致的，应优先服从刑事诉讼的需要。如人民法院给被告人送达民事起诉状副本时，应根据刑事案件审理的需要，确定被告提交民事答辩状的时间；对附带民事判决、裁定的上诉、抗诉期限，应当按案件刑事部分的上诉、抗诉期限确定等。人民法院判处被告人赔偿物质损失的，既要援引刑法第 36 条，又要根据案件的具体情况援引民法通则的有关条文；判处被告人赔偿精神损害的，在刑法未修改前，可直接援引民法通则第 120 条的规定。

第四节 行政处罚、行政处分

1979年刑法第32条仅规定了“行政处分”，而没有规定“行政处罚”，以致对“行政处分”是否包括“行政处罚”引起不同的理解。修订的刑法第37条明文规定“……或者由主管部门予以行政处罚或者行政处分”，这就从立法上明确解决了这一问题。

1. 行政处罚

所谓行政处罚，是根据法律规定由特定行政机关对于犯有轻微违法行为而尚不够刑事处罚的公民或法人的一种法律制裁。行政处罚的方式多种多样，较常见的有下列几种：(1)警告。(2)罚款。(3)行政拘留。指公安机关对违反行政管理法规的人在短期内剥夺人身自由的一种处罚。根据《中华人民共和国治安管理处罚条例》第6条规定，行政拘留在1日以上，15日以下。(4)劳动教养。我们说刑法第37条所规定的“行政处罚”包括劳动教养，但并不是说所有的劳动教养都属于非刑罚处理方法。作为“非刑罚处理方法”的劳动教养必须具备“已经构成犯罪，但不需要判处刑罚”这个条件。但根据《劳动教养试行办法》第10条的规定，劳动教养的对象虽然包括具有轻微犯罪行为，尚不够刑事处分的犯罪分子，也可以是违反治安管理法规，屡经处罚教育仍不悔改的一般违法分子。前者固然是作为一种非刑罚处理方法适用的，而后者则具有保安措施的性质。(5)勒令停业。这是国家主管部门对违法的工商企业或者个体经营户予以限期停业或勒令停业的处罚。(6)取消特许的权利。是国家行政机关对违反行政法的单位、个体经营户和其他公民采取的剥夺某种权利，停止或撤销从事某种工作或职业的处罚。例如驾驶员违反交通管理规则，造成事故，公安机关有权扣留驾驶执照等。

2. 行政处分

行政处分是指国家机关、企事业单位、社会团体对其所属的违反行政管理法规的人员的处罚。根据其执行主体和适用对象不同，可分为下列几种：(1)对国家工作人员的处分。根据《国务院关于国家行政机关工作人员的奖惩暂行规定》第6条，对国家工作人员的处分有8种，即警告、记过、记大过、降级、降职、撤职、开除留用察看、开除。(2)对企业职工的行政处分，即泛指一切厂矿企业对所属职工适用的纪律处分。对职工的纪律处分原则上应按《企业职工奖惩条例》执行。(3)对在校的教职工及学生的行政处分，也称校纪处分。学校对教职工的处分一般采用政纪处分的有关规定，对违反校纪的学生处分包括警告、记过、记大过、开除留校察看、勒令退学、开除学籍6种。

此外，人民法院在适用行政处罚、行政处分时要注意以下几个问题：

1. 由于行政处罚、行政处分门类很多，各种行政处罚、行政处分具体适用的对象不同，因此，人民法院对有关单位提出的行政处罚、行政处分，应该针对犯罪行为的性质及犯罪人的特点，提出具体的有针对性的建议，以供主管部门参考。提出行政处罚、行政处分建议时，一是注意和罪行大小相适应；二是在犯罪人利用其职务时，要剥夺犯罪人赖以犯罪的资本，如国家工作人员滥用职权，假公济私，对批评人实行打击报复案件，就应针对其滥用职权这一行为特点，建议给予降级、撤职、开除等针对性强，能够剥夺犯罪人赖以犯罪的资本的处分。如果只给犯罪人警告、记过等处分，显然就不能起到较好的预防犯罪的效果。

2. 行政处分和行政处罚不是互相排斥的，在对轻微犯罪者适用行政处罚后，犯罪者所在单位可以或必须对犯罪者同时给予行政处分。因此，人民法院适用行政处罚、行政处分时，可同时分别向犯罪人的所在单位和有关主管部门提出给予犯罪人行政处分和行政处罚的建议。

3. 人民法院提出行政处罚、行政处分，属于司法建议，不能写在判决书上，因为法院的判决不能直接作出任何行政处罚、行政处分，其提出的行政处罚、行政处分建议，供有关部门参考，只有犯罪人所在单位或其他主管部门，才能最终直接具体决定和执行行政处罚、行政处分。

第五节　非刑罚处理方法的适用

一、非刑罚处理方法适用的主体

根据我国刑法第36、37条的规定，有权决定非刑罚处理方法的机关是人民法院，即只有人民法院对非刑罚处理方法既具有决定的权力，也具有使用执行的权力，其他任何机关、团体或个人都无适用非刑罚处理方法的决定权。根据刑法第37条的规定，行政处分的非刑罚方法虽然由罪犯的主管部门具体作出，但其所依据的前提仍然是人民法院的决定，否则，这种行政处分就是一种纯粹的行政处分，而不是非刑罚处理方法中的行政处分。

检察机关是否具有非刑罚处理方法的决定权？目前有不同意见。有学者认为："人民检察院在侦查和起诉过程中，尤其是在作出免予起诉决定后，也经常对犯罪人使用非刑罚处理方法。"① 我们认为，这种观点是值得商榷的：其一，根据刑法第36条、第37条规定，适用非刑罚处理方法的前提是"除依法给予刑事处罚外"和"免予刑事处罚"后，但是给予犯罪分子"刑事处罚"和"免予刑事处罚"的决定，只能由人民法院依法作出。其二，在我国刑法中，非刑罚处理方法虽然不是刑罚，但仍放在"刑罚"一章中，是对刑罚的必要补充或者替代措施，是实现刑事责任的

---

① 陈兴良主编：《刑种通论》，人民法院出版社1993年版，第576—577页。

一种方式，其性质也决定了它只能由人民法院决定。

二、非刑罚处理方法适用的条件与范围

鉴于刑法第37条所规定非刑罚处理方法涵盖了我国非刑罚处理方法的全部类型，且其适用难度较大，这里仅就该条规定的适用条件和范围略作阐述。根据刑法第37条的规定，适用非刑罚处理方法必须具备下列条件：

1. 行为人的行为已经构成了轻微犯罪。非刑罚处理方法只能适用于轻微犯罪，这几乎是各国立法通例，但何谓轻微犯罪，各国刑法规定又不完全一样。在前苏联的各加盟共和国的刑法典对轻微犯罪的范围，都大体作了规定，如《格鲁吉亚刑法典》第52条把可以判处剥夺自由1年以下或者其他更轻的刑罚的一切罪行都列入轻微罪行的范围；前《苏俄刑法典》第51条则详细地列举了属于轻微罪行的罪名。其他国家，如《罗马尼亚刑法典》第9条规定的刑罚不超过6个月的犯罪，《波兰刑法典》第27条规定的刑罚不超过3年的犯罪，才允许以非刑罚处理方法代替刑罚适用。

根据我国刑法规定，衡量行为是否轻微犯罪，应以犯罪情节是否轻微为标准，即应当根据犯罪的事实、性质、情节和对于社会的危害程度来具体认定。一般说来，所谓犯罪情节轻微，是指行为人所犯罪行危害后果不严重、主观恶性小，且具有从宽处理之情节的情况，如行为人犯故意轻伤害罪，有自首、积极帮助治疗等情节，且被害人伤情已完全康复，则可视为“犯罪情节轻微”。这里应当指出，刑法中的“免除处罚”情节固然是认定犯罪情节是否轻微的依据，但不是唯一依据。有的情况下，行为人所犯之罪的性质较严重，也不具备法定免除处罚情节，但综合全案犯罪情节，认为犯罪情节轻微，不需要判处犯罪分子刑罚时，也可以适用非刑罚处理方法。如被告人王某，系某中学学生，16岁。某日晚8时许，因校外青年李某在该中学教学楼下“引吭高

歌”，影响学生自习，王某所在班班长张某出来制止时与李发生口角，继而互相殴打。王某跑出教室看见李某正骑在张某身上，欲用砖头砸张，“怕同学吃亏”，遂掏出随身携带的水果刀刺向李某，致李重伤。李住院治疗一周后痊愈。本案被告人王某故意伤害致人重伤，犯罪性质严重，但他是未成年人，属激情犯罪，且被害人有重大过错，身体康复也较迅速。人民法院综合考虑全案情况后判处被告人王某犯故意伤害罪，免予刑事处罚，赔偿被害人李某经济损失5000元。我们认为，人民法院的上述判决是正确的。当然，人民法院对类似上述情况根据刑法第37条规定适用非刑罚处理方法时，应当特别慎重。

2. 不需要判处刑罚，即免予刑事处罚。并非所有的轻微犯罪都一律免予刑事处罚，只有根据犯罪人的人身特性、危害社会的程度、犯罪前后的行为表现等，认为不需要适用刑罚，借助于非刑罚处理方法就可以预防他们再次犯罪时才能适用。对此，前《苏俄刑法典》规定较为具体，其第10条规定：“未满18岁的人实施了对社会危害性不大的犯罪时，如果法院认为对他可以不适用刑罚而加以改造，可以采用刑罚外的教育性强制方法。”我们认为，轻微犯罪免予刑事处罚的条件有二：一是犯罪人已真心悔罪或承认自己有罪；二是不适用刑罚方法，也能达到预防犯罪和改造犯罪人的目的。因此，虽然所犯罪行轻微，但犯罪人主观恶性较大，也不适用非刑罚处理方法。

这里要特别注意的是，免除刑事责任与免予刑事处罚是两个内容不同的概念，在我国刑事立法中，免除刑事责任实际上指不追究刑事责任，即我国刑事诉讼法第15条所规定的不追究刑事责任的6项内容，其含义指行为人的行为根本不构成犯罪，或者已不存在追究刑事责任的条件，因此，不发生刑事责任的负担问题。而免予刑事处罚仅仅指不判处行为人的刑罚，但其刑事责任依然存在，国家仍对其行为作出有罪判决，只是考虑到行为人的犯罪情节轻微，而免除刑罚处罚，因此，二者有本质区别，不能混淆。

3. 免予刑事处罚后需给予适当处理。刑法第 37 条规定,“可以免予刑事处罚,但可以根据案件的不同情况,予以……”由此可见,刑法对于不需要判处刑罚的犯罪分子,并不一定都要给予非刑罚处理方法。我们认为,这一规定大有修改的必要。如果对于构成犯罪但情节轻微的人免予刑事处罚后不给予非刑罚处理,一放了之,不仅对于犯罪人难以收到教育、改造、警戒作用,而且对群众也造成轻纵罪犯的错觉。我们认为,我国刑法中的非刑罚处理方法从训诫到赔偿损失、行政处分,有轻有重,对哪种免予刑事处罚的人都能适用。而且从被害人方面讲,不对犯罪人作任何处罚,也难以促进双方谅解,甚至造成双方新的、更大的纠纷。因此,建议将来再修改刑法时,将刑法第 37 条中的第二个“可以”改为“应当”,使人民法院对免予刑事处罚的人适用非刑罚处理方法,由“可选性”改为“必择性”,即对免予刑事处罚的人必须适用非刑罚处理方法。至于具体案件,对犯罪人适用何种非刑罚处理方法更为合适,则由人民法院酌情选择。

根据上述条件,我们认为,人民法院在适用非刑罚处理方法时,应对下列几种情况特别予以重视:

1. 未成年人实施轻微犯罪。在这种犯罪中,未成年人的年龄特点和心理特点,以及一些客观因素,如在教育、思想、文化、组织等工作上的缺陷,对犯罪的形成有很大作用,而且,由于未成年人的特点,对他们的轻微犯罪判处短期自由刑,更易使他们受到犯罪恶习传染,不利于预防犯罪。因此,宜对未成年人犯轻微罪行作出特殊规定,扩大非刑罚处理方法的适用。适应这样的需要,1995 年 5 月 2 日最高人民法院《关于办理未成年人刑事案件适用法律的若干问题的解释》,对未成年人犯罪适用免予刑事处分的问题作了专门规定,即“未成年犯中的初犯、偶犯,如果罪行较轻,悔罪表现好,并具有下列情形之一的,一般应适用刑法第 32 条(按:即现行刑法第 37 条)的规定免予刑事处分:

预备犯、中止犯、防卫过当、避险过当、共同犯罪中的从犯、胁从犯，以及犯罪后自首并有立功表现的。对免予刑事处分的，可予以训诫或者责令具结悔过、赔礼道歉、赔偿损失或者建议有关主管部门给予行政处分。”这一解释在司法实践中仍值得参考。

2. 轻微的过失犯罪，如一般交通肇事罪、重大责任事故罪、违反易燃易爆危险品管理规定罪、过失伤害罪等。这类犯罪分子的主观恶性较小，只要后果不是特别严重，行为人无重大过失存在，则适用非刑罚处理方法即可达到惩罚、改造犯罪分子的目的。

3. 刑事自诉案件，如伤害罪、侮辱罪、诽谤罪、暴力干涉婚姻自由罪、虐待罪等。由于这类案件大都发生在家庭内部或乡亲邻里之间，犯罪人与受害人大都有利害关系，因此，只要犯罪分子能认识自己行为的社会危害性，真诚悔改，对犯罪分子适用非刑罚处理方法，更有利于人民内部团结和社会安定。

4. 法定刑在 3 年以下有期徒刑的故意犯罪，如妨碍执行公务罪、侵犯公民通信自由罪、非法捕捞水产品罪、非法狩猎罪等。这类犯罪的社会危害性相对较小，只要犯罪分子能认识自己的罪行，不再危害社会，适用非刑罚处理方法，既可避免短期自由刑的弊端，又能达到改造、警戒罪犯的目的。

5. 具有刑法规定的免除处罚情节的。免除处罚即免予刑事处分，是适用非刑罚处理方法的前提条件之一，行为人具备法定的免除处罚情节的，人民法院应予以充分考虑。免除处罚的情节既包括应当免除处罚的情节，如刑法第 20 条第 2 款所规定的“正当防卫明显超过必要限度造成重大损害的”情节；也包括可以免除处罚的情节，如刑法第 67 条规定的犯罪以后自首，“犯罪较轻的”情节。

第二十三章　保安措施

第一节　保安措施概述

一、保安措施的意义

保安措施在西方和我国台湾地区刑法理论中称为保安处分。我们未采用"保安处分"一词，而改称"保安措施"，这是从"处分"和"措施"两词的词意来考虑，感到"保安措施"一词较之"保安处分"一词更科学。根据《现代汉语词典》，"处分"的词意是"对犯错误或犯罪的人按情节轻重做出处罚决定，也指这种处罚的决定"①。而"措施"的词意是"针对某种情况而采取的处理办法"②。可是西方国家"保安处分"制度中的"更生保护"，并不是什么处罚，而是一种保护性措施。我国类似西方国家"保安处分"制度的强制医疗、工读教育、社会帮教，都不是什么处罚，而是针对不同情况采取的处理办法。所以"保安处分"一词就不能概括上述情况。西方国家"保安处分"制度中的"监护隔离"，我国类似"保安处分"制度的"劳动教养"，都有处罚的意义，但

①② 《现代汉语词典》(修订本)，商务印书馆1997年版，第188、220页。

它也属于一种处理办法，完全可以用“保安措施”一词来概括。我们之所以改称“保安措施”，原由即在于此。需要说明，我们这样做，绝无否定保安处分的意思，相反地，我们认为过去那种对保安处分采取一概否定的作法，不是一种科学的态度。应当看到西方刑法中的保安处分，是西方刑法学发展的积极成果之一，值得我们借鉴。我们在研究我国的保安措施时，也不能不研究西方刑法中的保安处分。在研究西方刑法中的这一理论和制度时，我们仍依照西方国家的称谓，叫“保安处分”。

二、保安处分的渊流

保安处分作为一种刑法理论，是近代刑法思想发展演变的直接成果，由刑事人类学派、刑事社会学派所组成的实证学派刑法学，为保安处分的奠基和发展做出了杰出贡献；作为一种刑法制度，它形成于 19 世纪，盛行于 20 世纪。

在资本主义国家建立初期，刑事古典学派的思想对于摧毁封建刑法体系，建立资产阶级刑法体系，无疑起了历史的推动作用。但是，随着社会的发展，资本主义制度固有的矛盾日益尖锐，导致了累犯的增加和犯罪率的不断上升。面对犯罪猖獗的现实，古典学派的主张显得无能为力，统治者亟需一种新的理论来对付犯罪。在这种背景下，实证学派即近代学派的刑法理论便应运而生。

为了适应同犯罪作斗争的需要，以龙勃罗梭、菲利、李斯特等人为代表的实证学派刑法学者，向传统刑法学发起了挑战。他们抛弃了以往形而上学的研究模式，运用实证的方法对犯罪和刑罚问题进行研究，提出了许多新的见解。他们将刑法研究的重点由行为转向行为人，主张犯罪人应负刑事责任的根据在于防卫社会，而不是抽象的公平和正义；刑罚的本质在于对犯罪人进行教育和改善，而不是威慑和报应；刑罚的目的是特殊预防，而不是一般预防。上述社会防卫论、教育刑论、特殊预防论，为保安处分的产生和发展奠定了理论基础。

1893年，瑞士刑法学者司托斯(Carl Stoos，1849—1934年)率先将保安处分理论运用于刑事立法。由他负责起草的瑞士刑法典草案(司托斯草案)，是现代保安处分制度化法律化的先河。此后，保安处分相继被各国采用，影响深远。综观各国保安处分的立法例，主要有两种模式：(1)一元制，即在刑法中只规定保安处分，而不规定刑罚。实际上是否定刑罚的概念，把传统的刑罚方法融合于保安处分之中，以保安处分代替刑罚。1921年的意大利刑法典预备草案(菲利草案)、1922年和1926年的《苏俄刑法典》，均采此制。(2)二元制，即在刑法中既规定刑罚，又规定保安处分。此制又有两种不同的立法例：其一是在刑法典中同时规定刑罚和保安处分，现行《瑞士刑法典》、《意大利刑法典》等即采此制。其二是在刑法典中规定刑罚，在单行法律中规定保安处分，现行日本刑法则采此制。在作为刑法典的现行《日本刑法》中规定了刑罚，而在1957年施行、1989年修正的《卖淫防止法》中，对卖淫妇女规定了辅导处分、更生保护；在1949年施行、1987年修正的《少年法》中，对犯罪少年、违法少年、虞犯少年规定了保护处分。我们认为，我国刑法中虽无"保安处分"一词，可以说实际上也是采用这种立法例。

需要特别强调指出的是，尽管在保安处分产生和发展的过程中，始终伴随着学派之争和众说不一的评价，但不容忽视的事实是，自19世纪末20世纪初以来，保安处分制度已经超越了地域的限制和社会制度的差异，成为本世纪最有特色的、生命力最强的刑法制度。

三、保安处分的概念

什么是保安处分？学者之间所下定义并不一致。日本著名刑法学者团藤重光说："与刑罚本质上是对犯罪的报应不同，保安处分是社会防卫为目的与本人的矫正、教育为目的的处分。"①西原

① 〔日〕团藤重光著：《刑法纲要总论》，创文社1979年版，第564页。

春夫教授指出："所谓保安处分，指主要以特别预防为目的而设的刑罚以外的刑法上的法律效果。"①中山研一教授认为："所谓保安处分，指着眼于行为人的危险性，与此相适应，意图保全社会，并以本人的改善、治疗等为目的的国家的处分。"②我国台湾学者韩忠谟说："所谓保安处分……即系法律对于责任无能力人，或限制责任能力人，以及特种危险性之有责行为人，以矫治、感化、医疗等方法所为之特别预防处置"③。这些定义虽然表述各异，但还是有其共同性。据此，可以看出保安处分具有如下特点：

1. 保安处分是以特殊预防为目的而设立。如所周知，刑罚具有一般预防与特殊预防的双重目的，但保安处分是对非刑罚所能改善者而增设的特殊处分，用以弥补刑罚特殊预防的不足，它只以特殊预防为目的。即使保安处分可能收到一般预防的效果，但它与保安处分设定的目的则没有关系。

2. 保安处分注重改善适用对象，预防犯罪。正因为如此，所以它不像刑罚那样注重剥夺犯人的权利，同时它也不像刑罚那样具有伦理非难的性质。保安处分的种类较多：有的完全是保护性措施，给适用对象以教育帮助；有的虽有一定的强制性，但不是处罚，而是通过矫治、感化、医疗等方法，根除他们可能犯罪的因素，预防犯罪或再犯。

3. 保安处分适用的基础是人身危险性。这里所说的人身危险性，指实施犯罪的可能性或再犯可能性。正如团藤重光教授所说："刑罚的基础是责任，与此相反，保安处分的基础是性格的危险性。"④由此可见，适用保安处分，并不以犯罪事实为要件，而是

---

① 〔日〕西原春夫著：《刑法总论》，成文堂 1978 年版，第 501 页。

② 〔日〕中山研一著：《刑法总论》，成文堂 1989 年版，第 590 页。

③ 韩忠谟：《刑法原理》，台湾雨利美术印刷有限公司 1981 年版，第 494 页。

④ 〔日〕团藤重光著：《刑法纲要总论》，创文社 1979 年版，第 564 页。

以行为人具有人身危险性为要件。对尚未犯罪但有犯罪危险的人，或者犯罪虽经刑罚处罚但有再犯危险的人，都可适用保安处分。

4. 保安处分适用的对象是符合法定条件的特定人。具体言之，保安处分适用的对象有以下几种人：(1)实施危害社会行为的无责任能力人，如刑事未成年人、心神丧失人。(2)实施犯罪行为的限制责任能力人，如心神耗弱人。(3)实施特别危险的犯罪，虽然受过刑罚处罚，但有再犯之虞的人，如累犯、常习惯犯。(4)所实施的行为不论是否构成犯罪，由于染有恶习或传染病，可能犯罪或再次犯罪的人，如吸食毒品者、患有性病卖淫者。这些人，由于其人身危险性，都可对之适用保安处分。

综上所述，我们认为，保安处分是以特殊预防为目的，以人身危险性为适用基础，对符合法定条件的特定人所采用的以矫正、感化、医疗等方法，改善适用对象、预防犯罪的特殊措施。

四、保安处分的种类

保安处分如何分类，学者之间也有分歧。日本学者大谷实教授将保安处分分为：1. 狭义的保安处分。包含：(1)伴有剥夺自由的隔离处分，如保安拘禁、预防拘禁等属之。(2)伴有剥夺自由的改善处分：一是对精神障碍者的治疗处分；二是对酒精中毒者或药物中毒者的禁绝处分；三是对厌恶劳动者、乞丐、流浪者等的劳动所收容处分；四是对少年危险的累犯、精神病患者的社会治疗处分均属之。2. 广义的保安处分。包含：(1)伴有限制自由的隔离处分：禁止职业；限制居住；禁止出入酒店；放逐国外；取消运输许可等属之。(2)伴有限制自由的改善处分：善行保证；行状监督；保护观察等均属之。3. 最广义的保安处分。以上都是对人的保安处分，进而加上对物的保安处分，是最广义的保安处分。对物的保安处分，例如 1. 没收；2. 封闭营业所；

3. 解散法人或停止业务等是①。西原春夫教授分为：1. 不伴有剥夺自由的保安处分。又可分为对人的处分和对物的处分。对人的处分，在外国立法例中有剥夺运输许可、禁止授予运输许可、禁止就业、限制(禁止)居住、禁止进入酒店、禁止饲养动物、放逐外国人于国外、善行保证、行状观察、断种去势等；伴随缓刑、假释的保护观察，也属此类。对物的保安处分，有没收、封闭营业所、解散法人等。2. 伴有剥夺自由的保安处分。就世界各国立法例来看，主要有：(1)对由于精神障碍的无责任能力、限制责任能力人的治疗处分；(2)对有酒癖或者麻醉药等药物嗜好癖者的"禁绝处分"；(3)对厌恶劳动者(乞丐、流浪者、卖淫妇女)的"劳动所收容处分"；(4)对常习犯人的"保安监督"或"预防监督"；(5)对精神障碍者特别是性格偏执者(所谓精神病患者)的社会治疗处分②。此外，还有各种分类，限于篇幅，不再多叙。从上述分类，不难看出保安处分种类的繁多。参照各国立法例，下面略述国外几种主要的保安处分：

1. 监护隔离处分。适用于无责任能力人和限制责任能力人，包括精神异常而有犯罪危险性的人，以及有犯罪行为但尚未到刑事责任年龄的人。这些人由于缺乏刑罚适应能力，在宣判有罪或无罪的同时，应将他们交付监护所或精神病院进行隔离和治疗。

2. 禁戒矫正处分。适用于酗酒、吸毒、卖淫和有其他恶习的人。这些人要交付相应的禁戒所，以矫正其恶习，并使他们获得适应正常社会生活的能力。

3. 强制劳作处分。适用于有劳动能力但好逸恶劳的乞丐、懒汉、流浪者、赌徒等，对这些人强制他们为公益事业进行一定的劳动，使之养成劳动习惯，学会谋生本领。

4. 预防拘禁处分。适用于常习犯、累犯和其他有特殊危险

---

① 见〔日〕大谷实著：《刑事政策讲义》，弘文堂 1987 年版，第 152—153 页。

② 见〔日〕西原春夫：《刑法总论》，成文堂 1978 年版，第 505—507 页。

可能进行重大犯罪活动的人，对这些人出于维护治安的目的，在其犯罪前或服刑后预先对其拘留，以防止他们犯罪或重新犯罪。

5. 保护观察处分。适用于少年犯、缓刑犯、假释犯等，由专门的保护观察机构和人员，负责对他们进行监督考察，以避免受处分者受到不良因素的诱惑而重新犯罪，保证他们健康地返回社会生活。

6. 善行保证处分。即由受处分者交纳一定数量的钱财，作为将来不再犯罪的保证，如果违反保证，所交担保的钱财充公。该种处分适用于危险性较小的人。

7. 没收物品处分。是对物的处分的一种。即将有诱发犯罪危险的物品、违禁品如枪支弹药、黄色读物等和犯罪物品如供犯罪使用的工具、因犯罪所得的财物予以没收，以断绝诱发犯罪的物质媒介。

8. 更生保护处分。是为了使犯罪人走向新生而特设的一种保护性措施，主要内容是对少年犯、服刑犯、服刑完毕者和有犯罪倾向的人，通过社会各方面力量的关心、教育和帮助，使他们获得温暖与信任，解决其生活、学习、工作上的困难，为其重新做人提供良好的社会环境，以保证他们能够适应正常的社会生活。

五、我国的保安措施

如前所述，我们主张将我国类似西方“保安处分”的措施和制度，叫“保安措施”。保安措施在我国早已存在，在实践中取得很大成绩，但也出现一些问题，需要在理论上认真探讨和研究。现按其适用的对象和宽严程度的不同，分为如下几种：(1)劳动教养；(2)收容教养；(3)强制医疗；(4)工读教育；(5)社会帮教。前三种措施具有限制人身自由的性质，与国外保安处分中的限制自由处分基本相同；后两种措施具有教育保护性质，是我国的独创。

需要指出的是，我国的保安措施大都属于治安行政措施或社会教育措施。有些措施在立法上还不完善，在实际执行过程中也还存在不少问题，因此，各个措施之间尚缺乏内在的比较严密的逻辑关系。我们希望在总结经验教训的基础上，借鉴国外的保安处分制度及其理论，建立一个具有中国特色的保安措施立法体系和执法机制。

第二节 劳动教养

一、劳动教养的概念和特征

关于劳动教养的定义，目前众说纷纭，意见不一。归纳起来，主要有下列八种说法：(1)劳动教养是对违反法纪而又可以不追究刑事责任的人，实行强制性教育改造的行政措施。(2)劳动教养是公安机关对有违法行为而又可以不追究刑事责任并且有劳动能力的人，实行强制性教育改造的一种行政措施。(3)劳动教养是对违反法纪、扰乱社会秩序、危害公共利益的人，实行强制教育改造的措施，是处理人民内部矛盾的一种行政处罚。(4)劳动教养是对有一定违法犯罪行为，受过治安管理处罚仍不改正，以及不够或不需要给予刑罚处罚，而又符合劳动教养条件的人，实施以强制性教育改造为目的的一种治安行政处罚。(5)劳动教养是特定的国家机关，依法对有一般违法行为屡教不改的人，以及轻微犯罪可以不追究刑事责任的人，实行强制性教育改造的一种行政制裁措施。(6)劳动教养是国家劳动教养机关对有违法和轻微犯罪行为，尚不够或不需要给予刑事处罚，但又不适用治安管理处罚的人给予的行政处罚。(7)劳动教养是劳动教养委员会对严重违反治安管理，屡教不改，或有轻微犯罪行为不够刑事处罚的人，实行强制性教育改造的最高治安行政处罚措施。(8)劳动教养是国家劳动教养机关对违反治安管理，经处罚教育，仍不悔改，再次实施同一违法行为，或有轻微犯罪行为，尚不够刑事处罚，应予劳动教养的人，所实行的治安行政处罚。

我们认为，对劳动教养概念的表述，应当反映出其基本特征。劳动教养的基本特征包括：(1)适用劳动教养的机关；(2)适用劳动教养的法律根据；(3)劳动教养的对象；(4)劳动教养的法律性质。从这四方面进行分析可以看出，上述八种定义都存在着不足和缺陷。有的没有指明适用劳动教养的机关，有的没有指明适用劳动教养的法律根据，有的没有说明劳动教养的性质，有的则是对劳动教养对象的表达不够准确。基于上述考虑，结合立法规定和理论研究与司法实践，宜将劳动教养的概念表述为：劳动教养是国家劳动教养机关依照劳动教养法规的规定，对违反治安管理，屡教不改，或者有轻微的犯罪行为，不够或者不需要给予刑罚处罚，而又符合劳动教养条件的人，采取限制自由、进行强制性教育改造的最高最重的治安行政处罚措施。根据这一定义，劳动教养具有下列主要特征：

1. 劳动教养是一种行政处罚措施

在我国的法律制裁体系中，按照制裁的性质和轻重不同，可以区分为刑事处罚、民事处罚和行政处罚，劳动教养属于行政处罚。因此，它既不同于针对犯罪分子所适用的刑事处罚，也不同于针对民事违法行为所采用的民事制裁。

2. 劳动教养是一种对特定对象所采用的行政处罚措施

劳动教养有其特定的适用对象，即它只适用于违反治安管理，屡教不改，或者有轻微犯罪行为，不够或者不需要给予刑罚处罚，而又符合劳动教养条件的违法犯罪分子。

3. 劳动教养是一种治安行政处罚措施

我国各种行政法规规定的行政处罚，种类各异，涉及的社会关系很广。例如工商行政管理领域中的行政处罚，它所调整的是市场管理秩序；财政金融领域中的行政处罚，它所调整的是财政金融管理秩序。而劳动教养则是维护社会治安秩序的一种行政法律手段，属于治安行政处罚措施的一种。

4. 劳动教养是一种最高最重的治安行政处罚措施

按照处罚的性质和轻重不同，可以把行政处罚分为三大类：(1)限制或剥夺人身自由的行政处罚，它包括劳动教养和行政拘留；(2)针对财产的行政处罚，它包括罚款、没收、扣押、冻结资金、加收利息、缴纳滞纳金、赔偿损失等；(3)限制或剥夺某种资格的行政处罚，它包括禁止从业、停止营业、勒令停办、吊销执照等。在这三类行政处罚中，以限制人身自由(最长达3年之久)为内容的劳动教养，无疑是一种最高最重的行政处罚措施。

5. 劳动教养是国家劳动教养机关依照劳动教养法规适用的治安行政处罚措施

不同的行政处罚措施，其所适用的机关各不相同，适用的法律依据也不一致。劳动教养则只能由国家劳动教养机关适用。其法律依据目前主要是：1957年8月发布、1979年重新公布的《国务院关于劳动教养问题的决定》，1979年11月颁布的《国务院关于劳动教养的补充规定》，1980年2月发布的《国务院关于将强制劳动和收容审查两项措施统一于劳动教养的通知》，1980年9月中共中央、国务院批转的公安部《关于做好劳动教养工作的报告》，1982年国务院转发公安部制定的《劳动教养试行办法》等。

二、劳动教养的性质

(一)行政立法上劳动教养性质的演变

1957年8月《国务院关于劳动教养问题的决定》(简称《决定》)对劳动教养性质的规定。该《决定》第2条规定"劳动教养是对于被劳动教养的人实行强制性教育改造的一种措施，也是对他们安置就业的一种办法。"从这一规定可以看出，当时所实行的劳动教养具有教育改造和安置就业的双重性质，这种双重性质是由当时特定的社会历史条件所决定的。1955年初创劳动教养制度时，肃反运动刚刚结束，从政权机关内部清理出了一批不够判刑、又不宜继续留用、放到社会上会增加失业的反革命分子和其他坏分子，为解决这些人的改造和安置问题，党中央提出用劳动教养的办法把他们集中起来，进行生产劳动和政治思想改造，使他们成为自食其力的劳动者。到了 1957 年，由于生产关系的重大变革，出现了许多社会矛盾和冲突。机关、团体、企事业单位出现一些反社会主义分子，无理取闹、妨害社会秩序的分子，受到开除，生活无着；社会上也出现一些不务正业、扰乱社会治安的分子，屡教不改。《决定》规定对他们均适用劳动教养，既强制教育改造，又安置就业。

1980 年 9 月公安部《关于做好劳动教养工作的报告》(简称《报告》)对劳动教养性质的表述为：劳动教养是一种强制性教育改造的措施，是处理人民内部矛盾的一种方法，删除了 1957 年《决定》中关于劳动教养“是安置就业的办法”的规定。劳动教养性质发生变化的历史背景是：经过“十年动乱”的严重破坏，劳动教养工作刚刚得到恢复和发展，但与此同时，劳教工作又面临着许多新情况和新问题。劳动教养的对象和范围，同 1957 年相比，已有了很大变化。为此，1980 年 9 月，中共中央、国务院批转了公安部《关于做好劳动教养工作的报告》，该《报告》取消了劳动教养是安置就业的办法的提法。从此，劳动教养失去了“安置就业”的性质，而转向法律制裁体系。

1982 年 1 月公安部《劳动教养试行办法》(简称《办法》)中规定，劳动教养是对被劳动教养的人实行强制性教育改造的行政措施，是处理人民内部矛盾的一种方法。这一规定同 1980 年 9 月《报告》中的提法相比，它在强制性教育改造措施之前加上了“行政”一词，使劳动教养的性质更加明确具体。这种变化的背景是：自 1957 年以来，有关法规对劳动教养性质的表述一直不够准确，以致在理论和实践上产生了许多混乱。《办法》在保留“劳动教养是处理人民内部矛盾的一种方法”的提法的同时，重点突出了劳动教养是一种强制性教育改造的行政措施的法律性质，从而划清了劳动教养与刑罚处罚和一般行政处罚措施的界限，这是行政立法上关于劳动教养性质的具有历史转折意义的重大变革。

(二)劳动教养性质的理论之争

关于劳动教养的法律性质，目前理论界主要有三种不同意见：

1.“教育挽救措施说”。这种观点认为，劳动教养不是一种处罚，而是对违法犯罪者进行教育挽救的措施。尽管这种措施带有强制性，但其实质是为了教育，而不是为了惩罚。因此，劳动教养是对被劳动教养的人实行强制性教育挽救的措施，是处理人民内部矛盾的一种方法。

2.“行政处罚措施说”。这种观点认为，劳动教养本身所具有的强制性，是其区别于一般教育措施的本质特征。对被劳动教养的人在一定时间内限制其人身自由，这是其处罚性质最明确的表现。如果单纯地强调教育感化，而不承认其惩罚性质，事实上等于否定了劳动教养在法律制裁体系中的地位。因此，劳动教养是对被劳动教养者进行强制性教育改造的行政处罚措施。在具体表述上，有的表述为“最高行政处罚措施”，有的则表述为“最高治安行政处罚措施”。

3.“变相刑事处罚说”。这种观点认为，尽管现行立法上把劳动教养规定为“强制性教育改造的行政措施”，但事实上它已演变为一种刑事处罚。其理由是：(1)从期限的长短来看，劳动教养的期限为1—3年，而作为主刑的拘役的期限为15日以上6个月以下，管制的期限为3个月以上2年以下。可见劳动教养实际上比拘役和管制还重。(2)从执行方式来看，劳动教养与拘役和有期徒刑的执行方式大同小异，甚至比后两者更为严厉。(3)从后果来看，受过劳动教养处罚的人，回到社会上倍受歧视，在生活、学习、就业等方面困难重重。(4)从有关法律规定和社会观念来看，往往把劳教人员和劳改人员相提并论，有的甚至要受到比劳改犯更严厉的处罚，例如对劳教人员可以注销城市户口、强制留场就业等。因此，劳动教养实际上与对罪犯的劳动改造没有什么区别，它比刑事处罚有过之而无不及。

（三）劳动教养性质的界定

我们认为，劳动教养既不是一种刑事处罚，也不是治安管理处罚的一种，更不是简单的教育挽救措施，而是介于刑事处罚和治安管理处罚之间的具有强制性的、独立的治安行政处罚措施。

1. 劳动教养是一种具有强制性的治安行政处罚措施

强制性是所有法律制裁形式的共同特征，也是法律制裁区别于一般的说服教育措施的显著标志；而强制性的严厉程度如何，又是区分一般法律制裁和严厉的法律制裁的主要标准。劳动教养作为法律制裁的一种，不仅具有强制性，而且其强制性仅次于对罪犯的劳动改造，是行政处罚中最严厉的一种。这种严厉的强制性决定了劳动教养不仅具有教育挽救的功能，而且具有惩罚改造的属性，因此，劳动教养不同于一般的教育挽救措施，而是一种具有处罚性质的教育挽救措施。

劳动教养的强制性，至少有以下八个方面的表现：（1）采用强制手段，对劳教人员进行收容，在规定的劳教期间内限制其人身自由；（2）对逃跑的劳教人员，在途中可以押解，还可以寄押在收审站或看守所；（3）对行凶、暴动、抢夺武器的劳教人员，可以使用武器予以制止；（4）对预谋行凶、煽动闹事或者有其他危险行为的劳教人员，经领导批准，可以实行禁闭，情节严重的，还可以使用戒具；（5）对在逃、旷工、抗工的劳教人员，不计算劳教期限，并扣发工资；（6）对称王称霸、为非作歹的劳教人员，要严肃处理，依法严惩；（7）对没有改造好的劳教人员要注销本人城市户口，强制留场就业；（8）对劳教人员暂时停止其结社、游行、示威的权利。所有这些强制措施的实行，目的是为了创造一个良好的改造秩序和改造环境。以保证对劳教人员进行有效的教育挽救。如果离开了这些强制措施，单凭说服教育，将难以产生良好的教育改造效果。因此，那种不承认劳动教养的行政处罚性，而把劳动教养降低到处理人民内部矛盾的一般教育挽救措施的观点，是不符合劳动教养实际情况的。

2. 劳动教养是仅次于刑事处罚的最高治安行政处罚措施

劳动教养并不是刑事处罚，而是一种最高的治安行政处罚。它与刑事处罚的区别在于：(1)法律性质不同。劳动教养属于行政处罚；而对罪犯的判刑则属于刑事处罚。(2)适用对象不同。劳动教养适用于一般违法分子或轻微犯罪不够刑事处罚的分子；而刑事处罚则适用于依法构成犯罪应当受到刑罚处罚的犯罪分子。(3)法律根据不同。劳动教养的法律根据主要是国务院制定的有关劳动教养的行政法规；而刑事处罚的根据则是刑法。(4)适用机关不同。劳动教养由劳动教养委员会委托公安机关审批和裁决；刑事处罚则由人民法院进行裁决。(5)执行方式和场所不同。劳动教养在专门设立的劳教所执行，在限制一定人身自由的前提下，实行严格的行政管理和纪律约束；而刑事处罚的方式，则根据不同的刑罚种类，而采取不同的执行方式。对判处管制的犯罪分子，由公安机关负责，放在社会上由群众监督改造；对判处拘役的犯罪分子，在拘役所执行刑罚；对判处有期徒刑和无期徒刑的犯罪分子，在监狱、劳改场所执行，实行严格的监禁和武装看守；对判处死刑的犯罪分子，则依法执行枪决。(6)执行期间的待遇不同。首先，从经济待遇来看，劳教人员所从事的劳动是有偿劳动，他们可以获得适当的报酬；而劳改犯的劳动则是无偿劳动，除必要的生活物资外，只发给少量的零用钱。其次，从政治待遇看，劳教人员基本上享有政治权利，他们有一定的行动自由。书信一般不进行检查，经批准可以回家探亲，原来有公职的一般仍保留公职，准许行使选举权等。而劳改犯基本上不享有或者被停止行使政治权利。(7)法律后果不同，受过刑事处罚的人，在法律上被称为有前科的人，它是重新犯罪时构成累犯或从重处罚的条件；而受过劳动教养处罚的人，不能以累犯从重处罚。(8)就业安置不同。按照有关规定，对被解除劳教的人员，原来有工作单位的，只要未被注销城市户口和开除公职，仍可以回原单位工作，原单位不得无故拒收；而对于刑满释放的人，则由有关部门和单位根据他们的不同情况予以安排。因此，劳动教养本身并不是刑事处罚。至于在实际工作中，确实存在着把对劳改犯的管理方式移植到劳教场所，对劳教人员进行变相刑事处罚的情况。但这属于错误执行政策的问题，不能因此把劳动教养与对罪犯的劳动改造混为一谈，这样只会助长劳教工作中的非法现象，丝毫无助于劳教事业的健康发展。

3. 劳动教养是一种独立于治安管理处罚之外的治安行政处罚措施

劳动教养不是治安管理处罚的一种，而是具有自身独立性的治安行政处罚，它与治安管理处罚的区别在于：(1)适用对象不同。劳动教养适用于受过多次治安管理处罚仍不悔改的违法分子和轻微犯罪分子；而治安管理处罚的对象并不要求行为人曾经受过治安管理处罚。(2)适用机关不同。劳动教养由劳动教养机关裁决；治安管理处罚则由公安机关裁决。(3)法律根据不同。劳动教养的法律根据是有关的劳教法规；治安管理处罚的法律根据则是《治安管理处罚条例》。(4)执行方式不同。劳动教养由司法行政机关在劳动教养场所执行；治安管理处罚则由公安机关根据处罚的不同种类(警告、罚款、拘留)分别执行。(5)法律后果不同。按照1981年全国人大常委会《关于处理逃跑或者重新犯罪的劳改犯和劳教人员的决定》第1条的规定，“劳教人员逃跑的，延长劳教期限。劳教人员解除教养后3年内犯罪，逃跑后5年内又犯罪的，从重处罚，并且注销本人城市户口，期满后除确实改造好的以外，一律留场就业，不得回原大中城市……”而受到治安管理处罚的人将来重新实施违反治安管理法规的行为，并不会产生上述法律后果。由此可见，劳动教养虽然也具有治安行政处罚的性质，但它却不同于一般的治安管理处罚。

必须指出，劳动教养作为介于刑事处罚和治安管理处罚之间的一种独立的治安行政处罚，并不是凭空设计和随意想象的，而是由其适用对象的特殊性决定的。在我国社会上，除了犯罪分子和一般违法分子以外，确实还存在着一个“大法不犯，小法常犯，气死公安，难死法院”的违法犯罪阶层，对这些人若仍给予治安管理处罚，显然不足以起到惩戒教育作用，无法控制他们继续违法犯罪；但是，若用刑法规定的标准衡量，他们又属于情节轻微、尚不够刑罚处罚的轻微犯罪分子，因而无法对其动用刑罚武器，这种客观存在的违法犯罪行为，就是通常所说的“犯罪边缘行为”又称“亚犯罪行为”、“准犯罪行为”。对于这种行为，客观上需要一种既不同于刑罚，又有别于一般治安处罚的法律制裁形式进行调整和处理。我国的劳动教养制度正是为了弥补这一空缺应需而生的。

我国积近40年的经验教训建立发展起来的劳动教养制度，是在治安管理处罚和刑罚处罚之间创建的一个独立的制裁方法。它同世界各国的两级制裁体系相比，既不会轻纵违法犯罪分子，又不会处罚过重，混淆行政处罚与刑罚处罚的界限；既可以避免复杂的诉讼程序，从而收到迅速维护社会治安的功效，又可以在足够的时间内对被劳动教养者进行有效的教育改造。实践证明，三级制裁体系是一个更加灵活、更加严密、更加科学的制裁体系。

三、劳动教养的对象

(一)有关劳教法规对劳教对象的规定

1. 1957年8月3日公布施行的《国务院关于劳动教养问题的决定》(以下简称《决定》)对劳教对象的规定

该《规定》第1条规定：“对下列几种人应当加以收容实行劳动教养：(1)不务正业，有流氓行为或者有不追究刑事责任的盗窃、诈骗等行为，违反治安管理，屡教不改的；(2)罪行轻微，不追究刑事责任的反革命分子、反社会主义的反动分子，受到机关、团体、企业、学校等单位的开除处分，无生活出路的；(3)机关、团体、企业、学校等单位内有劳动力，但长期拒绝劳动或者破坏纪律，妨害公共秩序，受到开除处分，无生活出路的；(4)不服从工作的分配和就业转业的安置，或者不接受从事劳动生产的劝导，不断地无理取闹、妨碍公务，屡教不改的。”

从上述规定可以看出，《决定》关于劳动教养对象的规定有如下特点：(1)适用劳动教养的危害行为的范围甚广，其中既有轻微的犯罪行为，又有一般的违法行为，甚至还包括破坏纪律的行为。(2)着重体现了劳动教养所具有的安置就业性质，把受到行政开除处分，无生活出路，作为实行劳动教养的重要条件。(3)带有明显的政治运动的色彩，如《决定》中所说的“反社会主义分子”以及后来实践中经常运用的“反党分子”、“坏分子”等等，都是一些政治概念，其含义模糊不清，以致在1958年大办劳教中，犯了劳动教养扩大化的错误。因此，《决定》对劳动教养对象的规定，具有一定的历史局限性。

2. 1979年11月29日公布施行的《国务院关于劳动教养的补充规定》(以下简称《补充规定》)对劳教对象的规定

鉴于1957年《决定》对劳动教养对象的范围未作明确规定的疏漏，该《补充规定》第2条规定：“劳动教养收容大中城市需要实行劳动教养的人”。按照这一规定，劳动教养的对象除了属于1957年《决定》中所列举的四种人以外，还必须是家居大中城市的居民。这是对劳动教养对象的适用范围上所作的限制。

3. 1980年2月29日《国务院关于将强制劳动和收容审查两项措施统一于劳动教养的通知》(以下简称《通知》)对劳教对象的补充规定

《通知》指出，自1961年以来所实行的收容审查和强制劳动两项措施，从对象上看与劳动教养的对象相同，没有实质性的区别。为此，国务院决定：“一、从今年下半年起，对有轻微违法犯罪行为、尚不够刑事处罚需要进行强制劳动的人，一律送劳动教养。二、对于有轻微违法犯罪行为又不讲真实姓名、住址，来历不明的人，或者有轻微违法犯罪行为又有流窜作案、多次作案、结伙作案嫌疑需要收容查清罪行的人，送劳动教养场所专门编队进行审查。三、各地现有的强制劳动的场所和收容审查的场所，必须加以整顿，加强领导，加强管理，有步骤有计划地改为劳动教养场所。”从上述规定来看，《通知》实际上是合并了强制劳动和收容审查，并相应地扩大了劳动教养的收容范围。这一范围的扩大，不仅把家居大中城市的流窜犯、嫌疑犯列入了劳动教养对象，而且也使得劳教机关对家居农村而流窜到城市、铁路沿线和大型厂矿作案的农民，也可以实行劳动教养(见 1980 年 8 月 9 日公安部《关于做好劳动教养工作的报告》)。

4. 1982 年 1 月 21 日国务院批转的公安部制定的《劳动教养试行办法》(以下简称《办法》)对劳教对象的规定

根据该《办法》第 10 条的规定，劳动教养主要收容下列六种人：(1)罪行轻微，不追究刑事责任的反革命分子、反党分子、反社会主义分子；(2)结伙杀人、抢劫、强奸、放火等犯罪团伙中，情节轻微，危害不大，不追究刑事责任的人；(3)有流氓、卖淫、盗窃、诈骗等违法行为，屡教不改，不够刑事处分的；(4)聚众斗殴、寻衅滋事、煽动闹事等扰乱社会治安，不够刑事处分的人；(5)有工作岗位，长期拒绝劳动，破坏劳动纪律而又不断无理取闹，扰乱生产秩序、工作秩序、教学科研秩序和生活秩序，妨碍公务，不听劝告和制止的人；(6)教唆他人违法犯罪，情节轻微，不够刑事处分的人。

目前，《办法》在劳教工作中具有直接指导作用，是处理劳教案件的主要依据。

(二)劳教对象的理论概括

我们认为，对劳动教养的对象可以概括为：违反治安管理法规，屡经处罚教育仍不悔改，或者具有轻微的犯罪行为，不够或者不追究刑事责任，而又符合劳动教养条件的人。据此，劳动教养的对象只限于两种人：

1. 违反治安管理法规，屡经处罚教育仍不悔改，继续进行违法活动，又符合劳动教养条件的人。对这种人若再处以治安管理处罚，显然偏轻，不足以对其起到教育和惩戒作用。因此，凡是符合劳动教养条件的，应予劳动教养。

2. 具有轻微的犯罪行为，尚不够刑事处罚，或者不需要追究刑事责任，而又符合劳动教养条件的人。这种人属于给予刑罚处罚偏重、给予治安管理处罚又显偏轻的人。但是，并不是所有具有轻微犯罪行为的人都应当送劳动教养，只有符合条件的，才能作为劳教对象。

四、劳动教养的范围

关于劳动教养的适用范围问题，我国有关劳动教养法规和司法解释曾作过多次调整，这里主要有两个问题，需要加以研究。

(一)劳动教养对中国公民能否普遍适用？

从历史和现状来看，我国的劳动教养在我国领域内对我国公民并没有普遍适用的效力，在地域效力上的城乡差别，在对人的效力上市民与农民的差别，是我国劳动教养制度的一个重要特点。

根据有关规定，我国劳动教养的适用范围是：(1)家居大、中城市(即30万人口以上的城市)符合劳动教养条件的违法犯罪人员；(2)虽然不是大、中城市，但属于地处铁路沿线、交通要道的城镇中吃商品粮的符合劳动教养条件的违法犯罪人员；(3)家居农村而流窜到城市、铁路沿线和大型厂矿作案，符合劳动教养条件的违法犯罪农民；(4)家居农村而流窜到城镇或在农村卖淫、嫖宿屡教不改的农民①。由此可见，我国的劳动教养主要适用于大、中城市和小城镇的吃商品粮的违法犯罪分子，个别适用于农村中的违法犯罪人员。

针对上述劳动教养的适用范围，在酝酿制定劳动教养法的过程中，有的同志提出将来立法时应对现有的适用范围进行修正，

---

① 见1979年11月29日国务院《关于劳动教养的补充规定》。

主张取消城乡差别和地域限制，把劳动教养普遍适用于全国城乡，适用于每一个符合劳动教养条件的中国公民，以体现公民在法律面前人人平等的原则。我们认为，关于劳动教养范围的扩大或缩小，应当从实际需要和可能两个方面出发，进行考虑和论证。首先，从实际需要来看，我国的社会治安问题，虽然形势还不容乐观，但同前几年相比，已有了一定好转，扩大劳动教养的收容范围似无必要；其次，从实际可能来看，我国现有劳教场所容量有限，条件较差，劳教干警缺编，劳教经费不足，已严重影响到教育改造质量，致使脱逃率上升，劳教人员重新违法犯罪率较高，如果再扩大劳动教养的适用范围，势必加重劳教管理和执行机关的负担，降低改造质量。因此，扩大劳动教养范围的时机尚不成熟。在新的立法尚未出台之前，把劳动教养的范围限于大、中城市、小城镇居民和农村中的少数违法犯罪分子，是符合我国现阶段的实际情况的。当然，随着形势的发展和条件的成熟，把劳动教养扩大适用于所有符合劳动教养条件的中国公民，也未尝不可。

(二)劳动教养对外国人能否适用?

关于劳动教养能否适用于外国人的问题，目前立法上无明文规定。对于这一问题将来立法时如何解决，主要有两种意见：一种意见主张劳动教养只适用于中国公民，不宜适用于外国人；另外一种意见主张既可以适用于中国公民，也可以适用于外国人。

我们认为，劳动教养作为一项法律制度，无论是中国公民还是外国人，只要在中国领域内侵害了我国国家和公民的权益，都应受到制裁。因为，外国人在我国领域内具有遵守我国法律的义务，也有接受法律制裁的义务。但是，劳动教养在性质上毕竟不同于刑罚处罚，同时又有别于一般的行政处罚。它是一种以在较长时间内限制人身自由，强制教育改造的最重的行政处罚。对于这种因违反行政法规而受到的法律制裁，比触犯刑法而受到的刑罚处罚的性质要轻，因而在适用范围上，应当与刑法的规定有所区别；同时，目前国外对我国劳动教养的性质还不甚了解，如果把外国人也列为劳教的对象，恐有不妥。因此，对符合劳动教养条件的外国人，建议在立法上借鉴违反外国人入境出境管理办法的规定，给予行政性驱逐出境处罚。这就是说，作为对外国人行政处罚方法的驱逐出境，不但适用于违反外国人入境出境管理规定的外国人，也适应于符合劳动教养条件的外国人，在程序上仍须由地方劳动教养机关报告公安部，由公安部作出决定。

五、劳动教养制度的立法完善

(一)制定劳动教养法规的必要性

自 1956 年初创劳动教养制度以来，我国的劳动教养事业已走过了 30 多年的历程。30 多年来，我们的立法机关虽然制定和颁布过一些有关劳动教养的法规，但至今却没有制定出一部完整统一的劳动教养工作的法规，这同社会主义法制建设的进程是极不适应的。因此，尽快制定劳动教养法势在必行。

1. 制定劳动教养法，是改变现行立法的混乱状况，解决法规之间的矛盾冲突的需要

自 1957 年以来，我国的立法机关制定和颁布了各种各样的劳动教养法规，行政执法机关或单独或与最高人民法院和最高人民检察院对劳动教养工作发了大量的批复和通知，中共中央也发布过有关劳动教养的指示性文件。这些法律、法规和司法解释，尽管不乏正确的规定，但也存在不少问题。这些问题主要表现在：(1)立法混乱，规定错综，条文矛盾，互相抵触。如关于劳动教养的期限，《国务院关于劳动教养的补充规定》规定为 1—3 年，而公安部、司法部的通知中则规定为 2—3 年。(2)司法解释超越立法权限，内部规定秘而不宣。从大量的司法解释来看，其中许多带有明显的立法性质，已远远超出了司法机关应有的权限，大有以司法解释代替立法规定之嫌。然而，由于司法解释属内部文件，未向社会公开，使得许多规定长期处于广大公民一无所知的状态。例如，公安部制定的《劳动教养试行办法》就未正式公布。

立法上的混乱状况，还对执法活动造成了许多困难，使得劳动教养机关在审批和执行劳动教养案件时无统一的法律标准，难以对案件作出公正、恰当的处理；而且事实上剥夺了公民的许多合法权益，使得他们对冤、假、错案，无法运用法律手段请求司法机关予以纠正。因此，只有制定一部完整统一的劳动教养法，才能解决上述矛盾和问题。

2. 制定劳动教养法，是完善社会主义法律体系、保障公民基本权利的需要

人身自由是宪法赋予每个公民的基本权利。因此，对人身自由的限制和剥夺，必须由必要的法律加以调整。在这方面，我国先后颁布了针对犯罪分子适用的《刑法》、《刑事诉讼法》和《监狱法》等法典式法律，又制定和颁发了针对违反治安管理的违法分子适用的《治安管理处罚条例》，而唯独对于可以限制公民长达3年之久的人身自由的劳动教养，至今却还没有一部完整系统的法典，这不能不说是我国法律体系中的一个严重缺陷。

由于现行的劳动教养法规对劳动教养案件的上诉、申诉、全面的法律监督和劳动教养人员的权利义务等问题没有规定或者未作具体规定，剥夺或变相剥夺了公民的合法权益，并给劳动教养工作的随意性和违法乱纪行为提供了可乘之机。在实践中，劳动教养人员及其家属不服劳动教养决定，或者对劳动教养干部的违法犯罪行为，四处上访，求告无门的现象，不但常有发生，而且在各地相当普遍。如果不尽快制定一部劳动教养法，劳动教养制度存在的合理性将受到怀疑，劳动教养制度的群众基础将会动摇。应当看到，由于现行劳动教养法规对劳动教养人员诉讼权利的几乎是空白性的规定，已严重损害了劳动教养制度在人民群众中的威信和形象。一些人主张废除劳动教养的主要理由，也正在于此，如果立法机关不下决心迈出实质性的步伐，将对劳动教养工作的进一步发展，产生消极影响。

3. 制定劳动教养法，是建立健全合理的劳动教养工作机制的需要

30多年来，我国劳动教养机关的设置、组成、职能虽然几经变迁，但却始终没有建立一个科学分工负责、互相协调配合、彼此有效制约的劳动教养工作机制。造成这种局面的根本原因，就在于立法的不完善。

从立法规定来看，作为处理劳动教养案件重要法律根据的《国务院关于劳动教养问题的决定》和《国务院关于劳动教养的补充规定》，都赋予了劳动教养管理委员会以极高的权威，规定由该委员会审查批准劳动教养案件，并由该委员会对劳动教养工作实行全面的领导和管理。然而，由于劳动教养管理委员会是一个由民政、公安、司法、劳动、教育、生产等政府各部门负责人组成的虚设机构，无法具体领导和管理劳动教养工作，因而其职权不得不由公安、司法、检察机关分割行使。但是，由于法律制度的不健全，造成了公安机关的权力过大，检察机关的监督不够全面有力的现象。

为了改变目前公安、司法机关在处理劳动教养案件中的分工不够合理、制约不够有效、配合不够密切的状况，必须建立一个由公安机关审批复议、人民法院受理申诉、司法行政机关负责管理、劳动教养管理所负责具体执行、人民检察院对劳动教养工作实行全面的有效监督的体制。而涉及职责分工、彼此联系的纵横社会关系的调整，显然已经超出行政性法规和部门规章制度的调整范围，只能通过制定一部劳动教养法加以解决。

4. 制定劳动教养法，是系统总结劳动教养工作的历史经验，把劳动教养工作的经验上升为法律制度的需要

30多年来，我国的劳动教养工作从无到有、从小到大；既发生过曲折和挫折，也取得过辉煌的成就；既有血的教训，也积累了丰富的经验。党和政府对劳动教养工作提出过许多行之有效的方针、政策，但在工作中也有过失误甚至失败。所有这些，都需要我们认真总结和反思，把成功的经验经过提炼上升为法律，对工作中的错误则要制定法律对策予以防止和纠正。

我国劳动教养工作的经验是相当丰富的，择其要者有：(1)

关于“教育、感化、挽救”的劳动教养工作方针；(2)关于对劳动教养人员“要像父母对待孩子、医生对待病人、老师对待学生”的感化政策；(3)关于把劳动教养场所办成教育人、挽救人、造就人的特殊学校的经验；(4)关于对劳动教养人员实行依法管理、严格管理、科学管理、文明管理的经验，等等。这些经验是我国劳动教养史上的宝贵财富，在长期的实践中发挥了重要作用。但可惜的是尽管在实践中已使用多年，却没有法律效力。因此，通过制定劳动教养法，对这些经验进行系统的总结提炼，将其上升为国家的意志，以法律的形式颁布施行，将对劳动教养工作的发展起到积极促进的作用。

5. 制定劳动教养法，是更新、改革、发展劳动教养工作的需要

我国劳动教养制度自创立以来，经过近40年，我国社会的各个方面都发生了巨大变化。与此同时，劳动教养工作也遇到了许多新情况和新问题。这主要是：(1)劳动教养性质的变化，即劳动教养已经由原来的安置就业的措施，演变成为一种预防和控制违法犯罪的最高治安行政处罚措施。(2)劳动教养收容对象及范围的变化，即劳动教养的收容对象和范围，已经由原来的主要收容反革命分子和无生活出路的违法犯罪分子，演变成为主要收容破坏和扰乱社会治安秩序的严重违法分子和轻微的刑事犯罪分子。(3)劳动教养人员成分的变化，即劳动教养人员在年龄构成上，已由过去的以成年人为主，演变为青少年占绝对优势，并且屡犯、再犯人数占相当大的比例。(4)劳动教养方针、政策的变化，即劳动教养工作的方针、政策，已由过去的强调以安置就业为重心，变为在“教育、感化、挽救”方针的指导下，对劳动教养人员进行政治思想、文化知识、职业技术全面教育，培养和造就社会主义现代化建设事业的有用之才。(5)劳动教养工作领导和管理体制的变化，自1983年开始，劳动教养的审批、执行、管理、监督和领导工作，已由公安、司法、检察机关作了适当的分工，基本上形成了一整套劳动教养工作的领导和管理办法，改

变了现行立法关于由劳动教养管理委员会对劳动教养工作进行全面领导和管理的规定。所有这些变化，都需要在立法上予以反映，并针对变化了的客观情况，制定相应的措施和对策。这对于推进劳动教养工作的改革和发展，将产生不可估量的重大意义。

(二)劳动教养法的地位

劳动教养法是一个相对独立的部门法，是治安行政法律的一种，是我国行政法体系的重要组成部分，它的相对独立性表现在：

1. 调整对象的专属性

每一个独立的部门法，都有自己特定的调整对象，即特定的社会关系。作为相对独立的治安行政法律的劳动教养法，也毫不例外地具有特定的调整对象和范围。它所涉及的社会关系包括：(1)公民个人与劳动教养机关之间的关系，即劳动教养审批机关、执行机关与劳动教养人员之间的关系；(2)劳动教养机关之间的关系，即劳动教养的领导机关、审批机关、执行机关、管理机关相互之间的关系；(3)劳动教养机关与公安机关、人民法院、人民检察院、司法行政机关之间的相互关系；(4)劳动教养机关与人民武装警察部队的关系；(5)劳动教养机关与劳动、教育、民政、财政、计划、生产等部门之间的关系。对这些社会关系的调整，只能由独立的劳动教养法来完成，而不能由其他的法律来取代。

2. 调整方法的特殊性

对不同的社会关系或者相同的社会关系，不同的法律部门可能采用不同的调整方法。这也是法律部门独立性的主要标志。就劳动教养法的调整方法而言，它不仅有别于一般的行政处分和治安管理处罚，而且也有别于刑事处罚。作为一种在一定时间内限制人身自由、进行强制性教育改造的治安行政处罚措施，劳动教养显然重于警告、罚款、拘留等治安管理处罚，但同时却又轻于剥夺自由、进行强制劳动改造的拘役、有期徒刑、无期徒刑等刑罚处罚。因此，劳动教养法必须独立，而不能附属于《刑法》、《治安管理处罚条例》或《监狱法》。

3. 适用对象的独立性

劳动教养适用于那些严重违反治安管理法规屡教不改的违法分子和轻微的犯罪分子，即通常所说的"大法不犯、小法常犯"的人，这些人的行为的性质介于一般违法和犯罪之间，属于给予治安管理处罚偏轻、给予刑罚处罚偏重的"两不管"状态。对于这些违法犯罪分子，既不能纳入刑法的调整范围，也不能纳入治安管理处罚条例的调整范围，而必须由独立的部门法加以调整。因此，劳动教养适用对象的独立性，也决定了劳动教养法独立的法律地位。

(三)劳动教养法的名称

关于劳动教养法的名称，目前有各种不同提法，其中主要有《劳动教养法》、《劳动教养条例》、《教养法》、《劳动教养管理法》、《行政处罚教养条例》、《行政处罚管教条例》、《最高行政处罚执行法》等。我们认为，使用《劳动教养法》这一名称比较妥当。这是因为，"劳动教养"一词不仅体现了我国劳动教养工作中用劳动改造人、教育人、培养人、造就人的特色，而且这一名称沿用 30 多年，早已为国内外所熟悉，重新更改名称似无必要。至于"法"与"条例"，二者尚有选择的余地。但是，考虑到该项法律由全国人大制定和颁布，故用《劳动教养法》名称为宜。

(四)劳动教养法的结构

我们认为，劳动教养法是一部涉及劳动教养工作各个方面的专门性法律，它的内容相当丰富。为了合理安排其内容和体系结构，应当根据劳动教养工作中社会关系的性质和种类的不同，建立《劳动教养法》的结构体系。具体来说，可以分为三编，在每一编下设若干章、节、条款。

第一编　实体法

本编主要规定：制定《劳动教养法》的根据、劳动教养的性质、劳动教养工作的方针和任务、劳动教养工作的基本原则、劳动教养的对象和范围、劳动教养的条件、劳动教养的期限、劳动教养人员的权利和义务、对劳动教养人员的管理和教育改造、对劳动教养人员的考核和奖惩等内容。

第二编　组织法

本编主要规定：劳动教养机关的设置原则，劳动教养机关的领导和管理体制，劳动教养机关的地位、名称、编制，劳动教养机关的职权范围，劳动教养机关的人员组成，劳动教养干部的警种序列，劳动教养干部的比例等内容。

第三编　程序法

本编主要规定：劳动教养案件的立案侦查程序，劳动教养案件的审查、决定程序，劳动教养案件的复议、复查程序，劳动教养案件的上诉、申诉程序，劳动教养的收容和执行程序，奖励和惩罚劳教人员的审批程序，解除劳动教养与解除劳教后的安置、帮教，人民检察院对劳动教养工作的监督、人民法院对劳动教养裁决的行政诉讼等内容。

第三节　收 容 教 养

一、收容教养制度的产生和发展

(一)国外收容教养制度的产生和发展

收容教养是针对少年违法犯罪分子所适用的一种保护性教育管束措施。这种措施的实行在国外由来已久。早在1557年，英国伦敦就建立了世界上第一所“收容教养院”，收容教养那些穷人、流浪者和犯罪少年。

收容教养的制度化和法律化始于19世纪末，收容教养的广泛采用则始于20世纪。1899年7月1日，美国伊利诺斯州第41

届州议会通过了世界上第一部《少年法院法》(又译《少年法庭法》)。根据该法规定，少年法院应当对16岁以下失养失教孤独无依的少年儿童，以国家的名义承担监护教养之责。

1907年英国制定了《少年法》，规定对少年犯不适用刑罚而采用一定的保护措施或监护处分。此后，瑞士、日本、印度、埃及等许多国家，都相继制定和颁布了少年法或未成年人保护法，其中都有关于对青少年犯罪人的收容教养规定。

从国外的收容教养机构的组织管理方式来看，主要有下列几种：(1)学校式。即采用与一般学校基本相同的教育管理方式，使不良少年置身其中学习生活，不觉拘束。(2)军营式。即注重纪律约束，强调严格管理，赏罚分明，对不轨少年有强制作用。(3)家庭式。即以家庭的方式对少年进行感化教育，使其感受到温暖与爱心，在潜移默化中消除其恶习。

(二)我国收容教养制度的产生和发展

我国的收容教养制度是伴随着社会主义法制建设的进程，逐步产生、确立和发展起来的。早在1951年12月，中央法制委员会在《关于未成年人被匪特利用是否处罚的批复》中，就曾明确指出："未满12岁者的行为不予处罚。未满14岁者犯一般情节轻微的罪，可不予处罚，但应交其亲属、监护人或者所属机关团体，予以管理教育。"1956年1月，最高人民法院、最高人民检察院、内务部、司法部在《对少年犯收押界限、捕押手续和清理等问题的联合通知》中首次明确地使用"收容教养"一词，该《联合通知》指出："……如其犯罪程度尚不够负刑事责任的，对无家可归的，则应由民政部门负责收容教养。"对于刑满释放的未成年人，"无家无业又未满18周岁的，应介绍到社会救济机关收容教养"。可见，当时所实行的收容教养，主要是安置无家可归、无业可就的少年犯的一种社会救济措施，尚不具有现代意义上的收容教养制度的性质。

由公安机关所实行的对少年犯罪人的收容教养制度，产生于

1957年。1957年，根据北京市委的指示，北京市公安局开始对违法犯罪的少年儿童不逮捕判刑，而采取收容教养改造的办法。从1957年至1960年，北京市少年犯管教所对870名违法犯罪的少年儿童进行了收容教养，经过教育，绝大部分都得到了积极改造，产生了良好效果。与此同时，天津、湖北等省市的少年犯管教所，也相继实行了收容教养的办法。经过实践，证明是一种教育改造违法犯罪少年儿童的有效途径①。为了充分肯定收容教养的实践经验，最高人民法院、最高人民检察院、公安部于1960年4月21日发出了《关于对少年儿童一般犯罪不予逮捕判刑的联合通知》。《通知》指出："少年儿童年龄小，判刑多了不恰当，判刑少了时间短，不易改造过来。少年儿童犯罪的人，还没有刑法观念，判刑与否对他们作用不大。因此，对少年儿童犯罪不判刑，而采取收容教养改造的办法，比较主动，有利改造。"因此，"今后少年儿童除犯罪情节严重的反革命犯、凶杀、放火犯和重大的惯窃犯以及有些年龄较大、犯有强奸幼女罪，情节严重，民愤很大的应予判刑外，对一般少年儿童违法犯罪的人，不予逮捕判刑，采取收容教养的办法进行改造。教养改造的期限，一般不作规定，但应当根据他们在改造过程中的好坏表现，确定解除教养或继续进行教养。"

收容教养也受到立法机关的关注。我国最高立法机关在起草制定刑法的过程中，把收容教养纳入了刑法的调整范围。刑法第14条第4款明文规定："因不满16岁不处罚的，责令他的家长或者监护人加以管教；在必要的时候，也可以由政府收容教养。"至此，收容教养成了刑事立法确定的一项正式的法律制度。修订的刑法第17条第4款基本上采用了这一规定。

刑法颁布实施以后，我国各地公安机关和少年犯管教所，依据刑法的规定，收容教养了一批犯罪少年，对预防犯罪，维护社

① 河南省人民检察院编：《司法工作手册》，第247页。

会治安产生了积极作用。但是，由于刑法对收容教养的对象、条件、期限等缺乏具体规定，因而在实践中存在着随意适用收容教养的混乱现象。其主要表现是：(1)在收容教养人员的年龄上无统一标准，小至11、12岁，大至17、18岁，都可以给予收容教养；(2)在罪错性质上无明确限制，适用收容教养的行为，既有犯罪行为，也有违法行为，甚至还有违纪行为；(3)在收容教养的期限上无具体规定，短则1年，长则4、5年，甚至更长；(4)在执行场所和方式上，把收容教养人员与已经判刑的少年犯混杂在一起进行管教，造成互相传染。针对这种情况，公安部于1982年元月23日发出了《关于少年犯管教所收押、收容范围的通知》，对收容教养的对象、期限等问题作了明确规定。根据《通知》的规定，收容教养的对象是不满16岁的犯罪少年，收容教养的期限为1—3年，收容教养的审批权由地区行署公安处和省辖市的公安机关行使，收容教养在少年犯管教所执行。这一《通知》作为1979年刑法第14条第4款的重要补充，对于正确实行收容教养制度和纠正收容教养工作中的混乱现象，具有重要意义。但是，收容教养实践中存在的问题，并没有完全解决。随着实践的发展，收容教养制度还需要不断地充实和完善。

二、收容教养的性质

(一)关于收容教养性质的理论之争

关于收容教养的法律性质问题，在理论上主要有三种观点：

1. 刑事处罚说

这种观点认为，收容教养是一种刑事处罚。其理由是：(1)收容教养的对象是犯罪的少年，而不是一般违法分子；(2)收容教养的场所是少年犯管教所，而不是一般的教育机构，它是一种限制人身自由的特定执行处罚的场所；(3)收容教养是通过刑法规定的，是实现刑事责任的一种特殊方式。

2. 行政处罚说[①]

这种观点认为，收容教养是一种非刑罚处罚方法，属于行政处罚措施。其理由是：(1)收容教养的对象是不追究刑事责任的违法犯罪少年，而不是被判刑的犯罪分子；(2)收容教养的场所虽然在少年犯管教所，但与对已判刑的少年犯的管教方式根本不同，即对少年犯是收押看管，对收容教养对象是收容教育。

3. 刑事强制措施说[②]

这种观点认为，收容教养是公安机关对犯罪少年所采取的一种刑事强制措施。其理由是：(1)收容教养的对象是犯罪的少年，对其收容教养必定带有刑事性；(2)收容教养人员必须在特定的场所和一定的期限内接受强制教育，人身自由受到限制，因而收容教养具有强制性。

(二)收容教养性质的界定

我们认为，所谓收容教养的性质，是指收容教养区别于其他法律制裁形式的本质属性，为此，在探讨收容教养的法律性质时，首先必须弄清收容教养与相近或相关的法律制裁形式的关系。

1. 收容教养与刑事处罚的关系

首先，收容教养与刑事处罚具有相同之处：(1)法律根据相同，二者都是通过刑法加以规定的；(2)适用处罚的前提相同，无论是给予收容教养，还是判处刑罚，都必须以行为人的行为构成犯罪为前提。

其次，收容教养与刑事处罚有着质的区别：(1)适用对象不同，收容教养适用于具有一般犯罪行为，不需要或不宜给予刑罚处罚的犯罪少年；刑事处罚则适用于具有严重的犯罪行为，必须给予刑罚处罚的犯罪少年，以及具有犯罪行为，应当受到刑罚处

---

① 《劳改劳教理论研究》1989 年第 1 期，第 13 页。

② 《劳改劳教理论研究》1990 年第 4 期，第 10 页。

罚的成年犯罪人。(2)适用机关不同，收容教养由公安机关依法决定，刑事处罚则由人民法院依法判决。(3)执行场所不同，收容教养在少年犯管教所执行，刑事处罚根据刑罚的性质和种类不同，而分别在不同的场所执行，即管制在社会上执行，拘役在拘役所执行，徒刑在监狱或劳改队执行。(4)执行的方式不同，收容教养采取限制人身自由，给予保护性教育的方式执行处罚，而刑事处罚除管制外，则采取剥夺人身自由，强迫劳动改造的方式执行刑罚。(5)法律后果不同，受过收容教养处罚的人，再犯罪时不能成为法定的从重处罚或加重处罚的对象；而受到刑罚处罚的人，在刑罚执行期间或刑罚执行完毕后的法定时限内又犯罪的，则可能受到从重或加重处罚。因此，收容教养不同于刑事处罚，二者在性质上有着根本区别。

2. 收容教养与少年犯管教的关系

首先，收养教养与少年犯管教具有相同之处：(1)执行机关相同，二者都由属于劳动改造机关之一的少年犯管教所执行；(2)执行场所相同，二者都在少年犯管教所内执行。

其次，收容教养与少年犯管教又有原则性区别：(1)适用对象不同。收容教养和少年犯管教虽然都适用于犯罪少年，但前者适用于虽有犯罪行为，但不需要或不宜给予刑罚处罚的少年，而后者则适用于罪行严重，已被判处有期徒刑、无期徒刑和死刑缓期执行的少年犯。(2)适用机关不同。收容教养由公安机关决定，少年犯管教则只是执行人民法院已经生效的刑事处罚判决的一种方式。换句话说，少年犯管教的前提必须是人民法院依法判决少年犯有罪、并量定了应当执行的刑罚。(3)执行方式不同。收容教养和少年犯管教虽然都在少管所执行，但前者是在单独编队的前提下，以限制人身自由的方式，对收容教养人员进行收容教育，而后者则是以剥夺人身自由的方式，对少年犯进行严格管教。二者在执行处罚的具体方式和严厉程度上，显然不同。(4)法律后果不同。在少管所执行刑罚的少年犯，其法律地位与在监狱、劳改队执行刑罚的成年犯，并无根本不同，如果在执行刑罚期间有逃跑或重新犯罪行为，以及在刑罚执行完毕后再犯罪，都可能受到从重或加重处罚，而受过收容教养处罚的人，则不会产生这种法律后果。因此，少年收容教养与少年犯管教不能等同。

3. 收容教养与劳动教养的关系

首先，收容教养与劳动教养具有相同之处：(1)法律性质相同，二者都是治安行政处罚，是控制和预防轻微犯罪和违法行为的行政性法律制裁措施。(2)基本手段相同，二者都使用收容和教养两种手段。收容乃是限制人身自由，使其与社会隔离；教养则意味着对被处罚对象的教育改造和培养，使他们成为对社会有用的新人。(3)教养期限相同，二者都是1—3年，且根据表现好坏，可以适当减免或延长。

其次，收容教养与劳动教养又有不同之处：(1)适用对象不同，收容教养适用于已满14周岁不满16周岁的犯罪少年，劳动教养则适用于16岁以上具有违法犯罪行为的人；(2)适用机关不同，收容教养由公安机关决定，劳动教养则由劳动教养管理委员会决定；(3)法律根据不同，收容教养的法律根据是《中华人民共和国刑法》第14条第4款的规定，劳动教养的法律根据则是《国务院关于劳动教养问题的决定》和《国务院关于劳动教养的补充规定》以及有关的劳动教养法规；(4)执行机关和场所不同，收容教养由国家劳改机关负责在少年犯管教所执行，劳动教养则由国家劳教机关负责在专设的劳教场所执行；(5)法律后果不同，劳教人员在解除劳教后3年内犯罪、逃跑后5年内犯罪的，依法应当从重处罚，但收容教养人员解除教养后犯罪的，不产生此种法律后果。可见，收容教养与劳动教养亦不能同日而语。

三、收容教养的条件

根据刑法第17条第4款的规定和立法精神，参酌公安部1982年元月23日发布、同年5月1日起执行的《关于少年犯管教所收押、收容范围的通知》的有关规定，收容教养应当具备下列条件：

（一）对象条件

收容教养的对象必须是已满14周岁不满16周岁实施了危害社会的行为、精神正常的人，它包括三方面的含义：

1. 必须是已满14周岁不满16周岁的人

关于收容教养对象的年龄问题，在理论和实践中尚有争议。有的认为年龄的下限为14周岁，上限为16周岁；有的认为年龄的下限为13周岁，上限为18周岁。持前一种观点的根据是刑法第17条1—4款的规定，持后一种观点的根据是《劳动改造条例》第21条的规定。

我们认为，收容教养的对象必须是已满14周岁不满16周岁的人，对于14周岁以下或16周岁以上的人，不能进行收容教养。其理由是：(1)符合我国刑法第17条的规定。刑法第17条第4款规定："因不满16周岁不予刑事处罚的……在必要的时候，也可以由政府收容教养"。在这里刑法只明确规定了收容教养对象的年龄上限，而对于年龄下限则没有作出明文规定。但这决不意味着只要低于16周岁的少年儿童都可以成为收容教养的对象。对于收容教养对象年龄下限的确定，必须结合刑法第14条前3款的规定，进行综合分析和判断。该条第1款规定：凡年满16周岁的人犯罪，应当负刑事责任，这是完全负刑事责任的年龄；第2款规定：已满14周岁不满16周岁的人犯某些严重犯罪时，应当负刑事责任，这是相对负刑事责任的年龄；第3款规定：已满14周岁不满18周岁的人犯罪，应当从轻或者减轻处罚，这是减轻刑事责任的年龄。从第4款与前款的逻辑关系来看，收容教养对象的最低年龄只能是14周岁，如果理解为可以是14周岁以下的人，则不符合刑法第17条的立法精神。(2)《劳动改造条例》第21条的规定，不能作为确定收容教养对象年龄的法律根据。这是因为，第一，该《条例》只规定了少年犯管教所收押管教少年犯的年龄界限(即13周岁以上不满18周岁的少年犯),并没有对收容教养人员的年龄作出明文规定;第二,该《条例》颁行于1954年8月26日,其中关于犯罪的刑事责任年龄下限为13周岁的规定,明显与现行刑法的规定相抵触,当属无效。为此,公安部在《关于少年犯管教所收押、收容范围的通知》中,纠正了这一规定,明确指出,少年犯管教所今后只能收押已满14周岁不满18周岁的少年犯,以符合刑法第14条(按:指1979年刑法)规定的犯罪少年。

2. 必须是实施了危害社会行为的少年

收容教养作为一项限制人身自由的治安行政处罚措施,必须是对实施了具有一定社会危害性行为的人适用。如果少年的行为没有社会危害性(如正当防卫、紧急避险),或者虽有社会危害性,但属于一般的违法违纪行为或违反公共道德准则的行为,则不能予以收容教养。

3. 必须是精神正常的少年

收容教养的主体必须是精神正常的少年,这里的“精神正常”包括两方面的含义:一是在实施危害社会行为时,其精神处于正常状态;二是在实施危害社会行为之后,决定和交付收容教养时,其精神状况也处于正常状态。因此,如果少年人是在精神病状态中实施了危害社会的行为,或者在实施危害社会的行为之后突然患精神病的,则不能实行收容教养。对这种人可以责令其家长或监护人严加看管,也可以由政府强制医疗。

(二)前提条件

收容教养的前提条件是指对象所实施的危害社会的行为已经构成犯罪,但不受刑罚处罚。这一条件包含下列内容:

1. 少年的行为已经构成犯罪

关于收容教养是否必须以行为构成犯罪为条件,目前还有不同意见。在理论界有人认为,收容教养既可以适用于犯罪少年,也可以适用于违法少年①。在实践中也的确存在着把违法少年予以收容教养的现象，特别是在1982年以前，这种现象还相当严重。

我们认为，收容教养必须以行为构成犯罪为条件，如果只有违法行为尚不构成犯罪，则不能适用收容教养。这是因为，(1)从刑法第14条第4款(按：指1979年刑法)的规定来看，所谓因不满16周岁不处罚的，应当理解为未满16周岁的人所实施的行为已经构成犯罪，只是不给予刑罚处罚。(2)从收容教养的性质来看，尽管它是一种治安行政处罚，但这种行政处罚是以限制人身自由为内容的，因此，必须以具有较违法行为严重的犯罪行为为适用范围。(3)从公安部《关于少年犯管教所收押、收容范围的通知》的规定来看，该《通知》严禁少管所收容只有违法行为尚不构成犯罪的少年，并要求对收容违法少年的现象尽快清理。

2. 少年的行为属于一般刑事犯罪因而不给予刑罚处罚

根据刑法第14条(按：指1979年刑法)的规定，我们理解法律之所以规定对不满16周岁的犯罪少年不处罚而予以收容教养，主要是考虑到他们所实施的行为属于一般犯罪行为，如果实施了严重的犯罪行为，则应当受刑罚处罚。这可以从第17条第4款与第2款的对应关系中，得到佐证。刑法第17条第2款规定："已满14周岁不满16周岁的人，犯故意杀人、故意伤害致人重伤或者死亡、强奸、抢劫、贩卖毒品、放火、爆炸、投毒罪的，应当负刑事责任"。从这一规定可以看出，已满14周岁不满16周岁的少年，只对上述严重犯罪行为负刑事责任，对一般犯罪，则不予刑罚处罚。那么，对于已满14周岁不满16周岁的人所实施的一般犯罪是否可以放任不管呢？为此，刑法第17条第4款紧接前款规定："因不满16周岁不予刑事处罚的，责令他的家长或者监护人加以管教；在必要的时候，也可以由政府收容

① 《劳改劳教理论研究》1989年第1期，第13页。

教养。”由此可见，收容教养只能适用于犯罪较轻的少年，对于重罪少年则不能实行收容教养。

（三）“必要”条件

根据刑法第 17 条第 4 款的规定，收容教养这一措施，只有“在必要的时候”，才能适用。这就意味着，对于已满 14 周岁不满 16 周岁的轻罪少年犯，并不是一律实行收容教养，只有在确属必要的情况下，才能给予收容教养处罚。我国刑法之所以作出这种规定，主要是基于下列三种考虑：一是考虑到收容教养的对象是犯轻罪的少年，对这些失足少年应尽量通过家庭教育、学校教育、社会教育的途径，使他们转化思想放弃恶习。因此，当家庭、学校、社会有条件对他们进行管教时，就没有必要由政府收容教养。二是考虑到收容教养具有限制人身自由的性质，必须慎重使用，应以确属必要为限制条件，可以防止滥用收容教养措施，避免不适当地扩大收容教养的范围。三是考虑到我国收容教养在少年犯管教所执行，而少管所主要收押和管教已判刑的少年犯，且目前少管所容量有限，如果大量适用收容教养，将会给少管所造成实际困难。因此，对收容教养应当予以适当控制。

关于什么是“必要的时候”，刑法并未明确规定。根据司法实践的经验，凡是具有下列情形之一的，都可以视为有必要收容教养：

1. 父母双亡、无家可归、无亲可投、浪迹社会的孤儿。这种犯罪少年无依无靠，完全丧失了家庭教育的条件。政府将其收容教养，既是对其犯罪行为的处罚，又是防止其重新犯罪的措施，同时也是解决其生活问题的一种办法。

2. 虽有家庭，但家长或监护人确实无管教能力或拒不管教的。所谓“无管教能力”，是指家长或监护人愿意管教，也确实采取了严格的管教措施，但由于犯罪少年恶习较深，仍然无法制止和防止其继续违法犯罪；所谓“拒不管教”，是指家长或监护人拒绝对犯罪少年进行管教，纵容或放任他们违法犯罪。

3. 社会影响较坏，群众和受害人强烈要求政府收容教养的。

例如，有的少年在某地区盗窃、诈骗，盗窃或诈骗的财物数额刚达到构成犯罪的标准，由于该少年一贯表现不好，群众意见很大，要求法院定罪判刑。但根据其犯罪情节，又不宜给予刑罚处罚。在这种情况下，就可以实行收容教养。

4. 家庭管不了，学校管不住，单位不愿管，因而主动要求公安机关将其收容教养的。对这种“三不管”的少年，如果家庭、学校或单位主动要求的，在符合条件的前提下，可以收容教养。

5. 无业可就、有业不就或有学不上，在社会上四处游荡，有可能重新违法犯罪的。这种犯罪少年具有违法犯罪的潜在危险性，一有机会就可能重蹈覆辙，因而有必要让其在收容教养场所接受严格的管理和教育。

6. 劣迹较多、恶习较深、较难教育的。这种少年虽然可能只有一次犯罪行为，但有多次违法受罚的历史，且屡教不改，甚至积习成癖，危险性较大，不宜留在社会上进行管教。对这种犯罪少年，也可以由政府收容教养。

7. 在社会治安状况不好时，对家居大中城市和铁路沿线的轻罪少年，也可以收容教养。这是为保证社会秩序的安定所采取的必要措施。在社会治安状况不好时，应当采取多种办法，对违法犯罪分子进行控制，防止他们危害治安。对已满 14 周岁不满 16 周岁不需判刑的轻罪少年，若交给家长管教效果较差，送到工读学校约束力有限，实行劳动教养又不够年龄，必须实行收容教养。

(四)程序条件

根据公安部《关于少年犯管教所收押、收容范围的通知》第 2 条的规定，收容教养的提出、审批和执行，应当依照下列程序：

1. 收容教养的提出

收容教养一般由公安派出所或公安机关的治安部门负责立案调查，然后提出收容教养的意见。办案单位在提出收容教养时，应当填写《收容教养犯罪少年呈批表》，详细写明犯罪少年的姓名、性别、年龄、民族、籍贯、住址和犯罪事实，并附上罪证材料，提出收容教养期限(一般为1—3年)。

2. 收容教养的审批

收容教养由地区行政公署公安处或省辖市公安局审批，遇有特殊情况时，须报省、自治区、直辖市公安厅(局)审批。有权审批的机关经过审查后，对于不符合收容教养条件的，应当退回作其他处理，其中应当判刑的，移送检察机关起诉；应当劳动教养的，由劳动教养管理委员会决定予以劳动教养；应当给予治安处罚的，由公安机关决定给予治安处罚；不构成犯罪亦不应受任何处罚的，立即释放。如果经过审查后符合收容教养条件，应当批准收容教养，并制作《收容教养犯罪少年决定书》和《收容教养犯罪少年通知书》，然后交少年犯管教所执行。

第四节　强制医疗

一、强制医疗的概念和对象

“医疗”一词有广义和狭义之分，狭义的医疗只具有病理学的意义，是就身体、疾病而言的；广义的医疗，除了病理学的含义之外，还包括社会学的定义。这里所谓的强制医疗，是一个广义的概念，是指对因疾病、酒精中毒、药物中毒和沾染某种社会恶习而具有危害社会危险的人，通过强制性治疗的方法，以排除危险，预防犯罪的一种措施。强制医疗在现代各国是作为刑事立法上的一种保安处分和保安措施而普遍适用的，从其适用对象来看，主要有下列几种人：(1)精神病患者，其中既包括在完全丧失辨认和控制自己行为的无责任能力状态下实施危害行为因而不负刑事责任的精神病患者，也包括在能够辨认和控制自己行为的有责任能力状态下实施危害行为而应当承担刑事责任，但在判决之前或刑罚执行期间丧失责任能力的精神病患者。(2)酒精依赖者，其中既包括因酗酒而违法者，也包括因嗜酒成癖而屡次犯罪者。对后一种人而言，强制医疗与刑罚并用，旨在戒除其恶习防止其再犯。(3)毒品依赖者，其中既包括因吸用毒品成瘾而有犯罪危险的人，也包括因吸用毒品成瘾而犯罪有再犯危险的人。(4)患有性病的卖淫、嫖娼人员。

目前，我国刑法中规定的强制医疗对象，只限于实施了严重危害社会行为的精神病人，对毒品依赖者的强制医疗措施，是由1990年12月28日颁布实施的全国人大常委会《关于禁毒的决定》中规定的。而对于患有性病的卖淫嫖娼人员的强制医疗，则是由行政法规和1991年9月4日颁行的全国人大常委会《关于严禁卖淫嫖娼的决定》规定的。至于对酒精依赖者的强制医疗问题，目前尚无专门的法律规定。

二、强制医疗的特点

1. 适用对象的特定性

强制医疗所适用的对象是通过医疗措施能够治愈其疾患、戒除其恶习、消除其危险的人。因此，对于那些虽有社会危险性甚至犯罪成习的惯犯累犯，但因其不属于上述四种特定对象，则不能采用强制医疗。

2. 医疗手段的强制性

强制医疗的特点是，医疗必须通过强制手段来实施，这也是强制医疗措施与社会上自愿医疗的根本区别。医疗的强制性意味着，凡是符合条件的特定对象，不管其本人或其亲属同意与否，只要经过有权机关决定，都必须无条件地接受。

3. 预防措施的医疗性

强制医疗作为一种保安措施，其预防危害和预防犯罪的功能，不能单靠强制性隔离来实现，而必须有赖于医疗的成功。如果只收容不治疗或者不积极治疗，都有悖于实行强制医疗的目的。

4. 治疗目的的双重性

强制医疗的目的是双重的，一是通过积极的治疗，使有病者恢复健康，使有恶习者戒掉恶习；二是通过强制性医疗，使治疗对象丧失侵害社会的危险或不再犯罪。这两个目的是密不可分的。它们的主要实现有赖于强制医疗工作者的业务素质和工作态度。

三、对精神病人的强制医疗

我国刑法第18条第1款规定："精神病人在不能辨认或者不能控制自己行为的时候造成危害结果，经法定程序鉴定确认的，不负刑事责任。"根据这一规定，凡是完全丧失刑事责任能力的精神病人所实施的危害行为，无论行为的性质和后果多么严重，都不能对其定罪判刑。这就从刑事立法上赋予了精神病人免受刑事追究的权利。

对于完全丧失责任能力而不负刑事责任和治安行政责任的精神病人如何进行处置？我国刑法第18条第1款和《治安管理处罚条例》第10条均规定，应当责令精神病人的家属或者监护人严加看管和医疗，在必要的时候，由政府强制医疗。这就是说，在我国对精神病人的监护和医疗责任，依法应当由精神病患者的家属或者监护人承担，必要的时候由政府承担，这是我国在处理精神病人违法犯罪的对策方面，与国外的一个重要区别。在许多国家，对具有危害社会危险的精神病人，通常由国家承担监护和医疗的责任，即将精神病人收置到特设的精神病院进行看管和医疗，其所需费用由国家财政支出。

我国在起草和制定刑法的过程中，一些人也曾提出过对实施危害行为而不负刑事责任的精神病人应当由政府实行强制医疗的问题。后来经过讨论认为我国的精神病医疗机构严重不足，无法承担对精神病人强制医疗的任务，因此，最后立法上规定由家属或者监护人承担看管和医疗责任。刑法颁布实施以后，我国各地对精神病人的看管问题，大都实行由精神病人的亲属或者监护人与其所在单位共同监护的制度；对精神病人的医疗问题，主要由其亲属或者监护人负责。国家则主要对无家庭亲属、无工作单位和无经济能力的所谓"三无"精神病人，负责收置和治疗。

现行对精神病人的监护和医疗制度，对于健全和经济条件较好的家庭，当然是可行的，但是，问题的复杂性恰恰就在这里。从实际情况看，越是精神病人的家庭就越是残缺不全，越是有精神病人的家庭其经济条件越差，除了先天性的精神病以外，许多患者的病因正是由家庭造成的。一旦出现了精神病人，许多家庭往往一推了之，不愿承担监护和医疗责任，从而就加剧了精神病人危害社会的危险，形成对社会治安的现实危害和严重威胁。

为了切实加强对社会治安秩序的管理，保卫社会安全和人民利益，随着我国经济的发展和医疗卫生条件的改善，一些地方正着手建立由政府承担监护和医疗责任的精神病人监护和强制医疗制度。1985 年 9 月，上海市人民政府制定和颁发了《上海市对肇事的精神病患者实行强制住院的暂行规定》，后来又制定了《上海市精神病人监护治疗管理规定》，从而在地区性治安行政法规中率先建立了对精神病人的监护和强制医疗制度。与此同时，一些大中城市也相应建立了一批公安精神病院，收容和治疗了不少具有严重危害社会行为的精神病人，对维护社会治安产生了良好效果。但是由于各种各样的原因，强制医疗制度的普遍推行还进展缓慢，步履维艰。

据统计，我国目前有精神病患者 1 000 多万人，其中至少有 100 万人游荡在社会上，没有得到看管和治疗①。这支庞大的队伍对社会治安造成的威胁和危害，是令人不安的。然而，与此形成鲜明对照的是，现有公安精神病管治院数量极其有限，全国 16 所公安精神病管治院最多只能容纳 4 300 人②。普通精神病院虽然可以收治精神病人，但容量、条件、经费等也有诸多困难；至于劳改单位内精神病犯人的境遇则更糟，绝大多数劳改医院并没有能力承担患者的治疗任务，许多精神病犯人被分散在基层劳改单位，或只关押不治疗，或得不到有效的治疗，有的甚至与精

---

①② 《现代法学》1989 年第 3 期，第 69、70 页。

神正常的犯人混居，对监管秩序造成混乱①。而民政部门所属的精神病疗养院，作为社会福利机构，亦无力完全承担对精神病人的监护和治疗工作。因此，我国对精神病人这一特殊社会群体的管理和治疗任务还相当艰巨。

针对上述情况，我们认为，应当采取下列对策：

1. 要督促和配合精神病人的家属或者监护人严加看管和治疗

要求精神病人的家属或监护人切实负起看管和治疗的责任，这是家庭关系中家庭成员之间互相承担扶养义务的具体体现，也是社会主义法律和道德的客观要求。对于那些有能力有条件履行看管和医疗义务，而拒绝看管和治疗的家庭和监护人，司法机关有权雇人看管，或将精神病人送精神病院治疗，所需一切费用均由其家属或监护人负责。

2. 要尽快增建公安精神病管治院

公安精神病院(亦称安康医院)作为司法机关直属的精神病管治机构，具有普通精神病院不可替代的作用。但是，由于地方政府所给经费不足，医护人员来源困难，致使一些省、市多年来的筹建计划未能付诸实现。这方面的工作需要财政、卫生、劳动人事等诸多部门的大力协作，以期在较短时间内，使安康医院的数量和质量有一个较大的突破。

3. 要在普通精神病院普遍设立特别病房

在公安精神病管治院数量极少，床位紧张，短期内又不可能大规模发展的情况下，应当尽可能利用现有的普通精神病院，以特设的病房收治对社会治安危害较大的精神病人。对普通精神病院收治的严重精神病人，司法机关要配合监护，政府部门要从财政上支持精神病院改善护理和医疗条件。

4. 要在劳改系统设置专门的精神病犯看管医疗中心

---

① 《劳改劳教理论研究》1990 年第 2 期，第 11 页。

为了解决对精神病犯人分散关押得不到正常治疗的问题，司法部劳改局应当考虑建立区域性精神病犯人看管医疗中心，把一定地区内(比如省或大行政区)劳改单位的精神病犯人集中起来，进行看管和治疗，这种形式类似国外的精神病犯监狱。看管医疗中心的主要职能是：(1)强制保护精神病犯人的人身安全，限制其人身自由，防止其逃跑和自杀；(2)对精神病犯人提供一切必要的精神治疗，所需费用由劳改单位支付；(3)负责精神病犯人的日常护理和家属探视工作；(4)负责精神病犯人的保外就医、转院治疗、病愈转监和刑满释放工作。

四、对毒品依赖者的强制医疗

毒品依赖又称药瘾，是指由于长期或反复使用某种药物或物质，而对该种药物或物质产生了严重的依赖性。毒品依赖分为精神依赖和躯体依赖两种：精神依赖与患者的性格缺陷、心理状态和环境因素等密切相关，多发生于意志薄弱、自制力差、依赖性强、情感不稳、多愁善感、优柔寡断、易焦虑紧张者身上。躯体依赖则是由于长期反复用药，使中枢神经系统发生了某种变化，生理改变，需要依靠药物在体内的持续存在来维系神经系统，否则就会产生戒断反应。

毒品依赖特别是对鸦片、海洛因、可卡因、吗啡、大麻等毒品的依赖，与犯罪案件的发生有着直接的或间接的关系。首先，从直接原因来看，注射、吸食毒品会对人的身体和精神带来严重危害，使人情绪波动、人格改变、智能减退、道德观念沦丧，在药瘾所产生的特殊效应中，会酿成一系列危害社会的行为。其次，从间接原因来看，由于大量使用毒品必然需要金钱通过各种途径弄到毒品，这就会使人铤而走险，通过抢劫、盗窃、诈骗、走私等各种财产性犯罪的手段来获取钱财，以满足其药瘾所需的物质基础。

药瘾和吸毒作为一种社会病态的表征，已成为许多国家的严重社会问题。由此而引起的违法犯罪案件，在西方国家具有愈演愈烈的趋势。尽管各国为禁毒不遗余力，甚至付出了血的代价，但毒品犯罪活动至今并未得到有效的控制。

中国人民在近代曾饱受烟毒之害。针对这种情况，中华人民共和国成立后，党和政府非常重视禁毒工作。早在 1950 年 2 月 24 日，原政务院就发布了《关于严禁鸦片烟毒的通令》，在全国范围内开展了大规模的查禁鸦片烟毒的斗争。经过 3 年的不懈努力，近代中国人梦寐以求的肃清鸦片流毒的理想，终于在新中国成为现实，我国因此获得了“无毒国”的美誉。

但是，随着国际交往的日益频繁，西方腐朽思想和国外毒品集团也乘机而入，从 80 年代初开始，在我国边境地区和历史上烟毒流行的地方，私种罂粟，制造、贩卖、吸食鸦片等毒品的事件，也死灰复燃。到 1981 年为止，全国有 18 个省、市、自治区均发现有毒品犯罪活动，目前已蔓延到全国所有的省、市、自治区，其中尤以边境地区最为严重。从全国的情况来看，毒品犯罪的数量也呈不断上升趋势。

值得注意的是，在走私、制造、贩毒、运输毒品犯罪活动日益猖獗的同时，我国吸食、注射毒品者的人数也在不断增多。据我国 1989 年底对外公布的资料，该年登记在册的吸食毒品成瘾者为 7 万人。而据云、贵、川、陕、粤、内蒙等 8 省、自治区 1991 年的调查，吸毒者已达 20 万人。从吸毒者的职业构成来看，几乎涉及到社会的各个阶层；从吸毒者的年龄结构来看，青少年占有绝对优势。

毒品犯罪在一国领域内的增长，总是有其特定的国际、历史和现实原因的，而国内吸食、注射者的猛增，则是刺激毒品走私、制造、贩运及黑市交易日益猖獗的一个重要因素。所以，要控制毒品犯罪(尤其是控制毒品销售)，打击毒品的消费活动则是必不可少的。然而，在如何惩治吸食、注射毒品行为的问题上，各国的做法却不尽相同。有的国家将吸毒行为(或称滥用毒品）规定为犯罪行为，给予刑罚处罚，如日本、意大利、新西兰等国；有的国家则认为吸毒行为不是犯罪行为，甚至是合法行为。然而，无论是否将吸毒行为规定为犯罪行为，在强调或提倡对吸毒者的戒毒治疗方面，各国的态度则基本上是一致的。至于治疗的方式，则有强制治疗和自愿治疗之分。前者是指将吸毒者送到戒毒机构强迫戒除，这一方式为大多数国家所采用；后者则是指吸毒者出于自愿戒毒的要求，到医疗机构求得帮助戒除毒瘾，而政府并不明令吸毒者必须戒毒，这一方式多为西欧一些发达国家所采用①。

我国政府一贯奉行"有毒必肃、贩毒必惩、种毒必究、吸毒必戒"的政策。在对待吸毒问题上，虽然没有将其规定为犯罪行为，但历来主张对吸毒成瘾者必须组织强制戒除。1990 年 12 月 28 日颁行的全国人大常委会《关于禁毒的决定》第 8 条第 2 款明文规定："吸食、注射毒品成瘾的，除依照前款规定处罚外，予以强制戒除，进行治疗、教育。强制戒除后又吸食、注射毒品的，可以实行劳动教养，并在劳动教养中强制戒除。"

近年来，随着吸毒问题的日益严重，在一些吸毒人数较多的地区，当地政府设立了专门的戒毒所或戒毒中心，尤其是云南省在这方面已取得了一些成绩，并积累了一定的经验。然而，从现行立法来看，我们认为，《关于禁毒的决定》对强制戒毒医疗的规定还比较笼统、原则，缺乏应有的规范性。考虑到现行法律未将吸毒行为列为犯罪的目的，主要是想通过对其施以教育、医疗而使其弃旧从新，因此，就有必要就其教育、医疗的机构设置、人员编制、经费来源及教育、治疗的条件、报批程序和具体方法等进行全盘考虑，从而使这项对控制毒品蔓延和危害颇具意义的社会工程，全面纳入规范化、系统化、法制化的轨道。

---

① 崔庆森、陈宝树主编：《中外毒品犯罪透视》，社会科学文献出版社 1993 年版，第 311 页。

五、对酒精依赖者的强制医疗

酒精依赖，亦称单纯性酒癖。由于长期大量饮酒而形成对酒精的强烈依赖，是单纯性酒癖的显著特点。对这种嗜酒如命的酒徒来说，酒是他须臾不可离开的身体依赖物和精神寄托者，如果断绝酒的饮用，甚至比取其性命还要难受。嗜酒成癖带来的恶果是他们人格改变，道德水准下降，责任感和义务感丧失。为了获取酒类，他们往往置家庭于不顾，视生产、工作为儿戏，而在醉酒状态下所实施的违法犯罪行为，对这些人来说，可谓司空见惯。

由于酒精依赖者并未完全丧失辨认或者控制自己行为的能力，因此，当他们实施犯罪行为时，依法应当承担刑事责任。但是，由于这些人犯罪的原因与酗酒有关，同正常犯罪人相比，刑罚对他们的功能可能是有限的。因此，在对嗜酒犯罪者适用和执行刑罚的同时或者在刑罚执行完毕之后，必须对他们实行旨在戒除酗酒恶癖的强制医疗。在这方面许多国家都有专门的法律规定。

我国人民虽然历来就有饮酒的传统，但由饮酒而引起的社会问题，远没有西方国家严重。由于醉酒而发生的犯罪案件的数量和比率，也大大低于西方国家。究其原因，大致有二：一是我国人民长期处于贫困状态，生活窘迫，客观上限制了饮酒的人数。因此，“花天酒地”成了描绘达官贵人、富贵豪门腐化奢侈生活的专用名词。二是我国人民的饮酒方式以小杯品味为主，并佐以较多菜肴，慢嚼细饮，较少发生酒精中毒。因此，因酒精中毒引发的治安事件较少。

然而，近十几年来，随着改革开放的全面展开和深入发展，酿酒行业迅猛崛起并成为国民经济的一大支柱。在造酒业飞速发展的同时，各种酒类也迅速进入千家万户，并成为人民日常生活和社会交往必不可少的物品。但是，在饮酒之风日盛的背后，却隐藏着对社会治安的严重威胁。由于我国生产的白酒多为50—60度的烈性酒，由于饮酒人数众多而毫无节制者不乏其人，由于饮酒的对象、场合毫无法律限制等诸多原因，由饮酒引发的犯罪事件已成为我国社会的一大公害。据对河南省新乡市(二区二县)1987年一审刑事案件的调查分析，该市1987年一审刑事案件227件，被告337人，其中，由饮酒引起犯罪的61件，被告89人，占调查案件总数的26.9%。从这些饮酒导致犯罪的案件来看，具有下列特点：一是案件性质以暴力犯罪居多，共50件63人，占此类案件总数的82%；二是犯罪主体以青少年居多，不满18岁和18—25岁的青少年占案犯总人数的69.7%；三是犯罪突发性强，酒后临时起意犯罪的占此类案件总数的90.2%①。这些数字表明，饮酒引起的犯罪案件已成为我国刑事犯罪中的一个突出问题，如果不及时采取有效措施加以防范，将会步西方国家酗酒犯罪泛滥之后尘。

因此，建立对酒精依赖者的强制医疗制度势在必行。特别是对于有酒癖而且因醉酒而犯罪的人，在依法定罪判刑的同时，应实行旨在戒除其嗜酒恶习的强制医疗措施。在目前尚未建立禁戒治疗中心或禁戒所之前，对该种犯罪人可以在监狱劳改场(队)给予戒酒治疗。强制医疗的时间应当计算在刑期之内。对于刑期太短或判处缓刑、管制的犯罪人，应分别采用刑满释放后进行强制医疗和在管制执行期间、缓刑考验期间交付有关医疗机构进行强制医疗的办法。

六、对患有性病的卖淫、嫖娼者的强制医疗

性病在本世纪70年代之前，是指因不洁性交而引起的性器官发炎疾病，当时仅指梅毒、淋病、软下疳、性病性淋巴肉芽肿

① 中国法学会研究部编：《法学研究动态》1989年第6期(总第131期)，第5—6页。

和腹股沟肉芽肿五种疾病。1975 年，世界卫生组织以“性传播疾病”(Sexually Transmitted Diseases)代替“性病”一词，把“性传播疾病”定义为“通过性行为而传染的疾病”，其范围除五种经典的性病之外，还包括生殖器疱疹、尖锐湿疣、传染性软疣、非淋菌性尿道炎、滴虫病、生殖器念珠菌病、疥疮、阴虱、肝炎、艾滋病等等。

解放前，性病的传播对我国人民的生命健康造成严重危害。解放后，我国于 1964 年宣布中国已基本上消灭性病，引起世界瞩目。但近年来又有蔓延的趋势。根据对几个地区的调查，我国目前的性病流行情况，呈现下列几个特点：

1. 性病发病率逐年上升

1987 年的发病率为 21.02/10 万，1988 年的发病率为 30.91/10 万。从 1982 年至 1987 年，平均每年的发病率以 3.12 倍的速度增长。仅 1989 年上半年就比 1988 年上半年同期增长 97.19%。

2. 性病流行区域越来越广

性病的扩展形式是从外国或港澳地区扩展到经济特区；从开放或旅游城市扩展到各大中城市；从大中城市扩展到小城镇和乡村。从分布的区域看(以 1988 年为例)，南方城市最为严重，年发病率为 125.27/10 万，其中深圳为全国之冠，发病率高达 589.21/10 万；其次是边远地区，年发病率为72.26/10万；再次是长江流域城市，年发病率为35.82/10万；而北方城市的发病率只有10/10 万，其中天津仅为4.55/10万。

3. 性病患者趋于年轻化且职业相对集中

从性病患者的年龄结构来看，20—36 岁的患者占全国性病患者总数的 70.03%，其中女性占绝大多数。从性病患者的职业构成来看，各种职业患者的比例分别是：个体户 564.22/10 万，供销人员 231.68/10 万，待业青年 118.38/10 万，干部 51.84/10 万，工人 30.28/10 万。

4. 性病蔓延危害严重

性病是一种传染性疾病，它对个人、家庭、后代、社会所造成的危害是相当严重的。就个人来讲，性病给人以痛苦、残废直至死亡；就家庭来说，把性病传染给配偶，造成双方病痛；就后代来说，把性病传染给胎儿，会造成先天畸形；就社会来讲，性病的传播会影响整个民族的健康发展。

而大量的调查材料表明，卖淫嫖娼与性病的滋生和蔓延，具有密切的关系。娼妓和嫖客不仅是性病的受害者，而且也是传染性病的害人者。根据各地提供的资料，卖淫和嫖娼人员中性病患者愈来愈多，已成为近年来卖淫嫖娼活动的一个极其明显的恶果。例如，广州市妇女教育所 1985 年收容的卖淫妇女中，患有性病的占收容人数的 9.4%，1986 年上升到 31.5%，1987 年又上升到 37.2%①。

对卖淫嫖娼人员中的性病患者进行强制医疗，是防止性病蔓延，保护人民生命健康的必要措施。为此，国务院及其有关部委、全国人大常委会近年来颁布了一系列法律、法规，对这一问题作了专门规定。主要规定有：

1. 1986 年 9 月 1 日国务院发布的《关于坚决取缔卖淫活动和制止性病蔓延的通知》第 5 条规定："对查获的卖淫妇女和嫖客，卫生部门要指定医院进行性病检查，患性病的要强制治疗；送劳动教养的，由卫生部门指定医院帮助劳教场所的医务部门进行查治，并协助技术培训和指导。对分散在社会上的性病患者由卫生部门就地治疗，检查治疗费用由所在单位支付或本人自理"。

2. 1987 年 10 月 26 日中共中央办公厅、国务院办公厅批准转发的公安部、司法部、卫生部、民政部、全国妇联《关于严厉打击、坚决取缔卖淫活动和制止性病蔓延的报告》第 2 条规定："对查获的卖淫妇女和嫖客(包括外国人)，一律进行性病检查。

---

① 《法讯》1988 年第 34 期，第 2 页。

对患有性病的国内人员应强制治疗，费用由本人交付。”

3. 1991 年 9 月 4 日颁行的全国人大常委会《关于严禁卖淫嫖娼的决定》第 4 条第 4 款规定：“对卖淫、嫖娼的，一律强制进行性病检查。对患有性病的，进行强制治疗。”

第五节　工 读 教 育

一、工读教育制度的产生和发展

中国的工读教育制度诞生于本世纪 50 年代中期，至今已有 40 年的历史。1955 年，在北京创立了第一所工读学校。此后，在一些大中城市也陆续创办了工读学校。但是，由于当时基本上还处于摸索阶段，工读学校数量很少，在社会上的影响也不大。到了 60 年代后期，随着“十年动乱”的爆发，工读教育遭到了毁灭性的摧残。

粉碎“四人帮”以后，为了医治十年浩劫对青少年所造成的创伤，减少和控制青少年中的违法犯罪行为，1978 年中共中央向全党发布了有关文件，提出在全国大、中城市恢复或创办工读学校。1981 年国务院又批准和转发了原教育部、公安部、共青团中央《关于办好工读学校试行方案的通知》，对办好工读学校指明了正确方向和具体途径。由于党和政府的高度重视和全社会的大力支持，工读教育很快由萧条到复苏，并获得了长足的发展。据统计，截止 1989 年，我国共有工读学校 128 所，分布在全国 24 个省、市、自治区的大、中城市。自 1980 年至 1987 年，全国工读学校累计招收工读学生 3 万多人，其中绝大部分已毕业、结业，教育成功率达 80%以上，有的学校高达 90%①。

---

① 《青少年犯罪研究》1988 年第 12 期，第 4 页。

二、工读教育的概念和性质

所谓工读教育，是指对具有违法或轻微犯罪行为的中学生进行半工半读教育的一种特殊的行政性教育措施，也是实施九年制义务教育的一种特殊形式。从这一定义不难看出，工读教育既有别于普通的中小学教育，也不同于少年犯管教、劳动教养和收容教养。

工读学生与普通中学生在年龄阶段上并无差别，二者的区别仅在于有无违法或轻微犯罪行为。尽管在中学生中不乏学习成绩差、不遵守纪律的学生，但是，如果其行为尚未违反国家法律或尚不构成犯罪，则不应成为工读教育的对象。工读学生往往是那些有学不上，流浪社会，大法不犯，小法常犯，已不适宜在普通中学和职业中学学习的中学生。因此，工读教育的对象与普通中学教育和职业教育的对象，在性质和范围上有着根本不同。

在社会上，由于一些人不了解工读学校的性质和实际情况，往往把工读学校想象成高墙电网、警察站岗、戒备森严的监狱，把工读学校与少年犯管教所相提并论，这是一种误解。事实上，工读学校除了在管理制度上略严于普通中学以外，其本质上仍然是学校，具有其他学校的共同职能和特点。而少年犯管教所则是对不满 18 周岁的少年犯罪人进行强制性教育改造的场所，具有监狱和劳改场所的性质。在实践中，一些地方的劳教场所，为了探索对被劳动教养的青少年进行教育挽救的有效途径，减少劳教人员中的交叉传染现象，往往把一些劳教人员送到工读学校执行劳动教养，使他们不致因违法犯罪而中断学业。实践证明，这是改革劳教制度的大胆尝试和有益的经验。但是，由此也在社会上特别是一些中学生家长中造成了一种误解，认为工读学校就是劳教场所，把接受工读教育的学生当作劳教人员。一些不了解情况的外国朋友，还错误地把我国的工读学校与外国的少年收容教养院相提并论。因此，划清工读教育与劳动教养的界限，对于进一步明确工读教育的性质，是十分必要的。二者的区别主要在于适用的对象和性质不同。劳动教养是对具有严重违法行为或虽已构成犯罪但不予刑罚处罚的人所适用的一种最严厉的行政处罚，而工读教育并不是行政处罚，而是一种特殊形式的普通中学教育措施。

综上所述，工读教育既不是一种刑罚方法，也不是一种行政处罚，而是对违法犯罪行为进行超前预防的有效措施，是全面贯彻党的教育方针，培养和造就人才的一种必不可少的特殊教育形式。

三、工读教育的方针

工读教育的方针是“立足教育，挽救孩子，科学育人，造就人才”。正确理解这一方针，是办好工读教育的前提和基础。

所谓立足教育，是指工读学校必须始终把对工读生的思想教育、文化教育和职业技术教育放在首位。这是由工读教育的性质所决定的。因为工读教育是培养和造就人才的一种特殊教育形式，所以，它不能靠惩罚而要靠教育促使劣迹少年的转化。

所谓挽救孩子，就是充分发挥工读学校所特有的“三中心”功能，将工读生从歧途上挽救过来。“三中心”即：一是把工读学校办成治疗和纠正工读生不良心理的康复中心；二是把工读学校办成控制和矫正工读生罪错行为的矫治中心；三是把工读学校办成传授科学文化知识的教育培养中心。通过“三中心”功能的发挥，使工读生(孩子)被扭曲的变态心理逐渐康复，彻底告别昨天走向新生，并提高文化科学知识水平，走出校门后，能够走上生活的正途。

所谓科学育人，就是根据工读生每人的罪错性质，导致罪错的内外因素和年龄心理特点，按照教育规律，有针对性地进行教育。教育是一门科学，对工读生进行教育，更应讲究科学方法，要晓之以理，动之以情，循序渐进，因人施教。通过工读教育，不仅培养他们正确的人生观和道德观，而且使他们掌握一定的科学文化知识，以便他们复归社会之后，能有立足之地。

所谓造就人才，是指要把工读生教育培养成对国家和社会有用的人才。从工读教育的实践来看，工读学生不是不可救药的人，而是能够塑造成材的。这些孩子大多天资聪颖，很有发展前途；他们走上罪错道路是各种因素造成的，而他们的可塑性是很大的。只要工读教育工作者克尽职守，善于教育，激发他们向上的决心和勇气，并教给他们真才实学，就能够使他们由失足少年转变为对社会有用之才。

综上所述，工读教育的方针是一个前后贯通互相联系的整体，其中立足教育是根本，挽救孩子是中心，科学育人是方法，造就人才是目的。

四、工读教育的对象

工读教育的对象亦即工读学校的招生对象，是指 13 周岁至 18 周岁有违法或轻微犯罪行为，不适宜留在一般学校学习，但又不够劳动教养、少年收容管教和刑罚处罚的中学生，其中包括那些被学校开除或者本人自动退学，飘流在社会上的流失生。因此，除了年龄的限制以外，工读教育的对象还必须具备下列三个条件，才能送入工读学校：

1. 必须实施了违法或轻微的犯罪行为。所谓违法行为，主要是行政违法。就中学生中的违法行为看，大多是扰乱社会治安，破坏社会秩序的行为，如寻衅滋事、打架斗殴、小偷小摸等。所谓轻微的犯罪行为，是指其行为虽已构成犯罪，但由于情节轻微，不宜追究刑事责任。例如中学生进行打架斗殴，造成他人轻微伤害，依法应以故意伤害罪(轻伤)论处，但由于伤势轻微，年幼、初犯等原因，不宜追究刑事责任，因而可以将其送入工读学校学习。如果仅有一般的违反校规校纪的行为，或者已构成严重的犯罪行为的，都不能通过工读教育的手段加以解决。

2. 必须是实施了不够劳动教养和刑罚处罚的违法或犯罪行为。工读教育不是一种治安行政处罚，也不是刑罚处罚。如果其违法行为符合劳动教养条件的，应送劳教场所接受劳动教养；如果其行为已构成犯罪，依法应当判处刑罚。如果该重处而不重处，或者以罚代刑，则不利于对实施了严重违法犯罪行为的中学生的教育挽救。

3. 必须是不宜留在普通中学学习的中学生。应当送工读学校的有劣迹的中学生，尽管人数不多，但能量不小，他们结帮成伙，斗殴闹事，打人骂人，盗摸扒窃，扰乱教学，破坏治安，有家不归，浪迹社会，成为社会治安的隐患。对这些中学生，家长管不了，社会管不着。许多教师不愿或者根本没有时间和精力去做他们的转化工作，于是就简单地采用“放”、“压”、“交”、“赶”、“推”的办法。所谓“放”，是指对有劣迹的中学生放任自流，不予理睬；所谓“压”，是指对有劣迹的中学生进行讽刺挖苦、没收罚款、纪律处分；所谓“交”，是指把矛盾上交领导，下交家长；所谓“赶”，是指把这部分学生赶出教室，逐出校门；所谓“推”，是指把包袱推给公安部门，推向社会。结果造成师生感情对立，关系紧张，对学校产生离心力，形成恶性循环。在这种情况下，将这些学生继续留在一般中学，由教师完成对其教育转化工作，显然已不可能。因而有必要将他们送到工读学校，在特殊的学校里接受教育。

这里需要说明的是，所谓不宜留在一般学校的中学生，还包括已被学校开除或自动退学流失社会的失足中学生。把这些失足青少年招入工读学校，不仅是完成九年制强制义务教育的需要，而且也是消除社会不安定因素，控制和预防青少年违法犯罪的需要。

五、工读教育的原则

工读教育的原则是指贯穿于工读教育过程中带有全局性指导意义的各项准则。根据我国工读教育的实践经验，主要有以下三个原则：

（一）严爱结合，以爱为本

这一原则的基本含义是：工读教育必须从关心爱护工读学生的前提出发，建立互相信任相互理解的真挚师生感情，在此基础上对学生严格要求，严格教育。

在工读教育中贯彻“严爱结合，以爱为本”的原则，必须反对和纠正两种错误倾向：一是主张对工读生严加管制，甚至把他们视为罪犯，其结果是大大伤害了学生的自尊心和人格，拉大了师生感情的距离，造成学生与教师之间的对立情绪，使教育工作难以继续进行；二是主张一味地感化，无原则地同情、怜悯学生，甚至通过一些小恩小惠，意图唤起学生的觉醒。其结果是家庭中父母对孩子的娇惯和溺爱，在工读学校得以重复和延续，工读生的恶习难以消除。因此，对工读生的教育既要“爱”，又要“严”，而且“严”本身也是一种“爱”，只有把二者结合起来，才能使工读教育发挥教育和塑造新人的作用。

（二）管教结合，以教为主

这一原则的基本含义是：工读教育必须以教育为立足点，着重做好工读学生的思想转化和文化教育，但同时也必须加强学校的管理工作。其中，教育是根本，管理是保证。

对工读学生的教育，其内容十分广泛，实施教育的对象和层次也不尽相同。从教育的内容看，可以分为思想教育、文化知识教育、职业技术教育；从教育的层次看，可以分为低层次教育、中层次教育和高层次教育。但是，无论教育的内容和层次的高低如何，教育工作始终应当成为工读教育的中心工作。

然而，工读教育的实践证明，要搞好对工读生的各项教育，必须有一套行之有效的管理制度和素质较高的管理队伍作后盾。如果工读学校的管理工作混乱，正常的教育工作将无法进行。为此，必须自上而下建立科学、有力的管理体制，选拔和培训优秀的管理人员，制定具体合理实用的管理制度。目前，我国许多工读学校已探索和积累了一些有益的经验，并在工读教育的实践中发挥作用。如由许多部门参加管理的“工读学校管理委员会”，由工读教师优化组合而成的岗位责任制和分块包干制等，这些措施有力地保证了正常的教学工作，提高了对工读学生的挽救率。

（三）工读结合，亦工亦读

这一原则的基本含义是：工读教育必须反映工读教育本身的性质，即既要重视对工读学生的思想文化教育，又要重视对工读生工作技能的培养。其中思想文化教育主要完成工读生的思想转化和文化补课任务，而生产劳动技能的培养，则是为工读生自立于社会创造必要条件。

坚持这一原则，除了要加强思想品德教育外，首先要加强文化课教育，提高教学质量。因为工读生大部分是双差生、长旷生和流失生，学习成绩差，文化基础差。如果不提高其文化知识水平，生产劳动技能和职业技术的培养，也将一事无成。其次，要注意培养工读生的技能，把职业技术教育纳入工读教育的环节，走工读教育与职业技术教育相结合的道路，逐步把工读学校办成半工半读和职业技术教育性质的学校，这是我国工读教育今后发展的方向。

六、工读教育的领导和管理

（一）工读教育的领导体制

我国工读教育实行教育部门主管，公安机关协管的领导体制。教育部门领导工读学校的教育、教学、师资、行政业务等日常工作；公安机关可以选派一名符合条件的干部参加学校领导班子，并可选派少数干警常驻学校，调查核实案件，协助进行法制教育，负责安全保卫工作。这些公安干警的人事关系和工资关系及各项待遇，仍保留在原单位不变。

（二）工读学校的内部管理

工读学校设校长一名，副校长若干名。校长由当地教育部门提请地方人民政府任命，副校长由校长提名报当地教育部门审批。校长对工读学校的教育管理工作实行全面领导，负全面责任。

班集体是工读学校内部的基本单位，实行男女生分别编班，每班配备1—2名经验丰富、责任心强的班主任，负责全班的管理工作。

学生会、班委会是工读学校的学生自治机构，它由学生选举产生，参与学校的日常管理工作，是充分发挥学生的主人翁作用，加强学生自我管理的重要形式。

工读学校的学制为2—3年，学生在校期间，除接受思想教育外，必须参加文化课和职业技术课的考核。凡在校能坚持学习，改正罪错，遵纪守法，文化、职业技术课考试合格者，准予结业、毕业。对于达到初中毕业程度的学生，由其原来所在学校颁发初中毕业证书或初等职业技术训练合格证书，以原来所在普通中学或工读学校设立的职业技术学校的名义毕业。采用这种办法的目的，是为了避免学生结业、毕业后受到歧视。

工读学生结业、毕业后，不能认为其政治上存在污点，他们与其他学生一样，可以就业、升学、参军，从事各行各业的工作。地方政府应当重视工读学校毕业生的安置问题，为他们的就业、升学等问题创造有利条件。

第六节　社会帮教

一、社会帮教制度的产生

“帮教”一词，从字面意义上看，乃是“帮助教育”的意思。而“社会帮教”，则是在社会范围内，由社会成员所进行的帮助教育。人与人之间的互帮互教，自人类形成群体开始就已经存在，它是人类社会得以延续和发展的必要手段。从这个意义上讲，社会帮教行为是伴随着人类社会的产生而出现的。

但是，我们这里所说的“社会帮教”，并不是人类生活中一般意义上的帮助教育，而是以预防犯罪为目的，由社会力量对违法犯罪分子所进行的帮助教育。这种意义上的社会帮教，在我国萌芽于人民革命战争时期，产生和形成于本世纪80年代初期。

作为一种预防和控制犯罪、维护社会治安的正式制度，社会帮教是在本世纪80年代初期产生并逐步发展起来的。这一制度产生的历史背景是：70年代末80年代初，由于十年动乱所造成的恶果，以及当时社会内部的各种复杂矛盾，爆发了前所未有的犯罪灾难。各种严重的刑事犯罪的发案率直线上升，社会治安状况急剧恶化，人民的生命财产受到严重侵害和威胁。面对这种情况，中央及时提出了综合治理社会治安的方针，号召全党和全国人民积极行动起来，采用各种方式，尽快扭转社会治安形势。1979年中共中央发布了文件，提请全党重视解决青少年违法犯罪问题；1981年，中共中央又发布了文件，提出对违法犯罪的青少年要“热情地进行帮助、教育、感化，采取厂矿企业包职工，学校包学生，街道包社会青年，家长包子女等组织措施”。至此正式肯定了社会帮教制度在预防控制青少年犯罪活动中的地位和作用。随后，1982年的中共中央在关于加强政治工作的指示中，对失足青少年提出了“教育、感化、挽救”的“六字方针”，要求要“像父母对待子女、医生对待病人、老师对待学生”那样，去关心、帮助、教育失足青少年；1983年中共中央发布文件，再次肯定了“六字方针”和“三像对待”，要求各地在严厉打击刑事犯罪的同时，必须不失时机地抓好帮教工作。在这些文件精神的指导下，全国各地、各行各业、各个部门迅速行动起来，发动社会力量，帮助教育失足青少年。帮教队伍日益壮大，帮教措施日臻完善，产生了良好的社会效益。

二、社会帮教的概念和特征

社会帮教是指依靠社会各方面的力量，对有违法和轻微犯罪行为或者具有犯罪危险性的人，进行帮助教育，以防止他们走上犯罪道路的一种非强制性的预防犯罪措施。其基本特征是：

1. 帮教对象的特定性

社会帮教的对象只限于两种人，一种是具有现实的违法行为或轻微犯罪行为的人；另一种是尚未进行违法犯罪活动，但存在着犯罪危险性的人。对象的特定性决定了社会帮教措施不同于一般意义上的帮助教育行为。

2. 帮教目的的确定性

社会帮教的直接目的是通过对被帮教者的帮助教育，预防他们走上犯罪道路。这一明确的目的，把社会帮教措施纳入了预防犯罪的对策系统之中，使它与各种不同性质的帮教活动，划清了界限。如父母帮助教育子女成才，教师帮助教育学生学习，都不是以预防犯罪为目的，因而它们不属于社会帮教的范畴。

3. 帮教主体的广泛性

社会帮教的主体是广大的社会成员，即以人民群众为主体，通过社会各方面、各部门的密切配合，形成帮助教育违法犯罪分子的网络。社会帮教的参加者，可以是一切有社会责任感的公民，不受地域、行业、职业的限制，凡有符合帮教条件和有帮教对象的地方，就会组成社会帮教的队伍。这一特点决定了社会帮教是一种群众性的教育人、帮助人的社会管理活动。

4. 帮教手段的非强制性

社会帮教是一种非强制性的预防犯罪手段，在帮教活动中，帮教者和被帮教者双方是一种自愿平等的关系。实施帮教措施，不能剥夺和限制被帮教者的人身自由，也不能采取任何有损被帮教者权利的强制措施。因此，社会帮教主要依靠帮教者的积极主动和耐心细致，依靠被帮教者的自觉自愿和自我改造。这一特点决定了社会帮教与劳动教养和刑罚处罚等预防犯罪措施的根本区别。

三、社会帮教的对象

根据上述考虑，结合国家现行法律、法规、政策的有关规定，我们认为，社会帮教的对象应当包括下列三种人：

1. 有违法或轻微犯罪行为，经教育后仍不思悔改，但又不够或不需要给予刑事处分、少年管教、劳动教养等刑事或行政处罚，有可能继续进行违法犯罪活动的青少年。

这种帮教对象的特点是：

(1)具有违法行为或轻微的犯罪行为。这些行为包括两大类：一是违反《治安管理处罚条例》中明文禁止的行政违法行为，如流氓滋扰、偷盗扒窃、打架斗殴、扰乱交通等；二是违反《刑法》的有关规定，但由于情节轻微，不以犯罪论处的行为，如轻微的故意伤害、侮辱妇女、寻衅滋事等。如果罪行严重，依法构成犯罪，应受刑罚处罚的，则不应列入帮教对象。

(2)其违法行为或轻微的犯罪行为，尚不够或不需要给予刑事处分或严厉的行政处罚。如果其行为应当判处刑罚，进行劳动改造或少年犯管教，或者应当送劳教场所进行劳动教养的，则不能列入帮教对象。

(3)因其违法或轻微犯罪行为，曾受到有关机关的教育处理，但仍不思悔改，有可能继续违法犯罪。这里所说的“教育处理”是指除劳动教养以外的行政处罚，如警告、罚款、行政拘留等。这里所说的“不思悔改”，是指这些人经教育后，并未真正认识错误，改掉不良习惯，而仍有可能进行违法犯罪活动。因此，即使行为人受过教育处理，但属初犯偶犯，对罪错有深刻认识，表现良好，根本不可能再犯罪错的，则不应列入帮教对象。

(4)这些人主要是13—28岁的青少年。他们年纪尚轻，可塑性大，通过帮助教育，大多数能改邪归正；同时，由于这些人的罪错并不严重，只要及时挽救，就能够避免他们走上犯罪道路。

2. 刑满释放(包括解除少年犯管教)和解除劳动教养(简称“两劳”回归人员)，表现不好，有可能重新违法犯罪的人。

“两劳”回归人员能否列为帮教对象，关键在于他们是否有重新违法犯罪的危险。而对犯罪危险性的预测，通常根据两方面的情况。一是要看他们在服刑和劳教期间的表现；二是要看回归社会后一定时期内的表现。对于前者，由劳改、劳教单位负责预测，对后者则由基层组织负责考察。如果根据其一贯表现和现实表现，能够确认其有可能重新犯罪的，必须及时地将其列入帮教对象，搞好接茬教育。

多年来的实践证明，做好对“两劳”回归人员的社会帮教工作，是巩固改造成果，预防和减少重新犯罪的一项重要措施。这是因为，第一，“两劳”人员刚刚走出被剥夺或限制其人身权利和人身自由的劳改、劳教场所，面临着重新选择和适应生活的重大转折，但由于实际生活环境的变化，他们往往情绪不稳定，思想波动较大，一旦遇到外界不良因素的诱惑，很容易失去抵御能力，有的甚至再度萌发犯罪意识，重新步入犯罪歧途。在这一重新犯罪的危险期，如果能及时采取措施，对他们进行劝阻和良性引导，则可以阻止他们酿成新罪。第二，“两劳”人员回归社会以后，往往面临着落户、就业、就学、恋爱、婚姻、家庭等诸多实际困难，这些困难一旦得不到及时、适当的解决，极易产生悲观失望的情绪，由于生活无着，谋业无望，遭受歧视等原因，一些人不得不重操旧业，再次沦为罪犯。因此，把这些人列入帮教对象，从生活上关心爱护他们，帮助他们解决实际困难；从思想上教育他们，使他们树立正确的人生观、法制观，就可以防止他们由悲观失望而转向违法犯罪。总之，对“两劳”回归人员突出一个“帮”字，立足一个“教”字，是社会帮教工作的重点，也是预防、控制、减少重新犯罪的有力措施。这一工作做得好坏，直接影响到司法机关改造成果的巩固，同时也将对整个治安形势产生重大影响。

3. 尚未解除劳动教养，原送请劳动教养的单位、家长、监督人请求领回自行管教的劳动教养人员。

《国务院关于劳动教养问题的决定》第 4 条规定："被劳动教养的人，在劳动教养期间，表现良好而有就业条件的，经劳动教养机关批准，可以另行就业；原送请劳动教养的单位、家长、监督人请求领回自行管教的，劳动教养机关也可以酌情批准。"对该条所规定的劳动教养人员，是否都应列入帮教对象，目前有不同意见。一些同志认为，该条所规定的劳教人员都应列入帮教对象，理由是这些劳教人员都面临着解决实际问题和需要继续教育的问题①。

我们认为，对《决定》第 4 条规定的第一种劳教人员，不应列入帮教对象，因为，这种人在劳教期间表现良好，说明其已经认识罪错，正因如此，劳动教养机关才批准其另行就业。对这些人应当与提前解除劳教的人员同等看待。如果仍把他们列为帮教对象，将不利于其离所就业后自觉保持良好品行。

至于《决定》第 4 条规定的第二种劳教人员，理应列入帮教对象。其理由是：第一，这种人的劳动教养期限尚未届满，其现实表现如何，《决定》本身并未提及。但从立法本意推测，起码都是表现较差或表现一般的劳教人员，因为它是与表现良好的劳教人员相对规定的。既然如此，将他们送回社会之后，实际上等于在社会上继续执行劳动教养，在这种情况下，用群众性帮教的手段继续对他们进行帮助教育，是完全必要的。第二，把这种劳教人员送回社会的重要条件，就是原送请劳教的单位、家长、监督人请求领回自行管教，而这种自行管教，并不排斥社会帮教力

---

① 马结、仲园著：《帮教工作概论》，群众出版社 1986 年版，第 25 页。

量的介入。事实上，只有通过社会各方面力量的配合，才能共同做好帮教工作。因此，在这种劳教人员回到社会上之后，组成由单位、家长、监督人各方成员参加的帮教小组，将更有利于对他们的切实帮助教育。

四、社会帮教的原则

(一)帮教者和被帮教者相互平等的原则

在社会帮教中，帮教者虽然负有对被帮教者进行帮助教育的责任，但其身份不是司法工作人员，而是普通的人民群众；被帮教者虽然负有接受帮助教育的义务，但其身份不是被定罪判刑的犯罪分子，而是享有人身自由权利的公民。因此，帮教者与被帮教者之间的关系，是社会主义社会人与人之间互相关心、互相爱护、互相帮助的关系，双方处于完全平等的地位。

贯彻执行平等原则的关键在于帮教者，他们应当积极主动地与被帮教者建立真正平等的关系。为此，必须做到：(1)在政治上要保证被帮教者依法行使宪法规定的各项政治权利，不得非法限制或予以剥夺。这些权利包括选举权和被选举权；言论、出版、集会、结社、游行、示威的自由权；担任国家机关、企业、事业单位和人民团体领导职务的权利等。(2)在经济上要保证被帮教者与其他公民一样实行同工同酬，不得实行歧视和差别待遇。(3)在法律上要保证被帮教者享有法律所赋予公民的人身权利、人格权利和名誉权利，不得非法限制或剥夺其人身自由，不得污辱其人格和损坏其名誉。

实践证明，能否坚持平等相待的原则，将直接影响到帮教工作的效果。帮教者只能以平等的态度去对待他们，把他们当作朋友和知己，采取耐心说服教育的工作方法，才能够消除其疑惧和厌烦心理，赢得其信任和合作，进而使他们真诚地接受帮助和教育。

(二)帮助与教育相结合的原则

社会帮教工作本身就包含着帮和教两个方面。所谓“帮”是指帮助解决被帮教者在生活、工作、学习中所遇到的实际困难；所谓"教"是指教育被帮教者如何做人和如何成才。帮和教必须有机地结合起来，才能促进帮教工作的顺利进行。

首先，在开展帮教工作时，必须把对被帮教者的思想教育放在重要位置。这是因为，被帮教者都在不同程度上沾染了违法犯罪的恶习。而他们走上违法犯罪道路的一个重要原因，就在于缺乏正确的人生观、道德观和法制观念。因此需要通过艰苦细致的思想工作，教育他们树立正确的人生观、高尚的道德观和严格的法纪观，才能促使其提高觉悟，增强对违法犯罪行为社会危害性的认识，放弃不良习惯，停止违法犯罪活动。

其次，在开展社会帮教工作时，必须把帮助被帮教者解决实际困难，作为帮教工作的重要内容。这是因为，被帮教者大多是刑满释放、解除少年犯管教和劳动教养的人员，他们从被剥夺或限制人身自由的不自由状态中回到自由的社会生活环境之后，绝大多数人都渴望得到社会的理解和认同，并立志弃旧图新，像其他人一样过正常的生活。但是，由于各种各样的原因，他们往往面临着比正常人更多的实际困难。有的家境贫困，生活窘迫，得不到社会的照顾；有的想找个工作过安定生活，但苦于没有单位收留；有的想继续读书升学，但没有学校愿意接收；有的想成立家庭，但找不到对象；还有的希望得到社会的同情和温暖，但却经常受到歧视和冷遇，等等。这些困难如果得不到解决，就难以激发他们接受思想教育的积极性，甚至会使他们在悲观绝望中，再次走上犯罪的歧途。因此，在帮教工作中，必须在抓思想教育的同时，切实帮助他们解决实际问题。

再次，帮助和教育必须互相配合，同时并重，不可偏废。如果只注意帮助被帮教者解决生活、工作、学习等方面的实际困难，而忽视对他们进行思想教育，幻想只要通过帮助他们就业、就学、恋爱结婚，就能够使他们彻底告别昨天，走向新生，其结果将会使那些违法犯罪恶习较深的人，在新的生活环境中也难以放弃不良习惯，一旦遇到合适的机会，他们照样会重新犯罪。另一方面，如果只重视思想教育，而不帮助他们解决实际困难，幻想只要用社会主义的理想和道德观念武装他们的头脑，就可以使他们永远不再犯罪，其结果将无法彻底消除导致他们走上违法犯罪道路的客观原因。因此，只有将教育和帮助两个方面结合起来，才能使帮教工作取得最佳效果。

（三）以说服教育为主的原则

社会帮教是由人民群众自愿参加的非强制性社会教育管理措施。所以帮教工作只能采取说服教育的手段，而不能使用强制和惩罚手段。对帮教对象重在说服教育，交流思想，沟通感情，感化心灵，促使其自觉地幡然悔悟。为了达到这一目的，要求帮教工作者做到“五要五不要”：要立足帮教，不要厌弃；要关心亲近，不要冷漠；要耐心引导，不要训斥；要表扬鼓励，不要单靠惩罚；要持之以恒，不要怕反复。

在社会帮教工作中，有的地方有的帮教人员工作方法简单粗暴，对帮教对象常常用一管、二训、三整、四办班的方法，进行强制性教育。他们不研究帮教对象的心理，把帮教对象当犯人对待。有的给帮教对象制定严格的纪律，约束其行动自由，严加看管；有的动不动就把帮教对象扭送到派出所进行训斥；还有的一遇到被帮教者有反抗情绪，就以办“学习班”进行反省为名，不让其回家。这些帮教办法，有的已超出了社会帮教性质所允许的范围，严重侵犯了被帮教者的人身权利。其结果只能引起帮教对象的反感和反抗，无助于他们真正认识罪错，重新作人。

因此，在社会帮教工作中，帮教人员必须树立正确的帮教观，要看到帮教对象的优点和长处，信任和尊重他们，做艰苦耐心的思想工作，启发和调动他们内在的积极性，使他们从心灵深处感受到社会的温暖，从而自觉地消除违法犯罪意识和不良行为，成为对社会有用的人。

（四）宽严相济、区别对待的原则

在帮教对象中，由于每个人的违法犯罪历史不同、违法犯罪的程度不同、违法犯罪意识的深浅不同，在接受帮教的态度、认识罪错的程度、转变的好坏和快慢方面，也必然表现出参差不齐的特点。那些因偶然原因初次走上违法犯罪道路的人，在经过刑罚处罚或行政处罚之后，对违法犯罪行为的性质和危害有了一定的认识，即使在刑满释放或解除劳动教养之后，还残留着违法犯罪意识和不良行为习惯，但其中绝大多数人都愿意，并且能够接受社会帮教，思想转变也比较快；而那些多次受过刑罚处罚和行政处罚的所谓“几进宫”人员，违法犯罪历史较长，主观恶性较深，人身危险性较大，这些人往往不愿受制于人，对社会帮教采取不合作甚至抗拒的态度，违法犯罪思想非常顽固，社会帮教往往难以进行。因此，在社会帮教工作中，必须针对帮教对象的不同情况，采取不同的帮教方法和措施，对他们有宽有严，区别对待。

首先，对于愿意接受帮教并且表现比较好的帮教对象，要多给予表扬、奖励，并在安排就业、就学、生活方面优先予以照顾，甚至可以宣布结束帮教。这样做的目的，是为了激发帮教对象的上进心，让他们重新树立生活的信心和勇气，从而尽快返回正常的社会生活。

其次，对于拒不接受帮教并且表现不好的帮教对象，要多给予批评监督，并规定适当的纪律。这些纪律主要是控制他们与有劣迹的人交往，防止他们被不良外因诱上重新违法犯罪的道路；加强汇报制度，要求他们必须按时到公安机关或帮教组织汇报自己的思想和行动去向，防止他们再入歧途。

再次，对于拒不接受帮教并且有违法犯罪行为的帮教对象，只要依法应当追究法律责任的，帮教人员必须及时提请有关部门，给予查处，决不能迁就姑息。

五、社会帮教制度的完善

（一）要尽快制定社会帮教法规

我国的社会帮教工作目前主要由中央文件和党的政策进行调整，基本上处于无法可依的状态。由于缺乏必要的法律调整，社会帮教工作缺乏权威性，各地在帮教工作中所采取的具体做法很不一致，导致了社会帮教工作比较混乱的局面。其主要表现是：

(1)在社会帮教的性质上，有的地方把社会帮教当作对罪犯的管制，或者把社会帮教等同于一般的思想政治工作。(2)在社会帮教的对象和范围上，各地很不统一，有的把帮教的对象和范围扩大到正在服刑和劳教的人员，搞所谓“超前帮教”；有的把帮教的对象和范围延伸到仅有轻微违法行为和违纪行为的人，无限地扩大了社会帮教的范围。(3)在社会帮教的原则和方法上，有的违背平等原则和以说服教育为主的原则，对帮教对象进行强制性教育，甚至限制或剥夺其人身权利。(4)在社会帮教的组织领导和管理上，体制不明，职责不清，各自为政，缺乏必要的领导管理和督促检查。(5)在帮教人员的权利义务上，无统一规定，无明确标准，干好干坏一个样。(6)在帮教对象的安置上，缺乏必要的法律保障，对政府部门的不合作行为，无法进行法律干预。

针对上述问题，必须尽快制定社会帮教法规。法规的形式可采用单行法规，也可以附属在其他法规中(如《青少年保护法》)。不过，为重视起见，最好专门制定颁布一部《中华人民共和国社会帮教条例》。《条例》在性质上类似于国外的《更生保护法》。不论采用哪种形式，其内容都应当包括：(1)社会帮教的性质、任务和目的；(2)社会帮教的对象和范围；(3)社会帮教工作的原则和方法；(4)社会帮教工作的组织、领导与管理机构；(5)帮教对象和帮教人员的权利与义务；(6)帮教人员的条件、选拔原则和审批程序；(7)帮教活动规则和奖惩制度；(8)帮助对象的就业、升学、生活等困难的解决办法，以及有关单位和部门应承担的责任等。在全国统一的法规出台之前，各地可根据当地的实际情况，制定一些地方性的社会帮教法规。

(二)要建立和健全社会帮教制度

我国的社会帮教工作除无法可依以外，无章可循也是一个突出的问题。即使将来制定了帮教法规，也只能规定一些带有原则性和根本性的问题，有关帮教工作的具体细节，还要通过帮教制度来规定。从目前的实际情况来看，各地虽然有一些帮教制度，但尚不够健全。例如帮教小组如何开展工作，帮教措施如何落实，帮教人员负有哪些责任，对帮教工作的好坏如何考核检查等等，都缺乏明确具体的制度。因此，在制定帮教法规的同时，认真总结现有的经验，建立和健全一套行之有效的帮教工作制度，是十分必要的。

社会帮教制的内容主要包括：(1)审查批准帮教制度，即如何确定、申报、审查、批准帮教对象，并对其开展工作。(2)登记、考勤制度，即要对帮教人员的工作情况进行登记，以保证足够的帮教时间。(3)考核检查制度，即对帮教工作的情况进行检查验收，肯定成绩，发现问题，对帮教人员进行督促。(4)学习制度，即要组织帮教人员定期学习党的政策、国家法律、搞好帮教工作的经验等内容，提高帮教人员的业务水平和工作能力。(5)奖惩制度，即规定对帮教人员进行奖励和处分的具体标准，对工作踏实勤奋、帮教效果明显的帮教人员，要给予必要的物质奖励和精神鼓励；对工作不负责任、帮教效果差的，要给予必要的经济制裁和批评。(6)有偿劳动制度。我国的社会帮教工作目前是没有报酬的义务劳动，这是不公平的。对从事社会帮教工作的人员，不给任何报酬，这实际上是不承认其所付出的辛勤劳动。因此，对社会帮教人员，无论是长期从事帮教工作，还是临时担负帮教任务，都应当根据“按劳取酬”的原则，给予一定的劳动报酬。这种报酬可以用奖金的形式发给，也可以用额外工作补贴的形式发给，实行有偿劳动制度以后，将有利于调动广大帮教人员的工作积极性。(7)解除帮教制度，即规定解除帮教的条件、期限、后果。对凡是停止违法犯罪活动，确实改好的帮教对象，必须及时宣布解除帮教。解除帮教不得视为受过法律处分。